大人

（九）

沈葦窗與《大人》雜誌

蔡登山

已故香港邵氏電影公司在台分公司總經理馬芳蹤說：「文化事業出版界，我最欽佩兩個人，一是台北《傳記文學》的社長劉紹唐兄，以單槍匹馬一個人的精力，把中國近代史的資料蒐集成庫，且絕不遜於此地的『歷史博物館』與大陸的『文史檔案館』。另一位就是香港《大成》的沈葦窗，《大成》是專門刊載藝文界的掌故與訊息，目前海峽兩岸包括海外，似乎還找不出第二本類似的刊物。」其實《大成》還有個前身就是《大人》雜誌，它創刊於一九七〇年五月十五日，至一九七三年十月十五日停刊，前後出了四十二期。一九七三年十二月一日《大成》緊接著創刊，至一九九五年九月沈葦窗病逝終刊，出了二百六十二期。兩個刊物合起來共三百零四期，前後有二十五年之久。它也是「一人公司」，香港作家古蒼梧說：「《大成》的業務，從編輯、校對到聯絡作者、郵寄訂戶，幾乎都由沈老一人包辦。每次我到龍記樓上《大成》編輯室送稿，總見到他孤單地在一堆堆雜誌與書刊中埋首工作，見我來了，便露出燦爛的笑容，跟我閒聊幾句，臉上毫無倦容。……」。當然可想見更早的《大人》的情況，亦是如此。

關於沈葦窗的生平資料不多，他是一九一八年十二月三十日出生，浙江省桐鄉烏鎮人。正如他自己說的：「我寫作至今，從未提過自己的家世。」只在〈記從兄沈泊塵〉一文中，他透露一些蛛絲馬跡：「祖父右亭公生子女九人，泊塵是三房長子，能毅、叔敖是他的胞弟。我父季璜公行九，娶我母徐太夫人，婚後居上海之台灣路，姪輩到上海求學，多住我家。我家兄弟都以『學』字排行，泊塵名學明，家兄吉誠名學謙，我名學孚。我生在台灣路，大約我出世未久，這位『明哥哥』便去世了！」沈泊塵卒於一九一九年，得年僅三十一歲。沈泊塵兄弟三人曾合辦《上海潑克》畫報，為中國漫畫報刊的始創者。作家陳定山就說：「上海報紙之有漫畫，始於沈泊塵。若黃文農、葉淺予、張光宇正宇兄弟，皆為後輩矣。」

沈葦窗畢業於上海中國醫學院，據香港的翁靈文說沈葦窗自滬來港後，雖投身出版事業，但也常應稔友們之請，望聞切問開個藥方，多能藥到病除。沈葦窗曾任香港麗的呼聲廣播有限公司金色電臺編導、電視國劇顧問。他的夫人莊元庸也一直在「麗的呼聲」工作，莊女士其實早在上海名氣就很大了，每天擁有十萬以上的聽眾，她口才好，聲音悅耳，有「電台之鶯」的雅號。後來在台灣的華視也工作過，我還看過她演出《星星知我心》的連續劇。

沈葦窗是崑曲大師徐凌雲的外甥，徐凌雲曾對寧波、永嘉、金華、北方諸崑劇，甚至京劇、灘簧、紹興大班等悉心研究，博採眾長。十八歲登臺，堅持長期練功不輟，生、旦、淨、末、丑各行兼演，「文武崑亂不擋」。後來又與俞粟廬、穆藕初等興辦蘇州崑劇傳習所，培養「傳」字輩一代崑劇藝人有功。沈葦窗說他自己：「少年時即好讀書，有集藏癖，年事漸長，更愛上了戲曲。其時崑曲日漸式微，但因我的舅父徐凌雲先生是崑曲大家，總算略窺門徑；還是和平劇接近的機會多，凡是夠得上年齡的名角，都締結了相當的友誼，搜羅有關平劇書籍更不遺餘力。」他後來將這些重要史料收藏，如《富連成三十年史》、《京戲近百年瑣記》、《清代燕都梨園史料》、《菊部叢譚》、《大戲考》等十二部珍貴或絕版史料，以「平劇史料叢刊」由劉紹唐的傳記文學社出版，嘉惠後學。

沈葦窗在上海時期，就在小報上寫文章。一九四〇年金雄白在上海創辦一份小型四開報紙，名為《海報》，當時寫稿的人可說是極一時之選，長期在《海報》撰稿的有陳定山、唐大郎、平襟亞、王小逸、包天笑、蔡夷白、吳綺緣、徐卓呆、鄭過宜、范煙橋、謝啼紅、朱鳳蔚、盧一方、沈葦窗、陳蝶衣、馮鳳三、柳絮、惲逸群等，女作家中，更有周錬霞、陳小翠諸人。沈葦窗當年曾是金雄白辦報時的作者，沒想到幾十年後金雄白變成了是沈葦窗的作者。《大人》初創時期，就有一個非常壯觀堅強的撰稿人隊伍，這些人大多是大陸鼎革後，流寓在香港和臺灣的南下文人、名流和藝術家，大都是沈葦窗的舊識，也可見他在舊文化圈中人脈的廣博。

《大人》雜誌給這些人提供了一個發表文章的重要平臺，刊載了大量有價值的文章和重要的第一手史料。其中像被稱為「中醫才子」的陳存仁的兩本回憶錄《銀元時代生活史》、《抗戰時代生活史》，都先後在《大人》及《大成》上連載，而後才集結出書的。《銀元時代生活史》後來在一九七三年三月，由香港吳興記書報社出版，張大千題耑，沈葦窗撰序云：「一九七〇年五月，《大人》雜誌創刊，我承乏輯務，初時集稿不易，因而想到陳存仁兄，他經歷既豐，閱人亦多，能寫一手動人的文章，於是請他在百忙之中為《大人》撰稿，第一期他寫了一篇記章太炎老師，果然文筆生動，情趣盎然，大受讀者歡迎。存仁兄的文章，別具風格，而且都是一手資料，許多事情經他一寫，躍然紙上，如歷其境，如見其人，無形之中成為我們《大人》雜誌的一員大將。《銀元時代生活史》刊載以後，更是遐邇遍傳，每一段都富有人情味和親切感，存仁兄向有考證癖，凡是追本究源，文筆輕鬆，尤其餘事。綜觀全篇，包含著處世哲學、創業方法、心理衛生、生財之道，對讀者有很大的啟發性和鼓勵性，實在是老少咸宜的良好讀物。今當單行本問世，讀之更有一氣呵成之妙，存仁兄囑書數言，因誌所感，豈敢云序。」

再者在《大人》甚至後來的《大成》上，占有相當份量的，莫過於「掌故大家」高伯雨（高貞白、林熙）的文章了。一般說起「掌故」，無非是「名流之燕談，稗官之記錄」。但掌故大家瞿兌之對掌故學卻這麼認為：「通掌故之學者是能透徹歷史上各時期之政治內容，與夫政治社會各種制度之原委因果，以及其實際運用情狀。」而一個對掌故深有研究者，「則必須對於各時期之活動人物熟知其世襲淵源師友親族的各族關係與其活動之事實經過，而又有最重要之先決條件，就是對於許多重複參錯之瑣屑資料具有綜核之能力，存真去偽，由偽得真……」。能符合這個條件的掌故大家，可說是寥寥無幾，而高伯雨卻可當之無愧。高氏文章或長篇大論，或雋永隨筆，筆底波瀾，令人嘆服！難怪香港老報人羅孚（柳蘇）稱讚說：「對晚清及民國史事掌故甚熟，在南天不作第二人想。」而編輯家林道群也讚曰：「高伯雨一生為文自成一家，他的『隨筆』偏偏不如英國的essay，承繼的是中國的傳統，溶文史於一，人情練達，信筆寫人記事，俱是文學，文筆之中史識俯拾皆是。」這是高伯雨的高妙處，也是他獨步前人之處。

資深報人金雄白筆名「朱子家」，曾在《春秋》雜誌上連載《汪政權的開場與收場》而聞名。沈葦窗邀他在《大人》再寫了〈「海報」的開場與收場〉、〈委員長代表蔣伯誠〉、〈梁鴻志死前兩恨事〉、〈「入地獄」的陳彬龢〉、〈倚病榻，悼亡友〉、〈梁鴻志獄中遺書與遺詩〉等文，因大都是作者所親歷親聞，極具史料價值。一九七四年他的《記者生涯五十年》開始在《大成》雜誌第十期連載，迄於一九七七年六月的第四十三期為止，前後達兩年又十個月之久，共六十八章，幾近三十萬字。金雄白說：「七十餘年的歲月，一彈指耳，回念生平，真是如幻如夢如塵，在世變頻仍中，連建家毀家，且已記不清有多少次了，俱往矣！留此殘篇，用以自哀而自悼，笑罵自是由人，固不必待至身後。」

還有早期的老報人，著名雜誌《萬象》的第一任主編陳蝶衣，他後來來到香港，還是著名的電影編劇、流行歌曲之王。六十多年來，陳蝶衣光是歌詞的創作就有三千多首。人們尊稱他為「三千首」。周璇、鄧麗君、蔡琴、張惠妹……，中國流行音樂史上一代又一代的歌后們，都演唱過他寫的歌。他在《大人》除寫了〈一身去國八千里〉、〈舉家四遷記〉、〈我的編劇史〉、〈花窠素描〉等自身的回憶文章外，還有《銀海滄桑錄》的專欄，寫了有關張善琨、李祖永、林黛、王元龍、陳厚、胡蝶、阮玲玉、李麗華、周璇等人，所記多是外間少人知的資料。後來以《香港影壇秘錄》為名出版了。

曾經在上海淪陷時期，創刊《古今》雜誌，網羅諸多文人名士撰稿，使《古今》成為當時最暢銷也最具有份量的文史刊物的朱樸，一九四七年到了香港，早已成為一名書畫鑑賞家了，並以「省齋」為筆名撰文。沈葦窗說：「我草創《大人》雜誌，省齋每期為我寫稿，更提供許多書畫資料。那時，省齋在王寬誠的寫字樓供職，薪水甚少，但有一間寫字間卻很大，他每天下午到那裡去轉一轉，看看西報，主要的工作是為王寬誠鑑定書畫。」

當時已渡海來台的陳定山，是名小說家兼實業家天虛我生（陳蝶仙）的長子，他早年也寫小說，二十餘歲已在上海文壇成名了，他工書，擅畫，善詩文，有「江南才子」之譽。來台後長時期在報紙副刊及雜誌上寫稿，筆耕不輟，同時也為《大人》寫稿，陳定山因長居滬上，嫻熟上海灘中外掌故逸聞，一代人事興廢，古今梨園傳奇，信手拈來，皆成文章，乃開筆記小說之新局，老少咸宜，雅俗共賞。這些文章後來成為《春申舊聞》的部分篇章。

詩人易順鼎（實甫）之子，寫有《閒話揚州》引起揚州閒話的易君左，在一九四九年冬抵香江時，曾在鑽石山住過，當時那裡住有不少是國內逃避戰禍而抵港的知識份子，因此他寫有〈鑽石山頭小士多〉、〈記香港幾次文酒之會〉等文。更值得重視的是他寫的「文壇憶舊」，包括：〈我與郁達夫〉、〈曾琦與左舜生〉、〈詞人盧冀野〉、〈田漢和郭沫若〉。這些文章所寫的人物皆作者有過深交的文友，寫來自不同於一般的泛泛之論。可惜的是一九七二年易君左病逝台北，一九七二年四月十五日出版的《大人》刊出的〈田漢和郭沫若〉已註明是「遺作」了。

國民黨政要雷嘯岑，歷任南昌行營機要秘書、安徽省政府委員兼教育廳廳長、鄂豫皖三省總司令部秘書、湖北省第七區行政督察專員、重慶市教育局局長、《和平日報》社總主筆、《中央日報》社主筆。一九四九年七月去香港、任《香港時報》社總主筆。一九六〇年在港創辦《自由報》並受聘為香港德明書院新聞學系主任。他在《大人》以筆名「馬五」，寫有「政海人物面面觀」一系列文章。

他如，老報人胡憨珠長篇連載的〈申報與史量才〉，及當年曾在上海中文《大美晚報》供職的張志韓，所寫的〈血淚當年話報壇〉長文，都有珍貴的一手資料。

而沈葦窗自己也寫有〈葦窗談藝錄〉，談得較多的是京劇，這是他的本行。甚至《大人》每期有關京劇崑曲的文章，都佔有一定的比重，這也是這個雜誌的特色，同時也成為喜好京劇崑曲的讀者的重要收藏。沈葦窗的哥哥沈吉誠，在香港電影戲劇界、文化新聞界都相當吃得開，他在《大人》以「老吉」筆名，從第二期起寫有〈馬場三十年〉至第三十八期連載完畢，講的是香港的賽馬。在上世紀五〇年代，老吉的《馬經大全》，曾經風行一時。

《大人》每期約一百二十頁，用紙為重磅新聞，樸素大方。內頁和封底為名家畫作、法書或手跡，畫家有齊白石、吳湖帆、黃賓虹、張大千、溥心畬、傅抱石、關良、陳定山、黃君璧、吳作人、李可染、周鍊霞、梅蘭芳、宋美齡等。從第三期開始，每期都有四開彩色精印的銅版名家畫作或法書的插頁，精美絕倫。這些插頁除已列的上述部分畫家外，還有：邊壽民的蘆雁，新羅山人、虛谷的花鳥，沈石田、陸廉夫、吳伯滔、金拱北的山水，鄧石如、劉石庵、王文治的法書等。但由於這些插頁開本極大，採折疊方式，裝訂在雜誌的正中間，常為舊書店老闆取下，另外販售。此次復刻本，多期就沒有這些插頁，但在目錄中編有該插頁的頁碼，有時會有八頁之多，其實它是一張大畫折疊的頁碼，如今畫雖不見，但不影響內文，因該畫和內文是完全不相關的。在此聲明，希望讀者明瞭，不要以為雜誌有所「缺頁」是好。

這次能輯全整套雜誌而復刻，首先要感謝熱心協助，並提供收藏的師長好友：資深報人鑑賞家黃天才先生、收藏家董良彥（君博）先生、史料家秦賢次先生及香港的文史家方寬烈先生、學者作家盧瑋鑾（小思）女士。《大人》在臺灣流通極少，甚至國家圖書館都沒有收藏，筆者首先見到的是秦賢次兄已捐贈給中央研究院文哲研究所的部分雜誌，驚嘆之餘，才興起要收藏這份雜誌的念頭。但談何容易，歷經數載，找遍舊書攤才得不到四分之一之數。後經黃天才先生提供他的收藏，並熱心找到收藏家董良彥先生的珍貴收藏，董先生的十幾本雜誌品相極佳。在整理蒐集到手的四十二期雜誌，發現其中兩期有脫頁，於是藉著到香港開學術研討會之便，我和賢次兄又找到方寬烈先生及小思老師，經他們協助影印，補全了全套雜誌的內容。

我曾在二〇一〇年十月十七日香港的《蘋果日報》副刊寫有〈遲來的懷念〉一文，開頭說：「今年九月底，我到香港參加張愛玲誕辰九十週年國際學術研討會。十五年前的九月八日張愛玲被發現死在洛杉磯公寓，無人知曉，據推測她的死亡時間應該是九月二日或三日。而幾天之後的九月六日沈葦窗因食道癌在香港病逝。之所以將兩人並提，是他們都是『寂寞的告別』人世。正如作家穆欣欣所說的：『張愛玲走得孤寂而熱鬧。說孤寂，到底是她自己選擇的一種方式，待世人知曉，已是六七天之後；說熱鬧，是世人不甘，憐她愛她。她像中秋的月亮，走了之後，人間還得追望。比起張愛玲，另一個人走得更寂寞。起碼，他連最後的繁華都沒有。他是《大成》雜誌的主編沈葦窗先生。』是的，早在一九九三年，我籌拍張愛玲的紀錄片，次年還收到張愛玲的傳真信函。她故去之後《作家身影》紀錄片播出，之後我又寫了兩本關於她的書，並推薦李安導演拍她的〈色，戒〉。而對沈葦窗我至今無一字提及，這篇小文就算是遲來的懷念吧！」現在把這段文字轉錄於此，依舊是對他的懷念！

目錄

第三十二期（一九七二年十二月十五日）：

第三十三期（一九七三年一月十五日）：

大人

論天下大事
談古今人物

第三十一期

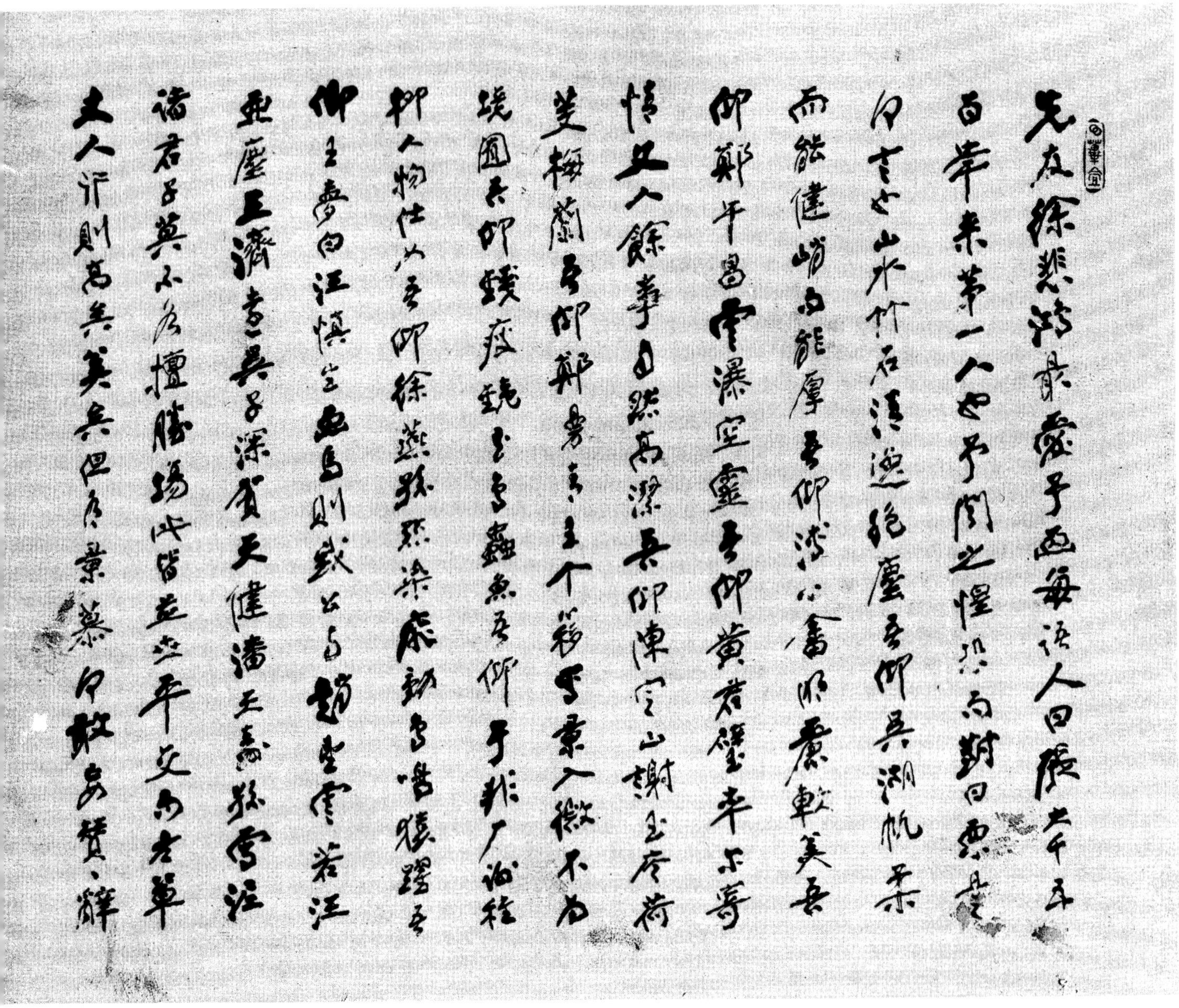
先友徐悲鴻最愛予畫每語人曰張大千五
百年來第一人也予聞之惶恐而對曰是何
言也山水竹石清逸絕塵吾不如吳湖帆柔
而能健峭而能厚吾不如溥心畬明麗軟美吾
不如鄭午昌雲瀑空靈吾不如黃君璧率而寡
情文人餘事自然高潔吾不如陳定山謝玉岑荷
芰梅蘭吾不如鄭曼青王个簃寫景入微不為
境囿吾不如錢瘦鐵花鳥蟲魚吾不如于非闇謝稚
柳人物仕女吾不如徐燕孫點染[illegible]動鳥鳴猿躍吾
不如王夢白汪慎生畫馬則[illegible]趙望雲若汪
亞塵王濟遠吳子深賀天健潘天壽孫雪泥
諸君子莫不各擅勝場此皆並世平交而老輩
丈人行則高矣美矣但有景慕何敢妄贊一辭

大千居士親筆撰書四十年回顧展自序之第一頁

本期全文刊載，並請參閱陶鵬飛君所撰「記張大千四十年回顧展」。

大人　每逢月之十五日出版
The Chancellor Publishing Company Ltd.
出版及發行者：大人出版社有限公司
督印人：王朝平
編輯者：大人雜誌編輯委員會
總編輯：沈葦窗
社址：九龍西洋菜街三號A 即彌敦道大人公司後面
電話：K八五五七三〇
印刷者：立信印刷公司
九龍新蒲崗伍芳街緯綸工廠大廈11樓
總經銷：吳興記書報社
香港租庇利街十一號二樓
電話：H四五〇五六一　H四五〇七六六
星馬代理：遠東文化事業有限公司
新加坡廈門街十九號
檳城咨田仔街一七一號
泰國代理：曼谷青年文化服務社
曼谷黃橋東北路
五六六之七〇號
越南代理：聯興書報社
越南堤岸新行街二十二號
其他地區代理：
澳門：可大文具店　漢城：汎亞書籍公司
亞庇：利民公司　寮國：永珍圖書公司
千里達：中華公司　斗湖：光明書店
菲律賓：華安書局　菲律賓：玲瓏書局
倫敦：東寶公司　紐約：友聯圖書公司
芝加哥：杏林春　紐約：大方圖書公司
波士頓：中西公司　洛杉磯：永安堂
三藩市：新生圖書公司　檀香山：大元公司
三藩市：益智圖書公司　三藩市：文化商店
加拿大：香港商店　加拿大：新國華公司

讀大千居士長江萬里圖感賦四律

羨君飛動意筆底走龍媒雲影千帆活江天一鑑開羈情觀隱約歸夢苦低回欲問成都尹何年倘再来

右律為己酉秋張岳軍先生以此圖影本初次展觀拜題

着意寫江源江源夢尚溫五丁雙斧下巨浸九天奔波撼叢祠古煙環象鼻尊索橋西嶺外神禹蹟猶存

蠶叢祠在灌縣城南索橋西北高峰外即汶川縣有「啟呱呱啼處」古碑尚在

少年游釣處最憶錦官城社鼓花如海春簷鵲噪晴支機張氏石試馬趙家營一水橋南路從茲萬里行

予家在成都少城支機石街街頭小寺供石旁有「嚴君平賣卜處」碑

涪城角西較場即三國時趙雲試馬營城北尚有子龍洗馬池
在駐公祠衛守總兵時讀書其處

早輕三峽險幾度走孤舟意氣傾江表興亡換海籌因
風悲塞雁隨分伴沙鷗展卷重回首他鄉合白頭

後三首為壬子秋再展長卷佐以侯北人君曾發表之說明一文

有感率賦

沈葦窗兄將赴美國加州訪晤
大千居士並參頌大風堂四十年回顧展貽予書數行俾
為代候因錄上作求正
老友方家並賀　視力進步

壬子重陽節近　李璜

四十年回顧展自序

先友徐悲鴻最愛予畫。每語人曰：「張大千，五百年來第一人也」。予聞之，惶恐而對曰：「惡是何言也？山水石竹，清逸絕塵，吾仰吳湖帆；柔而能健，峭而能厚，吾仰溥心畬；明麗軟美，吾仰鄭午昌；雲瀑空靈，吾仰黃君璧；文人餘事，率爾寄情，自然高潔，吾仰陳定山、謝玉岑；荷芰梅蘭，吾仰鄭曼青、王个簃；寫景入微，不爲境囿，吾仰錢瘦鐵；花鳥蟲魚，吾仰于非厂、謝稚柳；人物仕女，吾仰徐燕孫；點染飛動，鳥鳴猨躍，吾仰王夢白、汪愼生；畫馬則我公與趙望雲，若汪亞塵、王濟遠、吳子深、賀天健、潘天壽、孫雪泥諸君子，莫不各擅勝場，此皆並世平交，而老輩丈人，行則高矣美矣，但有景慕，何敢妄贊一辭焉。五百年來一人，毋乃太過，過則近於謔矣！」悲鴻笑曰：「處世之道，對人當自稱天下第二，自然無忤，君子撝謙，不亦同予之天下第二者非耶？」此一時笑樂，忽忽已是四十餘年事，言念及之，可勝感歎！予畫幼承母訓，稍長從仲兄善子學人馬故實，先姊瓊枝爲寫生花鳥，年十七，出峽渡海，學染織於日本西京，繪事遂輟。二十歲歸國，居上海，受業於衡陽曾夫子農髯、臨川李夫子梅庵，學三代兩漢金石文字、六朝三唐碑刻。兩師作書之餘，間喜作畫。梅師酷好八大山人，喜爲花竹松石，又以篆法爲佛像；髯師則好石濤，爲山水松梅，每以畫法通之書法，詔門人子弟。予乃效八大爲墨荷，效石濤爲山水，寫當前景物，兩師嗟許，謂可亂眞。又以石濤、漸江，皆往來於黃山者數十年，所寫諸勝，並得玆山性情，因命予往游，三度裹糧，得窮松石之奇詭，煙雲之幻變，延譽作展於成都重慶。已而西出嘉峪，禮佛敦煌，縱觀壁畫，始知人物畫法，絕響於世。乃屏去一切，臨摹傳寫，居石室者二年，得畫百數十幅，大者尋丈，小亦四五尺。又撰成石室記，詳記洞窟小大，畫派源流，考訂時代。迨至成都，張岳軍先生時主川政，約同教育部爲予展覽於成都重慶，觀者嘆詫我國藝術之偉岸雄奇，千載上已曠絕人寰也。勝利後，重入故都，得董源江隄晚景大幅、董源瀟湘圖卷、巨然江山晚興卷，日夕冥搜，畫風丕變，阿好者又以董巨復興詡予矣。民國三十八年冬，赤禍陷全國，予亦流離海外，留於印度阿堅達窟三月，研討與敦煌壁畫異同，頗爲有得，又徧游歐洲南北美，卜宅巴西。予年六十，忽攖目疾，視茫茫矣，不復能刻意爲工，所作都爲減筆破墨，世以爲創新，目之抽象。予何嘗新，破墨法固我國之傳統，特人久不用耳！老子云：「得其環中，超以象外，此境良不易到，恍兮惚兮，其中有象，其庶幾乎！」達祥西先生，十年老友也，在巴黎時數助予展出，比復爲予作七十歲至三十歲四十年回顧展於金山砥昂博物館，都五十餘幅。歷時二年，始徵集得之，將於今冬展列，賞愛之深，感何可言，惟悲鴻長逝，不及見之爲憾事耳！達君目次編成，囑予略書作畫經過，以爲之序，拉雜書之，不文爲愧。

中華民國六十一年，歲在壬子夏四月，張大千爰。

大人小語

向英倫看齊

十一月開始，又有多種物價上漲。

香港常以追隨英倫自豪，何以獨不肯向「凍結物價」看齊。

清潔運動

城市清潔運動推行以來，街頭巷尾，確已乾淨不少。

清潔「城市」看來還比清潔「口腔」容易，垃圾是漸漸少了，「三字經」却依然到處可聞。

隧道巴士

隧道巴士行車時間，傳將延長至午夜。聖誕新年，大可通宵行駛，午夜以後，車費漲至兩元，我個人決不反對。

空谷足音

米勒法官退休，各社團餽贈錦旗，頌為「公正廉明」。

我聽得他的脚步聲逐漸遠去，謹以四字相贈：「空谷足音」。

多此一語

英國外相何謨透露，中共在港，不會設置領署。

中共倘若在港設置領署，豈不等於承認香港長期屬於英國？

我敢斷言

何謨訪問大陸後談：香港地位不會改變。

我敢在此斷言，香港物價，只會上漲，不會下跌。

和平不易

越戰停火，傳已達成協議。

十一月十二是「和平紀念」，印度支那的全面和平若能於十二月十二日到來，算是上上大吉。

台峽無戰事

以美、日、蘇聯、中共四者為主體的國際新局勢下，台灣戰略地位，重要性較前倍增。台灣海峽的戰略價值愈見重要，台灣海峽發生戰爭也愈無可能。

保密天才

泰國當局警告政府官員，不可向妻子多談公事，以免妻子無意中向外洩漏國家機密。

其實女人也有保守秘密的天才，絕對嚴格而永不泄漏的，是她的個人私蓄和年齡。

奢侈與節約

星洲推行節育運動，生育兒女三個以上，認為「奢侈」。

同性戀愛不能生育，請問：是否可作「節約」論？

小大之間

大英帝國逐漸萎縮，英國婦女的胸部，却普遍擴大。

據說，女人的胸部愈大，她們的氣量往往愈小。

皮有兩種

日本科學家製成人造皮，可以保護傷口。

人皮共有兩種，一種「薄皮」，一種「厚皮」，製造者不可不知。

糊塗之故

英國醫生試驗結果：飲威士忌最易糊塗。兒童祇飲牛奶橙汁，所以他們經常比成人清醒。

台灣物價

台灣之遊中，吃過一頓經濟美味的早餐，計燒餅、油條、荳漿各一，合共台幣三元，折港幣四角無零。

住觀光酒店，熨西服一襲，帳來台幣四十八元，合港幣七元左右，加一小帳在外。

郵政與戶籍

台北市區限時專送郵件，三小時必到。縱然寫錯里弄門牌，祇要路名無誤而收信人為戶主，亦可收到。

蓋遇到此類疑難雜症，祇須前往警局戶籍科一查，一切問題即可迎刃而解。

佳期難逢

本月二十日，女王夫婦銀婚紀念，白金漢宮將有盛大宴會。

本港男女凡於是日舉行婚禮廣宴親朋者，無論中西筵席應予九折優待，以示共慶。

吃蟹之憶

十年前吃大閘蟹，非「十兩庄四隻」不能盡興，現在吃蟹，「半斤庄」兩隻即可。

斤兩不同，隻數亦不同，前後付出之港幣數目則約略相同。

·上官大夫·

年銷

200,000對

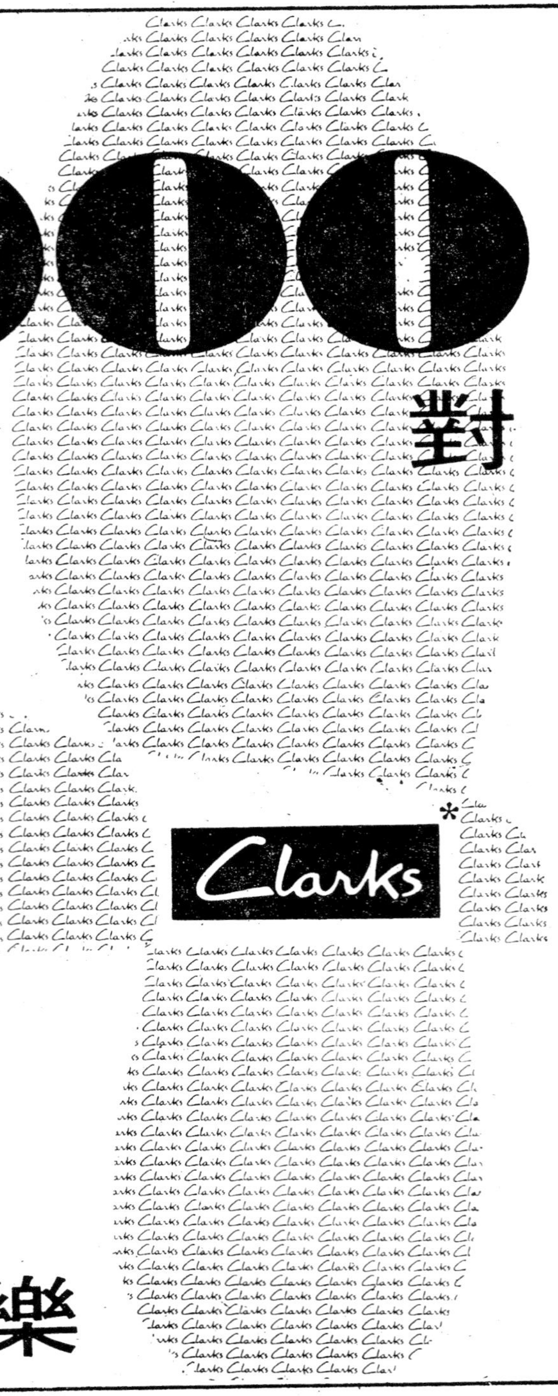

本港市場年銷200,000對的英國名廠其樂"Clarks"鞋，舒適、耐用及價錢大衆化，任何場合穿着一樣受人歡迎。

Clarks HARRY WICKING & CO. LTD.
域景洋行

干諾道中於仁大厦716室　電話：H-220001

*本港最暢銷的來路鞋——**其樂**

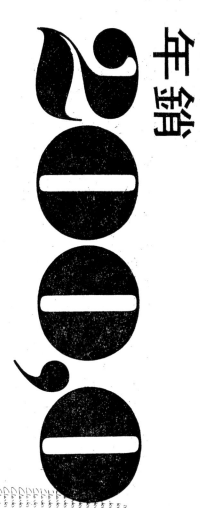

慈禧陵大殿內素地貼金的壁磚

乾隆慈禧墳墓被掘紀實

——介紹海內孤本——「于役東陵日記」

· 高伯雨 ·

中共發掘古墓，攝成紀錄片，大收賣座之効，可惜當年孫殿英計不及此，若他將當時東陵盜寶，攝成電影，恐怕還要叫座。本文特別介紹一冊海內孤本——寶熙手寫的「于役東陵日記」，對當年乾隆、慈禧墳墓的發掘，作了極詳盡的記述。

民國十七年（西曆一九二八年）七月，華北爆發了一個大新聞，就是孫殿英爆炸清陵，刼取寶物一案。此案發生後，全國的報章熱烘烘的連篇累牘登載了好幾個月，（按：孫殿英當時是直魯聯軍第二方面軍張宗昌的部下，任第十四軍軍長）這時候，我方在倫敦求學，有一家在英國銷路廣大的小型晚報，以圖畫照片為主要材料，它曾登載過一幅漫畫，寫孫軍盜墳，揭起慈禧太后的棺材，慈禧的屍體竟然一躍而起。我看了後不免又好惱又好笑，英國人深中了木乃伊作祟之說，以為古代的帝王死後還可以向人施虐呢。過了六七年，我在南京和劉成禺先生相識，偶然談到東陵被刼一事，他說：孫殿英部下某連長曾參與盜陵，此人說當他們打開慈禧棺材時，見她手指長了長毛，恐怕會有屍變發生，就叫軍士用槍橫架在棺上，不讓她跳出來傷人。於是我猛然想起倫敦某晚報那幅畫，原來也是有所根據的。

抗日戰爭結束後第二年，劉成禺在上海「新聞報」的副刊「新園林」寫「世載堂雜憶」，有「清陵被刼記」一則，其中有一段云：

予在漢口飲于同鄉某軍長家，席次，談及孫殿英發掘清代陵墓事。某軍長示予以贓物，謂是孫殿英所贈與，所以封吾輩之口也。視其物，為一大東珠十八顆，曰：「此西太后棺中所獲也。」一為碧洗一方，曰：「此乾隆某妃棺中所獲也。」並知孫殿英部下有某連長，曾參與發掘清陵之役，時方隸屬于某軍長，予等欲悉其究竟，急召某連長來，當筵詳詢。

某連長曰：「予時在譚師長部下任連長，守昌平東西陵一帶。忽聞奉天軍團長勾合土匪謀變，孫殿英馳至擊破之，于是宣布戒嚴，斷絕峪口行人來往。自是年四月十五日至二十二日，以火藥轟開陵道石門，搜獲寶物而去，實則奉軍並無叛變之事，蓋欲藉故肅清奉軍，獨佔利益，並借此戒嚴，塞斷峪口，便發掘耳。」

連長又云彼奉令掘西太后陵，當時將棺揭開，見霞光滿棺，兵士每人執一大電筒，光為之奪，眾皆駭異。俯視棺中，西太后面貌如生，手指長白毛寸餘。有兵大呼，速以槍桿橫置棺上，防殭屍起而傷人，但亦無他異。霞光均由棺內所藏珠寶中出，乃先將棺內四角所置大西瓜取出，瓜皆綠玉皮紫玉瓤，中間切開，瓜子作黑色，霞光由切開處放出。西太后口中所含大珠一顆，亦放白光。玉枕長尺餘，放綠光。其他珠寶，堆積棺中無算；大者由官長取去，小者各兵士陰納衣袋中。眾意猶未足，復移動西太后屍體，左右轉側，悉取布滿棺底之珠寶以去。于是司令長官下令，卸去龍袍，將貼身珠寶搜索一空。乃曰：「不必傷其屍體。」棺中珠寶盡，再索墓中各處殉葬之物。棺底掀轉，現一石洞，中儲珍寶亦盡取之。搜畢，由孫殿英分配，兵士皆有所得。貴重大件，用大車裝走。乾隆陵之被掘，此連長實未參與，不知其事。

某連長是身與其役的人物，他所說的自可信。他說「棺底掀轉，現一石洞」。這個石洞，大概就是「愛月軒筆記」（這部書是李蓮英之姪所著，他曾親聞諸李蓮英口述西太后事甚多）所說的棺下那個井了。據說，西太后生前就花了很多金錢經營她的「萬年吉地」，她自己親自點定埋葬自己的穴位。穴下有井，她先把最寶貴的一串珍珠投入井裏，珠共一百零八粒，爲世界罕見的奇寶。西太后的隨葬品是出名豐富的，從前「故宮周刊」所載清內務府記述西太后隨葬品清單，還不十分詳盡。據「愛月軒筆記」說，光是墊棺底用的金絲鑲珠寶錦褥就很驚人。金絲錦褥的製價是八萬四千兩，上面還鑲以八分珠一百粒、三分珠三百零四粒、一分珠五百粒、六厘珠一千二百粒、米珠一萬零五百粒。紅藍寶石四錢重的十八塊，小的六十七塊，五分重祖母綠兩塊，碧璽白玉二百零三塊。

慈禧生前貪得無厭，死後的隨葬品共有多少，很難加以統計，英國人濮蘭德所作的「慈禧外紀」一書，就說她的墓中的寶物，價值一千多萬英鎊，所以就會引起人垂涎了。

孫殿英掘陵之舉既傳遍國中，其時直魯軍已被北伐軍擊潰，北伐軍入北京後國民政府改北京爲北平。滿清宗室誠塑、寶熙等，以祖宗陵墓被掘，遺失珠寶爲詞，呈請平津衛戍司令閻錫山緝盜。閻錫山照例轉呈南京國民政府核辦，一面組織軍事法庭，會審已經落網的人犯，一面設立善後委員會辦理善後事宜，又令商震派兵負責保護東陵，張蔭梧派兵負責西陵。

東陵盜寶案主角孫殿英

自此之後，清陵就沒有再被盜掘之事發生，但主犯孫殿英却安然無事，所謂「落網人犯」，只不過是一些低級軍官和平津的商人罷了。因爲當時孫殿英擁有軍隊數萬人，是一支勁旅，張宗昌雖失敗，但他手上有重兵，當軸不敢對他怎樣，一來投鼠忌器，二來也想招他歸附，以免又引起內戰，所以此案也就不了了之。

清陵被盜之日，溥儀正在天津租界裏設立他的小朝廷。他聽聞祖宗陵寢被掘，有種種舉動。現在我摘錄一位遺老溫毅夫自編的年譜，以說明其事。戊辰年五十一歲條下，記事云：

裕陵、定東陵菩陀峪兩處被盜發掘，上聞訊悲悼，設神位于所在，朝夕奠，素服減膳，諸臣工亦隨同行禮。（按：作者名溫肅，字毅夫，廣東順德人，光緒廿九年癸卯進士，授編修，清亡後努力作復辟活動。一九二九年至一九三一年曾任香港大學講師，以其翰林同年賴際熙在港大任文科主任，一九三九年陰曆九月廿一日病死。）

溥儀除了「素服減膳」之外，還派了幾個親信大臣前往東陵辦理善後事宜，其中兩個是「內務府總管大臣」一個是寶熙，一個是耆齡，另一個是陳毅，還有載澤、溥伒（字雪齋，工畫，一九六六年逝世）等宗親。寶熙寫有「于役東陵日記」、陳毅著有「東陵記事詩」一百韻皆記其親與其事。他們詳細記述陵墓被盜後的一般情形，最爲可靠。尤其是「于役東陵日記」，此文外間從未見過。手稿原蹟則爲三十年前作者贈我，寶藏至今，向未以示人。現在爲了保存此案資料，使公諸于衆，爰將全文錄後，以爲治史者參考。

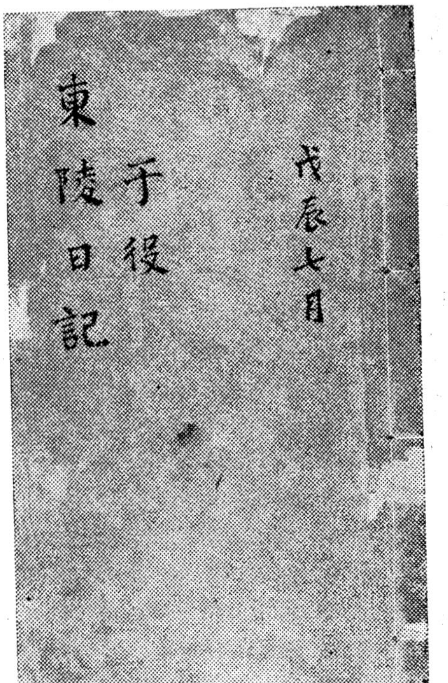

于役東陵日記封面

寶熙，字仲明，號瑞臣，又號沈庵，清宗室，正藍旗人，光緒十八年壬辰科進士，授編修官至學部右侍郎。一九二三年，任「總管內務府大臣」，滿州國時代，曾任「尚書府大臣」、「宮內府內務處處長」、「參議府參議」等職。一九三七年盡辭各職，死于何時未詳。陳毅，字詒重，湖南湘鄉人，湘軍將領陳湜之子，光緒廿九年癸卯科進士，丁巳復辟時，因爲他也是此中健將，授官「侍郎」，但只做了十日，滿洲國成立不久，他就死了。耆齡字壽民，滿洲正藍旗人，監生出身。光緒三十二年任商部右參議，三十四年遷內閣學士。寶熙工書法，館閣體的氣味不重，因爲他後來致力北碑，不受館閣體的影響，我們試看他這本日記封面手寫的「于役東陵日記」這十個字，便可見一斑了。這一本日記是用榮寶齋裝訂出賣的紙簿寫的，高八英寸，橫四英寸半，青色絲欄，每頁八行。現在先把日記後他所寫的後記錄出。

兩陵盜發之變，本年陰曆六月初即微有所聞，方冀其言之不實也。六月十三日，衡亮生（永）都護得現任知遵化縣事蔣君函述茲變，有「骸骨狼藉」之語，事始證明。於是同懿親數人，向北平當道奔走呼籲，一面請派得力軍隊迅往保護。一面請究辦盜陵人犯，並即報告天津行幄。十八日，遂奉派同耆（齡）陳（毅）二公馳往詳查，籌辦善後。熙以茲事體大，面陳宜有懿親二三人同往，庶足以昭鄭重。二十一日，乃加派公載澤，貝子溥伒恭代祭告，共襄此事。復遣將軍溥侗，公恒煦隨同行禮。自津歸後，與同人議商籌備一切，數日即已就緒，而陰雨連綿，至七月二日始晴，遂于初四日嚮明東發，路濘難行，初不意未滿兩日即抵陵地也。凡在陵目睹之奇慘，及行路身歷之艱辛，乃按日擇要記之，以備遺忘，且以代來詢陵事者問答之煩云爾。戊辰八月四日，寶熙記。

七月初四日

卯正，同人齊集於宗人府第二工廠，辰初，乘汽車東發，計恭辦善後者五人，隨同行禮者二人，隨員七人，以及僕從、官役、工匠、厨役並警備司令部衛兵、官長都七十餘人，分乘小汽車十，大汽車五。嗣以行李過多，又加雇大汽車一。辰正三刻抵通縣，尋渡潮白二河，均有浮橋，水亦未漲，安然渡過，惟朝陽門內與通縣北關檢查甚久，始放行。未正抵三河，飯于小店，休息二小時行。渡泃河，有橋至段家嶺，欲宿無店，又行二十里，至邦均，店多關閉，即有亦盡為兵所佔，不得已，覓一小飯鋪休息。屋湫隘而骯髒，天又極熱，入夜稍涼，倚枕即睡。計日已行有一百四五十里，沿路泥濘坑坎，顛頓殊甚，身體勞乏，轉易成寐也。

初五日

黎明起，早霞無際，恐有雨徵。辰過薊州，已正抵馬伸橋，前後汽車陷者甚多，且不止一次，路上停留有三四小時。未正始達石門，渡河，水幸不大，然車已有進水不能行者。已而雨至，冒雨行，路極難走，申正至裕陵園內，前員外郎和仲平寓所，房地寬敞，行館最宜。館後即詣裕陵菩陀峪定東陵寶城，查勘盜掘之跡。見玻璃影壁之下，磚石翻動，又復填砌不齊，勢非開視不可。定于詰晨工作。行李大車三，傍晚未到，當在馬伸橋以西阻雨矣。守陵人在裕陵石門外檢得骨殖凡四；菩陀峪陵外拾有御名香冊一葉，繡龍袍一件，內中損壞可知。車入口子門，行二十餘里，至裕陵大圈，各陵寶城饗殿，一目了然，蓋百萬餘株松柏，經三五年軍閥之翦伐，土痞之偷竊，竟無一存者，故能目窮數十里而無礙，眞足悲也。晚飯後，心中鬱鬱，不能成眠。

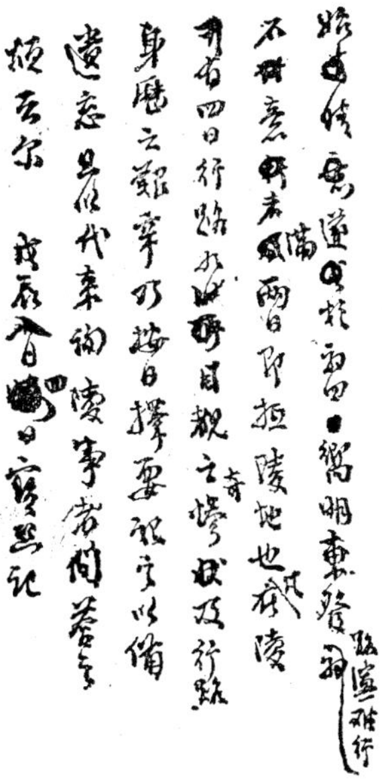

寶熙手書于役東陵日記後記

初六日

午前，軍界人杜孝穆、王占元、內部委員宋逸仙（汝梅）均來談，留其午餐（此句之下有括號，內記：「宋為山西大學西齋學生，人頗老到。」復將其去勾去。——引注）。飯後謁孝陵、孝東陵、景陵、景妃園寢、雙妃園寢，殿宇殘毀，門窗拆失無存。守護者諉之多數土匪，而莫可如何，然監守自盜，物腐虫生，有自來矣。孝東陵端順恭敬二妃之穴，有發掘痕跡，據守者言，盜掘未深，為人驚走而罷。景妃園寢、溫僖妃穴，前堦石已動，據云遇水未入，細審非虛言也。今日招集工人來齊，午後將大概情形致函于張園胡、景二公，請代陳。書家信一封，同寄北京。（在景陵寢門內，拾得軍長柴雲陞、旅長韓大保名片各一張，均豫省人也。）（按：「胡景二公」，係指在張園的小朝廷南書房行走的胡嗣瑗、景方昶。景為光緒十五年翰林。貴州興義人，字旭初，號明久。胡為光緒廿九年翰林，貴州開縣人，字翼仲，號晴初。（一九三四年任「滿洲國」宮內府次長。——引注）

初七日

陰雨竟日。行李車仍未到。午間接收委員會劉人瑞等四人、衛戍總部哈漢儀、警備司令部齊尚賢來久談。隨員徐榕生（塤）與三兒志林報告裕陵隧道開工，檢得脊骨一、胸骨一，謹藏于篋。又得清文香冊一葉，乃普陀峪陵中之物，二陵相距不遠，軍匪切取葬物，携于彼而置於此，其擾攘有如是者。行李車到，據云馬伸橋以西雨甚大，泥濘難行。

初八日

午初晴。杜孝穆來談，同飯後謁昭西陵、惠陵、惠妃園寢，殿宇殘毀，以昭西陵為最重，大柱均用刀斧砍削，圍徑僅餘有四五寸，不久恐即傾覆。尋至裕陵看視，土工已開到頭道石門，門內水深至四五尺，躡梯而下，見二道石門半開，阻水不能入。歸與同人商議撤水之法，擬借大庫撤水機一試，並分派工人往普陀峪陵，開啓隧道，如無水，可先辦收殮之事。晚仍雨，夜深始睡。

初九日

早夜雨時止時作。裕陵之水，用撤水機

幸有效，本日水已減去尺餘，但冀來源之不旺。晡時，普陀峪隧道已通，無水，定明日進地宮細勘。積雨冷甚，可御棉衣。

初十日

早晴。午至菩陀峪地宮隧道蛇行而入，到券門，由原拆之竇側身以進，見石牀下梓宮欹側而立，金色外槨劈毀，槨蓋置于西北隅，上覆片板，啓視則慈禧玉體在焉。側臥其中，左手搭于背上，髮未散，上身附體之衣已去，面與身發酵，生白毛及寸，蓋盜掘日期始于五月十七，訖于五月廿四日，玉體暴露于梓宮外者四旬有餘，地宮潮濕，天氣蒸熱，以致成此狀況也。即傳婦差覆以黃綢，置未毀朱棺于石床，然後以黃緞褥緊束玉體，緩緩移轉正面，面色灰白，兩目深陷成黑洞，唇以下有殘破痕。又覆以黃緞衾，並用蔭公所藏前頒孝欽遺念衣二事殮焉。殮時同人等敬謹臨視，且助抬扶，棺蓋未毀，即以漆封口覆之頗完固。隨同入視者有接收東陵林墾委員、文化維持會委員及軍官等九人。自始事至臧事，約五小時，尚覺妥速也。歸來請陳詒重草致津書稿，又寫家書二通，以備明日專差出發。夜來又雨，感愴不寐。

十一日

晴爽。午後謁裕陵、定陵、菩祥、菩陀峪、定東陵、裕妃園寢、定妃園寢。裕陵頭道石門，水已撤去三尺餘。看菩陀峪陵梓宮漆口貼金已齊，將前拾龍袍及香冊十葉，又于地宮內尋得香寶一方，均包以黃袱，安于冊寶石墊之上，隨掩石門，第二道石門，門軸移動微損未掩，僅用石塊將兩門下角倚住，以防危險。遂飭匠填砌隧道，三二日可以畢工。定陵寶頂前中掘起磚面，寬深各二尺餘，亦盜跡也，飭工補砌。菩祥峪陵寶城上金剛牆，亦有掘毀痕，飭工併修之。

東陵一角——定東陵，並列慈禧慈安兩墳墓

十二日

余與雪齋均患腹疾，未至裕陵督察工作。撤水已退至尺餘，徐七同三兒用板度到第四道石門，勘其水與外同。四道石門內，則一扇石門欹倒于地，金棺一橫置于其上，其中棺木縱橫欹側，凌亂不堪，因添夜工撤水。榕生及三兒，均在明樓下值宿。

十三日

天大放晴，秋風蕭瑟。午前至裕陵，遂循三道石門以登四道石門之上，看其地水已無多，而棺槨堆積，濕紙滿地，非清理一次，不能檢拾遺骨。因飭督工者趕緊設法。睹此慘狀，悲憤填胸，歸來閱查勘各陵寢殘毀情形清單。王營長占元來言又將換防，旬餘以來，換防三次，其能盡保護緝捕之職責，不甚難耶？入夜涼月極清，久立院中，白露沾衣。三兒云，地宮有小泉湧出數處，姑用灰石填堵，未審終有濟否？裕陵之事，可謂觸手荊棘矣。

十四日

午前詣裕陵，地宮水已減至四寸。同人等遂由第四道石門大略查看一周，遺骨多在泥中，且多散失，難於分別。所約來檢驗骨殖之人，亦苦無所施其技。合殮一棺之說，大衆從同，余亦何敢立異耶？又查裕陵及菩陀峪陵第一道石門內，左右列有石墊，以陳列香冊、香寶，刻木為之，地宮以內，並無石墊石案，更無所謂金鳧玉盌，銀海漆燈諸物，徒以寶城之名，遂誤為寶藏之所，其實乃一無可欲者，而亦遭赤眉溫韜之禍，何也？（按：「何敢立異耶」句下，原有：「且看明日檢驗何如耳。午後接兒輩家書，甚慰。余與三兒家用，乃無法取給，只好聽之。好在此間大家均望迅速畢工，回歸不遠矣」等句。）

十五日

晴。午前榕生在裕陵地宮內檢得金簪、金飾二事，交后山謹藏之，殮時再請入。本日督工將第四道石門內所劈毀各棺木，堆置一處。午後于石牀西邊兩棺板之間，發見后妃玉體一，幸未損傷脫失，即飭婦差四人，置黃紬木板于側，陳緞褥于其上，徐由石牀泥水中請起，安放于板，再以黃紬護之，緞被覆之，暫安於石牀西北隅，敬審其面貌，顏多縐紋，齒未全脫，似五六十歲人，而皮骨具存，絲毫未腐，笑容圓相，有如古佛，誠異事也。爲后爲妃，未敢遽定。榕生於其旁檢有繡鳳明黃女朝韡一，用水濯之，顏色尚未霉敗，玉匣珠襦，經久不朽，有如此者。孰知百三十年後，乃爲匪軍毀傷暴露之，可哀已。薄暮訪文化維持會委員徐森玉、常維鈞一談。二君以在馬蘭鎮城門左側所影照譚溫江本年七月七日告示一紙相惠（按：此句下有「此案責有攸歸，不難判斷也」二句，後勾去）。又有人將鎮上張貼本年六月間軍長孫魁元、七月七日旅長韓大保安民布告各一紙揭來，一并留存，以爲證據。夜月清皎，天氣極似深秋。

十六日

裕陵地宮第四道石門右一扇，爲盜者炸傷仆于地，而置梓宮於其上，左一扇則上下之樞軸均毀，門後用金棺倚之，極危險。午前飭匠將右者平放于地，左者以大繩束之，而將所置之梓宮移于地宮西面，始稍足以回旋。幸將高宗元首及后妃顱骨，全行覓得，由其四體百骸，則十不存五，推原其故，匪軍盜掘爭取葬物之時，以致遺骸毀傷脫落，其後繼以本地土匪入內踐踏多次，又攫取泥中各物，承諸筐筥，出就河水濾之，故零碎骨殖，遺失尤多，竟無從檢拾矣。假使任守護者聞變迅即報聞，則爲日不多，即有人前來收拾，當不致如此之奇慘，此守護者之大罪也。同人決定於未初刻先將昨日所成殮者奉安，其金棺在居中梓宮之右。地宮空氣太少，燈光時苦無光，執事人仍魚貫以出，俟汽燈電燈。在外收拾多時，申正重行入內。居中梓宮已揩拭乾淨，同事諸人敬將帝后妃五位遺骨，親自奉持，安放妥貼，殮以衾褥數重。蔭公更以蒙頒德宗遺念御用龍袍龍褂奉獻，敬覆其上。此實暫安辦法，事竣已戌初矣。處變之時，不能求全責備，傷心慘目，所不待言，然較諸南宋諸陵，二三義士，瘞骨荒山，冬青手植，艱苦卓絕，尚有難于此者，斯亦不幸中之幸也。晚飯後，同厚齋、雪齋出大圈東門，至神路石橋步月，清談甚久，胸中悒鬱之氣，爲之少消。徐森玉、常維鈞來，云于明早回京，託其帶致家信，丑初始寢。（按：厚齋爲溥侗字。）

十七日

午前至裕陵地宮看梓宮，金棺上蓋漆貼金，將次工畢。遂命灑掃石牀，掩閉三道石門。地宮泉水仍復上出不止，欲籌補救之法，捨用土填塞，無他途，赴津日，當向行帷縷陳之。裕陵帝后妃奉安位次：高宗居中，孝賢后居左，孝儀后居右，其石牀西面則首淑嘉，次慧賢，次哲憫三皇貴妃。帝后梓宮表裏均雕刻番字陀羅尼經，有內棺外槨。寶城內上方與四面之石，滿刻梵文經咒，崇信釋典，蔑以加茲。午後炎熱，大雨如注，酉初始止。薄暮同人至裕陵神路散步，看天台諸山雲氣滃然，雷電隱約，濠門馬伸橋一帶，雨勢不小，十九啓行，路恐多阻。（按：以下有「今日午飯後爲人書便面三，筆氣尚靜。陳詒老所草奏陳辦理兩陵情形稿，甚得體要，閱訖飭繕。」其後勾去。——引注。）

十八日

午前同澤伒二公至馬蘭鎮街眞武廟，回拜委員會諸人，及齊哈二君，又訪王營長占元久談。接防者尚不知爲何人，彼允如一時不調開，對于陵寢不法之人，必爲設法懲辦一二，以儆其餘，當面致謝之。午初又同至守護大署臣第一看所謂西府者也。各房門窗戶壁，殘毀不堪。至其後圃，尚存松柏果木十餘株，徘徊久之。憶二十年前，曾奉派修東陵另案工程，曾謁春園貝勒于署內西齋，尚畧記其途徑，今昔之感，難去諸懷。據和偉廷云：此署在今年五月間，與各陵殿宇樹木，同時被毀，如現任守護者常住于此，情形自當不同。晚飯後，見各陵官員新組成聯莊會代表五人，於制止三五匪人不法行爲，極易爲力，因大爲奬勵之，允將其所具呈文，代陳行幄。天仍濃陰。

十九日

寅初即起，收拾行裝。卯初大雨如注，辰初少止，即由行館出發。行未數里，雨勢又來，沿路泥濘甚深，車陷于淖者不知凡幾。每一車陷，則十數御者，十數兵士，或推或挽，久之始能出險，然費時已多矣。直至下午六時，始抵石門鎮，距行館只二十里，若自昭西陵算起，才八里耳。雨時止時作，僕御疲乏不堪。石門各店，盡為駐軍所毀，不得已於古廟中宿焉。廟祀碧霞元君，壁有乾隆時瑤華卓齋題壁詩，屋宇尚堪棲止。入夜雨猶未已，積陰較寒。

二十日

午前後小雨時作時止，晡時始見夕陽，一片返照，羣峯紫翠萬狀，龍門口水聲澎湃。同人在廟後石墩之上瞻聽久之。遣人探石門西淋河水深不能通車，只好靜候一二日再行。晚間同人挑燈聯句，得詩三首，聊以遣悶云爾。

二十一日

午前復派御者探視河水深淺。水勢較昨減落，明旦可以行車。午後風起，天氣大晴。叔源貝勒（按：載濤，字叔源，他是溥儀的胞叔。一九七〇年九月二日死于北京，年八十四歲。——引注）策蹇來石門相會，云自十七日在三河阻雨，十八乘騾車在段家嶺陡遇大雨雹，山洪暴發，幾被冲失，車不能行，遂改策蹇驢而前，直至今晨始抵陵地，此行良不易也。坐談片刻，匆匆即行，謂擬于今晚宿薊縣，未審能達到否？早間步至鎮東將軍廟一覽，廟祀漢末公孫瓚，瓚在此地擊賊捍衛地方有功，非淫祀也。晡時獨步至龍門口觀水，又次韻瑤華卓齋題壁詩二首，紀實而已，未可言詩。

二十二日

清早行，汽車渡河，非常吃力。沿路泥濘極深，中間捨車而徒步者數次。同人遂步行至馬伸橋，止於飯肆候車，直至酉初始到齊。一日工夫始行得二十餘里，不僅蜀道之難也。聞馬伸橋以西路尤坑坎，只好宿此，以俟來朝，所幸天已大晴，不致如十九日雨中之苦耳。

二十三日

早發馬伸橋。一出西門，未有一車不陷入泥淖中者，六小時只行有五里路，豈非奇事。酉初抵薊縣東關，彼處駐軍阻止不得入城，交涉多時，未得要領。天色將暝，即于東關外高家店宿焉。

二十四日

早穿薊縣城，車夫將肆中所存汽車，悉數購盡。未正始至三河縣城，仍飯于小店之內。申初行，路途雖多泥濘，然較之三河以東略好。沿路遇給養大車及運輸馬隊，絡繹不絕，加以汽車機器損壞不能行者數輛，耗費時間不少，至夏店天已昏黑，各車之汽油燈多震傷無光，以汽車行黑道，又遇坎軻之路，危險可知。夜臥于客店土炕之上，潮濕薰蒸，不能成寐。三更後濃陰，雷雨一陣。

二十五日

早行，渡潮白河，河水盛漲，浮橋已撤，以船濟人，汽車過河，亦由船載，甚為費手。在酒館午餐，未正行。通縣以西馬路四十里極不平坦，徒有馬路之名。申初抵家，再整行裝，預備明日赴津。

寶熙的日記到此為止，廿六日他就乘火車往天津，向溥儀報告此行經過。他的日記底裏面，黏貼有一張紅格十行箋，記乾隆裕陵內從葬后妃的封號及年歲。現在也抄錄于後。

謹案：勝水峪裕陵寶城內，后妃附葬者五人，孝賢后崩年僅三十七，哲憫妃薨在雍正十三年，淑嘉、賢慧二妃薨逝之年雖失考，而賢慧薨在孝賢之前，淑嘉則于乾隆二十六年已經附葬裕陵。三妃之薨逝，亦皆在盛年可知。孝儀后初封令妃，于乾隆二十五年誕育仁宗，四十年正月薨，年四十九，諡曰令懿，附葬裕陵，六十年授受禮成，命冊贈孝儀皇后，則裕陵內玉體未損、貌若五六十歲人者，為孝儀后無疑。歸檢「昌瑞山志」及「清史稿」，敬記如右。

慈禧陵前的丹陛龍鳳石由師徒二人以三年時間刻成

裕陵的寶物很豐富，孫殿英的軍士刼去多少，無從獲悉。金銀之外，還有隨葬的書畫多件，是否也經此一刼才出現人間，這是一個很有趣的問題。咸豐戊午（八年，一八五八年）順天鄉試主考官、大學士柏葰被殺，柏于咸豐四年，以尚書降副都御史，出為馬蘭鎮總兵。馬蘭設鎮，兼內務府大臣，體制崇峻，責在守陵，而實兼護長城諸陵。柏氏著有日記數十冊，中有記東陵事很詳細，今錄有關裕陵內從葬人物及隨葬品，以見一斑。記云：

裕陵在孝陵之西，峯名勝水峪，乾隆七年定，八年興工，壬丙兼己亥向。奉安高宗純皇帝及二后、慧賢、哲憫、淑嘉三貴妃；純慧皇貴妃園寢，爲：純慧皇貴妃、慶恭皇貴妃，次爲貴妃五：忻貴妃、愉貴妃、循貴妃、頴貴妃、婉貴妃；妃六：豫妃、舒妃、容妃（按：這個容妃是回部某統治者的女兒，進獻給乾隆的。她能騎馬，常戎裝乘馬隨出口外射獵，乾隆寵之二十年不衰。今人謂乾隆有所謂「香妃」者，據孟心史考證，殆容妃耳。——引注）、芳妃、惇妃、晉妃；嬪六：儀嬪、怡嬪、恂嬪、愼嬪、誠嬪、恭嬪；貴人十二：秀貴人、福貴人、瑞貴人、新貴人、愼貴人、金貴人、武貴人、順貴人、祿貴人、白貴人、鄂貴人、壽貴人；常在四：張常在、奎常在、平常在、寧常在。

總計乾隆帝的妻妾一共有三十六人、皆附葬裕陵。柏氏日記記隨葬品的書畫頗詳，爲其它諸陵所未有者，大概乾隆帝生前愛好書畫古董，故陵中有此陳設。記云：

東煖閣佛樓御筆雕漆對、掛屏，聖容二軸，玉如意一，表二，孝賢皇后輓詩二冊，玉寶二方，唐獅硯滴，成窰鍾二、漢玉玩器十九件。文徵明「春秋營林」，柯九思「九成宮」，趙孟頫「秋郊飲馬圖」一冊，「道德經」一冊，錢選「柯山圖」一冊、鄧文遠章草眞跡一冊，董其昌一冊，馬遠一冊，御臨董其昌各家書法冊頁二冊。御筆十全老人之寶洗玉冊十片，御製石鼓文序一冊。硯十方，御製雞雛圖桌屏一件，御製緙絲心經一冊，聖製抑齋記碧玉冊玉板八塊。碧玉寶一方，御題青白玉碗二，瓷蓋鍾二，青白玉鍾一，雙耳凸花青玉碗一，金裏雕漆鍾二，碧玉碗一，扎古扎牙木碗一，漢玉靶紫檀木銀义子一，白玉鍾一，五彩雞缸瓷杯二，瑪瑙圖章八方，玉萬年甲子一份，陵圖一軸。金器一件，重一百零五兩，鍍金銀器三百二十六件，重四千七百兩，銀器十五件，重三百八兩零。儀樹一萬零七株，太監一，張士林，膳人九，茶人七，領催二，差役三十八，掃院一，樹戶七十三。

裕陵寶城外的器物，單是金銀器一項，就一共五千一百一十三兩，其他從葬的妃嬪、太子、王子、公主等的金銀器物，一共四千八百六十一兩。這些金銀物器及書畫古玩，自光緒末年，已陸續被守陵的人盜賣盜換，不知多少了，辛亥革命後十餘年間，守衛清陵的人員，復時有監守自盜之事，就在溥儀出宮前數月，亦曾派温肅前往東陵查辦其事，可惜也毫無辦法，不得要領。到孫殿英刼陵時，恐怕所存已無幾，自然也被兵匪一掃而空了。

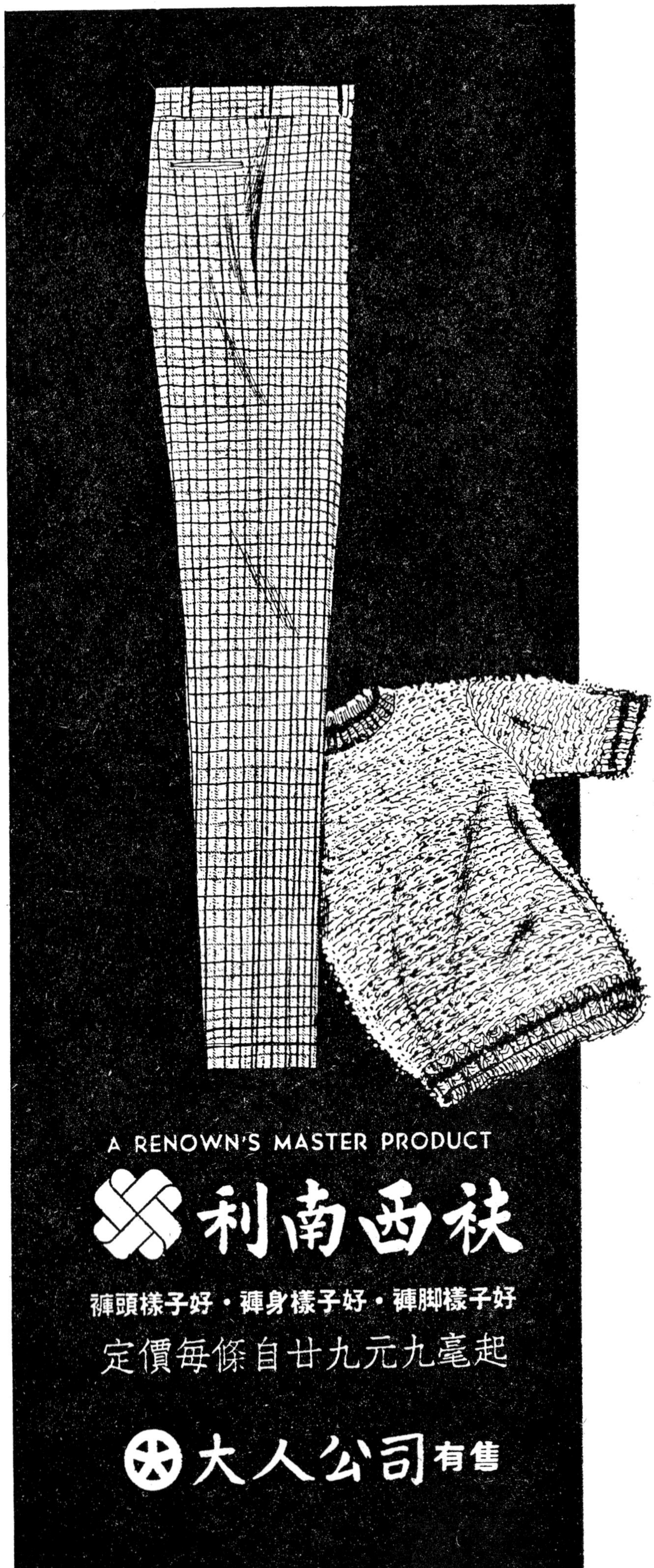
A RENOWN'S MASTER PRODUCT
利南西褲
褲頭樣子好・褲身樣子好・褲脚樣子好
定價每條自廿九元九毫起
大人公司有售

林則徐與左宗棠

·嘯公·

左宗棠，字季高，湖南湘陰縣人，與滿清同治，光緒年間，曾任廣東巡撫暨首任中國駐英使節的郭嵩燾（筠仙）同里，郭女又係左宗棠的侄媳，兩人都是由曾國藩幕中發跡顯貴的。

左宗棠的父親是在鄉里教學的塾師，養有金魚一缸，每以魚子多少，卜門徒盛衰，宗棠九歲那一年，金魚產子多，乃父即歷數其門弟子某某等當得秀才而不及宗棠，他心中很不高興，竟把父親所養的缸中金魚，一概弄死，可見其好勝的天性，自幼即然。

滿清道光十二年壬辰（公元一八三三），宗棠二十歲，他納捐「監生」——清朝制度，監生與秀才同赴鄉試，而監生可以納錢向政府捐取的——跟他的哥哥宗植一道赴長沙參預鄉闈，主考官是陝西人徐法績，試題爲「不患無位，患所以立」的八股文。科場慣例：主考官在核定取錄名額時，必將被閱卷官視爲不入選的「落卷」，搜閱一番，以防遺珠。徐氏搜得落卷六本，宗棠亦在其列，徐檢閱左的制藝中，乃有「既不受朝廷不甚愛惜之官，亦無需鄉黨無足重輕之譽」二語，大加激賞，認爲嶔奇磊落，乃國家有用之才，即將宗棠拔置前茅，中式第十二名舉人，又寫信給在家鄉的夫人，說此行在湘已爲國家掄致一奇才異能之士左某，彌足幸慰。并將上述左氏制藝中的兩警句，亦附錄於家信中，以示佐証。

宗棠得中舉人後，亦曾晉京會試，落第而歸，旋受聘爲醴陵縣的「淥江書院」山長，即今之學院院長，此時湖南人陶澍（胡林翼的岳丈）做兩江總督，曾乞假還鄉掃墓。那時候的交通不發達，由南京回湘要繞道贛境入湖南醴陵轉長沙。醴陵縣令在城外的臨江大道中，高築牌樓歡迎陶總督，即請左山長撰一副聯語貼在牌樓兩旁云：

春殿語從容，萬里家山，印心室在；
大江流日夜，三湘子弟，翹首公歸。

陶氏見之，甚爲讚賞，蓋上聯「印心室」，原係陶氏少時在家讀書的齋名，非熟悉陶氏身世者，不知也。「春殿語從容」是指陶氏於南行時，到北京陛見皇帝辭行的情形。當日陶氏駐節縣署，詢問這聯語係何人所撰？縣令以左山長對，，陶即命人持名片往淥江書院邀請左山長來行轅一談，但左氏却在名片背面（舊時的翰林公名片，都是用一大張紅紙，印上姓名，官至總督的名片更大些。）批註以「只有東主先拜西席之禮」的語句，拒不應命，縣令又不敢據實報告，陶氏久候不見左山長來，詰知其情，乃謂「這是兄弟錯了」，急往書院拜訪左氏，兩人談到深夜，陶即下榻於書院中，洎是與左氏締深交，且結成兒女親家——左的女兒許配陶澍的兒子，陶氏認定宗棠非池中物，常游揚於公卿士大夫之間，左的聲譽乃鵲起。胡林翼是陶澍的女婿，又與宗棠友善（胡係益陽人，與湘陰鄰近。），是時胡在貴州作知府，隸雲貴總督林則徐（一七八五——一八五〇）麾下，胡氏曾向林總督極力推轂左氏入幕府任職，林氏早從其好友陶澍方面得悉左係幹才，即託林翼致書敦聘，而左以當時正要替其女婿——即陶澍之子——料理家事，未能應聘，然左氏復函對林則徐固極傾佩，中有「僕誠無似，然得府主如宮保者（指林總督），從容陪侍，日觀其設施措注之迹，與夫蒞官御事之心，當有深於昔之所聞所見者，縱不能有當於公之意，然其有益於僕則決可知矣，尚何疑而待執事之敦促也！顧事固有未能如吾意者……坐此羈累，致乖夙心，西望滇池，孤懷悵結，耿耿此心，云何能已？」等語，這信林則徐當然看到，他對左的觀感更佳了。越道光廿九年九月，林則徐辭去雲貴總督，携同家人駕木船經貴州泛舟溯沅湘，轉返福建，行抵長沙時，湖南文武官員多晉見，左宗棠由鄉里趕來參謁，林見到「湖南舉人左宗棠」的大紅帖，立即謝絕各官員，單獨延見左氏，并將坐船下駛至幽靜地點。據近代人高拜石撰「南湖錄憶」第一集，所記「林則徐左宗棠湘江夜話索秘」述當時情形殊有趣：

> 左在登舟時，不愼落水，左右亟予扶起，沐浴更衣，然後主客暢叙，設宴欵待，三子陪侍，至次日天曉，送左上岸，官船開行。在此一日夜中，國家大事，無所不談，而特別以西北邊疆爲主題。文忠（指林則徐）在新疆三年，足迹徧南北疆，深知當地情勢及强隣窺伺之危機，明知俄羅斯必將爲禍於中國，必須未雨綢繆，以應付未來變化。但入關後，自西北而西南，始終僻處邊陲，而未與中原人士相接觸，迄無從宣達其意；而其摯友中精於輿地學者，龔自珍早死，魏源、姚瑩皆長於文事而未能大用，獨左宗棠以究心輿地兵法馳名於世，文忠久知其才，再經此次日夜暢談，期許良厚，因將所知關於西陲情形相告，并授于自己就地所蒐集資料，爲左氏奠立後來經畧西北之根基。

這次的特殊遇合，不僅對左氏的聲光大有增益，而二十餘年後，左統兵經畧新疆的若干設施，皆根據林文忠當年在湘江夜話中對他提供的意見和資料，如開闢「坎井」一事，據「左文襄全集」書牘卷九所記，即是仿照林文忠的成法云：

> 吐魯蕃地土肥沃，尚惜渠工失修，沾潤不徧。林文忠成邊時，曾修伊拉里克河渠，考其遺法亦止於渠中鑿井（土人呼爲坎井），上得水流，下通泉脈，故引灌不窮。擬飭

宋得祿、劉鳳濤相地為之，如涇水上源亦照鑿坎井，則永不愁旱矣。

林則徐對左宗棠之特加賞識，在未見面以前，當然是受到友好陶澍之游揚吹噓，以及部屬胡林翼之稱許推薦的影响，迨於長沙舟中相見暢談後，乃認為左氏確有才幹，不惜折節論交，深相期許。這情形很像漢末司馬徽與徐庶等人對隱士諸葛亮之稱讚，因而左氏後來顯達時，每以諸葛亮自比。可見舊時吾國居高位的政治人物，多能夠隨時隨地留意人才，發掘人才，而主考官徐法績亦能從文章中拔識左氏為國士，這與現代政治上專講私人派系，而以表面言行為衡量人才標準，奔競夤緣為羅致人才方法的作風，相去不可以道里計，國家治亂興亡之所由來，思過半矣。左宗棠對林則徐亦感恩知己，情見乎辭，他於林氏逝世時輓以一聯，見本刊第十四期覺初先生所撰「左宗棠趣事軼聞」，不重錄。

林氏於道光末年在家休養時，奉命再起，馳赴廣西督勦洪楊，路經潮州病故的，繼而駱秉璋出任湖南巡撫，胡林翼亦由貴州以道員率黔勇入湘，對左宗棠尤接近，駱巡撫慕左名，乃禮聘他担任撫署的「文案」——即秘書長，俗稱「師爺」——信任甚專。清例：凡封疆大吏得專摺奏事，上達帝聽。文臣多親自草擬，以示愼重，亦有委諸文案屬稿的，凡封發奏摺時，必鳴砲為禮的，號曰「拜摺」。駱巡撫對「左師爺」極器重，奏稿皆由左擬好送閱一過，即照發，絕少竄易之處。左亦慷慨自負，一夕為駱撫草奏稿至深宵方畢，逕令人叩門速駱公起來細閱，逐句宣讀之，并謂駱公云：「公如傀儡，我是提線人，非有我在，公即不能動矣！」言罷大笑，駱亦不以為忤，而「左師爺」的名氣更盛旺了。某日，駱巡撫在辦公室聞有砲聲，詢問何事鳴砲？左右告以「左師爺拜摺」，駱漫不介意。按體制：「拜摺」應由巡撫本人躬行其事的，左師爺恃居停平日倚任忒專，乃越位代為「拜摺」，并不關白，駱亦聽之，時人乃稱左師爺為「二大人」。左又在其私宅門前，貼有「蓮幕左庽」的紅條，路人相予側目。

左宗棠七言篆書聯　香港中文大學樂在軒聯展

清代的官場體制，重文輕武，武官見着文官必須敬謹周旋盡禮。時有湖南提督樊燮（即鄂人樊雲門增祥之父），每到撫署言事，輒受「左師爺」凌轢，稍有不合，折辱備至，樊不能堪，乃摭拾左氏一切專擅治事的情節，連同他的私宅門前所張「蓮幕左庽」的紙條，向湖廣總督官文提出彈劾，稱為「劣幕」，官文轉奏清廷請示，奉旨將該劣幕左宗棠交由欽差大臣曾國藩會同湖廣總督官文鞫訊，如果屬實，着即就地正法！消息傳出，各方震驚，左氏鄉人郭嵩燾急挽在籍侍郎兼督練湘勇欽差大臣曾國藩與湖北巡撫胡林翼營救，而湘撫駱秉璋亦替左氏說好話，証明「左師爺」并無把持湘政、敗壞法度的事實。於是，曾胡協請湖廣總督官文領銜具奏清廷，為左氏申雪，得免罪戾，而提督樊燮乃憤然掛冠去職。相傳樊氏以此告誡兒子樊增祥，他日務必取得科名，藉雪恥恨，後來增祥果成進士，可說是間接受到左氏之賜。

「劣幕」案了結後，洪秀全的太平天國軍已進入鄂贛境域，戰事日亟，曾國藩與胡林翼乃聯名奏請清廷，調左宗棠到軍中服務，戴罪圖功，旋由國藩撥給一支兵力，命左氏率領馳援浙江，由清廷授左氏以四品卿銜，閱年餘，左氏即以軍功晉升浙江巡撫，仕路飛騰之速，殆無有出其右者，這亦就是助成左氏恃才傲物，睥睨一切的夸大狂性格之所由來也。

左氏自從以軍功超擢顯職後，對於當代文武大員，以及患難朋友，視之皆蔑如也。曾國藩是他的救命恩人，又係他投筆從戎的原始長官，對他推許不違。然左對曾氏勳業名位淩駕己身之上，忌忮滋甚，時生齟齬，某次爲着軍事問題，左答復曾氏的公文中，竟有「貴部堂實屬調度乖方之至」等語，時曾已受任兩江總督職位，故稱之爲「部堂」也。曾隱忍不校，且復書謙謂「常欲黑，無欲白；知其雄，守其雌」。其恢閎氣度，與左氏適成兩極端。迨曾軍克復金陵，爲着洪秀全兒子「洪福瑱」跑到了江西，被席受田軍拿獲一事，左氏藉此攻訐曾國藩冒功欺主，情殊激烈——因曾氏具奏清廷，說洪氏父子皆在金陵，死亡了——國藩仍不反唇。嗣後左對賓客言談間，輒詐詈國藩爲話題，直到曾去世乃已。他對其鄉友兼姻婭的郭嵩燾，亦不念當年爲「劣幕」案替他奔走營救之勞，於嵩燾得任廣東巡撫時，致函郭氏譏其「居然開府」，繼且以浙閩總督身份，奏劾郭氏去職，而保薦部屬蔣益澧繼其位。後來，郭氏隱居鄉里時，左氏一度還鄉，親往郭府拜候，然郭閉門不納（以上詳見郭氏晚年所撰『玉池老人自述』一書）。胡林翼如不早逝，恐怕亦會跟左氏釀成兇終隙末的下場呢！

太平天國潰滅後，左氏奉命揮軍向西北行，進討新疆回民之亂，官拜陝甘總督，駐節蘭州。一日，有鄉愚來轅叩謁「左大人」，門衛拒不通報，該鄉愚謂有緊要信件面呈左大人，非晉見不可，閽者據情報告，左命引該鄉愚進來，初在前院接見，詢以有何信札？鄉愚即將其母囑交左大人的舊藏家書一封遞上，啓視之，乃當年錄取宗棠中式舉人時的徐主考官致其夫人書，內中敘述左氏係國家非凡人才，且將左氏制藝中之警句，亦錄在家書裏，特別讚賞。左氏已忘却這回事，忽覩徐函，往事歷歷湧上心頭，不禁立命開啓中門，而以上賓之禮接待這位鄉愚徐師兄。詢知徐老師已去世，師母健在，即電奏朝廷，請將原定率軍進入新疆的行期展緩幾天，旋偕徐師兄遄返陝西徐府叩謁師母，存問殷切，贄敬亦豐，隨即敎這位徐師兄隨在自己帳下服務，以資歷練，準備進身仕途。數月後，左氏即在討平新疆變亂之役的有功人員保案中，將徐師兄列入「道員存記」的名單內，先把資格釐定，再保實缺。無奈這位徐師兄過慣了農村生活，自己又沒有政治知識，不斷地要求回家侍養老母，表示不要作官，左氏只好給以程儀，讓他遄歸鄉里，另外每月致送徐師母的生活費用，聊以報答去世的「座師」之恩。（科場中稱薦卷的閱卷官爲「房師」，主考官稱「座師」，等於及門弟子。）

左氏以軍功襲封爲二等伯爵——恪靖伯，算是位極人臣了。但他的心目中還想封侯拜相，晚年與友人書，每自署名「老亮」，隱然以諸葛武侯自命。某歲元旦，他從陝甘總督署傳騶將出，至閣門，仰見照壁間貼有「一品當朝」四字的大紅箋，他縐眉謂「俗不可耐」，左右揣知其意，乃於左氏再出時，改書「萬里封侯」的紅箋，即頷首謂「庶幾近之。」後來左在新疆經畧時，浙江巡撫楊昌濬知道左氏好高的個性，曾獻詩云：「大將西征未肯還，湖湘子弟滿天山，親栽楊柳三千里，不許春風度玉關。」左很高興。左對人雖崖岸自高，然對幕僚却優禮有加。長沙某孝廉——即舉人——在左幕担任文案師爺，專主奏摺文稿。一夕左命文案起草，未逾兩小時即派人催交稿件，答以未就；少頃，左氏又親來索取，某孝廉仍請稍待。左轉身出至門檻，某孝廉揚聲謂：「我又不是『左師爺』，那來如許敏捷的才思呢！」蓋左師爺這名稱，原係宗棠當年在湖南駱巡撫幕中作文案時的習稱也。

左氏封侯之願未遂，乃想入閣拜相，但清制凡入閣拜相，非翰林出身不可，死後亦不得諡以「文」字。光緒某年左氏在新疆，忽電請清廷開除本兼各職，俾便晉京會試，事殊突兀。旋有閣臣揣知其欲得翰林頭銜，以便他日拜相之資，乃降旨欽賜進士及第，無庸會試，以遂其願。往後左氏即拜東閣大學士之命，所志得酬了。當左氏至京赴翰林院報到時，諸眞正的翰林學士頗具輕示他的心理，曾請他當場揮毫寫屛條，他却很謙虛，聲言自己是小學生初次入塾，遇事希望前輩指敎，諸翰林亦就對他很客氣了。清末還有一個湖南人王壬秋（闓運）亦以舉人欽賜進士及第，授檢討之職。王晉京赴翰院報到時，適有一西洋留學生習牙科的，經考試授以「牙科進士」，亦來院報到，名次恰在王壬秋之後，王回到寓所，即擬一聯語云：「遍稽齒錄皆前輩」；「幸有牙科步後塵」。聞者絕倒，見近人王揖唐所撰「今傳是樓詩話」。

左氏入閣拜相之初，同列諸軍機大臣，震於他的勳業與名望，都以爲他必有定國安邦的特殊偉畧，齊聲敬仰。詎左每日在公廨中，除滔滔敘述他過去的戰績軍功外，別無建白，有如粵諺所謂「講來講去三幅被」，久之大家引爲苦厭，不屑重複傾聽了。維時清室新建「神機營」，徵集八旗子弟入營訓練，期成勁旅，作爲警衞京畿的武力，武器與操法皆仿效西洋制，曾請「左中堂」前往參觀檢閱，由剛毅引導赴營，當場左氏發表了講演。事後有人暗詢剛毅以左中堂的演詞內容，剛搖首道：「滿不是那末回事！」於是，各個京朝大官對左氏的觀感，日趨冷淡了。慈禧太后認爲左氏係中興名臣，且年事已老，仍示尊重，最後再派他出任封疆大吏，位至總督以終。

綜觀左氏一生，不失爲霸才一流人物，至其傲岸自夸，多與世忤，殆由讀書無多，氣質未化，而功名又來得太容易。他以少年科甲，僅作短期的書院山長後，即從事政治活動，中因遭禍而投身軍旅之間數十年，更無暇致力於學問之道。他對曾國藩之過分詆毀攻擊，時論多不以爲然，迨國藩逝世，他親撰輓聯，既示推崇，又表歉忱亦見本刊第十四期。且於國藩靈柩運抵長沙時，函囑兒子親赴江干弔奠，誡其勿存芥蒂之念，表示懺悔心情，尙不失爲光明磊落的風度，然較諸曾國藩處事待人的謙愼忍讓，休休有容的器宇，似尙有不及云。

記吳蘊齋予達父子

李北濤

近來朋好之中，有一驚人不幸之事，即被稱爲好好先生之吳予達世兄，於重陽節急病去世是也。今年重陽節爲十月十五日星期日，次日清早，我即接朱用龢、柯亭兩兄電話見告，吳予達兄昨晚在蘇浙同鄉會晚宴，高歌一段「羣英會」之後，不二三分鐘，即氣絕身死。聞之大驚，急問是否眞實？旋覺手顫腿軟，幾站不住。憶前晚星期六，尙承予達陪我到柯亭兄府上宴聚，予達引吭高歌，意興殊豪，何意相隔一天，遽爾永別。人生如朝露，竟如是乎？予達兄性純篤，饒有父風。其父蘊齋學兄，多年至好，距今十年前，在大嶼山慈興寺逝世，日期亦正是重陽節，父子二人死期，竟會如此巧合，兩代交遊，能不愴然！「大人」雜誌我已筆墨久荒，病中每承諸君存問，心有不安，今特借其園地，將老友父子之生平，畧爲憶述，以抒鬱結而資紀念。

一、吳蘊齋留學教我學英語

吳予達幼運甚佳，在上海出生之日，正是其父金融界得意之時。吳蘊齋兄，名在章，鎮江人，早年在上海南洋中學肄業，中英文俱有根底，與錢新之、李叔同二人爲同學，後即聯袂赴日留學。李入東京美術學校，又名息霜，即後來成爲一代高僧之弘一大師。吳錢同入早稻田大學習商科，錢考得官費，後改入神戶高等商業學校。我彼時年最幼，方入成誠中學，學英語最困難，乃不時請蘊齋兄教導。星期日，同鄉總在中國料理店相會，蘊齋當衆說一英語之笑話，叫我細聽。有一賊，晚間攢牆洞，到人家行竊，適有孩童正讀英語，口念O. I. Z. U.四字母，賊人心虛，竟誤聽爲Oh! I See You! 大驚逃去。此一段話至今未忘。

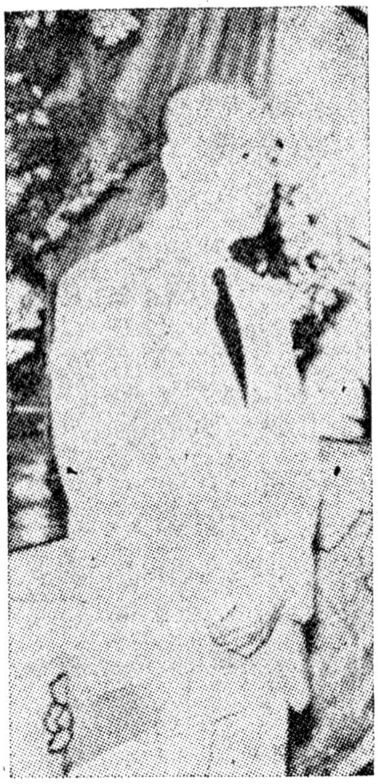

吳蘊齋（一八八六——一九六二）

二、蘊齋成爲上海金融鉅子

嗣後，吳蘊齋及其同期之留學生，學成回國。淸廷正在推行新政，考試留學生，提倡實業，創辦銀行。各留學生朝考及第之後，分別派在各部院及新辦實業機關任職。記得朝考中了洋狀元者，爲金邦平，後曾任某省敎育廳長。其商科出身者，則多先後投入各銀行。如東京一橋高等商業學校出身之張公權，任上海中國銀行副理，（經理爲宋漢章）。同校出身之張彬人（競立）任中國銀行總發行，掌理中國銀行鈔票之發行，該行鈔票上首次簽名之人，即張氏，所簽爲競立二字。京都帝國大學出身之周作民，任金城銀行總理。山口高等商業學校出身之王毅靈，任漢口金城銀行經理，（後調天津）。山口高等商業學校出身之李馥蓀任浙江實業銀行經理。早稻田大學出身之陳介，任上海鹽業銀行副理，（後爲外交次長）。談丹崖任大陸銀行總理，（丹崖亦金融界之人才，在京早故，亦留日同學）。吳蘊齋回國之後，在南京高等商業學校，與周作民、錢新之、談丹崖等一同敎書，後又一同赴京應試。其時周作民係寒士，衣衫襤褸，臨動身前，尙係校中同事湯筱齋贈以新製竹布長衫方克成行。蘊齋考試後派在度支部當差。至是，蘊齋在「同學少年都不賤」聲中，棄官來滬，就任上海金城銀行經理。

上海金城銀行，初設在南京路全羽春茶樓之右首，經理爲田少瀛，亦鎮江人，爲錢莊老手，故金城業務，在滬頗有聲勢。田氏病故，由吳蘊齋繼任。上海華洋雜處，蘊齋雖係東洋留學生，而英語嫻熟，肆應周到，故每能與中國銀行經理宋漢章、上海銀行總理陳光甫、浙江興業銀行經理徐新六等，一同應付外商銀行及洋行各事。復以與中南銀行總理胡筆江、交通銀行總經理唐壽民、鹽業銀行經理倪元甫諸公，乃係同鄉，遇事常得聯絡呼應。後又担任工部局華委，租界公益之事，蘊齋無不處以公平誠實，所以吳蘊齋一時成爲上海銀行界之最重要人物。民國十六年，國民革命軍自廣東出發，北伐成功，江南底定，先在上海設立財政委員會，以陳光甫爲主任委員，吳蘊齋、錢新之、虞洽卿、王曉籟爲常務委員，協濟軍需，厥功甚偉。國民政府成立，奠都南京，設財政部，陳、吳、錢入閣之呼聲甚高。陳氏胆小，吳氏無意作官，乃公推錢新之入都，任財政部次長而代理部務。（因部長古應芬，常居在粵）。

三、吳蘊齋三次訪弘一大師

一日，吳蘊齋聞老同學李叔同已剃度出家，住杭州虎跑寺，法名弘一，道行甚高。心念故人，特往尋訪。走到山門，遙見一僧，緩步而來，規行矩步，目不邪視。及行近，見正是李叔同，喜而趨前，正欲張口，詎李相見，如不相識。蘊齋頗惱，心中以為多年同窗老友，何以不情如此，但見其僧衣芒履，一種瀟灑出塵之神態，不覺肅然起敬。隔日再到寺中訪晤，則相見尚懽，惟曰：「故人久別重逢，固所快慰，惟我今已出家，不談塵俗，談話請以佛法為限」，蘊齋只好木然半晌而去。迨第三次又去，請其指示佛法，至是，弘一大師乃對吳詳說佛法原理，勸其及早回頭，不可沉迷燈紅酒綠之場。蘊齋其時正是社會上炙手可熱之要人，聆此一席話，等於一服清涼散，究竟是讀書人，心有所悟，後來之一心學佛，蓋即肇因於此。

四、吳予達青年能讀書好學

吳予達時稍長大，因係長子，父母鍾愛，異乎尋常。先讀南洋小學，校址在徐家滙，此校濶人子弟甚多，如錢新之、李馥蓀之子，皆在其中，學生必須寄宿校內，每月祗准回家一次，惟特許家人探訪，饋送食物，則一周可有兩次，每由蘊齋親自賫送，予達落落大方，送來之食品，輒公之同好，父子情深，可見一斑。吳予達在校極守校規，師長頗喜其老實。後入光華大學讀商科。時小兒葆江，在國立上海商學院攻讀，亦習商科，素與予達友善，二人發起，組織一經濟研究社，各同學為社員，每星期六集會一次，我與蘊齋不時派交通、金城兩行之襄理、主任等人，前往講述銀行之業務手續情形，俾彼等可於書本之外，熟諳若干銀行條例實務。青年好學，興趣頗高，似尚出有刊物。

五、予達出洋父子同台串戲

抗戰軍興，政府西遷，金融界主要人物，當然亦隨之撤退。蘇滬既陷，我同周作民、唐壽民，在梵王渡乘夜車，繞道嘉興而至南京，設法買到太古船票，與中央銀行副總裁陳健庵（行）秘書范鶴言等一同赴漢。逾年再轉到香港。上海租界，成為孤島，惟賴吳蘊齋、徐新六、朱博泉、李馥蓀等，維持金融市面，並與港渝聯絡。一九四一年，我由香港赴滬。其時上海之中（央）中（國）交（通）農（民）四行人員，常被汪政權之特工狙擊，頻有死傷，在港四行乃推我來滬，與周佛海交涉。同時有地下工作人員萬墨林被捕，生命危殆，杜月笙先生切托代為營救。余既至滬，與周佛海久別重逢。周自言以平凡之人，妄欲做不平凡之事，不意日本人無信，其內部內閣與軍人意見不統一，以致事與願違，如今我們勢成騎虎，至為苦悶。我勸以守機待時，切莫再為已甚。因而我所來商之兩事，俱得圓滿解決。四行人員，可以安心辦事，萬墨林曾被日軍拷打，九死一生，亦得釋出，萬君至今尚稱我為恩公，往事如烟，已成陳跡。

惟此行在吳蘊齋兄府上，適遇到他家一件喜慶事，吳予達大學畢業，赴美留學深造，金城銀行同人，大擺筵宴，為其餞行，且借古拔公寓大禮堂，舉行平劇堂會，我得躬逢盛會，幸何如之。吳予達自幼即喜平劇，學花臉，已能登台。是晚演空城計之司馬懿，我坐前排，見司馬懿之身材魁梧，碩大無朋，想見予達彼時已甚肥胖。尤有妙絕者，打掃城門之老軍，竟是尊翁吳蘊老所扮演。司馬懿將下場，老軍叫他「不要跑」「來啊來啊」，道地揚調，滑稽突梯，滿座為之鬨堂，亦可見其父子之親情溫厚而風趣也。

六、蘊齋開罪地下工作人員

繼而日軍偷襲珍珠港，發動太平洋戰爭，佔領香港。余及周作民、唐壽民、顏駿人（惠慶）、李贊侯（思浩）、林康侯等，先被日軍繫在香港大酒店（即現在之中建大厦舊址），後被日軍以軍用飛機押解赴滬。因而又與吳蘊齋見面，乃知上海租界，已不存在，全是日本人所謂軍管理，申報、新聞報，為日本海軍所管，吳蘊齋被逼任新聞報董事長。我等諸人，恐被迫任偽職，均托病在家，不與聞外事，惟唐壽民先生因交通銀行分行甚多，不得不出而周旋，維護交行同人。後來又被迫担任商業統制委員會（簡稱商統會）主任委員，蓋皆不得已而為之也。此時上海與重慶失去聯絡，一切消息中斷，惟賴地下工作人員、秘密電台，或偶有後方人來，得以畧知渝方情形。乃悉重慶金城銀行改組，錢新之任董事長，戴自牧任總經理。

上海之地下工作人員，此時最為困難，平時經費，皆由中央滙欵接濟，此際通滙無門，衣食不繼。一日，有地下工作之黨員，持錢新之函，來金城銀行會吳經理，出函相示，係囑接濟伊等經費數十萬元。彼時法幣尚未大跌，各銀行正在風雨飄搖，不易籌措，蘊齋只得一口回絕。來人大怒，認為蘊齋有心不借，密電報告中央。勝利之後，吳蘊齋與朱博泉（銀行準備委員會經理）李祖萊（中國銀行副理）三人，同遭縲絏。吳之內因，實由於此，其新聞報館之偽職，不過藉詞而已。

七、木道人臨壇聯語極有趣

亂世人心，多信神異。上海有一木道人乩壇，信者甚衆，能與人吟詩問答，有時極靈，當然亦有莫名其妙之語。周作民有繼母，居蘇北家中，

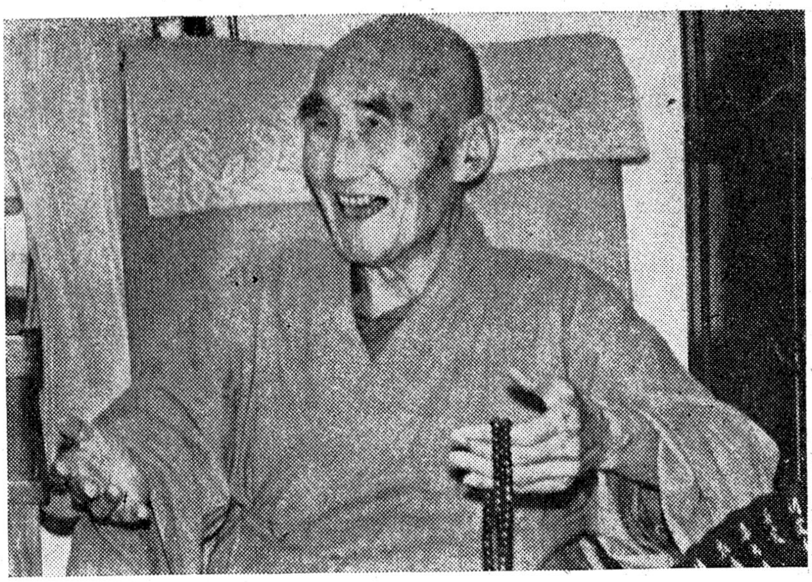
倓虛法師向人說法

年老病重，周頗憂慮，乃到乩壇叩問，口不出聲，默問休咎，而乩沙寫出「命終」二字，次日凶電果到。唐壽民請賜一聯，則以墨筆在紙上寫出：

壽無人我相，
民有是非聲。

下聯指其時商統會收買紗布，有人非議，而嵌入人名，對仗工穩，實屬不可思議。吳蘊齋時已學佛，曾求賜聯，則將其名號「在章」「蘊齋」四字，嵌入聯中，觀者無不叫絕。

五蘊皆空觀自在，
一齋獨坐品文章。

八、張太太作伐吳予達完婚

一九四六年，吳予達自美學成回國，得到賓夕凡尼亞大學碩士學位，年少翩翩，春風得意，思欲物色佳麗完婚。來作媒者紛紛，予達眼界高，迄未有當意。惟頗屬意於電影明星王丹鳳，試往追求，並無進展。陳光甫聞之，問予達曰：婚事如何？是否喜歡王丹鳳？予達說：王丹鳳究竟是拍電影的，人太活潑，到我們家裏來，恐不甚相宜。陳光甫連聲說：對！對！一點不錯，你的意見甚是。予達遂放棄娶王之意念。予達兄之令堂包氏夫人，為常熟人，為愛子婚事，焦急異常，幸有張彬人兄，常來吳家，彬人兄早已由中國銀行調入交通部，任會計司司長多年，彬人太太有誼女鄭玉貞女士在滬江大學讀書，才貌俱佳，有校后之稱，且與王丹鳳有虎賁中郎之似，張太太偕其到吳家，與予達相見，兩小無猜，遂請張太太作伐，配成佳耦。予達在滬，旋到申新紗廠服務，勤懇忠厚，為人所重。

九、吳老居士皈依倓虛法師

抗戰勝利，吳蘊齋即遭縲絏之災，逾年設法出獄就醫，住在舊法租界廣慈醫院。因趙棣華（交通銀行總經理）係該院董事長，故得安心調養，後遂設法保釋而來香港。在住醫院及初到香港時，蘊齋神經尚不甚正常，聞聲色變，久久始漸康復。遂更灰心世事，傾心佛學。適有北方高僧倓虛老法師，為葉譽虎（恭綽）等迎來香港。此老佛門龍象，齒德俱尊，手創青島湛山寺，天台宗教化遍東北，與在南方之禪宗耆宿虛雲老和尚齊名，世稱佛門大德，南北二虛。青島為日軍佔領時，有日本之「大僧正」（日本僧界官名）某僧，金衣袈裟，軍士護衛，來寺察看，聲勢洶洶。倓虛出見，以禮相待。來僧詢是本寺住持，傲然問曰：「你既是住持，懂佛法否？」答：「身着僧衣，何能不懂」，問：「什麼是佛法」？答：「日月星辰，山河大地，一切塵俗，皆是佛法」。來僧默然半晌，又問：「請再道一句」，答：「佛法無第二句」。來僧起立，歛容為禮，口稱領教，隨取出石章石硯相贈，合掌稱謝而去。吳蘊齋聞之，欣喜得有明師，特往皈依為弟子，法名能任。由是親承雨露，智慧大開，乃毅然負起護法之責。倓老率各弟子抵港之後，卓錫於荃灣弘法精舍。時大陸變色，許多友好，羣來香港，蘊齋遂向各方勸募，每年舉行水陸一次，超度各家先靈，以及無主孤魂。蘊齋自己亦在弘法精舍，闢一淨室，茹素長居，與以前判若兩人，人皆稱之為吳老居士。

倓老年近八旬，不斷講經說法，聲音洪亮，自是弘法精舍，香火日盛。每教人以六字訣，曰「看破、放下、自在。」並云：「人能做到此六字，則得失心輕，遇事不會患得患失，不為物欲所牽，不被聲色所迷，無憂無慮，無拘無束，何等自在，如此方是為的自己，普通的人，都不懂得為自己。」有一天，吳開先兄自台灣來港，我陪其到弘法精舍禮佛，謁訪倓老及吳蘊齋，暢談而別。事後，蘊齋語我云：我在上海牢獄之災，即是他們所賜，人生何處不相逢，今在此地相見，他心中亦應該悔不當初了。

十、予達來港蘊齋任大嶼山

此時吳予達夫婦，在滬領到通行證，來到香港，於是父子團聚，蘊齋顧而樂之。旋為接洽，入偉倫紗廠服務，因該廠與上海申新紗廠有連帶關係之故，其後予達又改與他友二人合作，經營商業。

倓虛老法師在弘法精舍，教宗天台，行歸淨土，（淨土即念佛法門）有大弟子二人，一為寶燈師，一為法藏師，皆在弘法精舍，修過「般舟三昧」，（此為一種苦行之釋名，九十天不坐不臥，日夜繞室念佛，外有窗人，日夜守護及送齋飯等，修者必須身強意堅，否則中途而廢或得疾病）。寶燈現在住持九龍清水灣道湛山寺，法藏住持大嶼山慈興寺，此寺在半山中，路遠人稀，極爲幽寂，尤其炎夏，較城市清涼，蘊齋每年到此避暑靜修，許多友好，亦隨之而至。吾人在十丈紅塵，終日喧擾，偶到此登臨，萬籟俱寂，腦海中一切盤算，到此都忘却乾淨，惟領署山光水色，鳥語花香，眞是一種享受。於是許多大護法，油然而來，惠然施與，修殿裝金，舖路築室，昔日之荒山孤廟，今已成爲莊嚴寶刹。

十一、九月重陽吳老居士生病

一九六二年春間，吳蘊齋夫人包氏去世，蘊齋即鬱鬱寡歡，夏天到大嶼山避暑。平素蘊齋血壓微高，曾請已故心臟病專家史蒂文張檢驗，云是血管硬化，不可過勞，而蘊齋不大注意。九月重陽，天氣仍熱，蘊齋午後隨僧衆上殿念佛，課畢下殿，感覺辛勞，上樓呼人備熱水入浴，浴罷回房，覺有不適，臥床休息，時同好虞兆興、黃伯惠、朱惠淸及潘志文（已故）兄等，均趨往照料，俄頃即一瞑不視，享壽七十有七。當時我在東京聞訊，眞如晴天霹靂，整夜未能入睡。逾年山僧四衆，特在山麓，建造一亭，即名「能任亭」並由八十八歲之林康侯居士，將上記木道人之聯語，書成勒石，以爲吳老居士之永久紀念。

十二、予達病愈服務中文大學

吳予達自雙親去世後，似覺命運轉差，弟兄析產，手足失和，所營商業，與友意見不合而退股，俟其退股之後，該公司竟利市數倍。一九六七年，香港暴動，風鶴頻驚，予達素來胆小，遽將其物業股票等，廉價變賣，全家避往加拿大。迨香港平靜，予達返港，見一切市面，欣欣向榮，計算變賣之產業，損失不貲，精神上深受打擊。終日目瞪口呆，鬱結不歡。多友勸解，頻言有說不出之隱痛。其後入中文大學校外課程部服務，精神獲有寄托，心境始稍開朗。予達在校做事，熱誠周到，時有外賓來校，有所接洽，多由予達應對招待，深得校方之倚重，同事之敬愛。

十三、粉墨登場吳予達飾黃蓋

此間留美學生，有一同學會之組織名曰仁社，予達熱心社務，一度曾被推爲某屆會長，頗著勞績。予達素喜平劇，加入滬社票房，社員人數不多，皆係志同道合，業餘聯歡。一次偶談，何不登台公演一次，以覘各人之進修，分別集資，担負用費，不售門票，完全自娛。於是擇定公演「羣英會」，而推吳予達演黃蓋一角。籌備既熟，今春開演，予達之夫人曾由加拿大飛來觀劇。予達粉墨登場，黃鍾大呂，氣概非凡。周瑜打黃蓋一場，予達唱做，頗能表出老將軍之忠勇氣慨，彩聲滿堂，予達自己亦覺演得滿意。由此以後，人皆知吳予達擅唱黑頭，每有唱聚宴會，折柬相邀，予達亦多欣然允諾。現在社會，凡辦一事必有許多困難波折。吳予達對人對事，忠厚老實，有時情願自己吃虧，以期所事之完成。自言不願拂人之意，掃人之興；如仁社之社務，及滬社之排戲皆不例外，故能深得友好之讚揚，視爲不可多得之良友。

吳予達演黃蓋時在本年三月
及其夫人鄭玉貞女士合影。

十四、重陽赴宴予達病發西歸

十月十五日星期日，重陽節，這天晚會，地點在蘇浙同鄉會，有六位主人，所請皆名票。吳予達到時，尚與衆人談笑如常。各人引吭高歌，各獻拿手。予達應邀起唱，有人見其甚爲興奮緊張，唱畢坐下，別人接唱。忽有人見予達神色不對，兩手握拳，顫動喘氣，急來呼救，已來不及，不過二三分鐘，而竟氣絕。當時有王劍偉夫人歐陽醫生在座，急爲施人工急救，亦有人以口對口，助其呼吸，惜已回生乏術。我聞訊後，問醫生此係何病？醫云是心臟病，冠狀動脈栓塞，心臟不能跳動。此病必須經常小心，若輕微運動，少許辛勞，尚不要緊，但最忌刺激，興奮緊張，一發不可收拾。吳予達自知體肥，血壓高，有心臟病，且經醫生勸告，而並不介意，最近且告人云：我血壓已減低，健康已有進步。其實諱疾忌醫，自我陶醉，簡直以生命爲兒戲，大好年華，前程無限，而乃自不小心，凡屬友朋，無不痛惜！嗟乎，風雨重陽，竟是吳家凶煞，父子同盡，徒令朋輩興悲。竊以爲吾人生茲濁世，生活緊張，性命常在須臾之間，要宜對於保健常識，隨處留心，切勿安常習故，罔顧衛生，可不愼哉！

FOR MEN *sans soucis*

賽珍珠名貴男性美容品

男性的魅力！

大人公司有售

壬子談往

·林熙·

一九七二年的二月十五日，才是壬子年，一個人能見到兩個壬子，最少也六十二歲了，壬子年的中華民國政府在北京出現，至今已一周甲，回顧歷史陳蹟，闖發思古幽情，不獨鑑往知來，且能發人深省。

辛亥年十二月廿五日，清帝退位後，廿六日，孫中山先生向南京的參議院辭去臨時大總統之職，並推舉袁世凱自代，他的咨文中有說：「此次清帝遜位，南北統一，袁君之力為多，其發表政見，更為絕對贊成共和，舉為總統，必能盡忠民國。且袁君富於經驗，民國統一，賴有建設之才，故敢以私見貢薦於貴院，請為民國前途熟計，無失當選之人，大局幸甚」等語。中山先生曾經答應過袁世凱的條件，如果老袁贊成共和，逼清帝退位，使民國早日成立，人民免兵戈之苦，他願意讓出總統之位的。老袁既實行諾言，中山先生自然要遵守前約。但中山先生又怕老袁的政治經驗太豐富，手段太厲害，個人權力欲太大了，為了出些法寶去箝制他，便在辭職書末附以三條件：（一）臨時政府地點，設於南京，為各省代表議定，不能更改。（二）辭職後，俟參議院舉定新總統親到南京就任之時，大總統及國務員乃行解職。（三）臨時政府約法，為參議院所定，新總統必須遵守，頒布之一切法律章程，非經參議院改訂，仍繼續有效。

南京參議院於辛亥十二月廿八日選出袁世凱為臨時大總統後，即電袁總統云：「本日開臨時大總統選舉會，滿場一致，選公為大中華民國臨時大總統。查世界歷史，選舉大總統滿場一致者，只華盛頓一人，公為再見。同人深幸公為世界之第二華盛頓，我中華民國之第一華盛頓，統一之偉業，共和之幸福，實基此日。務請得電後，即日駕蒞南京參議院受職，共和萬歲，中華民國萬歲。」

中山先生一直要貫徹他的主張，要袁世凱到南京就職，便於二月十八日派教育總長蔡元培為歡迎專使，外交次長魏宸組、海軍顧問劉冠雄、參謀次長鈕永建、法制局長宋教仁、陸軍部軍需局長曾昭文、步兵第三十一團團長黃愷元、湖北外交司長王正廷、前議和參贊汪兆銘等為歡迎員，偕同唐紹儀往北京迎袁南下。

專使一行於二月廿五日到北京，袁世凱特地下令開正陽門迎接，表示隆重，這一天是壬子年正月初八日，十二日，北京發生兵變，袁世凱於三月一日電中山先生云：「南京孫大總統鑒：昨夕三時，第三鎮駐城內兩營，因誤聽謠言，譁變搶掠城內外街市，繼以放火，旋經彈壓，秩序業已回復，蔡專使所駐法政學堂，適在鬧事左近，亦被搶掠。蔡公及同行諸君均分途避出，幸各無恙，今晨移寓六國飯店。事出倉猝，又在夜間，防範不周，至為歉仄。除派員妥為照料並嚴懲亂兵外，特先電聞，希轉知各省，勿聽謠言，幸甚！袁世凱東印。」

一般人都認為北京兵變是袁世凱製造出來，以為不往南京的藉口的，六十年來，持此說且著為文字者甚多，例如劉禺生的「世載堂雜憶」就有一段很有趣的內幕記事云：

代表抵北京，要求由正陽門正門入城，（清俗正陽正門非大婚及移梓宮不開，平時由左右兩門出入，開則不利），許之。在京以東城貴胄學校為代表駐節地，始終請大總統南下。袁不願南來就職，乃密令部下造成兵變，圍嚇南來諸使。蔡元培等乃連電臨時政府及參議院，畧謂：「北京兵變，外人極為激昂，日本已派多兵入京，設再有此等事發生，外人自由行動，恐不可免。元培睹此情形，集議以為速建統一政府，為今日最要問題，其餘儘可研究，以定大局。」……

唐少川告余曰：當時兵變發生，南代表束手無策，促余黎明訪袁。余坐門側，袁則當門而坐，曹錕戎裝革履，推門而入，見袁請一安，曰：「報告大總統，昨夜奉大總統密令，兵變之事，已辦到矣。」側身見余，亦請一安。袁曰：「胡說，滾出去！」余始知大總統下令之謠不誣。後查兵變始末，其策建於段芝貴，初欲擴大擁袁為陳橋之變；後見南方軍勢尚盛，內有馮國璋之禁衛軍不合作，乃縮小範圍，令曹錕第三鎮中密派一營譁變，藉以恐嚇南代表。不知一發不可收拾，京中變兵，經禁衛軍鎮壓擊散。馮國璋恐兵變危及兩宮，故全軍出擊，未幾，京、津、保全告變矣。曹錕為段芝貴所給，憤極回天津原籍，因此密令段芝貴黑夜親手交曹也。曹歸津，袁乃派人賚金佛十二尊賜曹錕，段芝貴親往說之，始來京。……

禺按：梁燕孫年譜所載，與唐說相出入。原文云：「元年三月二十九日，北京兵變，津保繼之。外傳是役段某指使，疑莫能明，惟變兵實有圍嚇南使住所情勢，當不無政治意味。先是，清廷大計久未決，袁乃召曹錕所統之第三鎮入京，以資控制，至是乃有一部分告變，袁之衛隊亦加入焉。姜桂題之毅軍，則為彈壓兵變者，其所住通州之一部，亦旋變。」北京兵變，雖曰段謀，不能說袁不知，袁術如此，軍紀從此敗壞矣。無怪張之洞評袁不但有術，且多術矣。袁創此術，部下效之，王占元部下之武昌兵變，兵士整隊擄掠；某軍武穴兵變，官長捧令刼奪。用術一時，流毒甚遠，深可慨也！

劉禺生所記說是唐紹儀所告，但是否確實，無從得知，因爲劉寫此文時，唐死已七年，早無對證（「世載堂雜憶」始於一九四六年夏間，刊於上海新聞報副刊，劉時任兩廣監察使。唐則於一九三八年八月，在上海被暗殺身死）。至謂曹錕推門入見袁世凱，報告奉令兵變成功，而世凱叱之「滾出去」，此說甚少見人提到，可謂「秘聞」！

其實袁世凱不必製造兵變來作藉口的。如果他到南京就任臨時大總統之職後，鞏固他的統治權，又復遷都回北京，南方亦無如之何的。何況當時南方的偉人中，有不少主張仍以北京爲首都的呢。宋教仁、章太炎就是竭力主張此說，宋教仁嘗親到過東北游歷，深深了解到東北在戰略上的重要價値。他又看出日俄兩個帝國主義者日夕窺伺，欲囊括之而甘心，爲了國防與外交起見，南京建都實不相宜。他的意見和章太炎的相合，尤與北方各省代表的意見相同。而且宋教仁在這時候已隱然爲同盟會右派的領袖，一般輿論都贊揚他，故此參議院於二月十四日開會時有臨時政府設立北京的決議。但孫中山、胡漢民、黃興都反對。孫中山依法交覆議，覆議後，參議院又決定臨時政府仍設在南京。最有趣的是十四日參院決議設在北京，十五日覆議，而參議員的大半數，忽然自翻前議，贊成南京之說。

這樣重要的一個問題，只隔了一晚的時光，大多數參議員的主張就判若兩人，可見當時那班人是沒有什麼定見的。

因有北京兵變一事，南方的臨時政府，只好軟化，允許袁世凱在北京就職，無形中答應以北京爲首都，孫中山先生也不再堅持了。三月十日，袁世凱在北京就職，電南京參議院宣誓，誓文出自葉恭綽之手，而經梁士詒修正的，文云：

民國建設造端，百凡待治，世凱深願竭其能力，發揚共和之精神，滌蕩專制之瑕穢，謹守憲法，依國民之願望，達國家于安全強固之域，俾五大民族同臻樂利。凡茲志願，率履弗渝，俟召集國會，選定第一期大總統，世凱即行解職。謹掬誠悃，誓告同胞。

大中華民國元年三月初八日袁世凱

這是中國數千年來公僕向主人翁宣誓的第一次，發生於壬子，所以特別提出來。

孫中山先生給袁世凱的三項條件，其中一條要他遵守臨時政府約法。參議院遂趕於二月七日至三月八日討論約法，至是日全案告終，即日宣布，臨時大總統孫中山公布之。四月一日，中山先生解卸臨時大總統職。

袁世凱就職後，三月十三日，即特任唐紹儀爲國務總理，唐即着手組織內閣，茲將中華民國第一屆內閣及國務員姓名列左。

國務總理唐紹儀
外交總長陸徵祥
內務總長趙秉鈞
財政總長熊希齡
陸軍總長段祺瑞
海軍總長劉冠雄
教育總長蔡元培
司法總長王寵惠
農林總長宋教仁
工商總長陳其美
交通總長唐紹儀（兼。四月八日改施肇基）

以上的國務員，除陸徵祥、趙秉鈞、段祺瑞、劉冠雄爲袁世凱提出外，其餘皆徇南方之意，且最重要的財長一職，也不是袁的圈內人，不過袁是抓緊軍權，不肯放鬆的，故以其心腹幹部段祺瑞長陸軍。海軍的劉冠雄雖然親袁，但非嫡派，給以海軍總長是沒有多大關係的。（劉就職後，上書世凱，請讓其鄉前輩嚴復任總長，自居其次，世凱不准。）

本來一國的內政最爲主要，內務部居各部之首，重國體也，但老袁仍沿清朝之例，以外交居首，內務次之。（原因是辛丑和約規定，撤銷總理各國事務衙門，改設外務部，居六部之首）。民國成立，就應該以內務在前才是，但袁世凱不敢得罪「列強」，仍主張尊重條約。直到國民政府定都金陵，始以內政居首，外交次之。

袁世凱遵照南京參議院先前的決議案，各省總督、巡撫，改稱都督，遂於民國第一壬子年七月十二日正式任命各省都督，此爲中央政府任命各省最高主管長官之始。計：黎元洪以副總統領湖北都督、譚延闓爲湖南都督、孫道仁爲福建都督、蔣尊簋爲浙江都督、李烈鈞爲江西都督、尹昌衡爲四川都督、張鳳翽爲陝西都督、胡漢民爲廣東都督、陸榮廷爲廣西都督、馮國璋爲直隸都督、趙爾巽爲奉天都督、陳昭常爲吉林都督、宋小濂爲黑龍江都督、程德全爲江蘇都督、柏文蔚爲安徽都督、周自齊爲山東都督、張鎭芳爲河南都督、閻錫山爲山西都督、趙惟熙爲甘肅都督、楊增新爲新疆都督、蔡鍔爲雲南都督、唐繼堯爲貴州都督。

廣東省都督胡漢民，本是該年四月廿八日，由廣東省議會推舉出來的，當時廣東各界有人提議舉孫中山之兄德彰爲都督（其時廣東都督爲陳烱明），中山先生在南京知道這件事，於二月廿一日寫信給他的哥哥，勸他千萬不可接受，信說：「粵中有議舉兄爲都督，弟以爲政治非兄所熟習，兄質直過人，一入政界，將有相欺以其方者。未登舞台，則衆人屬望，稍有失策，怨亦隨生。爲大局計，兄宜專就所長，專任一事。……且聞有欲用強力脅迫他人以舉兄者，以此造因，必無良果，尤不可不避也。」可見當時廣東人對孫中山先生的崇敬一斑。其時胡漢民曾一度請鄧澤如出任粵督，鄧謂我是商人，不懂政治，我護送孫中山夫人至南京，無非一覘開國氣象耳。

袁世凱的內閣組成了，各省的都督亦正式任命了，怎知不過三個多月，唐紹儀與袁世凱發生意見，唐辭職往天津休養，國內人士無不嘖嘖稱異。因爲唐袁兩人交誼深厚，一般人都認爲唐是袁的心腹人物，當日南北議和，唐爲北方總代表，替袁取得總統之職。現在唐做了國務總理，兩老友應該合作無間，致力國是，爲大局圖久安之計了，而竟然以「翻臉」聞。

唐紹儀之辭職，原因頗爲複雜，但不外權力之爭。袁世凱不甘爲臨時約法所縛束，一脚踢翻「內閣制」，實行他的「總統制」，大權獨攬，不受內閣限制。唐紹儀對袁世凱是始終維護的，他做了總理後，一心一意調和南北紛爭，以避免袁與國民黨衝突。老袁沒有了解老友的好意，以爲唐加入國民黨後，挾國民黨以自重，事事與總統爲難，大爲不滿。其左右更乘機勸袁世凱鞏固北洋勢力，形成「北洋集團」，與黨人爭天下。老袁之扶搖直上，全靠北洋，傳李鴻章衣鉢，即使做了總統，仍欲發展其北洋勢力，唐紹儀本亦北洋系人物（光緒三十四年，世凱五十賜壽，御史江春霖上疏劾之，有：「薦賢爲國，非以爲私，桃李公門，古人弗受。而袁世凱前後之所保舉，莫不執贄而稱門生。但舉顯者而言，內則有民政部侍郎趙秉鈞……外則有直隸總督楊士驤，出使大臣唐紹儀……」）而竟與世凱鬧翻，故可異也。

袁唐之間的裂痕，進展程度極速，加以唐紹儀事事依法而行，有不符約法者，內閣立即駁回，使老袁有總統滋味實不好受之感。六月十五日，袁世凱竟以未經內閣副署的委任狀交王芝祥，派爲宣撫使，往南京遣散軍隊，十六日唐紹儀即辭職。

王芝祥是唐閣下台的導火線。其來龍去脈要交待一下。南京參議院決議，各省的最高長官稱都督，清代末期所成立的諮議局改爲省議會，都督由省議會公舉。當時直隸省的紳士認爲王芝祥最爲理想，於是省議會便公舉王爲直隸都督，唐紹儀亦同意。到唐從南京北返後，向袁世凱提出王芝祥，袁沒有作考慮，立即答應，唐很高興，馬上發電叫王芝祥入京，並告知直隸士紳，總統已經同意王芝祥督直，等他到後，即可明令發表。就在這當兒，袁世凱左右的一些謀士就對他說，依照舊例，直隸總督一定用嫡系靠得住的人承乏，所以保京師安全，自北洋以來即如此。王芝祥非袁舊部，怎可以此重任輕而與人？袁世凱聞言如夢初醒，但已經答應了唐紹儀，怎好翻悟。袁即於是運用他的「術」，示意直隸軍界反對。袁即以此爲藉口，改派王芝祥往南京遣散軍隊。唐紹儀不肯副署，並質問袁爲什麽出爾反爾。袁不肯示弱，直接以未經副署的委任狀交給王芝祥，視國務總理如無物。唐不能堪，遂留書辭職，往天津避開了。國務員中的熊希齡、蔡元培、王寵惠、宋教仁、施肇基與唐紹儀連帶辭職，袁世凱即於六月廿九日命外交總長陸徵祥爲國務總理，仍兼外長。

七月十八日，陸徵祥的內閣組成，出席參議院，發表政見，並提出以周自齊爲財政總長，章宗祥爲司法總長，孫毓筠爲教育總長，王人文爲農林總長，沈秉堃爲工商總長，胡惟德爲交通總長，徵求同意。十九日，參議員投票表決六國務員案，遂以不信任陸總長之故，一律否決，並提出彈劾陸徵祥失職案，陸徵祥不得不稱病辭職。但袁世凱竭力挽留，對他保證將向參院施壓力，使新國務員獲得通過。

陸徵祥、袁世凱都忙於內閣人選，到七月廿三日，陸總長向參議院提出周學熙長財政，許世英長司法，范源濂長教育，陳振先長農林，朱啓鈐長交通，蔣作賓長工商。除蔣作賓外，皆通過，後來以劉揆一代蔣作賓，亦獲通過。這個內閣的成員，雖非盡爲袁的嫡系人物，但多數是傾向袁的。

參議員爲什麽彈劾陸徵祥呢？原來這個十分洋化的國務總理，因爲久居外國，講得一口流利的英法語，又嫻外交禮節，所以外國人都稱讚他是個「人才」。一部分中國官僚不知他的本領，以爲外國人瞧得起他，當然也是外交家了。當他初次到參議院發表政見時，全體議員爲了尊敬總理，肅然起敬，以爲總理必有一大套國計民生的議論了。怎知總理登台講話，講的話毫無邊際，對於選擇國務員竟然以開菜單作比喻，從頭到尾，沒有一句涉及政治，議員爲之驚駭，所以有投票反對之舉。

陸徵祥的總理只做了三個月，毫無建樹，不得不下台而去。九月廿二日，老袁准他辭職，廿五日，特任趙秉鈞爲國務總理。趙內閣的成員，大抵仍如陸閣，只是換了梁如浩爲外長（陸未辭職前，已於九月十八日簡派），到十一月十四日，梁如浩因抗議「俄蒙協約」未能交涉順利，改以外交老手陸徵祥爲外長。袁政府於三月成立，半年之中，換了三個國務總理，可謂時局不安到極點了，論者謂明崇禎十七年間換了四十九個宰相，差可與此媲美。

孫中山先生卸臨時大總統後，無官一身輕，遂游覽各地，先於四月九日到武昌（隨行者有胡漢民、汪兆銘、廖仲愷、章士釗夫婦及秘書宋靄齡等二十餘人），復折回上海而往福州，回廣州，五月廿七日經澳門返故鄉香山縣。六月廿三日又到上海，這次不住在哈同花園，而住在滄洲飯店了（本名滄洲別墅，係香山人劉學詢別業，光緒末年，劉與中山先生有往還）。

中山先生在廣州時，袁世凱就打電報請他入京相見，並擬派他的長子袁克定到上海迎迓。到中山先生六月到了上海，袁又再打電報，請他早日入京。當時有一部分國民黨員勸他千萬不可輕入虎口，因爲袁世凱殘殺過很多國民黨人，新近又槍殺張振武，其陰狠毒辣已爲國人所共見。但中山先生則認爲應與袁世凱合作才可以建設新中國，到京之後，以誠意感化他，希望使他改變作風，共圖大計。至於他殘殺黨人事獨裁，尙是枝節問題，暫時不必計及，因此立刻答應北上。

八月廿四日，中山先生到達北京，袁世凱下令軍警待以總統之禮，更派他所用的雙馬車，金漆朱輪，飾以黃緞，到前門外火車站歡迎，友人張次溪於一九四〇年作有「孫中山先生行館記」一文（此文擬刻石置行館，其後未果），首段有云：

孫中山先生爲辛亥革命元勳，當民國元年四月先生頒布解除總統職，遨游南北，至北京，憩息於珠巢街香山會館，鄉人乃就宣外南橫街粵東新館開會歡迎（原注：時兩湖及兩廣同志又在虎坊橋湖廣會館開會，其他各省同志則在三貝子花園開會歡迎）。先生欣然謂今後政府以十年練兵百萬，我亦經營鐵路延長至二十萬里，民國富强，自可立致云云。旋即同葉遐庵、梁燕孫諸公往謁十三陵，未幾出都。……鐵獅子胡同爲明代田畹故第，今亦名爲中山先生紀念館云。中華民國二十九年七月，張次溪記。

關於中山先生與梁葉諸公謁十三陵事，葉、梁年譜及羅家倫的「國父年譜」都沒有記載此事。按：梁葉二人得追陪一代偉人去謁陵，爲一生光榮之際遇，豈可不大書特書，今得張記，可補其闕矣。

中山先生入京與袁世凱懇切談話，無如「三水梁燕孫先生年譜」記得最爲翔確可靠了。（此書乃葉恭綽就其所有材料及梁氏後人的資料，加以選擇，請岑學呂執筆，由葉氏閱定後付印的，一九三九年在香港出版）。現在摘錄如左：

留約一月，與袁會晤共十三次，每次談話時間自下午四時至晚十時或十二時，更有三四次談至二時後者。每次會晤，祇孫、袁及先生（指梁）三人，屛退侍從，所談皆國家大政，中外情形，論事最爲暢洽。一夕，孫語袁，請袁練成陸軍一百萬，自任經營鐵路，延長二十萬里。袁微笑曰：「辦路事君自有把握，若練精兵，百萬恐非易事耳。」某夕夜深，先生送回行館，中山邀先生敍談，問曰：「我與項城談話，所見畧同，我之政見，彼亦多能領會，惟有一事，我至今尙疑，君爲我釋之！」先生問：「何也？」中山曰：「中國以農立國，倘不能於農民自身求澈底解決，則革新匪易。欲求解決農民自身問題，非耕者有其田不可。我說及此項政見時，意以爲項城必反對，孰知彼不特不反對，且肯定以爲事所當然，此我所不解也。」先生曰：「公環游各國，自睹大地主之剝削，又生長南方，親見佃田者之痛苦，故主張耕者有其田。項城生長北方，足跡未嘗越大江以南，又北方多屬自耕農，佃農少之又少；故項城以爲耕者有其田係當然之事理也。」中山大笑。嗣後語先生曰：「曩夕府中談及改革全國經濟，聞君偉論，極佩藎籌。我以爲硬幣與紙幣，均爲價格代表，易重以輕，有何不可？苟以政治力量推動之，似尙非難事。而君謂必先取信於民，方法如何，願聞明教？」先生曰：「幣制爲物價代表，飢不可食，夫人知之，惟中國數千年來幣制之由重而輕，由粗而細，皆以硬幣爲本位；若一旦易以紙，終恐形格勢禁，未易奉行，故必先籌其取信於民之方法。夫以中國之大，人民之衆，發行四十萬萬紙幣似不爲多。今者卑無高論，先從政府組織一健全之中央銀行，試行統一幣制方策，如發行紙幣五千萬，先將一千五百萬鎔化，製成銀山，置於中華門外之丹墀，以示人民曰：此國家準備庫也。所發行之紙幣日多，所積之銀山愈大，信用既著，習慣成自然，假以時日，以一紙風行全國，又何難哉？愚見所謂必先取信於民者以此。」中山稱善。

孫、袁會晤，在當時關系國家前途甚遠大。十三次談話，所語爲何，唯先生（指梁）知之最詳，但二十年間，未嘗語人。民國二十一年，先生欲將自已經歷編成政書，曾語其秘書某曰：「孫、袁會晤，可勒成一部專書，容吾暇時述之。」乃先說以上二事。未幾先生竟歸道山。孫、袁談話竟成天上曲矣。惜哉！

據「總理全書」說：某次孫中山、袁世凱會晤時，袁問道：「人民對於向外國借欵多不滿意，現在借欵已決裂，影响所及，將會怎樣呢？」中山答：「目下財政困難，已到極點，勢不能不出之借欵，但用途要愼重，數目不可太多。現在借欵既然決裂，其影响於國內，必有以下數端：一、各省自由借欵，恐引起外人無窮干涉；二、地方自由借欵，中央失其統一能力，財政更覺紛亂；三、中央財政困難，就只有靠鹽稅等爲補助，對內外的信用，不易確立；四、中央靠地方協欵，則必盡力樽節行政經費，人才必不願入新政府做事。」袁又問：「西藏獨立，有人主張用武力去解決，閣下意見如何？」中山答：「兄弟生平最反對用武力，一旦激起外患，牽動內地，關係甚大。所以兄弟主張兩事：一、立即頒布對西藏待遇的條例；二、加尹昌衡宣慰使銜，隻身入藏，宣布政府德意，令其自行取消獨立。」

中山先生在北京住了一個月，九月十八日自北京往山西太原，遂至濟南、青島，而於十月三日到上海。此行都是視察鐵路，以便施政。他在北京時，下榻迎賓館，袁世凱設讌招待他好幾次，每次都是握手握得很親熱，互相舉杯祝健康。寫「北洋軍閥統治中國時期史話」的陶菊隱在其「六君子傳」中，記中山先生在北京的故事，頗有趣，大都取材當時北京上海報紙的花邊新聞。文云：

中山先生表示革命並非以排滿爲目的，

而在於以平等地位結合五族而成爲大中華民族，所以曾與醇親王互相拜會，清后命世續開放頤和園，歡迎這位融合漢滿之界的民族先覺。

九月十三日，清皇室在金魚胡同那宅歡宴孫黃二公；黃興係於九月十一日到京。由貝子溥倫致詞云：「兩先生都是非常之人，所以能建非常之業。這次國體變更，是兩先生鼓吹奔走之力。咱們皇太后久仰孫先生的仁德，且信共和政體爲二十世紀大勢之所趨，所以毅然以國政還之國人。咱們所期待的，五族一律平等，國基從此永固，皇室受福無窮。」黃致答詞：「這次共和告成，是由孫先生數十年之領導，所以人心一致，舉國景從，然非隆裕太后之明哲，其成功必不能如此之速。」（十月三日，參謀部在頤和園歡宴黃與陳英士，有清太保世續作陪。黃問宣統起居？世云：已翦髮，每日讀寫甚勤。黃云：五族一家，皇族多才，亦爲民國之福。按：參謀部宴黃陳二人，何以有清室的內務府大臣世續作陪客？即使有私人交誼，世續怎會胡說八道的謂宣統已翦了髮辮呢？溥儀去髮辮，係在民國十年他有了自主權以後之事。）

中山先生入京與袁世凱合作的情況，以當時的著名新聞記者黃遠庸描寫的最爲精警，他在民國元年九月的通訊「記者眼光中之孫中山」四篇中說的很透切。今節錄如次：

孫中山於八月二十五日到京，記者即思一訪問其政見，綜合所聞，作爲此篇。記者既不欲冒昧而往，乃以同盟會中友人某君介紹，於二十九日前往。蓋中山君現定單日午前見客也。記者於是日午前九時到石大人胡同前總統府，自街口以達府門之首，警衛森立，車馬銜接，自袁總統遷入國務院後久已不見此景象矣，蓋袁總統有內令，凡所以招待孫先生者，其警衛規則，並照現總統例，故出入警衛，嚴重異常。某君慨然謂昔華盛頓乘一八馬所駕車，美人已以君主（King）相擬，華盛頓後即避不復御，今總統之自待及待人如此，外間謠諑所由來也。然有爲袁君辯護者，謂中國情形不同，不如是，則將有意外，或益爲人民所輕。記者慨然，是則不僅總統之程度問題及人民之總統問題也。到總統府後，傳宣者引入大門右側之招待室，是時（九時）中山先生尚未起，招待室中有訪其隨員某君某君者，亦皆未起，想見連日疲勞之甚，然室中坐客已至十餘人，廣東人佔多數，有中服而軒昂者，有面目黧黑而憔悴者，意者其老同志耶？新支那社日本人之安藤君、朝日新聞之神田君在焉，有名之鄭師道君則亦在焉。坐定則陸續而至者，紛集室中，幾無立足之地。至十時許，乃由傳宣者引入大客廳，孫先生之秘書乃出，而一一以訪客名刺詢問本人姓名良久，而客之至者更多，並此大花廳中亦無立足之地矣。神田君等以約定時間先入，餘客乃皆坐候，來者既益多，乃分二客廳而坐，總計是日之客，蓋已七十餘人，記者後至，客廳係三連間，其第一室即孫君會客之處，第二室散坐之處，第三室即記者等候之處，三邊皆徹，故記者於第三室望見第一室中中山君與神田等會談情形，鬚眉並見，而門外迴廊之間，盡以同盟會諸君充塞，蓋皆來爲孫君助理或承應者，時已至十一時，而神田等會談尚未畢其事，若挨次宣見不知何時始能得望顏色，顧中山君之顏色既爲記者所習見，又於第三室中瞥見甚悉。是日之十一時，各總長次長定約宴請中山於金魚胡同，其後則廣東公會有會，鐵路協會有會，料中山君必無以次談話之餘暇，若匆匆一見，則又無聊，記者又有別約，乃匆匆不別而出，於是乃奮得最好之新聞材料以報告于諸君，其孫先生處則擬另訂時間約見矣。

這是記中山先生到京後交際繁忙，無法和他見面的情形，九月六日的通信，則記孫中山、袁世凱談話的內容。

記者既出，所未得之中山君，乃間接得之於秘密偵探，因是乃得將孫袁二人談話之內容及其關係調查無遺，自信足爲最確實之報告，此眞記者之光榮也。茲謹記其大畧如左，因其須秘密者，則暫付闕如焉。

自中山到京（八月二十五日）至今日（九月初一）孫袁二君相見共四次，第一次（二十五）孫君拜訪，第二次袁君答訪（二十六），第三次袁君請孫君（二十七），第四次總統府公讌孫君（二十八）。孫君在讌會上，則默默寡言，故幾幾無新聞材料之可道。惟其第一次第二次二君對談甚久，第三次之會談乃在自午後五時至十二時，綜其會談要點（第一）爲孫君最得意之鐵道問題。孫君致宋教仁書，已主張二十年之內修築二十萬里之鐵道，由此以輸入外債，可得六十萬萬，吾人殊多不解，第一，則此二十萬里之鐵道之幹支線之起訖如何；第二，國內鐵道既已有條約上之限制，邊防鐵道復多受外交上之拘束，此二十萬里之鐵道，如何起手，如何聯絡；第三、則今日之借欵，皆以外交爲之樞紐，且二十年之內，如何可得如許之游資，其他種種疑團，尚難縷述。……二公語次，由此以及外交問題，（第二）孫君遂問袁君以聯美歷史，袁乃告之如此如此。孫君即席嗟歎，謂爲遠謀。然二君當時即取消聯美之政策，至於今日究以聯何國爲宜，二君亦已談及，以屬外交秘密，不爲發表，但敬告諸君，二君言次曾及外交上之聯絡有二種，一形式上之聯絡，一精神上之聯絡云云，便知記者之非揑造也。談次，二君因以連類及於實業。（第三）孫君謂自己此後當從事於社會事業，且從事於此，當較袁君更爲適當，語意中實表明其不願爲第二次總統之意。袁君言下提出抗議，謂我雖歷來做官，然所辦之事，却以實業爲第一大宗，從前在北洋即立意專派實業學生，至於政治學生，實在因不得已而後派者，以自表其愼重實業之證。孫君又力駁之，謂我做此等事，必較君更能取信於社會云云。蓋二君不爲總統之競爭者，而乃相競爭爲實業家，可爲吾中國實業前途慶矣。……以上所述，於袁孫二人談話之輪廓，十得八九，除鐵道問題係一種開國遠漠未敢置論外，其最可注意之處，則孫君之推讓第一次正式總統及力任調和黨派二事，而記者之所深憾者，則以二君之推襟解抱，如何不于今日確定時局上之生死存亡問題爲確實正式之解決，而乃以恢張遠畧爲急也。記者之意，以爲今日外交上之大借欵問題，內政上之約法修正問題，軍民分治問題，及省長簡任或民選問題，皆最糾紛而難解決者，必有待於二公之正式商榷，公然發表，以令輿論有統一之機緣，而大局方有着手之希望，不然，則雖有偉大之計劃，亦何所恃以爲游刃之餘地？世界豈有無財政之國家，不統一之國家，而能言理想言計劃者乎？以吾國力之雄，將來國債即進至六十萬萬，或亦不足以窘我，奈何眼前已貧無立錐何？直接借債於歐美市場之計劃，誠記者之所深表歡迎，然奈此六國公使已經正式指定代表銀行何？築路二十萬里，連絡歐亞，誠足令國內之政治，世界之外交，生一絕大之變化，然奈此警耗頻頻，眼前將令吾黃帝子孫無立足之地何？吾人既不深悉袁孫二公談話之內容，又中山政見，亦僅吉光片羽見於報章，尙不能下一有系統有組織之政治批評，惟是二公之推襟解決，尙未觸着于時局之痛癢問題之焦點，則吾人實不勝喁喁之望耳。此爲記者發表於北京某報中論說之一篇，錄此以代批評而已。

然吾輩空談，無可多道，至於二君數見之後，情意融洽，實爲政界上一大可注意之新潮流。袁君之批孫君曰光明正大，絕無私意，所恨相見之晚。孫君之于袁君，則曰雄才大畧，當世無可與代之人，且致電黃君克强，催其北上，謂袁君地位，今實在可憐之境，並無可疑之隙，其推誠布公如此。記者嘗怪今之論袁君者，輒曰其權謀百出，專以手段勝，而其左右親信之人，則謂袁君實一老實之人，至謂老實之極，遠過於「三國演義」中之魯肅。世之論孫君者，亦謂其智術過人，深明老氏之學，而孫君之老同志，則多不謂然，今以二君互相推獎之言證之，然則二君之互爲言者，信耶，抑他人之浮言信耶？

民國元年八月十五日，袁世凱槍殺武昌首義同志張振武、方維兩人，全國人民爲之大驚。因爲袁殺張振武是秘密執行，並沒有經過任何形式的審訊。一個新成立所謂共和民主的國家而有此無視民權的事發生，怎不教人民大起恐慌大爲反感呢。

張振武一案的發生是這樣的。張是同盟會會員，武昌起義後，任湖北軍政府軍務部長，因爲個性驕恃，好盛氣凌人，故與孫武結怨，黎元洪也對他沒好感。袁世凱當起臨時大總統後，黎爲了拔去眼中釘，並施展借刀殺人妙計，請袁聘他做總統府顧問。張振武到北京後，黎即電袁誣張振武在湖北勾結土匪，蠱惑軍心，破壞共和，請袁立將振武正法。袁對同盟會人物本無好感，立即「遵命」照辦。和張同來京的將校團團長方維，也同時遇難。北京步軍統領衙門所公布張振武罪狀，完全根據黎元洪一封密電的指證，並未經調查訊問，故消息傳播後，舉國震驚。黃興時已辭南京留守，袁邀他入京，蔡元培、吳敬恆等勸他不可輕試，黃興乃電詰袁爲什麽要殺辛亥革命元勳。文中有「未見司法裁判，頗難釋此疑問，乞更明白宣布，以釋羣惑。……」袁覆電謂：「黎副總統爲鄂軍督帥，對其所部宣布罪狀請正典刑，自應即予照辦」等搪塞之語，黃乃再電斥之。文云：

黎副總統原電述張方罪狀，語極含混，凡有法律之國，無論何級長官均不能於法外擅爲生殺。今不經裁判，竟將創造共和有功之人立予槍斃，人權國法，破壞俱盡……且在前清專制時，汪精衛謀炸攝政王一案，訊供確鑿，尙能出以詳審，僅予監禁，縱使張方對于黎副總統個人有不軌之嫌疑，亦豈能不據法律上之手續，率請立予正法，以快私心。……

孫中山時正與袁合作，因黃興不肯北來，乃電勸駕，力請北上，共商國是。電文有說：

以弟所見，項城實陷於可悲之境遇，絕無可疑之餘地。張振武一案，實迫於黎之急電，不能不照辦。中央處於危疑之境，非將順無以副黎之望，則南北更難統一，致一時不察，竟至以此。自弟到此以來，大消北方之意見，兄當速到，則南方風潮亦止息，統一當有圖謀之結果，千萬先來此一行，然後赴湘。幸甚！孫文。

黎元洪誘殺張振武、方維一事，人們都不直黎所爲，因此黎的聲望大受影響，曹亞伯在「武昌革命眞史」中透露一些消息，據說當武昌首義時，張振武主張革命要徹底，清吏如不起義，則盡殺之。因黎元洪不肯贊成革命，張振武對吳兆麟說不如把黎元洪殺了，以壯革命聲威。吳不以爲然，理由是如欲革命早日成功，非借黎元洪之名不足以號召天下。後來黎知道張振武對吳所說那番話，對張便存有戒心。湖北軍政府成立，張對黎意存輕視，兩人的嫌怨始終不解。

袁世凱在六十年前就任總統，桌上為其軍帽

袁殺張振武後，又假慈悲，封官贈爵，厚恤其家，黎元洪更輓以聯云：

為國家締造艱難，功首罪魁，後世自有公論；

幸天地監臨上下，私情公誼，此心毋負故人。

此聯多少帶有一些悔艾之意，蓋黎元洪幕中饒漢祥之流所代筆也。

民國元年壬子的一件舉世矚目的大事，就是孫、黃、袁、黎合作，處理國政。黃興入京後，袁百般籠絡，他曾與袁談話數次，因約法雖早經公布，而政府尚無明確切實的施政綱領。孫、黃相繼入京，和袁世凱幾次磋商結果，確定大綱八條，復徵得副總統黎元洪同意，遂於九月廿五日由總統府秘書廳正式通告。條文內容如下：

一、立國採統一制度；

二、主持是非善惡之眞公道以正民俗；

三、暫時收束武備，先儲備海陸軍人才；

四、開放門戶，輸入外資，興辦鐵路鑛山，建置鋼鐵工廠以厚民生；

五、提倡資助國民實業，先着手於農林工商；

六、軍事、外交、財政、司法、交通，皆取中央集權主義，其餘斟酌地方情形，兼採地方分權主義；

七、迅速整理國家財政；

八、竭力調和黨見，維持秩序，為承認之根本。

後來袁世凱又和黃興商量實行手續，協議四項：

一、實行統一：各省軍政府尚未取消者，電飭其限期取消，一面派員分赴各省調查情形，軍事、財政、外交、交通各首長，皆由中央委任，一切事宜均直隸於中央各部，以期統一；

二、整頓海陸軍，擬籌集的欵，速組織陸軍大學，並組織海軍學校，飭派海陸軍部選派人員，赴各國考察；

三、興辦鐵道：已歸孫中山先生辦理，請黃君担任開鑛事宜，於北京南京兩處，建設鋼鐵工廠，以能達到全國軍械皆出於自造之目的；

四、資助國民組織實業銀行，農林、工商諸事，官督紳辦，以救政府不及之患。

孫、黃、袁、黎在公文上合作，不過六個多月，孫、黃皆在南方反對袁世凱，遂有「二次革命」之事發生。

黃興是民國初年一位偉大的人物，當時的輿論，皆認為他勝於孫中山，故此袁世凱對他常有戒懼之心，他在臨時政府中是陸軍總長，袁在北京就臨時大總統職後，改以陸軍總長授其心腹嫡系段祺瑞，但又怕南方人士不服，遂於三月廿九日任命黃興為參謀總長，仍總轄南洋各軍。袁復於四月一日任命黃興為南京留守，黃堅辭。黃興不忍南方袍澤陷入困厄之境，遂接受任命，即日成立留守府，派李書城為總參謀長，陳鳳光為秘書長，又設七個處，管轄各單位九個，還有南京府知府一人（民國元年，府尚未廢），規模頗為龐大。外人不知者以為此乃一南方政府，可與北京對抗者也，故求事的人蜂擁而至。其實留守府是一個大而無當的機關，依照北京於四月十四日頒布的「南京留守條例」，留守雖直隸大總統，有維持整理南方各軍及南京地面之責，但財政權歸於財政部，人事權歸於江蘇都督，這兩件事就可以制留守府的死命了。留守職責在整編並裁撤南方各軍，但又要顧及保全革命的實力，以為後盾。其時南京駐軍尚有二十餘萬人，編制非常混亂，計有七軍，二十六師，五十一旅，名雖叫做一師，而兵不過千多人，甚至數百人而已。這批師長，個個都自稱對革命有功，他們鎮日奔走於南京留守之門，索械索餉，無所不至。他們彼此利用手段，以期鞏固自己的地位，只求升官發財，廉恥盡喪，革命精神掃地無餘。黃興對此等軍隊，只有予以改編或遣散。但編遣工作所需經費很多，財政部諸多留難（據說袁世凱授意財長熊希齡出此，以打擊黃興的），因此編遣工作毫無進展。四月九日，黃興往上海與國務總理唐紹儀洽商要公，怎知十一日夜裏，南京的江西軍隊和匪徒勾結，發生暴動，搶掠商戶，損失甚大。黃興聞訊，連忙趕回南京，督率軍隊鎮壓亂兵，事始平息，黃興即電袁引咎辭職，並自請處分，袁照例慰留，但兩個月後，黃興又辭職，袁立刻完成其高尚之志，准如所請了。（上）

政海人物面面觀

——陳獨秀、張國燾、陳銘樞——

馬五先生

陳獨秀原名由己，字仲甫，別號實庵，安徽懷寧縣人，生於滿清光緒五年（一八七九年），歿於民國卅一年（一九四二年），逝世迄今，三十年矣。他於民國元年担任皖省都督柏文蔚的秘書長時，纔改名獨秀的。

陳獨秀的家庭是地主階級，又係詩書門弟，祖父和哥哥都是秀才，父早故，母氏很賢能，啓蒙後，督勵他從事舉子業，由祖父課以八股制藝。然獨秀不喜歡此道，祖父常扑作教刑，而他忍受不作聲，亦不哭泣，祖父說他這種悖逆性格是强盜性格。他到十七歲時，經他的哥哥强迫補習八股文一段時期後，參加童生考試，最後府試得中秀才。清末，他曾赴日本留學，得與革命黨人馮自由、張繼、章士釗等相識，成爲革命志士，後來張繼與章士釗在上海創辦「國民日日報」，獨秀與蘇曼殊、柳棄疾等亦在該報撰寫文字。

陳獨秀

從民國二年陳獨秀卸去安徽都督府秘書長後，直到民五受任爲北京大學的「文科學長」——即系主任——這段時間，他除却在日本留學外，幹些什麼活動，殊不可知。他所寫的「實庵自傳」，只是叙述到南京應鄉試——考舉人——的經過情形爲止，連他的父兄名字和母親姓氏皆未記錄。

他到北大教書時，約爲民四、五年間，校長是蔡元培，實行學說自由，百家爭鳴，新舊派的學人，冶於一爐。獨秀的思想是永遠不滿現狀的維新主義者，他晚年自稱爲「永遠的反對派」，一點不假。他在北大當然屬於新派人物，嗣以眼見中國北洋軍閥政府的腐敗貪殘現象，思想愈趨急進，言論日益激烈，終致不安於位，辭去北大講席，南下在上海創辦「新青年」雜誌，後來他受着蘇俄十月革命刺激，思想更左傾了。筆者此時正在大學讀書，固不知陳獨秀是何許人，祇常常閱讀他在「新青年」雜誌上所寫的文章，覺得他的言論既富煽動性，而其語體文亦簡練優美，具有莫大的吸引力，不知不覺地成了「新青年」的忠實讀者。繼又見他跟胡適之倡導文學革命，主張打倒廟堂、鐘鼎與山林式的舊文學——詆之爲死文學，提倡大衆化的白話文，名曰活文學。當時一般講究漢學的士大夫，以北大教授林損爲首，對於白話文深痛疾惡，認爲引車賣漿之流的言談皆成文章，這成什麼話呢？上海新聞報副刊主編人嚴獨鶴曾寫有「越做越白的白話文，白得不能再白了」的新詩句刊諸報端，表示譏刺。但陳獨秀不特不屈服，且發出「打倒孔家店」的口號，與蜀人吳幼陵（虞）的非孝論，同被舊派的士大夫視爲洪水猛獸。可是，一般青年學生對於陳、胡提倡語體文的見解，十九皆表示共鳴。我還記得在民國八、九年間，國民黨理論家戴季陶發表文字，申言孫中山先生的三民主義思想體系，乃導源於孔子學說，陳獨秀即在「新青年」雜誌上刊載一副漫畫，繪出戴揹着一塊寫有孫中山三個字的牌位，向着孔廟的大門口直馳前進，我見了爲之大笑不置。因此，對陳心儀其才氣橫溢，不同凡響，隨時留意他的言行，此時的陳獨秀幾乎成了青年學生們的偶像。

民國十年夏間，在報上看到陳獨秀與張國燾、周佛海、陳公博、包惠僧、劉仁靜等人在上海創立中國共產黨的消息，是時筆者尙不瞭解共產主義是何內容，只是望文生義，認爲即係均貧富之意，自己原係清寒子弟，固無所謂也。是歲冬臘我由日本因事回到長沙時，在省教育會偶遇着毛澤東、夏曦（曼伯）二人，他們都加入了共產黨，夏君領我到省府大門前的府正街，參觀他們開設的一家文化書店，除却陳列許多馬克斯的共產黨宣言，以及俄共理論家布哈林所寫的各種小冊子的漢文譯本外，「新青年」雜誌亦不少，我對夏曼伯表示喜歡讀陳獨秀的語體文，他很高興，且告訴我陳的舊學亦很有根底。既而夏又領我去船山書院參觀他們所創設的「自修大學」，毛澤東亦在座，我問自修大學校長是誰？有那些教授？毛啞然道：「難怪你是受的資本主義教育，既名『自修』，還需要什麼校長教授呢？」迨我事畢回日本時，夏曼伯陪着我同往上海，在車船上大談其陳獨秀的一切言論主張，此時我對陳無條件地表示崇拜，因而曼伯在上海棋盤街「湘益公」客棧中，曾竭力勸我加入「中國社會主義青年團」，說青年團的領導人就是陳先生，然我已是國民黨員，致未實現。

民國十三年國民黨實行聯俄容共政策，中共份子如張國燾、毛澤東、林祖涵、李大釗、吳玉章、高語罕等，皆當選爲國民黨中央委員或候補執監委員，然陳獨秀以「家長」身份，並未跨入國民黨，且在共黨宣傳機構的「嚮導」週報上（此時「新青年」已停刋）隨時著文指摘國民黨的某些措施。迨民十五年國民革命軍北伐時，陳更反對甚力，而蘇俄第三國際亦密電派在國軍服務的顧問，設法阻遏北伐軍的進展。民國十六年四月初，汪精衛由法國回到上海，曾與陳獨秀二人聯銜發表國共合作宣言，居然是以兩黨領袖地位發表政見，國民黨方面如吳稚暉等人，曾表示不贊同汪的冒充黨魁作風，然中共對陳絕無異議。陳獨秀且於民十六年三月六日在上海環龍路二十六號對吳稚暉、鈕永建、楊杏佛等，公開主張要在二十年內，實行列寧式的共產主義，氣燄張甚（詳見民十六年四月二日吳敬恒致國民黨中央委員請查辦共產黨函）。即此可知自民十到十六年七月武漢國民政府宣佈清共之時止，陳的的確確是中共的「家長」，擁有無上的權力，毫無疑義，而蘇俄對於陳領導共黨的一切措施，亦並無違言。

到了民十六年七月，因爲莫斯科第三國際命令中共在武漢組織五萬軍隊，並脅迫國民黨改組中央黨部，撤消一般反共的中委職務，由各地農民協會直接沒收私人土地，不必經國府許可。汪精衛這般利用共黨以爭奪權位的人，纔知道引狼入室之禍害，亦步着南京方面的後塵，實行清共，而第三國際乃歸咎於陳獨秀領導錯誤，撤去其中共總書記職務，並調他赴莫斯科受訓。陳却不承認俄共加給他的罪名，總書記雖然不幹了，但拒絕前往莫斯科，且認爲中共之所以失敗，實係第三國際操之過激，他只是執行第三國際命令，不負失敗責任。因而觸怒了史大林，指他爲叛徒，給他扣上一頂「托派」的帽子，開除他的第三國際黨籍，而中共仰體史太林的鼻息，亦開除了陳的黨籍，且加陳以「托匪漢奸」的惡謚，對他造謠詆毀，不惜使用最卑劣而惡毒的詞句，大事宣傳，無所不用其極。陳泰然置之，不贊一詞，從此息影上海租界內，不復過問共黨的事情。

對日抗戰以前，陳忽在上海被捕，解往南京究處，據說乃係共黨份子告密，實施借刀殺人之計。他的老友章士釗（行嚴）這時在上海執行律師業務，聞訊自告奮勇，撰狀替陳義務辦護。狀詞中沿襲章太炎當年致書官府營救洪憲「六君子」之一劉師培（光漢）的文句，說「獨秀死，則中國之讀書種子乃絕！」章以爲陳會是共黨首領，必遭極刑無疑。這在別人一定表示感慰，陳却謂：「章行嚴怎麽能夠替我辯護呢？」意思是認爲章對共黨內部的派系鬥爭情形，茫然不識不知，專談法理，毫無用處，立予拒却章的好意，亦不另請律師辯護，安危置之度外，聽其自然，夷然不惜以身殉「道」。國府固洞悉史太林必欲置陳於死地的內幕，乃予從輕發落，共黨借刀殺人的詭謀乃未能成功，未幾即將陳開釋，嗣後陳在國內的行動，反而較前更爲自由，决不需要躲躲藏藏了。「禍兮福所倚」，此之謂也。陳有一子名叫陳延年，亦係中共黨員，民國十四、五年間，延年在廣州進行工人運動，曾在街市上拉黃包車，藉以接近勞動羣衆，不愧爲共黨首領之子，他後來在民十七年廣州大暴動之役死難了。

獨秀在共黨被黜失勢後，要想再辦刋物亦無人合作，要想恢復教書生活，更沒人敢聘請，夫妻倆過着清苦生活。迨抗日戰事發作，京滬相繼淪陷，民廿六年冬國府遷移武漢，陳夫婦亦避難寄居武昌某街一個煤炭店樓上。時西南顯要人物劉湘、李宗仁等常來漢臯公幹。乃有筆者在中學時代的同班同學郭春濤，原與陳熟識，郭於西安事變時，曾銜馮玉祥使命到成都聯絡劉湘，劉對他頗親切，此時重逢漢上，郭向劉建議，可邀請陳獨秀到四川去，藉壯政治聲勢，劉欣然同意，即以現金八百元交由郭轉致獨秀作入川旅費。並聲明陳進住巴蜀後的生活費用，亦由川省府供應。郭喜甚，懷着八百金往晤陳獨秀爲劉湘作說客，謂劉主席素來崇拜陳先生，擬請陳入川避難，當恪盡地主之誼。陳正在吃粥，聞郭言，乃答以「看戰事形勢，政府將來祗有遷赴巴蜀之一途，我們當然亦要去的」。郭以陳既有入川之意，即從懷中掏出八百元現鈔置於陳面前道：「這是劉主席甫澄先生託我送給你們夫婦兩位的入川旅費，决定首途日期後，劉主席會派人招呼，購買船票的。」陳聞郭言，臉色突變，揚聲謂：「春濤，你把我看成甚等樣人？我豈是接受軍閥官僚們的嗟來之食者！請你趕快收起鈔票出去罷。」郭春濤自討沒趣，很尷尬的黯然辭別，陳僅點首爲禮，並未起身送客，表示很不愉快，兩人的交誼亦從此斷絕了。

可是，中共的宣傳機構，此時對陳却極盡誣謗之能事，竟指陳每月向日本方面領取津貼幾千幾百幾十元，揑造數字，說來若有其事，在報刋上大登特登，藉以證實陳確有「托匪漢奸」的罪行，以致激起各界人士的公憤。曾由周佛海領銜，聯合左翼文化份子柳湜等若干人，發表宣言替陳辨誣，並指斥共黨不擇手段的瞎造謠言以對待異己的作風，令人難以容忍，不得不起而主張公道，明辨是非云。但陳依然默不作聲，視若無覩，這固然是他深切瞭解共黨所謂鬥爭技倆就是這麽一套，不値得置意，亦與其少時挨受祖父毆打而决不啼哭的先天堅强性格相符合，其風格有足多者！

國府自武漢西移重慶，陳隨之入川，卜居於距離渝市不遠的江津縣，謝絕社交活動，不時在報上發表文章，討論抗戰建國的重大問題。某次他在孔祥熙辦的「時事新報」撰文研討國家經濟建設計劃，文內詰問國府今後的經濟建設方針，究竟是走資本主義路線呢？抑循社會主義路線？這是應該預先確定的大前提，否則即無是處。當時沒人起而作具體答覆，僅由國民黨宣傳部代理部長周佛海以談話方式，在報上發佈言論，說資本主義只注重生產而忽視分配，國民政府實行民生主義的經濟建設，對生產與分配同樣重視，並非走的資本主義路線云云。陳認爲不滿意，再著文指出經濟建設的根本問題，是生產所有制如何釐定，而分配乃屬次要。旋有羅敦偉君起而應戰，在重慶「西南日報」著論答覆陳獨秀，强調統制經濟之說，文中襲用了「生產關係」與「生產手段」這類馬克斯的術語，又把英美煙草公司作例子以詮釋生產關係，被陳捏住了痛脚，很不客氣的加以反駁，且教羅君再讀十年書，纔可以跟他從事理論之爭，洎後即無人再與陳筆戰了。

對日抗戰期間，中共宣言服從國民政府命令，一致對外作戰，且在重慶設立辦事處，派周恩來爲代表，常川駐渝，而共幹董必武、吳玉章、陳紹禹等都受任爲國民參政員，亦經常居留重慶，但陳獨秀跟這些人絕無往來。某次，董、吳二人特赴江津縣訪問陳氏，狀甚親切，言談間希望陳回到延安去，說黨方只要陳表示悔過，即可不究旣往，恢復陳的黨籍。陳乃詢問董、吳道：「我究竟有什麼過錯可悔，倒要請教兩位老兄一下。」弄得董吳無詞以對，鎩羽而歸。現在中共又大力反對俄帝，假使陳氏健在，必莞爾曰：「早知今日，何必當初？你們這羣中無所守的小資產階級份子，太可哂而又可憐啊！」

陳氏晚年的思想，已由絢爛歸於平淡，民國三十年他在重慶報紙上發表了兩篇很有份量的文章，對於內政主張實行眞正的民主憲政，政府非依法律不得侵犯人民應有的自由權利，尤其不得隨便拘捕民衆或征歛民財；凡未經法院許可，且持有正式文件的治安人員，不得任意搜查人民住宅或沒收私人的著作品，認爲非如此即不配談民主政治。對於國際問題，他有一篇談未來國際局勢之趨向的論文，指出經過二次世界大戰後，國際間將形成兩大對立集團，所有各個大小國邦，如不接受甲方强覇國家的援助支持，即仰賴於乙方覇主的培育庇護，即使你不要求他來援助，然他亦自動的要來援助你，決無所謂中立國家了。這是陳氏在二次大戰結束前三年的預測，但戰後的國際形勢，完全跟他所預言的情況若合符節，智慧之高超，眼光之銳敏，實屬不可多得的。民國卅九年我在香港主持某報筆政時，曾將陳氏這幾篇絕筆的文章，集印成小册，名之爲「陳獨秀晚年的思想見解」，公開發行，可惜現在手邊沒有留存的了。

陳獨秀以一封建地主家庭的子弟，又曾經投身於科舉場中，然具有慧根，思想進步，不受家庭環境與社會習俗的約束，反抗現實，求變求新。他對國家最大的貢獻，就是提倡新文化運動，構成了一股時代潮流，沛然莫之能禦。他創立中國共產黨而領導之，兒子亦爲黨犧牲了，中途被排斥失勢後，經常過着窮困潦倒的亡命生活，亦決不喪其所守以期苟免，而靦顏向現實低頭。他晚年倡言民主憲政制度，亦非背叛共產主義的教條——馬克斯並不反對民主政治——他祗是反對史大林式的極權獨裁制而已。這證明一般共產黨人認定知識份子的思想容易動搖之說，決不正確，陳獨秀便是最好的例子。英國費邊主義者蕭伯納說過：馬克斯以工人階級爲社會革命的中堅幹部，殊不可靠，工人們都是想作資本家的。唯有知識份子纔是社會革命的先鋒隊，他們能夠「染紅自己的旗幟」，而以「不可避免的漸進方法」，從事社會革命云云。陳獨秀即是一個代表人物，個人的成敗不足論，但他那種艱苦卓絕，立不易方的毅勇精神，是值得稱讚的，也可以說唯有陳獨秀纔是馬克斯主義的眞正信徒呢！

張國燾

張國燾江西人，出身小資產階級家庭，中學畢業後，北上投入北京大學。民國十年（公元一九二一年）中國共產黨在上海正式創立時，張與周佛海、包惠僧、陳公博等，皆係創立人之一。是時毛澤東尙在湖南長沙搞工人運動，並未參預共黨籌備會議——初在上海秘密舉行，繼赴嘉興城外湖船上繼續其事。

張國燾肄業北大時期，蘇俄首任駐華大使加拉罕對張特加賞識器重，信任遠在北大教授的共黨份子李大釗（守常）之上。後來毛澤東到北大圖書館作小職員時，張已出任中共駐莫斯科第三國際的首屆代表了。民國十三年國民黨實行容共政策，在廣州舉行第一次全國代表大會，張與李大釗、韓麟符、于樹德、惲代英、林祖涵、毛澤東等皆爲參加大會的代表，由李大釗向大會提出親筆說帖（見附圖原件）聲明共黨人士是以個人地位加入國民黨，努力國民革命工作，決非黨團行動。中委選舉結果，李大釗、譚平山、于樹德當選爲中執委，張氏與林祖涵、毛澤東爲候補執委。此時的中共領導人係陳獨秀，但張的資歷以及對第三國際的關係，却爲首屈一指者。

張國燾之爲人，頗厚重而有理性，並不是如史大林所說「共產黨都是特別材料造成的」那種無人性無理性的殘酷動物。因而他的資格雖老，且取得俄共的信任，在黨內奄有第三國際背景，亦從未聞有爭奪領導權的行爲。自民國十六年國共分裂，共黨在南昌暴動，遠走潮汕，又在廣州暴動，再流竄江西後，張氏與徐向前、周士第等即活動於湘鄂地帶，旋於鄂北山區成立紅四方面軍，以徐向前爲司令員，張爲政委。他始終未到瑞金的「中央蘇維埃」任職，陳獨秀被第三國際撤去總書記職務後，毛澤東與國際派陳紹禹等人，連年在瑞金進行內部權力鬥爭甚烈，張皆置身事外，後來在鄂北發生內部大屠殺的「富田之役」，張亦未遭波及。他在中共黨內的人緣和聲望，依然不墜，毛澤東對他雖有忌嫉心理，亦無可如何。越民國廿四年秋，中共中央決計由瑞金突圍西竄，通令湘鄂各地共軍一致行動，而以「陝甘寧三角地帶」爲最後集中點時，紅四方面軍的實力已有十萬之衆，聲勢甚盛。張與徐向前按照中共中央指示，率衆由紫荆關進入四川省的通、南、巴地帶，乃與毛澤東進行了一場暴風雨式的鬥爭，終於導致張氏脫離中共陣營的後果。

紅四方面軍到達川境後，爲要取得地方人氏的合作信賴，一面實行打倒土豪劣紳，剷除地主資產階級，同時成立「人民自治政府」，暫不揭出「中華蘇維埃政府」的旗幟，以免引起民衆的恐懼心情。張氏認爲挾十萬大軍，立足於天府之國，祗要博得民衆同情，則以巴蜀爲根據地，即遠較陝甘寧三角地帶爲優越。中共中央突圍時，所謂「軍事委員會」主席是周恩來，對於紅四方面軍的措施，並無異議。迨毛澤東在遵義會議中，攫得軍委會主席職權後，乃指張氏在川南設置「人民自治政府」而不高舉「中華蘇維埃」大旗，係右傾機會主義，大加申斥，且飭尅日撤消「人民自治政府」。張氏乃以上述理由答復，聲明係一時權宜之計，俟基礎穩定後，自當改組爲蘇維埃政府，實行退租退押，平分土地等清算鬥爭政策，認爲列寧在革命初期，亦會贊成克倫斯基的聯合政府，繼又實施資本主義式的新經濟政策，這都是爲着現實的革命利益所應採取的手段而已。詎毛澤東大不謂就，指其違抗黨的決策和命令，竟以中央名義，開除張氏的黨籍、視爲反革命的叛徒。此時毛所擁有的武力不過兩萬多人，而紅四方面軍在十萬以上，張當然不承認毛澤東這項亂命，而中共的中執委員，又多數都在巴蜀。於是，張氏亦在川南召集中共中央臨時會議，經多數同意在川省成立中央黨部，並開除毛澤東的黨籍，形勢很險惡，張聞天、王稼祥這些號稱爲廿五個布爾希維克的國際派份子，乃奔走遵義與川南之間，從事疏解調和，最後決定毛、張與雙方幹部在四川懋縣某山區會談，並相約彼此皆不得散佈攻擊對方的文字。詎張氏到達會談地點時，又發現毛派攻訐張的傳單，張甚氣忿，會談中彼此脣槍舌劍，互不相下，毛、張且以手槍擊桌，表示不惜火併的決絕態度。適國軍薛岳、周渾元各部陸續入川追擊紅四方面軍，而毛澤東所率朱德、劉伯承部隊，又在川黔邊境的「土城」被川軍擊潰了。怵於大敵當前，若內鬨不已，勢必同歸於盡，乃經在場的中委們提出意見，內部暫行息爭，留待將來再說，便由毛、張各率所領軍隊，沿金沙江兩岸分向西北陝甘寧方向前進，雙方部隊在進行中，每日以無線電通知沿途所見情形和歇營地點，互相聯繫，共維大局。紅四方面軍向甘肅方面馳去，張依約按日將行軍情形通知毛方，然毛方始終沒有反應，張氏亦不在乎。部隊到達黃河邊後，即由徐向前率領大部分兵力渡河套，向寧夏方面前進，張本人掌握着兩師人暫駐河套聽候消息。不料徐向前所部進入寧夏境內，即遭到馬家軍強烈抵抗，幾經鏖戰之後，竟告全軍覆沒，徐向前僅以身免！張氏在河套聞此噩耗，深感前途茫茫，進退維谷。是時毛澤東已竄抵延安，得到土共高崗、劉子丹協助，即以延安寨作根據地，用軍委會名義，通知紅四方面軍到延安集合，共圖發展。張氏因徐向前寧夏之敗，所部實力已喪失大半，盱衡大勢，祗有將餘衆集中延安，比較妥當，旋率部前往歸隊。毛澤東表面很親熱，現出盡釋前嫌的態度，而以軍委會命令，將共軍重新整編，另頒番號。紅四方面軍的名義已不存在，張氏的政委職務亦宣告解除，另由中共中央黨部決定，派張爲新設置的「陝甘寧邊區政府」主席，表示對張依然倚畀不衰，實際是佈下陷阱。

毛在延安仗有高崗、劉子丹的助力，將紅四方面軍整編完竣，使張、徐手無寸鐵後，即以中共中央委員會主席地位，不斷地召集會議，檢討自江西突圍以來的軍事與政治措施，而以紅四方面軍在四川的所作所爲，列爲中心問題，實際就是報復張國燾的一箭之仇。初時張亦出席答復一切，久之感覺重複檢討太乏味，即託病不參加，然毛決不放鬆，乃移樽就教，將檢討會搬到張的住所舉行，脅迫他承認犯下了右傾機會主義的罪過，張固知道共黨那套清算鬥爭的後果是如何的，自不肯隨便認錯，而且理直氣

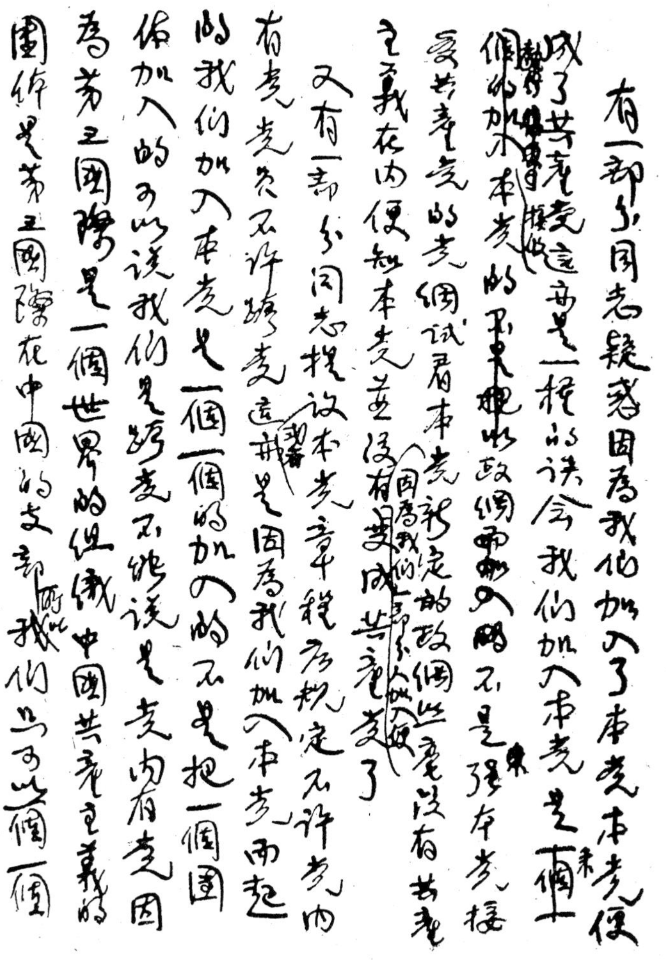
有一部分同志疑惑因爲我們加入了本黨本黨便成了共產黨……

李大釗親筆撰寫的說帖

壯，內省無疚，更有若干中委亦同情他，因而毛亦不敢以激烈手段相對付，祇是藉此破壞張的信譽，使他在黨內的聲望日趨低落，無法抬頭而已。民國廿八年國府遷移武漢，是年恭祭在陝西的黃陵，國共各派大員主祭，國府指派陝西省府主席蔣鼎文，中共派邊區主席張國燾參加。蔣、張於主祭完畢後，站在陵墓前不免應酬交談一番，蔣希望張有暇可赴武漢看看，蓋此時國共合作抗日，無所顧忌了。張謂很想到武漢游覽，只是交通不方便。蔣謂：「今日即可搭乘我的座車去西安，再坐飛機前往漢口，甚簡便也。」張欣然同意，即偕蔣登車，共軍的衛士們覩狀，擬來干涉，蔣命自己的衛士加以制止，共軍以人少，乃不敢動。張當日馳抵西安，第二天乘飛機到了漢口。

張氏的太太楊子烈，帶同三個兒子住家延安，事前並不知道丈夫有武漢之行，嗣聞共方人士議論紛紛，形色緊張，纔知道這回事，但議論的人又不肯把詳情見告，只教她去問「毛主席」好了。楊不得已，即晉謁「毛主席」叩詢此事，毛謂：「我看國燾不會回來了，你若不願隨他去投降，儘可在此工作」（楊氏係莫斯科孫文大學畢業生）。楊答以「考慮後再說。」最後楊氏以兒子教養關係，不能不與丈夫一起生活的理由，報告老毛，毛亦不強留，但謂：「你告訴國

張國燾楊子烈夫婦在加拿大公園中與孫兒女合影

燾，我們的事要他在外邊莫亂講，否則我們要加以對付的」。

張氏全家到達武漢後，決計不再回延安了。國府當局擬請他担任某項公職，然張婉拒，認爲一經涉足黨政界，他之脫出延安，便係毫無意義之事，竊所不取。他希望獨資辦一種刊物，從思想理論方面，研討共產主義是否可以在落後的中國實行，這纔是一樁很有意義的工作。繼而廣西當局慕張氏名，邀約他赴桂林一游，張於武漢大會戰之前，應約而往。詎該省建設廳長黃公度原係留俄的托派份子，於張抵桂林後，竟在其「建設雜誌」中將延安毛共中央，以及莫斯科第三國際開除張氏黨籍的決議案，全部刊出，張閱之，懷疑是桂省當局故意演此惡作劇，適國民黨中央黨部秘書長朱家驊來電邀請張到重慶，他即離桂赴渝了。張氏到了重慶，卜居張家花園，政府任之爲國民參政員，這是民意機構，共幹周恩來、董必武，吳玉章、陳紹禹等，亦都是參政員，所以接受不辭。國府軍統局在重慶郊外磁器口設有幹部訓練班，曾挽張氏去講演，張對學員詮釋共黨問題須從思想理論方面求徹底解決，光靠軍事是不能消除共禍的。然學員們對其言論似不感興趣，他下課後，詢問諸生以來此講課的先生們，誰最受歡迎？答言某先生講的最好。旋囑將某先生講義取來一閱，內容完全主張以土匪對待共黨，只有用軍事力量從事剿滅，方爲上乘，張嗣後即不願再去訓練班演講了。

對日抗戰勝利後。國府派任張氏爲江西省善後救濟分署署長，張以此係爲桑梓服務的救濟工作，慨然受命。省救濟分署長依法列席省政府委員會議，一日，建設廳提議，以江西省境公路多告崩壞，擬實行義務征工，分區分段，征集壯丁修築。張贊成修路工作，但不主張義務征工，認爲經過八年抗戰，人民生活大不如前了，而江西的公路又特別多，實行義務征工，勞民太甚，不但應該支給工資，而且宜從優發給，省庫如支絀，可由救濟分署負担這項經費。他以如此的意見，必可通過。不料建設廳長發言，說義務征工制是蔣委員長在勦共期間頒訂施行的，張署長未曾參加過勦共之役，自然不知道有此項法令，言下對張頗示譏刺，而義務征工案亦竟告通過了！張認定這些官僚不恤民間疾苦，無可理喻，實在羞與爲伍，旋即掛冠而去，以求心之所安。

張辭去救濟分署長職務，携家赴滬暫住，曾斥資刊行「創進雜誌」，每半月發行一期，實行他那從思想理論以對付共產主義的素志，唯當時內戰頻發，物價騰貴，幣值逐一低落，京滬間所有報紙與大小刊物，皆感經濟威脅，難以維持，端賴政府每月配給白報紙，藉資挹注，然創進雜誌却能獲同等待遇。這時筆者供職南京和平日報，尚不識張，聞之甚抱不平允，乃函告執政黨中宣部負責人，請對創進雜誌亦按月配給白報紙以昭公幸承許可，張氏曾來函申謝，我亦爲該雜誌寫過一篇「鬥神救國論」的文

章，然彼此仍未晤面。

民國卅八年大陸變色之際，張氏舉家遷至台灣，擬將創進雜誌復刊，並在台北市新北投頂得住宅一椽，正鳩工修繕中，忽有帶上校領章的軍人二名，前來阻止修繕，謂此屋是他們早已租賃在案。張告以本人係付出一筆頂費向業主頂來的，如有問題，可向業主交涉，說罷，給以名片一枚，表示身份。詎該軍人看到張的名字乃謂：「你就是鼎鼎大名的共產黨人張某某，又想在台灣來共咱們的房產不成麽？」其言極無理而橫蠻，張大爲憤懣，即將頂費索還，携家前來海隅，永不再到台灣了。這段故事是張與我相識後纔說給我聽的。

筆者於一九五〇年在香港初識張氏，彼此同年，談到國事與世界局勢，見解多相同，因而過從頻繁寖成好友。我有位姓鄭的老友住在台灣，亦張氏關係深切，鄭君常來函勸我和張氏在海外的行動，必須格外小心，愼防共黨暗算。我將此意轉告張，問他作何感想？他笑道：「你在街上若遇着生疏人對你瞪眼，你大胆還之以眼色，不必驚詫」。詰以何故？他說：「共產黨對於普通的政敵，是不願採取暗算手段的。如果認爲你是具有社會羣衆力量的敵人，它就先行調查你的羣衆基礎安在，然後使用種種不可告人的方法，中傷、破壞你的名譽信用，解除了你的羣衆武裝，剩下你個人，就無所謂了」。我謂：「陳寒波是個由大陸逃出來的知識份子，何以遭到共黨的暗殺呢？」他說：「這情形又不同，陳寒波曾在北京參加了公安部工作，走來海隅，乃將其所知道的共黨特務工作內容，寫成小册子詳細報導。對於這種人，共黨却非幹掉不可的！」

張氏待人接物雖有渾厚而隨和的風度，但在重要的關頭，却毅然有所不爲。他在海隅曾參加顧孟餘等人的「第三勢力」運動，組織「民主戰鬥同盟」，居於領導階層，主持「中國之聲」的言論機構。而以內部意見紛歧，憤而辭去本兼各職，「戰盟」本部以張氏殊貧窮，曾派員致送重金接濟，希望他仍能合流，張將重金擲諸地下道：「你們不要以爲憑幾個臭錢，就可購買我的人格，趕快走出去罷！」一股君子固窮，凛然不可侵犯的氣概，令人欽佩。他的夫人楊子烈女士頗有丈夫氣，在中共的資歷亦不淺，當年毛澤東在延安，喜新厭舊，將瑞金時代的壓寨夫人賀子珍遺棄之際，張夫人即曾經面責毛太不應該，毛亦答以「我寫信敎她回來，她不肯回」（見楊子烈回憶錄），可見她在中共的地位，並不是普通的一個黨員。她爲人很風趣，有一次在海隅跟筆者閒談說笑，認爲國燾不是做共產黨的材料，我問何以見得？她啞然道：「國燾渾身都是小資產階級的意識型態呀！」相予拊掌大噱不已。

綜觀國燾脫出延安以後的情形，筆者認爲黨政當局未能對他善加運用，只是以一個普通的敵黨人士來歸的心情，虛予委蛇，未免太失策了！

陳銘樞（眞如）

陳銘樞

陳字眞如，粵省廉州籍，保定軍校第二期畢業後，回粵從事軍旅生活，受知於革命軍人鄧仲元（鏗）。迨一九二六年（民國十五年）七月，國民革命軍大舉北伐時，陳已升任李濟琛所領第四軍的師長，奉命率師北伐，進入武漢後，以戰功擢升爲第十一軍軍長兼武漢警備司令，部隊擴充爲三個師，而以蔡廷鍇、蔣光鼐、戴戟分任師長之職。

是時國民政府方由廣州移至江西，徐謙以國府委員先到武漢，成立「中央黨政聯席會議」，自任主席，執行國府職權，與共黨沆瀣一氣，高呼「擁護汪主席復職」口號，旨在反蔣，共黨勢力籠罩着武漢三鎭，陳頗受壓迫，但他沒有實行警備司令職權的勇氣，又不願與共黨同惡共濟，竟以一走了事。他將第十一軍軍長職守交託第十軍長張向華（發奎）兼理，說自己跟蔣總司令的關係太深，不能不走。陳離開武漢不久，所屬蔡、蔣兩師長亦求去，祗有戴戟供職如故。

民十六年四月，國民黨在南京實行清共，將原有的革命軍總政治部改組，派吳稚暉爲主任，而以陳副之。吳稚暉僅負名義而不問事，一功由陳綜持，陳乃招引了若干黨外人士如何公敢等進入政治部掌理宣傳事宜，而總政治部發行的革命軍日報總編輯，亦非三民主義信徒，頗爲民黨人士所不滿。迨南京的中央黨部成立後，即改組總政治部，陳亦去職了。洎是他又回到廣東，糾合舊部成軍，仍以蔡廷鍇、蔣光鼐、戴戟等爲幹部。未幾，粵省主席李濟琛在南京被扣留，幽居湯山，陳受命主持廣東省政，卸去軍職。民十九年中原大戰之役，廣西李宗仁、黃紹竑與閻、馮合作，由黃紹竑統率第十五軍出全州循粵漢路南下，中央先期令飭陳銘樞派軍堵截，陳命蔡廷鍇率師進佔衡陽，桂軍會與蔡部發生遭遇戰，敗績退回桂省，使中樞得免南顧之憂。旋陳部更新建制爲第十九路軍，北上參加討伐閻、馮戰役，因張學良通電主和，率軍入關，戰事迅速結束，十九路軍乃奉命駐防上海。陳自信深受中央倚畀，所部又立下了汗馬功勞，政治地位必卜蒸蒸日上。豈而胡漢民幽居湯山事件發作，若干國民黨中委在廣州組設非常會議以與南京對抗，陳態度殊不積極，也就是他當年在武漢棄職潛行時對張向華將軍所說，跟蔣先生關係太深的心理作用使然。但廣州非常會議諸公對陳不諒解，且有實力派陳濟棠覬覦省主席之位，陳銘樞無法戀棧，祇有被迫去職，仍蹈武漢警備司令時代的覆轍。

胡漢民脫出南京而回粤後，汪兆銘出任行政院長，要求以陳銘樞爲京滬衛戍總司令，說是爲要保護他往來京滬間的安全，中央即照辦。汪就職後，又任命陳爲行政院副院長兼交通部長，這是陳一生中在政治上最得意的階段，顧而樂之。詎不學無術，利慾薰心，竟於處辦招商局變產契約暨與德國簽訂海底電信合同時，發生貪汚舞弊情形，社會輿論譁然，言官提出糾彈，他把責任推之於交通部政務次長陳孚木身上，予以撤職處分，但聲譽已大受損失，他的交通部長亦不安於位了。南京當局曾派石瑛、段錫朋到滬勸陳回京担任參謀總長，他婉却不應。

上海「一、二八」對日抗戰之役，十九路軍英勇抗禦外侮，戰績輝煌，博得全國人民讚許，陳雖未指揮作戰，然以其舊部對國家建此殊勳，社會人士對他的觀感亦隨而轉變。「一、二八」戰事結束後，十九路軍仍戍屯上海，日本方面頗有煩言，我政府當然置之不理。既而蔡廷鍇宣稱有人離間十九路軍，運動他的部下分裂，中樞爲免除謠諑是非，決定改組福建省府，派蔣光鼐爲主席，十九路軍全部移戍入閩，陳銘樞即放洋赴歐美游歷若干時期，內心上不免有失意怨望之感。

陳由歐美漫游歸至上海，乃以進步人物的姿態出現，逢人高談政治，强調社會主義，且擬組織「社會民主黨」以資號召，實則他對社會主義這一名詞的涵義如何，亦是不瞭解的。他斥資創設「神州國光社」，從事文化工作，招引一般蜷伏在上海租界內，靠賣文爲活的左傾知識份子參預其事，發行「讀書雜誌」之類的刊物，宣揚社會主義，反對現實。於是，凡對南京不滿的文人政客，如以胡漢民親信自稱的朱蘊山、馮玉祥代表余心清、第三黨份子譚平山、黃琪翔、章伯鈞，以及沈鈞儒、楊杏佛等，皆成爲陳的座上客；而王禮錫、陸晶清、梅龔彬、周一志、劉叔牟、彭芳草等文人，即在神州國光社分任各項職務；陳儼然是領袖人物，睥睨當代。另又由朱蘊山介紹中共駐滬份子李世章與陳相識，不時懇談，主張組織「抗日聯合陣線」，反對南京。再經李世章從中拉攏，與江西瑞金的中共通聲氣，而中共駐滬代表潘漢年亦與陳往來密切。陳原係一個老粗，多慾而寡識，經不起這般文人政客的恭維慫恿，一心以爲鴻鵠將至，眞想別創局面，躍居領袖地位。他以爲既掌有十九路軍的武力作後盾，又取得許多不滿現實的文人政客一致擁戴，天下事大有可爲了。於是由空談進入實行，乃潛赴香港與李濟琛密商，擬以福建爲根據地，成立政權。旋赴廣州聯絡胡漢民派，表示反南京的計劃，廣州非常會議原以反南京爲職志的，當然贊同，廣西方面更不成問題，還有北方的實力派閻錫山，亦係同路之人，認定新局面之創立，十拿九穩，必告成功。於是，民國廿二年的「福建人民政府」鬧劇即演出了。

假使陳銘樞稍有政治頭腦，懂得革命手段，第一步只以反南京當局爲主旨，則其「人民政府」或不致如曇花一現，即歸消滅，他乃無知無識，誤信一般左傾文人的胡亂主張，竟將國號與國旗廢棄，且將三民主義亦視爲落伍的產物，毀去孫中山先生遺像，公然標出粉紅色的政治路線，要沒收土地與私有財產，實行計口授田。因此之故，廣州非常會議首先通電指斥「人民政府」爲叛逆集團，申罪致討；其他各方原有默契的人，亦不願冒天下之大不韙，相率噤不作聲，置身事外；閩省的資產階級和地主富農等，聽說要「計口授田」，大起恐慌，紛將資金向港滬滙出；即江西瑞金的共黨，亦指斥「人民政府」係軍閥割據的假革命。在這種情況之下，中央政府即不派兵征伐，而所謂「人民政府」亦不出三個月必然自行潰散無疑。這眞是行同兒戲，貽笑萬邦的幼稚動作，把十九路軍這枝國家干城，毫無代價的就犧牲淨盡，陳銘樞之愚妄本質，寧不可驚嗎？事後有人詢問蔡廷鍇，爲什麼毫不考慮就附和陳的輕舉妄動呢？蔡謂：「十九路軍原係陳醵集的本錢，祇好讓他花光了事！」

綜觀陳自民國十五年北伐以來，蔣先生始終對他不錯，他自己亦認爲跟蔣先生關係太深。陳之粤省主席去職，亦係受着廣州非常會議的壓迫所致，並非南京的意思，蔣對陳沒有什麼過不去的事，陳何以不近人情，非反蔣不可呢？據說，陳實有一項心病，迫使他走入叛逆的絕路，究竟是什麼心病呢？傳聞陳在鄧演達未被捕之前，曾致私信於鄧，盼鄧接受南京邀約，担任政府職務，說是「不入虎穴，焉得虎子」，從內部進行革命工作，比在外面活動，事半而功倍云云。這信件於鄧在滬被捕時，經緹騎搜獲，秘密送交南京。蔣固然對陳沒有什麼表示，但陳作賊心虛，總是害怕有朝一日將受到清算，因而隨時不離開十九路軍，以防不測，最後乃實行反動了。

「人民政府」潰散後，南京對陳並未下過通緝令，可謂寬大。對日抗戰期間，李任潮亦得任桂林行營主任，唯對陳不復起用，因爲他在社會上的印象太壞了。大陸淪陷後，陳與當年參加「人民政府」的各色人等，一致投靠共黨，而李任潮獨受到毛酋青睞，陳被冷落一旁，尚不及章伯鈞之流的待遇，終於抑鬱以死，當年他在國府治下，如果安份守己，隨遇自適，憑着他跟蔣先生的歷史關係，縱不能在政治上出人頭地，然其富貴功名，將不在當代一般文武要人之下，實可斷言。陳之本質與賀耀組相伯仲，同係內多慾而其才識不足以副之的老粗之輩而已。

obermain

西德製男裝"奥比馬"皮鞋

大人公司 平價市場 人人百貨 大方公司 來路鞋公司有售

孫中山先生和香港

·司馬我·

孫中山先生誕生的日子，一般知道是一八六六年十一月十二日，照我國計算年齡的傳統方法，今年是一百零六歲。年份是不會錯的，但是正確的誕辰，因爲陰陽曆換算等關係，却有幾種不同的說法。

據中山先生手書自傳稱：他是「姓孫名文，字載之，號逸仙，籍貫廣東廣州府香山縣，生於一千八百六十六年華曆十月十六日。」

中山先生逝世後，有人提起他的生日問題，經吳稚暉考據，並得先生元配夫人盧慕貞女士之証實，確定了他的生日是在民國前四十六年（清同治五年歲次丙寅）十月十六日，當年爲公曆一八六六年，與國父手書的自傳相吻合；按當年之新舊曆換算，國父誕辰在公曆是那年的十一月二十二日。

中山先生的農曆生辰，從他自傳以及若干國父手選的資料裏，都自述爲「華曆十月十六日生」。証以黨史史料彙編委員會所印行「國父年譜」上所說的「民國十三年十一月十二日，國父五秩晉九壽誕——」再翻閱萬年曆，民國十三年的「十一月十二日」正是農曆「十月十六日」，兩相對照，可知中山先生的自述生辰應屬正確無誤。然而事實却不如此簡單，至今很多有關中山先生的傳記的書籍史料及文獻，幾乎百份之百的都認爲國父誕辰是農曆的「十月初六日」，即使本文前段所引述的「國父年譜」上，也記的是：十月初六出生，與其文中說明竟然自相矛盾，這些記載都與國父的自述不符，那麽這一個「十月初六」，又是何所據而云然？說起來很簡單，原來這個農曆的「十月初六日」，同國曆的十一月十二日，都是「國定」的日子。

民國十三年農曆「十月十六日」，是國父五秩晉九壽誕，這一天的國曆是「十一月十二日」，國父家屬以農曆生辰稱慶，但在政府方面，却爲了立場及「政令」關係，只能承認國曆，而不能同時承認陰曆。

以國曆「十一月十二日」爲準，倒推民前四十六年（國父出生的那年），這年的國曆十一月十二日，乃是「農曆十月初六日」，十月初六日就如此用「倒推的方法」而產生的。

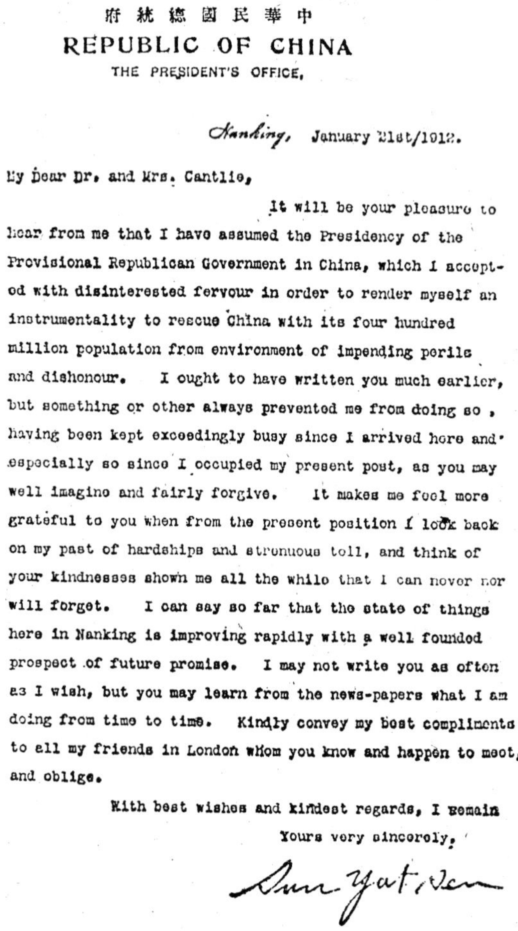
中華民國總統府
REPUBLIC OF CHINA
THE PRESIDENT'S OFFICE,

Nanking, January 21st/1912.

My Dear Dr. and Mrs. Cantlie,

It will be your pleasure to hear from me that I have assumed the Presidency of the Provisional Republican Government in China, which I accepted with disinterested fervour in order to render myself an instrumentality to rescue China with its four hundred million population from environment of impending perils and dishonour. I ought to have written you much earlier, but something or other always prevented me from doing so, having been kept exceedingly busy since I arrived here and especially so since I occupied my present post, as you may well imagine and fairly forgive. It makes me feel more grateful to you when from the present position I look back on my past of hardships and strenuous toil, and think of your kindnesses shown me all the while that I can never nor will forget. I can say so far that the state of things here in Nanking is improving rapidly with a well founded prospect of future promise. I may not write you as often as I wish, but you may learn from the news-papers what I am doing from time to time. Kindly convey my best compliments to all my friends in London whom you know and happen to meet, and oblige.

With best wishes and kindest regards, I remain

Yours very sincerely,

Sun Yat Sen

六十年前中山先生致函香港西醫書院其師康德黎函件

照中山先生自述：「農曆十月十六日生」，則那年的國曆爲「十一月二十二日」，根本同今天的「十一月十二日」不符，二者整整差了十天；換言之，也就是將誕辰提前了十天，「十一月十二日」既爲「國定」，爲了遵令配合，在無可奈何的情形下，就不得不只承認農曆的「十月初六日」，而不能承認國父自述的「十月十六日」爲其誕辰了。

另外一種說法是民國十一年六月陳烱明叛變，先生在廣州蒙難後於八月由粵赴滬寓居，當時黨中有幾名同志願隨中山先生同住上海，後來先生在十一月十二日，約了胡漢民等數人共飯，特設酒菜，此舉與先生平日儉樸作風有異。飯後各人探詢先生設餐欵待之意，孫夫人在旁代答說：「今天是中山先生的生日」，各人立即向先生道賀。從此，黨人都記着陽曆十一月十二日是先生的生日。按該年陽曆十一月十二日，換算陰曆爲九月二十四日，與孫先生自傳所記的陰曆十月十六日的生日亦有不符，因之他爲何於那天慶祝生日，頗有疑問。

還有另一說法與上述情形差不多，但年份不是陳烱明發動叛變的民國十一年，而是民國十三年十一月十二日。那天孫先生曾以午餐欵待胡漢民、汪精衛、廖仲愷等幾名黨中同志，並經孫夫人表示此日爲先生生日——覆查該年陰陽曆換算，十一月十二日剛爲陰曆的十月十六日，與先生自傳所記生日正相符合，而黨人可能只記了是年先生的陽曆生日，相沿至今。

總之，不管上述那一個說法正確，但自民國十四年三月十二日國父逝世後，國民黨一直根據胡漢民等人之記憶，每年於陽曆十一月十二日紀念孫中山先生的誕辰。國民政府並明令公佈定是日爲國父誕辰紀念日，直至今日從未變更。

由此，也不禁令人聯想起先生爲人淸高偉大，因爲當他在生時，向來不做生日，以至死後還須加以一番考查。但不論其究爲何日，我們只是籍着一個日子，去追念崇敬他的偉大一生而已。

孫先生名文，字逸仙，中山乃是他的別字，外國均稱之爲孫逸仙，中國人稱之爲孫中山。其實他的名字共有十四個之多，「中山」兩字，還是他三十歲以後在日本題的名字。

孫先生於十八歲時來港讀書，先進拔萃後進皇仁，均以「日新」爲學名。皇仁書院後期，業師區鳳墀爲之改號「逸仙」，後轉學西醫學院，即以「逸仙」之名畢業。畢業後還廣州，以「孫文」之名行醫，但與「逸仙」並用。上李鴻章書中，即以「文」自稱。乙未廣州首次革命失敗，淸廷懸賞緝捕，文書中作「汶」，並稱之爲「廣州灣海賊」。

此外先生之名，尚有多個，最早是「德明」和「帝象」。馮自由「革命逸史」稱：「孫總理幼名德明，字日新，別號帝象。」據悉德明是先生的譜名，先生的長兄名「德彰」，二兄「德佑」，德是排行。「帝象」是國父之母楊太夫人所命名。至於「翠溪」一名，係先生自稱，時爲二十九歲，爲期亦短。赴英避難時，先生年三十一歲，曾經化姓爲「陳」名「載之」。偶有寫作，自署「杞憂公子」，但不多見。總之孫先生的名字別號很多，有的是幼名，有的是學名，有的是業名，有的是筆名，但與進行革命，恐被發覺不得不避人耳目一點亦有關係。

三十二歲時，先生離英赴日，日本進步黨領袖犬養毅特派宮崎寅藏和平山周相迎，招待

中山先生在香港大學大禮堂演講後攝于該校校園時在一九二三年二月

留居，初住東京麴町區，後遷早稻田。某次出遊，投宿旅館，館主請登記，是日曾遇中山侯爵，平山周信筆代書爲「中山」，先生欣然表同意，並自稱「中國山樵」。次年先生住橫濱，門首所懸之木牌即書「中山樵」。從此對外聯絡，亦改稱「中山」。關於此事，「革命逸史」載：「丁酉，總理自歐洲至日本，取名「中山樵」；數年後又稱「高野長雄」，蓋日本維新志士中，有醫生號高野長英，總理以「中山」二字，多爲世人所知，故易新名，以便秘密通信。甲辰以前通信，署名多用中山，甲辰以後則用「高野」。甲辰爲民國紀元前八年，時先生三十九歲。

總之，先生諸名中，「中山」兩字原係極爲偶然之一個，但革命成功之後，因爲時時用之，乃爲衆所週知，其後廣東香山縣，亦由政府明令改爲「中山」縣，以誌紀念。

孫中山先生之被奉爲國父，原因是倡導革命，推翻滿淸，建立民國，厥功最偉。他終其一生，提倡三民主義，目的是建立一個民有民治民享的政府，雖然他底理想尚未實現，即行因病逝世，但是他對革命之不朽功績，却將永垂萬世。

中山先生少年曾在香港居住讀書，與香港關係甚深。數年前，「東南亞歷史會議」在港舉行，各地出席代表提出論文甚多，其中「中國革命與香港之關係」一文，大受注意，該文內容寫的便是中山先生當年在香港秘密從事革命活動的大概情形。與此同時，英文南華早報亦曾刊一短文，謂香港對中國革命曾有極大貢獻。

關於中山先生在香港的最早記載是在一八八四年，那是他從檀香山囘廣州的翌年。是年秋，即來九龍拔萃書院繼續讀英文，其時中山先生年方十九歲。一年後轉學香港皇仁書院，識美國人希加牧師，從其受洗，教名爲孫日新

。後離皇仁書院，停習英文，致力經史之學。值中法戰爭爆發，不久清政府求和，與法訂天津條約，安南淪爲法國保護國。孫先生目覩一切，鑒於國勢積弱，政治腐敗，致招外侮，乃決心致力革命，傾覆清廷，創設民國，以拯救危亡。便以學校爲鼓吹之地，借醫術爲入世之媒。後入廣州美教士所辦博濟醫院，在校鼓吹革命，與三合會（天地會）鄭士良訂交。一八八六年轉入香港雅麗士醫院附設的香港西醫醫院，鼓吹革命益力，與陳少白、尤烈、楊鶴齡等朝夕往還，當時被稱爲「四大寇」，清廷曾在香港報紙懸賞通緝。

孫先生在香港西醫書院修業五年，一八九二年畢業，文憑由港督羅便臣爵士頒發，尤得教務長英文康德黎博士器重。西醫書院畢業後，曾先後在澳門設立醫局，施醫贈藥，幷暗中進行革命工作。

呂彥直設計之南京中山陵

一八九五年，中山先生再到香港，與尤烈、楊鶴齡、陳少白、鄭弼臣、陸皓東等組織革命團體於中環士丹頓街十三號二樓，取名曰「乾亨行」，以資掩護。未幾在乾亨行舉行成立大會，仍以早一年於檀香山創立的「興中會」爲名，更將在香港最早反清由閩人楊衢雲及粵人謝讚泰所創革命團體「輔仁文社」併入，會員入會須舉行宣讀「驅除韃虜，收復中華，創立合衆政府，倘有二心，神明鑒察」的誓章。香港興中會成立後，分頭進行革命工作，孫中山先生、鄭士良、陸皓東、鄧蔭南、陳少白等往廣州策勵，楊衢雲、謝纘泰、黃詠襄等駐香港，專任後方接應，原定在一八九五年九月初九重陽節在廣州起義，因香港接濟未能趕到，事洩未成，陸皓東被捕處死。

孫先生脫險後，於陰曆九月十二日到香港，粵派吏員引渡黨人，孫先生延聘律師達尼斯申辯得直，港督拒絕引渡，但也不想過於開罪清廷，乃由法院判孫先生與陳少白、楊衢雲三人出境五年。孫先生乃與鄭士良及陳少白同走日本，繼到檀香山、倫敦、加拿大旅行，於僑胞間鼓吹遊說，奔走革命。在倫敦時，曾被清廷駐英公使署幽禁，那便是著名的「倫敦蒙難」，後來救他出來的，便是當年香港西醫書院教務長康德黎博士。倫敦脫險後，孫先生暫留歐洲，考察各國政治體制，風俗人情，他底政治思想體系就是在這個時期完成的。

廣州首次起義失敗後，孫先生以書生本色，改於文字方面，鼓吹革命。一八九九年秋，派陳少白回香港，籌辦「中國日報」，得何啓、區鳳初之助，租中環史丹利街廿四號爲報社社址，所有機器鉛字，概由孫先生在日本購辦，至十二月出版。該址亦同時作爲黨的秘密會所，命鄭士良設招待機構。是年「哥老會」及「三合會」首領會於香港興中會總部，別立「興漢會」，孫中山先生被舉爲會會長。此外九龍青山「紅樓」，也是他們經常集會之所，至今仍有中山先生與同志秘密開會討論進行革命的遺跡，筆者曾往參觀，目覩孫先生生前所用書桌座椅等物。

一九〇〇年六月中旬，先生自西貢回港時，因五年出境期未滿，不能登陸。六月二十一日在船上商議軍事，惠州發難事全權授鄭士良，他自己便與日人宮崎赴日轉台，準備等到義師到達相當地點，再行回國主持。閏八月上旬，先生聽說台灣總督兒玉有協助革命之意，派平山周先生往台佈置，本人到後，與台灣行政長官後籐聯絡一切，並在新起町（即今台北市長沙街與西寧路附近）設機關，籌措經費及武器，準備惠州起義。同時，鄭士良的義師已經發難，終因日閣變動，台督竟毀前言，於是惠州之役宣卒告失敗，國父也只好去日本橫濱。他去台灣前後共四次，這是第一次，勾留兩個半月，其時北京有義和團之變。

孫先生第二次赴台是同年八月四日，那次係由福建馬尾抵台，因二次革命失敗後，國父離滬赴粵，以謀再起，可是八月廿日到了福州，粵局忽有急變，這時，經日人多賀宗之再三勸告，乃乘撫順丸自馬赴台，在淡水登陸，乘火車到台北，住今台北市中山北路一段「國父史蹟館」。當時——這個地方叫做「梅屋敷」。旅台期間，先生曾遊赤嵌樓、吳鳳廟、日月潭等名勝，當年同行的有胡漢民等，同月廿八日離台赴日本神戶。

一九〇二年一月，中山先生再由日本到香港，留六月復返日本。一九〇三年一月又自日本重來。六月後赴河內進行活動。一九〇九年四月自南洋，日本過香港時，法軍官布加卑奉其政府命來見，傳達贊助中國革命之意，特派法武官七人幫同辦理調查聯絡事宜。

一九一一年武昌起義，事後各省紛紛響應，先後光復，成立中華民國。先生自美國經英法返國，是年十二月二十一日抵香港，胡漢民與廖仲愷乘兵艦到港歡迎。是月二十五日抵上海，二十九日被推爲中華民國臨時大總統，於翌年元月元日就職。二月十三日向參議院辭職，並舉袁世凱爲代。四月一日解卸臨時大總統任，六月十五日自廣州到香港，暫作居留後再往上海。

一九一八年六月十四日第二次到台灣，此時孫中山先生唯一的希望是到台灣會見台灣的同胞，發表意見，宣佈主義，喚起民族意識，鼓吹愛國精神；但是台灣日督用盡方法阻撓，使中山先生與台灣同胞無法晤談，孫先生一到台灣，台灣官憲即派員到船中接待，以專車相迎直驅台北，次晨便開船到神戶去。所以，這次孫先生到台灣，時間最短，行動也最不自由，毫無活動可言。

一九二三年二月十七日，先生由滬抵港住楊西巖家，在楊公館對旅港工商演講，題爲「裁兵築路」。又曾到香港大學演講，詞中說：「我今天返回香港大學，好像回家一樣，因爲香港大學是我智識出生的地方。從前有人問我，我的革命思想是從何處獲致的？對這個問題，我一時躊躇不能夠作答。今天在這裏我可以答覆，說是我在香港獲得的也未嘗不可。」

一九二四年十一月十三日，先生發表宣言，離粵北上，說明國民革命之目的，立刻召開國民會議，以謀統一建設。先生乘永豐艦於十四日晨抵香港，偕夫人宋慶齡、戴季陶，乘日本郵船春陽號赴上海，是日十二時啓行，送行者三百餘人，情況熱鬧，這是他最後一次以抱病之身告別香港。此行繞道日本，曾泊基隆海面，但未登陸，抵北京後不久逝世。北伐大業，未能目覩其成。

孫先生逝世之日是一九二五年三月十二日，離港方四月，享年五十九歲。病榻前臨時發表遺囑，言簡意賅，「革命尚未成功，同志仍須努力」兩語，將爲中國人所永誌不忘。

中山先生逝世後葬於南京，在國際間，以「中山陵」著名。它是我國廢除帝制以來所建的最大的墳墓，躺在其中的也是民國以來最偉大的人物。他畢生爲國，豐功偉績，光昭日月，國人爲此建國元勛表示崇敬，故於其逝世後，即成立中山先生葬事籌備委員會，決定對其墓地葬事隆重辦理，以慰先生之靈於地下。

陵墓設計曾經一番規劃——先於一九五二年刊登啓事，公開徵求中山先生陵墓設計圖樣，當時所提徵求圖案條例，主要內容有：

（一）「墓地因中山先生遺囑指定在南京紫金山，經實地察勘，決定以紫金山之茅山南坡爲墓址。

（二）祭堂圖案採用中國古式而含有特殊與紀念之性質者，或根據中國建築精神，特創新格也可。

（三）墓之建築在中國古式雖無前例，惟苟用西式，不可與祭堂之建築懸殊太甚。」

此外，徵求圖案條例還規定：一切建築均用堅固石料與鋼筋三合土，不用磚木，至於費用則爲三十萬銀元。徵求辦法公開後，先後收到應徵的圖案四十餘種，葬事籌備會聘請畫家王一亭、南洋大學校長凌鴻勛、德籍建築師樸士、雕刻家李金髮爲評判顧問，評判要點爲：

（一）徵求目的爲陵墓與祭堂圖樣設計，應徵圖案必須解決此問題；

（二）圖案性質注重墓地及其環境與建築之目的；

（三）全局的佈置（如墓道及墓之四週）；

（四）實際方面（如經濟限制之類）；

（五）此項建築設計應簡樸，陵墓力求莊嚴而堅固，不取奢侈華貴。

評判結果，圖案設計得獎人第一名呂彥道，第二名范文照（本港豪華戲院亦范氏所設計），第三名楊錫宗。此外尚有名譽獎七名，第一獎樸簡堅雅，且完全根據中國古代建築精神，經決定採用作爲孫中山先生陵墓圖案，並請呂彥道爲建築師，主持計劃建築詳圖及監工事務。

呂彥道的設計，在四位評判顧問中，有三人將它列爲第一名，只有李金髮評他爲第二名。王一亭對這份圖案評語是：「一、墓在祭堂後，合於中國觀念；二、建築樸實，堅固；三、形勢及氣魄極似中山先生之氣概與精神。」

凌鴻勛對呂彥道設計的意見是：「此圖案全體結構簡樸、渾厚，最適合於陵墓之性質及地勢之情形。且全部平面作鐘形，尤有木鐸警世之想。祭堂與停柩佈置極佳，光線充足。祭堂外觀形式甚美，正面畧嫌促狹，祭堂內部地位亦似畧小……將來建築之時，尚須注意減少房屋光線之處，以資永久。」

血淚當年話報壇

——追憶抗日戰爭中上海新聞界一幕鬥爭史——

·張志韓·

名報人張志韓先生，爲當年上海大美晚報主持人之一。本篇所述，均爲張先生當年親身經歷，全部第一手資料，彌足珍貴。

筆者過去也是一個新聞從業員，在大陸變色之前，便流亡南來，變了太平山下難民之一，屈指算來，已經過了二十多個年頭。由於筆者在抗戰時期，曾在上海中文大美晚報供職，由籌備而以迄停版結束，全部親身經歷，眞是眼看見他起層樓，眼看他樓塌了，六朝興亡，人事變遷，其中關係着一部上海新聞界之抗戰史；而當年新聞鬥士朱惺公因痛罵漢奸而被汪精衛手下之特務所暗殺，震驚世界，爲中國報業史中不可磨滅的一頁。朱惺公便是當年中文大美晚報副刊夜光版的編輯，他在夜光版上，秉承民族正氣，天天痛罵漢奸，文章賈禍，種下了殺身成仁的大慘劇。而且在朱惺公被殺之先，早已有一個與中文大美晚報密切相關的總報販趙國棟，先給他們祭旗開刀，慘死槍下。朱惺公被殺之後，更有張似旭、程振章、李駿英三位同人，也被他們一個個的結果了性命，事之慘烈，得未曾有！筆者在新聞事業的過程中，如此遭遇，誠屬曠古所無，於今想來，做新聞記者這一行職業，眞是可爲而不可爲，當時更是不可爲而不得不爲。回想當年，從事這一個職業，原以爲自由自在，無拘無束，想不到時局多變，經歷了無數險阻艱難的奇遇，除了中文大美晚報這一幕慘劇以外，還有許許多多不爲人知而目前不妨逐一追述的往事。從此可知做新聞記者這一工作，竟有意想不到的遇合，過去如此，目前也許不若已往之複雜，說不定更比以往複雜，則因我非現時的幕中人，未敢想象懸揣，但鑑往知來，把往日我所經歷而堪爲一記的，此時予以宣布，似亦不無供人參考之價值。所以除了回溯一下昔日中文大美晚報一頁慘痛史以外，附帶寫一些零星故事，藉此警惕一下現代的同業，希望注意你們週遭的環境、同業的朋友，說不定與你日日親近的好朋友，原來是一個異國間諜；或是在危險關頭，竟會把你出賣，不但爲他險些犧牲性命，甚至身敗名裂，叫你永遠抬不起頭來。至於爲了私人恩怨，銀錢出入，被人誤會，被人痛恨，此猶小焉哉也；最重要的，莫如國際恩仇，民族大恨，蓄意謀我，他們對於中國的新聞界，更是第一線，進軍之目標，往往軍事衝突尚未開始，兩方報紙，早已短兵相接，這還算是明槍交戰，而暗中又遣派了第五縱隊，混在我們的陣營中，大家都是黃皮膚的人，他也一口中國話，有中國姓名，而且做中國人的記者，你知道嗎？更有我們自己的黨派，在朝的、在野的，也在鬥爭得你死我活，他們自然也不放鬆在新聞界中活動，於是這些挾有政治色彩的人物，在你左右穿插徘徊，你知道嗎？所以如說新聞記者是自由職業，以我看來，却認爲是最不自由的職業。我也曾被通緝，也曾逃亡，甚而爲了從事這一行職業而給美國政府提出抗議，打官司，恐嚇要脅，不一而足，最可笑者，還給當年自稱在野黨的巨頭，暗事中傷，在他的政治戰術中，竟然也以我爲一個小目標；某一次在上海爲了房屋官司，還和左派的幾個有名大律師，相聚一庭，險些展開一場惡戰。俱往矣，前塵舊事，已成陳跡，眼前憶述舊事，且把當年中文大美晚報的一頁慘痛史次第寫來。

七十六號下毒手．開刀祭旗第一人

爲了比較有系統的寫中文大美晚報在中日抗戰時期的前後遭遇，似乎應該把該報被殺的五位同人中，先寫一個名叫趙國棟的報販頭子，他是當年負責包銷中文大美晚報的經理人，比朱惺公早死幾個月，他家住跑馬廳畔大沽路附近，被殺地點離他家不遠，最初還以爲他之被殺，或許沾染江湖恩怨，或是桃色糾紛，事後才知道絕非如此；這個兇殺案是汪記七十六號特務在上海對新聞界的第一宗血案，完全是七十六號自己的主張。那時候的所謂漢奸特工總部，在丁默村、李士羣輩組織之下，所網羅的一些殺手，像吳世寶、夏仲明、張國楨等，他們急於表功，當時有人獻計，認爲上海報紙中抗日色彩最濃而反汪最激烈的中文報是大美晚報，如果要對付大美晚報，他們可以向這個總報販趙國棟下手，因爲他們知道趙國棟是該報的總經銷，他等於掌握了大美晚報的生命線，如果把趙收買，一是不准他把大美晚報包銷，他的損失，由七十六號補償，二則仍由趙某包銷，但採取把大美晚報逐漸陰乾消滅的手段，讓他銷數日跌，以至無法維持。三則由七十六號出版報紙，讓趙包銷，作爲對他的酬勞，而其中附帶了第四項條件，要趙某做他們的掩護，派人混在報販同行中，炸燬大美晚報的一架輪轉印報機。這是他們想出的一種方法，而且認爲趙某是一個粗人，臨之以威，誘之以利，沒有不乖乖聽話的。據說，負責從中接洽的乃是滬西區的一個中型報販頭子，其人厠身在七十六號勢力範圍之內，自然甘心效勞奔走。誰知趙國棟雖是常帶三分流氣的江湖人物，但却混身熱血，明辨是非，自己知道承包了這份中文大美晚報，好容易由每天二三千份的銷數而忽然增加到四五萬份，有時發行號外，一天出版好幾次，都是幾萬份一搶而空，他的佣金收入，爲數相當可觀，這報紙成爲他的衣食父母，而今要他反顏投僞，把大美晚報予以斷送，不但他在上海做不得人，而且天理國法人情，均所不容，但是爲了不敢正面得罪這些漢奸說客，他也祇有虛與委蛇，一天天的拖下去。七十六號中人覺得趙某敷衍推宕，顯係不聽命令，於是頓開殺戒，把趙國棟實行槍殺。

鐵甲炮車安南兵．貪嘴送了窮性命

可憐的這個總報販，他當天坐了閃亮的鋼絲包車，剛由報館返家，在跑馬廳畔的大沽路上，身中兩槍，當場畢命！此君之死，眞是寃哉枉也，誰也不知道其中包藏着這一幕陰謀，所以他之以身殉報，眞是無聲無臭，默默地的無端犧牲。直到不久之後，有幾名冒充報販的人，混入中文大美晚報的機器房外，投擲炸彈，想把那架輪轉印報機炸燬；趙國棟的後人，方才發覺這幾個投彈兇徒，過去經常和他的父親有所接觸，而且每次晤面之後，他父親總是十分不安，非常忿怒，當時已覺其中必有原因，再證以事後他們報販行中種種傳說，更加證實他父親之死於非命，實爲七十六號所下毒手。當暴徒向大美晚報機器房投擲炸彈之前，他們對於謀殺趙國棟，當然有其一番佈置，對於投擲炸彈，却也費盡心機，始敢下手。因爲當時的大美晚報，雖然對於趙國棟的被殺，還茫然不知就裏，但其時報社同人，却已頻頻接到敵僞方面的恐嚇信和電話，遠在上海四郊淪陷，漢奸蘇錫文出任大道政府市長，常玉清組織黃道會時，早已派人送來附有手槍子彈的書信，以迄汪政權，密鑼緊鼓的準備登場，僞府尚未開門，七十六號却首先登台亮相，他們早已擺出猙獰面目，要向各報下手。法租界捕房其時已對大美晚報，採取特別保護，在後門的一條長巷口，駐有一架鐵甲炮車，因爲長巷之底，便是中文大美晚報的機器房，每天印報發報，所有較爲重要的小報販頭子，都要進入長巷，憑卡取報。漢奸們想炸機器房，一定先要解決駐守在巷口的鐵甲車內的安南兵，才可揚長而去，所以這些僞裝報販的小報頭，他們在每天出入之際，先和那個當值的安南巡捕大打交道，甚而每天請他吃點心。巷門外的油豆腐綫粉攤，安南兵最愛吃，也是他們請客時的主要點心，那天未投炸彈之前，他們又請安南兵吃油豆腐綫粉湯，正當這個安南兵蹲下進食點心之時，這個請客的暴徒，便爬上炮車，向那個窟窿式的座位蹲下去的安南兵，一槍結果性命，而另一個暴徒，就在機器房門外，投擲炸彈，轟然一聲，顧不得中與不中，暴徒們馬上從容逃逸。

敵僞製造恐怖事件，愛國志士常遭暗殺

大美晚報滄桑史．先天條件不如人

中文大美晚報的機器房，轟然一响後，居然命不該絕，不但毫無損傷，工場中也沒一人遭到波及，最可憐的，祇有那個倒霉的安南兵，一碗油豆腐綫粉湯，就此斷送性命。提起中文大美晚報這架輪轉印報機，不免要回想到當初大美晚報中文版草創之時，一切因陋就簡，天眞的美國主持人，因爲英文大美晚報，在上海很出風頭，許多新聞言論，經常的被所有中國報翻譯轉載，其時中文的晚報比較成功的祇有一份大晚報，其他像時報號外、新夜報、大華晚報、平民晚報等等，或則屬於時報、晨報的附庸或則屬於政治的上宣傳工具，甚至此起彼仆，多數不能維持長久。英文大美晚報的主人，爲數年前在美國逝世的友邦保險集團主腦人史帶，史帶當年辦了一張英文大美晚報」，並利用那些生財設備，另組一個大美印刷所，由美國人石克雷爲總經理，石克雷自己還兼任報紙的總編輯，印刷所的業務則另由經勃羅司負責主持；石克雷當年主辦這張中文大美晚報，有他一套主張與雄圖，但對於辦中文報則完全外行，於是委由編輯部的袁倫仁兄（現任本港星系報業總經理）着手籌備。進行之初，非常秘密，我便由袁倫仁兄拉攏幫同奔走，所以編輯部的同人，除了一個石昭泰、宗振卿兩兄係由法捕房的老督察長程子卿介紹之外，其餘的都是袁倫仁兄和我熟識的老朋友，這一副班底祇限編輯部爲止。因爲經理部完全由英文報的原班人馬負責，祇是另外建立了一個中文排字房在大美的三樓，組織相當簡單，甚至中文編輯部和英文編輯部擠在一間辦公室內，發行事宜，便由趙國棟承攬包銷。出版之初，以小型報姿態與大衆見面，但比了市上一般的小型報紙又濶大一些，這是因爲遷就當時英文大美晚報印報機的型式之故，新聞體裁，又與英文報同樣採取橫排，這一張別開生面而由美國人主辦的中文報紙，原以爲可以一炮而紅，可以在中國新聞界中，別樹一幟，事實上則適得其反，因爲當時忽略了中國人讀報的心理，橫排格式，使讀者看報時非常吃力和不便，更因出版時間比其他晚報爲遲，他要等待英文大美晚報印刷完畢之後，才能上架開印，更兼這是一架輪轉平版機，每小時不足一萬份，於是發行的時間瞠乎別人之後，這是辦報的致命傷。除此以外，廣告方面也與英文報步調一致，用方吋計算，當時上海中文報，完全以直行論值，這樣對於招攬刊登廣告，也有非常困難，這許多先天條件，如此脆弱，一初業務，當然無法開展，又是一個致命傷。其時又因負責主持中英文報及大美印刷所全部業務的石克雷，在上海投機失敗，虧欠鉅欵，站不住脚，迫得返美一走了事。而袁倫仁兄除了身負中文報編輯部重任外，他還在英文編輯部工作，不免精力交瘁，因病辭去了中文報職務，於是改由張似旭出來主持。張氏原在友邦保險公司任職，他與史帶是老友，本來他是研究新聞，也曾從事新聞工作的，他把中文報接過手來；至於英文報的總經理，則由大美印刷所的經理勃羅司升任，總編輯由美國人高爾德負責，此爲當年中文大美晚報由石克雷手創以迄他出走改組後之一番局面。

抗戰能使時運轉・從此業務大翻身

張似旭雖說與新聞工作，本有淵源，但他獨當一面而主持一家中文報，這張報紙又不能與人爭一日之長，於是與同人等苦心孤詣，研究其癥結所在。第一步便把小型報擴大爲大張，與別家中文報看齊，其次爲增加合於中國人口味的副刊，此所以有朱惺公後來編輯的夜光版，朱氏因此而爲上海新聞界中第一個被汪記特務所公開殘殺的第一人。此外則自行設立廣告部，即由原在編輯部中任校對的宗振卿負責拉攏廣告人員，爭取一切廣告。至於新聞的橫排格式，則早已在擴爲大張之時，改爲直排，把原來面目，全部革新。

其後也曾經過很多艱難辛苦、業務方面，仍無多大起色，甚至大老板史帶，表示不願再事賠累，不如宣佈關門；張似旭則因面子關係，拍胸脯由他負責，但也不能馬上起死回生，而且此後還發生許多困難，甚至南京的中央政府，因爲大美晚報不服從政府的新聞檢查，時常登載一些爲政府所不願公開的新聞，下令禁止中文大美晚報銷售。這一行動，固然還不致影響中文大美晚報在兩租界內出版，但如果運銷到租界以外的南市閘北以及內地，便有沒收危險，當然在業務上也是一種打擊；而當年政府所以禁止的目的，無非是一種手段，要中文大美晚報聽話，甚而希望安插一些人在中文大美晚報編輯部中，張似旭當然不願意，誰知陰錯陽差，當時由我介紹一位老友加入我們的編輯部陣營，這位老友竟然和一些自稱與政府有關的朋友搭上線，竟把我們原來的編輯部來一個捲堂大散，由此而上海另外多了一張也以美商爲護符的華美晚報；甚而我也一度爲華美晚報的發起人，張似旭當時不讓我走，我以告假爲名，大家辦成了這張華美晚報。由於華美的班底等於從大美脫胎而出，當時在新聞和言論方面，力求特出，因此聲勢大振，更因爲華美晚報擁有一架中國人首創的輪轉印報機，出版既早，印刷又好，馬上躍踞當年晚報界的首席，對於中文大美晚報，自然打擊更大。祇因華美同人，當時一股銳氣，衆志成城，後來變了驕妄自大，負責主持全局的人，更嫖賭俱全，公私不分，甚而把當年各界捐獻給義勇軍的欵項，由該報代收者，也給這位先生隨便化用，使我和他發生大衝突。張似旭則乘此機會，要我重返舊巢，並表示大美銷數，每日不足三千，要我替他共支殘局，否則眞有關門大吉可能。而此時由我拉入大美編輯部的那位朋友以及自稱與南京有關的諸公先生，有的早已借故遠避，有的仍然大唱高調，此時情形，的確萬分困難，於是毅然決然，再與張似旭商洽維持大美大計，甚而已徵得一個朋友同意，由他出任經理，墊欵若干，以供週轉；誰知此項計劃，正在進行，八一三的戰火，突然爆發，這張中文大美晚報，突然時來運到，一躍而成爲當時晚報界中的勁軍，不但不需要那位朋友墊欵做經理，而且自身也日進斗金，有能力自己向申報買到一架他們廢置不用的輪轉印報機，一小時可以出紙三萬份以上，由此而中文大美晚報又與英文報及大美印刷所恢復爲一體，經濟大權由總經理勃羅司負責，張似旭名義上是中文報的負責人，實際上祇對每天的新聞消息，偶加過問，等於垂拱而治。

槍彈銀彈大進攻・妖魔鬼怪顯原形

此際，中文大美晚報的地位也不同了，不但銷數蒸蒸日上，連政府當局也別垂青眼，有許多消息還讓他首先發表，當然這也是由於這張報紙大家認爲是眞正的美國人主辦，在宣傳運用上可以別具效果，但自此而後，則又逐漸引起日本人的不滿，於是在大上海淪陷以後，由日本軍人扶植的所謂大道市政府市長蘇錫文，以至黃道會的會長常玉清，分別登台，他們便向大美晚報發生警告，不得稱他們爲漢奸，甚至恐嚇信夾帶手槍子彈也相繼而至，我們當時並沒爲此而嚇倒，他們也沒有任何正式行動，以後大道市政府取消，傳筱庵上台做上海特別市政府市長，大家還相安無事，而且他還派了一個親信人物名叫周劍寒的，前來聯絡，解釋說傳筱庵爲了挽救四郊民衆的苦痛，以及那些流氓漢奸以煙賭娼毒害老百姓，所以他要跳下火坑，眞正爲人民做事，當時確有某些報紙，爲此甘言所惑，態度稍趨和緩。憑心而論，當時租界已成孤島，有錢人保產保命，態度早晚不同，此種情形，也算不得奇怪現象。中文大美晚報則始終態度一貫，從中日戰事發生以迄太平洋大戰爆發，從來沒有和日本人漢奸打過交道，此所以贏得愛國人民的一致擁護，而大美晚報本身便是在這種精神中日益壯大，而他所受的打擊和犧牲也最慘重。

打從傅筱庵做了上海僞市長，以迄他被老廚子砍去頭顱爲止，對上海的老百姓，雖然談不上有什麽成績，但他也沒有如何的劣蹟，他祗是給日本人利用一下，過過他的官癮，甚而報復他昔年被通緝的一股怨氣，不像汪精衛、陳公博之流，他們玩慣政治，另有他們的一套戲法，最顯著的，他們在開府之初，便網羅一些在上海失意的政客和黨棍，分門別類，四出拉攏游說，一面則以銀彈政策，收買新聞界，汪精衛手下便有許多新聞界的健將，其尤著者如林柏生、湯良禮之流，他們各以所長，向中文報和英文報打交道，而其中另有一支特出的奇兵，便是由周佛海主持之下，把一些自稱CC系的上海黨棍，擇其與新聞界相交有素者，編出一套唱雙簧的故事，把汪精衛潛行來滬，係得中央默許，曾仲鳴的河內被殺，指爲苦肉計，這些自稱CC系的健將們，更强調他本身在國民黨的歷史如何如何，與二陳的關係又如何如何，藉以證明他之所以爲汪作說客，絕非落水作漢奸，甚至自稱奉命而行，假戲眞做，把當年中央方面在重慶的種種聲明和指斥，指爲純是做給日本人看的把戲，希望新聞界朋友心知肚明，予以支持，要求在汪精衛正式還都開府之日，大家都應視爲正統組織，不可以漢奸視之，更不可以僞府稱之。和我接觸的這位朋友，他是一個絕頂聰敏的人，終汪政府正式開張以迄日本無條件投降爲止，他做汪方的跑腿，並未以正式漢奸名義出而招搖，說來我還當感謝他，由於他知我很深，替我揭發了一宗當時從不公開的大風波，原來有位人面獸心的老友名叫祝尊譽者，居然冒了我的名，按月向汪政府領取大洋一千元津貼，這數字在當時很可觀，汪方的目的當然要我變更大美晚報對他們謾罵詆責的態度，可是他們花了錢，大美晚報的態度依然不變，於是決定派人對我採取行動。所謂行動也者，當然是派出暗殺的槍手隨時想結果我的性命，這位朋友獲得消息，立刻自告奮勇，要他們刀下留人，而且慨然聲明姓張的不是這種人，由他負責調查，在他獲得眞相以後，他據情報告，於是冒名領錢的這個祝尊譽，馬上給七十六號特工總部抓去，此事株連許多有關人物，害得上海新聞報的副總編輯陳達哉，因爲是經手人之一，狼狽前來香港解釋，吳鐵城氏再命他回上海向我道歉，更希望他戴罪立功，但終於他在新聞報內部因此而站不住脚，去南京出任金雄白主持的某報總編輯。陳達哉是一個老好人，他當年給人利用，捲入此一漩渦，使我險遭殺身之禍，他自己則身敗名裂，而那個冒名領錢的小漢奸祝尊譽，由於金雄白的篤念舊交，救出虎牢，甚至委以重任，當時成爲金雄白手下的紅人。

惺公主編夜光版・變作罵奸大本營

在朱惺公殉國以前，中文大美晚報和敵僞之間的衝突，正是日趨激烈，難解難分，尤其在汪精衛在南京開府以前，爲了所謂組府還都，他們對上海的新聞界，一面施以利誘，一面大肆威脅，他們不但自己公開通知要各報以後對汪精衛所組的政府，要視以爲正統組織，且絕對不准各報以僞字相加，而且要按時公佈他們的命令，所有該組織的官吏，不得在僞字之外，冠上任何不雅的或有任何意存侮辱的字樣或符號，此外日本的軍事當局以及日本的外交人員，也向上海公共租界和法租界施以重大壓力，這種幕後交涉，甚而迫使公共租界派出新聞檢查員到中文大美晚報實行檢查制度。當時的中文大美晚報雖在法租界範圍以內，法租界對此舉並未參預其事，但公共租界則以大美晚報也在他們的行政區域以內發行爲辭，堅決派員到報館實行檢查新聞，至於其他報紙，汪政府方面也早已設有新聞檢查所，因爲當時所有報紙，爲了適應環境，也已掛起各式各樣的洋商招牌，自然不理會敵僞方面的這種壓迫，但由於公共租界爲當時的唯一統治機構，所以對於當時巡捕房派出的新聞檢查員，不得不通力合作，在可能範圍之內，以不給敵僞方面以任何藉口，但仍在字裏行間，使人們對於敵僞方面之新聞，多多少少含有譏刺謾罵之冷嘲熱諷之意，他們不准稱「僞」，則代以汪政權，後來不准稱政權，則又加上「所謂南京政府」，或則上下加以括弧式的框框，這是當時的新聞界應付敵僞鷹犬苦心孤詣的一幕。有一點現在回想而值得我們感動的，當公共租界的巡捕房派出他們的翻譯暫充新聞檢查員時，他們第一次和我們見面，第一句話却聲明他們也是中國人，祗是奉命前來，爲了飯碗，不得不應付一下，祗要我們的任何新聞或文字，對敵僞方面不爲已甚，讓他們可以應付過去，他們也決不會故意挑剔，眼開眼閉；此外，這種檢查制度，並不天天如此，他們採取的是抽查制度，當他們有時缺席不到，等於放了一次大假，我們的文字運用，便可以尺度較寬，儘量發揮；此外，他們檢查的目標是新聞，對於副刊和其他言論，則置之不理，事實上，這種檢查也決非幾個普通的翻譯所能勝任，像朱惺公負責編輯的大美晚報副刊夜光版，他對敵僞漢奸，口誅筆伐，義正辭嚴，或則借古諷今，予以譏嘲，有時指桑罵槐，有時詠物指人，範圍廣濶，無一非斥漢奸之題材。試舉若干事例，如五月端午節，則以弔屈大夫忠君懷國以諷漢奸、鍾馗之殺鬼以罵羣醜，詠荷花則贊其出污泥而不染，賞菊持螯，則又詠黃花晚節，斥漢奸橫行，當時海上文人，滿腔孤憤，由於朱惺公在夜光版以文章詩詞領袖羣倫，且旦而伐，於是羣相景從，一致響應，使大美晚報的副刊充滿了痛罵漢奸的詩歌文字，有時一個題目，你也一首詩，他也一首詩，長歌短詞，綿綿不絕。朱惺公長於舊學，夜光版遂爲一班飽學之士的罵漢奸大本營，甚至有許多老先生親自把所作詩稿，送來報社，要求發表，他們自己不斷的寫，還和同道朋友，大家拈斷吟髭，一抒積鬱，如此互相砥勵，不但使僞府羣奸無所遁形，更讓在孤島上的數百萬人民，葆持氣節，與敵僞漢奸，誓不兩立。以當年海上孤島環境之險惡，而海上民氣獨能始終激持，不爲敵僞所屈服，而今想來，則與論界與廣大民衆之互相呼應，豐功偉績，中文大美晚報當亦不無微勞，而朱惺公之終以身殉，更爲上海新聞界可痛可悲而又引以爲光榮之一頁也。

可憐落拓一書生．文章殉國第一人

提起朱惺公，使我想起這位不修邊幅日與詩酒文字爲伍的偉大人物，他是浙江餘杭縣人，剪一個平頂頭，頭髮留得很長，鬍子並不天天刮，一身半新不舊的西裝，家住上海天后宮橋附近靠近天潼路，樓下有一間刻字店，他僦居樓上，每日下午三時以後，挾了一卷文稿，施施然的步行到大美晚報發稿，他因爲收入不多，所以生活過得很樸素，從他的家中每天步行到大美晚報，路也不算很遠。他有一個習慣，每飯必酒，但並不酗酒，總是適可而止，在大美晚報發稿以後，在下午五時左右，便去福州路的幾家有名酒莊喝上幾杯，算是他的最大享受。他喝酒的下酒菜也很簡單，有時一盆發芽豆，幾塊豆腐乾，便可坐上一二小時，逢到酒友，他最高興，天南地北的閒聊，可以坐上三四時。他除了編輯中文大美晚報的副刊夜光版以外，還替一家小型的時代日報寫稿，該報有一篇何麗影女士信箱，便是他化名解答讀者的許多疑難問題，頗能獲得女性讀者們的注意；由於他的生活如此刻板，每天的行踪很容易被漢奸特務調查得很清楚，所以就給他們在天后宮橋上一槍結束了性命。那天我記得很清楚，中文大美晚報業已出版，我也回家休息，誰知坐下不久，報社中來了電話，據說朱惺公被殺了！這眞是晴天霹靂，驚得直跳起來，那時也不知道自身也在危險之列，馬上趕去報館，查詢詳情，發行號外。新聞出在自己報館，死的又是剛被南京汪政府發表通緝令，名列黑名單而殉國的第一個新聞界人物，尤其他是一個已爲衆所週知的忠貞人士，號外一經發行，頓時使上海孤島上的愛國同胞，奔走相告，這是有史以來新聞界的大事，尤其當時上海人民，同仇敵愾，衆志軒昂，馬上掀起了一股怒潮。我去報館編輯部中，不斷的接到電話，無論識與不識，都以無比憤恨的語氣向報社慰問，有的竟然不相信漢奸們眞會這樣兇殘成性，殺了這樣一個手無縛鷄之力的文人。當時的公共租界捕房和法租界警務當局，也爲此大爲緊張，因爲他們知道朱惺公的被殺，祇是南京僞府漢奸們的行動開端，他們並不注意在朱惺公被殺以前，中文大美晚報早已有一個總報販趙國棟先給他們開頭刀，於是一面來一套公事式的下令緝兇，一面則對所有兩租界內的報館加緊保護。當天晚上，在我發行號外，並討論朱惺公的善後工作完畢之後，法租界的警務當局，特別派了法國探長和中國偵探多人，前來訪問，要我和當時正在英文大美晚報編輯部工作的袁倫仁兄，不可回家，由他們的一架刑事處派來的汽車，送我們去盧家灣的總巡捕房嚴密保護，我們當時也心中紊亂異常，也祇能由他們擺佈，一車直駛盧家灣。說來也覺好笑，這輛汽車，當時的上海人稱爲香港車，車身很大，可以坐十多人，有鐵網圍在車身四週，他們平時派警探巡邏，或是押解江洋大盜，都用這種特殊車輛，我們何幸而得此優待，更被他們安置在該捕房的總探長室。論安全，當然不成問題，可是這並非旅舍，寫字間中，祇有辦公桌和坐椅，我和袁兄處身其間，他們固然極盡招待之能事，但夜深以後，既無床舖招待，我們也未便提出請求，於是將就在寫字桌畔的坐椅上假寐達旦，以資休息。但這樣的一晚過去以後，我們還得回到報社工作，捕房方面不可能天天這樣招待我們，我們也無法消受他們這樣的隆重禮遇，於是報社當局，馬上在四層樓上，佈置了臥室，這樣便開始自我拘禁，直至太平洋大戰爆發爲止。至於袁倫仁兄則遭遇更苦，他後來流亡菲島，以迄日本無條件投降才脫離苦難，重返上海。

怒潮一片驚海上．膠州路上弔英魂

朱惺公名松廬，他的太太名何志文，祇有一個兒子，一家三口，生活很簡單，他曾在上海三星化學工業社做事，也是小型報的健將，他和大美晚報發生淵源時，業已脫離三星化工社，前後在大美晚報工作不到兩年，便以身殉職，上海忠貞報人之被殺，他是第一人。自此以後，上海的兩租界成爲敵僞和國府間此來彼往的暗殺場所，而且等於一對一的交換，當時凡是從事新聞工作的人士，都有朝不保暮的恐慌，朱惺公因爲是第一個被敵僞方面彰明較著加以暗殺的報人，所以使上海愛國同胞，人人義憤塡膺，切齒痛恨，頓時掀起一片怒潮，敵僞方面，本想以暗殺朱惺公爲儆誡上海新聞界而樹立漢奸特工總部七十六號的赫赫威風，想不到當天的大美晚報號外，除了刊載朱氏被殺的消息以外，還以「踏着血跡前進」作爲該報同人給予敵僞漢奸們的答覆，而上海各界則在一片怒潮聲中，除予大美晚報同人以無比的同情一致聲援外，更自動自發的由許多愛國工會和團體替朱惺公組織了治喪委員會。說來慚愧，朱惺公在上海公共租界膠州路萬國殯儀館大殮前後，中文大美晚報編輯部的全人，兩租界當局事先警告，不希望我們去萬國殯儀館弔唁，當然他們爲了安全起見，而大美晚報當局，也覺得靈前去行一個禮，固然爲應有的一份交誼，但與其冒此大險，不如留在報館大家繼續已往的精神作爲悼念朱惺公的死難而更加發揚光大；所以祇有經理部中派出若干人前去料理喪事。此外，上海的小型報同人，爲了朱惺公也是當時健將之一，朋友很多，他們也自動的參加主持其事。最感人的則爲上海郵務工會等許多重要的愛國工團，這些工團當年勢力最大，在上海所作的敵後愛國工作也最多，爲了朱惺公的死，他們在出殯當天，組織了糾察隊，在膠州路一帶且由中國童子軍嚴密戒備。當時重慶的中央政府，除了立即撥付撫卹金六千元外，各院部長特命駐在上海的黨政代表，致送輓幛輓聯，所有上海的各行各業各團體，不但各派代表，前往靈前致祭，甚至執紼送殯的行列，長達數哩，難爲了兩租界的警務當局，要派出大隊人馬前去戒備。試想想，當年上海的情形，在敵僞勢力籠罩之下，漢奸們已開始以暗殺爲對付愛國人士的手段，而千百萬的上海男女，能夠不畏死的在朱惺公死後公開站出來表示他們一腔孤憤，場面的熱烈感人，迄今想來猶覺可感可敬！不但此也，有許多仁人君子，因爲朱惺公是一介寒士，他固然求仁得仁，爲國捐軀，但他的妻孥弱息，此後何以爲生，於是紛紛慷慨解囊，這筆數字當時也有不少，其中最感人的，則爲一個姓劉的朋友，他當時是租界捕房中最高級人物之一，他也是暗中從事地下工作的人，他爲了培植朱惺公的兒子，除了捐出一筆賻金之外，還慷慨担任惺公兒子此後的全部教育費，一直讀到大學爲止。勝利以後，我從重慶回上海，朱惺公太太帶了他兒子和我相見，他特別提到這位劉先生，可惜在紅潮淹沒大陸時，我既南來海嶼，這位劉先生也到了太平山下，已往事業，全部拋棄，旅情頗爲困頓，前幾年聞已病逝台灣，而朱惺公的夫人和兒子，也和我們消息隔絕，不知近狀如何，使人頗爲憶念。

百萬市民全抗日·租界遍地有槍聲

事實上，當時的上海新聞界除了那些漢奸特務，認賊作父，不惜出賣靈魂以外，幾於人人與漢奸不兩立，不過由於各報的環境不同，有的爲了環境，有些愛惜生命，他們的表現比中文大美晚報較爲穩重；可是廣大的愛國同胞的眼睛是雪亮的，當年中文大美晚報能夠銷數與日俱增，在朱惺公被殺時，不但業務愈益飛黃騰達，同時也已另行出版了中文大美早報與大美午報，氣勢如虹，好像要在上海報業中另樹一幟，和日本人、汪精衛等一決雌雄，可惜早報和午報壽命不長，始終要靠這張中文大美晚報孤軍奮鬥，以迄太平洋大戰爆發和上海的兩租界同告完蛋，這一張在上海新聞界具有最光榮紀錄的報紙，於是永遠泯滅。而在朱惺公死難以後，上海的新聞界，暗殺之風大盛，單單這張中文大美晚報，繼朱惺公之後而被敵僞漢奸暗殺的便有張似旭、程振章、李駿英三位同人，以一張報紙而犧牲這樣多的人，不要說在中國新聞界中，空前絕後，就以世界新聞事業而論，似亦未之前聞。回想當年，這種前仆後繼的慘史，眞是人人胆寒，箇箇心驚，可是

八百孤軍團長謝晉元及屬下四連長

奇怪得很，我們這一班亡命之徒，身處險境，遭逢曠世巨變，一些沒畏縮，一些沒屈服，愈是對方殺得兇，我們駡得越厲害，眞算得愈戰愈勇，始終沒有屈服。

這許多事實歷歷可考，在當時每一位同人被殺，總掀起上海各界對於敵僞漢奸們的無比怒潮，重慶的中央政府，一面爲悼念忠貞報人，照例撫卹慰問，宣揚一番，一面自然也以此作爲撻伐敵僞的武器，激發國人敵愾同仇的心理，孤島人民，始終未爲敵僞屈服，而在淪陷期間，更能發揮大無畏的精神，以種種行動來表現我們的愛國精神。例如囚禁在膠州路的四行孤軍，被上海人視爲國軍的象徵，不但饋贈不絕，還不時前去慰問聯絡，去教他們唱歌，教他們讀書，許多學校的學生，還不時組織球隊和孤軍去比賽，孤軍的團長謝晉元更一貫的發揚軍人氣節，要全體孤軍依然過那軍人生活，清晨六時鳴號起床後行升旗禮，傍晚降旗禮，不要小看這一面青天白日滿地紅的國旗，在當年上海人的心眼裏，不知如何的珍重它、尊敬它，曾記得爲了國慶日所有大小商店懸掛國旗，而與兩租界當局發生過多多少少的衝突糾紛，當時敵僞方面，曾一再向兩租界提出嚴重警告，不許中國人掛國旗，南京的漢奸們把青天白日滿地紅的國旗另外加上一條黃飄帶，上海人叫他做臭脚帶，這種旗幟除了日軍佔領區外，上海方面以滬西歹土之稱的曹家渡爲最多，至於兩租界內，除了敵僞設在租界以內的機關外，民間方面，可以說絕無發現，但在一年一度的國慶節，則所有民居和商店，都會自動自發掛出一面國旗，有的更特別做得大，掛得高，臨風招展。法國人最會壓制中國人，爲了禁止掛國旗，在八仙橋一帶，曾造成大風暴，法國巡捕打死了一家商店中因懸掛國旗而據理交涉的中國人，霎時間，商民罷市抗爭，哄動全市，像這樣的愛國行動，在暗無天日的上海孤島中，前前後後，書不勝書。但當勝利以後，全國上下，正在勝利冲昏

了頭腦之下，有誰想到許多拋頭顱洒熱血的愛國英靈，曾給他們一些身後殊榮！單單就我們新聞界來說，有誰會發起追悼這些已故的殉國報人，政府中人，更沒有予以絲毫注意，簡直忘得一乾二淨，不當一囘事，而所謂查封逆產，逮捕漢奸，却辦得有聲有色，那些天上飛下來的，地下鑽出來的，氣燄之張，無以復加，他們好像一個征服者，視所有孤島人民存身於敵僞勢力以下者，都沾上了漢奸氣息，給予人民無比的反感，使勝利的成果化爲烏有，孤島人民像大旱望雲霓般的熱情，一掃而空，眞慚愧，我也算從天上飛下來的一份子，目擊此狀，也不免深長太息，覺得當年勝利突如其來，一切毫無準備，於是造成無數謬誤，以致江山變色，推本窮源，其來有自，不禁爲之擲筆三嘆。

門外軍警嚴戒備．門內擺下燈泡陣

再說中文大美晚報自朱惺公慘遭暗殺後，兩租界當局，早已把大美晚報作爲一個警戒黑點，說來眞是使人駭怕，這報館的地點在上海愛多亞路的天主堂街轉角，那是公共租界和法租界的交界之處，大美晚報處身法租界的範圍以內，天主堂街穿越愛多亞路便是四川路，公共租界的警務處，便在四川路和愛多亞路對正大美晚報的一邊，每天停駐了一輛鐵甲炮車，中西警探，不分晝夜的輪班駐守，法租界捕房的戒備則更爲嚴密，他不但在愛多亞路靠中文大美晚報的正門停駐了一輛小型坦克車，駐守法國軍隊，另在天主堂街大美晚報的橫巷以內，很早以前便派有一輛鐵甲炮車，由安南兵守在炮車內，監視每天進出的人，尤其注意每天在這條橫巷內出出入入的大小報販。至於英文大美晚報和中文大美晚報的兩道出入大門，另有中法越巡捕經常留守，除此以外，還特別派了便衣密探，站在中文大美晚報的門內，中文報的編輯部在三樓，其時已在二樓至三樓之間裝上一道鐵門，由法巡捕房的老督察長程子卿，介紹一個姓蔡的中國探員負責警戒，進到編輯部，又是一道鐵門，由報社自己派人看守，對於來訪客人，如非特別熟識，必須盤問再三，經內部人親自到門認領，才准放入，所以當時有人對大美同人，加以笑謔，指爲「六親斷絕」，事實的確如此。由於發生了暗殺案以後，還經常有炸彈投擲的危險，許多胆小朋友，早已視爲畏途，更兼有事造訪，要經過重重盤詰，麻煩不堪，誰願再來存問。此時編輯部同人，不問是否身列汪記僞府的通緝黑名單之列，大都已住上四層樓，佈置的宿舍，這地方原本是堆置廢紙廢料的倉庫，在朱惺公被殺後，當晚清理乾淨，我第一個先行遷入，接着大美早報的總編輯吳中一也搬了來，這位吳兄，他搬入報社，一方面是名正言順的躱避汪僞府特務，一方面則有他悠哉游哉的另一目的，他有一位新歡，平時很難找到藉口，見面機會很少，住入報館以後，他可以不時溜出去溫存一番，更因爲他有一些嗜好，經常要去香幾筒解癮，新歡便住在東新橋中南飯店附近，那裏有許多燕子窩，可以很方便的去光顧，所以吳兄不但官冕堂皇的避過家中注意，他的夫人，還可憐他爲國蒙災，經常的賚了許多家常名菜，拖兒帶女，前來慰問，這也算是我們受難時期中一段有趣的插曲。吳中一是一個妙人，他也躭心汪僞特務，派人混入報館，向我們的寄宿避難之所發動偸襲，和我商量，一旦有此警耗，我們手無寸鐵，總不能束手待斃，於是他定下妙計，主張收集許多壞燈泡，在宿舍的門口裝在一個竹筐內，他說萬一他們眞的偸襲進攻，我們可以把這些燈泡，用力拋出，燈泡的爆炸力也很大，也可以嚇唬他們，甚至使他們受創而退，我們大家在無計可施之下，認爲吳中一不失爲一個現代諸葛亮，一致接受，便擺下了這樣一個烏龍燈泡陣。（一一）

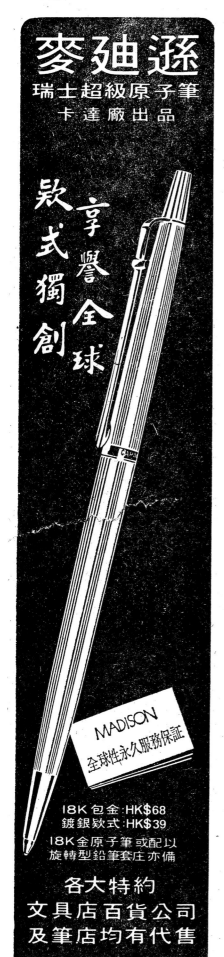

張大千先生作品前瞻

——爲張大千先生四十年回顧展作——

王方宇

癸巳三月，張大千先生由王紀千兄陪同自紐約至新港耶魯大學下顧，攜來杜甫詩意山水小景一幅，題曰：「入天猶石壁，穿水忽雲根。癸巳三月，拈老杜句，寫似方宇仁兄法家正之，大千張爰時同在紐約。」相晤甚歡，是爲方宇與大千先生訂交之始，至今忽忽已二十年矣。

彼時方宇語先生曰：「近代藝壇中，可與先生媲美者，只畹華梅蘭芳一人而已，何以故？因才華工力以外，先生與畹華相同者，有二點，頗爲難得：第一，成名甚早。」言至此，先生遜謝曰：「那裏就算成了名了，呢？」余繼謂：「第二，藝術生命過程中，日求進益，精勤不懈，故其成者久；且專攻本藝之外，於本藝牽連有關之各方面，毫不忽畧，故其成者大。」先生謙讓，徐徐告余曰；「余涉獵繪事數十年，苦無成就，今已五十三歲矣。苟天假餘年，使我年逾耳順，或可得數幅稱心自信之作。惟家兄善孖，以消渴症中年過世，而我亦苦於此病，是否能活過六十歲，殊難逆料耳！」

因憶及三十年前方宇在天津郭眉臣醫士姻伯寓所，與梅蘭芳一段簡短笑談。

一晚梅蘭芳夜戲散場，在郭大夫家爐邊消夜，談及青衣演員，中年以後嗓音變壞「塌中」問題。彼時畹華已在四旬左右。余謂：「人體更易，聲帶改變，從科學生理上看，變好變壞，尙無固定之依據。王大爺（指王瑤青）嗓音之變，不能引爲通論；老夫子（指陳德霖）六十歲以後，嗓音脆亮圓潤，筆筆中鋒，更勝中年，可爲一例。」余繼語梅氏曰：「我看您的嗓子是站住了。」梅氏曰：「就是太寬了。不過我躭心的，倒不是嗓子，我就是怕太胖了。將來要是我唱不了戲，恐怕是因爲太胖的原故。」余曰：「胖，也不一定不能唱，不是有胖巧玲嗎？」因相與大笑。（胖巧玲爲梅蘭芳祖父梅巧玲之通稱。）

藝術大家，成名之後，肯日日求新，精心不輟，時以未來進展爲念，故能久而彌永，始終不衰。大千先生之老而益壯，氣勢更强，良有以也。

今當張大千先生四十年回顧展，將於一九七二年十一月十五日在美國舊金山砥揚美術館開幕之際，謹獻微言，爲大千先生壽。

大千先生，聲名蓋世，而大度虛懷，方宇每次拜觀作品，必諄諄垂詢所見。改變作風，初作破墨山水，在紐約開樂畫廊展出時，方宇見四壁琳瑯，眼目一新，正心懷浸潤，目不暇給之際，大千先生過我懇切要求表示意見，因執手漫步，回環同觀，逐畫探討，澈底根究，暢叙之餘，結尾方宇贈以數語。余曰：「以先生之才之識，蘊藏胸中之氣，積壘萬千，只求一吐洩之形式而已，先生技能多而方面廣，只須畫自喜之畫，求自喜之形，必無往不利。今日先生以前無古人之筆墨，寫出胸中存儲已久之丘壑，是門戶已開，此後循此路途或更披他徑，繼續前進，『適我無非新』之佳境，倒食甘蔗，正無窮止也。」又謂：「您只要肯這樣畫，我們就很高興了。」當時雯波夫人在旁微笑頷首，似示嘉許之意。

天缺西北，地陷東南，雖爲臆說，但能表現中國哲學之眞諦，天地並不能十全十美，世上又焉能眞有完人？曾文正公有「求闕齋」，「求闕」者，宜作「尋覓闕之所在」解，因「闕」之存在，乃必然之事也。

大千先生畫藝，超邁古人，歌頌者，不知凡幾，其美好處，書不勝書，今不作辭費，一概畧去，只就其所成論其今後發展的趨向，其中或有求全之議，然乎？否乎？想大千先生不我責也。

大千先生之畫，綜括而論，在一「巧」字。得之於「巧」，亦失之於「巧」，「巧」固引人，「巧」亦浮誇。

其美女，「巧」在眸子，「巧」在雙手，其高士，「巧」在修髯，「巧」在飄帶，其芍藥，「巧」在花枝，「巧」在垂瓣，其荷花，「巧」在荷梗，「巧」在布置。「巧」具玲瓏，「巧」亦掩其拙重。

大千先生得之於石濤者多，豈石濤不巧乎？依浮淺之論，則以石濤自道爲據。石濤自題畫有：「是甚麽？拙而已。」若不深入，則以爲石公得力處只一「拙」字而已。非也，大謬，不然。石公之玄妙在「寓巧於拙」，非不「巧」也。「拙」在外，「巧」在內，人不厭其「巧」。試觀石公之畫，其山水，大則大矣，其剔透處，非審視不能得也。其花卉，拙則拙矣，其裊娜處，非細覩不能知也。其人物，重則重矣，其飄動處，非注視不能賞也。

大千先生之畫，既得石公之「巧」，亦得石公之「拙」，所異趣者，在石濤「寓巧於拙」，而大千先生「寓拙於巧」，「拙」未能掩其「巧」，而反爲「巧」所掩，是千萬得中之一失也。

大千先生前數年，罹目疾，幾不能視，作畫以神遇，細微之處，不能爲矣。因而「巧」處漸藏，淳厚之處漸顯，惟此乃勢使然也，非有意求之也。

近聞大千先生視力恢復，近作尙未及見，意想中，數年來，格於目疾，欲細不能，今忽開朗，必全力以赴。想有精心細作，以愚意揣測，此僅爲一時之事，再變之期，將不旋踵而至矣，以大千先生之絕世才華，回顧其自己四十年來之作，必可鑒及自作之輕重、小大、巧拙之別，亦必能取捨之間，自求適我。大千先生之更宏偉，更淳厚，參天地，融造化，寓巧於拙之作，將爲其畫藝發展中必然之結果，謹此預祝。

最後，近年大千先生畫風劇變，乃在遊瑞士之後所得，古人「行萬里路」之說，可爲註脚。但願太空船旅遊計劃，早日推行，今與大千先生約，一旦太空船可爲我用，將相共乘船空遊，一覽空中絢爛奇觀。必「月」中賞「地」，（一如「地」上賞「月」），環行大火，探斗牛，渡銀河，短萬年而小天下。遊罷歸來，不問人間何世，展楮素，理椽筆，請涵容宇宙，現大塊於尺幅之中，當此際，風靡所至，瀰漫於人世之畫壇，當又另是一番氣象也。是爲壽。

一九七二年十一月二日於食鷄跖廬

大千居士新居小影　（上）古木竹石　（中）畫室一角　（下）環石連池　（陶鵬飛攝）

記張大千四十年回顧展

·陶鵬飛·

「張大千四十年回顧展」經過三年的籌備，由美國加州舊金山「砥昂紀念博物館」主辦，定於本年十一月十五日開幕，暫定爲期一個月，並計劃明年將全部作品運往台北，在「國立歷史博物館」展出。

居士老友沈葦窗先生，將專程來美參加盛典，事先囑我代爲搜集有關畫展等資料，及請居士寫一「自畫像」作爲「大人」三十一期封面，巨幅插頁則爲大千居士最近爲定齋主人所畫的工筆山水。展出作品的全部目錄及自序早已收齊，居士也費了很多工夫把「文情並茂」的自序親自繕寫一通，計宣紙三大張，居士雖然一再說，畫像比寫字容易，但「自畫像」迄未動筆，我因受人之託，時間日見迫切，頗感焦急，惟急也沒用，只好等待。九月十六日，張夫人徐雯波女士及公子葆羅由舊金山深夜駕車返家，不幸途中遇醉漢開車迎面而來，造成車禍，夫人及公子均受微傷，現已逐漸復原，亦不幸中之大幸，在這期間，居士更無心執筆了。

十月十一日，內子和我又去濱石村的環蓽菴拜訪，一來是探訪張夫人及葆羅兄的傷勢，二來是便中看看自畫像畫了沒有？眞沒想到，一進畫室，看見居士精神閃爍，地下放滿已完和未完的新作品。居士連說：「等您們好久了，前天冒雨買到一桶竹子，昨天種下，高興得幾乎一夜沒睡，今天早起給漢卿先生畫花卉的冊頁，正完成四幅——芍藥、菊花、梅和海棠、紅白荷花。梅和海棠、紅白荷花很少畫在一起，這次大胆創試一下，並特別作了幾首詩。」看來確是具有特殊的風格。

棹子上舖着一大張宣紙，居士由台來美的門弟子匡仲英隨侍供應顏色水墨，居士開始自畫像並說：「這是給葦窗畫的。今天一定趕完，請你帶去轉寄，不然來不及了，其實打油詩已作好，早就想畫，只是興趣不夠，畫也畫不好，買到竹子，興趣才來」。說着停車領我們到園外看竹子——數十株在一起，笋有十幾個，眞是不多見的叢竹。大家看了假山、魚池、花、樹後，又囘到畫室，再看他完成自畫像。居士說：「很多人畫我的像、都比我畫的好，我只覺得頭上幾根短頭髮，我自己畫的最像」。飯後再由仲英磨墨，居士提筆題詩：「葦窗索我塵埃貌，退筆粗疎眼更花，格是無心着泉石，故山掛夢，」寫倒這裏忽然停筆，因下三字內有一「無」字，和第三句中的「無」字重複，想換一個字，想了很久，又拿起詩韻查了很久，還沒找到恰當的字，最後還是寫了「已無家」，可是簽名以後，又馬上在後面補上一句：「第三句擬易：那得心情着泉石。」聯想到居士既能豪放也能細心，爲換一個字要推敲多時，眞是值得羨慕效倣的。再者所用的圖章，及蓋印的地位，均由居士親自指定。居士近年作畫題字，多加上中華民國的年號，也特別値得指出。居士又說：「于右老比我好，他樣樣打底稿，就是年月日也預先在底稿上寫好，所以很少寫錯字，我從不打底稿，所以常有錯字或掉字。這首詩如果先打好底稿，改換第三句的無字，就容易多了！」

張大千四十年回顧展出品目錄

民國	干支	公元	年歲	名稱	收藏者
十七	戊辰	一九二八	二十九	臨石濤山水	張徐雯波夫人
十七	戊辰	一九二八	二十九	湖山小景	李順華先生

十八	己巳	一九二九	三十	自畫像	大風堂
十九	庚午	一九三〇	三十一	臨惲壽平山水	王新衡先生
二十	辛未	一九三一	三十二	黃山迎客松	虞兆興先生
二十一	壬申	一九三二	三十三	蕈菌	方召麟女士
二十二	癸酉	一九三三	三十四	山水	大風堂
二十三	甲戌	一九三四	三十五	仿宋人花鳥	虞兆興先生
二十三	甲戌	一九三四	三十五	丹山玉虎圖與善子先生合作	定齋主人
二十四	乙亥	一九三五	三十六	黃山九龍瀑	張漢卿先生
二十五	丙子	一九三六	三十七	簪花圖	張目寒先生
二十六	丁丑	一九三七	三十八	散花圖	張徐雯波夫人
二十七	戊寅	一九三八	三十九	黃山雲海	張徐雯波夫人
二十八	己卯	一九三九	四十	蜀山秦樹	張目寒先生
二十九	庚辰	一九四〇	四十一	蓮	虞兆興先生
三十	辛巳	一九四一	四十二	朱荷通景屏六幅	張徐雯波夫人
三十一	壬午	一九四二	四十三	漠高窟六十八窟中唐大士象	張徐雯波夫人
三十一	壬午	一九四二	四十三	漠高窟八十三窟西魏聖衆	大風堂
三十二	癸未	一九四三	四十四	番女醉舞	張葆蘿先生

三十三	甲申	一九四四	四十五	春燈	張岳軍先生
三十四	乙酉	一九四五	四十六	九歌圖	張徐雯波夫人
三十四	乙酉	一九四五	四十六	印度獻花舞	高嶺梅先生
三十五	丙戌	一九四六	四十七	芙蓉	張葆蘿先生
三十五	丙戌	一九四六	四十七	楊妃扶醉圖	張徐雯波夫人
三十六	丁亥	一九四七	四十八	湖山清夏	高嶺梅先生
三十六	丁亥	一九四七	四十八	嘉偶圖	高嶺梅先生
三十七	戊子	一九四八	四十九	秋壑鳴泉	大風堂
三十八	己丑	一九四九	五十	紅葉白鳩	張葆蘿先生
三十九	庚寅	一九五〇	五十一	捋髯圖	張徐雯波夫人
三十九	庚寅	一九五〇	五十一	人物山水花卉冊八頁	高嶺梅先生
四十	辛卯	一九五一	五十二	梨花	張徐雯波夫人
四十一	壬辰	一九五二	五十三	憶遠圖	張徐雯波夫人
四十二	癸巳	一九五三	五十四	巫峽清秋	張陳海倫女士
四十三	甲午	一九五四	五十五	調嬰圖	高嶺梅先生
四十四	乙未	一九五五	五十六	人物	張心印先生
四十五	丙申	一九五六	五十七	孽海花	張歆海先生

四十六	丁酉	一九五七	五十八	嚴陵釣台	婁海雲先生
四十七	戊戌	一九五八	五十九	猨	巴黎博物館
四十八	己亥	一九五九	六十	平林老屋	張目寒先生
四十九	庚子	一九六〇	六十一	中國戲劇人像	高嶺梅先生
四十九	庚子	一九六〇	六十一	翠屏曲磵	張心澄先生
五十	辛丑	一九六一	六十二	登高圖	張葆蘿先生
五十一	壬寅	一九六二	六十三	青城山屏四幅	張葆蘿先生
五十二	癸卯	一九六三	六十四	觀瀑圖	張德先先生
五十三	甲辰	一九六四	六十五	幽谷圖	大風堂
五十四	乙巳	一九六五	六十六	蓮	大風堂
五十五	丙午	一九六六	六十七	荷	方召麟女士
五十六	丁未	一九六七	六十八	西蜀四天下（峨嵋、巫峽、夔門、劍閣）	張岳軍先生
五十七	戊申	一九六八	六十九	李白詩意	張葆蘿先生
五十七	戊申	一九六八	六十九	自畫像	大風堂
五十七	戊申	一九六八	六十九	灩澦雲帆	張葆蘿先生
五十八	己酉	一九六九	七十	黃山前後澥圖	張目寒先生
五十九	庚戌	一九七〇	七十一	魚	MR. FOUNTAIN

原稿
缺頁

原稿
缺頁

原稿
缺頁

原稿
缺頁

原稿
缺頁

原稿
缺頁

原稿
缺頁

原稿
缺頁

張善子大千昆仲

·陸丹林·

我國書畫界兄弟齊名的，在廣東有高劍父、奇峯兄弟，湖南有譚延闓、澤闓兄弟，在四川有張善子（澤）大千（爰）兄弟，張大千談者已衆，但並及其昆仲者，似尚不多。

善子在滿清末從事排滿，民初，反對袁世凱竊國，做過很多革命工作，癸丑之役，曾被抄家，亡命江海。過了不久，才在西北軍及總統府做事。因爲親老而辭職，奉母移居上海，「閒來畫幅青山賣，不使人間造孽錢，」這兩句詩，不啻替他寫照。後來雖然各方的舊同志常常請他出來從事政治軍事工作，他都推辭了。他覺得藝術是他的第二生命，天天在那古董中，實物上；他家裏豢養了許多魚鳥走獸，及種植許多名花，山水名勝古蹟裏，找尋他繪畫的對象。他是深於世故，通達人情，和各方面的朋友交際，都異常週到。守信約，重然諾，答應親友所託的事，沒有不努力去幹，要是他自己幹不了，也要輾轉託人代辦，務必辦妥，才肯罷休。而且事必躬親，又負責任，人家的事，看做自己的事，和「若越人視秦人之肥瘠」相比，是絕對相反的，所以朋友間都說張善子是「夠得上的朋友」，大家樂意和他交游。

大千居士看石圖

善子和大千，都是「美髯公」般的大鬍子，有些人常常把他們兄弟倆辨別不清，因爲鬍子一樣長，面貌既相似，寬袍布襪又相同；他們一年四季都穿家製的布襪。行動舉止也相像，無怪陌生的人認不清楚。其實善子在他兄弟輩是行二，大千是行八，善子長大千十七歲，若是我們和他們兄弟相處稍久，即知道他們的個性生活有很大分際。雖然他們兄弟個性有點不同，但是愛好藝術却是一致，而且他們眞是算得「兄弟和翕」、「兄友弟恭」、「兄弟怡怡」、「兄弟如手足」，這幾句成語，都可以表示他們兄弟的友愛。老實說，在我許多親戚朋友之中，還沒有見着別的兄弟們有比得上張氏兄弟那般的親切友愛；容許有之，但我沒有見着。他們家內的事和在外的一切，沒有不開誠佈公的互相談論，兄的事等於弟的事，弟的事等於兄的事同樣的關切。善子與大千的中間，還有兩位兄弟，他們都是一樣的友愛。第三第四的兩位兄弟，不因所業的不同，居處各異，而有些疏闊。記得民國二十五年農曆四月初，大千生日，他的四哥恰從重慶趕到，一入門兩兄弟見面，就相對鞠躬作揖，端茶遞巾，客氣之中，飽含着雍穆和洽的氣象。我十五歲時，我的小弟弟就失踪了。見着他們兄弟如此友愛，撫懷身世，歆羨之餘，不禁有點黯然了。

他們不特在兄弟間是這樣的彬彬有禮，他們對於師弟間更是重禮，他們的老師李梅盦（瑞清）、曾農髯（熙）在生時，他們每到李曾公館，執弟子的禮甚恭，非得師賜坐不敢坐，三伏天氣，非得師說脫長衫不敢脫。逢着年節和生日，必肅整衣冠前去叩頭請安。李曾死時，穿了孝服去送殯，痛哭盡哀。李曾逝世之後，對於師母還是一樣的盡禮，逢着李曾的忌辰，設奠叩頭致祭。他兄弟倆所收的許多學生，拜師時也要行跪拜禮，說這是尊重師道的表現。

善子五十歲那年，做了自壽詩兩首，不啻是他的詩史和人生觀的自白，詩云：

五十飛騰過，艱難憩海濱。青山如可賣，白屋未妨貧！老去神猶王，詩成句漸醇。魏塘魚菽足，卜築奉慈親。（自註：八弟大千，奉家慈居嘉善，擬長此卜居，朝夕盡萊舞之樂。）匹馬憐予壯，縱橫關塞間。拂衣猿可學，入畫虎能閒。東渡留殘藁，西行憶故山。虛名愧相誤，浪墨幾時删！

善子繪畫，山水、人物、走獸，無所不能，尤其是畫虎最有名。有十二金釵圖，拈西廂記語來畫虎十二幀。又和大千合作「山君眞相」。曾農髯題詞有說：『……髯居上海之三歲，季爰居門下，一日持善孖所爲十二金釵圖乞題。髯曰：「向不喜爲閨閣綺麗之辭。」爰曰：「虎耳」。大驚，展示，果十二虎，踞者，立者，渴飲者，怒者，媚者，極數變態，皆奇想天開。嗟夫，善孖其善以畫諷世者歟？去歲來滬，攜其平日所畫虎，大者丈餘，少或數尺，或寫羣虎爭食，喻當道賢者，或寫犬而蒙以虎皮，喻賢者中之又賢者。嗟夫，張生何諷世之深耶？然予觀古來畫虎者，每多類犬，寫生家又但能傳其皮相，不能得虎之天性，君操何術至此？善孖曰：「予因畫虎，遂豢虎有年矣。虎性貪，利得肉，予每日以肥豚大方飼之，待其飽，然後弛其鐵繩，縱之大壑，須臾風生，若怒若醉，長嘯奔舞，山谷異勢；及具饑，復置肥豚柙中，虎且搖尾而前，若敬主人者。」髯曰：「虎得肉足耳，且知有主人耶？」……』民國二十五年夏天，有位朋友，從貴州得了一個乳虎送他做畫虎的「模特兒」。他本來臥病在蘇州的網師園，聽得老虎運到漢口，馬上精神奕奕親自到

張善子（左）大千（右）昆仲玩虎圖攝于蘇州網師園

漢口去迎虎，「虎癡」眞是名副其實呢。

大千呢？天姿奇逸，聰慧絕倫，讀史讀經，過目成誦，作詩作畫，到手即精。能揮霍，心之所好，千金一擲沒有吝色，袋裏一文或無存貯，但是遇着名畫，雖值萬千金，也必先行留下，再行設法籌欵交易，故他十餘年來，所得名畫富而且精。估客因他精鑑別而性豪爽，能出高價，得着名蹟，必先送他欣賞購置，因此，大風堂藏着精品很多。他對於飲食，極爲講究，最推重川粵菜。精於烹飪，每遇嘉賓涖止，常常脫下長衫，跑入廚房弄菜奉客。好吃冰淇琳，一年四季，隨時一口氣吃完十幾杯。往往爲要吃幾角錢的冰淇琳，而化去一兩元的汽車費往來，滿不在乎。平時不飲酒，要是碰着好友良會高談闊論的時候，一碗一碗的連飲幾斤，絕沒有一點醉容。每逢旅行，舟車旅館，必擇頭等而乘用，衣服雖極樸素，但享用則極奢侈。遇着戚友因急需有所求，莫不盡力相助，有時手頭緊，則立即伸紙寫畫給人換錢。有時爲着朋友求借甚急，或其數很鉅，則將所藏名畫押去取錢付友，這種急人之急，是很難得的。他作畫潤例，取銷了七八年，平時外間求他繪畫，若沒有因緣，雖送鉅金，不肯下筆，就是有人介紹，他常常擱着一年半載，也不肯揮毫，但是他若在高興的時候，往往只須幾個鐘頭，便可以一氣繪成十多張畫，尤其是賓客盡歡酒酣耳熱的場會，口講手揮，山水花卉，仕女人物，隨興即畫，畫好即題，眞有「手揮五指目送飛鴻」之概。要是他的好友，則隨時可以請他作畫，而送給朋友的，又是精品的居多。朋友中得他畫最多的，要推亡友謝玉岑。我得他的畫，大小也有數十幀。有一次，他畫好一張仕女，標價三百元

張大千栽竹圖，侍立者為公子心澄

，預備即交展覽會陳列，剛要送出的時候，我恰到大風堂談天，對這張畫說了幾句話，他就把畫送給我。原來他所畫的仕女面貌，酷似亡友心丹女士。華陽林山腴（思進）游滬，題詩有說：「雲階月地尋常過，霧鬢風鬟想像難，不是當時人似畫，如今誰作畫中看？」又有一次，柏林中國繪畫展請他出品三張，他畫好一張荷花大堂幅，我見着表示愛好，他也送給我，而出品呢，只交去兩張。他常說：「最好的是友情，尤其是認識得他的書畫的友人，金錢有什麼寶貴？如果金錢是可寶貴的，我現在也可以擁着幾十萬做富翁了。」是的，金錢在他的手中化出去，前前後後，眞有數十萬元之多呢。

大千行動，是很率眞洒脫，也是很有風趣，他是基督教徒，但他少年時爲着戀愛的關係，一度在松江禪定寺做過幾個月的和尙。他好遊覽名山古蹟，要是他的念頭一轉，不論何時，想着立即動身，往往在起程前幾個鐘頭，他的家人還沒有知道。這種獨往獨來即知即行的行動，確是藝人妙事。他的經濟，常常在艱困之中，同時他對於用錢，又毫不吝嗇，大有「千金散盡還復來」之概。

大千的畫風，我在「大千畫集序」（在中華書局出版）裏會經說過：「大千繪畫之成功，固然因他生在四川，環境的山水奇險而雄壯，日相狎接，蘊在胸襟。又富於藝術的天縱才思，兼以不斷地用功，纔能夠有今日的成就。他的大風堂裏，珍藏着歷代名畫千餘件，縱覽百家，不拘一體一格，和什麼派別，都下過一番苦功，尤其是盡得石濤、八大、石谿、漸江、大風、冬心、新羅各家的奧秘，融會貫通，擷取古人的精華，去掉他的糟粕，一筆一畫，無不意在筆先，神與古會。用筆縱橫，渾厚蒼潤的氣韻，熔合南北宗於一鑪，自成蹊徑，這是已達到神化的最高峯，絕沒有一點拘牽迹象的了。加以二十年來，游歷國內外名山大川，……游蹤所到，莫不在那窮山荒谷的斷崖絕壁古刹長松的地方，領略風雨晴晦的眞趣，採取大自然的材料，來做畫材，如石濤說「搜盡奇峯打草藁」。所以他的畫一切布局設色，無不匠心獨運，簡直以造化爲師，來自寫他胸中的宇宙境界。又如惲南田的甌香館畫跋所說：「一草一樹，一丘一壑，皆靈想所獨闢」了。……」

大千臨撫古畫的功夫，眞是腕中有鬼，所臨的青藤、白陽、石濤、八大、石谿、老蓮、冬心、新羅等家，確能亂眞，尤其是仿作石濤，最負盛名，不特畫的筆墨神韻，和石濤眞蹟一樣，題字圖章，印泥紙質，也無一不弄到絲毫逼肖，天衣無縫。但是他當作是游戲的工作，在好友前，絕沒有一點隱諱。故一般藝人畫商和藏家好古的，得石濤畫紙本稍精，莫不詫歎驚訝「這是大千所作的」的疑問。然而大千所作的石濤，固已散遍世界，顚到國內外的鑑賞家了。本來以贋亂眞，是文藝家的狡獪手段，朋好談笑，也可以取樂一時，是不足爲訓的。但是中國學畫必先臨古，臨古必求他的維肖維妙，可以亂眞，這是學畫必經的途徑，不可忽視，所謂溫故而知新。可是近年「大千好夢」、「人間乞食」，（這兩句話戲借他所用的印文）厭倦撫古，而歸於自然，在他的生命史上，在藝術過程說，他是屏絕依傍而獨立的了。這些製作古畫，只是游戲人間不可磨滅的一頁罷了。

大千跌宕風流，語多幽默，數年前他游高麗，戀着韓女春紅，紅袖添香，雅人艷事。曾畫冊紀念，冊尾題跋云：「客舍無俚，春孃日來侍几硯，意有未達，以畫詢之，會心處輒相與啞然笑，因綴截句於畫末，亦客中一段因緣也。」贈春娘詩云：「夷蔡蠻荒語未工，那堪異國訴孤衷！最難猜透尋常話，筆底輕描意已通。」再贈春紅云：「新來上國語初諳，欲笑佯羞亦太憨。硯角眉紋微蓄惱，厭他俗客亂淸談。」

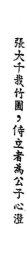

大千長壽

（來鴻去雁）

韋千里

光緒廿五年四月初一寅日時

己亥
己巳
戊寅
甲寅

十一	丁卯
二一	丙寅
三一	乙丑
四一	甲子
五一	癸亥
六一	壬戌
七一	辛酉
八一	庚申

此張大千先生之命造。曩年，高嶺梅兄，曾囑余推算，斯時大千翁正患嚴重之目疾，余力言其無害，可以重見光明。最近來自美國之友人，謂翁雙目經已愈其八九。欣喜吉人自有天相，亦見命之信而可徵。

建祿，殺重，奇才也，亦奇人也。畫追秦漢，創造力且過之，豈非奇才。丹青臻於化境，中外名人，競以黃金求寸縑，乃財富出自腕下，却又視財如糞土。生活之享受，畢生豪華，實財之掌握，一世匱乏，豈非奇人歟。原局財星無氣，若非出生西蜀，若無中年子癸亥壬四步水運，或竟一貧如洗矣。六十七歲戊運，土愈重而水愈涸，目疾，腎病，兼而有之。七十二歲行辛運，去年辛亥，今年壬子，又逢金水流年，自然康復，猶勝舊時也。

（覆九龍李卓英先生）台造：癸巳、庚申、辛丑、己亥。秋金銳銳，喜有癸水吐秀，宜致力於技術學術，（不必經商）行運不俗，非祗「有名無利」也。結婚約在廿三四歲，配鼠配兎尤妙。

（覆美國加州李栩先生）先生旅美多年，寄人籬下，迄無所成。查台造：戊辰、壬戌、丙申、甲午。秋燥，水潤不夠。自三十六歲以來，行運又偏於木火，索然無味，虛度年華而已。今年壬子，明年癸丑，應有作爲，今冬尤爲美滿，機緣固由命運，成功還在努力，可不勉哉。

× × ×

（覆九龍黃三昌先生）台造：戊申、己未、甲戌、甲戌。化土格，早有成就，近運畧差。晚來所慮者，六十七歲甲寅年，災病不一而足，尤忌遠行，得能越過，福壽無疆。

× × ×

（覆台北市顧德夫先生）台造：乙丑、庚辰、乙亥、丁亥。先生兄弟姊妹甚多，當係亥時而非戌時，明暗刼比重重之故也。至於有女無子，則以尊夫人在大陸，夫妻分袂已久，按命中官透，應有一二子也。聞先生即將由美返台，但余以爲返台之後，應取守勢，未來之四年，依然栗六無成。五十六歲起，方見轉機，在祖國亦好，再去遠洋亦可，六年展布，有厚望焉。

× × ×

（覆九龍朱松茂先生）台造：戊子、癸亥、壬寅、己酉。水旺如此，土不能制。茲行丑運，丑爲北方之土，自然一事無成。二十七歲有轉變，荆棘化芝蘭，池魚跳龍門。二十九歲行丙寅丁卯四步大運。更是無限前程，今明年於事無濟，於人不滿，還有一段艱難道路，小心翼翼，三思而行。

× × ×

（覆九龍林錦楷先生）台造：丙戌、己亥、丙申、乙未。五行停勻，一生無榮無辱。比較之，廿九歲起，六載顯揚，最有作爲。妻配馬兎，內助稱賢。事業大宜木火。如欲離港，勿出東南亞之範圍。

× × ×

（覆沙巴州斗湖鄭思雋先生）台造：癸未、乙卯、甲戌、甲子。木旺成林，用取戌財。少金少火，勞而無功之命。論大運，須至四十四歲以後，庚戌兩步，卓然有成。論流年，三十四歲至三十九歲，小名小利，自由自在。今年起，四載侷促，如轅下駒。

× × ×

（覆官塘何琦先生）台造：癸卯、己未、甲辰、壬申。因有卯木，化土不成。中年乙卯甲寅四運，最爲辛苦。茲已古稀年華，流年不通，得止且止。七十四歲至七十八歲，還有一番熱鬧。但後年甲寅，有病非輕也。（病在肝胆，如肝硬化，或胆生石等症。）

× × ×

（覆香港黎義山先生）先生下問婚姻。查台造：己卯、丙寅、壬辰、庚子。木强水弱，用取庚金。明年有婚事，既成且好，配得屬猴屬鼠尤妙。生平得意之運，乃在四十六歲之後，辛酉庚申四步，猗猗盛哉。

× × ×

（覆澳門曾展明先生）先生謂年逾而立，家業未成，是命運之不濟歟，抑人謀之不臧歟。按台造：辛巳、庚子、癸卯、辛酉。金水兩旺。近四年來，更其潦倒。今明年動輙得咎，守之守之。三十四歲起，年運皆利，孟子所謂「莫之致而致，莫之爲而爲」矣。

× × ×

（覆曼谷陳聖武先生）來函謂生於民國十五年六月初二日，老虎入洞之時，所謂「老虎入洞」，漫無標準，恕難推算。

× × ×

（覆九龍唐健平先生）台造甲申、壬申、乙丑、己卯。秋木凋零，當然用壬水以化金生木。

行火運最爲燦爛，此所以三十四歲至三十九歲之丙運，四十四至四十九歲之丁運，爲生平得意之時。其餘運程，了無精彩。三十一歲甲寅年，堂上有憂。

× × ×

（覆元朗鄭閒雲先生）台造：癸丑、庚申、辛未、甲午。秋金少火，甲午時辰爲精華，栗六奔波，閒雲不「閒」。幸都木火運程，忙來有功也。明年癸丑，又有碎煩。後年甲寅，家庭多故。六十八歲爲一坎。

× × ×

（覆九龍張莉女士）令郎肄業加拿大，一無是處。查其命造：戊子、辛酉、丙辰、戊子。從財格，上駟之材也。過去運途，少時了了，大未必佳。尤以茲行之甲運，還有幾年紛擾，遠涉重洋，殊非上策。轉機在於三十歲之後。從學宜財經，會計。從商宜屬土屬金之事業。

× × ×

（覆九龍陳錦泉先生）台造：丁亥、壬子、壬戌、乙巳。水泛，妙有戌土制之，己火溫之。今明年一籌莫展，女子小人。二十八歲至三十三歲，福星高照，貴人點頭。四十二歲之後，一路好運，晚境自不落寂。經商以木火之事爲利。妻宜虎馬犬肖。

× × ×

（覆K.M.M.S.女士）台造：戊子、庚申、乙酉、辛巳。化金格，妻從夫化，好女子也。但行運無一可意，造化弄人，憾也何如。凡事勿要求過高。尤以婚姻，痴心人遇到負心人。不如學得一技之長，自力更生之爲愈也。

× × ×

（覆吉隆坡羅志鵬先生）台造：庚辰、己卯、乙卯、戊寅。木向春生，枝會東方，因有庚金，不作「曲直」而論。然則，木太多，逢金尅未必爲利，蓋金不勝木也。最喜火之洩木吐秀。故二十七歲至三十二歲，三十七歲至四十二歲，固多好處，憾於流年雖好，斷斷續續，亦無驚人之成功耳。

× × ×

（覆香港梁大偉先生）前蒙代問貴友譚喜君之命造，原爲丁亥、癸丑、戊午、乙卯。誤將癸丑月排爲己丑月，歉歉。夫寒土喜火，多火喜木，乙丁兩透，何等美妙。但查行運，僅三十六歲至四十一歲之戌土爲最佳。所憾者，四十歲後，己酉戊申四運，寂寂無聞，難獲寸進。六十一歲行丁未運，大好，但已垂垂老矣。

× × ×

（覆美國新澤西州趙明先生）台造：丙戌、癸巳、己亥、庚午。巳亥之冲，足跡將遍天下，不止僑美一處也。水火不濟，絕對以近水地帶爲有利。三十歲前，有美麗之幻想，而無美麗之事實。三十歲行申運，插柳成陰，非關人力，富貴逼人來。且也，奠定基礎，從此以後，有成無敗矣。妻宜猴鼠龍肖。

× × ×

（覆香港王眞韻君）來函所寫八月八日，陽曆抑係農曆，男命還是女命，請速補示。

× × ×

（覆馬來西亞吉打州陳洪英先生）台造：丁卯、甲辰、己丑、乙丑。土重，用木疏之。少金少水，命屬平常。幸行運大都順利，今明年仍在邁進之中。但五十歲起，四載惡劣流年，潰不成軍，前功盡棄，家人亦有喪亡。五十三歲以後，又是龍騰滄海，鶴振雲衢，桑榆雖景暮，蔗味有餘甘。

× × ×

（覆美國加州朱海濤先生）先生去年經商，全軍盡墨。按台造：乙卯、庚辰、甲午、戊辰。忌水木而喜火土，事業之失敗，乃去年辛亥爲「因」，今年壬子爲「果」。今歲尊夫人得能安然無恙，已爲大幸矣。承問將來還有較好日子否，查六二，六三，六四，六五等年，好事疊疊，瑞氣深深，但以大運在甲，發財而不多也。

× × ×

（覆檳城司徒金先生）台造：壬午、戊申、壬子、壬寅。天干三壬，地支四冲，所以屢議婚而屢不成。三十三歲甲寅年，或三十六歲丁巳年，有最佳之機會，君子好逑，此其時矣。一生行運，無善可言，恐難得意於利藪名塲，安貧樂道，善以遣之。

× × ×

（覆九龍劉煜彬先生）台造：辛酉、己亥、甲辰、庚午。五行全，標本相停，一生處世安然。行運却有起落。四十歲至五十歲，成功與失敗互見。今年大不利，十一月之損失，尤屬不貲。五十六歲至六十一歲，老運享通。六十二歲後，種竹幽居，紅花耐晚。

× × ×

（覆香港何華先生）台造：乙丑、甲申、丙子、壬辰。水旺火衰，所喜甲乙高透，但枝無寅卯，木不通根，爲可憾耳。近年來有其才而無其遇，今明年更蹇。五十歲行卯運，六載奮發，從而五十五歲之戊運，亦屬有爲。

× × ×

（覆香港羅新財先生）台造：辛丑、己亥、丁酉、庚子。日主無氣而從殺，迨過明年，便無好運。七十四歲起。及其老也，戒之在「得」。七十五歲乙卯年，且有跌打損傷之虞。今明年有利，縱無己躬喜，必有兒孫慶。

本欄篇幅有限讀者函問命運祇限本人請詳細開列性別地址及出生之年月日時附上列印花寄大人出版社依序奉覆

西班牙名廠皮褸

大人公司有售

上海八市長

・李復康・

上海，是中國政治、經濟、工商業中心，亦爲世界大都市之一。因而人們一談到上海，有說不完的許多往事，令人追念、囘憶、眷戀。

自一九二七（民國十六年）年上海設立特別市起，至一九四九年五月止，先後出任市長的有黃郛、張定璠、張羣、吳鐵城、俞鴻鈞、錢大鈞、吳國楨及代理市長陳良。敵僞時期的市長則有蘇錫文、傅筱庵、陳公博和周佛海。這些赫赫一時的風雲人物，爲其寫傳、寫史、寫記者已多，本文所述僅限於每一位市長就任和卸任的來龍去脈，故以「上海八市長」作爲篇名。

黃膺白 來去匆匆

一九二七年三月廿二日國民革命軍克復上海，闢上海爲特別市，轄區爲前淞滬商埠督辦公署原有範圍，七月七日設特別市政府於楓林橋，特任黃郛爲首任市長。

黃郛，字膺白，浙江人。歷任上海市長和上海發生關係之早之深，無有出黃氏右者。辛亥革命，黃氏與陳其美等在上海起義，陳其美被推爲滬軍都督，黃氏任參謀長之職。二次革命失敗，黃氏與陳先後赴日轉美，自後一九二八年出任外交部長，一九三三年——三五年任行政院北平政務委員會委員長之時間外，常川居住上海。

黃氏個性特强，但淡泊名利。因與陳蔣二公有金蘭之誼，始允出任上海市市長。但爲期甚暫，到任未滿二月，因寧漢合作蔣氏宣告下野，黃氏亦隨之去職。其後出任外交部及北平政務委員會委員長二職，以我不入地獄誰入地獄之精神，明知不可爲而爲之，商談塘沽協定時期最爲苦悶；外受日方壓力，內受朝野人士責難，直到一九三七年七七、八一三日本進攻平津淞滬，國人才認清敵人面目，對黃氏有所諒解，但斯時黃氏墓木已拱，蓋在北平時心力交瘁，積勞成疾，一九三六年十二月六日歿於上海，享年五十有七。

黃氏雖任上海市長僅一月餘，但網羅人才，樹立基礎，居功匪鮮。緣我國向無特別市之設立，偌大上海，一切皆須從頭做起。好得他做事重於做官，任上海市長如此，任外交部長亦如此，任北平政務委員會委員長更如此。一九三五年交卸北平政務委員會委員長職務後，功成身退，滿擬可於青山白水間，憩養身心，孰知天不假年，賫志以歿。夫人沈亦雲女士著有「亦雲囘憶」，對黃氏之一生記述甚詳。

張定璠 因土丟官

黃郛去職，接任第二任市長的爲張定璠。張原任東路軍前敵總指揮白崇禧的參謀長，隨同白駐紮上海。黃郛卸任之時，恰正蔣總司令下野之際，中樞失去重心，一時無人作主派誰來當上海市長。張定璠樓台近水，上海又屬東路軍勢力範圍，於是張定璠由東路軍參謀長一變爲上海市長，其時其地，乃屬順理成章之事。

張定璠因係白崇禧之參謀長，有指之爲桂系，更說他爲廣西人，實則他是江西人，和熊式輝同鄉同學。所謂無巧不成事，當張定璠接任上海市長僅幾個月，白崇禧率軍繼續北伐。走了一個白崇禧，來了一個熊式輝，熊任淞滬衛戍司令。張定璠和他比諸白氏更爲友善。孰知事實與理想相反，熊式輝不來上海，他或可多做幾年，熊式輝一來上海，張祇做了一年有半的市長，就罷職丟官了。

一九二八年夏，張定璠的座車在祁齊路遇到車禍，身受重傷，住進醫院治療，由秘書長周雍能代拆代行。因與張亦爲同鄉同學，原任安徽省財政廳長，受張氏禮聘，始來上海任市府秘書長。周在代拆代行期間，市警察局在日暉港外灘查獲大批波斯紅土，警察局長戴石桴親向周雍能報告破獲經過，周轉報張定璠外，主張嚴辦。而衛戍司令部獲知警察局有索詐嫌疑，警局予以反擊，說衛戍司令部包庇烟土。

按理，警察局爲市府所屬，以熊式輝和張定璠之私誼，什麽大事都能解決，而張定璠、周雍能不肯徇私，於是事態擴大，各向層峰報告。

那時上海的法租界，開放烟賭，由一家大公司包辦。烟土多半自日暉港黃浦江外灘華界私運上岸，再運入法租界，這是各方面所矚目的大宗財源，張定璠、周雍能力爭不得，鬥到中樞，最後結果，熊式輝未受絲毫牽累，張定璠周雍能二人則因此罷職丟官。究竟何方包庇，誰是誰非，明眼人不難一望而知。但當時好些人不知道張定璠因何去職，更懷疑不到會和熊式輝有關，由於人所共知，他們是同鄉同學，事隔四十多年，想到此事時却很有趣，順筆在此打破這個悶葫蘆。

張岳軍 捨己爲人

張定璠去，張岳軍來。這是第三任上海市市長，中樞之派張羣來上海接任上海市長，深知上海這個地方太複雜，沒有大員來滬鎮壓，恐怕岔子出得更大。張岳軍之才幹、能力，和中樞之關係，盡人皆知，後來他入閣拜相，任總統府秘書長達二十年之久。今年轉任總統府資政，列入黨國元老之列。證此，似可概知張氏才具之一斑。

那時的張岳軍，年富力壯，敢作敢爲，勇於任事，他就任上海市長之後，確有一番建樹。自一九二九年四月，到一九三一年九月下旬，正當他幹得有聲有色之時，東北發生九一八事變，全國民氣沸騰，反日情緒高張，學生遊行演講，罷課罷工。一面對日敵愾同仇，一面痛罵張學良的不抵抗主義，數千學生工人赴北站，要求搭乘火車，去南京國民政府請願，示威遊行，則無日無之。

十一月廿五日，部份學生假小西門少年宣講團開會，決議前往虹口外白渡橋日本駐滬領事署示威，警局得報後派警前往勸阻，由此發生衝突，一名學生中彈身亡，全市學生大憤，第二天羣赴楓林橋市政府請願。不特請願，並在市府大禮堂要求市長把肇事警察抓來公審。張羣熟諳羣衆心理，此時只得遠而避之，待羣衆情緒平定，再予接見。學生認張推諉責任，避而不見，聯合各地學生要求中樞將張氏撤職查辦。不然，擴大罷課罷工。當然，中樞不可能聽從學生，但張氏却為了息事寧人，寧願犧牲自己，以辭職求平息學潮。中樞為此事特派大員專誠來滬慰勉張氏，張氏以行動表示堅決態度，那就是他不再去市府辦公。越不去辦公，學潮工潮越無法收拾。中樞體諒張氏苦衷，到一九二二年十二月終于俯如所請，張氏自就職至去職。共計兩年〇八個月。

第二任上海特別市市長張定璠

張氏是一位達觀主義者，俗諺人生七十古來稀，他七旬華誕那天發表談話說：人生七十方開始，一反俗諺，傳為美談。他在總統府任秘書長那麽多年，每天工作時間超過一般公務員，今年已屆八十四高齡，精力異於常人，他的自動申請退休，乃是一種啓發作用，初與身體健康無關。

吳鐵城任期最長

第四任上海市市長吳鐵城，吳氏亦為黨國元老。他於一九三二年一月接任，一九三六年八月因調任廣東省主席而離開市府。在任幾近五個年頭，為歷任上海市長任期最長的一位。

吳鐵城任期雖最長，但亦最艱巨，走馬上任不到三天，一二八淞滬戰爭爆發，上海打了三個月仗。戰事爆發前，市民的抗日運動如火如荼，張岳軍因之去職，那還只是一個開始。吳鐵城臨危受命，來滬接任。學生罷課，工人罷工，因勸導而漸告消弭。但抗日運動是一種愛國運動，未便多予干涉。此項運動由上海各界組成抗日救國會主其事。運動最激烈的為抵制日貨，此一單位由工界代表負責。抵制的方法為檢查各公司行號儲存的日貨，禁止販買銷售，幷予以加封，違者沒收，逮捕商店主人，判以當街立木籠示衆的處分。儘管這些運動不為法律所允許，但身為中國人，誰敢說一個不字。

除抵制日貨運動外，上海各界抗日救國會組織一個抗日義勇軍委員會，公開招募志願義勇軍，實施軍事訓練，一時報名參加者達二萬人以上，分區訓練，每日早晚兩班，在各公共場地出操，由於都穿上了制服，無論租界、南市、閘北，到處能看到這批準武裝愛國同志。

上述抗日運動使吳市長極度困擾，商界代表向他訴苦，租界當局向他交涉，日本總領事對他提出嚴重抗議，而他又不能下令禁止市民不愛國。這一個局面僵持了三個月，一九三二年一月廿四日，他接獲了日本駐滬總領事的最後通諜，若不停止反日運動，日本駐滬海陸軍將採取斷然行動，一切後果由中國政府負責，限三天內答覆。吳氏一邊急報中樞，一邊於翌日假公共租界靜安寺路美軍麥令斯俱樂部，召集各界代表舉行緊急會議。

此一會議吳市長沒有親自出席，由秘書長俞鴻鈞代表，俞氏說明原委，出示日方最後通諜，請各界人士以大局為重，勸告滋場代表自動結束反日運動，關閉抗日救國會，唇槍舌劍，與會出席代表和俞爭論得面紅耳赤。各界代表最後表示，未便出爾反爾，自動停止抗日運動，否則不能向市民交待，市府不准市民愛國，可由市府當局派員封閉抗日救國會，幷下令禁止一切抗日救國運動，堅持此一主張者為工人及學生兩界代表。後來俞鴻鈞及今日在台灣的前市政府秘書王紹齋和我晤面時常開玩笑，對筆者說：「你這個人最壞，最激烈。緣當時我担任各界抗日救國會常務委員兼抗日義勇軍副總指揮，（總指揮為律師公會代表李時蕊）會議不歡而散，但作了一個默契，如果市府請示中樞，中樞有指示，命令市府強制執行此舉之時，各界代表決不反抗。

一月廿六日，市府派人通知，下午派人來封閉抗日救國會，我們急忙將一應文件先遷出，辦事人員亦全部立即撤退。市府來人僅在大門上加貼封條。廿七日上午吳鐵城召見日本駐滬總領事，答覆他抗日救國會已封閉，其他條件亦一概接受，日總領事表示滿意，晚報刊出此項消息，衆認一場戰禍已可避免。孰知八小時後，也就是一月廿八日凌晨一時，日軍仍然發動戰爭。幸而我十九路軍於廿七日下午已作佈防，予敵人以迎頭痛擊，相持了近三個月。

在戰場與敵人週旋，雖非吳鐵城之職，但身為市長，轄區內發生戰爭，要做的事當然很多，他不眠不休，克盡職守，直至淞滬停戰協定簽訂，他才鬆了一口氣。

一二八之役，吳鐵城的確夠辛苦，但此後四個半年頭，坐在市長寶座上，連風吹草動都沒有。而且他任內完成了一件大事，那就是江灣新市區，市政府以及所屬各局處的新建大厦，一一次第告竣。雖則後來多半毀於八一三砲火，但當初建設，煞費經營，也是事實。

吳鐵城是一位懂得生活情趣的人，亦善於做官，他因調任廣東省主席而離開上海市長職位，抗戰期間及勝利後担任過不少黨政要職，一九五三年十一月十九日在台北逝世，享年六十有六。

俞鴻鈞步步高陞

OK俞——俞鴻鈞，廣東人，生長於上海，攻讀於上海聖約翰大學，與宋子文及嚴家淦先後同學，宋嚴都入過閣，拜過相，但俞鴻鈞却做過英文報的新聞記者，他走上仕途，開始自上海市政府，由秘書而秘書長，由秘書長而代市長，由代市長而眞除市長，自後官運亨通，一帆風順，成了政界第一號紅人。

吳鐵城調職粵省，中樞一時找不到合式人選繼任，由俞鴻鈞暫代。俞鴻鈞說得一口流利的英語，和各國駐滬領事及兩租界當局相處友善。說實話，吳鐵城在任期間，對外對內得力於OK俞者甚多。OK俞代理了二月有餘市政，能得眞除，顯與宋子文、吳鐵城力保有關。不能不說憑自己才華，始能平步青雲，算來他是上海第五任市長，但任期不多，將近一年時，八一三滬戰起，又三個月，和國軍同時退出上海。

就辦理市政來說，他可說是科班出身。他在上海市政府已躭了六年，大大小小的事情經過的不知有多少。以八一三戰事而言，他積有一二八的經驗。前線打得砲火連天，浦東、南市、滬西等三個轄區地方市政治安以及後方對軍事支援，都能盡到職責。

他沒有官架子，凡是和他見面的人，不論部屬或老百姓，似乎都有一種親切感。尤其對新聞界人士，由於他做過新聞記者，凡新聞界人士有事找到他，只要不越出法令，他也樂於助人。例如，一九四七年他任中央銀行總裁。那時上海各報館的用紙，向國外訂購，一經分到配額，應先向中央銀行申請信用貸欵，他都一一OK。那時幣制不穩定，金元券直線貶值。我們貸到的欵，三個月後訂貨到達時，賣掉訂貨十分之三，即可還清全部貸欵。他不是不懂個中玄虛，因爲他自己也幹過新聞界，照顧同行，他從未推却過。

他是廣東人，由於在上海生長，自認爲半個上海人。一九五五年，李惠堂率領一個香港足球隊到台灣，我陪他們去拜謁他，那時OK正任行政院長，我對他說你們是同鄉，別多客氣，他說：「我是半個上海人，和你也是老朋友。」相當幽默！

江灣市中心上海市政府落成盛況

俞氏眞除上海市長雖僅一年，轉入陪都後，從財政部次長起，抗戰勝利，政府再播遷台灣，迄至病逝止，二十多年，服務於財政、金融兩個部門，不是中央銀行總裁，就是財政部長，辭了財政部長，又任中央銀行總裁。他拜命組閣任行政院長，人們稱之謂財經內閣。

俞鴻鈞出任行政院，佔了另一個便利，那就是他的英文造詣，當了行政院長經常要接見外賓，或對外籍記者發表談話，雖然行政院有通譯官，與其經過舌人通譯，不如自己直接講話，因爲有的通譯不能將他要說的話表達得盡善盡美。不過，行政院長這個職位，綜理全國行政，忙得不可開交，他患有嚴重的氣喘病，台灣的氣候冷暖無定，因之他的氣喘病亦不時發作。發作時既不能辦公，亦不能見賓客，於是幹了幾年，辭掉了行政院長，又回到中央銀行任總裁。

做中央銀行總裁比當行政院長輕鬆得多。但又患了心臟症，心臟症較氣喘病更嚴重，治不好的話，隨時會死亡。他因心臟症突發，住了兩天醫院即與世長逝，時爲一九六〇年六月一日，享年六十有四，他沒有男孩子，只了一個女兒，女婿過去在馬尼拉交通銀行任職，現定居在台北。

僞市長共有四名

本文名爲「上海八市長」，其中並不包括日軍佔領後的四位僞市長在內，但亦可附帶一談。一九三七年十一月滬戰告一段落，日軍佔領上海後，在浦東出現了一個大道市政府，所謂大道市政府者，實際是一個地方維持會的組織，由台灣人蘇錫文出任市長。蘇錫文其人，名不見經傳，據說他是台灣銀行的職員，能說上海話。日本軍部一時找不到人袍笏登場，就慫恿蘇錫文做傀儡，但蘇錫文不肯做上海地方維持會會長，却要一過「市長」之癮，於是日本軍部就依了他，反正傀儡總是傀儡，不過名目不同而已！

說也苦憐，「大道市政府」設在浦東，但別說南市、閘北、滬西以及兩個租界，它管不到，連所在地的浦東，也得聽命於浦東日本憲兵隊，而且比較富有的市民，都避難於租界，留在那裏的壺屬平民。

一九三八年四月，南京第一個僞政權維新政府成立，上海由該僞政權管轄，發表傅筱庵任上海特別市市長，「大道市政府」的名義取消，蘇錫文則改任市府秘書長，僞市府改設於江灣新市區。提起傅筱庵他是浙江寧波人，做過招商局總辦，中國通商銀行董事長，上海總商會會長，孫傳芳任五省聯軍總司令時與孫勾結。正因如此，一九二七年國民革命軍克復上海後被通緝，他逃亡到大連依靠日本人，後來經虞洽卿等向政府說項，始得重回上海。

重回上海的傅筱庵不再多露頭角，人們也早已把他忘掉，直到一九二八年，第一個僞政權成立，他不甘寂寞，也爲出口鳥氣，向日本軍部百般鑽營，才弄到上海市長一職，名爲市長，仍屬百分之百的傀儡。他什麽都管不到，住在虹口北四川路底，接近江灣新市區一個住宅內度其漢奸生活。一九四〇年，傀儡政權改組，由汪精衛等取「維新政府」而代之，因日本軍部之力爭。他仍得蟬聯下去，同年十月十日晚間，爲他跟隨十多年一個名叫朱生的厨司以利刀殺死。朱生從容不迫，騎着脚踏車溜走，遠去重慶邀功，傅筱庵被戕時年已六十有八。

傅筱庵死後，許多人逐鹿上海市長，林柏生、褚民誼都想染指，最後才決定由陳公博兼任，一九四三年把日軍佔領的公共租界、法租界由上海市政府接收，陳又兼任了舊法租界第八區區長。當時他的職銜由立法院院長、上海市市長起，一直兼到市屬的區長爲止，於是有人給他做了一副對聯：

陳公博兼選特簡薦委，五官俱備，

汪精衛有蘇浙皖鄂粵，一省不全。

一九四四年十一月十日，汪精衛病死日本，陳公博繼汪任主席，不能再兼上海市市長，改由周佛海兼任，秘書長則由原任安徽省長羅君强調來充任。不到一年、日本投降，河山重光，中樞派錢大鈞接任上海市市長。最後一任的僞市長周佛海被判死刑，獲特赦後改判無期徒刑，但仍未保得性命，在南京老虎橋監獄中生了一年多病，一九四八年二月逝世於獄中，享年僅五十一歲。他的前任兼市長陳公博亦被判死刑，既未獲特赦，自己亦不申請覆判，一九四六年六月二日在蘇州江蘇第三監獄執行。

由公共租界工部局改變為上海市府大廈。

錢大鈞在任五月

錢大鈞，字慕尹，江蘇吳縣人，今年恰達八十高齡。他早年就考入保定軍校，從事軍旅生活。他於黨軍克復上海後，一度出任過淞滬警備司令，但爲時甚暫。抗戰勝利後出任上海市市長，兼淞滬警備總司令，任期亦祇五個月。一九四五年九月二十日到職，一九四六年二月廿二日交卸，祇做了一百四十九天。

自抗戰勝利算起，他是上海市第一任市長，如若把抗戰前的幾位市長合起來算，他該屬第六任了；僞組織市長不計在內。上海之設副市長，也是從他那任開始。其人即爲吳紹澍，兼社會局長、市黨部主委。此人升擢得快，降黜得也快，似曇花一現而已，國民黨與政府於勝利初期在上海失却的民心，此人要負大部責任。

錢大鈞有好好先生之譽，畢生從事軍旅，做地方官的興趣不濃，他之奉派接任上海市長，與其說市長兼警備總司令，毋寧謂是警備總司令兼市長，爲的是上海光復伊始，留下的日軍僞軍必須妥善處理。一經處理完畢，自認責任已了，於是呈報最高當局他調，他之未能多任市長職位，這是一個眞實原因。

正因他任期不多，在市政方面未能展其所長，但他在軍事方面，則有相當成就，好些大事，有他在，從不出岔子。他一調職，問題就來了。以西安事變那件大事爲證。他任西北剿總參謀長任內，和張學良相處甚善，情報網也佈置得很週密。旋錢調任委員長侍從室主任，西北剿總參謀長改由晏道剛接任，晏剛愎自用，好大喜功，與張學良格格不入，於是共產黨有機可乘，設如錢大鈞仍任參謀長，那塲震駭世驚人的事變或可倖免。其事有原任張學良秘書兼辦公廳第六科長李金洲在傳記文學所撰「西安事變親歷記」中，即有此記述。

錢氏待人接物、和藹可親。十年前錢氏有事找筆者，他的坐車損毁，不差佣役呼喚，親自騎了脚踏車蒞臨舍下，大出我意料之外。今歲恰逢八旬大慶，在台親友聯名發起爲之祝壽，他堅決辭謝。屆時我們去他家拜壽，他早已悄悄地先一日去了南部。

而今的錢大鈞，僅担任中華航空公司名譽董事長，及全國田徑賽委員會主任委員等兩個閒職，每日早晨五時起身，有時打打太極拳，有時跑上幾圈，攝生養性，望之似六十許人。他現有六個兒子，六個女兒，四個兒媳，兩個快婿，六個孫男，三個孫女，一個孫媳，六個外孫，一個外孫女，一個曾孫，四代同堂。

吳國楨
八面玲瓏

歷任上海市長，獲有博士學位者僅得一人，那就是接錢大鈞後任的吳國楨。吳是湖北人，清華大學卒業後官費考入美國哈佛大學，得哲學博士學位，一位哲學博士，不從事學術研究或任教，而一心作官，且官運亨通，升遷得很快。

若說俞鴻鈞做市長爲科班出身，由做市府秘書、秘書長，而代市長。吳國楨和他有異曲同工之妙。吳氏因是湖北人，他的作官起自服務桑梓，他做漢口市長之前，先任漢口市土地局長，再任財政局長，很少有人道及，他是漢口財政局長升任漢口市長的，因政績不凡，政府撤退至重慶後，他又出任重慶市市長，那是戰時陪都所在地，這個市長有相當份量的。

吳國楨在就任重慶市長任內，表現了才幹，由政而黨，出任國民黨中央宣傳部長，做了四年宣傳部長，政府還都南京，恰正錢大鈞請辭，他再由黨的崗位上再做行政官，上海市長一職落到他身上。他做漢口、重慶市長祇是牛刀小試。上海市長才有大獻身手機會。腦筋靈活，思想敏捷，手段高明，才智過人，會花錢，亦會弄錢，雖然初到上海，却學得了海派作風，這些條件是歷任上海市長中僅見的。

比如，他因當過四年宣傳部長，懂得如何利用宣傳爲自已壯聲勢。如何與新聞界廣結人緣以利施政。到任後初次假靜安寺路康樂大酒家邀宴新聞界，通知新聞處長朱虛白（原任）把上海所有各報、通訊社、廣播電台、編輯、記者、老板全部邀約。朱虛白作了一估計回禀說：「要八十桌，不太多嗎？」吳國楨說：「八十桌就八十桌，有什麼關係，你必須替我把他們都請到。」八十桌酒席，坐了近一千人，這樣的豪舉，從未有第二位市長如此做過。

吳國楨任上海市長三年〇一個月，若問他對市政建設有何貢獻？那很難說。按理，上海光復伊始，百廢待舉。他應當有所作爲。無奈時局與環境受到牽制。前兩個半年頭，幣制低落，物價飛漲，穩定市場，挽回民心，已忙得透不過氣，這些消極工作已不易做好，遑論市政設施。後七個月，局勢急轉直下，所謂和談，醞釀與開始學潮工潮澎湃。比諸張岳軍的九一八時代應付越加困難。一次，他去同濟大學對學生講話，受層層包圍，僵持十八個小時，仍然脫不了身，被打得眼鏡落地，翌日凌晨四時才得脫險回家。

上述事件發生於一九四九年一月，就自那時起，他抱定宗旨要走了，先則進醫院就醫，繼則以養病爲理由，向中樞請辭，竟然俯如所請，辭職照准。一經奉准，第二天（三月廿日）就全家飛往台灣。

他辭職後，共軍將近渡江，政府已遷廣州，上海那樣重要，他能一走了事，足證他有辦法。在台灣幹了兩年省主席；亦鬧得不歡而散，而仍能悄然離台赴美，也是不可思議之事，稱他爲「巧宦」，實不爲過。

陳良
勸民種菜

吳國楨離職後的上海市長一職，一直由副市長陳良代理，再過四十三天，上海已變成另一個世界，再亦不能眞除了。提起陳良，名不見經傳，浙江人，大胖子。他本來在糧食部上海的一個單位裏工作，不知道怎樣給吳國楨看上了。勝利後的上海市，除了市長，另設副市長一人，第一任副市長，即是社會局長的吳紹澍。吳國楨做市長的後期，副市長是工部局出身的何德奎，但却先吳國楨掛冠而去。吳國楨準備辭職，必須找一個替身，否則一時不易擺脫，於是他找到了陳良，陳良騎上馬背，吳國楨走了，他欲走不能。幸而有湯恩伯、谷正綱、方治等那幾個人在一起厮守着。言明要走時大家一起走，誰也不准先跑。陳良聽到了那句話，雖然不能先走，却好似吃了一顆定心丸。憑他個人，祇怕要走時走不了，和他們一起，他相信到了最後關頭非走不可時候，他們三人必然有辦法的。果然他的估計沒有錯誤，他們沒有將他丟在上海不管，一聲說走，大家一起上船，先到舟山，後去台灣。這位代理市長迄今還安居在台灣，而事隔已二十三年有餘了。

陳良在職，一共祇有四十三天，留給上海人的印象，祇有一件事，那就是滬市四郊交通阻塞，民食缺乏蔬菜，陳良教老百姓利用天台種菜，且出之於皇皇佈告，可以算得是一時笑談，且被謔稱爲種菜市長。

市政府
三遷其址

上海的歷任市長，其到任與離職已如上述所記。最後對市長的辦公所在，也就是所謂市政府的地址再作一簡記。

前此，上海只有縣政府，沒有市政府，一九二七年設市後，始有市政府，自那時起至一九三四年止，市府設於南市楓林橋，和法租界的徐家滙路僅一河之隔，河南爲華界，河北爲法租界，楓林橋之北爲祁齊路，過橋左轉就是市府大廈，那是一棟花園洋房，原址即爲淞滬督辦公署，與外交部駐滬交涉署近鄰。房屋不大，秘書處和參事室附設在內，已無餘地。後來在江灣設計開闢新市區，稱市中心，市府及各局集中在一區，但各有美輪美奐的大厦一所。剛開始建築，一二八滬戰起，地處火線之內，飽受損害。經予修葺及重建，於三年後全部遷入辦公，不到二年半，八一三戰禍又起，即撤出火線。市府與各局在租界南市另覓辦公處所，一九四五年抗戰勝利，上海收復，市府因江灣新市區舊址一時無法修建，就將舊公共租界工部局舊址作爲市府大厦，以迄一九四九年五月全部撤退爲止。

翁照垣少年時期

・舊史・

抗日名將翁照垣將軍於本年十月八日病逝於香港新界大埔墟，於十七日開弔於九龍殯儀館；一時素車白馬，港九僑領及各界人士到祭甚衆，備極哀榮。當此海東惡浪重波，國家前途堪虞；追思抵抗將軍之滬上義功，令人低徊不已。惟翁將軍之淞滬戰績及死守吳淞經過，已於昔年曾由其本人所發表之「淞滬血戰回憶錄」記之甚詳，香港及各國圖書館中，皆有此書，可供覆按，不須記者爲之在本刊重述。

茲篇記載，係專記翁將軍之少壯時期，自出世以至學成報國之一段過程；述其堅苦奮鬥，始得成名，用告來者，俾爲表率。因是記者不辭費神，向其同鄉、同學、同志中訪問多人，彙成此一短篇，記出翁將軍之少時堅苦生活及壯年向學情況。當時曾有常燕生氏作翁將軍歌，在八年抗戰中曾作愛國教材，能口誦之者甚多，讀之令人慷慨奮發，堪稱史詩。

翁將軍原名輝騰，字照垣，後以字行。前清光緒十八年（公元一八九二）農曆壬辰年十月廿八日，生於廣東省潮州府惠來縣作葵潭鄉。家貧苦，父打石，母傭於田，無兄弟，只一姊，家常斷炊，故每流浪街頭。自幼失學，惟體格健壯，儀表魁梧，秉性豪邁，行爲義俠。年甫十六，曾以打抱不平，得罪當地土霸，遂遠走他鄉。時值甲午戰爭，辱國喪權之後，有志之士，羣起革命。將軍聞風鼓舞，入伍從軍，旋以勇敢善戰，屢建戰功，遂由兵丁而升班長排長。

民國六年（一九一七）護法之役，將軍已任粵軍連長，其直屬營長爲馬作良中校，對將軍特別愛重，加意栽培；除授以指揮作戰諸學術外，每天並督飭其讀書寫字。將軍後來能留學日本者，馬營長培植之力，實不少也。九年（一九二〇）將軍已升任營長，次年（一九二一）夏，粵軍奉命西征援桂，將軍以一營之衆，縱橫於龍州百色之間，所向多捷。十二年春，粵軍撤出廣州，退守東江，將軍所部改編爲第一支隊，遂升任支隊司令。十五年（一九二六）春，粵軍瓦解，將軍賦閒香港，經中國青年黨員關楚璞之介紹，加入青年黨。是年冬即赴日本，考入陸軍士官學校深造。

十八年（一九二九）春，留日東京之中國青年黨人學生與留日之共產黨人爲理論等問題激辯於東京之青年會，繼而大打出手。青年黨員龔天縱、丘平之等被日本警察拘捕，將軍各方奔走，努力營救，並帶辯護律師到庭辯護。經兩週之努力，終將龔丘等人保釋出獄，其對愛國主義之忠實及對同志之愛護，彼時已足見之。

十八年（一九二九）秋，將軍畢業日本士官學校後，本應回國重掌師干，爲國効力，因鑑於青年黨之飛潛政策爲禦侮要圖，認爲空軍非常重要，乃轉赴法國，進慕漢尼航空學校。某日，自駕練習機，在巴黎郊區上空飛行，忽然機件失靈，撞斷電流粗線三條，墮麥田中。人皆以爲不能倖免，然而機毀人竟無恙，當時巴黎各報，均認爲奇跡。

廿年（一九三一年）春畢業自法回國，先任警衛軍第八十八師旅長，後又調任十九路軍七十八師一五六旅旅長。是年九月十八，日本侵佔我東北，全國掀起反日狂潮。時將軍正在江西吉安防次，聞報義憤塡膺，誓死抗戰，遂向層峯建議，向中央請纓，懇調十九路軍北上抗日，中央即命調京滬路警備。民國廿一年（一九三二）一月廿八日晚，日本海軍陸戰隊突向我上海閘北進攻，將軍以守土有責，遂下令還擊抵抗，而轟動世界之淞滬戰爭因告爆發。時將軍年甫四十歲，距今亦已四十年矣。

翁照垣將軍遺影
（1892—1972）

老上海閒話

藍烟囱與太古洋行

胡慈珠

一九七一年十二月三日，香港地產商集團投資九龍尖沙咀地區向有地王之稱的一幅地皮，以港幣一億三千萬元競購成交，作爲興建酒店、旅舍、購物市場和商業大樓等的基地，擬定將來於興建完成之日，即以中國城爲名。該處地名，此間人口中多稱之爲太古倉，而其實却屬於藍烟囱輪船公司的貨倉及碼頭的管理公司，這是應予正名的。

夷考藍烟囱輪船的開闢遠東航線，專事行駛中英兩國間的一條主要海上交通路線，歷百餘年維持業務而不稍改，其所作處女航的首次，則爲清同治五年，亦即是公曆一八六六年的四月。距今且在一百年以上了。

藍烟囱輪船公司何以有此怪異名號的擬題？原來該公司所屬下的輪船，不論船舶大小，它們輪船上的烟囱，一律漆上一段藍顏色的油漆作標記。於是人們都以其標記「藍烟囱」相喚作爲輪船的代名詞，諒以當時呼喚者的衆多，該公司便亦以「Blue Funnel Line」爲名了。該輪船公司對該條航線那是經營貨客兩運的業務其開航必以英國利物浦港口爲東來航行的出發點，而以中國的上海商埠爲終點，中間祇在香港做間留站，以便起卸上落貨客。所以在英國豪華無比的「鐵行」郵船，在未曾建造完成，參加這條中英航線以前的年月，凡英國有地位、有身價的富貴階級的男女旅客，無不搭乘藍烟囱輪船，以該輪的供應豪奢，享受舒適，僅次於「鐵行」郵船一級而已。且當其時，中東地區的蘇彝士運河，對開闢疏濬的工程，猶未開始舉辦。但却已在動議興建中，不過，還要落後數年，蘇彝士運河方得通行。此足以想知藍烟囱輪船開闢遠東航線的年月之早。雖然英國貨輪早於中英鴉片戰爭以前，即已遠來中國廣州沙面，設有十餘家洋行作通商貿易的了。即所導致中英戰爭禍水的鴉片烟土，正是他們運來傾銷中國的商品貨物。只是以前所有的運貨船隻，都屬小型輪船，若大型而貨客兩運的船隻，當以藍烟囱輪船爲中英航運中的蒿矢矣。

老史維亞到上海闖天下

原始的上海太古洋行業務開創於一八六七年一月一日，亦即清同治六年，當時的創辦人則爲英國倫敦人的約翰史維亞（J. S. Swire）父子，他們父子在本土本鄉倫敦所經營的業務，却是一般性的多種貨物商品賣買的普通貿易。並不是什麽進口或出口的大宗專業業務，而在倫敦商業機關申請登記的牌號名稱所懸，却是「約翰史維亞父子公司」。若論該父子公司的業務狀況，與營業情形，實無多大的損益數字之可言。換句話說，虧損固然絕無、賺錢亦不鉅大，平平穩穩地圖着溫飽與安樂的商人生活。這樣商業境況所處，豈是雄心萬丈如老史維亞所能情甘意願，是以，無日無時不在心向國外的商業方面謀求發展。只因他近年來縱眼世界，覺得最好去處，那便是亞洲遠東地區中國的上海。

爲的是時在中英鴉片戰爭以後，英國以五口通商與上海關設租界地作爲和議條件。本來英國商品貨物的對外貿易，向以運銷中國爲最大市場。雖然過去數十年來，中英貿易位居首要，但市場被限囿於粤東的省港兩地，未免有侷促如轅下駒之慨。自從上海興建商埠，關設租界以來，此時可憐的中國，非但海禁大開，而且重門洞闢。因此，任何國家的外人來華經商，無不以上海租界地區爲尾閭，他們諒以市場廣大，發展容易。不僅享盡了自由貿易的快樂，並且賺發了成千累萬的大財，甚至謠傳着說一個外國的窮光蛋到中國上海就可立地爲富家翁，是以一時上海有被國際人士稱爲「冒險家的樂園」了。

相傳有一天，老史維亞去探訪他一位要好的朋友名叫蒲德菲的（Butterfield），他告訴他內心所懷到中國去開拓業務的堅定志向，以及遲遲不敢成行的爲難困惑。這個蒲德菲那是英國的約克郡人，他的職業則爲呢絨的製造商，也是疋頭廠商的有關人士。原來這約克郡正是疋頭（按：疋頭即爲各種花素色澤棉織品的布匹之謂，往昔中國人呼爲洋布和印花洋布的）的大量產地，其他除有蒲德菲呢絨製造廠外，尚有疋頭染織廠等多家，其地所有出品的疋頭和呢絨，大部份都運銷中國的這全國各地。當其時別的國家對於疋頭呢絨的一項商品貨物，尚未有大量生產，運銷中國作商業競爭。因而英國成了獨霸中國疋頭呢絨的商業市場，而蒲德菲是該業重要的現任從業人員。凡英國商人對華商業經營業務有關的一切情形，非常明瞭，同時，對有關的所有消息，也非常靈通。所以當他聽聞老史維亞的訴說以後，便即欣然地回答他道：「對於你所話說的兩個問題，我都有辦法力量，可以幫助你順利解決而成全你的願望目的。」

合組新公司代理藍烟卣之

當下老史維亞忙向蒲德菲提出詢問，問他所能幫助他解決業務問題的辦法，究竟是步武人家的後塵麽？還是另闢嶄新的蹊徑麽？當經蒲德菲詳細說出其解決業務問題的辦法之話以後，却聽得老史維亞快樂高興到一時合不攏嘴來。其所謂辦法那是由他們二人斥資、合夥組織一家新牌號的公司，以示主權的自主獨立。而所經營的就是專門代理藍烟卣輪船公司所走遠東航線輪船承担所有客貨運輸起卸的工作業務。原來，凡經營航運業務的輪船公司，如果財力充實，資本雄厚。則沿航線所經的各大都市港口，都建有碼頭貨倉，並設立分公司經紀其事以便照料旅客的上落，貨物的裝卸，否則，便委託或招請別家的洋行或公司作代理。倘使連之代理人家也沒有安排定當，這家輪船公司不但規模不大、輪隻稀少，就要被人家稱爲「野鷄公司」了。

當年藍烟卣輪船公司，雖已創立有年，但是對規模而言，尚未達到高級班次的境地，更其是它所開闢的遠東航線，因事出初創，籌措未充。所以一經藍烟卣輪船在英國的利物浦開航行駛，前來遠東的中國。對於所經各國的大都市港口，如德國的漢堡、法國的馬賽等等。無不作短時日的停泊，概沒有分公司和代理公司的設置，因爲這只是中途所經的短路程關係，尚無所謂。但中英兩國主要航線終點的上海和香港兩地，亦賦闕如，該輪船公司當局在未設立分公司與未興建碼頭倉庫之前，對於中國滬港兩地方面的代理問題，感覺急切要謀求解決。蒲德菲和輪船公司當局是極要好的朋友，對公司內幕的情況和消息，知之甚詳。因此，老史維亞前來告訴他欲去中國上海的情形時，他就立即作出了與史維亞合夥組織公司，代理藍烟卣輪船業務的決定。在他數十年對華貿易的經驗和體會，認爲在上海和香港兩地代理藍烟卣輪船，是有大好前途的事業。

太古引用華名效法怡和

終因蒲德菲與藍烟卣輪船公司的老闆，是要好朋友的關係，是以很輕鬆而便利的把中國方面滬港兩地的代理權掙得到手。於是，他便與老史維亞合夥組織公司，其牌號名稱定爲「蒲德，史維亞公司」（Butter Swire Co.）這樣的題名辦法正是拈取二個合夥人的姓氏，拼合成功一家公司的牌號名詞。不過這個行名須要到上海來，向英國駐滬領事公館申請商業登記時，方始應用。傳說中對於這個行名還鬧過一個相當有趣的笑話，據說在起初時候，這個行名字樣，甫經映入學貫中英的中國人眼中。便爽然脫口而出的說：「嘩，這是一家專做牛油生意的洋行啊！你看招牌上不是明明寫有牛油的名詞麽。」因爲牌號中有一個「蒲德」（Butter）的名詞字樣，而這個西文名詞，對中國人的翻譯解釋即爲牛油。原來此人在求學時代，於一本「華英進階」的英文讀本裏，就讀着這一個英文名詞，所以鬧出這個笑話來。

直要到開業以後，一般中國人纔瞭解這家「蒲德．史維亞洋行」的業務，不是經營賣買牛油，而是代理藍烟卣輪船公司碼頭部份的船務。但不過上海人對這個西文名詞「蒲德．史維亞公司」，話叫起來總感覺不大便當。還要過五年以後，由該公司的大班老史維亞主張改易爲中國簡易名詞的「太古洋行」。不過啓發老史維亞引改華名的却是怡和洋行。因爲這家洋行可說是佔得中英通商的歷史頗爲久遠，當爲最早期的所謂「廣州八家洋行」中之一家，它的英文公司名稱爲渣甸（Jardines）。據說以往一般的香港故老們曾有兩句口頭禪遺留社會間：那傳言說是「還未有香港，先有渣甸行」。此言就說明該公司創立年月之早，但也話說得一些不錯。原來渣甸公司由幾個英國蘇格蘭人的家族，糾資合力所組織，創立於滿清朝代道光十二年（按：即公曆一八三二年）。可是要經過六年之後，方始有林則徐的奉旨卿命離京南來，査辦廣東海口事務。迨至來歲，因林則徐的焚燬鴉片烟土，遂爆發了中英戰爭，及戰後和議成立，香港一切特殊的形勢局面亦爲之演變而成。準此以觀，則先有渣甸，後有香港之說，似乎也正確不虛了。

終因渣甸公司對華貿易的歷史關係，這塊名號招牌極盛傳於中國的華南地區。所以，不但廣州、香港等地方的華人們，無不知道「渣甸」這個公司名號，即全南洋地區的人們也無不知道「渣甸」的這個名號字樣。及上海商埠闢建成功，渣甸公司派人前去設立分公司，全上海人都覺得這「渣甸」兩字洋行名號的意義爲何，因而產生有茫然之感。幸好主持上海渣甸分公司業務的大班是個「中國通」，不僅能操說中國語言，而且瞭解中國社會的風俗人情。他知道華商們的商業習慣，對他們所業的行棧店舖，其名稱牌號題取，所選拈檢擇的字樣和字義，都涵有吉祥興旺、順利瑞和的美好意思，極盡其善頌善禱之能事。絕對沒有像外國的商人們專門以創業人的姓氏名字，作爲牌號名稱的那種傳統風尚。況且外商洋行，今又以西文譯音的字樣，這對所營商業業務與華人方面，越發顯得無意義和無意識的不協調了。因此，該大班便叫他同到上海來開創局面的粵籍買辦，要他請託中國讀書人代爲題取一個中國名詞。於是，便獲得一位著名文人，代爲擬題得「怡和」兩字，從此上海人們對「怡和洋行」這個名詞便琅琅上口，洋洋盈耳。後來，此一故事却爲到上海來創業「蒲德．史維亞公司」的老史維亞所知，他深深地覺得怡和大班把渣甸改易華名，正是一種明智行爲，遂也啓發他要改易華名的師法動機。

老舉人代易華名爲太古

到了一八七二年，「蒲德．史維亞公司」的大班老史維亞以因緣時會關係，需要創設一個獨立的業務機構。爲因這是一種另起爐灶的新組織之故，所以他就趁此在新組織的時機，決定要實現他變更和題取華名的心願。這新組織的獨立業務機構是什麽？就是上海最初設立的太古輪船有限公司，本來他們的業務是代理藍烟卤船公司的輪船業務，如今那是經營其自備購置的輪船業務了。怎會題取「太古」兩字公司的華名，而此一華名似乎與一般商業名號吉利頌禱之意義字眼，已經消失無見。雖說也曾由一位入學中過「舉人」身份的老先生代爲題取，但傳說中對於此事造成，却還是一則較有趣味的傳奇故事。據說老史維亞在這一年中國的陰曆正月元旦，有他公司中的一個高級華籍職員，前來他所居寓的公館裏向他賀年。此人於賓主歡叙後在臨走離去時，向懷中揣出一隻紅封包，放置在茶菓盤裏而去。這紅封包當然是來客作爲賞賜其主人家的僕人們的賞金，以酬他們對客捧茶倒水侍候左右的之勞。關於這種情形出現，只因老史維亞已經來華有年，懂得上海社會間的風俗人情，知道最講究禮節國家的中國人，都有這種傳統的規矩對人，所以他並不感覺驚奇訝異。

但他對於今天來客所放的紅封包，却發生有與衆不同的特殊觀感。因爲所有賀年客所遺的紅封包，那包封上邊都印有「恭賀新禧」的圖案字畫，惟有這包却書寫着「大吉」兩個墨筆字。老史維亞心頭，於詫異和喜愛的情緒交織中便取過該隻紅封包，作仔細的瞧看欣賞。雖然，他並不認識「大吉」這兩個中國字，更不瞭解這兩字的意義是些什麽。不過在他下意識地認定兩個中國字的字眼和字義，必然是非常美好，和萬分吉利的。便決定新組織的輪船公司牌號，改題華名，那就引用這兩個字，相信不會錯到那裏。於是，他把這隻紅封包的空紙袋收藏起來，到得新正開關上公司寫字間的時候，就把他姓潘的買辦請來相商。於出示紅紙袋，並指示紙袋上邊的兩個中國字，問他是否可以作爲新組織輪船公司的牌號之用。潘買辦一看見是大吉兩字，認爲用作公司名號，字眼雖好，但嫌鄙俗。同時，並將大吉兩字與怡和兩字，在中國人的語彙中所佔文意份量，用英語向老史維亞作了個詳細的分析說明。

老史維亞聽後，覺得這兩個牌號名詞，於文字上確乎有些雅俗不同之分。不過他對大吉兩字頗有好感，認爲這兩字的筆劃結構，比較簡單、容易辨認。雖然，他不是脾氣固執之人，所以他即忙對他這位粵籍的買辦說：「那要請你看事論字了，應該題取怎樣兩字的華名牌號，或者，也就請你向你們精通文墨的中國讀書人討教商量，再作決定也行。總之，我們公司的華名牌號，對字義必要題得富麗堂皇，文雅清逸。大家都能見到就識，對字體必要挑選叫得響，這樣華名的題取，纔爲最好。」該買辦自然奉了他大班之命行事，便去探訪他一位廣東旅滬同鄉的父執，其人本身身份所具，那是個老舉人。於是見面之後，該買辦便向他說明來意，並且於談話間還道說出他大班對大吉兩字的發生好感之話。其說此話的用意，旨在提供他檢取字樣的便利。不料這位老舉人却像上海城裏，城隍廟後花園的拆字先生，其行爲動作，大爲相似。他先把大吉兩字分寫紙上，而且對字畧作端視凝思。隨即提筆在大字下邊，加了一點成爲太字，再把吉字除去中間的一劃變成了古字。改寫完畢，擲筆桌上，笑對該買辦舉以相示。並道：「你看這太古的牌號名詞好是不好，可以合式配用麽？不過你却要對你們的大班說明，這太古兩字却是我們中國歷史的時代名詞，題作牌號稱謂，實含對所經營事業的年代長久，永遠綿延繼續的頌祝意義。一如我們的建國歷史，遠自太古時代計起，直到如今，你想歷經年代多麽悠長啊。」當下該買辦便把所改正的名號字樣，拿回公司趕緊向他大班回覆交差。那老史維亞對太古這個華名，果然感覺非常稱心滿意，有無限的快感。他是牢牢記住兩字的筆劃，現在覺得其中一字多一點和一字少一劃，增損改易，不多不少，恰如其份。這可以概見中國文化之可貴，與老舉人的飽學之可敬。因之，從此以後的不久時日，太古輪船公司的這名詞常得有聞於上海人之口，而以黑色烟卤爲標誌的太古輪船，也一年多過一年行駛於黃浦江中了。

上海藍烟卤說到蒲德菲

啓發創設太古輪船公司獨立的業務機構，其主持人的思想動機，可說爲時甚早，爲由也漸。直到了清代同治十一年（即公曆一八七二年），因爲因事導勢，爲情追理，實有不能不開辦專走中國內河輪船公司的這一條路徑可按走。如所皆知上海太古洋行原始組織機構的「蒲德．史維亞公司」，其所經營的業務，那是代理藍烟卤公司遠東航線的輪船業務。依照一般航運業務的通例，代理公司對輪船所運載到埠的貨物，必須代爲料理，將貨物於起岸落倉之後。再行按照貨物上邊所開列主有人的所在地方，分發遞送，憑單交楚主有人爲止。而輪船公司方面所負的工作任務，只將貨物和旅客安全運載到航運的目的地，已告終了。此外全爲代理公司應負承担之事，所以輪船公司，不再設立營業部門或派遣人員經管業務。祗有建築碼頭與倉庫，以便輪船的定泊、貨物的堆藏，不過其間管理權並不交予代理公司執掌。就以此項所定航運業務的章則爲例，便可以瞭解當年「蒲德．史維亞公司」代理藍烟卣輪船業務的關係責任和處理職權。而且亦可以瞭解後來之所以創設太古輪船公司獨立的業務機構，與開闢內河航線之由來。

爲要說明本事起見，對上海的藍烟卣輪船業務作約畧記述。就因爲藍烟卣輪船公司的遠東航線，以上海爲航行的終點之故，尤其當年英製的疋頭呢絨，原亦以上海這一個商埠爲最大的傾銷市場，非僅此也，在早期滿清政府統治年代，對中國大陸的腹部省份地區的交通問題還停留於未曾開發與興建之中。所有運銷華中地區的英製疋頭呢絨，以及其他進口的各種商品貨物，皆以上海爲轉口的分運站。且其時英國運銷來華的商品貨物，若在利物浦港口落船裝運出口的話，悉數交由藍烟卣輪船承担運輸。而該輪船一經航行抵埠，不管是專運香港的也罷，專運上海的也罷，都以輪船停泊在本行的藍烟卣碼頭，自然，把所有裝載的貨物，搬運起岸，堆存於藍烟卣的貨倉中了。只因有大宗的商品貨物是要裝運到上海交卸的關係，所以先在上海對岸的浦東地方置產興築建有藍烟卣碼頭與貨倉。其佔地頗爲廣長，其建築亦極講究，且特備有小輪船兩艘交織行駛於黃浦江上，作爲藍烟卣輪船的旅客與工作人員們往來免費渡江的渡輪。

藍烟卣輪船的業務，既然旺盛如此，在此筆者補入一則所知的小故事，此一故事就發生在蒲德非身上，每次他的商品貨物，交由藍烟卣輪船裝運來華的數量確實不小，而每次裝運水脚費所負，數字也相當鉅大。不知他怎樣想出一條要壓迫藍烟卣輪船公司，對他的貨物自動減低水脚公價的計劃出來。其計劃那是他把他落艙待運的疋頭呢絨，一箱箱裝成以後，概不付諸裝運，反而堆存在自己的貨倉裏。等到輪船落貨將要封艙的時候，他便到船務部親去詢問。這次走遠東航線的輪船，尚剩餘有多少「載重噸脚」和「艙位容量」，船務部主管職員當以實告。於是，蒲德非慨然的說：「這樣，那你們把全部剩餘的艙位，歸我裝壓艙貨」。不過當時他對水脚運費雖沒有提出減少的要求，但對方聽到壓艙貨這名詞，就明白其意義所在。原來輪船公司向來對壓艙貨的水脚費。取價特別低廉，認爲有艙位不裝貨，所費徒然，若經裝運，多少總是收入。是以藍烟卣公司給蒲德非一個極優厚的大折扣，從此久久成爲定例，這筆支出減少其數字相當鉅大的。

太古闢內河航綫與購輪

藍烟卣輪船裝運到上海的英國商品貨物，一部份爲上海進口洋行的定貨。另一部份則爲沿長江江岸的幾個著名大都會碼頭，直到漢口爲止的幾家進口洋行定貨。在上海未開設爲商埠，與海禁未曾洞闢以前的年代，對於長江流域的江上交通，全仗大小不等的中國傳統木製民船來維持。雖然，在上海外輪沿革史的紀錄所載稱，第一艘最早到上海的爲英國「美達薩」號輪，時在清道光二十二年是一艘不定期的英輪。其次，開始專航上海到香港一線的，則爲大英輪船公司所屬的數艘輪船，時在道光三十年。及至清咸豐三年，美國羅塞耳公司，調來一艘「孔夫子」號輪船到上海營業，這是一艘中型輪船，吃水不深，載重不多。所以後來美國人華爾組織洋鎗隊，就是租借此輪滿載隊員攻打洪楊軍，一舉而收復松江。不過當此時期，雖少有幾艘外輪來上海，但對於駛行長江的內河航線，尚未有輪船公司闢設，江上交通仍由木製民船維持。因此，太古輪船公司便成爲開闢中國內河航線最努力的一家外商輪船公司。雖說自從在咸豐八年（公曆一八五八年）。中國與英法兩國的天津條約成立，這沿長江的漢口、九江、南京、鎮江等各碼頭開放，也成爲通商埠岸。但須於十一年起，各國的幾家外商輪船方始進入長江流域行駛，不過多爲不定期的班次航線。

實因當年中英通商的商務發達殊甚，總由藍烟卣輪船滿載英國的出品貨物到中國的上海和香港來，同時，也滿載中國的產品貨物囘到英國的利物浦去。且因輪船的班次稠密，艙位的容載量又大，所以貨物堆貯於浦東藍烟卣碼頭倉庫的非常衆多。其中大部份被積壓的貨物，都要待運到沿長江的各碼頭去，送交於貨物的主有人之手。這樣，却使藍烟卣輪船業務的代理公司不但大感其業務的忙碌，而且增加無限職務的煩怨。因爲所有來自各國的洋貨輸入，大都僱用民船裝載還輸，非祗藍烟卣輪船一家所輸入的一宗英國貨物而已。要知民船的行駛既屬非常緩慢，而航線路程又是萬分遙遠。往往一艘滿裝貨物的民船往運來去，其行程總在百日以上，是以對僱傭民船問題無不大感困難。當時「蒲德．史維亞公司」因僱民船不易，而等待裝運的貨物，既多又急，藍烟卣的倉庫碼頭幾有存放不下之患。因此該公司大班的老史維亞與二三個華籍職員，實逼處此，憂急如焚，終於他們便想出一個開闢中國內河航線的計劃來。

於是，一方面以英商太古輪船公司名義，向中國的清廷政府申請得到行駛揚子江（中國人俗稱長江）航線的行駛權。另一方面却向上海聯合公司（Union Co.）購買得已經行駛有年的輪船二艘，專事往來駛行於上海到漢口的這一條航線。其貨客兩運的業務旺發，到達難於意想所不到的程度，因每輪每週的營業可以往來一次。雖然，這一條航線對輪船的行駛速率來說，倒是並不太於遙長，而對貨物與旅客所取水脚運費的代價，價格所定也不十分高貴、只因路近程短，往來頻繁，其營業總收入的數額，固不能與藍烟卣輪船的遠東航線作比；但若以收支損益兩相比較，則利純的優厚而論，却要遠遠勝過之。蓋以藍烟卣輪船於遠東航線在初開闢時，對於中東地區的蘇彜士運河猶未濬開成功。藍烟卣輪船來往行駛於這條中英通商的航海路線上，必須繞道「好望角」而行，航程固遠，費日亦多。可是對旅客的膳食供應，對燃料的煤斤消耗，在在都要增加支出，血本縱不虧蝕，利益當必減少。這點就遠遠不及太古輪船公司一經內河航線闢成，輪船行駛以後，便就財源滾滾而來。傳說中經營未滿半載，已把向上海聯合公司購買來的兩艘輪船本錢都賺回來的了。

定造新輪船開闢新航綫

只因太古輪船的業務旺發，盈利鉅大，從而大大的鼓起該公司當局擴大經營的激越興趣。據說恰恰當此期間，老史維亞的兒子小史維亞曾來上海作遊，他是個富於事業心的人物。更有做事不怕難的精神。這對於創辦太古輪船公司的發展計劃，獲得很快速的順利完成，除在法租界鄰近於「新開河」外灘的黃浦路上，購地置屋，作為公司經營的獨立業務以外。還瀕臨黃浦江邊，建築碼頭和倉庫，以便利往來旅客上落輪船，和起卸貨物的堆存裝運。同時，再向英國蘇格蘭的造船公司，定造新輪船三艘，參加航行班次。所以話說太古輪船公司在首創時期的兩年中，它的業務範圍，僅囿限於上海到漢口的揚子江流域這些地方。直到清代同治十三年（公曆一八七四年），先後絡續，再行開闢中國南北洋的兩條航線。諒因該公司在以往二年經營業務的過程裏，添增買進了數艘輪船，這可說是負起「行有餘力，乃役於人」的海上交通任務。北方的航線以天津為終點，沿海岸航行的開始日期，較早較先。

對於南方航線航行的開始，傳說中在當時因先有一艘輪船被租賃行駛於浙江到福州的一條航線。從此以後，太古輪船遂繼有往來行駛於上海與香港之間的專輪班次，成為永遠的固定航線。不過輪船於所經沿海途中的各口岸，必須要攏靠碼頭，拋碇停留，以便上落貨客。就中以福州這一碼頭的業務尤為興旺繁忙，因那裏為生產茶葉這出口地方。每歲逢值產茶季節，常有六艘或較多艘的輪船，同日抵達福州，裝運茶葉等出口貨物，而且同時，此間的旅客的上落數字，亦較別處碼頭為眾多。諒以南洋各地的華工與華商等男女華籍僑胞，祖籍所佔多為閩省的各縣地區。他們和她們例皆以香港和上海為轉口站，在那裏再轉乘去南洋各地的外輪，前往工作僑居的目的地。還鄉去國，往來頻繁，以人數眾多之故，遂造成關於旅客業務的格外熱鬧。直要到民國三年（公曆一九一四年）之後，太古輪船公司再闢由廈門到馬尼刺，由汕頭到曼谷，以及到新加坡、檳榔嶼等地區的南洋航線，絡續開始航行。

當在民國九年（公曆一九二〇年）時代，太古輪船公司旗下所屬的內河輪船航線。此時開拓伸張，作分枝叉柯式的槎枒發展，幾已達到所有內河以及沿海口岸的各地方。凡經准許適當載重噸位的輪船，而非為中國船隻航行的河流水域，都有太古航線的闢設。所以當其時該公司的揚子江航線，早已由漢口溯江而上，漸次伸張發展。歷沙市、宜昌、萬縣等沿江的各都市碼頭，而延長到重慶為止。而另由向漢水方面發展的航線，竟與鄂州的洞庭湖，湘西的沅江等河流相接啣貫連，其運輸業務的發達，可以想知。就因由於該公司的航線網，遍佈四張於中國各地。是以凡重要的城市口岸，無不有太古輪船代理行的設立，也無不有碼頭和倉庫等產業的建置，以應收貯貨品，上落旅客的需求。此等代理行在較大的城市口岸，均由太古輪船公司直接派員，主持經營。但在較小的城市口岸，則便選擇延邀當地有聲於時的人士任做代理人了。

太古成功的因素及時勢

一般的說：「太古輪船公司的內河及沿海運輪服務，在一九二〇年至一九四〇年正當中國政局呈現動蕩不安時期，對各地區的民生經濟，曾奇極大之貢獻。此乃由於該公司具有中立自主的超然立場，故能維持當時中國主要交通線的暢通無阻，不受內戰的牽制及影响云云。」要知中國政局的動蕩不安，這正大有助於太古輪船公司的業務發達與事業成功的重大力量。至於該公司對內河及沿海的運輸服務，導致各地區的民生經濟曾有極大貢獻之說，却倒是眞實不虛。因為中國的內陸腹地，在機械化的交通工具未告實施使用的以前時代。大量物產，未暢其流，確乎令人有貨棄於地之感的。自從太古輪船獲得內河航線行駛權，頓使各航線就地的大宗產物，得以滿載輪船，向外行銷。這點就是所謂該公司輪船的運輸服務，大貢獻於各地區民生經濟的那句說話之由來。但太古輪船的各條航線，也終因此而航運業務大為發達，事業基礎亦為之越發深厚。

若談太古輪船公司的航運業務，當以「貨運」與「客運」作分別言之。這可明瞭洞悉它於百年前的成功因素，實與時代的環境、時勢的局面，却是分離不開的。現在且先言其「貨運」的發達情況，前邊曾敘述過，關於上海太古洋行的原始業務，那是代理藍烟卣輪船的航運業務。多因當時的民船僱覓不得，致代理運送沿長江各碼頭的商品貨物，堆同山積。於是自從購置兩艘輪船載送以後，不僅對運裝貨物的自主便利，大賺運費，而且獲得所有客戶萬分滿意的好感，大家認為於運送貨物的日子縮短和行程快速之外，其次即為提貨手續簡便，減少許多麻煩。原來該輪船運載貨物抵埠，即為貯存倉庫，一俟提單送至，就可憑單自由出貨。同時，太古洋行原為英國的皇家，以及倫敦的蘭開夏等保險公司的代理人，所代理的保險公司業務共凡十餘家之多。因此，太古輪船公司對所有承担的貨運客戶，作進一步的服務。只要貨物裝入輪艙，即為代保「水火盜賊」險以策安全。客戶所費保險費的數字不多，所獲安全感的利益殊大。凡此種種的航運好處，豈是舊式民船裝運所能獲得的麼？此外，該公司還佔有最巨大而最美好的一宗航運業務，就是把漢口地方原有粵籍巨商所經營茶葉出口莊號的茶葉，一箱箱的由輪船裝運到上海，即交藍烟卣輪船航運到英國利物浦去。這樣的滿載貨物，往來如織，那即爲太古輪船水長流式的貨運狀況。

其次，該談它的「客運」情形，本來旅客們乘坐輪船，上落埠岸，原無若何特殊事實情形之可言。只因時在同治十一年以後，此時清廷政府的朝政失德不修，吏治的貪汚無能，外患內憂，相繼而至，是以有一般讀書明理之人，有的是心悲國勢的積弱，有的是念切國是的日非，於是，紛紛尋求同志，暗暗組織黨社，竭力圖謀着振强國力與復興國勢。一時有名保皇黨的，有名革命黨的等等秘密結合的黨社，爭相興起。但是統治者並不幡然改圖，作改過遷善之想，反而對此輩黨人，懷有趕盡殺絕之念。因此，一班黨人們爲趨避官廳方面的暗張網羅的意外危險。所以都不敢乘坐華商的招商局輪船，却要改趁英商的太古輪船，以求生命之安全。蓋因外商輪船受有治外法權的優異待遇，對這外商輪船的尊重，無異租界地區。中國任何官廳的緝捕人員，例不能到輪船上去逮捕罪犯，非要該罪犯離船上岸，身入華界地方，才可動手拘捕。所以保皇黨魁康有爲於戊戌政變失敗，即在天津乘坐太古輪船逃滬，於輪船進入吳淞口，再由美國人禮提摩太牧師援引他登岸安居租界。又如湘籍的一班革命黨要人如黃克强等等，他們在湖南故鄉作去國還家之行，都是秘密化裝在鄂州與沅江兩地登上太古輪船的。以當年各黨黨人的衆多，來去頻繁，這也造成太古客運業務發達的部份因素。及入民國以後，北洋軍閥割地據守，擁兵自重，此起彼伏，內戰不絕。華商輪船每逢內戰爆發，往往就被當地駐軍扣留，作運載士兵，輸送軍火之需。由於太古輪船是屬外經營，具有中立自主的超然立場，故能維持各條內河航線的暢通無阻。這對太古的客運業務，非但毫不被受中國內戰的牽制影响，相反的因爭避戰亂的人多，客運爲之份外旺盛。所以說：凡是中國政局的呈現動蕩不靜之日，正是太古輪船的客運業務劇忙之時，此說可謂最正確不易的對照定論。

百年事業舊話細說從頭

從去歲的香港藍烟卣輪船公司所稱「呵爾脫碼頭（Holt whale）地產賣出成交的消息傳播，與報章間的新聞報導。因而撩撥起我在童年時代，於父老們口中所獲聽得有關於代理該藍烟卣輪船業務的「蒲德・史維亞」洋行，到上海來創設基業，開展業務的種種舊聞軼事。以及該洋行的更易華名，與另創太古輪船公司，開關內河與南北洋的各條航線，專營航運業務等等閒話。只因那些事實的演變經過，與發展歷史，聽來饒有趣味，深印腦系，使人難於恝忘。但是光陰負我，情事棄人，往昔佇聽父老們閒話舊事的垂髫之童，如今亦已垂垂投老，早變成了一個昏庸無能的白頭老叟。是以閱讀新聞報導，見到藍烟卣與太古的名號字樣，免不得撥撩起該兩家公司航運業務的發展情事。於是，就把依稀所記憶得起的大畧情形，塗抹成此蕪文，不過所記述的都局限於上海一地，與航運一業而已。

傳說中百年前的藍烟卣輪船公司，開關遠東航線，定上海列爲終點之故。因此，該代理公司首先所經營的業務機構，當亦以上海的安排佈置爲先着，其次纔輪及香港。但是當時的上海人們，對海隅的港九地方，絕不作乘風破浪的遠遊之想。所以聽不到父老們閒談百年前太古公司在港地如何建立事業基地的一句古老舊話。及我年事稍長，時代展後，於所交往的朋友們口中，所聽得有關該公司在港地所經營各項業務的一般概況。一切的一切，固與上海情況相同，且皆屬於近代近事。深知道讀者先生們所喜愛閱覽的記述文字，對談說近代的故事遠不及對談說遠代的故事，人數較爲衆多，趣味也較爲酷嗜。要知此種愛好的觀點與感念其所分野之點，即在於其人對事的畧知和未知，與半詳知和不詳知。故我準此爲則，敢將百年前上海太古公司崛然興起的歷史故事。於是，追憶舊聞，搜索所知，作個溯洄從之的記述報導。

不過尚有不易爲中國一般外界人士所瞭解的一事在此畧叙說明作交代，亦可以覘知英國的商業法規之一斑。其事維何，即爲該公司的內部組織系統，與商業登記牌號小作變更的這兩種措施。原來最早原始的公司組織於一七九五年（清乾隆六十年），在英國的利物浦成立，創辦人爲約翰・史維亞是蓋屬於私人商業機構。所以商業牌號登記爲「史維亞父子公司」，這表示爲史維亞的家族所經營之事業，而所營的則爲一般性進出口業務。到了一八六六年（清同治五年）老史維亞因得友人蒲德非的支持助力，掙獲得新成立的藍烟卣輪船業務的主要合夥人。於是，由老史維亞隻身東來上海主持籌備代理公司的組織事宜。迨至來歲（公曆一八六七年）的一月一日，宣告創辦，公司成立，其牌號所題取的爲「蒲德史維亞公司」西文名稱。及至一八七二年（清同治十一年）改易華名爲「太古」兩字，設立獨立業務機構的太古輪船公司，先後絡續開闢內河及南北兩洋航線，終使太古輪船公司的航運業務，發揚光大，奠定百年事業的深厚基礎。不過在業務系統方面的組織規定，這太古輪船公司乃係利物浦的「史維亞父子公司」輪船業務的代理公司，華名雖名太古，西名則爲「史維亞公司」大約在小史維亞當權時代，早把「蒲德」字樣，予以删除，意者對於蒲德非的合夥權已經收買回來了吧？

Butter Fresh
POPCORN
HOT
Buttered
POP
CORN
Chilly
Bear

放風箏與鬥蟋蟀

·呂大呂·

秋天是食的季節，其實不僅食而已，玩意兒也特別多，放風箏和鬥蟋蟀便是當時得令的兩件生活情趣。

在香港，放風箏和鬥蟋蟀，也有不少人喜歡這玩意兒。但「其志不大」，放風箏就只合稱爲「小兒科」。鬥蟋蟀更爲了觸犯「虐畜」條例，也無法「發揚光大」。

事實上放風箏和鬥蟋蟀這兩件事是很有歷史性的。香港人這樣好玩，對這兩件事會冷淡到這個樣子，這全是環境使然。反而在戰前的一個時候，香港的放風箏和鬥蟋蟀的風氣比之現在還盛。爲的是當時的環境不同，第一，這時候沒有啓德機場，不會禁止人們在機場附近放風箏。第二，這時候更沒有防止虐畜會，鬥蟋蟀也就不會犯法。不比今日，今日香港人放風箏有種種限制，鬥蟋蟀是只有像多年前吳公儀和陳克夫比武一樣，還得走到澳門去。

但從前大放風箏和公開鬥蟀的人，還有不少齒德俱高的健在，好些人記憶猶新。在這秋高氣爽之時，倒不妨拿這兩件事來談談。

風箏有大小

風箏，一名紙鳶。廣東人却稱爲紙鷂，爲五代李鄴所創，由來甚古。後來傳到了意大利，意大利人也懂得放風箏了，但只放一種小的風箏，和中國放的大風箏簡直不能比。能夠稍稍比得上中國的就只有馬來西亞的吉蘭丹州，那裏的人常常會放着高與人齊的大風箏。他們放風箏已有五百年歷史，比中國後四百年。因之說放風箏，固然是中國所發明，而又有很深長的歷史，四百年後，才有馬來西亞和意大利人學我們中國人放風箏。

風箏有大小，形狀不一，可以由放風箏的人隨意紮作成什麼形狀的也有。大別之，風箏又有三種級類，是輕量級，中量級和重量級。現在香港人放的風箏，全是輕量級，因此說它是「小兒科」。意大利放的風箏，也只能說是輕量級那一類，只有吉蘭丹州的馬來西亞人，他們會放重量級的風箏。

大約在五十年前，香港由於很接近廣州，因而風俗嗜好也有很多相同的地方，放風箏是其一。當時廣州人常常放重量級的大風箏，香港人也間中有放大風箏的。一路轉變到現在，但見香港人放的都是一隻隻的「馬拉鷂」，是一種最輕量級的風箏。

時序要分明

風箏既有大小，便可以分爲三級，因之放風箏便得分時序，并不能亂放。在夏天，南風柔和，人們習慣在晚飯後走上天台納涼，便利用這個納涼的時間來放風箏。在夏天所放的風箏，當然是輕量級的一類。

到了秋涼了，這是放中量級風箏的時候。所謂中量級風箏，大約是二尺大小的一類，不能用輕量級的幼線來放而是用幼繩。也可以在風箏上面安上弓弦，在空中發出了一種聲音。風箏一名之所由來，便是爲了它可以在上空發聲，聲如鳴箏的原故。這種安上因風而鳴的發聲器在五代發明了風箏後便有，因而風箏之名倒是甚古。是發明人李鄴在安上了紙鳶的名字後，跟着便改稱風箏這一個名字的。

這種因風而鳴的發聲器，很簡單。但輕量級的風箏可不能安上，只能在秋風漸厲，放中量級風箏時才可以。由于這樣，放中量級風箏，可就不是小孩子所能玩，而是成年人的玩意兒了。

過了秋後，到冬天，北風當然比起了秋風大許多，有力許多。這時候固然不可以放輕量級的風箏，爲的大北風可以在空中把這些小型風箏撕毀。而中量級的風箏未嘗不可以放，但并不容易控制得宜。因之重量級的風箏便在十一、十二月間大北風的時候應運而生。一年夏秋冬三季的風箏，就此爲了輕量級中量級和重量級，依着時序的轉變而轉變。

輕量級馬拉戰鬥性風箏

在夏天放「南風風箏」的輕量級風箏中，最普遍見到的是一種紮成四方形，拖着長長一條用窄紙條續成的尾巴「蚊型」風箏。這類風箏的名稱是「屎塔蓋」，名很不雅，大都爲小孩們自紮自製。由于輕小，對無力的南風最適宜。另外有一種是小孩子不懂紮作的風箏，形狀是一隻鷹，作張開了兩翼狀，這類風箏稱爲「雁鷹」，爲當時輕量級中和「屎塔蓋」一樣普通的一種。除此之外便是「馬拉」，也就是現在香港人夏秋冬也放的風箏。

上面說的是輕量級的三種風箏，也就是一般人在夏天裏常放的風箏，小孩子年輕人都有放。其中的「馬拉」是較特別的，固然有異于「屎塔蓋」和「雁鷹」，也異于中量級、重量級的各種風箏，爲的這種風箏是「戰鬥格」，放「馬拉」的人都是戰士。從前穗港兩地在夏天或是初秋時，成人，大都競放「馬拉」。這個「競」字可沒有說錯，爲的放「馬拉」可以說是競技，他們以此來展開了空中戰爭。

「馬拉」的形狀，上面是橢圓形，下面是斜斜的方形，沒有尾。放上空中去，善于此道的人，可以控制裕如，上衝俯衝，橫衝直撞都可以。因之彼此在空中相遇，放「馬拉」的人便在下面來操縱着，彼此的目的是在一個「鎅」字，這便是以你的線來鎅他的線。彼此互鎅，結果自然會有一方給鎅斷線而變爲斷線風箏，這種空中鬥箏的風箏，就只有「馬拉」才可以。

由于這是戰鬥性的放風箏，凡是放「馬拉」的大都是成人的居多，而且必是懂得戰術的。他們會自己紮「馬拉」，也懂得自己製「玻璃線」。所謂「玻璃線」是以玻璃研成粉，用牛皮膠來糊上線去。通常用的是五百碼線，有上了五百碼線才足夠應付。這些「玻璃線」，賣風箏的都有售，但當然比不上自製的好。自製的喜歡要這些玻璃粉粗便粗，幼便幼，喜歡以幾多糊上線去便幾多。因而「馬拉」的善戰之士，他們勢必做到能自己紮作，自己製「玻璃線」才算夠資格，才是一個風箏鬥士。

在舊日廣州這種空中戰爭很普遍，往往會見到空中十多對「馬拉」在表演它們的戰術。俯衝横衝，煞是好看。當時河南那裏出了個「馬拉王」，曾經在一天內鎅斷了十二隻「馬拉」。記憶所及，似乎這「馬拉王」是姓錢的，住在岐興中約那裏。

香港現在放的風箏，始終是放「馬拉」，三十年如一日，并沒有改變。在香港，這種空中戰爭，一直也存在。這是說，現在香港人放「馬拉」，他們依然是要鬥爭。不過自己紮作「馬拉」和製「玻璃線」這樣認眞，可不會有。

中量級風箏玩的花式多

中量級的風箏，比起了輕量級的要大，要重許多。因此夏天不可以放，小孩不可以放。這種風箏，可沒有人紮作來賣，必須自己紮作。在秋風開始有力的時候，喜歡放風箏的人，便來開始紮作。紮作好，到郊外去放的多于在建築物中的天台上面。爲的中量級的風箏倒也相當重，并不容易放得起。它要去郊外，由一個人拿着它走到尋丈外高高舉起，然後趁風放手。那邊拿着線繩的人使出了他的操縱技術來，有時勒緊，有時放鬆，且收且放，才可以把它放到空中去。技術好操縱好的，可以放離地面千五六百尺。

中量級的風箏，它的紮作大都爲種種動物形。不外是蝴蝶、鷹、百足、老虎、孖鯉魚、蜘蛛。除此之外，便是金錢、孖金錢、葫蘆、孖葫蘆。一個福字、壽字、一個喜字或雙喜字。間中也有人物，南極仙翁、藍采和、鐵拐李、何仙姑、和合二仙之類。現代的人物，是老翁、「雙妹嚒」。也有借此而向人取笑的。試過一次，廣州西關那裏，放起了一個風箏，右邊是個老翁，左邊是個媽姐（傭婦）。他們側身擁抱着。大概風箏中間的竹是削薄了的，很軟，遇到了風，老翁和媽姐都會腰部動起來。在今日來說，這是跳舞的姿勢，在當時還未有跳舞，便在動作上看來有點猥褻了。原來放風箏的人是以此來取笑他隔壁那位主人翁的。那位主人翁，剛正收起了他家的一個媽姐作爲妾侍（姨太太）。這放風箏的人便紮作了這樣一個風箏來諷刺取笑他。雖然謔而近虐，但可見放風箏的人的紮作藝術，眞了不起！

放中量級的風箏，有許多可以附帶着在風箏的玩意兒：一是弓弦，加在風箏上面，給空中的風吹着，即發出一種聲音。另一種是紮作成一隻蝴蝶，放在風箏的繩上，可使這一隻蝴蝶沿着幼繩沿風而上，直上到空中的風箏那裏。一串小鞭炮就在空中響起來，然後又會乘風沿繩而下。它的製作，沿繩而上時，蝴蝶翼是張開，蝴蝶那裏，放一串小鞭炮，一枝燃點着的香。由于蝴蝶翼張開，便會乘風沿線而上。上到去的時候，計算過這枝香剛好燒到小鞭炮的引。發出了聲響後，蝴蝶張開了翼的樞鈕燒斷了。一燒斷便雙翼不能張開而垂下來，沒有雙翼擋着風力，便沿着風箏幼繩的斜勢，順勢而下了。這好像它的任務是輸送這串小鞭炮到風箏上面來放，放完了鞭炮便任務完成返回地面上似的，眞是妙不可言。而有聲有色，其好玩處自不在話下。還有一樣是在近着風箏那裏一二丈的繩子上面掛滿了防風的小油燈，風箏放到夜裏，一串繩子，點點燈光，和星月爭輝，煞是奇觀。

重量級風箏需付出人力

南國的十一二月嚴冬時候，翻的大北風，很勁很强。這時候如果還放中量級風箏，可不容易操縱，不是給風吹斷幼繩，風箏在空中飄了去。便是把風箏吹到亂打觔斗而毁爛，因之在這時候便得放重量級的風箏。

這是不容易放的風箏，必須要付出人力物力才可以。製作一隻重量級風箏，認眞要講技術。單是作爲風箏輪廓的竹篾，便大有研究。左右所用的竹，無論是削薄的、原枝的，都要秤過，必須兩邊的重量相等，才可以使到風箏放到上空，不會傾斜，固然會因此而影響操縱，而且姿勢不好，失了看相。舊日廣州放大風箏的人大都爲了志同道合，彼此相識的。如果放上去的風箏出了洋相，這便失威了。就爲了這原故，凡放重量級風箏的，最要緊的一着便是紮作，但他們大都對這一門都是有功夫的多。

重量級的風箏，有不少是用薄布，經過浸油來造的多，既可以防風，又可以防雨。一隻重量級風箏放上去空中，往往停留多時。必須要做到强風不會把它摧毁，下着暴雨也不會受到影響。放大風箏的人把大風箏放到上空去，如果因下雨而「收線」，這便又失威。他們是把風箏放到上空要經得起風雨，歷時頗久的。

這樣在製作上經過一番功夫，才把一隻大風箏製成。說人力物力，已經耗了不少。到放的時候，還得用兩個人在遠處高舉着風箏，然後又用兩三個人來操縱着較粗的繩子。風箏重，繩子

扶搖直上　豐子愷畫

也重，要把這大風箏放起，倒不是容易。高舉風箏的和操縱風箏繩子的人，雙方也講技術。而把風箏放到上空後，操縱也着實不易，風太大，如何來順着風勢，這是一門技術。同時扯着繩子的人非兩人至三人不可。有時刮起一陣强風，要是只得一個人扯着繩子，這一隻重量級的風箏，可以把你扯上了離地丈多高。在吹離地後，放手也難，不放手也難，狼狽萬狀而又危險萬分了。

但人力足夠，技術又好，這重量級的風箏放到上空，大大的一隻高與人齊的風箏，變成小得像一顆巨星一樣，它可以留在空中屹立不動，幾乎全市的人也可以望見，這是多麽的妙。同時弓弦聲响，加上了放一隻「流星蝶」上去，在高空中响着鞭炮聲，這確是有趣得很。當時沒有什麽運動，這樣的放風箏，便相等于一種健身的運動，實在很值得提倡，不知道今日的廣州還有這種運動沒有？在香港來說，就不特沒有放重量級的風箏，中量級的也沒有。即使放輕量級的風箏，也只是放「馬拉」一種。此風在香港，說他是「小兒科」，一點也沒有錯，但也自有其原因，今日香港的新玩意太多了。另外由于飛機來往多，近啓德機場、九龍塘一帶，放風箏懸爲禁例已久。這樣一來，如何不是使香港人對放風箏引[illegible]興趣呢？

蟋蟀在香港
幾無用武地

秋天的玩意兒除了放風箏外，鬥蟋蟀也是很好玩的。反貪汚主任羅彼得曾經說過，好賭是人類的天性。鬥蟋蟀可以利用作爲賭博，這樣配合「天性」的玩意兒，這就更使人喜嗜鬥蟋蟀了。但在香港，倒是養蟀的人對于所養的蟀，有用武無地之嘆。爲的香港對鬥蟀，認爲犯「虐畜」罪，絕對禁止。但香港人仍有不少養蟀，一則是「地下鬥蟀」，像禁賭禁毒，還有人賭博和吸毒一樣，瞞過了有關當局，摸黑進行。一則是彼此携蟀赴澳，在澳門來決戰。澳門在鬥蟀季節裏，許多酒店都大書「秋聲候敎」貼在門外。「秋聲候敎」，便是歡迎人到他那裏鬥蟀。

但好賭的人很心急，往往還是不惜冒犯罪的危險，就地解决，懶于捧了蟋蟀乘船去澳門才來決勝負。好比香港禁賭，澳門賭塲林立，香港人還是情願到那些所謂「大檔」去冒「冚賭」的危險來賭一樣，因此香港的鬥蟋蟀，地下組織的也不少。

這些地下組織，大都設在新界，稱爲「蟀獵」。設有公證人和「帶草人」。這個「帶草人」，便是憑一條「蟀草」來撩起蟀的戰意，把兩頭蟀帶到盤的中央讓牠「埋牙」的。這條「蟀草」名爲草而實際不是草，是用鼠鬚製成。以鼠鬚紮在一枝小竹上，憑此來輕撩着蟋蟀的觸鬚，蟋蟀即振翼而鳴，隨着「蟀草」衝前。「帶草人」使兩頭蟀碰頭，當即發生遭遇戰了。鬥蟀一經「埋牙」，便鬥到盡。往往打到斷脚折翼，這才分出勝敗。

鬥蟀雖然是用來賭錢，但從來也沒有說明賭注的錢銀數目，他們是用餅、用燒猪來代替了錢銀數目而作爲賭注的。說的是打幾多担餅，打幾多隻燒猪，明文規定一担餅是相等于幾多錢，一[illegible]也相等于幾多錢，而數目就大都是幾百幾[illegible]、幾十隻燒猪的。他們也有幫注，由旁邊的人參加，各阿所好[illegible]像鬥狗一樣。但鬥狗沒有鬥蟀的歷史長遠，這個幫注的辦法，顯然是鬥狗學着鬥蟀而不是鬥蟀學着鬥狗。

在新界的「地下蟀獵」，一切組織都和澳門的「秋色候敎」塲所一樣。他們供給地盤，讓養蟀的人拿他們的蟀來决勝負，另外設有一個大木盤作爲蟀的[illegible]塲。大家說妥了打幾多担餅、幾多隻燒猪，即把兩頭蟀交給帶草人，帶草人把兩頭蟀帶到去木盤，用「蟀草」先來阻止着兩頭蟀的衝擊。待兩頭蟀安定一下，這才用蟀草引兩頭蟀正面接觸。公證人注視着，觀戰的人都屏息着來看。直至勝負分明，勝的一頭，由帶草人鄭重帶回牠主人家養着的盤去，敗的一頭，不要了，爲的已經打殘打盡，再無作戰能力了。

新界的「地下蟀獵」是這樣打法，澳門那裏由于公開，自然規模會較大。戰勝的一頭，由「主會」獎以錦標，銀牌，他們可能沿途燒着鞭炮回去。通常無論是新界的「地下組織」，或是澳門的公開組織，作爲「主會」的都是賺抽佣的。澳門的蟀獵，名稱很雅，稱爲「秋聲大會」，門外貼上了「秋聲候敎」一張招貼。他的組織很大，除了港客携蟀來鬥外，附澳的中山縣各屬，甚至廣州也會來作戰，這是指戰前而言。

鬥蟀由來古
帝王也愛好

鬥蟀是由來甚古的玩意兒，由于蟀是害蟲，捕蟀來供士大夫的打鬥，大有害蟲不足惜之意。古人對蟋蟀有兩個名稱，一是「趨織」，一是「促織」。在古代的鬥蟀，也不能免于一條「蟀草」來指揮牠作戰。不過他們弁不是用鼠鬚來製成，當時有一種草，名稱就是「蟋蟀草」。取草穗下的莖，裂爲絲狀，即可使用作爲撩動帶引蟋蟀之用。南方無此草，鬥蟀之風盛，不能不別想方法來作爲「蟀草」。起初是取劣蟀，截斷牠的頭，然後用一枝小竹刺進去，拿起來憑牠的觸鬚作爲蟀草，後來才想出用鼠鬚紮成。紮成後拿它來揑着好些蟋蟀的身上，使到蟋蟀身浮現出來的油，或者可以說是氣息，染在鼠鬚上面，這便成爲一枝可以指揮蟋蟀的所謂「蟀草」了。

宋代賈似道，官拜太師，封魏國公，賜茅葛嶺，有半閒堂。賈似道就常常在半閒堂裏和姬妾鬥蟀。他對鬥蟀很有學問，如何來培養蟀的善戰，固然很有一手，尤其善相蟀，這是以大臣而愛好這鬥蟀的玩意的。

明代的正德皇，他便是京戲「游龍戲鳳」的「游龍」。除了「戲鳳」這件事膾炙人口外，他是個最愛玩蟋蟀的人。常常把一隻蟀用竹筒載着，放在袖裏上朝，在殿上拿出來玩。有時諸大臣會聽到他袖子裏的蟀鳴聲，這是以皇帝而愛好鬥蟀的玩意的，因之鬥蟀倒是由來甚古的了。

穗港無好蟀
北江蟀最佳

穗港澳鬥蟀，戰前最盛，相信現在的廣州，可不會有這「秋聲候教」了。剩下來的便是香港和澳門。但顯然此風已經不比從前。以香港而論，主要還是蟀源缺乏。香港新界山多，蟀是有的，但完全不是戰鬥格，一隻隻都不堪「埋牙」。廣州的白雲山爲最高，而廣州白雲山的蟋蟀是著名不能打的。當時廣州就有一句俚語，叫做「白雲山蟋蟀」，以喻人們「聲大冇準」。原來白雲山所產蟋蟀，看相不俗，鳴聲特大。但通沒有作戰能力，不堪一擊。當時廣州的鬥蟀，大都從北江運來的蟀中選購。北江、清遠、從化、英德和琶江口一帶的蟀，才是大將才。

香港鬥蟋蟀的人，他們也是把北江蟀大量買入來挑選。蟀有黃痲和黑痲之分，有輕重之別，主要是要重，從來不會有一隻輕量的蟀而能成百勝將軍的。

鬥蟀的先決條件，黃黑痲不論，重量就必須要銖錙悉稱才可以對手。大家用厘戥來秤過，雙方的重量均等，便可以比賽了。這種夠份量重身的蟀，只有北江產的才容易找到。因此無論穗港澳鬥蟀，他們的蟀源都是來自北江一帶。

最近一兩年，所知北江的蟀很少大量運來。有的話，都是賣蟀的人自己挑選過，用小竹筒盛着若干隻來售，零零碎碎，斷斷續續的或有或無，這自然使香港人養蟀可養不成。這樣艱難才可以買到蟀，因此養蟀人少，鬥蟀也就人少。新界「蟀獵」有的也不過是「小兒科」似的，帶了蟀去澳門會師的可更少。

有脫牙英雄
也有春米王

從前鬥蟀常有穗港澳會師。有一宗穗港蟀王大戰的事，在當時便傳爲佳話。到現在更是傳爲佳話的，不妨在這裏說出來，以爲本文之殿。說現在更傳爲佳話，便是那兩位蟀主現在都老了，但大家却常常在香港見面，成爲二十多年的老友。

遠在戰前，廣州有人養了一頭蟀，稱爲「脫牙英雄」。養得這頭蟀的人名潘老四，在廣州經營布業。他這頭蟀所以有「脫牙英雄」之名，是爲了這蟀常能在作戰中咬脫對方的牙，對方的牙脫了，自然是一敗塗地了。這頭蟀，就在當年稱王稱霸，一直沒有逢到敵手，替潘老四在一年中不知贏過了幾多担餠了。

湊巧這時候的香港，就出了一頭怪蟀，養得這頭蟀的人是姓楊的。他這頭蟀如何怪？在作戰時往往埋牙一番，即便昂首向對方的頸部春下去。使到對方的頸，給牠的牙深陷成兩個小孔。因而從小孔中流出了水，全身無力而不能作戰。這種戰術，倒是只有老楊這頭蟀才會，大家替牠改上了個「春米王」的榮號，在香港，在澳門是所向無敵的。

由于穗有「脫牙英雄」，港有「春米王」，便有人拉攏他們會師作戰。結果由老楊帶了「春米王」到廣州去，彼此在「西來初地」的「華林寺」大雄寶殿來會師。當時，華林寺是經常爲人借來作「蟀獵」之用的。

他們兩個人賭注很大，「幫打」的也下注不少。大家都睇好「脫牙英雄」。爲的「春米王」是在戰到後來才使出牠的「春米」絕招的，却是這時候牠已經給「脫牙英雄」脫掉牠的牙了，無從施展牠的絕招了。因之「幫」潘老四那邊的注却多得很，沒有幾多人「幫」老楊。但老楊却大大殺起，他接受了全部賭注，包括「幫注」的人在內。

戰爭開啓，兩頭蟀「埋牙」，打了幾個轉，果然脫牙英雄施展絕招，一下子便把春米王一隻牙脫掉。春米王少了一隻牙，當然不可能繼續埋牙作戰，却是牠就憑一隻牙來施展牠的春米絕技，牠昂起了首，像春米似的朝着脫牙英雄的頸連春了三下，使到脫牙英雄的頸部有三個小孔流出了白色的水。雙腿一伸，死了。而春米王雖然脫掉了一隻牙，但却還活着，而且還能使出牠的春米戰術，以獨牙來取勝。

結果老楊得勝，要了錢，帶着了錦標，一路燒着炮仗到省港船碼頭下船，認眞威風八面。而這件省港蟀王大戰，春米王獨牙春死了脫牙英雄的蟀獵盛事便傳遍了港九。

這在當時是佳話流傳，却不想到了現在，如果知道他們過去的事的，更是佳話流傳。原來潘老四在和平後來了香港做生意，經過幾年，在商場上和老楊有了很大的交易。大家見面，說起當年的事，便成爲好友。直到現在，兩人是古稀之年了，大家成了老友，大家經常在對海一間茶樓，朝朝同飲早茶，這雙蟀友，早已放棄了養蟋蟀，都已收山了。

風箏與鬥蟀
幾成廣陵散

香港人本來是極端喜歡玩的。像放風箏和鬥蟀，他們照例一定喜歡。因之在戰前，放風箏和鬥蟀都盛行於穗港之間。在那時候，常常會見到有人在廣州把重量級的風箏包紮停當，由省港船交到來香港。這是因爲香港有喜歡放重量級風箏的人，却沒有人能夠懂得紮作重量級或中量級的風箏，便只有輾轉託人在廣州去買。買到了，便由省港船把這高與人齊的大風箏寄運到來，可知當時香港人對放風箏的愛好，現在就懂得談放風箏的人，恐怕都已經沒有了。

當年省港往來很便，貨運也很流通。每逢鬥蟀季節，自有不少清遠佬把北江蟀，大量運來。蟀獵中人便買來挑選，因而養成了鬥蟀的風氣，與今日大有不同。

今日香港對這兩件事，差不多已成廣陵散。有了個啓德機場，有了個防止虐畜會，這是個主要原因。現在香港人要玩的是輕木的滑翔機，無線電控制的模型機，他們在旅行郊外，或是到公園去玩，這便代替了風箏。另外，不鬥蟀便來鬥狗，以鬥狗來代替了鬥蟀，不由你不信，這種玩意兒也會跟時代環境而改變的。

秋風起 三蛇肥

・范正儒・

廣東人對「食經」很多發明，什麼都愛吃，如老鼠、貓、狗、禾蟲、蛇、蛙等，尤其是蛇，却是冬令的著名補品，所謂「秋風起矣，三蛇肥矣，食指動矣！」成了衆所週知的俗諺。每年一到金風送爽，已涼天未寒的季節，許多酒家餐館便掛出賣蛇羹的廣告，一直到十二月尾禡止四個月，都是吃蛇季節。特別是在冬至前後，乃是吃蛇最盛時期，過此便近尾聲了。

提起了吃蛇並不是什麼新鮮的玩意，我們的遠古老祖宗爲了減少蛇患，早就有恨蛇而吃蛇的習慣，漢時且盛行用蛇作醫藥來療病，唐人對於蘄州蛇及蛇胆尤爲重視。但在古代人所吃的蛇多是蚺蛇，如漢淮南子云：「南越人得蚺蛇，以爲上肴」。據水經注：「交阯（包括南越及安南北部）山多蚺蛇，常在樹上伺鹿獸，低頭繞而吞之。山夷見蛇不動，以大竹籤籤蛇頭至尾，殺而食之，以爲珍異。

楊氏南裔異物志：「蚺惟大蛇，既洪且長，采色駁犖，其文錦章，食豕吞鹿，股成養創，賓享嘉宴，是豆是觴。」言其養創之時，肪腴甚肥美也。」又君子匯集：「山中產蚺蛇，大者長十餘丈，能逐鹿食之。土人捕法：採葛籐塞蛇穴，徐入以杖，蛇嗅之即靡。乃發穴出蛇，繫於葛繩，爨而烹之，極腴，食之辟蠱毒」。足見古人最初所吃的多是蚺蛇，今稱大南蛇、大蟒蛇，利其多肉而富脂肪，既快朵頤，又可辟蠱毒。

秋風起矣！三蛇肥矣！食指動矣！

後來，也許因爲蛇味之佳美，人們不祗以蚺蛇爲滿足，便進一步連其他的蛇也吃了，於是烹蛇的方法有了進步，蛇羹遂因而出現。據宋代周去非嶺外代答：「交廣溪澗人不問鳥獸蛇蟲，無不食之，其間異味有好有醜。至於遇蛇必捕，不問短長」。這足證宋時人們所吃的已不限於蚺蛇，而是什麼蛇都可以吃得，可能因此從經驗的積累上，認出了三蛇或五蛇是最好的食用蛇，遂成了廣東人的味覺傳統。

再據宋朱彧所撰萍洲可談上說：「廣南人食蛇，市中鬻蛇羹。東坡妾朝雲隨謫惠州，嘗遣老兵買食之，意謂海鮮，問其名乃蛇也，哇之。」可見在北宋時，從廣州以至惠州已有蛇羹出售，故東坡的妾侍朝雲得嘗異味。朱彧是稍後於東坡的人，其父朱服嘗爲廣州帥，因與蘇東坡交遊而被貶官。朱彧撰此書，所述多爲乃父見聞，其言足資考證。這樣看來，蛇羹在北宋時的廣東已很流行了。

遺憾的是，朱彧的萍州可談，未詳蛇羹的製作方法，其他載籍亦無可稽考。但廣東人吃蛇起源甚古，那是絕無疑問的，最初本作佐膳，後始作補品與藥用，迄今廣東人仍擅長製蛇酒蛇藥。到了北宋始有正式蛇羹問世，算來亦有八百多年歷史。降及近世，以三蛇爲基本作料的蛇羹，始於清光緒年間的黃太史君實，他的名厨陳仲光善製蛇羹，一度曾供奉御厨，西太后親爲嘗試，賜名「龍羹」。

黃太史是廣東順德縣人，晚年告老歸鄉，曾手自烹製「鳳城特品」請客，衆賓食而甘之，事後始知所謂「鳳城特品」者就是蛇羹，大家贊不絕口。後來，黃太史傳其秘訣於南海江太史孔殷，江的家厨李明與李才兄弟，都能做得一手好蛇羹，據說吃蛇聞名的江太史最愛吃的是菊花蛇羹和蛇汁鷄，於是乎「太史蛇羹」遂傳聞於世。

繼之，廣州著名酒家的「陸羽居」和「大三元」，每年一到吃蛇季節，他們常常拿「江太史厨」來大登告白，說他們得到江太史借出他的名厨來製三蛇羹，其味道之佳，使一般揀飲擇食的老饕，嘆觀止矣。而其他酒家和蛇店因此刺激，於是就有「蛇羹專家」應運而生，掛起「江太史蛇宴」的大招牌來做號召，同時賣生蛇的蛇店也兼營蛇宴生意，務求美味同甘，吃蛇日益普及，成爲「吃的特別情調」。

秋冬之所以要吃蛇在於「三蛇肥矣」的肥字，擇肥而噬，原是「食家」的常情，三蛇既肥，嗜蛇者的食指又焉能不動呢？原來蛇在秋冬吃得胖胖的準備冬眠，偏生部份蛇類在秋冬來臨時，給捕蛇者從洞穴發掘來，變成了人們五臟廟的祭品。香港在一個吃蛇的季節裏，起碼總要吃上三十萬條，蛇的來源百分之七十來自廣東南路的廣寧，以及廣西的梧州、百色、懷集等處，其餘百分之三十來自江西湖南，因受「統制」之故，蛇價逐年增漲。

所謂三蛇並不是代表三條蛇，而是代表三種蛇。一副三蛇裏，是一條「飯鏟頭」，一條「金角帶」，一條「過樹榕」。先說「飯鏟頭」，一名眼鏡蛇，又名烏肉，屬於眼鏡蛇科的毒蛇，全身烏黑色，油光光發亮。牠昂頭高舉，即鼓出兩腮，使得頭部彎起如盛飯的飯鏟，故以爲名。次說「金角帶」，一名金環蛇，也屬於眼鏡蛇科的毒蛇，全身花紋黃黑相間，黑環較濶，黃環較狹，形如金角帶，故名。

再次說「過樹榕」，一名過樹龍，屬於黃頷蛇科的無毒蛇，牠是生活於大樹叢林間，以大樹的空穴爲藏身之所。牠又具有活潑的竄躍力量，能從甲樹飛過乙樹，以捕吃小鳥爲糧食，所以有

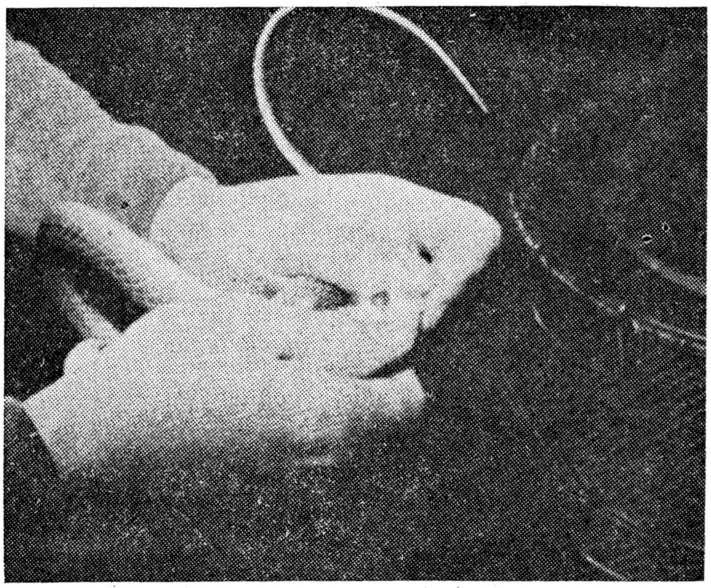

蛇之足珍者在於胆

「過樹龍」之稱。因其生活於樹上，十分難捉，要張網獵取。市上所售的大部份屬於「充頭貨」，並非「貨眞貨實」的眞品，俗名叫「索仔」的便是。三蛇之中惟獨「過樹榕」有冒牌貨，「食蛇客」但求美味，也沒法辨其眞僞了。

如上所述，飯鏟頭，金角帶，過樹榕三種蛇，一經前人指定，習而成風以後，便一成不變，它是蛇羹蛇宴的上等貨色。晚近以來，食風丕變，酒家樓爲了競爭生意，踵事增華的結果，三蛇之「三」已成過去，由三而四，加上「三索線」屬於黃頷無毒蛇，背上有縱走的橫紋，即成爲「四蛇宴」。再加上百花蛇，亦屬黃頷蛇科的無毒蛇，身上有棕黑色朶狀花紋，合之即爲「五蛇宴」。充其量在名稱上玩花樣，甚且用桂花蛇僞充百花蛇。

又於是，由五而六，加上水律蛇，屬黃頷科的無毒蛇，全身灰黑色，下唇黑白相間，即成爲「六蛇宴」。總之，凡是可以吃得的蛇，難逃被光顧之列。但無論四蛇也好，五蛇六蛇也好，都保持原有「三蛇」做班底，主角老倌不變，自由配合的是閒角。要是說時菓中的荔枝是嶺南的「果王」，那麽，時菜裏的蛇羹蛇宴，也可以說是嶺南的「肴王」了。

至於「龍鳳會」、「龍虎會」、「龍虎鳳大會」是個美麗的名稱，也是最講究的配合，是指三蛇四蛇或五蛇六蛇而外，配上飛禽走獸而言。「龍」自然是指蛇，「虎」是指老貓，或菓子狸，或豹狸，「鳳」是指竹絲雞，簡言之，說穿了即「蛇，貓，雞」。最近，又有所謂「龍鳳麒麟會」，那麒麟就是燒猪脚。分三個煲烹羮，一個烹蛇肉藥材，一個烹雞，另一個烹燒猪脚。然後三味湯水會合，加上名貴的配料如魚翅、鮑魚絲、海參絲等，其味腴美，自然不在話下。

不過，時下吃蛇，多稱三蛇或五蛇，其實單只是三蛇或五蛇，烹製出來的蛇羮，並不怎樣合食家的胃口。這因爲蛇肉太小，會羮起來差不多是蛇湯，不算蛇羹，只是湯水調以馬蹄粉，難見蛇肉。故此不論三蛇羹抑或五蛇羹，必加多一兩條「肉蛇」會羹。所謂「肉蛇」就是水律蛇，肥而多肉，三蛇與五蛇的肉微不道。加上「肉蛇」會羹則所謂三蛇羹或五蛇羹也者，實際上就是「肉蛇羹」而已。

據說正宗的蛇羹製作，需要老練而細微的功夫，一定要湯清而不濁，肉滑而有香味，濃淡要適中，這樣就要講究火候了。火候恰到時，則香味濃而可口。製法是先將劏淨的蛇身煲熟，然後將蛇肉撕成幼絲，約五分長。將蛇骨加竹蔗、龍眼肉、陳皮老羌等熬汁。另以雞絲、蟹肉絲、瘦肉絲熬上湯。配料用花膠絲、冬菇絲、鮑魚絲、木耳絲等。已拆骨的蛇肉絲用猪油、酒、姜汁等熬之，到火候已夠，才會羹落「獻」起鑊。

又據說：眞正的三蛇肉具有很濃厚的腥羶味，烹調不得其法，不獨吃起來味道不好，而且蛇肉的纖維組織比較鱔魚肉更爲粗靭。烹製的秘訣是：先把劏淨的三蛇煲半小時，才拆骨拆肉，使牠「骨肉分離」。蛇肉拆出後便用文火加草菓、老姜、陳皮等熬一二小時，以祛腥羶之味。再用蛇肉做成肉絲，加上名貴配料以會蛇羹，主要還要看火候和調味工夫怎樣，不是老練廚師，難以使食客滿意。

至於「龍虎鳳大集會」，要用五副三蛇肉，五副就是十五條。劏好後，先在滾水裏泡過，把蛇血去清，再放水八海碗，加老姜、陳皮、竹蔗熬足三小時，把所有渣滓取出，大約只剩四海碗蛇湯。次用老雞、果子狸或水鴨在蛇湯裏燉三小時，燉熟後撕成肉絲備用。同時用四斤水律蛇肉，切成幼絲，以雞蛋白調勻，然後在滾油中泡過，又用滾水去其油氣以保持其幼滑清爽爲原則。

復次，用鮑魚、新北菇、姜牙、冬筍、雲耳等切絲，愈幼愈好，羌牙要出水去其辣味。另用生雞肉絲一斤許，亦切幼絲，泡過滾油過水。以上各項配菜準備妥當之後，即可將燉妥的蛇湯下

鑊。先後將配菜放下，滾時加鹽及生抽調味，又加豆水打「獻」即可上桌。食時加白種大菊花瓣、檸檬葉絲、古月粉與薄脆等。但在上菜時，切不可加火腿絲，否則會引起一些酸味，反為不美。

像這樣看來，勿論是「三蛇大會」的蛇羹，或「龍虎鳳大集會」的蛇宴，可以吃得的蛇肉不及十分之一，有時還加入一些淡水魚肉絲以取鮮味。與其說是吃蛇肉，還不如說是吃「雜錦窩」較為貼切。談到蛇宴也是很怪趣。它的菜單包括下列名目：雞汁蛇肉丸、鮑魚蛇肉腩、飛禽動植炒五蛇絲、五龍裙翅會、鳳凰鴨腦煎五蛇絲、蟹肉扒蛇絲、鳳皮鷄絲蛇卷、五彩金龍殿等，眞是味味皆蛇了。

孰知三蛇大行其道之後，繼之而興的又有鮀蛇宴，鮀蛇一名鰻鮀蛇，生長鹹水海中，常棲身於木船之舵附近，捕食魚類，故稱為鮀蛇或舵蛇，它是水蛇的一種。因捕捉不易，故其價錢比三蛇貴兩三倍，水上人家多食之。說是可驅風除濕。酒家樓的鮀蛇宴，大致可分三種：一是鮀蛇羹，二是原盅燉鮀蛇，三是炒鮀蛇絲，肉厚味鮮，亦頗悅俗。另有水蛇粥一種，能利小便，會患小便澀塞者，吃之可以通暢。

還有「古老當時興」的食蛇花樣，那就是生宰蚺蛇了，一向以蛇宴為號召為酒家樓，為了兼營蛇餐，便在門口當衆劏蛇，表示「如假包換」，引起圍觀如堵的老饕們垂涎三尺，這也是一種宣傳手法。原來那種大得怕人的蚺蛇，肉味又厚又腴，吃了自覺實惠。除以蚺蛇肉為蛇讌外，更有散餐式的蛇餐，菜式也有二三十種，價錢比較大衆化。老饕們甚至生啖其蛇肉作膾，比之吃魚生尤覺得有「食趣」。

蛇之足珍者在於胆，三蛇胆比牠的肉要貴得多，吃蛇胆不止要生宰取胆，而且是吃「全副」，即一吃就吃一副三蛇胆，生吞或冲酒飲之。多數動物的胆味甚苦，惟蛇胆味甘涼，功能解毒明目，舒服氣管，津潤喉部，凡是熱性體質，久患便秘，或是吸紙煙過多，患支氣管炎，飲蛇胆酒有特效。以筆者所知，蛇店的「種胆」工夫亦甚「到家」，即以「生魚胆」換取蛇肚內的眞蛇胆，及至賣家購用時，便將「生魚胆」取出，偽充蛇胆。

擇肥計自得，不可使蛇知

而賣蛇羹的「蛇王」却作驚人之談，說是蛇胆能活血袪風，勝於蛇肉十倍。甚至於說，飲了蛇胆酒之後，身體分泌出來汗是黃的，表示蛇胆的功能，其實這是蛇胆滲入了汗腺組織之故。而且蛇胆含有豐富的葉綠素，可以消除炎症。秋燥時期，眼部發炎，或唇焦舌𤷪，喉部乾燥，吃蛇胆有卓效。蛇胆陳皮可順氣治咳，十分的效用，九發生在陳皮上。

為什麽廣東人吃蛇如此大行其道呢？據說是起源於地勢卑濕又多風雨，中年人和老年人容易發生風濕症，而蛇性善「標」，骨骼靈活，無足能行，具有弛緩神經與强壯神經之效。輕微的風濕病患者，多吃偶有效驗，久年者則無效。蓋蛇肉祗可壯實肌肉，能驅風而不能除寒濕，蛇是陰類，能滋陰，但不補陽。

據營養學家分析所得，蛇的本質有特別豐富的磷質、鐵質與蛋白質等，再加上鷄、果子狸、鮑魚、魚翅、海參、花膠名貴配料，自然營養異常豐富，可以「利口福」。但是，把三蛇當作食品，給鮑參翅肚等名貴配料膩住了，自然發揮不出療效來。故與其吃蛇羹、蛇宴、蛇餐、蛇胆酒等等。不如淨取三蛇當作藥品，利用蛇性之善竄作引導，加進驅風活血、舒筋去濕的藥料燉吃，效益彰著。

一位「老吃家」指出：燉蛇比吃蛇更有作用，燉三蛇尤妙。每次用飯鏟頭、金脚帶、過樹榕各一條，劏淨，去頭及腸臟，不必去皮（可由蛇店代辦），整條放進燉盅，然後加鷄腿或瘦肉四兩、生姜三片、老陳皮一片，生鹽少許、糯米酒半斤、滾水半斤，另加高麗參一錢、北芪二錢、龍眼肉二錢，作用是在保氣。燉足四小時，食時不要渣滓，只飲蛇汁，其益處比任何補品為佳。

還有一點，吃蛇忌吃鹹蛋，不可不知。引一則香港掌故為證：「光緒二十五年前，香港西營盤大興油店，有店伴名肥佬黃者，在合興魚翅店聚食蛇餐，即晚返家以鹹蛋下飯，詎食後不出兩小時，竟患劇病，胸臆如大石壓心。未至天明，即告逝世」。何以致此，莫名究竟，豈食物相尅耶？附誌於此。

馬場三十年

老吉

上文講到一九六一年滙豐銀行同人的「打比」馬「滙之寶」，在第二班中，竟然由蔡克文越級挑戰與第一班馬爭公開賽一哩「沙宣挑戰杯」，一戰成功，而得到了此杯。這一個紀錄，保存了十年有多，直到今年三月，第二班馬「必得勝」，由陳毓麟主轡，一樣越級挑戰，「照辦煑碗」也贏得頭馬，可謂無獨有偶。後來，小蔡又爲「骰博」贏了一九六二年的「打比」，一連兩年，能由同一位騎師贏得「打比」，又是難能可貴之事，可惜「骰博」在新馬時期，拼搏過甚，體健上出了毛病，跟住兩年，一蹶不振，馬主眼寃，估之哉！不料一轉馬房，憑練馬師的飼養手腕，不到半年，竟又雄風復振，連連贏其頭馬，這一下舊馬主跌了眼鏡了。蔡克文從跨上馬鞍做見習騎師起，在十多年之中，一帆風順，眞是風頭出足，現在他已不再上陣了。

「骰博」出讓給何文法君之後，轉馬房豢養，跟了兩次，便由郭子猷一出而勝，派彩卅九元九角，馬主在這一塲賽事中，夠本有餘了。

此後郭君再爲牠在爛地上贏了一次一哩二五熱門，跟住又得了一次短途半哩一七〇碼第二，（敗於當時小蔡管理下的「大胆」，因爲馬主是蔡君的令叔蔡國衡兄也），然後又升上第一班。

在一九六五至六六年度，郭君爲「骰博」贏了兩塲，而且還得到了「華商會所杯」。

「骰博」可算得長命馬之一，牠一直跑到一九七一年五月底，降到第五班後纔退休，牠足足在香港馬塲馳騁了九年，牠的退休是因爲年齡已達十四歲，照馬會條例必須退休，否則，牠可能再跑多一、二季而在低班中建功，總計牠爲何文法君，得到了獎金六萬元正，連前共得七萬七千元，也可見此馬之犀利矣。七一年是去年，所以，我講起「骰博」，現在的馬迷讀者，一定也會記得此馬的，牠的賽齡實在太久了。

蔡克文在一九六四至六五年度，一共上陣卅三次，得了三次頭馬，三次二馬與五次第三之後，便高掛馬靴，因爲他經營的棉花事業太忙，而且他的夫人徐俊亞女士認爲跑馬太危險而勸他不要再騎馬，小蔡爲了這兩個大原因，便決心告退騎師生涯了。

他現在還由馬會聘請担任賽時的副評判員，在一九六八年起，先担任計時員，今屆起，改任副評判員，這是個義務職，迄今已有三年多了。

現在，我要講四小將之中的「小毛頭」洪燮康了。

洪燮康出身望族，他的祖父洪賢鈁老先生，是上海賽馬會的買辦，上海賽馬會開在英租界市區靜安寺路，東面是西藏路，西面是馬霍路，西藏路後來改名虞洽卿路，著名的新世界遊戲場就開在虞洽卿路西邊南京路的南北兩面，地下建有隧道貫通，南京路一過西藏路，就改叫靜安寺路，所以上海的跑馬廳是眞正設在市中心區，不比香港快活谷，並不設在市中心區，祇能叫牠住宅區了。因爲香港的市中心區是在畢打街與雪廠街一帶，講起上來，上海的跑馬廳也有一百多年歷史，初初開闢的時候，上海市中心區是在南京路浙江路以東。浙江路與南京路交界，叫做五雲日昇樓，兩路皆有有軌、無軌電車是一個不折不扣的熱鬧區，講到電車，香港眞正落後，因爲至今都沒有無軌電車，須知，上海之有無軌電車，至少已有五十多年歷史，而香港近年來認爲新奇的「電動扶梯」，則上海大新公司在四十年前，早已啓用了。而在西藏路以西，當時尚不是熱鬧之區，所以跑馬廳就開闢在這裏，而且佔地之大，至少有三、四個現在香港的馬會這樣大小，所以如果拿香港馬場和上海的一比，眞是小巫之見大巫了。

「打比」銀馬獎的縮影，這是馬會十八年來，一直每一匹「打比」頭馬，都致送一樣的銀馬。

小洪既然出身在「跑馬」之家，因而在八歲時候，已在上海騎中國小馬，而且家裏人和親朋的老一輩，都叫他「小毛頭」，如果廣東話說起來，就和「細佬仔」差不多。

講到出身大家庭，蔡克文的父親蔡國慶先生，四、五十年前，在天津洋行幫中，鼎鼎大名，在天津跑馬廳方面，豢馬近百匹，講起來眞是得人驚。至於莊洪康、單單他這個「莊」字，就值了大錢，提起盛宣懷（杏蓀），在四五十年前的上海人，那個不知，盛老夫人便是莊氏太太，也就是莊洪康的那個「莊」了。

洪燮康從小就會騎馬，所以一早就有了根底，可是他來香港的時候，比蔡、陳（杰）、莊三位遲，因而四小將在香港，他也是最遲出騎的一個，可是他掛馬靴的時期，却也比還有三位遲，因而，他是遲到遲退而不是遲到早退。

記得小洪在一九五三年的夏季，還在壽山村馬術學校的馬圈中習騎澳洲馬，因他已有騎中國馬的根底，當然鞍轡穩定，因而由當年的馬會考試官；有退休騎師馬會董事黑先生（Mr. C. BLACK）及馬會秘書米薩少校（MAJOR D. MISA）在內，一考就通過。一提到馬會董事，又有一番滄桑，在一九五三至四五年度，馬會董事主席是賓臣君，董事有周錫年君（當年尙未封爵士）、伊雲士君、高登君、麥忌里奇君、培恩君、砵士君、士丹頓君與端納君等十位，到了今天，除了周爵士一位仍任董事外，其餘的已全部退出了董事會，（賓臣君、砵士君與士丹頓君三位，現在雖爲馬會請任名譽董事，其實已不在董事會中了）。本來，除了周爵士之外，還有一位砵士君，可是今年馬會遴選會員大會選舉中，砵士君竟然落選而爲李福和君與甘銘則師兩位當選，因而二十年前能做董事直至今日的，祇有一位周錫年爵士了。

洪燮康考得了紅牌生（見習騎師）之後，初次上陣是在一九五三年的十二月十二日，第一次賽馬的第二天第一場「紅牌生賽」，騎的是周錫年董事的「抗勝日」。當年紅牌生之未贏過頭馬者，在紅牌生賽中，可被讓五磅，「抗勝日」當時尙是第八班馬，跑一哩一七一碼路程，負磅一五九，小洪可減五磅，同場出馬有十匹，已故的布林利君騎「珍妮花」贏了頭馬，小洪居然跑得第二，林國强（細鷄）君當時也是被讓五磅者，他騎的「紀念品」跑得第三，與他同場的還有七位騎師，是鄭鴻鈞君（跑第四騎「聖誕老人」）、黃展君（露華山）、嚴淸蘭君（金髮女郎）、莫慶桓君（和平皇后）、陶祖培君（亨利愛坦）、陳霖禧君（祖樂士）和戴維藝君（雌虎、戴君當時是法國駐港副領事）。洪燮康的「抗勝日」是冷馬，位置派彩有十七元七角，因爲頭馬「珍妮花」是大熱門也。

這是「小毛頭」洪燮康在一九六一年四月十五日的第五場，贏得「幸福」得「美國會所杯」圖片，馬主是蘇澤棠伉儷，（右一、二），騎師是洪燮康與練馬師趙森泉（阿毛）。

當然，小洪一出便能跑得第二，馬迷們互相要問他的來頭，一問，原來他本來老早就會騎馬的，於是乎馬迷們便對這位紅牌生加以注意了。

隔不到十二天，小洪在第二次賽馬的第一場，由第七班馬跑一哩一七一碼，給練馬師王筱紅一手拉住騎「黃天覇」，（因爲上次的「抗勝日」也在王筱紅馬房之故），同場也是十駒上陣，「黃天覇」負一五二磅，小洪未贏過頭馬，實負一四七磅，這一次竟然變了第一熱門，負獨贏票一萬三千張，在當時，熱門馬能有一萬以上，已是難能可貴了，這一次，小洪與「細鷄」林國强騎的冷門馬「生客」，從公衆棚門到了終點，結果，「黃天覇」以映相一馬頭之微贏了「生客」，（按：「生客」的馬主就是林國强君自己），大熱門獨贏祇派十四元二角，如果「生客」贏出來，便有八十多元可派。

這一場賽事，驚險重重，當年尙未用馬閘而起步時是用閘網，當時馬匹排齊閘網上升之時，莫慶垣騎的「火山」一個雙後蹄起飛脚，打在施慶龍騎的「蝴蝶夫人」身上，「蝴蝶夫人」一跳，施慶龍跌了下來，幸而無驚無險，總算逃過

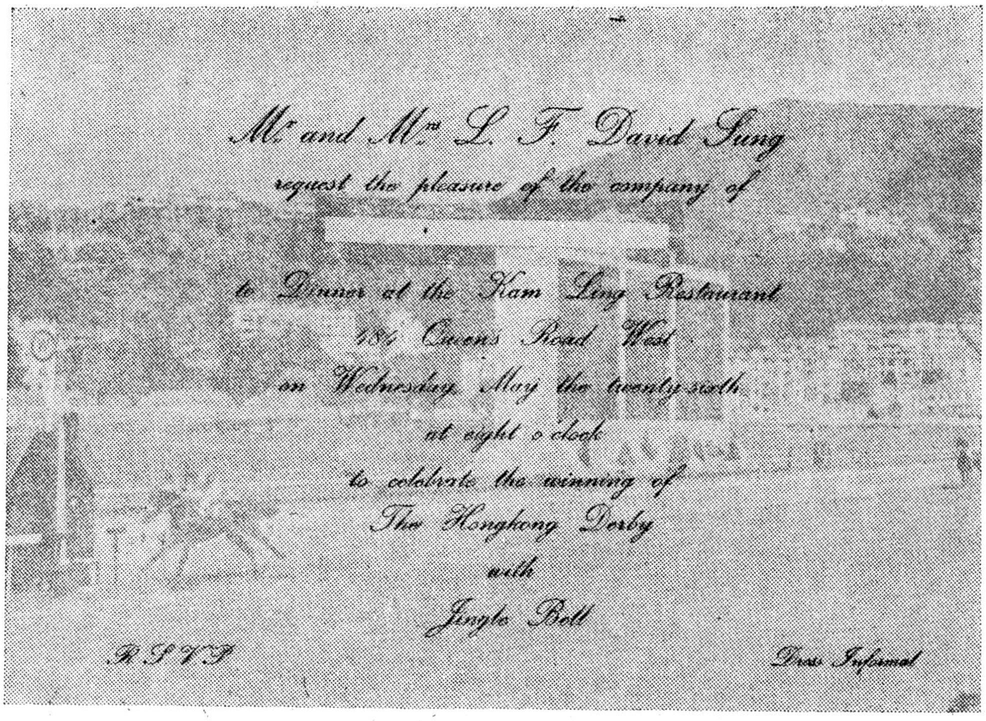

這是孫麟方君贏了「金谷鈴」「打比」之後，在金陵酒家大開慶功宴的請帖縮影。我的一張遺失了，多承讀者蔡莫川眉女士居然能保存了二十年，借給我製版刊出，謹此誌謝。圖中可以看見舊電算機，「金谷鈴」及跑第二的「雪蹄仙」。（老吉誌）

難關，可是四千多獨贏票與四千多位置票，大約有九萬元左右已化爲烏有了。

莫慶垣君騎的「火山」（馬主也就是「螢火」的馬主依拉士君），起了飛脚之後，便立即搶出放頭，一路單騎放去，離開了後面跟第二、三、四的黃展君「優勝」、鄭鴻鈞君「玫瑰艷」與「細鷄」的「生客」約有六七個馬位，「火山」是長短途俱能的馬匹，莫慶垣既能放出，放放收收，就大有機會放到贏馬而出其獨贏六、七十元的冷門了。

天下事竟奇之又奇，冷門客（莫慶垣君前幾年也寫馬經稿，他的筆名冷門客），單騎直放，放到未上大石鼓前，因那一天陽光普照，那裏有一座監視亭的影子，剛剛被太陽晒正，亭子的黑影便橫在草地上，兩面有日光，這個影子黑沉沉，「火山」是有牌氣的馬匹，跑得好地地，忽然看見前面黑沉沉，不知道是甚麽東西，牠跑到那裏，忽然煞車停步，倒霉的莫慶垣，失驚無神便跌下馬來，幸虧後面的三駒離得遠，總算未曾踏着冷門客，可是他的頭馬已是無份，而且還要由救傷車車進馬會醫療室，幸而未有大損傷，不過在董事們對這一場賽後的諮詢時，他已不能給口供了。

還有，上賽布林利騎的第八班馬「珍妮花」，贏後升上第七班，也在這一場上陣，可惜的是，排位剛剛是第五，軋在「火山」與「蝴蝶夫人」中間。上面講過開閘網時「火山」發牌氣連累「蝴蝶夫人」，「珍妮花」當然不敢向前跑，因而變成包尾起步，布林利因「珍妮花」是第二大熱門馬（負票一萬另張），當然要拼命催騎，可是前段失地太多，後上不及，祇能跑得第三，如果沒有這個意外，當可與「黃天覇」與「生客」一較高下的。

同場還有一匹開頭一路跟在「火山」後面黃展君騎的「優勝」，在跑過終點後轉回小沙圈時，忽然倒地不起，幸虧黃展身手快，未被壓着，事後經獸醫羅拔臣君（現在的獸醫屋利君，當時還是副手）檢驗，原來「優勝」是因心臟病突發致死的。

小洪贏這場頭馬的插曲之多，也可謂破天荒了。

這一季，小洪共勝頭馬七次，二馬十次，三馬十次，落第四十八次，未能畢業升黑牌大師傅，可是位新出賽的紅牌生，在第一季中，已有七十五次上陣，已可算得不容易了。

到一九五四至五五年度全季，小洪一共上陣六十三次，比上屆少了十二次，其中，得頭馬六次，二馬四次，三馬七次，落第四十四次。

上年度他在紅牌生時期，既已贏了七次頭馬，這一季再贏三次便能轉爲黑牌大師傅，這一季贏了六場頭馬，當然成爲大師傅了。

這一季他第一次贏的是第五班「鑽石皇后」，第二次贏的是紅牌生賽第九班「高超」，他畢業的馬也是「高超」（按：「高超」當年的英文名字是 COURTIER，馬主是馬會董事伊雲士，可是現在也有匹英文名字相同，而中文名字則是「超人」，馬主是建築商孫紹光兄），「高超」此對上一次由小洪在第九班中贏馬升上第八班，此馬在九班跑一哩一（七一碼長途爛地贏出，當時負磅一四七，因爲贏了一條街，升班再跑六化郎快地短途，反而加了五磅，可是一樣再贏，這一場也是紅牌生賽，兩贏頭馬，第一次獨贏派彩三十二元，第二次則爲廿一元，都不是大熱門。

小洪在一九五三年十二月十二初次在香港上陣，到一九五四年十一月二十日畢業，時間不足一年，就升爲黑牌大師傅了。（三十）

附啓：「馬場三十年」第一集單行本，現已出版，各大報攤均有代售。

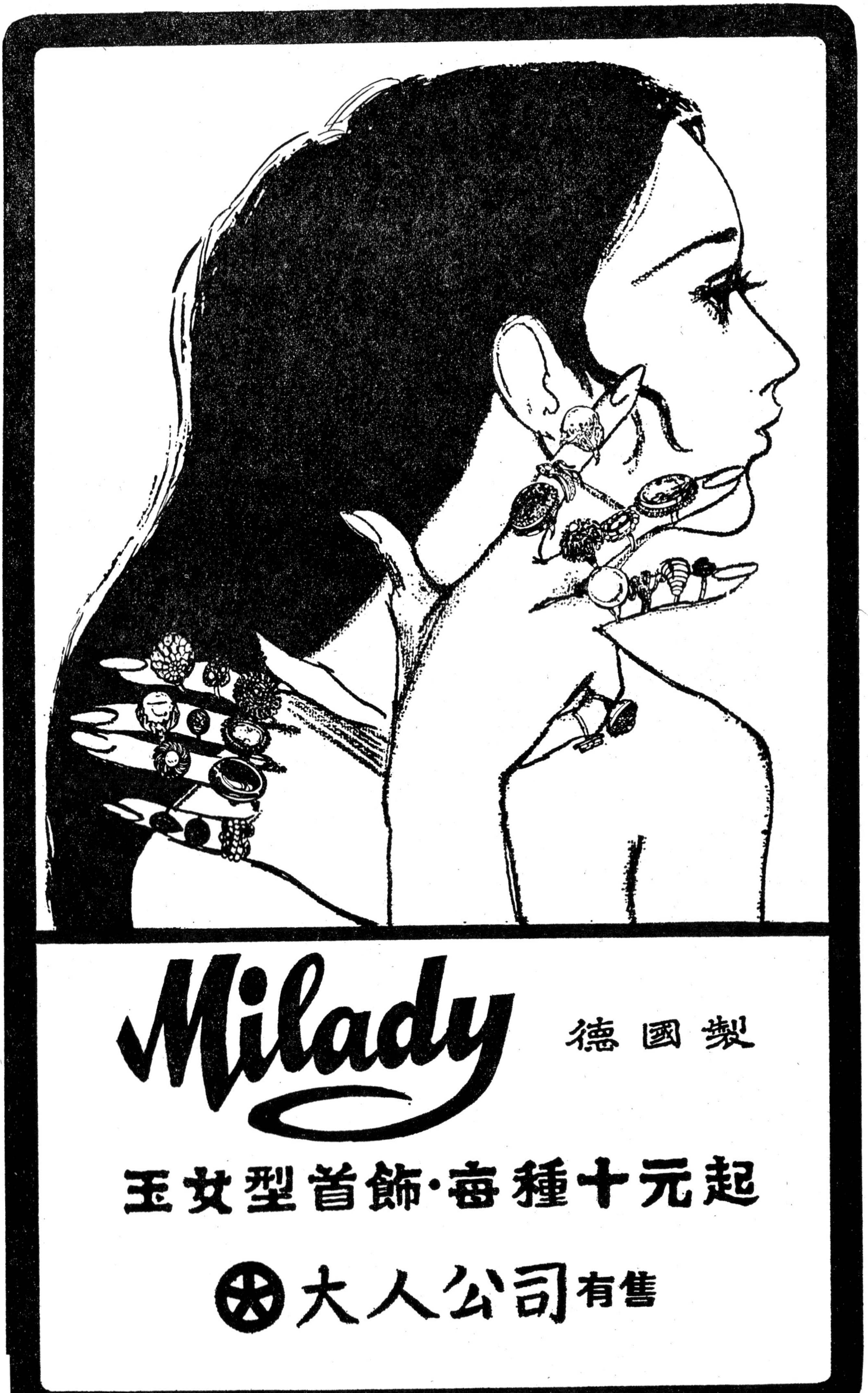
Milady
德國製
玉女型首飾·每種十元起
大人公司有售

歌壇十二金釵（下）

陳蝶衣

六：冉肖玲

踪跡寄天涯，閒鬥尖叉，尊前依舊織繁華。娛己娛人何所有？粉墨箏琶。揭幕見形姱，羞落凡花，銀燈時照玉無瑕。若得歌聲長在耳，誓不回家。

歌國中有冉肖玲，猶之過去的許多朝代有念奴，有商玲瓏，有郭芳卿（字順時），有楊瓊，是不可缺少的點綴。

冉肖玲之與香港歌迷們相見，最早恐怕還是在螢光幕上，一種宣傳咳嗽藥的廣告介紹了她，她唱出「玫瑰玫瑰我愛你」一曲，中間表演了咳嗽，服藥，然後再唱。那時候，她的「姣服極麗、姁媮致態」之形象，已具有極大的吸引力。

之後，是隨着「中華藝術團」重來香港，正式以歌人的姿態與觀衆相見。我在作曲家李厚襄兄府上初次遇到她，聽她唱了一支新歌，記得有一篇歌評形容她的歌喉是「沙沙的聲音帶着醉人的磁性」，此語十分恰當。磁性的歌喉透露了富有情感，最容易使人「着迷」。我就是在稍後的時間，帶了「着迷」的神情去往國華戲院，欣賞她在歌台上的磁性。篇首一闋「浪淘沙」，亦即是在「似這般可喜娘罕曾見」的感受之下所寫。

肖玲原籍四川萬縣，但她自己說：「我連萬縣的影子也沒有見過。」因爲她是在台灣長大的。踏上歌壇之前，她是背書包的女學生，嘗試作歌手的初期曾駐唱於台北的豪華酒店，並在電視的「羣星會」節目中担任演唱；然後又成了台灣環球唱片公司的簽約歌星，灌了不少唱片。正像所有的大牌歌星一樣，成名是循序而進的。

我擁有肖玲的唱片之第一張「藍色的憂鬱」，即是在李厚襄兄府上初晤時承她贈予，上面有她的親筆簽名，——這是我的「花窠寶藏」之一。每逢憂鬱之時，我便要聽聽她的歌，分析一下她的藍色之憂鬱，畢竟與我有何不同？

冉肖玲

作爲一個歌迷，除了唱片之外還得搜集照片，有一幀我目之爲「要命的照片」經我在報端發現，一晚去往「翠谷」等候她歌罷之後提出了「請賜玉照」的要求，過了一天她俯如所請，把照片寄到我的辦公室，信中她寫着：「要命的照片來了！」

除了這一幀「要命的照片」之外，稍後我又以港幣一百元的代價，購得了一幀肖玲的彩色照片，我所以不吝重酬而必欲得之，原因是她所御的一件歌衫，胸前繡有一隻挺大的蝴蝶。

七：楊燕

楊柳風輕燕語柔，此生恨不覓封侯；夜分聽到呢喃歌，臥對玄樞夢四遊。

歌人之中，較難着筆的是楊燕。

初見楊燕是在麗風唱片公司的錄音室，她正在練唱「待嫁女兒心」，這是我爲「燕子盜」影片所寫的一首插曲；經過了介紹之後，楊燕謙虛地對我說：「過去從來沒有唱過，怕唱不好。」「待嫁女兒心」是一首帶有幽幷之氣的北方小調，確是不怎麽符合楊燕的「歌路」。這一天的楊燕，讓我看到的是不施脂粉的眞面目，給我的印象是一個「柔」字，說話的聲音也是軟綿綿的。

在此以前沒有聽過她的歌，先看到了她的純樸的一面，以爲外間傳說她在「楊貴妃」歌劇中的演出之「嗲得要命」四字評語是過甚其詞。及至後來一次又一次的聽她的歌，看到她的演出，纔恍然於她另有「煙視媚行」的一面，與初見時的純樸作風比對之下，簡直像是換了一個人。

至此，纔使我也不禁有「此生恨不覓封侯」之歎。

楊燕原名楊欣燕，於一九六八年獲得台灣全省歌唱比賽冠軍的榮譽，這是她的發軔之始。此後在歌壇上一帆風順，享名日盛一日；近年曾多次來港，以一曲「蘋果花」作爲招牌歌，確是唱得與衆不同，其優點是起首的一段道白不躁不滯，控制得宜，爲他人所不及。技術較差的歌星在唸這一段道白時，往往使人感覺到「汗毛凜凜」；惟有楊燕能免此弊，能使人聽了爲之「矜平躁釋」。

大抵就是由於楊燕有「煙視媚行」的天然稟賦，因之經常會有種種蜚語，和她糾纏在一起，事實上都是一些不根之談。

有一位舊時鄰居，張先生是美時服裝公司主人，他對我作證說：「我太太差不多天天陪着她，那有這種事！」這是指楊燕第一次來港之時而言。另一位曾爲「龍門客棧」影片配音，打過「邊鼓」的沈榕兄也對我作證說：「我請楊燕寫『燕語』，晚晚到金閣酒店去取稿，坐在樓下餐廳等她，她下樓來和我一起吃粥，差不多晚晚如此，我總不是什麽大戶吧？」這是指楊燕再度來港之時而言。

楊燕

不過，我對那些謠諑倒是「寧可信其有」的；像楊燕這樣一位美麗的歌星，若說沒有追求者圍繞左右，奉承意旨，那就未免忒煞辜負了她的姱容殊色了。

八：張百齡

一夕登場六曲歌，座中回報掌聲多；
擁衾歸去人爭覩，恐有情癡效諫珂。
闊席難爲程孟陽，不聞歌喘已迴腸；
身閒無計當重請，恰似瑤笙臥犯牀。

有「千面女郎」之稱的張百齡，在我眼裏是屬於「獨行傳」中的人物。如果她是男子，便是有曠世之度的卓犖不羈之士。

坦率，不虛僞，一根腸子直到底，對任何人都能一見如故，是這位歌人的個性，也是她的優點。

百齡毫不諱言她已有了愛人，但箇郎遠在美國。有一晚看到她在香港歌劇院後台，從低胸歌衫裏面掏出了一捲錄音帶，裝入卡式錄音機中，播放給同場歌星容蓉聽，但放到半途即戛然而止；原來錄音帶便是她的愛人從美國寄來，前半是向容蓉致候之詞，後半呢？百齡笑着說：「不給你們聽！」不用說，當然是只有她一個人可以欣賞的「喁喁情話」了！

歲尾年頭，香港氣候比較寒冷，百齡從第一酒店出門，走過十餘步，轉一個彎，便進入了香港歌劇院的後台，此一時期經常看到她披上了一件狐白領的冬褸，藉以禦寒，於是有篇首第一詩「恐有情癡效諫珂」的調笑之作。

諫珂，是一種鳥名，「說苑」有這樣的一段叙述：『晉平公異日出朝，有鳥環平公不去。平公顧謂師曠曰：吾聞霸王之主，鳳下之。今者出朝，有鳥環寡人，其是鳳鳥乎？師曠曰：東方有鳥名諫珂，文身而朱足，憎鳥而愛狐，今者吾君必衣狐裘以出朝乎？平公曰：然！』

張百齡

第二詩則是百齡唱畢香港歌劇院之後，改應「國際」夜總會的聘請，登場之日曾以電話約赴歌筵，下走適以臥疾之故，未能應召，其後乃寄詩致意，聊表謝忱。

明代詩人程孟陽，有「近逐歌喉須闊席」之吟，故起句及之。至於「犯牀」，則是置放樂器之具，因宮調相犯，故名。江湖詩人陳造嘗詠及此物，句曰：『犯牀漫飛埃，瑤笙罷重請。』自註曰：「修樂器惟笙曰請。」

百齡於「國際」夜總會約滿之後又轉應「翠谷」之請，每晚唱出兩場，中間有差不多兩小時的休息，恰好正是附近樂聲戲院放映午夜場的時間，她照例唱罷第一場即趕往戲院看電影，散場之後再回到「翠谷」接唱第二場。

心聲自百齡之口中吐露，她列舉兩項理由，

其一：宣佈有了愛人，可以避免許多麻煩。其二：每晚看午夜場電影，可以少惹一些是非。

這位千面女郎，顯然又是一位慧心人。

九：貝　蒂

冰崖百丈俏花枝，轉盼無人得並時；
一自現身銀幕後，星銜羡煞舊親知。

現代的前溪歌舞移轉了陣地而發皇於台灣，歌舞團之來港演出者絡繹不絕，此中人才輩出，而最幸運者則是貝蒂。

貝蒂隨「中華歌舞劇團」來到香港，演出於樂宮戲院，以「愛情花」女主角的姿態炫耀衆目，開始就給了人們以一個「不俗」的印象。

「中華歌舞劇團」的旗幟飄進了「邵氏」影城，是一次循例的訪問。我奉派客串接待員之一；當全體團員去往攝影場巡迴參觀之際，有一位女團員因體力不支，單獨留在貴賓室中敧坐小憩，她就是貝蒂。

問起情由，得悉她正爲「頭目暈眩」所苦，我便設法替她取來了一瓶「白花油」，並作了自我介紹，陪着她談了一陣。

貝蒂

這是我與貝蒂識面之始，敧坐在梳化椅上的「愛情花」女主角，那時候大概想不到，不出一年她竟會躍登銀幕，成爲「邵氏」旗下的演員之一。

在香港演唱終了，貝蒂隨着大隊去往西貢，結果鬧出了「脫離羣衆」的不愉快事件。之後團體解散，貝蒂單獨來到香港，在無線電視的螢光幕上出現，給「邵氏」導演楚原看到，邀請她在「愛奴」一片中演出，由於成績優異，此後一連有好多部戲都找她主演，從此頭角嶄露，頓時變成了影城中炙手可熱的紅人。

「歌星」之外又多了一個「影星」頭銜，貝蒂之聲價立即不同於往昔。東方歌藝團、「夏瑤」及「新東雲閣」「喜萬年」等多家夜總會，先後不吝重酬，邀請她登場獻歌。在「邵氏」的所有演員中，她是唯一不受合同約束的一個。但，又是影城又是歌台，經常要兩面趕場，畢竟也相當辛苦；本來是林黛玉型的底子，因此不得不猛喝「雞精」，藉以進補。

貝蒂，原姓名是韓白綢；她是歌人中的一位幸運兒。

十：何憶梅

點額妝成憶壽陽，依稀睡起別含章；
何人笑指梅花蕊，勸說迴腸莫斷腸。

何憶梅初來香港是「民間藝術團」團員之一。「我的朋友」心冷詞人受台灣友好之託，要我爲她寫一篇介紹文字。我看到了她在照片上的簽名，「何憶梅」三字寫得相當遒勁，其時我只是聽過她的歌，與她有「一面之緣」僅是台上與台下的關係。

何憶梅

第二度來港時她在「漢宮」夜總會登場，這纔經由介紹而得與晤對。她在「漢宮」一唱就是九個月，之後轉場到「翠谷」，覿面機會因之較多。

憶梅原名懷敏，祖籍河北，在台灣長大並受教育，畢業於屏東省立女中後，一度進入鋁業公司任會計之職；後來對歌唱發生了興趣，即轉行而踏上歌壇，先後在台北的第一酒店、統一酒店、今日世界音樂中心、宏聲歌廳等處亮相，很快就成了台灣的歌迷偶像之一。

除了愛唱民謠、小調之外，絕對不唱日本歌曲是憶梅與衆不同的特徵。當時代曲洋溢着東洋味，日式翻譯歌充斥市場，呈顯着畸形發展現象的期間，所有的歌人都不免哼上幾首，惟有她獨標高格，不肯追隨流俗。她私底下對人說：「我不喜歡日本的民族性。」這是她不唱日式翻譯歌的主要原因。

在台灣，她是月球唱片公司的簽約歌星，灌有長壽唱片多種。憶梅於唱畢「翠谷」之後，曾去往星、馬，逗留了一個時期，再經由香港飛回台灣，目下不知芳踪何處？憶梅者人亦憶之，但願伊人，重來有日。

鄧雪芳

十一：鄧雪芳

難忘門酒惹嬌顰，累見銀燈照現身；
冥想能邀春煦嫗，風光就煖是何人？

鄧雪芳目下在「皇都」夜總會獻歌，久矣乎未相見，但亦時在念中。

歌壇十二金釵中有一位小九妹，除此之外另有一個小姨，就是鄧雪芳，她跟着前輩影星李芳菲喚內子爲姊，我因此添多了一位名義上的小姨子。

雪芳也是歌壇美材之一，歌喉嘹亮，李香蘭的名歌「三年」與「賣糖歌」我曾聽之者屢。她在「金舫」夜總會駐唱過一段很長的時期，並且還兼任司儀；登場時長裾曳風，意態極是撩人；而最可愛的則是她的醉態。

曾經稱雪芳爲「女中劉伶」，凡是豪於飲的女子，大都具有靈心慧舌，雪芳亦不例外；有一晚從「金舫」喝到「豪華樓」，雪芳不甘服輸，頻頻與同座諸人乾杯，她的那股子豪氣，只有張百齡堪與匹敵。

去年一度去往菲律賓，歸來後從「金舫」轉到「皇都」，約滿又續，深受場方的器重。她來自台灣，在香港大致將作久居之計，因爲這一位窈窕淑女，追求她的君子不在少數，對於未來的終身伴侶之選擇，預料將是遲早間的事。

篇首一詩併以「風光就煖是何人」爲問，這裏補作註解，揭露了小姨子的秘密，說不定背地裏要嗔我「沒遮攔」了。

十二：劉鳳屏

桐花鳳，生小便妖嬈。纔向堂前聽擪笛，又從屏上試弓腰，學得殢人嬌。
留姓氏，門合卯金刀。不止姁媮能致態，更兼顰笑亦宗姚，一曒壓羣囂。

小詞一首，調寄「江南柳」，乃是爲歌壇么鳳劉鳳屏而作。

有一次在大人飯店宴請歌壇二秀——潘秀瓊、甄秀儀，我到香港歌劇院後台去接駕，恰值鳳屏亦已歌畢，順便邀請她作陪。席間，鳳屏以照片一幀見贈，我就爲她題就了上面的小詞。

在此之前，鳳屏之歌已聽之者屢，她最擅長的一首是「愛在虛無縹渺間」，唱得極有韻味。昔人論詞，以「流轉圓美」爲詞之極致；以此四字移贈鳳屏，稱譽她的歌喉，鳳屏也可以當之無愧色。

鳳屏的尊人劉百樂，是一位知名的音樂歌唱家，於粵曲方面有很深的造詣，鳳屏自小即熟諳「管色譜」，聽慣「四上尺工六」的音響；許多流行的粵曲，她都能琅琅上口；稍長又曾師事粵劇名花旦紅霞女，從之習藝。由於她有此根基，改唱時代曲自然更容易得心應手，並且很快的出人頭地了。

兩年以前，鳳屏曾因喉嚨發炎，輟唱一段很長的時期。當時爲了她突然隱匿，甚至螢光幕上也不見了她的倩影，以致一度有失踪之謠，事實上她是在家中休息。直到調養痊愈，嗓音恢復之後，纔又重披歌衫，與聽衆們相見。

最近，鳳屏突然又隱匿不見。探問之下，方知這一次她的輟唱，並非由於病困，而是飛去了美國，所以歌台與螢光幕上，都消失了她的影子，無由重覩了！她之離港赴美，當是旅遊性質，或許不至於一去不歸，有所逃避吧？但願短時期內，仍能在聽覺方面，獲得她所給予的「雛鳳聲清」之感受。

香港歌星中摹仿姚蘇蓉而能得其神髓者，較早有一個藍滌芳，此外就要數到劉鳳屏；鳳屏不僅歌聲似姚，有時動作亦維妙維肖。十二金釵以姚蘇蓉居首，宗姚之歌壇么鳳爲殿，或亦無忝於「承前啓後」之旨乎？

（續完）

劉鳳屏

·預告·

下期繼續刊載：
「歌壇十二金釵」新冊

銀色漫談

「大軍閥」台灣觸礁

・馬行空・

上一期談起「大軍閥」在此地耀武揚威的經過：「邵氏」得以一雪前耻，李翰祥藉之名利雙收，那一次的勝仗，的確打得非常之漂亮。

「大軍閥」既然在香港大獲全勝，接下來自然也要到台灣去「威水」一番。起先聽說該片在台灣送檢之時，遭到刪剪，「邵氏」提出抗議，結果無效，「邵氏」也祇好服從決定，同意剪去幾個鏡頭，領下放映許可證，並且決定在十月初推出了。

該片需要刪剪的都是些什麼呢？最初傳來的消息是：狄娜與宗華的脫衫床上戲，胡錦的遭受強暴一段戲，和一些不雅的對白，與軍閥式的粗話等，算下來對於整部影片沒有什麼重大損害，要剪就剪掉可也。「大軍閥」如果能在台灣上映，一般人預測除去開支至少可以淨盈台幣二百萬元以上，銀錢事小，面子十足，因爲「邵氏」出品的喜劇片，在寶島上還沒有那麼露過臉也。

不想「邵氏」與李翰祥正在香港等候捷報之時，台灣分公司打來十萬火急長途電話：「大軍閥的放映許可收回，映期取消！此事有變，而且問題甚爲嚴重，嚴重到連刪剪都不能解決，弄得不好，恐怕會得來一次根本禁映』！這眞叫做「閉門家中坐，禍從天上來」，「邵氏」與李翰祥連做夢也沒有想到，晴天裏會得打下這麼一個霹靂來。

突遭禁映 邵氏震驚

通常一部影片在台灣禁映，大概都是牽涉到政治或思想問題的。「大軍閥」所講的是北洋政府時代的官場醜史，片子的性質屬於嬉笑怒罵的游戲文章，談不到內涵與意義，似乎沒有觸犯法律條例的可能，所以「邵氏」一直很放心，並不以台灣加緊檢查制度爲意。哪曉得天下事往往出人意料以外；偏偏就是這部插科打諢、胡編亂謅的作品，就會發生了最嚴重的情形，當消息傳到之時，「邵氏」以內立刻人仰馬翻，鷄飛狗走，大家都被這個飛來橫禍給打擊得亂了步驟。

台灣分公司在長途電話裏的報告實情是如此的：「大軍閥」已經在台北各影院裏打出預告，準備正式公映，就在那時，另外一兩個有關機構，突然收到由香港寄出的告密文件，其中列舉事實，言之鑿鑿，對於該片的攻擊，可以說是嚴厲已極，無從寬恕。有關機構因爲沒有看過試片，所以未便裁奪，祇能把告密函件，轉咨文化局，並給該局提高警覺，加以複查。文化局接到公函之後，也因爲茲事體大，不在他們的檢查範圍以內，故而決定呈請教育部，據說將要召集所有的機構，共同研討，然後纔能確定「大軍閥」的命運云。

底事如此之鄭重？香港人起先不明就裏，紛紛揣測，但任何人也沒能猜中，到後，台灣的正式消息傳到了，經過香港報紙上的披露，纔知道「大軍閥」被指出頗有影射當局之嫌疑，其中最嚴重的三點是：第一，片中有一句對白：「站在右邊的，統統要鎗斃！」這句話涉嫌對右派人士之不滿，恨不能斃之爲快！第二，片中另有一句對白：「廟細菩薩大……」根據檢舉信中所說，這就是諷刺台灣地方雖小，但行政機構則頗爲龐雜之意。第三，大軍閥死後，出現衆多兒子，其中且有混血兒數名，以及大軍閥爲父祝壽的一場裏，居然鬧出兩名壽翁來的片段，這些都有惡意中傷之嫌，還牽涉到倫理的問題！這個消息傳到之後，不要說「邵氏」與李翰祥爲之震驚，就是圈外人亦莫不爲之失色，因爲那頂「帽子」實在太重，是誰也會感覺吃不消的也。

先談第一個問題：台灣與香港的立場不同，向來對於「左」或「右」的問題，看得非常嚴重，有時的確不是香港人所能理解得到的。寫到此處，想起一件事來了：五六年前，宋壽在台灣爲「國聯」拍成了一部「破曉時分」，剪接配音完畢之後，招待試映。該片結束之時，畫面上出現踽踽獨行的楊羣，走到街道的盡頭，一拐彎，不見了，響起音樂，片終。那就代表了劇中的青年，看破了社會中官場腐敗，棄職而去，走向光明的道路之意，本來用意絕佳。但座客之中就有屬於某機構的人員，認爲這個結尾大有問題，該員說道：「楊羣爲什麼向左拐彎，而不投向右方呢？」這僅是一個很小的例子而已，當然到後來並沒有影響到「破曉時分」的公映，不過由此可見有關方面的步步小心，處處留意，已經精細到了難以想像的程度了。大軍閥登台審案，因爲犯人過多，不能一一的加以甄別，於是胡裏胡塗的下了一個判決：「站在右邊的，統統要鎗斃！」這兩句傳誦人口的笑話被有關方面聽到，的確是有那麼一點刺耳的。

第二個問題是對白中的那句「廟細菩薩大」，要曉得現在的台灣正在合併機構，厲行精簡政策之中，自然是決心要改革過去組織過於龐大，機關過於衆多之弊。「大軍閥」偏偏在這個時期以內來了這麼一句，言者可能無意，但聽者難免有心，不論是否暗中諷刺，就算它是一個巧合吧，但也不能說提出指摘者毫無理由。

第三個問題最爲嚴重，因爲這個父子倫常，是開不得玩笑的，安在劇中人的身上，當然無傷大雅，但如果說那是惡意中傷，這裏頭就牽涉到攻擊人身的法律問題了，嚴格追究起來，編劇人（好像就是李翰祥自己）非但有錯，而且犯法！那還了得？

據說：在那三十多封告密信中，有一封是用「邵氏」的信紙寫去的，使人們一下子就聯想到「影城」內一定出現了「內奸」！在銀色茶座上，有人冷笑道：「這還用得着去調査？一定是某某所寫的！」說話的人的理由是：李翰祥獲得了空前的成功，因之而引起公司內某一部份人的妒忌，所以纔出此下策。這個看法，很快的就被否定了，因爲「邵氏」的空白信紙，不是什麼機密文件，流傳到外面去，被好事者加以利用，也並不是全無可能之事也。再者，就算是「影城」中人的所爲，此人也不致於笨到自己露出破綻，而偏偏要使用「邵氏」信紙的。所以銀色茶座上的談話，有時頗有見地，有時就難免幼稚之嫌；以上所提起的「某某」，其實也是一位有名的導演，假如他能做出那種損人不利己的愚蠢行爲，那麼他還稱得起是什麼「大導演」呢？此乃毫無根據之信口開河，說穿了不值一笑。

情勢微妙　有口難言

這一個事件之爆發，使「邵氏」非但緊張，而且還發現本身處境十分之尷尬，祗因爲指摘方面的加罪，過於嚴重，反而使「邵氏」就是想認罪也不敢隨便的認罪了。

此案的內情，非常曲折，解釋起來需要很囉嗦的一番筆墨，請各位讀者捺下性子，且聽在下慢慢的道來。

大軍閥有兩位父親，而他的衆多遺孤之中有幾名混血兒，那是被檢舉者所認爲惡意中傷最嚴重的一點的。然而，問題就發生了：所謂「影射」者，一定有一個暗含着針對的對象，而這個對象爲誰？則爲任何人所不肯言明的，因爲前面提過了，這裏頭牽涉到人身攻擊的法律問題也。因此，這個指桑罵槐的「槐」是什麼人？借古諷今的「今」又是哪一位？直到今日，大家避而不談，影片「大軍閥」被暫時凍結的理由，祗是一條不着邊際的「違反中國傳統倫理道德」而已，甚至於連「影射」二字，都盡量的避免談起矣。

對於「邵氏」說來，這確是一個極大的難題。「違反中國傳統倫理道德」，在今日的「復興中華文化運動」聲中，是一頂不大也不小，不輕可也不太重的「帽子」，不戴最好，戴上了也叫做無可奈何。但是此次的「違反中國傳統倫理道德」，又與普通一般的大有不同，因爲在這一條的背後，還隱藏一項「影射私人」的嚴重罪名哩！假如「邵氏」公開表示同意，情願把上面所談的兩個「問題鏡頭」剪掉，那就等於是承認了「違反中國傳統倫理道德」，同時也盡在不言中的默認了確有「影射私人」之意！如此一來，豈非滿盤皆錯？委屈求全，倒反而變成了不打自招，結果自然是一場糊塗，不可收拾！

就因爲這一層微妙的關係，「邵氏」祗好扮做吞下了黃連的啞吧，除了密令台灣分公司設法在暗中解釋與疏通之外，總公司根本不便發表任何意見，更不用提出頭交涉了。十月初旬，邵逸夫飛過一次台灣，十月中旬，「邵氏」策劃經理易文也到過一兩次台北，外界以爲他們都是爲了「大軍閥」的問題，而不辭僕僕風塵的，其實完全不是那麼一回事。聽說這二位到了台北，根本就未敢與有關方面接觸；他們是另有要公，與「大軍閥」無關，匆匆而去，悄悄而歸，至於「大軍閥」的問題，祗有靜候發落，希望在不聲不響之中變通解決，是爲上上大吉。邵逸夫曾經表示過：情願放棄幾百萬元台幣的收入，也不情願再惹出什麼痲煩來，由此可見「邵氏」目前的方針，正是以息事寧人爲主的了。

此事倘能由大化小，由小化無，自然是再理想不過的結局，但是就有人指起手指來替「邵氏」計算了一下：狄娜全身赤裸的鏡頭要剪，胡錦在酒館小樓上被强姦的一場要剪，許冠文講粗口，講不雅的對白幾處要剪，然後再剪去壽堂與靈堂的兩場……請問「大軍閥」還能剩下多少呎？再說：眞個剪成像那樣的七零八落，叫觀衆們看得莫名其妙，那還有什麼叫座力量呢？

「邵氏」對於此事之處理，可說是從來沒有像這樣的謹愼小心過，祗因爲「大軍閥」一部影片的得失，還不算是什麼嚴重的問題，但「邵氏」年產數十部新片，日後都要陸續在台灣市場上放映的，倘若爲了一部「大軍閥」，以致在台造成不良的印象，對於「邵氏」的招牌實在大有損害。這一點不容忽視，此所以「邵氏」此次之如臨深淵，如履薄冰也。

香港某報曾經刊出一段文字：「李翰祥在台灣組織國聯影業公司時，曾得到政府當局的大力扶助，而且後期還對他的困難，予以協助解決，想不到他會拍出一部這樣對白的影片來。所以，政府當局對此發展已予極大的注意，甚至，李翰祥將來拍成的電影，也有可能不受台灣當局者的歡迎。上述者，均來自台灣靈通消息人士，但是否眞會發展至如此嚴重程度？有待日內教育部對『大軍閥』作了決定後，便可揭曉。」這一項報道，雖然還未能完全証實，但報上的論調如此，使「邵氏」更加頭痛萬分，越發的不願意捲入漩渦了。

目前，傳說又有一個新的指摘被發現出來：「大軍閥」片上的中文字幕，把北伐軍的「伐」字給寫成了「閥」字，指出者認爲這是故意的蔑視那次神聖的戰爭，而把箭頭指向導演李翰祥的身上。其實，凡是稍微熟悉一點影片製作過程的人們，都可以曉得的很清楚：每部影片的打字幕，就是最後的一道工作，到那時，導演差不多已經等於完全卸掉了責任，通常是不需要再親自加以監督的了。此一錯誤，可能是打字幕時之疏忽，也可能是對白本上抄寫時所發生的簡寫，若要導演負起這個責任來，似乎有點過份苛求。由此觀之：「邵氏」的作法是對的，最好到此爲止，慢慢的尋求解決之道，如果再要鍥而不捨的去咬文嚼字，研究內容，則恐怕還有許多似是而非的蛛絲馬跡可循，那就是反而變成「剪不斷，理還亂」了。

導演緊張提出辯護

比「邵氏」總裁邵逸夫還要緊張的，就是「大軍閥」的「三百萬大導」李翰祥。

李翰祥自從改變作風之後，採取了遊戲人間的態度，對於任何事物，都像輕飄飄而毫不在意似的。但是，此次「大軍閥」出了問題之後，李導演顯得非常之緊張與激動，曾經先後的提出種種辯護理由。這也難怪，因為他一方面對於公司必須有個交代，而另一方法則對於台灣當局亦不能不表明態度，否則的話，今後李翰祥導演的片子還多得很，假使每一部都有類似的枝節發生，那就實在不勝其麻煩了。

根據李翰祥對記者們所發表的談話，他的三項主要辯護理由，大約如下。

第一：關於「站在右邊的，統統要鎗斃」那句對白，據說民間所傳舊時山東省主席韓復渠的笑話，都是如此講來的，並非李翰祥個人的杜撰與首創，有很多雜誌及報章上的遊戲文字可以作証。再者：李翰祥認為在整部影片之中，許冠文所扮演的大軍閥是一名被否定了的人物，而且在影片的結尾上，他也是惡貫滿盈之後而被鎗死了的，所以從他嘴裏講出來的對白，應該也屬於「被否定」的性質，所以或「右」或「左」都無所謂了。還有：影片中所描述的是舊軍閥時代的故事，早已成為過去，在那個時代裏，像這種胡塗武人多的是，電影劇本裏無非是任選一名，作為開玩笑的對象而已，又怎麼可以硬性指定那是「借古諷今」呢？

第二：關於「廟細菩薩大」的那句對白，李翰祥肯定的說：「在整部的影片裏，根本找不出這麼一句對白來！此中是不是有人惡意中傷？自然是顯而易見的了。」那麼這一項指摘又是從何而來的呢？究竟是哪一方面的錯誤？這就有待事件澄清後始能分曉了。

至於第三項的大軍閥兒子多與父親多，都被指為暗中影射，並違反倫理道德的問題。李翰祥對於這一個指摘矢口否認，他認為這祇是塑造大軍閥這個人物的性格，和形容他做事的胡塗而已。他的原意是用一些荒謬可笑的揑造故事，來諷刺一個在軍閥時代裏的鬧劇人物，希望能產生更好的娛樂效果，至於什麼「影射」，又是什麼「違反道德」，他根本連想都沒有想到過！

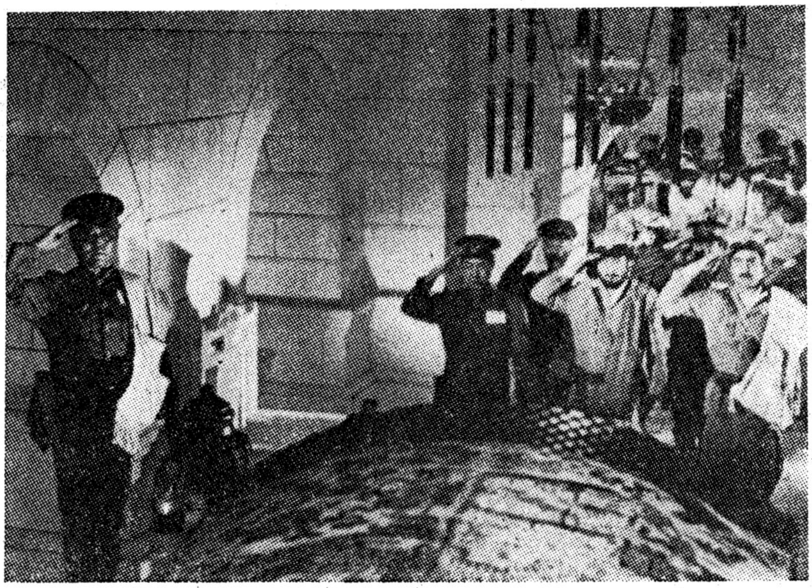

「大軍閥」片中也有一幕盜皇陵

有關片中狄娜的裸露，與胡錦的遭受强暴鏡頭，李翰祥也有解釋。他一部影片情節之中，假如的確是需要那樣拍攝的，便不能以「黃色」目之。再說：曾經在台灣公映過的中外影片，有些鏡頭之「黃色」，尤甚於「大軍閥」多多，為什麼又沒有人提出指摘來了？

再要談到「大軍閥」裏不雅的對白，李翰祥表示：許冠文在片中所飾演的角色，已經被肯定是一個昏庸殘暴，草菅人命，毫無學問修養的人物了，所以他的講粗話，祇有使這個人物的性格更為突出，同時這也是對於此類人物的寫實，屬於一種攝製技術上的誇張，原本並沒有什麼惡意在內，似乎不應該構成一項罪名。李翰祥又强調的指出：在現實生活之中，不用說是一名當兵的老粗，就連很多好像絕對不應該講粗話的人們，有時也會得情不自禁而粗口連篇的，事實如此，並不值得抨擊。

李翰祥的結論是：這些告密信作用，主要是想分化自由影人的團結！一部份別有企圖的陰謀家，正在使用挑撥離間的手法，要使香港出產的國片，在台灣遭遇到動輒得咎的困難，他希望有關當局，一定要洞悉其奸，千萬不可被他們的狠毒計策所蒙蔽。除此之外，還有一些告密的出發點，純粹是商業上的競爭，與個人之間的恩怨，他認為那些都是無的之矢，更不值得重視了。

以上所說的這些李翰祥對於此案的反應，當然也會傳到台灣去的，但直到目前為止，還未能聽到台灣方面有什麼決定做出來。根據一般人所曉得：台灣的各有關機構，仍在縝密的討論與調查之中，因此影片「大軍閥」的命運也就始終懸而未決。香港某報曾經刊出消息一則：「邵氏」向台灣有關當局解釋，這是誤會和遭受旁人的中傷攻擊，而有關當局經過詳細研究後，在所接獲的三十多封信中，雖然祇有其中的一封是用「邵氏」信封和信箋所寫的，但其餘各信，差不多內容相同，似乎是出於同一人手筆，因此，相信是受到了中傷，而一度觸礁被禁止上映的「大軍閥」，經「邵氏」高層人士奔走解釋後，已獲得通過，將可排期上映，但其中狄娜全身赤裸的床上戲鏡頭，已被剪去，這是唯一被剪的云。該報的這一個消息，不知從何方面採聽得來的？可能並不完全可靠，因爲直到截稿時爲止，「大軍閥」解禁的訊息，還沒能得到此地「邵氏」中人的證實也。

李翰祥本人，特別重視此案之發展，他差不多每天總有一兩個電話打到「邵氏」製片部裏去，劈面的第一句，照例是「怎麽樣？台灣有沒有麽新的消息？」內心之焦急，溢於言表。觀察家認爲李翰祥的緊張，確是值得原諒與同情的，因爲他眼下正在努力挽回聲譽之中，一改舊日意氣用事之作風，連拍戲也走上了避重就輕的路子，暗含着就帶點「多一事不如少一事」的「出世」思想，祇求安安穩穩的替公司賺錢就是了，希望千萬別再節外生枝的惹出什麽麻煩來。因此，外界很有一部份人是幫着他講話的，都說李翰祥近來心如止水，大澈大悟，恐怕不會自已再去捉一隻白蝨來放在頭髮裏吧？

人緣欠佳 事出有因

按照常理說，像「大軍閥」這類的公案，彷彿是可大可小的。指摘李翰祥借題發揮，蓄意影射的也有理由，而李翰祥所提出的各項辯護亦不能算是强詞奪理，總之：此事有着不同角度的看法，局外人很不容易判斷此中的是非屈直。不過，經過這麽許多日字的討論與瞭解下來，可以發現那些告密者的目標，並非針對「邵氏」而是箭頭指向李翰祥個人的。讓我們姑且假定李翰祥的辯護理由屬實，那麽告密方面也就難免「中傷」之嫌了，既然動用了所謂「中傷」的手腕，則不問可知，在李翰祥與告密者之間，一定有着諸般恩恩怨怨的過節，否則就掀不起這一塲軒然大波。很多人埋怨李翰祥的人緣欠佳，都說這是他在過去未能善自檢點的過失，尤其是台灣方面，有一部份人對於他深表懷疑，這也是造成李翰祥在台灣的不利形勢的一大原因。

談到此事，就得掉轉筆頭，寫起三四年以前，李翰祥由台返港之時的經過。

當年李翰祥在台灣搞「國聯」，以經營不善之故，負債纍纍，難以爲繼，曾經勞動有關方面插手輔導，想盡種種緩衝疏通，調停部署的辦法，可謂盡了最大的努力。怎奈「國聯」實在是病入膏盲，藥石無靈，結果使有關方面也回春乏術了，說來確是一件很可惜而又不幸之事。要曉得有關方面僅能憑着人事上的關係，對「國聯」加以整頓上的協助而已，絕對不可能另外撥出一筆鉅額的資金，用以來塡補該公司的千瘡百孔，這點困難，不是外界所能瞭解的。記得台灣某報曾經刊出一篇文字，大題目是；政府輔「倒」了李翰祥！這種新聞報道，被有關方面看到了自然很不是滋味了。一般人猜想：可能那時李翰祥在台灣對記者們發表過什麽談話，又可能記者們仗義執言下筆時寫得過激了一點，像這種點點滴滴的誤會，纍積起來就是很大的一片陰影，也許李翰祥離開台灣之時，他還不曉得已經在那裏種下了日後給他惹禍上身的根苗哩！

李翰祥來到香港，在無可奈何的情況之下，重新組軍，很倉猝的開拍了一部「只羨鴛鴦不羨仙」，當然一切草率，成績欠佳。那時的李翰祥，眞個彷彿是已經到了日暮途窮之境，雖然還不至於狼狽不堪，但是在他一生之中，這也可以算得是一次很大的挫折了。

然而，眞金不怕火來煉，李翰祥到底還是拿得出東西來的；一部集錦式的喜劇「騙術奇談」，隨隨便便的突破了百萬的紀錄！這麽一來，李翰祥就好像吞下了一顆起死回生的仙丹，馬上脫胎換骨，氣象一新，於是緊張而興奮的籌備起一連串「騙術片」來。要曉得這是他的藝術生命上的一大轉捩點，（也可以說是經濟情形上的復甦）對於他本人的重要性是無可比擬的也。

就在那時，台灣的「中製」計劃開拍一部戰爭鉅片「張自忠傳」，並且打算給李翰祥返台担任導演之職。此事後來終告流產，大部份的原因是爲了李翰祥留在香港不肯回去。

李翰祥對外宣稱的理由是：「張自忠傳」的劇本不夠理想，而且與史實不甚相符，要他導演可以，祇是劇本非得重新加以詳細的整理不可。那時台灣方面就有隱隱約約的指出：李翰祥這是故意刁難，拒絕返台，甚至還有人說他懷有鬼胎，所以不敢歸隊報到：：電影圈裏，本來就是「無風三尺浪」，現在居然有了那樣一點「風」，自然沸沸揚揚起來，越傳越嚴重，因此有關方面對於李翰祥多了一份心，李翰祥對於有關方面也有那麽一點彆彆扭扭的，雙方感情上的裂痕，越來越深，所以一旦李翰祥導演的影片出了「問題」，就更能引起有關方面的重視了。

事有湊巧，就在那個微妙情勢之中，又發生了一件李翰祥兒女出境許可的節外生枝。

李翰祥單身來港，而小兒女們則暫時留在台灣繼續學業。等「新國聯」在此地成立之後，李翰祥決定長期居留香港了，自然要申請孩子們出台，來港團聚，但不知爲了什麽緣故，那幾張出台證竟遲遲的未能批准下來？使李翰祥在此地盼穿秋水，心急如焚。當然，台灣的出入境證並不是很容易就能申請得下來的，必得經過詳細的調查與瞭解，所以需要經過一段不短的時間，每個人的手續都如此，絕無例外。但是，根據李翰祥的透露：那幾名孩子的出台證，竟然拖了九個月之久，這就使得一位本來性急的李導演感覺到不耐煩起來了。

根據推測：大概李翰祥在一時沉不住氣的時候，很可能發過一些牢騷；其實也屬人情之常，又被好事之徒傳到了台灣。本來發牢騷就沒有什麽好聽的說出來，再加上輾轉相傳，自然有如火上澆油，請問李翰祥在台灣的人緣，又怎能好得起來呢？

最後，李翰祥的兒女終於獲得出境的許可，但聽說是經過好幾位電影界有力人士的簽字聯保的，「保證」的都是些什麽？外人難道其詳，但由此可見有關方面對於李翰祥的不放心是由來已久，並非現在纔開始的了。

人不為己 天誅地滅

至於香港方面，李翰祥好像還沒有與任何人結下過寃仇，所以這三十多封由香港寄出的告密信，也就叫人煞費猜疑。到底是誰跟李翰祥如此的過不去？這些人為了什麽非要「鬥垮」李翰祥不可？現在告密信已經發生了效用，對於發信者又有什麽好處？……許多許多的疑問，一直在人們的腦子裏盤旋，可是直到如今，還未能找出一個比較合理的答案來。

此案發生之時，一般人馬上就聯想到李翰祥樹大招風，引起同行中妒忌的原因。事情發展下來，這一個猜想越來越不像是眞的了，因為電影圈內，雖然也不時發現互相傾軋，彼此攻訐的情形，但分析下來，倒都是有目的而為之的，像這次的損人不利已行動，圈內人似乎不屑費此手脚為。

再者：傳說在那三十多封告密信裏，列舉理由，言之有物，而且措詞凌厲，針針見血，還顧香港電影圈內，好像還找不出這麽了得的一枝「刀筆」來。此話對於電影從業員們似有不敬，但事實上也不能說是沒有根據；儘管電影界裏生花妙筆甚多，怎奈「老公事」之流到底少之又少，所以嫌疑不重，可能性亦不高。

根據台灣方面傳來的消息：分析那些告密信的內容與筆法，最大的可能，就是出自文化人之手，或者乾脆就是負有任務的駐港工作人員所為。這兩類人物，大概都與李翰祥沒有什麽私仇，所以對他發生疑慮的原因，追根究底，還是為了了李翰祥不願返台的那檔子事而引起的。

李翰祥拒絕為「中製」效力，（雖然他說是劇本有問題，但不能為人所諒）在道義上有點說不過去，那也是事實。但我們假如深入的瞭解一下當時的情況，就可以發現他確有不得已的苦衷，總而言之：此事之責任，不在台灣，亦不在李翰祥，嚴格說來，應該由現代的這個「現實社會」負起了。

話說李翰祥由台大敗而歸，差不多等於是盡輸所有，片甲無存。在現在的年頭裏，人生的第一目標，自然是如何活下去，「藝術」何云乎哉？李翰祥從事電影工作二十餘年，嘗盡酸甜苦辣，到今日始能悟出此中的眞理來，亦可以算得是一名後知後覺者了，但亡羊補牢猶未為晚，所以他開始向「現實社會」低頭，一心一意的重新打起自己的經濟基礎來。

眞所謂「皇天不負苦心人」；一部「騙術奇談」，給他帶來數十萬港幣的財富！數目不算太大，但對於李翰祥所起的自力更生作用可着實不小。有了錢好辦事，於是他一口氣的準備起好幾部「騙術」片集起來，用意很明顯，很簡單，為的祇是賺錢。

李翰祥活了幾十歲的年紀，從來也不懂得金錢之可貴，但是在「國聯」天塌地陷似的那一段時期裏，他纔第一次發現「蛟龍失水」的滋味是那麽難受的。常言道：「一朝經蛇咬，十年怕草繩」，直到今日，李翰祥回想當年被困愁城時的光景，還能夠不寒而慄哩。「騙術」是他的一個大轉機，是他在垂老以前的一次黃金機會，所以李翰祥就要緊緊的抓住了它，再不能讓它輕易溜走。李翰祥的要求也不過份，祇是富裕與安定而已，我們能夠責備他沾上了銅臭氣味嗎？

偏偏就在那個時候，冷不防的冒出一部「張自忠傳」來！李翰祥當時之為難，自然也不用筆者再加以詳細說明了。

過去的李翰祥，專門講究大製作，大場面，越大越風涼。假如那時逢上一部「張自忠傳」，眞叫做投其所好，求之惟恐不得。但眼下的時代不同，環境有異，逼得一個「死硬派」的李翰祥，也變為「百煉鋼化成繞指柔」矣。因此李導演不得不靜靜的想上一想：「張自忠傳」不是隨便可以鬧着玩的，少說一點，打它一年的功夫吧，那已經不得了也！（李翰祥吃過這種苦頭，一部「西施」就整整的拍了一年）

十二個月的時間，李翰祥至少可以拍出三部「騙術」片集來，對於「大病初癒」的李翰祥說來，那不是不無小補，而簡直的就是十全大補了！雖然說他後來改變初衷，重新投入「邵氏」，但每年穩收二十四萬元導演費，到底也還沒有搖動他的「經濟掛帥」新宗旨。假如他應聘到台灣去導演「張自忠傳」呢？導演費從優，自然不在話下，可無論如何不會有二十四萬港幣之鉅，更沒法與三部「騙術」片集的收入相比了。所以，在這裏頭就牽涉到一個「藝術價値」的問題，而不單純是魚與熊掌之間的選擇了。

撇開劇本不談，就算李翰祥是藉詞推辭台灣的聘請吧，則似乎也有他萬般無奈的一段苦衷。然而，在這個「可以原諒」與「不可原諒」之間，站在不同立場上的人們當然也有其不同的看法，到底李翰祥是否應該向「現實」屈服？此話就好難講矣！

不管怎麽說吧；「張自忠傳」的中途擱淺，李翰祥確是負有一部份責任的，可能外界有些人認為他重利輕義，過份的商業化了，因之而對於他暗中不滿，進一步更發現了「大軍閥」的含意「曖昧」，所以纔產生了三十多封告密信的事件。此一臆測，比較的還算接近，至於外面所傳的「惡意中傷」之說，則恐怕是未必盡然的了。

現在，「大軍閥」的問題還沒有完全明朗化，實際內情如何？我們亦不便置喙，好在台灣的有關方面，自會加以公正而適當的處置，不久之後，自可分曉，所以暫時擱下不談。一般人祇希望李翰祥今後拍片，要多多的注意環境，淸潔內容，諷刺無妨，但要盡量避免尖刻與鋒利，是為上乘喜劇，自然無往而不利焉。

最近，在台灣剛剛拍完一部「潮州怒漢」的王星磊，回到香港來完成該片的剪接配音工作，聽到「大軍閥」所惹起的種種麻煩之時，不禁感慨的說道：「你叫翰祥講一句良心話，他可是情願拍這種片子的？」同情之心，不問可知矣。

英國

珍履

高級男鞋

Cheaney of England

大人公司　平價市場　人人百貨　大方公司　來路鞋公司有售

金少山在北平

——兼談北平十大戲院——

·燕京散人·

筆者生長平津，自幼嗜劇如命，迨卅七年秋，才離開北方。所以民國十六年以後二十年間，平津菊壇情形，雖非瞭如指掌，却還依稀記得。一代名淨金少山，習藝於舊京，成名在上海，廿六年初，也就是丙子年歲末，他認爲在上海多紅，却是依人作嫁，不能獨擋一面；打算組班當老板，過過頭牌的癮。再則，自己從北平出來的時候，還是庸庸碌碌，藉藉無名，人總要光宗耀祖，衣錦還鄉。綜此，他就回到北平定居，挑班演唱，雖然以後也到天津、濟南，甚至關外又回上海去演出，但是總以北平爲根據地，直到病逝。筆者茲就他在返平以後迄逝世以前，這十年來的演戲情形，約畧摭談一番，聊供讀者談助。

十大戲院

在民國廿六年（公元一九三七），北平的戲院由九家變成十一家，以後就變成十家。戲院有內城外城之分，又有東城西城之別。外城是指前門（正陽門）外，東區有兩家，一是廣和樓，在肉市，歷史最爲悠久，人稱「東廣」，是富連成社經常演出場所，根本不進大班。一是華樂戲院，在鮮魚口，歷史僅次於廣和樓，演大班戲。後來富連成在葉盛章挑班以後，也在華樂演過。外城西區有五家，大柵欄內就有三家戲院，廣德樓，人稱「西廣」、三慶戲院和慶樂戲院，糧食店有一家中和戲院。以上這四家都經常演大班戲。北平戲曲學校和榮春社，曾先後在中和戲院長期演白天。鳴春社曾在慶樂戲院長期演白天。西柳樹井大街有個第一舞台，很大，有二千五百個座位，是演義務戲所在。偶而楊小樓、尙小雲在那裏演營業戲，別的班不敢進去。此外，前門外西區還有一家開明戲院，在西珠市口。一家華北戲院，在糧食店南口，偶而有評戲、山西梆子，和坤角兒的臨時班演出。戲院已形破舊沒落，所以沒有算在經常演戲的五家戲院以內。內城東城有一家吉祥戲院，在東安市場裏面，經常大班演出，富連成社和北平戲曲學校，偶而也在那裏露露。西城有一家哈爾飛戲院，在西單牌樓舊刑部街，原是奉天會館改造，規模不大，設備也陳舊，演大班戲。以上內外城一共九家戲院，這是截止民國廿六年初的情況。

二十六年二月廿四日（丁丑年正月十四日），在內城西長安街西口，開了一家長安戲院，建築宏偉，座位有一千三四百，就是舞台比較高了一點，但一切條件，比附近的哈爾飛却强多了。三月七日（正月廿五日），在西長安街上，離長安戲院一箭之地，又開了一家新新戲院，設計得非常現代化，在音响、座位的距離和角度上，可以說比現在台北的國軍文藝活動中心還有過之無不及，連包廂帶樓上下散座，一共有一千四百一十三個座位。按當時的比較，天津的中國大戲院，和上海的中國與天蟾，不過容量大一點罷了，論觀衆看戲的舒服享受，新新可算全國第一的標準戲院。這時北平已經有十一家戲院了，而在西城連開長安、新新兩家以後，哈爾飛在相形之下，顯得偪促落伍，漸漸戲班和觀衆都不進去了，而趨於淘汰，所以不到廿六年底就關門了。從此北平就固定有十家戲院（內城三家，外城七家。）以迄卅七年爲止。（一九四八年。）

全國的戲院，除了北平以外，不論天津、濟南、上海、南京，以及漢口、長沙等大商埠，都是戲院當老板，或自己在當地組班，或北上邀約京班。唯有北平，因爲戲院多，戲班更多，所以採取戲院、戲班合作分賬式，梨園行話把擋期叫「轉兒」，把演出的地方叫「坑兒」。譬如說某班在長安一星期有「兩轉兒」，就是一週演出兩次；某班兒的長「坑兒」是吉祥，也就是吉祥是某班的經常演出場地。以新新戲院來說，每週擋期分配，馬連良兩天；因爲他是股東，另外幾天，程硯秋、孟小冬、李少春、金少山才可以排得進，其餘的班兒免談。因爲它是第一流戲院，觀衆也是達官貴人、名媛紳士爲多。其次長安，經常演出有譚富英、李萬春、荀慧生、尙小雲等。那時戲班，經常都維持每週演出兩次，在內城一次，外城一次，在外城容易找「坑兒」，在內城，就看各班管事人的神通了。有的戲班，根本就擠不進內城來，只好在外城各戲院裏轉。

分賬的方法，是稅捐、廣告費公提，即先自售票總收入中剔除，再按二八、三七、四六的分賬，也就是前台（戲院）分百分之二十、三十、四十；後台（戲班）分百分之八十、七十、六十。長安爲了和新新競爭，爭取程硯秋，程以一九分賬的條件，就是後台九成前台一成，才肯入長安；而長安爲了爭一口氣，只好忍痛答應。於是程的「鎖麟囊」首演是在長安，而不是新新。

內外城戲院，觀衆的區分別外城多爲商界中人，很少一部份公館座兒（太太小姐們）。內城則大都爲士紳名流、學界，及公館座兒，很少商人。當時北平早已對號入座，先期售票了。內城戲院靠預售，打算聽戲的人，早就專誠自己去買，或派傭僕往購，老戲迷則訂有常座。一個戲班的預售票，總要賣到六成到七八成，剩下二成當時門售，即使傾盆大雨也不回戲，因爲那二成不賣也不要緊，有八成票總不賠錢了。有一次新新戲院演「丑角大會」，因爲戲好角好，又係創舉，在開演的前一天，預售票就全部售光了，門售一張也沒有，只好下週原碼不動再演一次；不過，這種情形絕無僅有就是了。外城戲院呢，恰好相反。觀衆大都是商人，聽戲是即興之舉，臨時決定，假如今晚有空了，或是請個朋友，好，聽戲去吧。上那一家無所謂，這家滿座再去別家，無一定目的，流動性很大，而沒有預先買票的習慣。所以外城戲院，不重預售，而靠當時「撞」進來的座兒。預售有二成，當天晚上能「撞」進八成來，賣滿堂。如果演出當晚變天氣，可就慘了。小雨也許影响不大，一共賣了半堂座，賠錢也得演。遇見大雨傾盆，往往「回」戲，就是臨時停演，改期補演，所預售之票一律有效。如果有買預售票已經到場的觀衆，還得向人道歉；觀衆要是堅持退票，只好照退，還得說好話。

讀者看到這裏，也許有人要問，談金少山就談他的戲好了，爲什麽先囉唆的說了半天北平的戲院哪？豈不知這與金少山的在平演出挫折有關，一定要先說明背景。

組班陳容

金少山在北平所演出的戲院，有華樂、長安、慶樂、中和、吉祥、新新、廣德樓幾家。他在北平唱了十年戲，班中陣容，隨時變換，先後搭他班的各行角色，彙錄於下：

老生：楊寶森、張如庭、貫大元、王少樓、陳少霖、白家麟。
青衣：李慧琴、陶默厂、林秋雯、沈蔓華。
武生：周瑞安、高盛麟。
花臉：王泉奎、馬連昆、裘盛戎、霍仲三。
丑角：王福山、慈瑞泉、劉玉泰。
裡子：李寶奎、鮑吉祥、貫盛習、金仲林。（少山之兄）
二旦：任志秋、諸如香、于蓮仙。
小生：姜妙香、李玉太。
老旦：李多奎。

其中金仲林和李玉太，是金少山從上海帶回北平的私人傍角的，金仲林除唱裏子老生外，還在後台管點事，後來死於北平，在少山之前。李玉太隨金到北平後不久，也偶搭別的班，後來就不知所終了，他跟少山不很久。

後台管事，頭幾期由萬子和幫忙，稍爲安定一些就換了孫煥庭，孫幫金少山，一直到金逝世爲止。

營業戲目

過去北平的老戲迷，對某一個所喜歡的角色，不但每戲必聽，而且不止一次。如果對某一齣戲興趣特別濃厚，對這一齣聽上一二十次，不算新鮮。筆者對金少山在北平所演過的戲，自然每戲不止看過一次，這裏，僅就他到北平以後，每一齣戲第一次露演的時候，稍加追述，現在先談營業戲。

金少山是在廿六年一月（丙子年臘尾）回到北平的，稍事安頓，拜客、過年，在二月份（丁丑正月），趁新春好季節，就組班出演了。當時拜託萬子和爲他全權辦理。萬是北平戲院業的名人，梨園有名人物，外號「萬麻子」，他開華樂戲院多年，又和蕭振川、馬連良聯合投資，開設新新戲院。他給金少山組班，打泡戲當然在他自己的華樂戲院演出了，頭一天在二十五日（舊曆正月初五日），貼出金少山、周瑞安、王福山的「頭二本連環套」，自行圍射獵，坐寨盜馬起，到盜鈎下山完。壓軸楊寶森、李慧琴，慈瑞泉的「打漁殺家」。倒第三李多奎的「釣金龜」。開場是許德義的「金沙灘」。消息傳出，哄動九城，年歲大的戲迷，當初見過金少山，他還年輕，已經沒有什麽印象。年輕的戲迷，對他在上海的紅勁兒，久聞大名，却未曾見過，那天上座滿坑滿谷，自不待言，別的不提，只談「連環套」。

梁千歲行圍以後，嘍囉探子過場已畢，上四位大頭目排山，竇爾墩一上場，就是滿堂好兒。人高馬大，外型簡直就是個大山賊。站在台口，一念「點絳唇」，居然嗓音蓋過海笛，那眞是高亢入雲，聲震屋瓦，一點也不過份。立刻台上場面人員，和台下觀衆，好像都楞住了兩秒鐘，然後立即報以熱烈彩聲和掌聲。接着，觀衆們吱吱喳喳，交頭接耳，「這個大怪物，嗓子怎麽這樣衝啊？」全劇對台下的印象，盜馬身段不如侯喜瑞邊式，拜山的念白不如郝壽臣有勁，就是一樣，嗓子眞衝！

竇爾墩的臉譜，是勾瓢子碎臉，金少山却勾了蝦米灰的瓢子。台下非常看不慣，認爲是外江派。一般看戲的當然都是沉默的大衆，我們幾個愛管閒事的熱心戲迷，却沉不住氣了。因爲那時還不認識金少山，就在「盜馬」唱完以後，馬上找到萬子和，請他告訴少山，北京城不認這個，趕快設法補救。萬也頗以爲然，當時到後台轉告。就在前台黃天霸五把椅起，到把賀天龍打敗了這一大段戲的時間裏，金少山果然作了補救功夫。他再上場時，在蝦米灰的瓢子上，罩上一層藍；因爲洗臉現勾是來不及的，他總算很有急智，台下觀衆的觀感馬上變過來了，「啊！這個臉兒才像竇爾墩。」其實誰都沒有見過竇爾墩。

萬子和安排的金少山檔期，是一轉兒連演兩天。第二天（二月十五日）仍在華樂演出，金少山和李多奎的「斷后龍袍」。金這齣戲比「連環套」對工，因爲身段少而唱工多。而且老腔老調，規矩正宗，台下觀感比頭一天好，認爲這眞是好花臉，不只是一位大怪物了。

那天前邊的戲派小了，散戲才十點半，（經常是十一點，或再過二三十分）筆者回家以後，一時熱潮澎湃，等不到第二天，當晚給天津大公報的本市副刊寫了一篇報導。記得大題目我標的是「金少山演出盛況」，下面兩行副題：「遇皇后打龍袍黃鐘大呂，盜御馬連環套痛快淋漓」，後來金少山到天津中國大戲院演出時，預售票最多，和上座滿堂的盛況，熱烈的情形，超過任何人，津友戲告：「你那篇報導文字，給人先入爲主的印象很深，作用很大呢！」

金少山（竇爾墩）周瑞安（黃天霸）王福山（朱光祖）劉春利（大頭目）合演「連環套天霸拜山」的一幅劇照

筆者寫國劇的評介文字三十多年，信筆塗鴉，只抒個人觀感而已。但至早也要聽完戲，次日再動筆。像這種當晚聽完，馬上就寫的情形，只有兩次，一是這次金少山，一是孟小冬的「搜孤救孤」。那是民國廿八年吧（一九三九），在她拜余以後，孟小冬首次露這齣於新新，聽完戲回家，那種滿意、興奮、感情的衝激；滿室徘徊，不能入睡。也是馬上鋪紙執筆，詳細報導一番，次晨航空寄上海「戲報」，當蒙頭版頭條，用（本報北平航訊）的方式，大字足本的登出來。因爲在當時南北各報，除要聞外，還很少有戲稿航訊呢！後來據劉慕耘兄告我，此文當時在上海，還很引人注意呢！少年熱情，思之可哂。

「斷后龍袍」那天，金少山包公的扮像，有一點使台下不習慣的地方。就是每上一次場換一次蟒袍，這還不說，有幾件都是在下面海水江牙部份，還重掛着翠色玻璃的飾物，台下乃嗤之以鼻：「外江」。散戲以後，我們當然又建議如前，萬子和也據實轉告。下次演出時，金少山就改過來了，只在「斷后」與「龍袍」之間換了一次蟒，把那些零碎兒也都取消了。這是金少山肯「服善」的地方。

金少山頭兩天打泡既然紅了，名利雙收，萬子和自然也不撒手了。第二轉兩天，仍然排在華樂，二月廿二日「頭二本草橋關」，廿三日「青風寨」和「刺王僚」雙齣。

金少山的「頭二本草橋關」，自馬杜岑調姚起，歷萬花亭，到姚剛打死郭榮，姚期綁子上殿，「上天台」止。後來裘盛戎的「全部姚期」，就是宗這個路子，少山這齣戲很對工，唱腔正宗大路，而韻味雋永。臉譜大方，神態肅穆。裘盛戎這齣戲在氣魄上唱不過金少山，就只能在俏皮巧腔，和姚期起跪的小動作上，討好觀衆來取勝了。

「青風寨」是架子花臉的小本喜劇，侯喜瑞的最好，郝壽臣藏拙不動，金少山總想表示我不止會唱銅錘，架子花的戲也會，頭天打泡貼「連環套」就是這個意思。所以這個李逵就算「白唱啦」，燕青却是大將，由周瑞安担任。據說當年周瑞安以楊派武生身份，出演上海共舞台之時，金少山還當底包，有一天因貼「連環套」，後台沒有合適的花臉，就把金少山湊乎上去，但是演出效果却很好，不但周欣賞，台下也歡迎，老板馬上長包銀，算是由底包而昇爲配角了。從此金少山對周很感激，所以到平組班，武生指名要周瑞安，也有點報答知遇之意。他在平十年，武生一直用周瑞安，偶爾趕上周瑞安外出，才由高盛麟暫時瓜代。但是「青風寨」的燕青，是二路武生的活兒，周瑞安是楊小樓以次，北方資深的武生，孫毓堃、吳彥衡都在他以後。論理絕不能扮燕青的，就也因周對金也有知遇之感，才破例接這個活兒，當時在北平，很多內外行認爲異數，也都佩服周瑞安肯捧人的風度。

「刺王僚」是個人認爲金少山兩大拿手好戲之一，他飾姬僚，那副油黃三塊瓦的臉譜，就開得莊嚴美觀。台風大氣磅礴，儼然帝王氣象。唱工的「列國之中……」倒板轉原板，再轉快板一段，唱得板槽工穩，轉得自然，而且佳腔叠出。像「見一個魚兒水面走」，唱到「水」時，兩手平伸往左右擺動，身形也微幌，眞使人有水面蕩漾的感覺。「冷氣吹得寒侵透」那個「侵」字，走鼻音，有轉折，也使人有身冒冷氣之意。這一段眞是唱得一句一彩，掌聲不絕。等到專諸捧魚上來，小倒板「霎時一陣香風繞」以後，兩眼一望魚，兩手高抬打哈哈，把渴望美食，垂涎欲滴的形態，刻劃得細膩入微，嘆為觀止，再轉唱快板。所以這齣戲堪稱他的傑作，因為唱、念、做派，都有深度，無一敗筆。那晚的專諸是馬連昆，刺僚一場，上來一段快板，賣勁卯上，也獲得滿堂彩。

這四場戲賣了四個滿堂。演完以後，金少山覺得自己在北平挑班算站住了，信心也有了，就脫離萬子和的包辦，自己請孫煥庭管事，要挪到城內唱幾轉兒，而戲碼也要自己派了。（前四場是萬子和參加意見的。）沒想到，自己一切作主，一開始就碰了釘子。前文談過，長安戲院於二月廿四日新張開幕，金少山在二月廿三日唱完「刺王僚」以後，下一轉馬上決定進長安，於是決定了三月一日、二日連演兩天，三月一日貼出「黑風帕」，就是「全部牧虎關」，從游莊起，到進關團圓止。三月二日露演「法門寺」。

初次回戲

前文談過，北平外城的戲院靠門售，內城的戲院靠預售。預售過半，演出才有把握，預售不佳，當天也「撞」不進多少人來。廣告見報以後，雖然金少山是新角，長安是新園子，但截止一日上午，「黑風帕」只預售了四五成座，而「法門寺」一共沒賣多三四十張票，連一成都不到。「黑風帕」勉強演出，勉强賣了七成座。「法門寺」無論如何不能演了，也不能改期再演，於是在一日晚上，就宣佈二日的「法門寺」回戲了，退還已售票的票欵，而從此金少山在北平就一直沒有動過「法門寺」。他對這件事當然極為懊喪，先是不明白原因，後來慢慢明白了，以後對派戲也就謹慎，不肯草率從事了。

北平人的個性，不論交朋友，過日子，都講究「細水長流」。講理智，不會衝動，聽戲也是如此。假如喜歡某一個角兒的戲，有戲必聽；但是有個條件，戲要夠標準，也就是好戲必聽。如果特別好，或是難得一見，買「飛票」聽都認頭。「飛票」就是現在所謂的「黃牛票」，那時候把戲票黃牛叫做「吃飛的」。梅蘭芳在民國廿五年秋回北平演出，北平觀衆對他因為四年沒見，同時，此次看完，不定何時再看，所以哄動九城，傾巷往觀。有一個「吃飛的」叫小紀，他事先借了一筆高利貸做週轉金，在梅蘭芳演出的一個多月，大肆活躍，發了小財。梅走後，他居然買了一所小房子，可見得賣座之踴躍，和買票的不容易，才有這種現象。梅蘭芳在每天起滿坐滿的情形下，有一次派了一齣「穆柯寨、槍挑穆大王」；其實，梅此戲眞好，但結果那天沒滿，只賣九成。梅馬上警惕，以後派小戲要貼雙齣了，不敢再蹈覆轍，以免丟人。但是北平觀衆這種態度，並非意氣用事，而是理智的反應。你如果以後演好戲，仍然聽你，甚至可以聽一輩子。對稍差的戲所以杯葛的原因，是認為你有點偷懶取巧，不忠實於藝術責任，太瞧不起觀衆了。那麽，我今天罷聽一次，給你點顏色看看。

「法門寺」是一齣羣戲，但仍以生、旦為主，大、小花臉次之。這齣戲最適宜安排在義務戲裏，可以安插許多好角於一堂。在營業戲裏，不是一齣能叫座的戲。因為生、旦的份量都不重。梅蘭芳早年在北平開明戲院演出，逢星期日貼出，也賣不滿，後來就不動了。馬連良的扶風社向以陣容硬整著名，也是在星期日白天唱，拿它當歇工戲。奚嘯伯、李盛藻的班子，演這一齣時，都貼雙「寺」，也就是「甘露寺」和「法門寺」同場演出。有時帶上「迴荊州」，老生要一趕三的飾趙廉、喬玄、魯肅三個角色，才能把觀衆叫進來，還不敢保證滿座。劉瑾在「法門寺」裏，至好也只是硬配角而已。賣的是白口、神情、做派，唱只點到而已。叩閽一場有四句搖板，大審一場有四句搖板，根本是架子花臉的活兒，與銅錘無關。北平觀衆看慣侯喜瑞的劉瑾了，他不論搭那個班兒，「法門寺」裏有他的劉瑾，可以多叫進一二百人來。金少山在華樂連賣四個滿堂，第一是北平觀衆好奇，看個新鮮勁兒。第二、外城觀衆是商界看熱鬧的多，有深度的觀衆少。第三、大家聽完他四場戲以後，初步印象，認為他是好銅錘，不是架子花，宜聽不宜看。而在聽他的唱工裏，欣賞他嗓門兒大為主，腔調韻味又次之。如今，居然敢以「法門寺」的劉瑾為號召，挑班演大軸，實在是胆大妄為，太猖狂了，也太欺負北平的觀衆了。預售的那三四十張票，一小半是好奇心理，一大半是預備找他麻煩去的，幸而金少山回戲沒唱，如果演了「法門寺」，說不定會挨上倒好，那他以後就更唱不下去了。由這一次的挫折，金少山才知道在北平唱戲，不能要噱頭；而觀衆也不像上海、天津那麽熱氣、起哄，不憑眞玩藝兒賣錢，是不能存在的。

那麽三月一日晚的「黑風帕」呢？都是他另一齣的拿手好戲了。這齣戲除了他自飾高旺以外，王福山的高來、李玉太的張保、任志秋的兒媳。游莊起的唱做，還是春雲乍展。到了「牧虎關」階段，金少山就使出渾身解數來了，尤其陣前調戲兒媳那一場，莊諧雜陳，唱念並重，個人認為金少山有兩齣拿手好戲，一齣「刺王僚」，是表現了他劇藝的嚴肅造詣。一齣是「牧虎關」，反映了他性好漁色游戲人間的本性，才能演得那麽自然，看着叫人舒服。

改變作風

在這次「法門寺」挫折以後，金少山學得乖一點了。第一、多進戲院，不拘於一兩家，好培養各戲院的基本觀衆。第二、每轉兒只唱一天，不唱兩天，也學會北平人做事的基本原則，要「細水長流」了。因此在三月七日（正月廿五日），在吉祥戲院，貼出了「白良關」帶「圓兆」，那天正是新新戲院開幕。筆者算好了時間，把新新開幕的戲，聽到一個段落，從西城趕到東城，正趕上大軸前的休息，坐定以後，「白良關」才開始。

「白良關」又名「父子會」，是很普通一齣銅錘戲，在各戲班的前三齣，常常出現。不過普通都從發兵起。從「金殿圓兆」起，尉遲恭有大段念白，把夜得三夢說出來，徐茂功詳爲講解，程咬金從中挑撥，尉遲恭幾乎與徐變臉，最後還有一段快板，這是西皮。到發兵以後，就全是二黃了。在北平的銅錘，有的沒學過「圓兆」，有的雖然學過，但因碼列前場，後台管事的不給你那麽大時間；還是得從發兵唱起，含着學會了也用不上。因此「白良關」的「圓兆」在北平就在台上失傳多年了。這一次金少山貼出來，堪稱空谷足音，於是吉祥園賣個滿堂。

金少山的尉遲恭，在「圓兆」一場，三個夢念得斬釘截鐵，淸楚响亮。那段快板，也如哀梨諫果，台底下反應熱烈，掌聲不絕。後面幾段二黃搖板，也都在腔調、韻味上用功夫，不只是賣嗓子。於是這才把觀衆的好感又贏囘來，將「法門寺」的印象逐漸冲淡。馬連昆飾尉遲寶林，俗稱「小黑兒」，在父子對陣一場，一句「我問老將名和姓」，使足功力，落個滿堂彩。金少山當然不能示弱，下一句接「你老爺尉遲敬德保唐家」，又找回一個滿堂彩來。這種如火如茶的「對啃」場面，最使戲迷過癮、興奮而滿意。此後，金少山再演「白良關」，王泉奎、裘盛戎，都配演過尉遲寶林。

下一轉兒，金少山從內城又挪到外城，在慶樂戲院，貼出了「李七長亭」。

「審李七」源自「白綾記」，全本稱「八本碧洋湖」，又名「賽太歲」。故事自李七打搶、嫖院，與王良結仇、被捕、誣告、起解，直到後來立功爲止，但是戲胆却只在「公堂審七」，和「長亭起解」兩折。這齣戲演得最好的，是人稱淸末架子花臉三傑，錢（寶豐）、慶（春圃）、黃（潤甫）的黃潤甫，外號「黃三」，他把這齣戲演活了。郝壽臣私淑黃潤甫，曹操戲稱雄以外，這齣「審李七」也是他的殺手鐧，把江洋大盜的兇狠、狡猾，形容得淋漓盡致。臉譜複雜，瑣碎而細膩，小動作傳神阿堵，令人叫絕。郝是「公堂」和「長亭」分兩天演。

金少山的「李七長亭」，藝宗劉永春，在臉譜和扮像上，與黃派的郝壽臣稍有出入。臉譜黑色部份多，較郝臉單純。郝穿黑厚底靴，金穿魚鱗洒鞋。不過，以他人高馬大的身材，和實大聲洪的嗓子，把兇相是可以做足的。慶樂園那天頭一排的觀衆，有一位太太帶個六七歲小孩兒去的。少山在台口一使兇像兒，把小孩居然吓哭了，那位太太只好未能終場而去。他這齣「李七長亭」，只是粗枝大葉，比郝壽臣的細膩差多了，所以台下效果不理想，以後也沒有多唱。

再下一轉兒，金少山又回到內城，在吉祥貼出了哄動九城的「龍虎鬬」。

「龍虎鬬」在「下河東」以後，是宋太祖呼延贊的故事。這齣戲在北平經常碼列開場，但是不好唱，因爲老生、花臉都要唱鎖吶，非有高調門的嗓子不能動。現在開場戲由班底承乏的「龍虎鬬」，居然在大軸演出，完全是角兒的路子了，於是哄動九城，又恢復了頭一天泡戲「連環套」的盛況。筆者那時去天津辦事，得訊急忙趕回，下火車就奔吉祥園。當晚下雨，而金魚胡同（東安市場側門，北平人呼爲北門兒，開在金魚胡同，一進側門就是東來順和吉祥園）內，汽車已經排成了長龍。進了園子一看，樓上下黑壓壓的一片，樓上包廂後頭都站滿了人，尤其內行到得不少，大概花臉行全到齊了。

金少山的呼延贊，一上場，大家衝他的臉譜就是滿堂彩。臉上鈎的一筆虎，和「碰碑」的楊七郎，有異曲同工之妙，開得大方而細膩。用鎖吶唱的二黃搖板，眞是黃鐘大呂，響遏行雲。尙小雲一面聽一面讚嘆，「北京城可有好些年頭沒聽過這個了！」配以李寶奎的趙匡胤，從高台上段那鎖吶原板起，就全力以赴了，他生就一副高而左的嗓子，唱這個角兒非常合適，與金少山自然功力悉敵。馬連良有一年嗓子特別好，在勝利就灌過一張「龍虎鬬」的唱片，現在恐怕不容易找到了。

金少山演完「龍虎鬬」以後，才明白在北平唱戲的訣竅，和觀衆的心理。敢情「法門寺」雖大，是熟戲，裏面沒玩藝就沒人買票；「龍虎鬬」是小戲，很冷，裏面有眞格的，就賣滿堂。於是以後就把握住原則，以銅錘戲爲主，挑有內容的唱了。下一期，就在外城中和戲院，又貼出了「斷密澗」。

「斷密澗」是李密和王伯黨投唐故事，這是兩齣戲。前邊名「雙投唐」，到二人見李世民完。後面自李淵金殿召見李密，封官賜婚，經李密酒醉殺死公主，反唐出走，到斷密澗被射死止，名叫「斷密澗」。只唱「雙投唐」，是開場前三齣的碼子；帶上「斷密澗」，就可碼列大軸了。金少山的李密，也是對工而得施展的戲，李寶奎飾王伯黨，兩個人的對口快板，眞是唱得痛快，聽得過癮。尤其那段二六：「李密開言不定准……」是最好聽而最難唱的，少山歌來，令人擊節讚賞，稱爲絕奏，這一齣算是又紅了。

以後陸續貼演的，有「王英罵寨」，和「陽平關」雙齣。「王英罵寨」又名「太行山」，由貫盛習配演王英，這齣戲賣個新鮮，在北平很少人動，也是齣開場戲。「陽平關」的曹操，金少山可比郝、侯差遠了，觀衆印象不佳。下面又貼「天水關」和「探陰山」雙齣。「天水關」是和張如庭合演，金少山的姜維，也是賣個新鮮。「探陰山」倒是滿宮滿調。再一期貼「鍘美案」，這齣戲對功，大方家數。以後又是雙齣，先和張如庭唱「托兆碰碑」，金少山的楊七郎，就賣一個臉譜一段原板。大軸「鎖五龍」，雖然才二十分鐘，却緊張火爆，頗博台下歡迎。後來又貼一回「丁甲山」和「忠孝全」雙齣。他演「丁甲山」和「青風寨」同等學力，稍爲火熾一點而已。「忠孝全」是他在北平露的頭一齣京白戲。有了「法門寺」的前車之鑑，絕不敢光貼一齣了，所以帶一齣架子花的碼子。

以上這十八齣，是金少山在北平演營業戲的第一輪戲碼，以後就翻頭再唱了。自己也知道北平的觀衆喜歡什麽，什麽戲可以多唱，什麽戲可以避免了。

在廿六年這一年裏，金少山就把前述戲碼，翻來覆去的唱了。到了年底，他的朋友們勸他，也該再露一齣新戲了。他在大家羣情催促之下，在民國廿七年（一九三八年）二月廿五日（戊寅年正月廿七日）；在長安戲院露了一齣「芒碭山」。是三國演義桃園弟兄徐州失散以後，「古城會」以前，張飛在「芒碭山」落草，後來佔據古城，張飛作知縣的故事。這齣戲在南方大概流行，北平觀衆沒見過，所以賣座還不錯，實際唱做都沒有什麽繁重和具有特色的地方。再以後，直到他逝世以前，金少山在戲碼上，就一直炒冷飯了。

大義務戲

北平梨園界，除了每年年底，有兩三天救濟貧苦同業的義務戲，俗名「窩頭會」義務戲，全體在平名伶都要參加以外。平常爲了賑災、捐歀，或是什麼公益的目的，也常有小型義務戲的演出。不過，不是全體名伶參加，只是主辦人所能請到的一部份名伶而已。名伶們參加義務戲演出，一來表示熱心公益；二來平常營業戲不敢動的小戲，或是需有好角合作，而自己戲班裏派不出來的碼子，都可以藉此露一露。

民國廿六年年底，北平的梨園公會照例舉辦「窩頭會」義務戲。金少山是這一年年初到北平的，也在梨園公會掛了號，當然要義不容辭的參加了。也是他第一次參加這麽大規模的義演。前面的戲碼不必談了，壓軸是譚富英、金少山的「捉放宿店」。大軸是楊小樓、郝壽臣的「九伐中原」。這齣「九伐中原」，是從「紅逼宮」起，郝壽臣飾司馬師。逼宮完畢，自己發令，令自己征討姜維，其中有這麽幾句念白：「此番得勝回來，另有升賞。若是敗了哇……」往左右兩望，再念「嗳，勝敗乃兵家常事，何罪之有。」眞是自說自話，把一種奸雄權術的神態，做得妙到毫顚。平常每演到此處，台下掌聲如雷。下面接姜維探營，由李洪春飾姜維，唱鎖吶。再接司馬拜泉，就換劉硯亭的司馬師了，然後才上「草上坡」，再姜維起覇觀星，由楊小樓飾姜維，演出「鐵籠山」。這「九伐中原」是齣大戲，過去永勝社（楊小樓班名）貼演，每演必滿，極有號召力，所以才敢在義務戲裏，碼列大軸。這一次却因爲壓軸是譚富英和金少山的「捉放曹」，譚的此劇，北平觀衆司空見慣。金少山的這一齣，却是第一回露演，所以觀衆們都聚精會神的看，少山也全力施爲。等到「宿店」一下，「紅逼宮」上場，大家坐了半天，就都起身入厠方便去了，離座的人很多。等到同來入座，剛聽完金少山的大嗓門兒，再聽郝壽臣的念白，相形之下，就顯得郝的嗓門兒小了。而湊巧郝壽臣有個毛病，嗓子一過晚上十二點就不聽使喚。那時已是一點多了。怎麽使勁兒，聲音也大不了。台下的觀衆，又都和鄰座交頭接耳的評論方才金少山的曹操，可以說秩序稍形紊亂，大家都不注意台上了。筆者在座替郝壽臣不平，却也愛莫能助。郝壽臣一看台下情形，知道是吃了金少山嗓門兒對比的虧，受的刺激很大，演完這場戲以後，就決心退休了。而轉過年來，廿七年二月十四日，都搭長班追隨的老夥伴楊小樓就逝世了，郝壽臣從此謝絕舞台。後來逢有義務戲，還有馬德成的老人班，他偶爾被請出來串演幾次，都不搭任何長期的班兒了，以迄卅七年。所以金少山這齣「捉放曹」是對促成郝壽臣退休關係很大的一場戲。

金少山在南方以「金覇王」馳名，故都人士也打算看看他這一齣，金少山從廿六年初起，演出前述的十八齣戲以後，已知收斂，不敢把這齣招牌戲貼出來試驗，萬一砸了，豈不一世英名付與流水，所以營業戲裏一直沒敢動。在廿六年十二月四日，新新戲院有一台義務戲，他才和陸素娟貼出「覇王別姬」來，還一半仗着陸的號召。金少山的項羽，只是大嗓門大個兒而已，把覇王的性格並沒有把握住，更談不到發揮了，比楊小樓的覇王差遠了。北方的武生如孫毓堃等演覇王固然宗楊，花臉如袁世海，他的覇王也是宗楊而不仿金少山，因爲沒有什麽特色可仿傚的。楊小樓是向不聽同行戲的，那天也去捧場，大概振於「金覇王」的大名吧，他便在五排中間，人生得高，很引人注意。當覇王上場唱「粉蝶兒」時，和別姬一場，唱「力拔山兮氣蓋世……」的曲子時，楊小樓還喝了兩次彩，以示捧場，老伶工的風度的是不凡。其實，金少山的「粉蝶兒」就是嗓門兒大，和「連環套」的「點絳唇」一樣，以聲唬人。「力拔山兮……」那個曲子，少山唱時，身段較楊爲繁，但是缺乏慷慨悲歌的氣氛。楊小樓身段簡畧大方，都表現出莫可奈何的悲憤聲色來，極有深度，少山遠不能比。北平觀衆看完這一齣，對「金覇王」比預料還失望。

另外在小型義務戲裏，金少山和程硯秋、王少樓合作過「二進宮」。和馬連良合作過「渭水河」。都是大軸，也都在新新戲院。民國卅四年（一九四五年）秋，馬連良因漢奸嫌疑有短期牢獄之災，恢復自由後，梨園同仁慰勞他，在長安戲院和他合演一場「全部龍鳳呈祥」。譚富英平常演此劇，都是自「回荊州」起飾後劉備，這一次破例捧師哥，從「甘露寺」過江一場就上，演全部劉備，非常突出。馬連良前喬玄後魯肅，程硯秋孫尚香，李少春後趙雲，葉盛蘭周瑜，金少山的張飛，從聽琴起，也是他頭一回露這齣戲。

民國廿七年起，北平的國劇名流傳惜華和杜穎陶，組織了一個「國劇藝術振興會」，專辦合作戲。把平常湊不在一起的名伶，和平常不經見的戲碼，在一台上推出來，一共辦了三十多場，很有些精彩而驚人的戲出現。有金少山參加的，是下列幾場：

在長安戲院：譚富英和金少山雙齣，先演「黃金台」。金少山伊立，人高馬大，氣勢十足。譚富英的田單，因爲大敵當前，未敢忽視，除了唱工賣勁以外，在做表上也認眞得很。當伊立念完：「大人，這話可不是這樣講法。」譚富英把左腿往右腿上一壓，左手拉住右手水袖，右手伸出來，往下連搖帶指，眼望着伊立問道：「啊公公，這話要怎樣的講法呢？」邊念邊做，手到意到，那份細膩傳神，台下不由掌聲如雷。似乎馬連良這一點，都沒要出這麽多彩聲來。也許觀衆認爲馬連良做派好是應該的；而譚富英做到這樣，就是奇蹟了。大軸「黃鶴樓」，譚富英劉備，金少山張飛，互相比着賣嗓門兒。姜妙香周瑜，楊盛春趙雲，這齣反倒沒有「黃金台」精彩。

「國劇藝術振興會」辦過幾次別開生面的「花臉大會」，「丑角大會」，和「花旦大會」，都很成功。「花臉大會」是在新新演出，一共五齣戲：（一）王泉奎「大回朝」，（二）劉連榮「下河東」，（三）侯喜瑞「丁甲山」，（四）郝壽臣「審七公堂」，（五）金少山「御菓園」，是尉遲恭花園洗馬，二次救駕故事。從這次以後，金少山也敢在營業戲裏，把「御果園」一齣在大軸唱了。

南鐵生的「四郎探母」，也在新新，壓軸「戰長沙」，張榮奎黃忠，李洪春關公，金少山魏延，帶刼法場，他這個角色倒是演得生龍活虎，非常火爆。

譚富英和金少山「失空斬」，一般人都以爲金少山飾司馬懿，金少山本人也以爲派他這個活兒。但是杜穎陶辦戲專以出奇制勝見長，派他飾馬謖，少山可眞抓了，他就會司馬懿，沒學過馬謖。於是現請劉硯亭給他說說，居然一個星期就上台了，並不精彩。觀衆因爲好奇，仍賣滿座，前邊還有毛世來一齣小戲。

譚富英、金少山、張君秋的「二進宮」，這一齣戲當時在北平非常流行，後來前邊又加上「大保國」。但是金少山却只唱「二進宮」，他會「大保國」和「嘆皇靈」，却怕費力氣，不肯連着演。

其時，上海的戲館方面，都想邀到「譚金張」，於是有人走譚小培的路子，希望譚五爺出來撮合此事，譚富英肯了，金少山不肯，金少山肯了，張君秋的媽媽又不肯，總而言之，好事多磨，鬧了幾年，譚金張合作始終沒有在上海實現。

後來北平又有個機構叫「華北演藝協會」，辦過孟小冬、金少山的「搜孤救孤」，當然也哄動一時。孟小冬首演此劇，屠岸賈是王泉奎。

個性高傲

金少山的個性高傲，人所共知，因爲他的個性關係，使一齣梨園佳話的名劇發生了美中不足的遺憾。大家都知道，余派名票張伯駒，爲做四十歲生日，唱了一齣空前絕後的「失空斬」，這件菊壇盛事，不但哄動北平，而且哄動全國。除了張伯駒自飾孔明外，楊小樓馬謖、余叔岩王平、王鳳卿趙雲、程繼仙馬岱。原來司馬懿是預備找金少山的，張伯駒派的辦事人不會說話。他先去找金的管事孫煥庭，孫家說他上金老板那兒去了。來人趕到金宅，在外屋見着孫煥庭，也不問問金少山在不在？和孫在那兒談公事方便？就開門見山，財大氣粗，對孫說了：「我們請金老板唱司馬懿，要多少錢給多少錢。」金少山在裏屋聽見了，沒等孫煥庭答話就嚷嚷上啦：「煥庭啊，告訴來人，他們不是雇咱們唱戲嗎？給多少錢都不唱。到那天，三爺出份子，拜壽聽戲去。」

這一下僵了，沒有挽回餘地。張宅再請其他內行，論份量都不能與楊余王程相比；只好請一位老票友陳香雪飾司馬懿。因此，張宅這齣戲就祇能宣傳這四靠將了，並沒有强調司馬懿是誰。其實，張宅來人固然不會說話，金少山如果有風度，不妨斥責來人兩句，告訴他戲份兒大小無所謂，願意捧捧張先生，並參加此盛會。那不就水到渠成了嗎？其實他也願意參加，借此也可以提高他的身價，只是火氣大，爲兩句話就毛了。

潦倒以歿

金少山的揮霍成性，用錢沒有預算，以及在上海鬧的許多笑話，盡人皆知，不必贅述。不過，他在上海是搭班唱戲，錢不夠用，可以向戲院或戲班的老板放刁，人家看在他在台上賺錢的份上，只好勉强應付。到北平挑班以後，他自已是老板，沒有撒賴的對象了。有錢時候，他還是揮霍浪費，沒有錢時，可就告貸無門了。在北平一下後台，他的跟包有七八位，比任何名伶派頭都大，因爲內中還有專人伺候狗和猴子的。在天津中國大戲院演出，住在惠中飯店，散戲後召來一群鶯鶯燕燕，每人叫一聲爸爸，他就賞一百元。於是互相傳知，每一晚上來了幾十人，來了就叫，叫完拿錢就走，金三爺哈哈一笑，賺來的鈔票全這麽出去了。

他在北平唱完了那二十多齣老戲以後，除了「芒碭山」，朋友們催他排「沙陀國」，催了幾年都懶得排。如果保持劇藝水準，就那幾齣老戲也能吃一輩子。他却躭於煙、酒、色，嗓子日漸闇啞，每下愈況。觀衆就是聽你嗓子來的，沒有嗓子再不賣力氣，觀衆就自然逐漸裏足了。於是他紅了沒有幾年，就趨於潦到。後來不但行頭連守舊都進當舖。演出當天，要靠預售票款贖出來，晚上登台好掛。如果錢不夠，孫煥庭還得墊出來。孫在他身上賺了不少錢，但他窮困時候也幫他不少忙。在民國卅五年（一九四六年），金少山故去，連喪事都是孫煥庭出錢料理的。金少山雖然是個傳奇性人物，却不失爲淨角一代宗匠，如今找他那樣的嗓子，可不會再有了。

惜哉裘盛戎

·葦窗·

消息傳來，著名京劇花臉演員裘盛戎，已在一九七一年患食道癌在北京病逝，享年五十有五。裘盛戎爲名淨裘桂仙之子，原名振芳，他父親生了三個兒子，大兒子振奎，曾爲王又宸操琴，盛戎行二，小兒子世戎，也是唱花臉的。裘桂仙曾爲譚鑫培操琴，據淸昇平署志畧稱：裘荔榮於光緒三十年二月加入効力，爲胡琴隨手，光緒三十三年三月，令改爲上場唱淨。荔榮是裘桂仙在宮中應差的名字。

裘盛戎幼時隨其父在家學戲，十四歲才加入富連成科班，爲了盛戎進科班，他父親也破例入富連成執教，在此以前，裘桂仙專教老生戲，像余叔岩、楊寶森，都曾經獲得他的教益。

裘盛戎曾經說過：他父親生前教過他八齣戲，都是耳提面命，一個一個字教的。這八齣戲是「御果園」、「草橋關」、「刺王僚」、「打龍袍」、「二進宮」、「鍘美案」、「探陰山」和「白良關」。裘盛戎嘗作妙喻，說他父親爲他留下了八個大元寶，取之不盡，用之不竭。

裘盛戎從這八齣戲裏，舉一反三，觸類旁通，他的悟性又高，每齣戲的人物性格，都讓他捉摸住了，所以無往而不利。昔人有云：留財予子孫，不若積德予子孫。若從裘桂仙而論，大可改爲留財予子孫，不若傳藝予子孫，來得更切實際。

裘盛戎及其簽名式

裘桂仙是北京人，他的銅錘戲於蒼勁雄渾之中，包含幽靜閒雅的意思，在唱法方面，也和老路子不同，有新的見解和改革，此點盛戎和他的父親頗有相似之處。民國二十二年冬，裘桂仙在北京逝世，享年五十有四，因爲烟霞所困，所以老境頹唐，不幸早死。今聞盛戎之逝，亦未能享大年，深爲痛惜！

裘盛戎的表演藝術，當然是根據他父親的路子，但又有所豐富、發展。他善於採取各家之長，不但借鑑各派花臉的唱做，而且取法其他行當的特長，如大家所知的，裘盛戎在自己的唱、唸、做中曾吸取了藝名麒麟童的周信芳不少特點，來豐富他自己的表演。當年在富連成科班中有三大麒迷，就是袁世海、李世霖和裘盛戎。

在台灣曾聽到「有旦皆張（君秋），無淨不裘」之說，可見裘派花臉流傳之廣，他的唱工紆迴含蓄，耐人尋味，細致眞實，字正腔圓，特別注意咬字，因字設腔，同時在咬字技巧上比較沉着，交代得很淸楚，因而聽起來富有韻味，就這一點來說：花臉中的裘派，和老生中的余（叔岩）派，極爲接近。

裘盛戎在做工方面也有創造，由于他的個子比較小，這是他的遺憾和不足之處，但他自有辦法，北方人喻之謂「小本錢作大買賣」。所謂藝術家的創造能力，不但在發揮長處，還需要善于藏拙，例如裘盛戎的台步，就是特別用了工夫的，他演「秦香蓮」的包公上場，在四校尉簇擁之下，他要在場面上鑼鼓點子切住之後，集中觀衆的注意力，再在鬧鈸聲中，緩步出場，不但莊嚴威武，而且令人對他演的角色肅然起敬。

裘盛戎的「坐寨」劇照

草窗談藝錄

大千居士題

裘盛戎的唱工，特別注重氣口，所謂氣口，就跟平常說話時候的呼吸一樣，要運用得自然，不能讓觀衆感覺出來唱的人在喘氣。氣口裏面，除去換氣以外，還有緩氣和偸氣，一句腔裏就有幾種不同的運用氣口方法，所謂曲不離口，唱得勤了，巧勁也就找到了。

如果用淨行的條件來要求裘盛戎，他似乎比較瘦小一點，這樣就得需要從臉譜、動作等各方面來彌補。就我觀察所得，裘盛戎的勾臉方法是儘量向額部、頰部擴充的；他的護領一反常例，不是白色而是赭色的，據他說：要是用了白護領，就顯得他的臉盤更小了！他的動作多用大動作，好比「姚期」的馬上聞訊，「將相和」的斜身指和「鍘美案」的托髯長身等等都是。

「群英會」中的裘盛戎（黃蓋）與葉盛蘭（周瑜）

裘盛戎初到上海時，在黃金大戲院任基本演員，以與言菊朋、侯玉蘭合演「二進宮」，與高盛麟演「連環套」聲譽鵲起，可惜他做了黑籍同志，從此困在上海多年，從「黃金」轉入「皇后」，曾與金少山合演「白良關」、「丁甲山」，令人對之刮目相看，金少山也認他爲後生可畏！

裘盛戎來過香港兩次，其第一次是參加中國民間藝術團，演出劇目有「除三害」、「姚期」、「盜御馬」、「二進宮」、「鎖五龍」、「空城計」等，老生是譚富英，青衣是羅蕙蘭，「空城計」僅演了一次。裘盛戎第二次來港是在九年前，參加北京京劇團，演出劇目有「姚期」、「將相和」、「趙氏孤兒」、「秦香蓮」和「盜御馬」。「將相和」是和譚富英的兒子譚元壽合演的，「趙氏孤兒」、「秦香蓮」，是和馬連良、張君秋等合演的，裘盛戎在「趙氏孤兒」中，還創造了新的唱腔，根據漢調設計，也是海派本戲「七擒孟獲」中唱法，是李慕良和他一起研究出來的。

裘盛戎清唱，汪本貞操琴

裘盛戎對音樂場面特別注重，初次來港的打鼓佬名張繼武，久隨金少山。第二次則用譚世秀，是譚富英的從弟。琴師汪本貞，曾加入富連成科班學老生，學戲不成，始改習琴師的。

裘盛戎並非花臉全材，他還是銅錘的底子，論做工他似乎不如袁世海，但唱工方面，他佔勝多了。他曾經灌過「法門寺」的唱片，顯得他的劉瑾很弱。

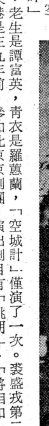

瑞士乃是世界製表業之王國，亞米茄表素負盛譽，亞米茄金表尤爲舉世人士所推崇。

亞米茄各欵金表不但具備精密準確的報時性能，並且欵式趣時，迎合潮流，有超薄型或配有特級之水晶玻璃。金鐲型表帶之設計更爲別緻，襯托出表壳的優美線條，佩戴亞米茄金表令你感到親切的滿足和自豪，餽贈亞米茄金表更能表達你的隆情厚意，永誌不忘。每一只亞米茄表都附有全球156個國家之服務保證書，請駕臨各亞米茄特約零售商參觀選購。

A.	BA 368.847	黃金欵式，	港幣$4,400.元
B.	BA 711.1688	黃金欵式，	港幣$4,500.元
C.	BA 711.1675	黃金欵式，	港幣$1,850.元
D.	BA 751.244	黃金欵式，	港幣$2,200.元
E.	BA 353.009	黃金欵式，	港幣$4,000.元

Ω
OMEGA

銀元時代生活史

——外篇：謝利恒師情回憶——

陳存仁

專載

我從醫的業師，除了醫學院一班老師之外，業師一共三位，其中最早受教的，就是中醫專門學校校長謝利恒老師，他曾教導我温病課程和其他醫學理論。畢業之後，我仍然追隨不捨，在我的情感上，謝老師是難以忘懷的。

我在醫學院畢業的那年，隨從校主丁甘仁公寫葯方，可惜期間祇有六個月，丁公即因病謝世，因此轉到丁仲英老師門下。我在仲英老師家中，從遊二年有半，在這時期中，師情更難忘懷，又確實得到豐富的臨床經驗。我的醫葯上的進步，仲師是出過不少力的。

仲師比我年長二十年，在我執筆寫這篇文稿時，仲師已八十四歲高齡，但是由於他修養得好，深得心理衛生之道，現今仍在美國行醫。我在一九七一年八月間特地到美國去探望他，祇見他老人家精神旺盛，有如六十許人，還能打『大力功』的拳術，打拳時，拳風颼颼有聲，平時出入，都是安步當車，一些也看不出老態。

謝利恒老師對我，以子弟看待，他平日接觸的人很少，有什麽難以解決的事，總是教我去辦理，他對我也幫了不少忙，我那部『中國葯學大辭典』編纂成功，也是由他推荐而成就的，經過已如前述。

忽聞噩耗　特寫一傳

一九四九年，我到香港，臨別時我還到謝老師那邊去辭行，謝老師見到我要離開上海，當時他神情沮喪，雖然談話不多，但印象極深。

謝利恒先生演講時神情（旁為張贊臣、陳存仁、嚴蒼山三弟子。）

一九五〇年十月，我得到一個噩耗，謝老師已經去世，因此我鬱鬱不樂好幾天，我思前想後，總是在想我們師生倆的情誼，結果我花了三天功夫，寫了一篇謝利恒先生傳。

這篇傳記，是用文言文寫的，但是我的文言文，力求淺顯，不尚彫琢，所以至今看來，還覺得有親切之感。

那時節，香港和上海書信來往還很方便，我把這篇文字，寄到國內給幾位老同學傳觀，並且要他們加以指正。

同門之中，秦伯未、張贊臣、盛心如等，見了我這篇文章，認為我寫得不錯，伯未兄還為我塡了一首蝶戀花詞，作為我這篇傳記的引子。張贊臣、盛心如兩人又各為我寫了跋，前塵影事，躍然紙上。

有許多事情，如衛生部招待哈定博士所講的話，為我前文所不詳，所以特地把這篇傳記轉錄如后，這是我一生最難忘的一件事，原文如下。

滿院杏花誰作主？惱煞東風，依舊紅如許！心事白頭無可語，兀教俛仰傷今古。散盡當年諸伴侶。貰酒評茶，没箇閒情緒。回首清遊江上路，春波千叠斜陽暮。——蝶戀花——

過澄齋，追悼謝利恒先生，兼懷同門諸子。

——秦伯未——

上海商務印書館刊行「辭源」及「中國醫學大辭典」，近世人士無不庋藏，備作檢考之用。

良以內容豐富，在羣籍中自有其巍峨不滅之地位，璀璨長曜之光輝。編著此書者署名謝觀，即吾師武進謝利恒先生也。不幸近在上海派克路梅福里寓邸，怛焉殂化，享壽七十一歲。嗚呼痛哉！噩耗傳至，悼心失圖，木壞山頹，羹牆安仰？導師云亡，悼思何已！

地理世家　研求精湛

謝師諱觀，字利恒，籍隸江蘇武進，其故居在縣北之羅墅灣。謝氏爲此間大族，晚年自號澄齋老人，意者所以寄鄉思也歟？伯祖諱蘭生，名醫而兼通儒，有關於醫學之著述甚富。大父諱葆初，爲當時醫藥界名宿。父諱鍾英，爲研究地理學大家，收藏全國各省輿地圖冊甚富。謝師幼承家學，性又穎悟，年十二，畢五經四子書。對於古今山川形勢，郡邑沿革，已瞭如指掌。又熟誦內難經、傷寒雜病論、本草經方。年十五，出就外傅，益肆力於史學輿地，精研秦漢諸子。時値甲午戰後，海內爭言維新，邑中舊有龍城書院，課應舉之文，至是，改爲致用精舍，師入學，試輒冠其曹。旋以地理之學，教授於廣州中學、兩廣優級師範、陸軍中學、陸軍小學。一時廣州地理教席，非師不能饜衆望。淸才碩學，年少翩翩，洵傑出之材也。凡三載，辭歸，就商務印書館編輯職務。坐擁書城，風旋筆端。初時編纂地理書籍，先後成圖書三十餘種。繼編著醫學方面用書，時同任編務者，中醫有同鄉惲鐵樵先生，尙未以醫鳴。西醫則爲余雲岫氏。旋該館有『辭源』之輯，謝師負責醫學及地理部門。故辭源末頁，載列編纂人姓名中有謝觀者，即謝師是也。謝氏身與其役。噫！亦偉已。

出任校長　學生胡適

謝師名重士林，乃爲上海澄衷中學聘任校長。時有學生三千，佔地三十畝，爲營造富商葉澄衷氏斥資所創。經費充裕，爲海上私校冠。而辦理未善，風潮迭起，師至，嚴管理，勤教課。對於國文課本之改纂編著，痛下工夫。融化新說，實事求是，胥應世用。後來中國有教科書，即以澄衷「啓蒙讀本」爲藍圖。故當民國初元，最馳譽於教育界者，厥爲謝師主持之澄衷中學也。當年造成不少有名人物：學術界中著名之胡適之博士，中學時代亦嘗在麥倫書院及澄衷中學就讀。是謝師之門牆桃李，不特醫務人才遍天下，即以澄衷中學而出於謝師薰陶作育者，其數蓋亦更僕難數矣。

謝利恒先生編著之中國醫學大辭典，初版為兩厚冊，後改為四冊

編纂醫典　名震全國

謝師蓄意編纂「中國醫學大辭典」時，嘗言最初之骨幹，乃其祖氏所著之「醫藥條辨」一書。再以歷代學說，製爲條釋。詳考名物，條分縷析，務取翔實。證以新說，決其取舍。同時輔助工作者，得十二人。焚膏繼晷，日夜辛勤。屢刪屢增，數易其稿。歷時九載，書乃告成。當全書付印之時，不意輔助工作人員十人之中，積勞而歿者二人，攖病而治愈者四人，足見此書之成就不易也。

中國醫學大辭典凡三百二十萬言，國醫應用之典實，罔不羅載。考訛糾謬，詳予博究。而編輯之法，純得科學條理。千帙盈縮，簡約易覽。是以醫藥同人，僉視爲枕中之秘。出版迄今，凡三十二版。行銷冊數，約十餘萬部。惟此類學術書籍，今日以爲是者，他日視之，已覺其非。有時新刊醫藥雜誌指出謬誤，在所不免。故謝師欲年年修編，以符學術之進步。第全書排刊工程浩大，書商無法修正，師常引爲憾事！曩者，友人楊彥和君屢次意欲續修，顧亦久久未成。近時吾道日見衰落，繼起乏人。謝師遺著，仍是不朽之作，殆可斷言也。

師纂醫學辭典成，乃辭商務書館職。以其技救人疾苦，凡同道中有一可取者，輒樂與周旋，罔論儒醫世醫，即草澤鈴醫，亦殷勤詢訪討論，不肯放棄也。以故學日富，名日著，國內貽書與師相討論者，月有數起。

存仁從謝師學醫，乃在就讀於上海中醫專門學校時，校主丁公甘仁，校長即爲謝師。丁公爲滬上名醫，校務由謝師主持之。謝師以校長而親任教授，第一學期授余修身課（近名爲公民），故得耳提面命，親受訓誨。第二學期起，所講爲溫病。其講辭於課本之外，旁徵曲引，往往數千言不絕。洋洋洒洒，如長川之奔流，如大江之橫波，無不詳爲指點。其語調具層次而有彈性，娓娓道出，聽者動容。邇時諸教師中尚有曹師穎甫（著有傷寒發微），其所懷學問，與謝師爲一時瑜亮。惜不善談吐，訥訥不能出口，故吾人對謝師之印象較深。是時謝師年四十許，已美髯飄拂胸次。風度冲淡文雅，靄然可觀。求之同道，無可與匹。而一經接觸，即覺如坐春風，使人温馨而感甜美。存仁將畢業時，即從丁師仲英爲業師，從遊臨診，丁師亦獎掖倍至。余與謝師，依然接觸頻繁。余又自感國學尚乏根底，先從章太炎師，再從姚公鶴師讀古文。於是丁師爲臨診之師，章師姚師爲文學之師，謝師爲醫學之師。姚謝兩師且爲昔年間科舉時代之同年，故情好彌篤。每夕，輒赴姚宅叙首，姚師有烟霞之好，非至深宵不睡。謝師無所嗜，而談興甚豪。一榻盤桓，竟忘夜央。余周旋其間，雖渴睡難持，仍靜聆兩師談話。所談皆醫學文學及中外古今人物，以至朝野掌故，滔滔汩汩，不知東方之既白。

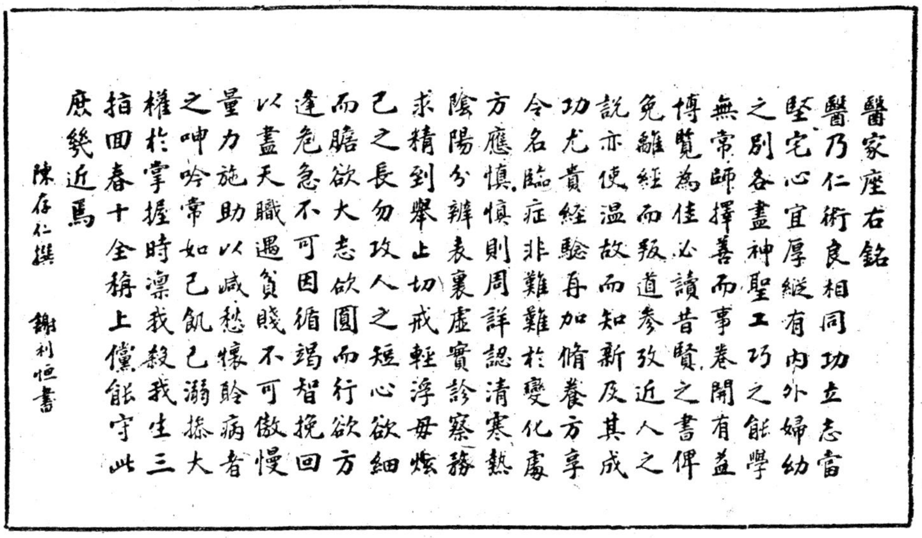
醫家座右銘
醫乃仁術良相同功立志當堅宅心宜厚縱有內外婦幼之別各盡神聖工巧之能學無常師擇善而事卷開有益博覽為佳必讀昔賢之書俾免離經而叛道參考近人之說亦使温故而知新及其成功尤貴經驗再加脩養方享令名臨症非難難於變化處方應慎慎則周詳認清寒熱陰陽分辨表裏虛實診察務求精到舉止切戒輕浮毋炫己之長勿攻人之短心欲細而膽欲大志欲圓而行欲方逢危急不可因循竭智挽回以盡天職遇貧賤不可傲慢量力施助以減愁懷聆病者之呻吟常如己飢己溺拯大權於掌握時凜我殺我生三指回春十全稱上儻能守此庶幾近焉
陳存仁撰　謝利恒書

謝利恒先生手書醫家座右銘

晉京請願　居功最偉

民國十八年，國民政府定鼎南京，各部院紛紛成立。其時舉行中央衛生會議，忽有限制中醫生存之議案，已經通過。蓋是時西醫界欲借國民黨勢力，以促成中醫之廢止。原案辦法，表面尚屬堂皇，究其內容，限制嚴厲而苛刻。能使數千年中國固有之醫術，在三十年間趨於消滅。其辦法有三：（一）中醫一次登記，以後不再登記；（二）取締中醫學校之設立；（三）取締中醫書報之出版。其時中醫界散居全國，初無縝密組織，懵懵然也。吾乃與同學張君贊臣集議，張君爲謝師入室弟子，鑒於國醫國藥將受政令之限制，將來必有消滅之虞，爲學術計，爲民族健康計，爲自身及同業計，實難緘默，認爲非掀起大規模之抗爭運動難望抵禦。贊臣兄乃首先發難，以醫界春秋社名義通電全國，向全國醫界呼籲，一面發電向中央衛生部力爭，自是全國中醫界知暴風雨之來襲。余等又聯絡滬地中醫藥團體同人，意欲召集全國中醫代表大會，並發動民間輿論以抗爭之。張君電文既發，報章披露，全國各地中醫公團見之，大爲震驚！邇時上海中醫界公團，僅有中醫協會，爲上海三個中醫團體所合辦，故以該會名義作爲與政府抗爭之上海中心組織。（此會至三一七抗爭勝利後，改稱國醫公會，至對日抗戰勝利後，改稱中醫師公會。）當時協會中最初之秘書主任，由余濫竽充數；會務主持者即丁師仲英、謝師利恒，又得蔣文芳君、蔡濟平君、薛文元君、陸仲安君、郭柏良君、秦伯未君、張贊臣君、黃寶忠君、程廸仁君、盛心如君、張汝偉君等近百人之策動，決即召集全國中醫界代表大會。吾與贊臣兄皆少年，奔走其間，担任諸務，夜間撰文作稿，分送各報刊載。余又與褚民誼大開筆戰，並爲吾國醫界作申訴。大小報章，日日競刊。久而報界分成兩派：一爲保存國醫派，一爲取締國醫派。兩派報章，嘵嘵爭辯。而最後有力之輿論，來自民間。一致結論，認爲國醫不可廢棄。全國商界聯合會通電反對廢止中醫，聲勢爲之大盛。其時余在福州路丁師診所一小室中，每夕工作，深宵不輟。後得上海藥業同人張梅庵君、岑志良君加入，生力軍蔣文芳君亦至，於是聲勢更壯。先在仁濟堂召開全滬中醫代表會議，到者近二百人。余當時發行康健報，即以醫報公會代表之資格作活動。抗爭運動，日見熱烈。遂於是年三月十七日（即後來成爲國醫節之紀念日），假座上海總商會大禮堂，開全國中醫代表大會。到蘇、皖、浙、贛、鄂、魯、豫、粵、桂、川十五省及二個特別市團體，二百四十三單位，正式代表人數二百八十一人，隨從人員尚不計在內。香港方面，亦有代表出席。開會結果，推出請願代表五人，赴京請願。五人者，爲謝師利恒、張君梅庵、蔣君文芳、隋君翰英暨存仁是也。謝師年高德劭，無形中成爲首席代表。蔣君文筆銳健，遠勝於吾，常司文墨，兼持籌劃。余則追隨奔走，無役不預。

赴京請願時，曾訪行政院長譚延闓氏，譚氏態度極懇切，表示政府決不違背民衆之需要，中衛會議決案，斷無實行可能。譚院長時適政躬違和，商請謝師診脈擬方。又訪林森、于右任、戴季陶諸公，彼等對於中醫素有信仰，願極力援助，且認爲中醫確有保存提倡之必要。後向衛生部請願，薛篤弼部長亦表示接納來意，並謂中衛會之議案，並不執行，該案極為不妥，如出版自由，何能取締？薛氏深知中醫之限制，決非政治勢力所能收效者。

更有一事，必須記出者：當五代表請願於衛生部時，初由部屬接見，繼由薛篤弼氏親見。與諸代表會面時，察其微露忸怩內作之狀。蓋全國衛生會議通過廢止中醫一案，自報章披露後，彼因此而大受各方責難，閻錫山、馮玉祥均有電報指責。但其時衛生部下屬職員，多為留學國外之醫務人員，此輩挾有潛勢力。薛部長既不能得罪所屬，亦不得不對中醫請願代表表示親善。待謝師發言後，薛亟曰：「衛生部決無廢止中醫之動機，雖有衛生會議之提案，有待於部務會議之決定，故請諸位放心，並請轉告全國中醫，幸勿誤會！」云云。

演講地理　哈定拜服

此日，薛部長來柬，謂備菲酌候賞光，余等乃赴宴。席為中式菜蔬，杯盤則用西式。時有一外賓，為世界著名之地理學家哈定博士，蓋薛部長同時招待此外賓也。部長惴惴暗示代表，謂席上弗因中醫廢止案而作責難之辭，恐遭外人之笑。吾人亦知宴席禮儀，進食之際，應對得體，賓主盡歡。席將終，哈定博士起立演說，宣佈彼赴西藏以及西康一帶，進行攷察地理結果，並放映各地地形風物影片。謂彼係發現江川水源來自西藏之第一人，指出舊道，起於某地，經流某所，滙注何所。哈定博士操華語純熟，對於吾國邊際絕域，山川形勢，河道源流，能歷歷而道。滿座食客，固多留學國外之博士，然皆不識本國史地，於是聽哈定演辭，嘖嘖稱奇。是時謝師忽繼起作辭，闡明哈定所言未盡詳處，發源經流，歷代有變，並引入明清兩代之珍貴地圖以佐證。師之言也，如數家珍，如瞭指掌，並謂哈定之說早已載於清代某籍，言已落座。哈定博士大為驚奇，鄭重致辭。自謂週遊貴國，所遇貴國上下人士，具有本國地理知識者，本極稀少，而能詳述古今山川源流桑田變易，數年來僅今日遇謝老先生一人而已。此一席讚美語，得之於外人口中，殊屬不易。薛部長至是亦轉為喜色。蓋薛部長於謝師起立之初，認為老年中醫，必屬頑固之流，所作演辭，膚淺鄙俗，難邀外賓聞賞。不意謝師固長於演說天才，語調抑揚，層次井然，地理學識，充塞胸次。一經演說，使聽者如啖諫菓，使哈定為之心服，更使薛部長轉惶惑而成欣悅矣。此皆謝師自束髮受書，過目不忘。數十年治學功夫超人一等。謝師於地理學如此，於醫學亦如是也。

謝利恒先生在滬講後與及門弟子合影

請願團歸來後，未幾，接國府文官處對於請願團批示一紙，乃「撤消一切禁錮中醫法令」之批示也。一場風波，於也消滅，乃定三一七為國醫節以為紀念。事隔多年，今丁師仲英精神充沛，猶是當年，而謝師竟歸道山。然領導抗爭之功績，則彪炳昭然，不可泯也。

在上海時，上海中醫界歷次大會，每推謝師為主席，或任醫團監察主席。中央國醫館成立時，被推為常務理事。上海市國醫分館成立，又任常務董事。上海中醫之登記，皆由上海市衛生局舉辦考試，合格者始發執照。每次考試，謝師被聘為考試委員。先後舉行考試十一次，謝師參與五次。末兩次考試，余亦被聘為考試委員，一切制度，皆有成例，乃無隕越。故推究近代中醫掌故，自民國七年以來，謝師於國醫公務，可謂無役不與者。

及門諸子　馳譽各地

謝師長中醫專門學校多年，惟校中任教職者，間有癖好，陳舊迂腐，指揮不能如意。其後謝師辭去校長職，由神州醫藥總會聘任，創立上海中醫大學於閘北，同學張贊臣兄及葉伯良兄等，隨謝師助其組織。余未追隨左右，而心實嚮往之。顧謝師對中醫專門學校之學生，始終愛惜，出其門下者，類多馳譽各地，能詩能文能畫者程門雪君、秦伯未君、嚴蒼山君、盛心如君皆是。

謝師主辦之中醫大學創立未數年，適當江浙交惡，引起戰爭，校址近火線，乃宣告解體。醫校停辦後，各方之研究醫學者，莫不私淑景從，每年有百數十人，執弟子禮，謝師乃為之列班講學。每逢學期屆滿，合攝一影，以留紀念。影之大小濶狹，皆為一律，吾曾見此項留影，懸掛牆間，有十六幀之多。桃李濟濟，芬郁衆多，學成而去，各省俱有，遠及非律賓、加拿大等處。

民國廿二年間，存仁編纂中國藥學大辭典一書，其間得謝師之指助者實多。全書字數，計三百二十萬言。中有五彩圖與攝影圖，共一千餘幅。出版之前，謝師時加嘉勉，特作跋語以寵之、蓋因見書端有章太炎先生與焦易堂先生兩序文，謝師爲謙讓起見，捨序文而撰跋文、至今展讀謝師親筆文稿，感喟萬端、目對遺墨，時念師恩。猶有難忘者，吾於着手編纂中國藥學大辭典時，謝師讓贈私藏醫藥書籍百餘種，其中頗多各省人士所貽之絕版書，如今視之，珍如拱璧矣。

民國卅四年間，存仁忽發異想，撰醫家座右銘，文仿朱子家訓。袖示秦伯未先生，極爲贊許。一時醫界同志，並欲囑余書寫。顧余不能作恭楷，於是乃代謝師訂書件潤例：凡求一幀，收潤資若干圓。潤格刋登上海中醫藥月刋後，在三個月中，上海及各地同人聞風來求者，共有六百七十件，足見謝師聲譽之盛，乃有此奇蹟。其時余爲謝師惶急，以爲決難屆時交件，故先時請秦伯未先生及張贊臣兄分其勞，詎料求秦張兩君書法者，亦各達數百件。而謝師隨書隨寄，由舍姪志超司信柬付郵之事，四五月後，此項文字債，已爲之悉數清償矣。

專心黃老　參究內功

謝師晚年童顏鶴髮，更見健康，據謝師自言，專心於黃老之學，晚年拜一道家爲師，參究內功，冀躋壽域。曾引吾及贊臣兄，晉見其人，侍者相告曰：「此仙人也。」某次仙人在一道院演講長壽法，謝師以電話召我及贊臣兄，兩人偕往諦聽。詞極玄妙，惜焉罔覺，意者余猶道心未悟歟？而謝師聆之，津津有味，蓋已探得秘奧。故耄年碩軀，鶴步瀟灑，神采奕奕，此因得益於修心學道處，不無有關乎？存仁受謝師之醫學上訓誨固多，而受衛生養性之示範亦不少，計從遊二十餘年間，未嘗一日見慍怒之色。丁師仲英，亦善養浩然之氣。得失不介於心，喜怒不形於色。存仁隨侍兩師，心領神會，步趨既久，於不自覺中，亦日趨和易矣。

民國卅六年中醫師學術研究會成立，曾於上海八仙橋青年會舉行第一次演講大會。由余講『傷寒症』，凡二小時。謝師致開幕詞，秦伯未先生致介紹詞，張贊臣兄致閉幕詞。是日聽衆蒞止者近千人，謝師逸興湍飛，嘆爲中醫界之盛會。復次，該會與國醫研究所舉辦傷寒講座，亦由余担任主講，需連續作有系統之演講二星期，座設八仙橋青年會雪賡堂，學員二百餘人，旁聽者常有數百人。當由丁師仲英致開會詞，張贊臣兄主持一切，又得龔一飛君襄助。余每日講二小時，另請陸淵雷君、章次公君、西醫楊玉階博士，每週插講一小時，時歷十六日，聽講者愈聚愈多。謝師見之，掀髯而笑，認爲國醫界空前盛事。最後時期，謝師自告奮勇，演講一次。爲吾所講之講題作一總結，講述亦歷時兩小時，聲容並茂，毫無倦色。以七十高齡，而有此矍鑠精神，見者莫不稱人瑞也。散會之時，其間有若干爲國醫碩彥，主張與謝師共留一影作紀念，攝影時吾坐於謝師之右，左則同學張贊臣兄是也。

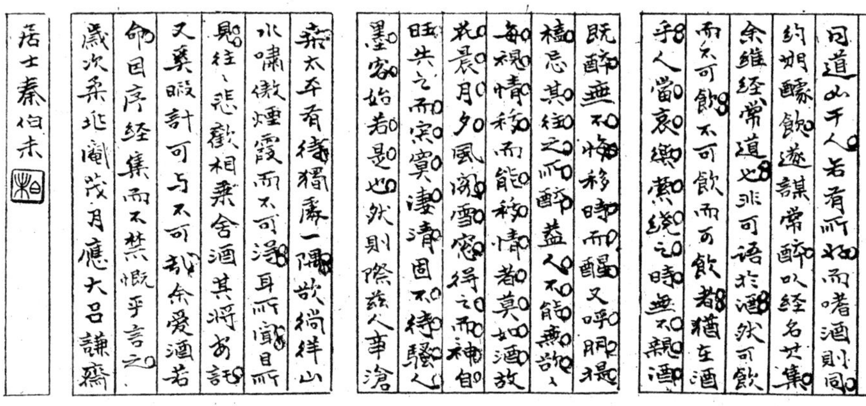
序
同道必千人，若有所好而嗜酒則同
約朋醵飲遨謀常醉以経名其集
余雖経常道也非可語於酒然可飲
而不可飲不可飲而可飲者猶在酒
乎人當哀樂憂鬱之時無不親酒
既醉無不悔移時而醒又呼朋揭
榼忘其所以之所醉蓋人不能無欲人
無情移而能移情者莫如酒放
於晨月夕風游雪窗得之而神自
曠共之而宗寞淒清固不待騷人
墨客始知是也然則際茲人事滄
桑太平有待獨處一隅故倘佯山
水嘯傲煙霞而不可得耳所聞目所
睹往、悲歡相乘舍酒其將安託
又奚暇計可與不可哉余愛酒若
命因序経集而不禁慨乎言之
歲次柔兆閹茂月應大呂謙齋
居士秦伯未

謝利恒弟子秦伯未
——手書經集序文

謝師一生克己儉約，喜對酌而不多飲，好吸烟而不時吸。存仁知師所喜，時往芹獻，師見酒烟，固大喜悅。然謙遜之態，絕不似師生相對，謙謙其德，謝師有焉。某次談及，謂平生未嘗觀電影，吾乃伴之赴大光明電影院觀有聲電影，是日所映爲『泰山歷險記』。師觀之大爲高興，謂已讀過胡憲生譯『野人記』小說，謂某幕之後應爲某幕，結果固無錯誤，對片中所映獅象虎豹猩猴各類動物，嘆爲觀止。時余又爲越劇名伶袁雪芬等診病，每月必有觀劇券送來，乃時邀謝師往觀，亦稱賞不已。有時好作郊外遊，余乃約姚若琴君及贊臣兄等駕車同往，若龍華、漕河涇等上海市郊各地，常作半日遊。每往覓飲孤村，聚餐隴頭，高談縱笑，顧而樂之。某次時方盛夏，天熱且悶，謝師電話示吾，謂心煩極矣，如何解之？吾即於是晚約秦伯未先生及贊臣兄，提美酒時肴，至黃浦江頭，僱乘汽艇，溯浦江而上，挹江上之清風，觀雲間之明月，胸頭爲之大暢，師嘗譬之爲赤壁夜遊云。

謝師酒後喜娓娓長談，但最厭交際，友朋邀宴，每托辭不去。但寂寞無聊時，輒召余及贊臣兄談，話或小飲。乃由伯未先生及余發起成立「經社」，共作茗酒談笑之會。一月一度，名爲經社。經者常也，期有恒也。但相約不談正經乏味事。全體會友，皆屬謝師之弟子行，而在醫界亦爲極負盛名者，如嚴蒼山、程門雪、章次公、虞舜臣、余鴻孫、張贊臣諸君。又有盛心如、丁濟華、丁濟民、錢今陽君，亦屬世交後輩，謝師居於師長地位，却少師長威儀，每次入座，輒講笑話。某次盛讚經社命名之妙，謂每次會期，在規定之日舉行者，則曰經期正也。提早數日而舉行者，則日超前。延後數日而舉行者，則曰落後。耳熱酒酣，妙趣環生。每當筵殘茗香，繼以詩畫。與會諸友，即席揮毫。時未一載，積成書畫冊頁三本。每次又邀醫林名流吳子深、徐小圃、方慎盦諸先生與會，書畫更多佳構。謝師留墨絕少，字體厚樸而端莊，腴潤而脫俗，適如其人焉。

謝師在酒後，興緻豪發，等於青年，門人輩無不以老人之樂爲樂。經社文酒之會，猶以爲會期太久，乃常赴市樓買醉，謝師必欣然參加。某次有紅袖侑觴，衆令坐於老人之傍，以引其樂。紅顏白髮，佳趣橫生，謝師未以爲忤，飲興因而更豪。又有一次，當筵酒酣，謝師講紅樓夢一小時餘。書中人物，熟極如流，頭頭是道，娓娓不倦，蓋亦至情中人也。

情緒難舒　未登上壽

上海戰爭將起，余之病家皆赴港，余亦來港。瀕行之前，特趨師辭別。謝師驟聞吾將遠行，默然久之，嘿爾無言，眉宇間有抑鬱不歡之色。余進以慰語，旋曰：「自汝去後，吾將閉門養性，不再診病，即戚友亦不應矣！」師家中藏書甚富，診餘坐擁百城，借以自遣。晚年嘗語張贊臣兄云：「余一生已無營求，惟此三年中，頗欲將書籍整理完成，了却心願。」不意竟未能償願而逝，此倘謝師所引爲遺憾者歟。

余抵港後，曾兩次上書，恭問起居。師聞余來港後尚能生活，頗引爲慰。去年十月姚若琴君自滬來港小游，備述謝師近況，謂杜門學道，不問外事矣。未幾姚君回滬，吾乃托其向謝師致敬意。旬日後，姚君來，謂曾訪謝師，而書中未曾述明遇與未遇。又旬日後，姚君再來書，書中竟附一謝師之報喪條。函甚簡畧，謂係胃病抑鬱所致。嗚呼！一代名醫，一代鴻儒，竟與塵世長別矣。

存仁不才，弱冠竊附門牆，耳提面命，循循以誘。此情此情，縈繞入夢。前歲來港後，猶冀受教有日。豈意一經乖離，便成永訣。余獲噩訊後，悲抑數日，不知何以自處。昔蘇東坡之哭歐陽文忠也曰：「上爲天下慟，而下以哭其私。」吾於謝師亦曰：「上爲醫藥界慟，而下則哭吾私也。」拙於翰墨，意猶未達，止此而已。

一九五一年

輓利恒姻兄代書後

盛心如

三吳鍾靈秀，獨天有獨厚。故鄉懷耆舊，龍城無其右。李兆洛、沈星衍，文章史輿紹墳典。馬培之、費晉卿，青囊神術媲華扁。澄齋謝夫子，腹笥更便便。土壤歸泰華，細流納百川。休休莫可量，淹涵諸名賢。少壯司教育，大名震南服。玉雪噴霏霏，英才茲煦毓。復穿記事珠，詞源湧百斛。紙貴洛陽城，青藜咸照讀。晚入壺中天，仙吏隱梅福。朱顏美鬢神穆穆，謙謙君子溫風燠。猶憶去歲千秋祝，公與慈航同薰沐。一朝庭前驚賦鶴，故舊門生淚盈掬。君不見揚墨橫行醉心目，忘祖舍本末是逐。何況中原爭秦鹿，誰與領導撐地軸。我爲天下蒼生哭！

謝師利恒傳記書後

張贊臣

余與陳存仁君，同事謝師。先伯熙府君，與謝師暨姚丈公鶴、孟河丁氏、以鄉誼而兼世交，陳君投資姚丈，實由先父爲之引。余與師廡，近在咫尺。診餘之暇，二老時相往還。鱣堂聆訓，余與陳君之交誼，亦由此而益敦。歲在己丑，先父與師同臻七十。先父患消渴，早已養病家園。師特饋贈精製手杖，以介眉壽。師方健步逾恆，朱顏長髯，丰神飄洒，望若金仙。詎於是夏先父棄養，悲慟罔極。而相隔一載，師又於六月間遽歸道山。在數日前，余猶追隨師後，與伯未文芳諸君，應市衛生局邀商公務。歸途並偕余與伯未兄市樓小酌，逸興遄飛。遽聞溘逝，咸爲震悼。師夫人爲同邑望族陳氏。有丈夫子四。幼尚攻讀，餘均擅長工程技術。女五人。臨深三師弟，嘗語余云：「師於捐館前夕，夢張某過訪，歡然道故，其情其景，一如昔日。」噫亦異已。故余撰輓聯云：「從遊卅載，隨吾師領導醫林，端仗中流支砥柱。相距一周，與先父逍遙泉下，休言近事更滄桑。」可見二老生死之交，默契之深。今陳君以所著師之傳記郵示，對於師之事業與音容，宛在目前，能無感痛！爰賸以俚句六絕當哭，書後却寄：

壺中小隱本通儒，杖履追隨亦步趨，
往事愁從今日憶，茫茫元氣倩誰扶？

力挽狂瀾欲起衰，化風時雨繫人思。
卅年海上留遺愛，寧僅醫林失導師？

老看紅杏滿栽廬，門外長停問字車。
只恐斯文天喪盡，亂中時檢舊藏書。

妙語能教一座傾，座間名士半門生。
品花酌酒尋常事，畢竟風流屬老成。

偷閒喜逐少年遊，白髮蕭疎意態悠。
猶憶夕陽歸棹晚，一樽邀月酹江樓。

羅墅灣頭水接天，芙蓉圩上樹含烟。
傷心洒盡思親淚，哭到師門倍黯然。

1969
THE QUEEN'S AWARD
TO INDUSTRY
英國
樂頓
男仕皮鞋
一九六九年特別奬
榮獲英女皇
欵美價廉‧舒適輕便
特別選用
法國野狼皮製造
NORTON
MADE IN ENGLAND
大人公司 有售

大人

論天下大事
談古今人物

第三十二期

六十一年十一月廿二日
環華廣宴
葦窗先生邀鷗飛劉
英伉儷順華雪樵伉
儷月雲紫虹伉儷偕
陪侍小女心沛亦自巴西
遠來省視同侍坐其間
治饌者婁生海雲也
大千張爰敬具

干燒鰉翅
蠔油紫鮑
雞翅大烏參
樟茶薰鴨
纏田手抓雞
瑤柱白菘菜心
園蔬三事
清湯酥肉

張大千畫展
十二姪心一畫附
中華民國六十一年冬

中華民國六十一年十一月，大千居士在美國先後開了兩個畫展，其一是舊金山砥昂博物館主辦的「張大千四十年回顧展」，自十一月十六日至十二月十七日。其二是卡密爾勒克畫廊主辦的「張大千父子畫展」，自十一月二十六日至十二月二十三日，蔚爲盛況。圖上爲大千居士在其寓所宴請本刊總編輯沈葦窗的菜單，圖下爲父子畫展的廣告。

封面：黃賓虹人物畫稿　封面內頁：張大千一月兩畫展

彩色插頁：齊白石草虫　黃賓虹山水手卷小品

大人

每逢月之十五日出版

The Chancellor Publishing Company Ltd.

出版及發行者：大人出版社有限公司
督印人：王朝平
編輯者：大人雜誌編輯委員會
總編輯：沈葦窗
社址：九龍西洋菜街三號A 即彌敦道大人公司後面
電話：K八五五七三〇
印刷者：立信印刷公司 九龍新蒲崗伍芳街緯綸工廠大厦11樓
總經銷：吳興記書報社 香港租庇利街十一號二樓 電話：H四五〇五六一 H四五〇七六六
星馬代理：遠東文化事業有限公司 新加坡厦門街十九號 檳城杳田仔街一七一號
泰國代理：曼谷青年文化服務社 曼谷黃橋東北路五六六之七〇號
越南代理：聯興書報社 越南堤岸新行街二十二號
其他地區代理：
澳門：可大文具店　漢城：汎亞書籍公司
亞庇：利民公司　寮國：永珍圖書公司
千里達：中華公司　斗湖：光明書店
菲律賓：華安書局　菲律賓：玲瓏書局
倫敦：東寶公司　紐約：友聯圖書公司
芝加哥：杏林春　紐約：大方圖書公司
波士頓：中西公司　洛杉磯：永安堂
三藩市：新生圖書公司　檀香山：大元公司
三藩市：益智圖書公司　三藩市：文化商店
加拿大：香港商店　加拿大：新國華公司

萬家歡騰話聖誕

・司馬我・

蘇聯否認耶穌存在 有意破壞聖誕氣氛

每當全世界的基督徒慶祝聖誕節的時候，莫斯科報紙照例發表否定耶穌存在文字，一方面譏笑宗教教義和儀式，一方面意圖渙散人民對於基督的崇信。他們說，基督誕生和他的復活故事，爲「社會階級」的統治者所杜撰與創造，富人需要這樣的故事，以証明他們壓迫窮人的權力爲正當，其目的顯然是破壞這兩個節目的氣氛與毀滅人類對於基督的信心。那種文章裏面不僅否定基督的神話和有關復活節的故事，並且說任何名爲「耶穌基督」的宗教人物或導師，歷史上根本無此事實。他們的理論是，科學方面早已証實人類歷史上，從沒有耶穌基督那樣的一個人物存在。他們說，羅馬或猶太歷史或那時的民間傳說，都沒有提及耶穌基督，他只是一個幻想人物，存在於若干令人驚駭的矛盾的宗教故事之中。

研究耶穌有無其人，可以說是一個至今爭論未已的爭論。從開始至現在，有許多人相信確有耶穌基督這個人物，也有許多人對它表示懷疑，更有許多人感到耶穌宗教信仰富有感染力，而身體力行，在他們實際生活中，憬悟到耶穌永遠活着，而且上帝也經由耶穌來維繫與「他」之間的關係，基督便是在這種情況下產生的。

基督信徒於形式上成立教會之後，當即把有關耶穌的言行聖訓，紀錄了最後一週所發生的重大事件，這些書，後世稱之爲「新約」。也就是第一個復活節事蹟的主要來源，當然如果沒死亡，便無所謂復活，而如果沒有誕生，自然也不會有死亡。

千百年來，全世界各地，多數把聖誕節當作一個重要節目，不論該國人民所信的宗教爲何主，都默認有這樣的一個節日，並且列爲假期，祗有蘇聯和其他共黨國家若干年來，雖然未能証明確無耶穌，却一直在對耶穌基督發表否定的論調。他們既然不承認耶穌基督的存在，自然也不不會承認聖誕節，蘇聯報紙每年於節前發表並無耶穌其人，其目的只是摧毀人類對於宗教信仰的努力之一而已。

耶穌體貌身高有鬚．專家言之鑿鑿有據

儘管蘇聯故作耶穌並無其人之說，但是絕大多數人仍相信耶穌其人確實有之，甚至對於他的身材相貌，亦有考據。

多年以前，人們都認爲耶穌是一個中等身材的人。但是意大利的一位佛里教授，經過三十多年的研究之後，認爲耶穌身高六呎一吋，這是他於一九六六年聖誕節前發表的。

佛里是著名解剖學者，同時是一名雕刻家，耶穌身材高達六呎一吋，是他根據梵諦崗的檔案，在聖地和都靈，從事多年的發現之後作出的判斷。都靈的聖約翰堂，藏有耶穌釘十字架後用來包裹他受傷後的身體的一塊布，佛里在一九三二年便開始對這塊布進行研究。

這塊棉布長十二呎七吋，闊三呎七吋，留下了被釘十字架這人的身體的痕跡，那是十三世紀經法國輾轉運抵義大利的聖都靈的。

佛里最初想要知道耶穌的面形和型體以便替他塑造一雕像；一九一九年，他獲准從梵諦崗所存的檔案中，取得了原稿本是繪畫後被攝爲照片的放大照片。

爲欲精確起見，佛里用一塊透明的塑膠布，將那塊布的痕跡加以複印，之後，他便到約旦和以色列，實地研究耶穌一度到過的那些地方的居民的面部和身材特徵，研究的結果，他得出結論，認定相信耶穌與大多數猶太人那樣只有中等高度，是歷史學家的估錯誤。

這位六十五歲的雕刻家，推斷耶穌是巨人，至少在他的同族人中，他的身材是高人一等。他的同族人身材，普通高度約在五呎五吋至五呎七吋半之間，而耶穌則達六呎一吋。

一般人知道，耶穌是有鬍鬚的，不是不常剃鬚，而是有意蓄鬚，由於我們歷來看見耶穌的塑像和圖片都是這樣，因此而留下了相當深刻的印象，提到耶穌，便立刻想到他是一個瘦瘦高高留有鬍鬚的人。

三年前，一個藝術家的耶穌雕刻像，在英國聖公會掀起過一場軒然大波，原因是他所雕刻的耶穌像竟然沒有鬍鬚。據說，那座沒有鬍鬚的雕像，會使許多教友看了都大吃一驚，都區委員會的某太太道出她的印象說：「他根本不像基督，而像一個紅色的印地安。」雖然沒有人見過耶穌眞面目，但傳統上差不多沒有人不知道耶穌是有鬍鬚的，兩千年來，鬍鬚早已

成爲耶穌面部特徵之一。

據聖經記載，耶穌死時，年約三十三歲，古代的耶路撒冷人，年青時即已蓄鬚，耶穌當然亦不例外。

聖誕日期傳說不一．一月六日最爲可靠

去聖誕還有十天左右，街頭聖誕氣氛正在日益濃厚，大酒店裏的聖誕大菜，今年最貴者每客一百五十元，小帳加一。把這筆小帳去餐室吃一餐，港幣十五元一定有找。

爲聖誕而狂歡，已屬都市時髦之一，但是究竟那一天是聖誕，却大家都有點茫然。

歷史家和天文學家久已爭論的耶穌基督誕生年份，在聯合國教育科學與文化組贊助下，出版的一本歷史專書中被確定爲公元前六年，所以今年應該是公元一九七八而非一九七二。

這本書是古代世界的第二冊人類史，由義國哈潑與勞氏圖書館公司印行，該書係由盧治巴里第、包羅布里齊和盧斯安諾彼得治等三個意大利教授著述，內容包括公元前一二〇〇年至耶穌紀元五〇〇年這個時期內的許多歷史事物。

據那些著作：耶穌的誕辰，可能被確定爲七四八年羅馬年，或公元前六年，書中說：「那種矛盾是由於古希臘西那庫斯暴君戴奧尼夏在沒法使到兩項說法趨於一致時所造成一項計算錯誤所引起的。」

戴奧尼夏確立耶穌紀元是在六世紀開始的計算方式，權威人士曾承認他的錯誤並把耶穌誕生的時期定爲公元前四年至六年。

據那本歷史專書說，以一個歷史學家的觀點來說，對於耶穌基督實不能獲得多大準確的資料，那本書中並說，耶穌的傳道時，大概是在他卅二三歲的時候開始，並曾持續不會多過兩年和數個月之久。

據英國民族學權威萊茲爵士考據，遠在公元三百年前，每年十二月廿日是不信基督的異教徒所崇拜的太陽神的誕辰，因爲從季節和氣候上說，冬至過後，天時轉變，季候趨向春天，足以象徵太陽活動，所以把這一天定爲太陽生日。尤其是近東一帶，多爲農產國家，對於能使萬物生長萌芽的太陽特別重視，因此這個節日也格外受到尊敬。當時基督教徒的聖誕日，即耶穌生的日子，一般相信爲一月六日，然而聖經上從未明白表示耶穌降生的日子究爲何日。因此大都以一月六日爲聖誕，受到一部份長老會反對，基督教徒一月六日的聖誕節，也就不如十二月廿五日的太陽誕來得熱鬧。後來基督教勢力日益膨脹，長老會索性把聖誕節改到十二月廿五，而把一月六日改爲「顯聖節」，這樣一來，異教徒的「太陽節」無形消滅，爲日既久，大家便公認十二月廿五日爲聖誕，嚴格說來，耶誕絕對是個宗教節日，與宗教以外人士無關，但教會於節日將近舉行善事，救助貧民，並由其他福利團體協助推行。於是聖誕便又逐漸變成一個人的傳播人間溫暖與愛的節日，至於隨聖誕俱來的種種狂歡，則是假聖誕爲藉口的及時行樂而已。

四大名曲歌頌聖誕．「平安」夜最負盛名

聖誕前夕，世界各地，到處一片歌聲，雖然年年唱得一樣，却永遠令人神往，從不厭倦，許多人覺得，倘若聖誕節沒有這些詩歌的聲音，心靈便會感覺空虛，聖誕本身亦將黯然無光，而許多聖誕歌曲流行最廣的則爲「平安夜」。

這歌曲的前身原爲一首詩，作者是在一八一八年時的一個奧地利泰奧爾地方柯賓都夫村的牧師莫亞。他當時廿六歲，在這年十二月二十三日晚上被召到森林裏的一個樵夫的家裏，迎接一個嬰兒的誕生。

在他回程中，經過靜寂的樹林，冬季的星星在他的頭頂上閃閃發光，他腦海中記着那個母親俯身望着臥在搖籃的新生嬰孩，在簡單平安的境地裏，這種情形足以使他想到當年救世主耶穌在伯利恆的馬廄誕生時情景。回到教堂後，他就坐下對他的思潮撰寫了一首短詩。他叫那首詩爲「平安之夜」。第二天他請他的好友，也就是教堂的風琴師古巴替它作譜成了一首樂曲。

譯作中文，那支歌的歌詞是：「平安夜，聖善夜，萬暗中，光華射，照着聖母也照着聖嬰，多少慈祥多少天眞，靜享天賜安眠。」

那天晚上是聖誕前夕，在聖尼哥拉斯教堂舉行子夜彌撒之際，琴師古巴拿起他的六弦琴，唱低音，莫亞牧師則唱高音，那首簡單的聖誕頌歌就首次在柯賓多夫村唱了出來，村人聽過之後都極爲感動，認爲是他們所聽過的聖誕頌歌中最佳的一首，就此逐漸流行到奧地利全國和世界各地。有一天，薩桑尼國的宮廷音樂指揮在聽過莫亞牧師故鄉的四個兒童唱出「寧靜之夜」，翌年就邀請在他的音樂會中唱出。聽者都十分欣賞，但因爲相隔多年，那首聖誕歌曲的名字已被遺忘，只叫它做「泰奧爾人的歌曲」，因爲是從泰奧爾地區而來的。

一八五〇年早期，柏林時帝國教堂詩歌班在德皇德烈威廉四世御前唱出那首聖誕歌曲，德皇認爲它是罕有佳作，下令去找尋這支歌曲的作者，可是莫亞牧師已於一八四八年逝世。但古巴却獲得了德皇的親口讚美。一九一八年十二月二十五日，爲慶祝聖誕歌曲撰寫一百週年，特由古巴的孩子唱出那首歌曲，同時用當年古巴所彈的那隻六弦琴來伴奏，現在那隻有歷史性的六弦琴藏在德國希連城的博物館。

另外有一首「普世歡騰歌」唱來雄壯有力，是一首引人入勝的詩歌，

但這詩本來不是聖誕詩，而是描寫救世主降臨的光境：「普世歡騰救主下降，大地接她君王，惟願衆心預備他降生，諸天萬物歌唱。」

後來因爲這首詩很能夠體會救主降生的意義和快樂，就轉輾流行成爲聖誕詩，所以我們可以說，它不是爲聖誕而寫的聖誕詩，而實在是意譯的聖經詩篇。

「普世歡騰歌」的調子神妙，但現在我們所聽見的已不是原來的調子，因爲一八四一年便改用孟遜所寫的曲子，直到今日。該曲註明是由韓德爾的「彌賽亞」曲選出的，可是我們查考「彌賽亞」全曲，自始至終找不到這調子。本詩的作者是最偉大聖詩作家萬慈以撒，萬慈博士生來體弱多病，身裁短小，但信仰篤誠，心境寧靜，一生寫聖詩六百餘首，被譽爲「英國聖詩之父」。他所寫的歌影響教會很深，今日我們唱這首詩的時候，仍覺得深沉的感力。

「小伯利恒歌」也是聖誕詩歌中的傑作，歌詞云：「美哉樂伯利恒，合境平靜安恬，夜已更深寢夢無驚，衆星寂寞在天。試看暗街皆明亮，榮耀永遠之光，萬世所求萬人所望，今夜皆歸此方。」

「小伯利恒歌」的作者卜樂思牧師，到過猶太國，週遊聖地考察主耶穌的生平事跡。更曾經在聖誕節前夕，趕到伯利恒，參加夜半的聖典，這聖典是在那傳說的降生地點舉行，這次崇拜所給他的印象極深。他總不忘壞那時在伯利恒幽靜的野地，天上的星光，和美妙的歌聲，於一八六八年，他爲主日學的學生寫了這首「小伯利恒歌」，使他們唱來有身歷其境的感覺。

卜樂思牧師把他的詩交給雷勒，請他配上曲子，可是這琴師想了一個禮拜也找不到適當的音調。不料在聖誕前夕，半夜以後，他給優美的天使旋律驚醒，立刻起身記錄下來，在聖誕早晨配上音樂，就這樣完成了這支傳諸後世的名曲，所以當雷勒常說這首曲不是他寫的，是天上給他的。這也是聖誕歌中的一段佳話。

「小伯利恒歌」當初是爲主日學生寫的，可是很多人愛唱，並不覺得是孩童詩歌。

但以一個父親的身份爲他自己兒女而寫的聖誕歌就不同了，路得馬丁有個美滿的家庭，夫婦情感很好，又深愛所生的七個子女，給他們以良好的宗教教育，每有教會大節日，路得總在家中舉行特別家庭禮拜。尤其聖誕節是家中最快樂的日子，所以路得爲他的孩子們寫了很多聖詩，其中有一首「馬槽歌」的詞曲是用孩子的語言寫的，詞句簡單純潔，洋溢着父親的的感情與愛：「遠遠在馬槽裏，無枕也無牀，小小的主耶穌，睡得很安康。衆星都望着主的地方，小小的主耶穌睡在乾草上。」男女愛唱，人人愛聽，終於成爲聖誕詩歌中四大名曲之一。

伯利恒爲聖誕之地·慶祝盛大儀式隆重

世界各地都有聖誕，但是慶祝盛大，儀式隆重，却以伯利恒爲最多。伯利恒並不是一個重要城市，全市人口不過七千，它之名聞遐邇，是因爲它是耶穌誕生之地。

耶穌出生於伯利恒的一座教堂，當地城中心小廣場一帶，低矮的小樓吊着有許多鐘，這些鐘聲聯同在隔鄰的聖嘉德蓮教堂的鐘聲，在聖誕節那天，用播音機傳到世界各地。

遊客可自由爬上鐘樓，瞭望全城的風景，那裏有許多大大小小的教堂，其中以奧馬回教廟的高尖塔最爲奪目，在下面的平頂的石屋，是傳統的約旦式樣。

附近有一個小丘名叫「牧羊人」的曠野，傳說當年，牧羊人曾看見一個天使向他們告知耶穌誕生的喜訊。耶穌誕生教堂乃在公元三三〇年，由羅馬皇帝君士坦丁的母親聖赫蓮娜所建，公曆五三〇時曾大事修葺，原狀保持到今天，沒有改變。遊客或朝聖者走進一個天然的岩穴，會看見耶穌誕生的地點，石塊上畫有一顆星，耶穌所臥的馬槽已改爲一個用銀質製成的代替，十字軍在一一〇〇年間也曾修葺這間教堂。

耶穌既在伯利恒誕生，伯利恒慶祝聖誕因此也比任何地方更有意義。那裏的基督教徒，包括天主教、東正教、阿敏尼安與基督新教都分別舉行他們的特別儀式，東方教會有他們自己聖誕節，跟其他教會定在十二月廿五日有所不同，他們的日子是在後十三日，因此從十二月二十四日開始，直到一月七日，這許多日子裏差不多絕不停止慶祝。

聖誕慶祝通常在十二月二十四日下午一時開始，天主教主教從耶穌路撒冷到伯利恒，一路巡遊，馬槽廣塲聚集有各種族和各國人士，附近山丘山的牧羊人跟穿上禮服的各國大使和重要官員大家混雜在一起，毫無階級之分。入夜後，在耶穌誕生教堂的庭院，有由基督教青年會所組成的聖詩班唱耶穌聖誕歌曲，隨後他們又到牧羊人的曠野唱出，至下午九時，阿刺伯籍的基督新教徒則在耶穌誕生教堂舉行宗教儀式。

快到午夜時，伯利恒的鐘聲開始大鳴，催各人去參加午夜宗教儀式，叫大家不要錯過，在街道上照耀如同白晝，聖誕樹上的燈光照耀輝煌，表示這是普天同慶的日子。在牧羊人的曠野的聖誕歌唱是這天主要的慶祝節目，這個節日由在耶路撒冷的基督教青年會所主辦，吸引在兩方邊境信奉耶穌的阿刺伯人。他們都不放過機會去參加，其中更有許多從世界各地到來的遊客和當地的各教會的教友，儀式是用英語和阿刺伯語，兒童歌唱班則用阿刺伯語唱出聖詩和聖誕歌曲。伯利恒地方雖小，可是每年聖誕，聖誕氣氛的濃郁，却爲世界任何其他城市所不及。

三十萬人同慶聖誕・觀感遭遇各有不同

每年十二月世界上有三十億人同渡聖誕，包括你和我，以及一切相識或不相識的人在內。

和月亮一樣，聖誕祗有一個，但從每一個人眼睛裏看出來，却各各不同。其中有歡樂，也有哀愁，一切都不能決定這個節日，而祗能決定於每一個人自己的生活環境。正像自然給人類以空氣，全世界的空氣本來都差不多，但是山頂上的清新，和木屋區的汚濁，其間相差不可同日而語。聖誕是人人皆有的，但聖誕的過法和看法却完全不同。

對於孩子說來，這是一個充滿快樂的日子，只有他們才相信聖誕老人是確有其人，並將於聖誕前到來。對於老人說來，這是一個追憶過去的日子。對於病人說來，醫生休息，這是一個生了病看不到醫生的日子。對於扒手，這是大家提早領薪一個機會難得的日子，而警務總監的眼光中，這是加緊冬防的日子。水務局長說今年聖誕節和去年一樣，保証你們水頭充足。越南戰塲上，不管和談能否成立協議，聖誕日一定停火。台灣海峽，這是金門與金門對面大家停火一天的日子。在台灣本土，這又是中華民國的行憲紀念日。慈善家：這是愛與互助的日子，薪水階級：這是預支薪水以備度假的日子。郵差：這是拼命跑樓梯遞送聖誕賀柬的節日。渡輪職工：這是加做夜班的日子。一家之主：這是聖誕老人對於所有家庭進行經濟調查的日子。主婦說：今年的聖誕樹比去年貴。丈夫問他妻子：你記得我們第一個聖誕在那裏渡過？女兒問自己：今晚有三個舞會，不知去那一個？黑市太太：今天放你回家，陽曆新年非在這裏渡過不可。大情人：聖誕夜我恐怕沒法脫身，除夕晚上一定和你共渡良宵。王老五：這是我們團團轉的日子，也是我們小吃大會鈔的日子。戲院主人：把最壞的影片乘機推出，因為它一樣能賣滿座。舞塲老板：不准請假。舞女：這是坐冷板凳的日子。的士司機：這是不能按錶收費的日子。教徒：這是做半夜彌撒的日子。夜總會主人：這是刀叉不見最多的日子。交際花：今年收到禮物比去年多，這至少証明我還沒有老。小職員說：經理的聖誕禮物，非送不可。餐室老板：我的聖誕大菜共有十六道，每客十二元。大酒店廣告：聖誕前夕晚餐每客一百五十元。聖誕老人自白：我的身份証是僞造，他們從十二月中開始把我僱用，工資每天三十元。我年年做「聖誕老人」，但從來沒有人送我聖誕禮物。

當然，對於有些人渡聖誕日是一種幸福，但對於那些不便於送聖誕禮物的人如果沒有聖誕節日，也未嘗不是幸福。

聖誕老人原無其人・創造歡樂功在不朽

講到「聖誕老人」，可以說他是聖誕節的主角，聖誕節前後這一段時間內，全世界的人都是他的配角。聖誕老人的名字叫作聖尼哥拉斯，關於他的傳說與故事甚多，從不一致。其實他只是一個想像中的人物，和柯南道爾筆下的福爾摩斯，以及華德狄斯尼筆下的米老鼠一樣，是一位摩爾博士憑他想像所創造的一個人物。不過福爾摩斯只是在小說中出現，米老鼠只是在漫畫中出現，而「聖誕老人」却面蓄白鬚，身穿紅袍，凸着肚子，活龍活現的在十字街口和百貨公司中出現。

摩爾博士原籍荷蘭，後多移民到美國，他在荷蘭時，看到屋外每天有一個矮胖而快樂的老人工作，印象很深，後來他塑造聖誕老人，即以該老工人為模型。摩爾博士是紐約一個主教的兒子。他於一七七九年七月十五日出生，十九歲在哥倫比亞大學畢業，喜歡詩歌、音樂，曾攻讀建築，又考取了神學博士學位，在神學座談會上任教授。

摩爾博士的作品甚多，但多數失傳，只遺下一首永遠不會被人忘記的詩，題目為「聖尼哥拉斯的訪問」。傳說一九二二那年，摩爾博士從紐約坐車到赤爾斯，聽到教堂的鐘聲，引起他為兒童寫了首詩的動機，他又想到那個快樂的荷蘭老人，就以之為聖尼拉斯的造型。

翌年，摩爾博士招待紐約一位畢那小姐，她抄了那首詩後，回家以「無名氏」筆名寄往「哨兵雜誌」，於一八二三年十二月廿三日刊出。以後每逢聖誕節，都有人重刊，因此人們都希望知道該詩的作者是誰。

一八二九年「哨兵」雜誌透露，該詩是一位「紐約人」所作，直至一八三八年十二月廿五日，「畢格特」雜誌方公佈該詩作者是摩爾博士。

摩爾博士後來辭去教授之職，退居新港，於一八六三年七月十日逝世，差五天就是八十五歲，他葬在聖路加教堂墓地，一八九〇年，他底靈柩被遷往聖三一教堂的墓地。每年聖誕節前夕，就有一羣兒童前往他的墓前，唱聖誕歌和放置花圈，表示感謝這位作出兒童最喜歡詩歌的作者，

世界根本沒有聖誕老人這樣一個眞人，但是他生存在千千萬萬男女老幼的心中，為每年的聖誕節增加了不少美麗和歡樂。

聖誕賀柬傳達溫暖・紙短情長保持久遠

祝賀聖誕的方式多到不可勝數，最普遍的一個方法是朋友親屬之間互寄聖誕卡。聖誕卡的起源已不可考，起初只是貴族們的玩意，由畫家手繪出售，後來印刷發達，變得十分普遍，現在已經成為一宗大生意，英美兩地，各有一個聖誕卡大王。彩卡一張，雖說祗是秀才人情，但遠道寄意，紙短情長，傳達愛與溫暖且能保持久遠，確比電話電報之類更有價值。香港人口四百萬，平均以每人收發五張，數達二千萬張以上。每年聖誕近時，郵差遞送聖誕賀柬，每日平均超過一百萬件，使郵局裏兩千名郵務員忙個不了。

泰·游·小·紀

·陳定山·

泰京小游二十八日，得詩百餘首，今錄其二十一，並加詮次。

武里雄風古廢墟，於今萬户樂康衢，
湄南河下長橋水，直放樓橋入帝都。

（一世王橋）

註一：曼谷與呑武里一河之隔，其初戶籍不繁，近年建設大新京，築一世王橋，環跨兩岸，建築之雄偉富麗甲東南亞，巨艘出入，貨舶流通，武里遂爲大新京之一環，而湄河之水上市埸轉趨落寂。

佛統莊嚴七寶層，塗天金塔曜觚稜，
心香膜拜皈依地，隊隊黃衣祝髮僧。

（佛統禮塔）

註二：暹羅古佛國，塗金巨塔處處湧現，而佛統古塔尤偉大莊嚴，塔高七十餘層，有鐵梯可上，凡七百餘級，登者未及其半已淩風胆落。繞塔一週需一小時，佛像之莊嚴，石雕之精妙，歎爲觀止。

玫瑰花園絕市囂，行人指點說前朝，
水亭花榭離宮在，金鑲幽房碧夢簫。

（玫瑰花園）

註三：園距市區，車馳約一小時始達。水木之勝頗似吾故鄉之西湖，週末假日游人甚盛。其外有前王離宮多處，皆以戍衛守之。據云：其中尙有老宮人在焉。

長劍豐衣鎮四方，雄姿匹馬似還鄉，
誰言列國無文史，兒女千秋拜鄭王。

（鄭王銅象）

註四：暹羅本由漢人鄭王統治，暹人襲之，鄭亡，暹人繼位今九世矣，然猶鑄鄭王銅像祀之，香火不絕。

幽嫺清邁似蘇州，水紫山明月滿樓，
織得迴文心字錦，小桃花底學梳頭。

（清邁訪美）

註五：泰國沃野千里，而少峯巒之美，惟清邁鄰近滇界，山水清幽，仕女秀美，言語頗近雲南。游人至此，彷彿囘到大陸故鄉，留戀而不能去。產桃花，多美女，工織錦製傘，有大美人窩、小美人窩之目。

十二層樓峻極天，泰妮歌舞泰皇前，
尋常只道阿房好，陵谷山丘易變遷。

（玫瑰泰妮）

註六：玫瑰泰妮爲泰京最大酒店，與一世王橋並爲新泰京之最大建築，其中市廛林立，十步五步皆爲樓閣，虹霓燒天，錦氈佈地，歌舞徹夜，世界游客之最高貴者，叢集於此，經理爲一中國女子名王金樓，與吾國歌仔皇后同名，亦巧合也。

玉佛膚圓緻緻光，令人遙想翠雲裳，
三千殿脚如花女，赤足塗金拜下方。

（玉佛展拜）

註七：玉佛寺座像全身爲翡翠所琢，以琉璃龕霓虹燈高懸殿梁正棟，約計之長丈餘，巨可十圍，翡翠寶光，不可仰視，惟星期六日開放，參拜者必着紗籠，赤足上殿，肅靜膜拜，旗袍短袴皆不得入。

海容尋珠選醉眠，海宮漁網幕青天，
願教千日公婆宴，紫蟹龍蝦不論錢。

（曼盛海濱）

註八：泰國盛產海鮮，泰語譯音：蝦爲「貢」，蟹爲「蒲」，每宴必設，余戲稱爲「公婆宴」，聞者大笑。曼盛海濱有張大漁網爲酒店者，人入其間，如魚游網中，侍女莫不笑靨迎人，風趣特絕。

海面朝陽纈鏡光，紺珠山色滿檳榔，
馴猿個個知人意，牽引兒孫列道旁。

（三木呼猿）

註九：三木，山名，乃梵語「紺珠」之譯音，地處曼盛海濱，一山眠翠，似美人浴罷小臥沙磧，山不高而多猿，牽兒引婦，見人不避。

擬從客地賦梁園，面目蒼涼異五官，

一樣炎黄分彼此，廿銖買券鱷魚圍。

（鱷魚湖）

註十：北攬鱷魚湖，蓄鱷萬頭，參觀者必先市券，泰人六銖，外國人二十銖，余以面目相同，請享優待，司閽者云「你是外國人」，遂以二十銖市券。

折戟沉沙迹未消，此間猶有桂河橋，
東西蠻觸爭何事，落日瀟瀟早晚潮。

註十一：桂河橋爲日本南侵，俘虜英國駐軍所建，當年英俘死亡相藉，今爲陳迹矣。美國好萊塢攝有桂河橋影片，强調英軍，失之誇大，非紀實也。

螺旋足趾列星辰，十丈金身臥佛尊，
仰首萬人齊破膽，偶然咳唾似雷門。

（大臥佛寺）

註十二：曼京佛國萬計，以大臥佛寺最爲偉大，佛身側臥，廣殿十間，僅充頭足，足底長二丈有奇，十趾螺旋，文皆繪星辰。一指支頤，長亦逾尋，參拜者屏息不敢仰視，我國奉化阿育王亦有臥佛，蓋不能抵一臂云。

西海羣峯迤邐回，打莽倉圃正花開，
仙桃似爲東皇壽，多少麻姑結隊來。

（打莽倉圃）

註十三：曼谷沃野千里，西海始多山，過桂河橋，迴望羣峰連結，如巨桃纍纍然，滿山紅紫花開，土名打莽倉圃。

佛塔傾斜赭蔦蘿，緬人於此弄兵戈，
離宮卅六何王殿，畫壁摩挲感慨多。

（大城懷古）

註十四：去曼谷約一百里，曰大城，本鄭王故都，暹緬之戰，都市盡燬，惟佛塔數百，傾斜於赭火之中，望之如赤林。

蓋世盤龍一擲豪，離宮重建贈王朝，
玉姬身世斜陽外，文物中華迹未消。

註十五：相傳某世王朝有賭徒張某者，坐法當刑，某請輸家財爲王建離宮三十六處，皆仿中華制度，又畫暹緬戰迹於內宮四壁，令後王思焉。

二子同舟沼上遊，玉妃偕嬉美無儔，
鯉魚風起蘋花綠，白石雕魂恨水頭。

（玉妃雕象）

註十六：相傳某妃携二子覆舟沼上，王法：賤人手不得近貴，否則當刖。兩岸列衛士數十，皆畏法不敢援，妃及二子遂溺死，王傷之刻白石爲像，像美甚，後人過者皆徘徊不忍去云。

浴室連衡接四隣，寰球月窟欵嘉賓，
唐宮鏡殿烏孫女，隔着玻璃畫美人。

（浴室風光）

註十七：泰僑返國，有問津理療者，歸而著文譏焉。然泰國浩寶規模之宏偉，蓋十倍於中華，寰球月宮，尤其著者，但多欵接外賓，泰人保守者不入。

小船來往趁人忙，水上觀光趕市場，
載得朝陽人已散，風吹一路稻花香。

（水上市場）

註十八：水上市場夙爲曼谷觀光勝地，必破曉而往，遲則散矣，蓋公路四達，趕集者皆捨舟而就車，故盛况亦不復如前。

每聞破產食榴蓮，搬到新京一試鮮，
一尺氷盤辜負甚，垂涎相對要明年。

註十九：榴蓮結實大如瓢，而多刺，剖之成漿，多小核。友人知我來，亟求諸市，僅得一枚，奇貴，食之奇臭不可當，蓋過市已久，須明年三四月乃佳耳，姑誌之，以留重來之約。

暹羅寶石號天星，灼灼明於黑女睛，
一粒千金求未得，却來床角論筐傾。

註二十：天星石爲泰國特產，其佳者，萬銖尚不可得，然砆碱之餘，亦不甚貴，西商遠道來求，斗量而去，往往論筐，然於千萬粒中選得一粒，即致鉅富。

座中婉孌對清揚，玄髮曾無一點霜，
今日漢庭方用少，休將垂老譽馮唐。

註二十一：將別泰京，董敏莉小姐餞余於漢宮樓，食大陸毛蟹九枚，座中皆謂定公不老，而余七十六矣。

Hallmark

CHRISTMAS SHOWS ITS COLORS

Your look. Your colors. Your message. Your card. That's what you'll discover in our bright new Hallmark collection of Christmas greetings.

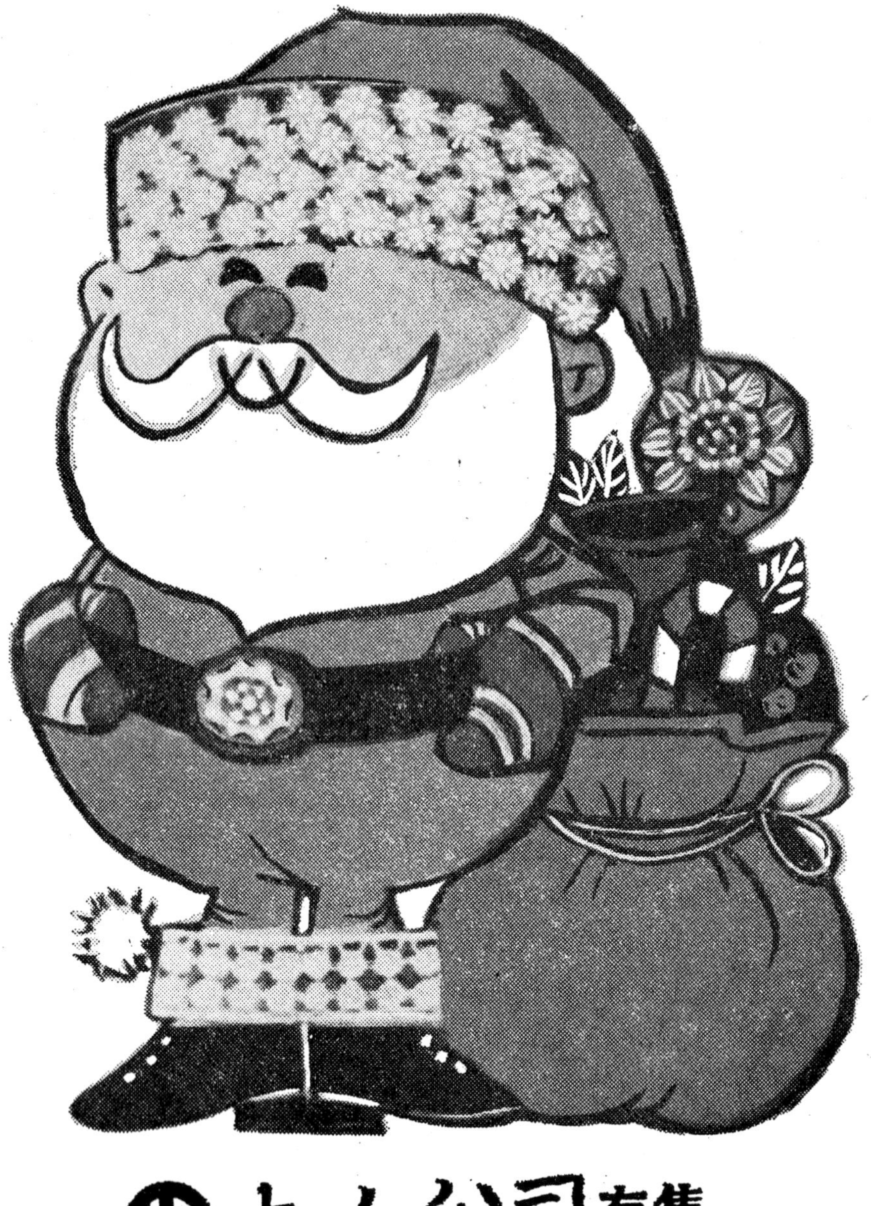

大人公司有售

Sole Agent: Cosdel (Far East) Ltd., 1331, Prince's Building.

政海人物面面觀

——邵力子、黃紹竑、繆斌、褚民誼——

馬五先生

邵力子（仲輝）

邵氏名仲輝，浙江紹興人，清末曾舉孝廉，入民國後，到上海闖世界，得與吳稚暉、沈玄廬、葉楚傖等民黨人士相識，加入了國民黨，邵和沈玄廬同是浙江人，過從尤密，沈初期思想甚左傾。邵在上海始以執教中學國文課程爲生活基礎，迨革命黨機關報——民國日報編副刊「覺悟」兼採訪——創刊，邵與葉楚傖分任編輯，葉主持內外要聞與言論部門，邵主採訪工作，副刊取材新穎，文字亦以語體爲多，我在日本讀書時，每愛閱之。民國日報的經濟力量甚薄弱，設備較差，時吳稚暉任上海「神州日報」主筆，邵每夕必到神州報晤吳氏暨該報編輯，談論時事，探詢消息，回至民國日報，即以其在神州日報社聽到的新聞，作爲「本報專電」發表，備極勤勞。

「五、四」運動發生後，民國日報特表同情，副刊「覺悟」對一般知識青年的投稿，儘量刊佈，一則以推廣報紙銷路，一則可以節省稿費支出，蓋青年人志不在此也。職是之故，邵乃將「覺悟」的內容日趨左傾化，

邵力子

若干在陳獨秀領導下的「社會主義青年團」份子，多以民國日報副刊爲宣傳基地，而邵則跟他們很接近。越民國十年，中國共產黨在上海成立後，民國日報副刊所載左傾思想的文字，益多。此時邵的好友沈玄廬已改變思想，堅決反共，而邵仍與陳獨秀一流人親密往還，因而民黨人士指邵係屬共產黨份子，邵聞之，急在民國日報刊登啓事否認其事，民黨同志即以將信將疑的態度，靜觀其後。

越民國十五年（一九二六年）三月十九日，廣州海軍局長李之龍叛變案發生後，此時正在莫斯科訪問中的胡漢民先生，以爲粤局將有變化，對容共政策或予修正，乃匆促離俄回國，行抵海參威，接得國府顧問俄共鮑羅廷由莫斯科來電，乞胡稍待，謂有好友數人即來同道出發云。既而來者乃係邵力子、徐謙、鮑羅廷三人，與胡乘桴浮於海，討論政治問題，要求胡莫改變容共政策，即可擁戴胡氏爲革命政府領袖，因胡氏堅持三民主義立塲，遂無結果，而胡氏就不能在廣州立足。是時之邵仍係上海民國日報編輯，國民黨和國府並未派他訪問俄國，然他跟徐謙竟受史太林的教唆，夥同鮑羅廷來包圍、游說胡漢民勿反共，可見邵力子早與鮑羅廷沆瀣一氣，爲共作倀，他是暗中隨鮑羅廷去莫斯科的（鮑於李之龍事變發生前，告假回俄），他與莫斯科「孫文大學」留學生傅學文相識，相親以至相愛，殆自此始。

國民革命軍北伐時，總部秘書長是李仲公，我於十六年四月由南昌行營隨李烈鈞將軍到達杭州後，奉命將行營印信與重要文件携往南京總部交差之際，就是由李仲公接洽的。邵之担任總部秘書長，係在是歲六月以後交通部新成立，李仲公轉任交通部次長——李與部長王伯羣同省。從此邵漸露頭角，寖成爲顯要人物。周佛海於是年六月由武漢逃至滬上即被捕，淞滬警備司令楊虎與東路軍政治主任陳羣决定，擬將周用蔴袋裝好，加以石塊，投入黃浦江中，置之死地，周妻楊淑慧得訊，急入南京找邵營救，遂免葬身魚腹。周係湖南人，乃中國共產黨十個創立人之一，邵力子如果不是共黨同志——至少亦係同路人——即不會與周氏熟識，縱有泛泛交誼，而在當時京滬那種激昂清黨反共的情勢之下，亦就不便出面替周說話，以避嫌疑，這是常情。周佛海思想轉變後，始終反共到底，邵力子却始終祖共，民十七年春間，國府某鉅公的女兒——留俄學生——在南京以共黨份子被捕，亦由邵力子出面保釋。他和傅學文即於此時舉行結婚儀式，我亦係被邀觀禮的來賓，邵當塲將塡寫好了的結婚証書，對衆宣讀一遍，便算婚禮完成了。留俄學生王陸一代表來賓致詞，極盡調侃之能事，開口即連呼「傅同學」幾聲，說是從今天以後，不能再作「傅同學」的稱呼，而

須改稱「邵夫人」了。所以要趁機多叫幾聲「同學」，以留紀念；又說邵先生跟傳同學早在莫斯科即已共同研究革命問題有素，志同道合，今後更對革命前途，大有裨益，吾輩同學，亦感到莫大的榮幸云云。邵聞之，面色緋紅，苦笑而已。

邵氏在其日常生活方面，表現很樸素，經常穿着長袍大褂，狀甚清貧。實則他藉着革命軍總司令部秘書長地位，每有招權納賄的勾當，我知道湖南省主席何鍵，曾於民國十八年春間，在南京陳調元私邸中，送過他二十萬元的一張支票（詳情見本刊卅期所述陳調元軼事），至於其他各地區的軍政人員，類乎何鍵餽贈情形者，自所不免，陳調元亦送他的錢不少呢！但他善於掩飾，平日的飲食起居幷不講究，在南京雞鳴寺下所建置的一椽住宅，好像火柴盒，面積很狹隘，不像一般黨國要人之動則建造高樓大廈，令人側目。他在「西安事變」發生以前，担任陝西省主席時，一日約同民政廳長彭昭賢（君頤）二人赴郊外游息，私語彭謂毛澤東有信託他密呈蔣委員長，他爲要避免通共的嫌疑，不便親自遞呈，希望彭廳長能將此函帶往南京面交之。彭謂：「這原係極端機密的事情，不宜給第三者知道的，本人認爲還是由邵先生親呈的好。」這是君頤於流寓海隅時，向筆者敘述的故事，當然不假。後來西安之變作，蔣公被刧持，邵即勸蔣公辭職下野（見蔣所撰西安半月記）。邵卸去陝省主席回至金陵，仍在領袖左右參預密勿，表面上與蘇俄使館人員無來往，實際由其妻傳學文暗中活動，以避耳目。對日抗戰初期，政府遷至重慶後，我在「西南日報」以「雷南雷」筆名，寫專文慶祝蘇俄十月革命紀念節，文內提到當年紅軍統帥托洛斯基的戰績，蘇俄大使館爲此向我政府抗議，指爲不友好的言論，「新華日報」且罵我是「托匪漢奸」，我爲文痛予駁斥。這時邵力子任中央宣傳部長，他不知道該文是我寫的，某日我到宣傳部訪友，他見到我即憤然作色而言曰：「雷南雷是什麽人？如此不顧國策而亂寫文章，引起友邦極不愉快，實在要不得！」我答道：「邵先生若要查究該文作者，遠在天邊，近在眼前」。他瞪着眼睛云：「原來是你寫的，此時何必撰寫這類的文字呢？」我說：「這是談歷史的論文，與時事無關，我幷未造謠，蘇俄大使憑什麽理由抗議呢？」邵表示很不滿意的臉色，然西南日報係民營刊物，又未得黨部津貼，他亦無可如何。未幾宣傳部改組，部長由周佛海担任，我寫信問周氏，對西南日報言論作何觀感，他親筆復信，說是「先覩爲快」，與邵力子的親共言行，適成反比例。

邵力子解除宣傳部長職務後，在重慶常與周恩來、董必武、吳玉章等共幹人物過從，由於國共合作對外抗戰之故，一般人幷不注意他這種親共行動，但民黨元老張溥泉（繼）先生對他的歷史很清楚，隨時隨地留意偵查他的一切動態。民國卅年張溥老在西安居留半年後回到重慶，某次出席國民黨中全會議時，報告西北各方面毛共滲透顚覆情形甚詳，認爲殊堪憂慮，非特加警惕防範不可。最後張溥老說：「我相信總裁的左右亦有共諜潛在」，指的即是邵力子。但總裁不以爲然，對溥老嚴加申斥，張聽罷，起立云：「總裁，我錯了！」旋即退席而去。林主席聞訊，深恐溥老耿耿於懷，乃在山洞官邸邀約蔣總裁暨溥老與戴季陶等一般老同志聚餐，談笑甚歡，芥蒂全釋了。

日寇宣告投降後，毛澤東由美大使赫爾利邀來重慶，進行政治協商，毛坐飛機抵達渝市郊外白市驛時，民黨要人只有邵力子與張治中在機場迎接。後來國共雙方達成軍事協議，共黨與「民主同盟」等左派人士，在渝市內校塲口，舉行「各界民衆慶祝政治協商成功大會」，首先登台發言的即是邵力子，他對毛共大事稱贊，台下羣衆惡其以國民黨中委而媚共不遑，齊聲呼打，秩序大亂，毛共與民主同盟乃向政府抗議，要求懲兇，名曰「校塲口事件」，又向美特使馬歇爾告洋狀不已。我和郤爽秋等十餘人，覩狀引爲可恥，即在重慶「世界日報」發表「敬告各民主黨派人士」的文字，希望他們顧全全國與民族人格，不要奉戴美國特使有如法國派到北非殖民地的「高級專員」然，瞎告洋狀，且對邵力子之媚共的言行，併予譴責。

對日抗戰結束，政府還都後，實行還政於民，頒訂憲法，全國普選中央級民意代表。國民黨以提名方式，核定各個候選人，另由國府頒佈法令，凡執政黨黨員未經中央提名而違紀競選者，雖當選亦無效。旣而若干未經提名而獲選的國民黨籍國大代表，到南京集體示威抗議，邵力子即在中央黨部會議席上，聲言不管提名與否，得票多數的應該當選，認爲不必研究。他是故意釀造糾紛，增加政府的困擾，摧毀其威信，間接給毛共幫忙。當年在南京的黨國要人，現時健在台灣的仍不少，上述邵力子這項決策的主張，大家皆親見親聞，決非筆者揑造的吧？

越民國卅七年冬，國軍先後失敗於徐蚌與東北戰塲，各方主和之聲，甚囂塵上。蔣總統表示相忍爲國的心情，特召集中央高級文武幹部會議，徵詢和戰意見，應邀出席者共計二十五人，農林部長左舜生亦在其列。據舜生事後在香港告訴筆者以當日的會議經過情形如次：在塲的廿五位大員中，主戰最力的是谷正綱，他與主和最力的張治中大起衝突，張指谷文人不懂軍事，盲目主戰，說是「你在後方空口喊打，何不到前線去打呢？」谷亦不屈服，抗辯甚烈。極不贊成蔣總統引退的，只是王世杰一人，其餘皆緘默無言。唯有邵力子竟公然主張向共黨投降，說是「打人家不過。就祇好投降，這有什麽客氣呢！」蔣總統聆邵氏此言之際，曾握右拳在會議的桌面上磨旋了幾下，然後說道：「邵先生你該知道，民國元年孫總理本不願意將總統職位讓與袁世凱的，就因爲黨內的幹部都認爲非袁世凱不能收拾殘局達成和平統一全國的願望，强迫總理讓位，乃貽下了二次革命，以及護國諸戰役的後患，人民受害甚深，本黨的革命同志，更不知流了多少血汗，這種歷史教訓，是不應該忘記的。」邵聞聽後，漠然不以為意。左部長所述的會議情況，現時住在台灣的若干身歷其境的過來人，必能証明不虛，而邵力子的共諜原形，亦在這次會議中顯露無隱了。假使張溥泉先生猶在，必慨然曰：惜乎吾言不用也！

李宗仁代行總統職權後，刻意要與毛共言和，派往北平從事和談的八個代表，邵力子是重要份子。據和談代表之一的章行嚴（士釗）說：當和談破裂之際，代表團團長張治中曾召集會議，宣佈任務終結，至於應否遄返南京復命，俾完手續問題，聽各人自己決定，不必採一致行動，邵即席聲明：「我是不再回南京的。」後來章行嚴與李蒸劉斐等相繼南下，表面上完成覆命手續，而邵力子與張治中即忠誠地投靠毛共了。這亦証明了當年毛澤東到達重慶時，邵、張二人親至機塲迎接的原因，并非公忠體國的用意，而係對毛表示赤忱擁戴的同志態度。

張治中，劉斐等在國府居官時期的言行，表面上很少為共方張目助勢的詞色，唯有邵力子自從離開上海民國日報成為黨國要人後，一貫地對共黨表示左袒。國民黨人士中，年紀較大而熟悉邵的生活史迹者，對他皆具有戒心，認為并非忠實同志，如張溥泉先生即其最著者。他的妻室傅學文，自係不折不扣的共產黨員，夫婦倆裏應外合，替共黨効力幫忙數十年，居然行所無事，好官自為，不能不說是奇蹟吧？筆者過去在國內，因周佛海與陳調元的關係，於民國十七年即認識邵力子，他并無什麽對我不起的事，只以他在民國日報啓事聲明不是共黨份子這項事實，印象殊深，因而跟他保持距離，未敢親近。但邵平日對人却很和藹，本篇所述，決無私人好惡心情摻雜於其間，這是差堪自信的。

黃紹竑（季寬）

黃氏廣西容縣人，民初由保定軍校學成回桂，受知於陸榮廷帳下的將領馬曉軍，馬任之以所創建統率的模範營第一連連長，而以夏威、白崇禧分長二、三連。馬係日本士官學校畢業生，與黃、夏、白等皆屬具有現代知識的青年軍人，終為綠林或船伕出身的陸榮廷系軍官所忌嫉，模範營旋告裁併，黃等隨之去職。既而黃在梧州設計誘殺桂軍旅長馮葆初，攫其部衆為己有，號稱「定桂軍」，而與當時在十萬大山打游擊的桂軍營長李宗仁遙相呼應，且推薦白崇禧為李氏的參謀長，一致反對陸榮廷，終獲勝利。洎是，李、黃、白三鉅頭綰領廣西軍民兩政垂二十年，黃曾於李濟琛主粵政時，率領第十五軍入粵協助李氏戡亂勦共。

論李、黃、白三人的才幹，黃氏實首屈一指，有機智，亦富謀畧，如

黃紹竑

民國十六年十一月十七日粵軍首領張發奎策動的「廣州事變」，就是以捉拿黃季寬為首務。時黃氏正在廣州代替李濟琛處理政務，其時李方與汪兆銘赴上海，事變發作之夕，他瞧見自己住所附近停着不少的車輛，心知有異，即潛赴友家隱避，繼又化裝前往長堤覓船逃香港。他從容不迫，將長堤一帶所貼「打倒把持粵政的黃紹竑」等類標語文告，逐一瀏覽，然後乘船離去，胆量殊不小。民國十九年中原大戰之役，廣西與北方的閻、馮通謀合作，當戰事激烈之際，黃氏統率第十五軍出全州，轉趨衡陽，應援閻馮，途中為粵軍蔡廷鍇截擊潰敗，損失甚大。他回到桂林後，覺得以廣西一隅貧瘠之地，實不足以問鼎中原，圖建大業，毋寧歸附中央，消弭內爭，促進全國統一，共禦外侮之為愈，但李、白不同意，他即表示消極，旋至香港游憩，此為民國二十年間事。中樞聞訊，派員邀他赴滬休息，從之。未幾，汪兆銘出任行政院長，邀黃入京接長內政部，從此與廣西脫離了關係，由內政部長而湖北省主席，而浙江省主席，蜚黃騰達，煊赫一時。

黃在內政部長任內，部中有女職員譚惕吾，位居編審員，似係青年黨人，殊抑鬱不得意，黃部長特加青睞。適內蒙古德王與地方軍人李守信之流，暗受日本軍閥勾引，揚言自治，中央特組「內蒙宣慰團」予以籠絡，派黃氏為宣慰團長，黃即調派譚惕吾女士掌管宣慰團文書事宜，一同北上。在旅途寂寞生活中，黃對譚女士倍示親熱，譚亦如韓愈詩所謂「詎知感激徒嬋娟」，兩情繾綣，無所顧忌，豔聞流傳到了南京，內政部人員為之譁咋不已，然黃部長滿不在乎，回京以後，仍和譚女士往來密切。嗣後黃作封疆大吏，開鄂浙諸省，譚迄未正式出嫁，不時趨晤舊長官，但未曾以「黃夫人」姿態出現而已。

對日抗戰結束後，黃氏奉命卸去浙江省主席職務，却無新的安排，他認為在對外抗戰期間，主持了八年的浙江省政，不無微勞，當局給他投閒置散，頗感不平，漸懷怨望，乃與李宗仁、白崇禧重修舊好，宗仁競選副總統時，黃任助選總幹事，分析選情殊準確。他認定程潛決無當選可能，

理由是湖南人在此時絕不會產生政治領袖，致觸時忌；于右任票數無多，實等陪選；若能將程潛的基本票爭取過來，宗仁即可穩操勝算。譚惕吾係湖南人，對於爭取程潛方面的選票，出力亦不淺，結果適如所料，這是黃的機智表現，他自己亦由中央提名為立法委員而當選了。李宗仁代行總統職權後，立法委員陳立夫吳鐵城以就任行政院政務委員而解除代表職務，黃有意競選立法院長，李宗仁認為時機未成熟。白崇禧發表華中軍政長官新職時，躲在上海不願拜命，黃曉以利害，謂此職對白氏極相宜，前程無量，力勸白就任。國共和談破裂後，黃建議李宗仁，可與李濟琛合作，由李濟琛出面跟毛共談判共治中國之策，另創新局面，他曾馳至香港尋晤李濟琛商洽一切，詎李於先一日，由共幹潘梓年挾同北去石家莊了。黃在港遇着何香凝，被何呵責甚厲，而李宗仁又沒有撐持危局的能力，眼見大局迅趨敗壞之境，既不願赴台灣，只有投共之一途。於是他與賀耀組兩人，住在海隅為共黨効力，逢人即請簽名「起義」，以期立功投靠，所謂香港民主人士「九龍塘起義宣言」(署名者七十二人，而以國民黨員居多數)，就是黃、賀二人搞出來的把戲。當時筆者曾在香港時報著文加以抨擊，詰問他二人過去以國民黨中委而出將入相有年，於今國事敗壞，你二人難道沒有責任嗎？黃為此曾招待記者答辯，說他過去的主張，皆不獲當局接納云云。

黃氏藉着李濟琛的關係，遄返大陸投靠毛共後，得任所謂「全國人民政協會議」的委員，他要求加入「民革」，却被民革重要幹部朱蘊山等否決了。這時候毛共對所謂「民主人士」，表面上尚予敷衍，聲稱「長期共存，互相監督」，黃氏信以為真。一九五二年毛共教「政協委員」分組赴各省市視察政務，黃氏派在司法組。他到達某地區時，先赴監獄視察，跟在囚的犯人談話，聲言「我是黃紹竑，諸君如有什麼寃情，儘可向我說明，以便報告毛主席查核處理」，儼然八府巡按之狀。各處的牢獄中人，盡係政治犯，大家都知道黃氏的名字，瞧着他那種「為民伸寃」的氣概，相與盡情傾訴，以為眞是包公降臨了。可是，陪伴他一道視察的共幹，心裏極其憎惡，認為黃氏太不知趣，然表面不露聲色，必思有懲處之，而黃懵懵不覺，事畢竟撰寫一大本視察報告書，遞給「毛主席」查核，毛無表示，但黃氏的噩運旋即當頭了。

不久，繼「大鳴大放」之後，共黨掀起反右派運動，勒令各「民主黨派」自行集會清算鬥爭同路人，共幹在幕後設計佈局，指揮一切。黃氏由「民革」份子訂期開會清算，首先上陣向黃猛攻的，便是他的膩友——也可說是愛人——譚惕吾女士，她當着大衆面前，訴述黃作內政部長時，如何勾引她成姦的經過情形，以及黃與李宗仁、白崇禧於國共和談破裂後，如何密謀「反共反蔣」的內幕事實，逐一揭發，如數家珍，并問黃是否確有其事？黃辯稱關於與李、白合謀另創政治新局面這些事情，自己早已向「毛主席」坦白過，至於跟譚同志的私人友愛行為，彼此情投意合，并無慚德，今後不再來往就是了。

黃說罷，共幹另又介紹一個廣西籍的女人出場來現身說法。這女人是新從桂省來到北平的村婦，她見着黃氏即先罵道：「你這黑良心的人，也有今天！」然後當衆吐苦水，說黃氏在廣西作軍長時，見她年輕而有幾分姿色，恃勢誘迫她成姦有年，既不納為妾侍，亦不許她嫁人。到了對日抗戰時期，聽說黃在浙江省作主席，位尊而多金，她仰慕杭州的好風景，隨着桂省人士，千辛萬苦，跋涉到杭州找黃氏重續舊歡。黃對她敷衍了幾天，給她一些錢，派一名桂籍副官送她還鄉，另又私給該副官兩百元現大洋，密囑其在途中將她殺死，副官良心發現，不忍下手，并將黃氏吩咐他的話，如實相告，該副官亦不敢回浙江了。因此，她遄返家鄉後，亦不敢到桂林，害怕遭到黃氏的暗算。後來黃氏於抗戰結束後，曾到桂林一行，遍查該副官的下落，副官聞訊即遠走貴州和湖南，轉輾逃命，終於客死他鄉了！村婦說罷，淚流滿面，啜泣不已。據說，黃季寬對於譚惕吾的控訴，尚泰然自若，毫不驚惶，忽見此村婦出現，形色頓若死灰，大感意外，萬不料共黨竟知道他過去這類曖昧行為，居然從廣西將該女人叫到北平來鬥爭他。黃對村婦所述各節，未敢置辯，只說自己過去在舊社會中，雖犯有若干對不起「人民」的罪行，但在國共合作對日抗戰時期，亦曾經維護過不少的共黨同志，功過或許可以相抵吧？此時譚女士插言道：「我知道你在浙江殺過不少的共黨同志，未聽說你維護過何人？」黃謂：「怎麼沒有，譚同志不清楚實際情形啦！」在場的共幹即謂：「好！我們另請一位証人來談談罷。」

旋有在對日抗戰時期，曾任浙江省保安司令部主任秘書某，起立發言，指述某年某月某日奉省主席兼保安司令黃氏面諭，對某案指定槍斃了某某共黨份子，一連說出了幾案，而且持着當年的舊檔案卷宗，逐一宣讀內容，皆係如假包換的眞憑實據，使黃氏瞠目結舌，無可諉卸，唯有連聲自認「該死」而已。

這場清算鬥爭活劇之所以演出，就因為共幹討厭黃季寬太不知趣，赴各省市視察司法情形時，妄以八府巡按自居，說要替在囚的政治犯伸寃昭雪，這纔佈下機弩，找來許多人當衆吐苦水，宣佈黃氏罪惡，給他以重大打擊，掃盡他的顏面，事後，共幹請示毛主席應予如何處理，毛謂：清算鬥爭應該嚴厲，處置不妨從寬。然黃季寬從此即韜光養晦，除却吃飯睡覺外，狀若馴羊，對人不敢多說一句話了。這就是共黨對付知識份子的一套策畧，要把每個人的自尊心與人格，徹底摧毀，成為極端馴服的工具而後已。至於譚惕吾的控訴，當然是出於奉命行事的被動性，她與前任南京「新民報」記者浦熙修，當衆鬥爭其愛侶羅隆基的情況相同，皆可名之為「

床前起義」的立功行爲，殊不足怪。人類爲着求生存的關係，造謠說誑且優爲之，旣有事實，自不妨藉作求生的護符，何況男女兩性的關係在所謂新社會中，幷不算是新聞呢！

廣西三巨頭的李、黃、白三人之中，祗有白崇禧始終保持着固有立塲，大節不虧，黃季寬比較多讀點詩書，偶爾塡寫小詞，亦殊可誦，而賦性又比李、白的智慧爲高，然其結局視李宗仁尤悲慘，殆由於不甘寂寞的政治慾念過深所致，可憐亦復可哂也！

繆斌（丕成）

繆斌別號丕成，江蘇無錫縣人。父親以「道士」爲職業，專替社會人士設道場、弄法術以祈福驅邪，繆斌幼年時，常爲乃父褓負法器赴民家作道場，且司持擊小鐃鈸之役，繼在初中修業期滿後，入上海「南洋公學」——後改爲交通大學，習機械科，三年畢所業，但有失業之苦，又不願繼承父業。越民國十四年間，廣州革命政府創設黃埔軍校，今總統蔣公担任校長之職，而張靜江在粵主持黨務，吳稚暉亦不時往來滬粵間，若干江浙人士皆入粵參加革命行列，繆丕成乞得鄉前輩兼民黨要人吳稚暉先生的介紹，南下粵垣謀職，且加入國民黨。但其所學屬於機械門類，黨政工作皆非所宜，展轉入黃埔軍校管理通訊器材，亦曾參預東江討陳（烱明）之役，對於戰地通訊事宜頗有貢獻，因而博得蔣校長賞識，提升他在軍校的職位。民十五年夏，革命軍總司令成立，實行北伐，繆得任總部經理處副處長，官階上校，迨北伐軍進入武漢，繆遞升處長，乃晋爲少將階級了。

繆斌

民十六年秋間，國府改組江蘇省政府，以鈕永建爲主席，繆氏逐鹿民政廳長，懇請吳稚暉先生推薦，吳問他行年幾何？答以二十八歲，吳嗤然謂：「那有廿八歲就可以作廳長的？」拒不應，實則吳先生深知其出身與知識，決非掌理民政的材料，乃藉年輕問題以却其請求而已。是時國府奠都南京伊始，武漢汪兆銘政府與共黨合作，派唐生智統兵東征，時局動盪不安，蔣總司令已通電下野，繆以曾任革命軍總部經理處長資格，自稱係蔣總司令的親信幹部，別乞得當時顯要人物推轂，於蘇省府再改組時，與前任黃埔軍校教育長王柏齡，分任民政建設廳長，願望終告達到了。

繆就職後，對於如何整飭吏治，革故鼎新諸重要問題，蒙昧無知，唯孜孜汲汲於各縣縣長的進退黜陟事項，居然實行賣官鬻爵，將全省各縣劃分爲三等，分別規定價格售賣，另在上海密設接洽地點，進行賣官勾當，藉避耳目。繆對外揚言「用人維才」，大公無私，後來曾挽內政部參事孔憲鏗（又名力行），出任他的家鄉無錫縣長，逢人便稱說孔參事以中樞簡任官而降格作縣長，是他再三請求的結果，表示他確係爲國求賢的天下爲公作風，實則藉此作烟幕以掩飾其賣官鬻爵的醜行罷了。某年春間，筆者奉內政部使命，赴鎮江參加江蘇警官訓練所結業禮，繆亦以孔憲鏗降格作縣長這回事向我夸夸其談，當告以我與孔君係同事，一切情形皆清楚，用不着再解釋了。未幾，孔縣長以出售縣府封存的大量鴉片烟案，被地方人士向省府檢舉告發，止於撤職了事，外間紛傳孔縣長之敢於幹出此項貪瀆事情，是取得繆同意的合夥求財行爲。洎是，孔即與繆締結了深交，對日抗戰時，繆和孔皆參加了汪政權，狼狽爲奸。

繆氏在江蘇幹了兩三年的民政廳長，由於聲名狼藉，醜行昭彰之故，黯然去職後，仍來南京活動，就誰也不再理他了。他住家上海，生活無憂，但不甘寂寞，乃與日本浪人和特工人員勾結，從事於通謀敵國、危害祖國的漢奸工作，奔走津滬間，經日本駐華特工介紹，與津滬間的日本駐屯軍方面發生密切關係。對日抗戰之前，繆在北平創立「新民會」，自任會長，背後支持者就是日本的華北駐屯軍，公開出面贊助他的，係日本軍部設在北平的「華北特務機關」，致力於「華北特殊化」，聲勢甚張。他常住北平，對坤伶新艷秋殊傾倒，捧塲最熱烈，終成膩友。「七、七」事變發作後某夕，他坐在戲院包廂內欣賞新艷秋演出之際，忽有槍彈飛來而擊之不中，殃及隣座，他倉皇逃走，從此不復涉足公共塲所。

汪偽政權在南京開張時，繆氏與所謂中國社會黨黨魁江亢虎，同到金陵獵取官位，江亢虎得任偽考試院院長。繆以過去在江蘇省的政聲太壞，知識又差，周佛海對於繆的劣迹，知之尤審，因而被擯不用，繆乃在上海表示反對汪政權的言論，又暗中鼓動華北的「維新政府」勿與汪政權合流，汪兆銘大怒，下令緝拿繆斌歸案嚴辦，旋由日本駐華軍人向汪疏通，保証繆不再反對汪政權，但須給以位置，汪懾於日軍的威勢，即將通緝令撤消，且給繆以偽考試院副院長名義，但他仍不滿意，認爲自己跟日本軍方的關係甚深，又係新民會會長，不屑居於江亢虎之下，甚少在南京居留。

越民國卅四年（一九四五年），日本的海陸空侵畧軍隊，先後在南太平洋的中途島與菲律賓海峽的雷依泰島，被美軍打得全軍覆沒，兩艘聞名世界的巨大主力艦——太和號與武藏號——亦沉沒海底，已無繼續作戰的能力了。唯一希望只有跟我國媾和，把二百萬戍屯中國各地區的陸軍暨少數空軍，調赴南太平洋地區抵擋美國的越島進攻，冀免亡國之禍。但媾和必須取得重慶國民政府蔣主席的許可，而日本的近衛文麿內閣，又曾經宣言不以重慶國府爲交涉對手，一時無法轉圜；南京的汪僞政權原爲重慶方面唾棄，亦沒有從中溝通雙方意旨的資格。於是，決計先行物色在吾國淪陷區內可與重慶通消息的人士，替日本斡旋媾和事宜。日首相小磯國昭急不暇擇，派遣不管部大臣緒方竹虎到上海進行和運，緒方在滬遇見了繆斌，懇談之下，繆說自己過去曾是蔣主席的高級幹部，作過革命軍總司令部的經理處長，現時跟重慶軍統局長戴笠亦有聯絡，幷將他和戴笠通消息的來往密電交給緒方看，緒方認爲找到了和談的適當人選，急回東京覆命。

小磯國昭聽取了緒方竹虎的報告後，信以爲眞，即於民國卅四年三月廿六日，飭由上海駐在的日軍，以軍用飛機將繆斌送赴東京，下榻內閣的迎賓館，待以上賓之禮，認爲日本的救星到了！繆對小磯首相祇希望日方派幾名無線電技術人員替他服務，以便與重慶直接通訊，其他問題不談，說是先要見見綜持日本軍令的東久邇親王，再行計議。次日即赴東京麻布區東久邇親王私邸晤談。據親王所寫「我的記錄」書中所述情形，彼此畧事寒暄，親王不待繆氏開腔，即以三點問題請繆答復：

第一，重慶政府是否承認天皇制？答曰然。

第二，爲什麽願意跟日本談和？答謂：中國決不希望日本就這樣的敗亡，中國的自衛以求生存，亦需要日本存在。日本係中國的防波堤，中日如能和平携手，即可防制蘇俄進出東北亞。

第三，閣下係小磯首相邀請前來的，何以先要與日本人（親王自稱）晤談呢？答謂：日本對於中日和談事宜，誰亦不夠信用，只有天皇一人纔可以信賴。但直接揖見天皇殊不容易，故爾先向親王披瀝下忱，敬希考慮。

繆氏求見東久邇親王的眞正用意，是希望晉謁昭和天皇，藉壯聲勢，他又僞造一些重慶蔣主席給他的密電與手諭，提示東久邇親王暨小磯首相和緒方大臣等，以期堅定日方諸文武大員的信心。果爾親王即相信他是襄贊中日和談的有力人物，曾招呼陸軍大臣杉山元、參謀總長梅津美次郎，一致支持，杉山與梅津亦無異議。繆斌的和平方案如次：

1. 南京政府即日解散，幷發佈聲明文告。
2. 南京政府解散後，依照重慶方面的意旨，由重慶認可的地方有力人士，組織「中華民國留守府」，維持秩序。
3· 淪陷區各地方政府、軍隊與民衆團體，一致通電擁護蔣主席，懇請代表民意，達成中日全面和平目的。
4. 留守府一面對重慶聲明係暫時性的組織，乞國府速日還都；同時電請日本實行停戰撤兵。
5. 中日雙方於南京留守府成立同時，通過留守府關係，進行停戰撤兵交涉，由雙方派遣軍事代表，訂立秘密的君子協定，俟重慶國府還都後，正式發表。

小磯國昭首相旋即召集大本營「最高指導會議」，幷特許不管部大臣緒方竹虎列席，詳細說明招邀繆斌來東京洽商中日和談的內容。詎外交大臣重光葵首先便表示反對，理由是：日本既已承認汪政府在案，若撇開南京汪政權不使其預聞，而直接跟重慶和談，在大義名分上說不過去，何況繆斌又是汪政府所不喜的人；日本駐南京的大使谷正之，曾有機密情報遞來，以據周佛海說，蔣主席跟美國合作甚好，決不會同意與日本和談的；首相於事前未曾向內閣同人表示此項重大的計劃，突然邀請一個素爲汪政權所不信任的考試院副院長前來東京，進行和平運動，未免過於輕率。重光發言後，陸、海軍大臣與參謀總長皆認爲不宜草率從事，等於同意重光的見解，其他在座者多不表示意見，最高指導會議乃無結果而散。小磯首相的主張不能取得陸、海軍大臣與參謀總長的支持，按照日本憲政體制，內閣即面臨倒台的邊緣了。過了兩天，外相重光叩謁昭和天皇時，天皇提起繆斌來東京這樁事情，謂陸、海軍大臣皆不同意，主張送繆氏回去。重光即將他在最高指導會議的說法，再向昭和天皇陳訴一番，天皇答以「朕亦云然，可飭首相趕快把繆送回中國去罷！」於是，小磯內閣即告崩潰，祇好遵從天皇命令，仍用飛機將繆氏送走，可謂庸人自擾，徒貽笑柄，而繆斌的招搖闖騙技倆，亦終不獲逞。上述經過情形，俱見重光葵所撰「招和之動亂」暨日本外交部所編「終戰史錄」二書。

民國卅五年八月，日本宣告無條件投降後，繆氏所恃爲後台老闆的日本駐華軍事首長，皆已成爲戰俘了。他偃蹇滬上，無處奔逃，而在戰時跟他通過消息的軍統局長戴雨農，未幾又以飛機失事去世了。有些曾任汪政權僞職的文武官吏如邵式軍等，或投入共黨區域，或遠走異域，或者乾脆自盡如陳羣之所爲，然繆氏皆不足以語此。既而政府實行懲治漢奸，繆氏束手被擒在獄，法庭訊究他的叛國行爲，亦不能將其對日方招搖闖騙，妄作和平運動的往事，作爲請求減刑的証據，唯有俯首無詞，靜候國法制裁。他是根據懲治漢奸條例在上海棄市的第一名罪犯，綜其一生所作所爲，可謂死有餘辜也矣。

褚民誼

褚氏浙江籍，據說曾經留學法國，專門研究兎類的生殖機能，他在國內政治上居顯位時，報紙上稱之爲「褚博士」，究竟他是留學法國的什麽學校沒人知道，人家叫他「褚博士」却泰然受之而無慚色。當年筆者在南

褚民誼受審時

京常跟他接觸，覺得他對現代社會科學的常識亦很缺乏。民黨留學歐洲的老同志朱和中（湖北建始縣人），在其所譔的回憶錄中，說他於辛亥武昌首義後，從德國經巴黎回國，行抵法都之際，「有張靜江在巴黎開設之豆腐店跑街褚民誼前來接洽」等語（見革命文獻第九輯），或係事實，一般西洋留學生以半工讀過活，固不稀奇，但褚氏的學歷如何，始終是個謎呢。

國父孫公於民國十四年逝世後，廣州革命陣營由於共產黨從中挑撥分化，人事上發生磨擦，張靜江以孫總理老友，且資助革命卓著功績的資質，入粵主持黨務，褚民誼亦到了廣州，經常提着一只照相機，憑藉張靜老的關係，出入於黨國要人之門，而對汪兆銘門下過從尤密。蓋汪氏曾在法國留學有年，又與張靜老暨李石曾交稱莫逆，當時褚氏翩翩青年，號稱留法出身，汪兆銘夫婦對他都有好感。社會傳說，褚是在廣州結婚的，新婦即係汪夫人陳璧君的侍婢，確否不敢必，但筆者後來在上海褚氏廔所聽他太太說的粵語，却一點不假。

褚氏爲人極圓和，貌亦堂堂然。他有兩項特技，即打太極拳與踢毽子是也。每至顯貴人家，先對其家畜動物如貓狗兎之類的生殖機能，多所闡述，然後在庭苑間給主人與其兒女們攝影，繼之以表演太極拳、踢毽子這類游戲運動，因而博得一般黨國要人的太太、少爺、小姐們的歡心，樂於跟他接近。他以裙帶關係，在政治上走的是汪兆銘路線，汪妻陳璧君對他特別提拔。民國廿一年汪作行政院長，乃任命褚氏爲政院秘書長，平地一聲，居然成了黨國要人！

可是，褚氏不特對於處理政務毫無能力，即文字亦欠通順，公文程式更茫昧不曉。他以政院秘書長的職位，經常跟同事們從事於打太極拳與踢毽子工作。曾在華南以游泳著名的「美人魚」楊秀瓊初至南京觀光，由上海乘火車抵達下關時，褚秘書長自駕馬車迎載楊女進城，手持馬鞭策馬馳驅市街，聽由新聞記者拍照刊登報紙上，引爲殊榮。他又好演平劇黑頭戲，某次在上海票演「空城計」的司馬懿，在台上唱出「我本當傳將令殺進城」句時，兩旁的司馬師兄弟舉戟大呼「殺」呀！他亦挺身前趨而進，場面的鼓師急謂「秘書長進不得城呀！」他纔止步，一時傳爲莫大的笑柄。

褚氏作了行政院秘書長後，憑着此項資歷，再經張靜江、李石曾等黨國元老以留法關係的口角春風，竟一躍而僭居國民黨中央委員地位。於是，他在上海組織「法比同學會」，綜持法比兩國退還「庚子賠欵」事宜。按照國際協約，此項退欵專作文化事業之用，褚乃創設「中法大學」於上海法租界內，他因此每年於滬上廔所，召集政府有關機構，舉行一次會議，報告經手法比退還庚欵的收支情況，筆者每年代表內政部出席。某次會議完畢後，我要求參觀「中法大學」，褚氏領我前往，只見有一座租賃的樓房，裏面毫無大學設備，也無學生，冷冷清清，實係買空賣空的報銷庚欵玩藝，當時我表示未免不成話，至少亦須具備一些學校的條件纔行，這是民國廿年春間的事。旣而內政部長由汪院長兼任，派政務次長彭學沛代理部務，另任用改組派份子孔憲鏗爲內政部參事，民廿一年春間褚在上海召開庚欵會議時，彭氏大概受了汪的吩咐，怕我追究「中法大學」問題，乃改派孔參事赴滬出席了。

汪兆銘對於褚民誼之爲人及其才學，固甚洞悉，雖以闒威森嚴之故，不能不援用褚担任高級幹部職位，但對褚決無尊敬的心情，動則當面叱責，無所寬假，褚亦忍受如儀。筆者在日本早稻田大學的同學粵人張昌言（拜皐），於汪兆銘担任行政院長時，作汪氏的隨從秘書，據張告訴我，某次汪夫婦乘專車赴徐州公幹時，途中汪與陳璧君在車廂裏談到褚民誼的職務問題，陳忽大怒，竟起身掌摑汪頰。我問拜皐以汪氏夫婦衝突的內幕如何，他說：「當時只聞院長夫婦談到褚秘書長即發生勃谿，我急忙走開了，詳情不得而知」。即此足見汪對褚氏幷無溺愛之意，褚氏的靠山係汪妻陳璧君而已。

褚民誼後來作了駐日本大使。他在東京住了兩年，當然碌碌無所表現，事實上亦無外交可言，雖有能員亦無所施其技。例如繆斌被日政府邀約到東京搞和平運動這回事，褚氏即未能參預，亦不知此事。

對日抗戰結束後，褚民誼和陳公博皆由日本回至上海，即以叛國罪行縶獄，與陳璧君同在提籃橋監獄內，朝夕相見，褚先於陳公博伏法。某日，典獄員司請褚振衣外出時，他知道死期已至，走過陳璧君的囚室前，揚聲告陳云：「我們再見了！」陳覩狀大哭不已。

以褚氏之先天本質，及其後天學養，原非大奸慝惡式的人物，何致構成政治巨憝而不獲善終呢？癥結就在現代政治太不講究人事制度和才能，一是皆以私人好惡和派系利益爲本，一人得道，鷄犬皆仙，倖運的儼然國之干城，顯達終生，倒楣的隨着冰山之傾覆而枉遭奇禍，褚民誼即其典型的例子，可哀也矣！

海底隧道通車後：

港九水陸交通新面貌

余不惑

維多利亞海峽隧道落成通車以來，爲時雖僅四個半月，但因此而引起的港九兩地的水陸交通變化之大，却爲百年來所未有。今且憑最近向各方調查所得，先來談談數十年來港九兩地水上交通的情形，然後再看看隧道通車以來，所引起的影響，和它所造成的新面貌。

港九人口四百萬，分居香港九龍兩地，中間有一海相隔，而由渡海小輪爲之聯繫貫通。他們所忙的，便是運載香港的人到九龍去，九龍的人到香港來。他們這樣忙碌往來，平日主要是爲了上班辦公，假期主要是爲了旅行渡假。

香港的渡海輪向來有名，天星公司擁有最佳的碼頭設備與服務制度，油蔴地小輪公司是全世界規模最大的商營渡輪公司，他們從早晨六點開航，半夜兩點停航，每天二十小時工作着，一會兒啓碇駛行，一會兒抵埗登岸，把形形式式的人物以及他們的歡樂憂患，從此岸載到彼岸，象徵了世事的繁忙紛亂，人生的忽促多變。

香港港口寬濶，風景美麗，渡輪行駛其間，似在畫中，因此搭乘小輪渡過這條維多利亞海峽，根本是件可以使身心愉快的事。置身渡輪中，不論昧旦晨興，黃昏夜半，雨中風中，船頭船尾，每一分鐘的不同情况下有一種不同的感受，不同的情趣。所以許多在九龍的人，每天乘風破浪，於維多利亞海峽往來，十年如一日，他們從來不會因爲天天這樣而感覺厭倦，更從不因此而想遷居香港。因爲他們深深體驗了渡海之樂，領悟了那段短短的海上旅行，可以使他們暫時忘記一切，呼吸海風，瀏覽景物，冷眼旁觀，靜心思索……是一種無可比擬的享受。有些人甚至爲了流連渡海風光，或者由於約會時間尚早，剛到對岸，便又馬上原船歸來，來回一次，因爲他們如果有半小時的餘暇，無法安排，那末在港九海面航行一次，正是最價廉物美的消遣。

有時爲了等候朋友，在碼頭上小立片刻，看人們匆匆來往，也別有滋味。他們有的輕鬆，有的緊張，有的獨自微笑，好像已中馬票，有的愁眉不展，似有大難臨頭；有的三步併作兩步，像赴佳人之約，有的從容不迫的踱着方步，東張西望，因爲他們曉得輪渡班次緊密，遲早五分鐘毫無關係。

冷眼旁觀之中，你將會發現他們容貌不同，服飾不同，年齡不同，國籍不同，生活不同，思想不同，却不約而同搭乘同一渡輪，抵達同一彼岸。上碼頭後也許各奔前程，甚至各自做出與他人利益完全相反的事來，但是在船上時，却個個做到和平相處，同舟共濟。這些印象，雖然倏忽飄渺，轉瞬即逝，却也足以發人深省，幫助我們了解人生。此外還有許多男男女女，他們素昧平生，却因同船渡船，變成相識，有的一見鍾情，結爲夫婦，有的經過了許多考驗，方成眷屬。數十年來，渡輪所撮合的美好姻緣，的確也不在少數呢！

載車過海・收費六角 三等座位・每人二仙

早年的輪渡只能載客，不能載車，油蔴地小輪公司的載車渡輪，係於一九三二年開始航行，較客輪遲八年，但至今也有四十年的歷史，目前在中區那座古舊的統一碼頭，以及佐敦道那座碼頭，是四十多年前的產品，設備已不合時宜，但在當年，則是吸引市民的建築物了。最値得一談的就是統一碼頭和佐敦道兩個碼頭的載車渡海小輪的活動汽車吊橋，一用就是三十七年，到一九六九年才拆卸加以更換。

早年港九兩地的車輛不多，汽車是富有人家的奢侈品，但軍部和政府則有好些車輛渡海，因此四十年前每日也有五百輛車渡江，開辦第一年，有十八萬汽車來往港九兩地。

那時候汽車渡海的收費，單車一角，電單車二角，一噸以下汽車六角，一噸以上而兩噸以下汽車九角，超過兩噸者每噸加收六角。至於昔日的乘客渡海收費，頭等收一角，二等四仙，三等二仙，數年前油蔴地至佐敦道載車渡海雖然仍有這類頭二三等不同收費型式的渡海輪航行，近年因新建船隻增加，那些戰前所建的舊船統統被淘汰了。

戰後港九兩地經濟發展，交通發達，一日千里，因此載車渡海小輪的業務日益蓬勃，一九五二年首次超過一百萬之數。一九六〇年時渡海的汽車已接近二百萬輛，一九六三年首次打破三百萬大關；一九六五年再超越四百萬之數，一九七〇年再衝破六百萬輛之紀錄，一九七一年則有六百八十萬輛，若不是海底隧道今年八月間正式通車，預料本年載車渡海小輪會載運汽車七百五十

每天二十小時工作的香港的渡海輪

萬輛之多。

以前渡海小輪既載客又載車，因此最新型的載客兼載車的小輪，下層的面積六千四百方尺，只能載私家車四十輛。一九五九年之後，不載客而專門載車輛的渡海小輪才獲得立法局通過准予興建，目前專門載車的小輪且增高至雙層，不然這幾年來交通更無法解決，三線載車渡海輪服務，貨車在中區輪候，車龍經常延至三角碼頭，北角方面由渣華道轉入英皇道。

隧道通車·形勢大變
渡輪業務·影響不小

隧道通車之後，無論人車過海，都不一定要搭船，由於隧道直通，車行迅速；規定最高速率爲每小時四十哩，又可減少換船的躭擱，因此時間上大爲節省，棄舟而車的結果，渡輪業務因此受到影響，乃爲勢所必然。

目前港九過海載客最多的是隧道巴士，最初祇有觀塘到堅尼地城，九龍塘到蒲飛路，荔枝角到筲箕灣三條路線，而且不是全日服務，每天上午七點開始行駛，下午八時即行停止。由於時間節省，收費廉宜；每客收一元，渡海者如途程適當，無不樂於搭乘，所以最初三個月間，每日搭乘巴士過海者，每日已有七萬餘人。

由於搭客衆多，巴士公司已將服務時間延長至晨早六時半至晚上十一時十五分，每隔四分鐘一班，繁忙時間則每三分鐘一班，側聞他們有意在農曆年底前開辦一〇四線，由石硤尾白田新區至石塘咀一線。

至目前爲止，隧道巴士搶去天星小輪的生意約達百分之十二點五，油蔴地公司尚無準確統計，過海電船的生意低減約四成。這裏要加以說明的，其中一部份生意，也不是巴士而是小巴搶去的，至於午夜以後，巴士停駛，隧道之內私家車之外，自然全是小巴天下了。所謂小巴，即是小型巴士，每車載客十四人，係私人經營的巴士。

據熟悉交通情況人士透露：海底隧道開放的頭一個月，本港兩家渡輪公司較去年同期共失去二百五十餘萬乘客，其中油蔴地小輪少了一百九十五萬多，天星小輪少了六十一萬餘。

小輪公司·急起直追
別出心裁·應付隧道

那麼，汽車使用隧道的情形又怎樣呢？據海底隧道負責人說：每天平均約有二萬五千輛各種汽車通過隧道。

毫無疑問，駕車人士亦發覺隧道較渡輪方便得多，於是汽車渡輪的生意也不免相當有所減少，在此情形下，渡輪公司也不得不另出新招，以應付新的局面和提供更佳的服務，爭取顧客。

油蔴地公司已得到立法局批准，開辦兩條新汽車渡海線，即中區至大角咀和北角至觀塘，並在北角至觀塘線開辦後，取消北角至九龍城之汽車渡海服務，預料不久之將來即可實施。

財政司夏鼎基指出政府希望這種變更能使渡海交通事業分配更爲完善。同時，也可以供給較多的渡輪上岸地點，分散交通，以減輕港九兩地的道路擠迫。

相信該公司開辦此兩新航線，目的乃在爭取更多的貨車，因觀塘和大角咀均是工業區。

此外，該公司又將（一）開辦「三角聯運航線」，紅磡至北角至觀塘；（二）將屬下一艘豪華客輪撥作「午餐遊河船」之用，中午供應餐食、點心，客人除進膳外，更可隨船在港內一遊；（三）將現時之「中區港外線碼頭」加高一層，用作酒樓，方便候船往離島之人士，大約在明年六月落成。此外，營業額減少百分之十二的天星公司至今雖尚未有表示，油蔴地公司則計劃在銀礦灣興建一間新型的「酒家旅店」，代替現有的「梅窩海屋」，此外該公司會加强離島線服務，開辦更多港內「V字形」航線。

離島航線·大有更張
明年開始·取消三等

此外，明春起油蔴地公司港外線小輪將作一次較大之調整，包括增加班次，增加直航及取消三等而採取劃一收費等。有些線收費，均有不同程度增加。

關於港外線的班次與劃一收費辦法，該公司已與各方面及離島有關人士磋商，除個別小節之外，大致已經確定。並於十一月底正式發表明年各線劃一收費後的船費如下：

港島——榕樹灣、索罟灣，六角。

港島——長洲（直航），三層新船，頂層成年人四元，小童半票，普通直航船一元二角。

港島——梅窩（直航），三層船四元，小童半票，普通直航船一元。

港島——坪洲（直航）三層船四元，小童半票，普通直航船五角。

港島——梅窩——芝蔴灣（廻航），六角。

港島——長洲（廻航），八角。

坪洲——梅窩，三角。

坪洲——芝蔴灣，三角。

坪洲——長洲，六角。

梅窩——芝蔴灣——長洲，三角。

大澳線劃一收費如下：

港島——東涌——沙羅灣——大澳，一元二角。

港島——馬灣——青山，六角。

港島——大澳（直航），二元。

馬灣——青山——東涌——沙羅灣——大澳，六角。

青山——東涌、沙羅灣——大澳，六角。

東涌——沙羅灣——大澳，六角。

沙羅灣——大澳，六角。

增加班次方面，坪洲、梅窩、長洲等線將有較大的調整，並增加直航班次。

行走榕樹灣、索罟灣的小輪，將由目前五班改為八班。假期再增班，尾班由目前晚上八時四十五分由港島開出，延長至下午十時半。

近年來，離島與市區人口往來增加，特別游泳季節與秋天旅行季節更見擠迫。該公司並透露，將來的船隻，速度將較目前為高。

電船業務·車少四成
嘩啦嘩啦·性命交關

許多年來，港九海面的交通工具，白天向以渡輪為主，夜半渡輪停航之後，則百分之百依賴電船，俗稱嘩啦嘩啦，因為航行時引擎嘈音甚高。隧道通車以後，夜遊人多搭舟而車，所以子夜以後，電船所受的影響也最大，營業額減少了百分之四十，原來往返行走的二十隻電船，現在最多行駛十四隻。

由天橋直入隧道

據港九電船同業商會負責人表示，午夜渡海電船的生意雖然大不如前，但電船仍會維持下去，為港九夜生活工作人士服務。電船業在香港歷史甚久，它的業務並不限於夜半載客。該會負責人說：隧道車搶去了電船生意是無可否認的事實。但任何足以方便市民的交通工具，各有其存在與服務的價值而會受到市民擁戴，所以午夜渡海電船也不可能全被打倒。現在行走中區皇后碼頭至尖沙咀的一線，與灣仔菲林明道對開海旁（即灣仔碼頭西翼）至尖沙咀的一線，將仍保持營業，午夜二時至六時平均每五分鐘一班次，收費方面，中區至尖沙咀（雙程線）收一元，灣仔至尖沙咀（單程線）收七角。

此外電船服務分拖船和載客兩種，目前載客部份的業務，雖不免受到隧道車的打擊下，但運貨拖輪的生意卻不受影響。

載客的電船又可分遊河、包船及開船幾種、據負責人解釋：港九電船同業商會屬下會員包括港島上環及西環海旁的電船租賃，另外還有幾間組織較大的拖輪公司，他們歡迎本港市民撥電跟該會聯絡，以便安排適當船隻，供給市民遊河之用。包船及開船，是專為那些在海港大輪船上工作的職工及職員服務，每日廿四小時服務，收費不一，視乎人數和時間久暫而定。

至於午夜渡海電船，即俗稱的「嘩啦嘩啦」，在本港開辦已有三十多年，統由聯和電船公司及聯合電船公司包辦，最初只有中區至尖沙咀一線。本年三月，聯合電船公司在灣仔菲林明道對開海旁添設灣仔至尖沙咀的電船服務，該線由灣仔渡海至尖沙咀，再由尖沙咀至佐敦道，又由佐敦道至皇后碼頭，再返灣仔，後來這線取銷了，

隧道出入口

更改爲灣仔至尖沙咀的單程航線，取銷的原因，是由於搭客不多。

據該業中人說，駕駛電船的人才，目前非常渴市。普通來說，每個駕駛員必須具有三年水手經驗，然後向海事署申請駕駛電船，一經頒發執照，便可正式加入電船航業工會工作，工資約爲每月七百元左右，比三、四年前增加了不少。

一位不願透露姓名的碼頭電船管理總負責人說：「未有海底隧道之前，所有半夜渡海的生意，都由我們這一行獨佔，現在隧道開了，過夜生活的人，多數都是有車階級，當然有了影響，但並不算大，比喻我們以前每晚做一千元生意，現在要降到七百元。所以到目前爲止，沒還有一間走半夜的電船公司關門。」

但一位聯和電船公司在新卜公碼頭的負責人說：有了隧道晚間可以通車之後，對生意影響很大，以前他們每晚可做四百至五百元，現在每晚只有一百元至二百元的收入。爲此，電船業公會曾上書政府要求准許加價，但據最近所知，該項請求已被當局駁回，目前正在困難中期望有所轉機。

有一點或者是普通人所想不到的，即眞正受到隧道打擊最大的是香港國際空運公司，營業額下跌幅度最大，達百分之五十，該公司是港九直升機的獨家經營者。

交通部高級官員米勒說，天星小輪平均每日也少了百分之十二的乘客，油蔴地小輪的乘客數字亦有下跌，但詳細數字目前還未有確實統計。

米勒指出：他們曾經先後兩次研究隧道的交通情形，以後仍將會繼續下去。他們目前正計劃調查駕車人士使用隧道的習慣，是否有所改變。

香港國際空運公司的總經理荷路威指出：雖然目前用直升機來囘啓德機場的搭客少了百分之五十，但他相信這個下跌並不會長期繼續下去。

荷洛威說：該公司現時有四架直升機，去年載運的乘客達三萬六千六百二十七人，今年迄九月爲止的乘客達三萬九千多人。

隧道收入·甚爲不惡
約畧估計·六年還本

海底隧道開放後，白牌車生意轉旺是可以想像得到的。原來，計程車仍然不能在對方地區接客，即使載客過了海，仍將空車而回；但白牌車顯然不同，他們載客，沒有地區的限制，所以近來港九兩地白牌車均較以前爲多，由於白牌車生意不惡，很多的士司機紛紛轉而經營白牌車，月入二千多元。因此，我們可以說，惟一不受隧道影響的是的士，仍然維持以往分區營業制度，因爲香港的士不能在九龍接客，九龍的士也不能在港島載客。

隧道對行車收費較載車輪渡爲高，大致如下：（一）電單車（超過五十ＣＣ）二元；（二）私家車、的士五元；（三）小型巴士八元；（四）貨車十元、十五元、二十元三種；（五）公共及私家單層巴士十元；（六）公共及私家雙層巴士十五元；（七）超出兩副車軸以上者，每副增收五元。車內載有乘客，不另收費。但是上述收費辦法，暫時以六個月爲期，隧道公司當局將在六個月內研究其是否適當以及是否需要增減。

使用隧道的汽車中，巴士、小巴以外，以私家車（包括的士，紅牌車）佔絕大多數，約百分之八十。

頭三個月共有二百二十一萬餘輛汽車行經隧道，私家車即有一百七十六萬多架。

因此，我們可以看出，隧道公司主要收入來自私家車主，共八百八十三萬餘元。

隧道的建築全長達一又四分之一哩，工程全部費用，共爲三億二千五百萬元，據約畧估計，積六年之盈餘，便可以全部還本了。

我與中南銀行

章叔淳

本文作者為銀行界前輩，回憶前塵，不勝滄桑，甚多珍貴資料，均可於此中得之。

南京中南銀行

我在民國十一年春，到哈爾濱交通銀行任職的。十四年夏，代理長春交通銀行經理，同年六月，眞除經理。二十年九月十八夜，日本關東軍南滿鐵路護路隊，襲擊駐奉天東三省軍隊，佔領瀋陽城。沒有幾天，駐長春多門師團，佔領長春，遂沿吉長鐵路，攻打吉林省城，又被佔領。由長春至大連，由瀋陽至安東，南滿鐵路全線，都被關東軍佔領，在長春從事組織地方政府，又將宣統從天津送到旅順，先稱滿洲國，宣統為執政，後改稱滿洲帝國，宣統為皇帝。當時政府官員，分三部份，一部份是吉林省政府官吏，以熙洽為首，熙是滿清宗室，任吉林督軍公署參謀長。一部份是奉天省政府官吏，以臧式毅為首，臧是當時的奉天省長。一部份所謂遺老，份子極為複雜。執政府方面，鄭孝胥為國務總理大臣，各部大臣，三方面皆有人支配，如寶熙、羅振玉等。寶熙是內務府大臣，他的兒子同王君九的兒子，都是前清財政學堂學生，與我是同班同學。那一班人到了長春無處可住，由於交通銀行房子很大，由寶、王二人介紹，有地位的人全住在交通銀行後院及客廳，交通銀行成了這一班人的宿舍。最初我每星期日請他們吃中飯，僅得一桌，到了後來愈聚愈多，竟增加到六桌，他們也覺得不好意思，改為由他們組織，每星期日聚餐一次，我反而變成客人了。

所謂遺老派，份子複雜，互相傾軋，那兩派也是如此。日本特務機關有好幾個，如松機關、梅機關、竹機關，各有擁護者，互相攻擊，決無融洽可能。宣統受關東軍司令官監督，完全是一個傀儡。日本給執政府經費，每月壹百萬滿洲幣，執政府庶務課長是陳仁先之弟農先，也是我在財政學堂同班同學，當時滿洲中央銀行尚未成立，執政府欵項，就存在交通銀行，宣統每月滙中國銀元伍萬元給他的生父攝政王。

東三省被俄國及日本奪取多次，結果仍被取回。但是長春以北，吉林省一部份、黑龍江全省，屬於俄國範圍，築有中東鐵路。自滿洲里至綏芬河，又自哈爾濱至長春，名義上中俄合辦，實際上一切大權，都操在俄人之手。長春以南，奉天全省，屬日本範圍，築有南滿鐵道，自旅順大連至長春，又自奉天省至安東，名稱南滿鐵道株式會社，一切行政及技術方面，完全是日本人的勢力所及，此次日本完全強盜行為，奪取南滿，恐無再拿回來的希望，因之我想離開長春。就在那年冬天，到上海交通總行請求調職。

十九年冬，梁燕蓀總理由香港到上海，此時交通銀行董事長為盧澗泉（學溥），總經理為胡孟嘉，因梁燕老到滬，盧胡為其接風，除現任經副理為陪客外，凡與交通銀行總行有關者，都在被請之列。我於是日下午七時，到外灘交通銀行赴讌，在電梯內遇到中南銀行胡筆江總理，胡曾任北京交通銀行經理多年，我與他相識是在民國九年，先後見面，不足五次。我由美國留學回來，就到了東三省，在哈爾濱交通銀行任職，連一張拜年片，都沒有寄過，可謂荒唐。那天電梯遇見胡公，同我拉手，久久未放，對我親切之情，使我無限感激。胡即問：長春還去否？我答：此次來上海，即是向總行請求調職，胡又說：明日來我處談談，我問明日何時？胡說：下午五時。我於次日準時到三馬路中南銀行，號房問我，是否章先生？我答是，就請我到總理室，見到胡，談了三兩句話。胡就說：我南京行經理尚沒有人，希望你來幫我忙，我說承蒙栽培，甚是感謝，但不知交通方面肯放我否？如肯當然到您處來，再談談閑話，即告辭。

二十一年十月方接交通總行信，調總行稽核，十二月杪，離長春到滬，臨行時，連幾位遺老及正金朝鮮兩行經理都到車站送行，到了上海，到總行報到，就稽核職。

到上海休息數日，方到中南銀行謁見胡公，報告已調總行稽核，他重申前言，說南京行仍未有人，既調總行稽核，稽核不是有固定事可辦，可以來我處了。我向胡申謝，並說：商業銀行用人，以能賺錢為目的，服務中交兩行的人，除在商埠者，須要知道怎樣做生意，且商業銀行待遇，不能與中交兩行比，胡說：我也是交通出身，交通如何待你，我也如何待你，我再向他表示感謝，辭出，我即向交通辦職，說明就中南銀行南京行經理，當即照准。

離了交通，每日即到中南，由胡先生介紹黃協理、周副理等，並示我南京行職員名單，又說孫副理是我晚輩，如你有別人，我可以調他回來，我說：「都是為本行服務，且是舊人，請勿更動」，隨即打電話叫孫副理到滬，大家先見見面，孫副理在上海行見了面，並問我何時去南京？

我於二十二年農曆年初，乘火車到南京就職，即暫住在中央飯店，南京行在商業區，但全是舊式商店，行址是一間極舊式房屋，街道很窄，幸已在白下路興建四層樓銀行大廈，現已建至三層，遂囑監工張君，與包工張新記，商議促其從速完成，於五月間，即遷入新行址，存欵日日增加。那時外交部部長是羅文幹，我去拜候他，在我名片上加寫前長春交通銀行經理，見了之後，他拿我的名片說：不寫銜頭，我也記得你的大名。他知道我與他的太太老九（當年名妓）很熟，就打電話給老九說章先生做了南京銀行經理，今天晚上請他在家裏喫便飯，我說應該我請部長夫婦，他說下次你再請。他就電話叫會計科長來，告訴科長，章先生是我老友，部裏的欵子，可以撥一部份存中南銀行。羅那時兼司法行政部長，這位會計也兼司法行政部會計，羅又叫司法行政部的欵項可與中南銀行往來，因此外交部、司法行政部都與中南有往來。我與鐵道部曾次長很熟，會計長張競立也很熟，所以鐵道部也與中南銀行有往來，因此頗受同業妒忌。南京不是放欵碼頭，就將存欵大部份調上海，交上海行運用，由上海給南京行利息。有一天外交部秘書黃朝琴來行看我，他說在三牌樓買了一塊地，想建造住宅，希望銀行借予建築費二萬元，此欵不是一次用，分期支付給包工，所借之欵，分二年攤還，月息八厘，以地皮執照為抵押。我以為那時國民政府財政情形甚好，各部職員不欠薪，加之黃君所提出的建築地點甚好，所以就答應了，以後要求照黃君辦法，有多起，後來別的銀行也照此辦法放欵，都認為是穩妥的生意。

中南銀行組成

中南銀行為北四行之一，鹽業、金城、中南、大陸，號稱北四行，三行總行皆在北京，只中南總行在上海，北伐成功後，南京為首都，所有銀行的總行，都遷到上海。

中南銀行的大股東，是爪哇泗水華僑黃奕柱，黃是福建閩南同安縣人，家貧不能讀書，少時設法到爪哇泗水，投奔同鄉，初到時做過理髮師，後擺花生攤，又開糧食店，賣大米、麪粉、雜糧、花生、大豆等，生意甚好，頗有收穫，即將利潤及賒欠貨物之欵，滙廈門及鼓浪嶼，買地建築房屋，並購買已建成之屋。爪哇是荷蘭殖民地，使用荷幣，荷幣採取金本位，每一荷幣約合中國銀大洋一元八九角，即將荷幣變成銀大洋，滙往廈門，那時廈門及鼓浪嶼，房地產甚便宜，如此做法，極為合算。到了第一次大戰結束，金價大跌，銀價大漲，所有金本位國家貨幣，對銀本位國家貨幣，上下極多，爪哇市塲因之大亂。從前黃奕柱所欠之貨欵，貨主紛紛向黃追還欠欵，黃不得已，遂回廈門變賣產業還債。由泗水到了香港，遇一荷蘭人熟朋友，與黃談到爪哇白糖的事，在爪哇每磅只賣三幾分荷幣，如能運到中國內地，要值三塊多銀元一斤，如此厚利的生意，還不趕快想法子做。黃說我也知道，但是沒有法子租到輪船可以走。過了幾天，那個荷蘭人又來找黃，告訴他，現在有艘八九百噸破船，可以走，沒有人租，我們可以設法租下，開往爪哇運糖來香港。他們與船東商量，就將這個破船租下，船東喜出望外，且不要預付租費，船開往泗水，在要開船時，只要買燃料及船員的火食，船開到泗水，向糖商買糖也不要預付糖價，船裝滿了糖，回到香港，被香港糖商搶購一空，都是現錢交易，大獲其利。就將破船馬上開回泗水再裝糖，如此走了三次，船主看這個破船，裝糖走了三次，一路並無危險，就不肯再租了。黃無法又無別的船出租，只得將賺的錢，先還泗水所欠的債，其餘的欵全部滙回廈門。那時同時與黃做糖的，還有兩個發財的，一位黃仲涵，是顧維鈞的丈人，他的錢大部份留在爪哇，開設建源公司，現在倫敦、紐約、香港等處，都有分行，他雖死了，子孫很好，所以還是很有錢。一位郭春秧，是台灣人，他的錢一部份滙廈門，開茶莊，一部份存在香港，在北角買地，有條春秧街，即全部是他家的物業，子孫因不善運用，所以後來沒落了。

黃奕柱將做糖賺的錢滙到廈門，自己也回廈門，在鼓浪嶼蓋了三所住宅，自己住一所，是上海人姓張的包工的，相當華麗。又在海邊蓋了一所別墅，叫做觀海別墅。又開設黃日興錢莊，兼做爪哇糖。因為他信用好，存欵源源而來，就利用自己資金及存欵，創辦自來水公司、廈門電燈公司，以上是股份有限公司，他不過是一個大股東，並辦鼓浪嶼電話公司，這是他獨資的。

有錢佬黃奕任

在民國七年，黃帶了七八位隨員，去到上海，他說是要爭利於市，可是他在上海並無相識的人。但是黃在泗水，以及回到廈門，每日必看申報；所以到了上海，就想到申報社長，必然了解各種情形，但是不知道申報館社長姓甚名誰。後來打聽社長是史量才，可是不認識，既而一想，我以華僑資格，去拜會社長，總會見我的。他們一夥人到了申報館，果然見到社長史量才。黃說的是閩南話，會講一點國語，可是說的太不好了，幸好帶的隨員中，有會說國語的，有會說上海話的，有會說英語的，因此史黃見面談話，尚無問題。當史見了黃，就問其來意？黃說：我是爪哇泗水華僑，現在回到祖國廈門鼓浪嶼居住，久居無聊，現想到上海創辦點事業。史問有多少資金？黃說：一兩千萬銀元，是不成問題的。史說：想辦何種事業？一時無法奉告，我意，不如先創辦一家銀行，然後利用銀行資金，興辦實業，則事半功倍，黃甚為贊成。談到主持人問題，要史介紹人史答稱，這要考慮過，才能答復。二人分別後，史就約了徐靜仁商談這件事，徐與史是民國元年鹽政處同事，徐是總務處長，史是松江運使，二人私交極好，且史辦申報館時遇一件訟事，徐曾担保巨欵，（見胡憨珠先生撰「申報與史量才」）徐現是普益紗廠總經理，對於金融業務，也很熟習。史即將黃到報館來見事相告，有意請徐担任新組織銀行之總經理。徐說：我現辦紗廠，事很忙，分不開身，有交通銀行北京分行經理胡筆江先生，現正在上海。如請他出來組織銀行，最為合式。徐做過交通銀行董事，是鎮江人，與胡是同鄉，故彼此極相熟。史即請徐約胡見面，胡的意見，與黃不相識，不知其底細，應設法托人到廈門調查，未便驟然答應。胡即託上海交涉員許秋颿函廈門交涉員劉君，後來劉君回信說，黃是爪哇歸僑，在廈門辦的事業很多，是有錢，確數則不知。有此回信，胡轉告史，遂由史約與黃見面晤談。他們見面時，胡即問黃，是否第一次到上海？曾否到過北京？黃答：是第一次到上海，沒有去過北京。胡說：最好現在去北京觀光一次，黃即刻應允，於是談妥動身的日期。胡與黃到了北京，那時國務總理是段祺瑞，財政總長是李思浩，交通總長是曾毓雋，皆與胡非常相熟，由胡介紹，以華僑資格，覲見段總理。因華僑回國在廈門辦了許多事業，頒給三等大綬嘉禾章，黃大喜，認爲胡在北京，與當時政府各首長有相當關係，此時方談組織銀行事，取名中南銀行，聘請胡爲總理。黃要求有發行鈔票權，胡知道政府對於銀行發行鈔票，除中、交兩行及已有發行權幾家銀行外，已有命令決不再核準申請者。因此胡遂與財政總長李思浩密商，黃爲歸國華僑，今欲興辦銀行，要求發行鈔票權，並不爲過。李說：政府已有明令，不再核準銀行申請發行鈔票權，事不易辦。胡答：爲鼓勵華僑回國投資起見，應該想一個辦法。商談結果，由中南銀行呈請發行鈔票權，倒塡年月，在政府明令停止發行鈔票權之前，經財政部批准，所以中南銀行之有鈔票發行權是如此獲得的。胡與黃離北京回上海，即開始籌備組織中南銀行，定資本金壹千萬元，先收半數，即行開業，總行設上海，推舉董事十一人，黃奕柱爲董事長，胡筠爲總經理，史量才、徐靜仁爲常務董事，於民國九年八月十五日開始營業，並在三馬路四川路口，買現成四層樓大樓爲行址。佔地頗廣，頗爲壯觀。

全國銀行年鑑中的中南銀行資料

商業儲蓄銀行　　中南銀行

中南銀行

The China & South Sea Bank

中南銀行爲南洋巨商黃奕住君集合同志所發起，蓋黃君有鑒於歐戰以還，世界經濟競爭，日甚一日，吾國幅員遼闊，百業待興，苟非急起直追，不足與人抗衡，乃獨出鉅資，幷集合同志，組織銀行，於民國十年六月呈請前北京政府財政部註册，該行卽於同年六月成立。

第一任董監事爲黃奕住、史量才、吳寄生、葉沅坪、王敬祥、韓希琦、馬亦犢、徐靜仁、陶希泉。設總行於上海，延胡筆江爲總經理，並於各地設分支行處。民國十七年，復由董事會公推黃浴沂爲協理。資本總額原係二千萬元，開辦時收足四分之一，計五百萬元。十三年三月經股東會議決增加資本二百五十萬元，合計收足資本七百五十萬元。嗣爲適合法令，乃於二十二年七月，召集臨時股東大會，議決以實收資本國幣七百五十萬元爲資本總額，歷年所提公積金，至二十五年度已達二百數十萬元。

該行因係僑胞回國首先組織之銀行，經政府特許享有發行權，然該行爲愼重鈔票之發行、兌現、及保管準備金等項起見，於十二年三月與鹽業、金城、大陸、三銀行聯合組織四行準備庫，專司發行之事，吾國發行鈔票之銀行，而以聯合組織發行者，實以該行爲嚆矢。比因政府實施通貨管理，集中發行，已將發行事務移交中央銀行接收矣。

又該行於十三年，復與上述三銀行合組四行儲蓄會，規模宏大，堪稱東方之冠。該行除經營商業銀行一切業務外，幷於十八年八月經國民政府財政部核准，兼營儲蓄業務，且自二十四年經財政部核准增辦信託，內容賅備，組織健全，業務前途，當更見蒸蒸日上也。

董事長：	黃奕住					
常務董事：	胡筆江	黃浴沂	林鉊三			
董事：	徐靜仁	黃奕守	黃鼎銘			
監察人：	黃天錫	陶希泉				
總經理：	胡筆江					
總行所在地：	上海					
分行所在地：	上海	天津	漢口	廈門		
支行所在地：	杭州	南京	香港			
辦事處所在地：	上海虹口	八仙橋	愚園路	蘇州	無錫	鼓浪嶼
	廣州	北平				
全行員生總數：	三百六十五人					

D 54　　全國銀行年鑑

總經理胡筆江

胡公名筠號筆江，江蘇鎭江人，淸光緒末年，到北京，在工業銀行任職，宣統元年在交通銀行任赴外稽核，民國元年升任北京分行副理，民國五年升任北京分行經理，在當時北京銀行界有賢能之名，咸稱北胡南宋，宋即中國銀行上海分行宋漢章。民國九年由中南銀行創辦人黃奕柱聘爲總理，中南銀行在上海開辦後，業務蒸蒸日上，爲北四行之首位，因有鈔票發行權，認爲責任重大，遂與鹽業、金城、大陸合組四行準備庫，共同負責發行鈔票的責任，同時又組四行儲蓄會，吸收各種儲蓄存欵，三行推胡主其事，胡堅辭，推吳達詮爲正主任，錢新之爲副主任，合組四行準備庫，係有人建議仿照美國聯邦準備制度的辦法，胡能接受，並讓吳達詮爲主任，風度不可及。國民政府北伐成功，定都南京，當時財政部長宋子文與胡最友善，宋對胡當面或背後，必稱之爲胡四弟。宋是很少朋友的，對於舊式人物更沒有，僅胡一人而已。宋對人只談公事，都是命令式，獨對胡除談公事外，還談私事。胡搭飛機桂林號遇難，中國政府對日戰爭勝利後，胡氏長公子惠春兄曾對我云，宋有一次對他說：若胡公健在，金融不至如此的糟！宋對胡欽佩可想。

胡筆江先生對人非常誠懇，遇有困難，必盡力相助，對友建議，必詳盡周密，與段祺瑞之智囊徐又錚極爲友善。對部屬能用其所長，而規戒其所短，支助友朋困難，常以私囊出之。我雖有長處，但我的短處亦甚多，胡總是用我的長處，時時勉戒我的短處。胡對人非常之厚，對已很儉，對於飲食亦然。我在南京行，常常到滬，那時胡兼交通銀行董事長，公務甚忙，每日下午五時方到中南，我必那時往見，胡公就叫茶房到行的對面，買四個草鞋底，這是有名的長形燒餅，胡公食二只，淸茶一盃，我祗食一只，淸茶一盃，其儉樸如此。如胡在家請客兼打牌，見到我必問，你今晚有無應酬？如無到我家吃晚飯，在座有吳啓鼎等，都能喝酒，你可陪陪他們，你不打牌，可於七時半來，絕無命令式叫我去喝酒吃飯。

我到南京行不久，發生三件事，一、我與南京中國銀行經理吳震修相當熟，緣我離開長春交通銀行，我很想進中國銀行，就由親戚寫了一封致吳震修介紹信，並說明想進中國銀行，吳即向張公權說了，張只在長春見過一次，張就向吳說，定於某日在外灘滙中飯店見面，當時張有意叫我到東三省中國銀行，我不願意回東三省，只說容我考慮再答復。時胡已命我到南京中南銀行，我即將經過告知吳震修先生，吳說好極了，將來在南京我們可以合作。吳在南京組織銀行公會，吳是主席，我是常務理事，吳不在南京即由我代理。有一個不成理由的事，各處中交都是敵對的，我對此事，曾向梁士詒總理建議，命令交通各分行經理購買中行股票，那時交行股票是三十元，每年不能發八厘息，中行股票是六十元，每年發八厘息，如各行收得相當數目股票，即與中行當局商談，中交同爲國家銀行，不應分離，應該合作。至於各地營業，各有門戶，無須競爭，燕老當時並未表示反對，只點點頭，南京交通銀行經理認爲中南銀行應與交通聯系，不應倒在中國方面。二、我到南京不久，有幾家銀行經副理，要學跳舞，到上海請二位舞女來南京教跳舞，要我加入，我認爲無所謂，就加入了，當時就有人說，這件事是我發動的。三、南京中央飯店董事長許秋颿，做過上海交涉使，與胡公也是熟人，我也是熟人，一日到行來看我，要想再透支五萬元，已有往來四萬元，是在我到行之前放的，我就說已有往來四萬元，現又想透支五萬元，是作何用途？許答，是想全部改裝煖氣，及增加臥房專用浴室，我問是否有計劃書？許答，有，並約唔該飯店總經理江君詳談，商談結果，我爲常務董事，孫副理是普通董事，由我行派會計主任，主管一切收支賬冊，審查改裝煖氣，及增加浴室計劃書，由中央飯店與承包工程者，簽訂合約，限期動工及完工，中央飯店向中南銀行透支五萬元。以上三件事，想有人秘密打了小報告，有一晚約八時，胡忽到我家，事前無人通知我，胡說是來看我住的地方如何？然後談到那三件事，我一一詳細答復，胡說：原來如此，點點頭，沒有說甚麼，笑笑，我猜想別人不知在他面前如何胡說八道，我又不便問，也不敢問，從此胡對我信任加深一層。有人說，胡公用人，疑而不用，用而不疑，但是不放察至再，不輕易被他錄用的。

厦門中南銀行

我在南京時，星期六多數是乘下午二時快車赴滬，星期日乘夜車回南京。有一次，星期一回南京，九時到行，忽接上海行周副理電話，說總理叫我到上海，我就問有甚麼要緊的事？周說，可能叫你別的地方去，我說，我明天夜車來，可以不可以？周說，星期三一早到上海，是可以的，就報告總理。我是在民國二十三年四月第一個星期三早上到了上海，在國際飯店住下，等到九時去上海行，總理已先到行，見了我，就叫我到總理室。總理說：叫你到厦門去查查厦門行情形，明日有船，就動身，未說明因爲甚麼。看總理樣子很生氣，又很急，我就不敢問。我退出來，拉了周副理到裏間，我問周？厦門行發生了甚麼事？總理形象很怒，周說：在幾個月前，總理接到一封匿名信，信上說，厦行有人盜用庫裏的欵子，用假抵押品向厦行借錢，因此派許建春以襄理名義到厦行，許來報告不夠詳盡，且很含糊，總理不放心，所以叫你去查。協理對我說：船票已買好，明天上午十時開。又說。厦門行經理是盧明之爲總理老友，下面兩個襄理，總理囑咐他，只收存欵，做做上海滙欵，發厦門地名中南鈔票，千萬不要放欵。聽說盧不大到行，終日念佛經。午飯後，二時總理又到行，先叫協理到總理室，協理出來，又叫我到總理室，總理說：派你做厦門行經理，拿出匿名信及許建春報告給我，給我一個密電本，叫我帶文書科職員呂君去，專辦文書上事，即叫呂君來總理室相見，並告訴他明天早十時上船，又告協理爲呂君多買一張船票。

我同呂君，星期四上午十時上船，星期六早八時到了厦門，下船後，即到鼓浪嶼同仁宿舍，晤見盧經理，盧即屬會計主任，造具賬表，以便交代，我隨即到黃董事長家拜謁，一見面就說，聽說你在南京行辦的很好，來此希望你好好將厦門行整理整理，我因尚未接收，不便多談，遂辭出。到厦門四五天，表冊尚未造出，我即詢問許君，何以四五天，表冊尚未造出？許君說：庫存無法弄平，我問，不能弄平原因？回答，有多張厦門市工務局賣地的收條，放在庫房頂現金，我問總數多少？回答，約一百多萬。我說只有照數填表，此事有行員秘密報告黃董事長，黃即叫我去，黃說：以工務局賣地收條當現金，存在庫房，有此事否？我說：有，黃說應將經管人送警察局拘留，一面向法院起訴，我說：不可如此辦，此事外界雖有傳說，但不詳細，如拘留行員，則証實不是謠言，且拘留行員，於行關係甚大，提存就會發生，對於發行也有關係，豈不影响甚大，只有不動聲色，加派人管庫房，一面令經手人令其清理，黃答，既然關係甚大，只得如此辦理，表冊造好，內有一百多萬放欵，也是拿工務局臨時收條，爲抵押品，且十足抵押，當時只值三四折，尚無人要，等於呆賬，我將接收詳細情形，報告總行，並將以收條抵庫存，密函胡總理。

厦門中國銀行經理鄭君，年老對於行務不甚注意，當時中南銀行業務，吸收僑滙及南洋一帶華僑存欵，開設新加坡分行歸厦門行管轄，而中南走下坡，所以僑滙及華僑存欵，多被中國奪去，我又發現，黃日興存單託中國來收，意即轉存中國，數目雖不大，但張數甚多，中南也有存單，託中國來收而轉存中國，我認爲此事非想辦法不可。我往見黃，告以此種情形，我告黃，我想看黃日興的賬，以便明瞭黃日興實在情形，黃答應；我告黃，只能說你要看收支存欠的賬，千萬不能說我要看，黃也答應，次日即將賬簿送到黃處。我一看賬，發覺黃本人是大欠戶，大部份是繳中南股欵，他的家人都有欠欵，以老大、老四爲最多，我告黃：目前零星存欵數目不算多，存戶多數是爪哇華僑，但是常常來提存，可能引响銀行，現在只有將黃日興結束，存戶請其隨時轉厦門中南銀行存單，如須要現欵，亦由中南銀行照付。黃說：厦門行有力支付此項數目否？我答，只有此種辦法，解決厦行困難，厦行當然吃力，不過數目並不太多，只有勉力應付。黃問：胡總理知道此種辦法否？我說，必先得你的同意，然後我才能向胡總理密陳。黃說，是否有把握由厦行墊付黃日興存欵？我說：黃日興賬上欠戶都是你及府上的人，此項欠欵如能收回，支付存戶的存欵當然不成問題，但是目前你無法還此項欠欵，爲救厦行起見，只有結束黃日興，所有黃日興存戶的存欵，由厦行承担，將實情陳報胡總理，在無辦法之中，我想胡總理會許可，結束黃日興，也是爲你割去一個瘤。我就函約周君來厦，爲處理黃日興專員，又與厦門中國銀行黃經理密商，凡有黃日興存單由厦門中國銀行托收，請開中國與中南往來戶，如數目太多，即由滬行撥交上海中國，黃經理首肯，我大爲安心。周君到厦，即造黃日興帳冊收欠清單，並擬好辦法，及登報廣稿，及對黃日興同仁發三個月薪水辦法送黃看，黃首肯，即請其在原稿上蓋章，我當日晚間即親到報館刋登，明早即可見報。次日有關方面見報，大爲震驚，前數日並無提欵者，因厦門幾無存戶，一個月後，中國銀行收到托收存單，一一轉往來戶，也有請轉厦門行存單，毫無風潮，頗爲平靜。黃知道此情形，對我甚爲稱讚，而心中甚爲安慰，我每日將情形密告胡總理，事辦得總算順利，但黃的家人及他的親戚，對我太不諒解，因爲黃日興現金一無所有，與厦門行開了一個透支戶，黃一切用費，間接取之於厦門行，他的家人及其親屬，黃每月有錢給他們，他們向黃日興支取，黃日興就開厦門行支票，現在黃日興結束，黃的個人費用向我說要在厦門透支，將來轉總行賬，我當然答應他，其他的家人及親屬就無着了，我還接了幾封匿名信恐嚇我，我並未報案，同一二位密商，他們說厦門人胆小，無多大危險，且我有一個保鏢隨時跟隨我，當我離滬到厦門時，胡總理對我說，須要帶一個保鏢兼當差，我就找一個姓閩的，他做過高級軍官隨從，能放手鎗，我就將這些情形告訴黃，黃說此事全是我主張，你不過是執行的人，不必理他們、我來對他們說好了。

黃奕住談往事

有一天黃約我到他的住宅，他說黃日興結束，其他不愉快的事也告一段落，心中頗爲輕鬆。他又說我很佩服胡總理及史量才兩位。有胆識，有魄力，最不快的是天津行吃倒賬事，不懲辦負責人，將我的股息扣抵，我說：這是胡總理最明智之舉，不如此津行危險，可能影響總行，懲辦負責人有何用，當時吃虧的雖然是你，要知道使行轉危而安了，黃無言。又說厦門行事，幸得你來，也將難關渡過。

厦門改爲普通市，警察局長由市長兼，市長王固盤，是南京老警務人員，我在南京時已相識，那時政府正對瑞金用兵，東路是從漳州龍岩西進打到江西境，攻擊瑞金，設東路司令部，總部設在漳州，總司令蔣鼎文長駐在厦門，我到厦門去拜候他，一見如故。我見他包了一個旅館，很侷促，我就對黃說：可否將觀海別墅，借給蔣住？黃答應，我又要出面在家裏請蔣吃飯，黃說我不能動，我說會對蔣說明，並請蔣搬到觀海住。請客時，你下樓仍坐在輪椅上，一切招待等事我來代表好了，而請蔣，一定要我與黃出名。我告蔣，黃請蔣駐觀海，蔣客氣一番，並說算是租的，問要多少房租？我說是黃請你住的，蔣對我表示謝意，叫我對黃也表示謝意。請客那一天，蔣來了並帶幾位師長同來，其中有一位宋希濂師長，年甚輕，只三十六歲，好在吃西餐，多幾位無所謂，黃說從前盧經理是不應酬的，我又病不能出來，你來甚好，可與各方面周旋。

開辦香港分行

我到厦門將近二個月，能辦各事，已辦得差不多，不能辦的，一時不容易辦出頭緒來，因而想到，厦門行受傷甚巨，加之中國銀行競爭甚烈，中南銀行名曰中南，非向南洋一帶發展不可，並開設星加坡分行，然後在爪哇設辦事處，爪哇是黃發祥地，非列濱已有中興銀行，黃是大股東，毋須設行，應加緊聯系。我將此意告黃，黃說：當初開辦厦門行，我即主張同時開辦香港行，胡公只同意辦厦門行，不同意辦香港行，今你有此意，我絕端贊成，胡公是否應許？我說今昔時局不同，上海地位，受日本壓迫，非向香港打主意不可，因爲香港是英國殖民地，我又說擬回滬述職，由香港轉滬，我即函胡總理，疑赴滬面陳一切，並由香港轉滬，總理來電照准，此二十三年六月間事。

由厦門乘爪哇公司輪船經汕頭到香港，香港中國銀行經理鄭鐵如是熟人，香港鹽業銀行是厦門行代理，我要去香港會函該行經理倪士欽，我到香港他到船上來接我，倪是上海鹽業銀行經理倪遠甫的姪兒，年齡約五十開外，與我有點親，下了船，倪介紹住新亞旅館，我一看是一個舊式旅館，設備太差，我不大願意，但人生地不熟，毫無辦法可想。倪約我到淺水灣酒店飲下午茶並看跳茶舞，倪無汽車，就約了一位高良和先生，是和豐銀行經理、和豐輪船公司經理，因營業不佳，爲他人買去，高因之失業。高有汽車，遂同車到淺水灣酒店，高知道香港一切狀況，我們談的很多，我得益不少，我借倪去小便之時，問高香港何家旅館最好？他說：香港大酒店嫌舊式點，告羅士打酒店是最新式的，每間房有浴室，有直通電話，每日連飯只十元，若經高介紹，說我來開銀行，可打一八折，每日只收八元，我因已住在新亞，不好意思當天搬出，遂向倪說：在香港不能多躭擱，想今晚即去廣州，爲節省時間，倪說今晚船不好是小船，我說無妨，請打一電話問有無房？倪打了電話回來說：有蜜月房，已代訂下，我當晚即去廣州，船很舒適，夜十二時開船，次早六時即到廣州。廣州鹽業銀行陳經理來接，因倪有電話通知，在廣州也住新亞，此與香港新亞大不同，設備甚好，陳介紹我見廣州廣東銀行經理梁定冀，梁燕老長子，即約我扶輪社午飯，我是厦門扶輪社社員，他們要我演講厦門扶輪社情形，我毫無預備，頗窘，只好隨便談談說說。在廣州住了三天，乘火車回香港，到了香港見到告羅士打接客，因此即住告羅士打，倪已知道我回香港，但不知我住何處，我打電話給高，請他吃午飯，香港一切情形，由高處得到很多，也就不再向倪打聽了。

交通銀行有意在港復行，交通銀行在梁燕老當總理時即沒有分行，其弟季典爲經理，張嗇菴錢新之當總協理，那時交通情形不好，大爲收縮，香港行新加坡行都裁撤，胡公當董事長，各處廣設分支行，所以香港交通亦想復行，我在香港見到交通銀行派來李道南，表面上是來調查，實際上就是未來經理，李與我也是熟人，我在香港只躭擱五日與李同赴滬，見胡公報告處理厦行經過，及結束黃日興等事，並報告香港情形。中國同業只中國銀行及鹽業銀行兩家，如我在香港設行，應爲第三家，我陳述我行有在香港設行必要，爲推廣到南洋一帶地步，並聲援厦門行，胡公說應物色人選，但目前當無適當的人。我說，可否由我先到香港籌備，您一面物色人選，胡公首肯。我即約了總行同事數位，南下香港協同籌備，我即往厦門，報告黃，胡公允設香港分行經過，黃大喜，要我帶其第四子友琴，在港行辦事，我在厦留數日，即去香港。當時香港中區空屋極少，勉强在德輔道中郵政總局對面租到一所舊樓，加以修理，二十三年十一月十五日開業，當時以厦門行爲分行，港行爲支行，歸厦行管轄，同時成立廣州支行，歸港行管轄。

國民政府二十六年，準備對日作戰，發行鈔票，統歸中央、中國、交通、農民四家銀行，其餘有發行鈔票權的銀行，一概自行收回，其準備金不足，則由政府以借欵方式資助之，四家銀行所發鈔票，概不兌現，改名法幣，亦無地區之限制，全國通用，除四行外其他有發行權銀行，只四行準備庫，所發鈔票，鈔票上是中南銀行字樣及浙江興業銀行鈔票，此兩家所發鈔票，是符合政府規章，厦門行藉此機會，將厦門市政府工務局所發地產收據爲抵押品，作爲厦門四行分庫，所發鈔票之四成，爲証券準備，因此厦門行將此項無價值之收條，變成有價，收回此等呆賬，使厦門行無形中，未受損失。當時有幾位欠戶，想以現欵贖回此項收條，厦門行不准所請，且我接厦門行經理時，即將此項收條，向法院登記過戶，手續非常完備，欠戶無法可施，或問，何以要將此項收條登記過戶，我答，登記過戶，即屬厦門行資產，政府發行鈔票，改名法幣，是無準備金，且發行無限制，總是趨向通貨澎漲，收條當時雖無價值，仍然有一塊沿海地皮，鈔票一天一天的跌價，反而這塊地皮是會漲價的。

胡筆江到香港

八一三，中日正式交戰，上海租界，日軍雖未侵入，但日軍成立僞組織，租界上亂抓人，暗殺人，因之人人自危，隸屬中央重要人員，均撤退香港，胡公於廿三年當選交通銀行董事長，即隨部份要員撤退香港，仍兼中南銀行總理，中南總行並未撤退，胡即在香港交通銀行遷港總管理處辦公，財政部孔財長電召四行首腦赴渝開四銀行會議，胡公於二十七年八月廿四日，乘中航機桂林號飛渝，應孔財長之召。往時胡公出門，例不通知我等，因不喜歡人接送，此次在動身前一日，忽告我明早八時乘飛機赴渝開會，並未帶人，飛機票難買，是日一早，我與惠春兄到機塲相送，八時起飛，我即回家，然後赴行。甫坐定，陳君來行相告，桂林號恐生事故，我不敢相信，因那日還有歐亞飛機飛漢口，孫科坐那架機飛漢口，我即刻打電話問中央銀行廣州分行鍾經理，問桂林號消息？鍾答桂林號啓德機塲飛出，約卅分鐘，在中山縣唐家灣上空，被日機追擊，跌落唐家灣海中，胡公因之罹難。相隔卅分鐘竟成久別，使我永失指導之人，悲痛萬分，喪失我的前途，因之心灰意懶。胡公後事，全由宋子文主持，多少事是他命我去辦，出殯時，宋也隨靈柩走了一段路，開追悼會時他做了主席，可見與胡公交情深厚。

胡公已矣，總理一席，有人主張徐靜仁，有人反對，如徐當了總理，必帶嚴惠宇進行，因此反徐，那時黃董事長仍在香港，黃浴沂由上海來港，請黃董事長派黃浴沂以協理資格升總理，在這個時候，有人向我獻計，叫我做張松，將行獻予宋，我未敢苟同，一、胡公剛去世，我不能將胡公心血所辦之行送予外人，二、那時宋公力量，已不能遠到上海，就是派人到上海，亦恐不易接收。

有一天秦穎老來看我，同我密談，說宋公要我到廣東銀行當協理，我請穎老轉陳宋公，謝其栽培盛意，但我不就廣東銀行協理，一胡公去世不久，我不忍離行，二廣東銀行總經理是鄧勉仁，我同鄧是好友，處朋友是極好，若與共事，恐不易得善果，穎老深以我意爲然。

民國三十年十二月八日，日軍用飛機大炸珍珠港，同時亦炸啓德機塲，因之英美對日宣戰，日軍佔領上海租界，二十五日香港政府即向日軍投降，所有的銀行，由日軍部派日本銀行職員管理，我即向日軍部申請中南銀行停業，經軍部核准，我即回滬，而總行不以撤退行待我，我遂脫離中南銀行了。

本刊下期預告：

「抗戰時代」生活史（連載）	陳存仁
周伯年周魯伯父子（黨國軼聞）	胡憨珠
春牛圖（彩色）	李可染
歲朝圖（彩色巨幅插頁）	錢松喦
環蓽厂近詩	張大千
楊小樓的晚年	燕京散人

其餘名作・不及備載

最新曼克頓恤衫

大人公司有售

抗戰奇人 馬彬和

·焦毅夫·

馬彬和是蘇格蘭人，不修邊幅，整年不理髮，不洗澡，滿臉于思于思，活像深山大野人。但中英文造詣都臻上乘，難得是酷愛中國，尤愛中國兒童，曾經歸化入了中國籍，戰時在重慶任國際宣傳處廣播員，旋受愛情的刺激，神經失常，不知所終。

抗戰期間在陪都重慶兩路口巴縣中學附近，常見有位不修邊幅模樣很怪的外國人，他叫馬彬和，蘇格蘭人，本姓麥考斯倫，家道殷實，牛津大學畢業，父親是位礦業工程師，幷沒有到過中國，也不識漢文，不知什麽原因，生下這位兒子對漢文特感興趣，而且天分很高，經過兩年苦讀之後，不獨能說流利國語，而且能寫典雅的文言。馬對中國近代史很有研究，看到中國受日本軍閥的壓迫和凌辱，義憤萬分，「七七」事變，瞞着父母，隻身到了上海，向中國政府請纓參加抗日的文藝活動，軍事委員會政治部就請他在第三處担任英文廣播，那時一個廣播員的月薪是六十元，待遇不算高。政治部準備請他在國際宣傳處兼個職務，國際宣傳處有好多位外籍顧問，拿的是美金待遇，但他一口拒絕：「我在政治部每月拿六十元月薪，已經足夠開銷，不準備在別處再拿一文錢。」

馬彬和之不修邊幅和生活怪異，有點像今日的「嬉癖士」，但有「嬉癖士」的怪誕，而無「嬉癖士」的放蕩，認眞工作，不苟言笑，私生活非常嚴謹。經常穿着一件好像幾年未曾洗過的青布單長衫，滿臉于思，看去像在扮演耶穌。行李更其簡單，一張軍毯，一個裏面只裝幾件洗換衣服的洋布包袱和一把洋傘。他向人表示，這是少不了的，好像如果能再減少，還要儘量少帶。

軍事委員會政治部副部長董顯光認爲這位爲中國抗戰出力的外國朋友予以這種待遇，實在過意不去，同時也怕給外國人見到，認爲中國人有欠厚道。當於二十七年十月初旬武漢大會戰結束以後，宣傳工作人員向大後方撤退，是以湖南衡陽爲暫時宣傳中心，由現在台北的曾虛白担任指揮設站任務，於是知會曾虛白好好接待他。曾虛白接到董顯光電報後就在衡陽辦事處，特爲他闢間小室，買隻藤墊的單人大床，舖上一床新棉花被褥，再配上些簡單傢俱。在物質尙不十分缺乏的抗戰初期，這樣的陋室接待外國朋友，還是稍嫌待慢一點。

第二天清早，曾虛白去看他，見門窗緊閉，以爲昨日旅途勞頓，酣睡未醒，本不想打擾他，但急於想知道他昨夜睡得是否舒適，於是就從窗隙望去，不禁大吃一驚，床上被褥疊折得還是很整齊，連舖在上面的被單也沒縐紋，似乎連坐都未坐過。曾蹲起脚後跟在房裏搜尋，見門閂都搭上了，正覺得十分奇怪時，才發現窗子下面水坭地上有一捲黃坭軍毯，裏面裹着的正是馬彬和。這一驚非同小可，因爲昨晚爲他洗塵時，他曾飲了許多酒，怕他發生意外，這時祗有排闥而入，門的响聲已把他驚醒，他睜開矇矓睡眼，問：「有什麽事吧！」曾說：「你沒有什麽不舒適吧？」「沒有什麽呀！」「那末怎會滾到地上來的？」「不是滾下的，是我自己决定這樣做的。」他和曾虛白這番對白，眞叫人莫名其妙，那時已是初冬，湖南氣候總在十度以下，這位先生放着温暖的被褥不用，裹着薄薄的一張黃軍毯縮的就像一隻刺蝟般睡在水坭地上，不但冷而且還硬。這位出身富有家庭，從小受到英國貴族教育的大學生，竟歡喜過這樣的「貧民」生活，眞叫人費解，後經曾虛白一再詢問，他才說出一番大道理來。

「我是鄙棄、厭惡歐洲上流社會那種剝削窮人的靡爛生活才到中國來的，你怎會想像我還願意過這種超過一般中國人水準的生活呢！中國和日本在作艱苦的戰鬥，我們應該向前線的士兵們看齊，他們被朔風吹凍了熱血，積雪濕透了征衣的艱苦，我裏在温暖的被褥裏還會睡得着嗎？」他這番義正詞嚴的話，使後來每個聽到的人無不肅然起敬，同時也覺得很慚愧，當時在大後方的人雖然都懂得這個道理，但有幾個人能關懷到前線士兵們擲頭顱、洒熱血悍衛祖國的艱苦啊？

馬彬和的繙譯工作做的極好，他英文根基深而中國文學的理解力又强，所以譯出來的作品，比之原文可說絲絲入扣，銖錙悉稱，加上他忠於職守，即使普通的廣播文章，每篇都化很大精力，和一番推敲功夫。

他的廣播是自寫自播，從不假手他人，以他簡鍊的字句再由他以牛津的口音播出去，當然使英語聽衆感到親切，所以當時在國際宣傳上曾經收到很大效果。但却辛苦他了，只要一上班那怕很冷天氣，也會攪得滿頭大汗。不但如此，同時他每天必須來回兩路口和沙坪壩一次，兩地相隔二十幾里，走捷徑也有十幾里，還要爬山，他每天在兩路口寫好稿子就穿上草鞋，爬十幾里山坡到沙坪壩去廣播。重慶夏天相當熱，太陽也非常毒，董顯光怕他途上中暑，想派一輛汽車接送，但也給他拒絕了。他認爲他是來到中國參加神聖抗戰，幫助中國人抵禦外侮的，不應該享受特殊待遇。重慶當地的交通工具，有「滑桿」和人力車，「滑桿」是用兩個人抬的，有點像轎子，但簡單到只用一張小椅子兩邊綁兩根轎杆，人力車當然和香港的一樣，電台準備替他安排這兩種交通工具的一種給他代步，也爲他拒絕了，他說把人當牛馬，最不人道。

最令人耽心的是敵人把國際宣傳處當成轟炸目標，亟想把它破壞，使我們變成啞巴。同時，

圖右：馬彬和歸化中國時，上海大美晚報總編輯高爾德起立致賀詞，圖左：馬彬和（右第三人）特備中國麵食款待來賓。

敵機進襲陪都由於風向影響，通常循兩條路線，不是由南到北，就是由東到西；假定敵機由東來，這條由東到西的通道上的老百姓就要遭殃；如果由南向北，這條線的居民就會廬舍爲墟，血肉橫飛。不幸國際宣傳處辦公的巴縣中學竟在南北兩線交叉點上，不論敵機飛經那條線都要輪到他們吃炸彈，何況被敵人列入轟炸目標，前前後後總共投下好幾十個。可是這位外籍的戰士馬彬和並未因轟炸頻繁，對工作稍存懈怠，他每天在警報聲中必須完成四五千字的廣播稿，走上二三十里來回的山路，維持這個節目準時播出，他的意志堅强，可以想見。

當時有人批評馬彬和吸收了中國文人放浪形骸、不修邊幅的全部壞習慣，實際他已超出中國士大夫放浪文人的範圍，算得是現在彌漫於歐美的「嬉癖士」之父吧！他一年四季不洗澡，也不歡喜游泳，就是炎天暑熱也是一樣。因此他身上帶有一股西方人特有的汗臭和臊腥。初到重慶時他是住在職員宿舍，四個人同房，幾天後就有人要求搬出去，最後只剩下他一個，吃飯本來是八個人一桌，可是誰也不肯和他同席，眞是傷盡了總務同仁的腦筋。他一臉連腮鬍子，由於不刮臉，滿臉茸毛，活像深山大野人。最叫人奇怪的是他身上穿的那件青布長衫，夏天是它，冬天還是它，好像氣候對他肉體沒有一點影響，實際寒冬臘月，他手臉凍得發青，叫人見了心裏難過，可是誰也不敢建議他添件衣服。

他并不是沒有添製衣服的錢，到抗戰的第三年他的薪金隨一般公務員增加到六百元，住公家的房子，吃飯只化三五十元，剩下的錢都送到八路軍辦事處去了。因此和那裏的人混得很熟，但他又不相信共產主義。他批評「共產主義者是比資本主義者更可怕的僞道學者」，但他和政治部第二廳廳長郭沫若却很談得來，當然在有形無形中也受了不少影響，但他向人表示不想成爲一個共產黨徒；因爲他是一個絕對自由的自由主義者，無法約束自己。

不久，他又把剩餘的錢改變了用途送到國際紅十字會去，救濟中國難民和失學兒童，過了沒有一年又改變主意，他向政府請求把巴縣中學後面學田灣的山崗租給他用，起初人們以爲他要從事工業在山崗上蓋小型工廠，當他把幾十間草房蓋好以後，就親自到重慶的街頭巷尾去收留一些無家可歸流浪街頭的兒童，并且自己也搬進去住，跟他們共同生活，還央請一位中國朋友幫忙照顧他們，那兒童最大的只十零歲，小的只有五六歲，他們不是親人被炸死就是父母不知所踪，沒有人管，馬彬和把他們弄到屋裏，給他們吃，還向慈善機構替他們找衣服和被褥，說也奇怪，他自己衣單被薄，却使那些收養的兒童衣食飽暖。

兒童收容多了，他的六百元薪水自然不夠用，於是想出開源辦法，教授英國語文，這樣使他更加忙了，每天在晚膳以後，還要教兩個鐘點的課。

他教英文的方式很特別，無固定學費，也沒固定的教室，更不固定學生程度，只要願意學的，來者不拒，當他認爲人數夠了，就停止招收，隨後就向附近學校或任何公共場所交涉借用地方上課，第一堂在甲的學校，說不定第二堂又會在幾里遠外的一間教會聚會所，因此必須在上第一堂課時才宣佈下堂課的上課地點。說起學費更是滑稽，有人說他化緣式，倒十分相像，他在上完課之後，不說收學費，要聽課的學生幫助那些窮苦的孩子們生活，各人量力放點錢在他枱子上；方便就給，不方便也就算了。當學生給錢時，他總是把腦袋埋在書本裏，從不注意誰給了誰沒有給，更不必說給多給少了。由於他的赤誠感人，一個月的教學收入比普通收入要多一兩倍。學生去了以後，他就收拾起放在桌上的零錢，準備到米舖買米帶回去做飯給孩子們吃。

有個教會慈善機構，見他這麽辛苦救濟了幾十個孩子，因爲沒有固定經費，孩子也是飽一頓餓一頓的活受罪，於是和他商量，把他們遷到另一個地方，他答應了，總算卸下了千金重担。

馬彬和那片愛孩子的心腸，眞是世界少見。有天下着大雨，他經過一條漆黑的巷子裏，給一種細微的呻吟聲絆住了，循聲尋覓，却發現一個七八歲的小男孩倒在牆角，一摸額角，燒得發燙，他把孩子抱到就近的一家醫院，因是深夜，天又下着大雨，當時還沒有値日醫生的制度，很難找到醫生。也許是他廣結人緣和一片熱誠的感動，居然和位姓朱的朋友把一位老醫生從熱被窩裏拉起來，經過檢驗，大家都怔住了，原來這孩子患的傳染病——猩紅熱。當時重慶很少醫院有這種隔離設備，他沒有辦法了，只好到政治部找曾虛白，要求他介紹醫院收容這個孩子。

當時正在下着大雨，重慶房子是沒有騎樓的，他被淋得像落湯鷄般站在門外要曾先生答應幫忙，他曾要他進房裏談，他不肯，好像是你不答應我就站在這裏任由雨淋。曾就請了幾位同事幫忙打電話找醫院又找醫生，這樣忙了一整夜，待孩子送到病室不久就死了。馬就像是死去親人般，哀傷萬分，還花錢替他買了一具小棺材運去下葬。他就是這麽一位行爲怪誕內心軟弱充滿着人情味的人，要是生在今天，與「嬉癖」爲伍或許生活得自以爲愉快一點，可惜生在三十多年前，尤其在中國社會并不受人歡迎，同時那種天眞放浪和純潔使他在這複雜的機巧的社會裏失掉自衛能力，終於迷失了方向，不知所終。

在勝利前差不多一年左右，重慶來了位名叫珍妮的美國籍女記者，和馬彬和在上海就曾相識，朋友知道他們老友，請珍妮客，就請馬相陪，他鄉遇故知，自此以後兩人來往很密，珍妮住在兩路口一間招待所，馬彬和則住在兩路口不遠的田灣，相隔很近，照香港說法相約拍拖非常方學便，可是馬生性忸怩，同女孩子談話就要臉紅，沒有勇氣去敲珍妮的閨房之門，但心裏却暗戀了珍妮，於是寫信試探珍妮的態度，就利用收容所裏一個較大的孩子作爲他們的專程郵差，每天要替他們服務一次。

最使馬興奮的是送信人每次回來都會帶來珍妮的更長、而且情意更纏綿的信，於是欣喜之餘，有着「士」爲知己者容的意味，把臉上的茸毛也刮去了，只留下黑濃而且修剪整齊的連腮鬍子。他高興和陶醉於情場之中，日以繼夜的不斷寫，那個義務郵差不斷的送，最難得的是那位珍妮小姐，也是不斷的復信，如是者有一月之久，雙方收到的情書都有三、四十封之多。

有天重慶大霧，大家心裏安泰覺得今天會得有一個平靜日子，因爲大霧彌漫敵機不易找得目標，所以很少出動，可是馬彬和却遭到比中了炸彈還要痛苦十分傷心的事。上午，馬彬和正打辦公室出來，那個孩子給他一封信，打開一看，不禁手舞足蹈起來，同事都用驚異目光看他那種怪相，他却視若無睹，自得其樂。原來那是珍妮請他到她的招待所臥室裏去飲酒談心的請柬。

這時他興奮得時常看手表，好像時間走得特別慢，到時又是洗臉、又是修鬍子，當然他心裏充滿旖旎的幻想，準備一套求婚的「台詞」，當他進入招待所準備輕扣情人香閨時，血液循環加速，心臟也跳動得厲害。誰知一抹牆角就像掉到冰窖裏，遍體生寒，幻想破滅了。原來房裏擠滿了人，顯然不是約他個人來談愛的，他幻想到另一問題，萬一她約好朋友來當衆宣佈和他訂婚，來一個使他意外驚喜也未可知。及至他走到門口，房裏就騰起一陣喧嘩，嚷着：「他來了，他來了」。這時珍妮從人叢中擠出來，拉着馬彬和的手走到酒櫃旁，拿一杯酒遞給他，舉起自己的酒杯，高聲向大家說：「請大家祝賀我和馬先生寫情書圓滿成功！」接着大家就鼓掌狂呼鬧成一片。兩分鐘後，珍妮又提高嗓子：「我是一個學生，跟着馬先生學的。馬先生眞是一位寫情書的聖手，今天我開這個酒會，就想請諸位來欣賞一下，我一個多月來收集到馬先生情書的傑作。」她說完竟從抽屜裏拿出一大包東西準備打開，當衆宣讀，馬彬和才知道珍妮故意佈置圈套，有意侮辱和嘲弄他，這時他已忍無可忍了，不顧紳士風度，不顧大家嘲笑，排開衆人向門外衝去，一直奔到學田灣的草屋裏，一進門就向看房的那位朋友說：「請你趕快拿一根棍子打死我，我不能活了。」

自此以後，馬不上班了，這位朋友只好替他請病假。約在一週後，曾虛白的辦公桌上有馬的一封親筆辭職書，字跡不像以前拘謹，但却十分潦草，內容簡直蕪雜一堆，東拉西扯，於是曾就要工友找他來當面談話。

曾虛白簡直不相信自己眼睛，誰知一週不見的馬彬和，完全脫了形，面頰下陷格外的顯出兩旁高聳的顴骨，兩隻眼睛，不閃不瞬的向前直視直瞪着，遲鈍地蹣跚着步子，走到桌子邊直挺挺的坐下。等了半天，他也不開口，曾才問他爲什麽要辭職？這時他突然高聲的用英語說些語無倫次的話，痛罵這個社會，他要走開去，離開這個欺人的世界。曾虛白竭力安慰他，要他找個安靜的地方休息幾個月，好了再來銷假。

沒有幾天，同馬住在那間草屋裏的朋友來報告，馬竟告失踪了，報警也找不到他的踪跡，却經警方調查出他與珍妮間所演的鬧劇，這時珍妮已經離開重慶到加爾各答去了。

這個女記者聽說是位專喜玩弄男性，遊嬉人間，生性放蕩的女孩子，遇上馬彬和這個人什麽都認眞，從不知人間竟有可以鬧着玩兒而不必認眞的事情，於是造成在抗戰時期這幕人間悲劇。

在抗戰時期的重慶，許多人認得馬彬和，後來他便不知所終了，誰又知道他最後這段故事是如此的呢！

大人小語

為基辛格設想

假定越戰停火，基辛格將署事休息，然後決定其在政治舞台上之進退。

大功告成，對得起國家民族，竊以為基辛格結束其孤家寡人祇有女朋友而沒有太太的生活，此其時矣！

「愛」與「怕」

路透社電訊：「尼克遜嘆曰：我愛中國人。」——把這「愛」字改為「怕」字，亦無不可。

女王與王夫

英國一項統計顯示，最受崇拜的婦女，英女皇名列首榜。

皇夫愛丁堡親王，則非最受崇拜的男性，而為最值得羨慕的男人。

太多的自由

李光耀批評香港新聞自由認為尺度過寬。

我認為真正尺度太寬的不是新聞自由而是電影自由，例如男女明星一同脫褲子的自由，把「三字經」中的第一字拍成動作而准予在銀幕上公然映出的自由。

脫鞋不易

英國衛生部勸告各國，為改進全民衛生起見，不妨學習中共，提倡赤脚醫生。

這點在英國本國，即有困難，因為英國人民，不論是否醫生，都穿皮鞋。

各有苦衷

北京人民大會堂，向有二十九省市的「會議廳」，其中「台灣廳」，於最近方行開放。

當初不開放，有其不能開放的苦衷，如今開放，也有不能再不開放的苦衷。

老板之癮

文化界中人喜做文化老細：執筆者想自辦報紙、雜誌，演員想自行拍片、導演。

所謂喜做「老板」，就是不喜歡做「夥計」而已！

稿費之話

台灣報刊寄稿費單，曰：「敬奉筆潤」；此間報紙發稿費，曰：「稿費待領」。

其語氣之客氣與不客氣，與兩地巴士司機及售票員對搭客之態度完全相同。

老人馬戲班

慶祝老人節大會中，餘興節目有「老人穿針比賽」，「老人歌唱比賽」等等。

像是年青人有意開老人家的玩笑，舉辦「老人馬戲班」。

老人之言

香港老人，怕進老人院。

我親耳聽見一位老人家說：「與其做一個住在老人院裏的老人，認可做一頭關在動物園裏的熊貓。」

不費吹灰之力

十一月份內，二千餘人違反衛生條例，港府收入罰欵四萬元。

港九人口四百萬，每人吐一口痰罰一元，四百萬元不費吹灰之力。

如意算盤

地下鐵路資金尚無着落，却已有人打好算盤，每三年加價一次。

由此觀之，戰後二十七年來油麻地小輪從未加價一次，豈非失策。

聖誕禮物

越南和平，可能於聖誕左右實現。

西貢不願這樣和而非和不可，正好比不願送這一筆聖誕禮而又非送不可。

戒之不易

今年本港聖誕郵件，出入均較去年為多。

十年來一直在想不再寄發聖誕卡而迄未成功，到今天不能不承認要戒聖誕卡，比諸戒烟戒酒還難。

聖誕卡狂想

今年第一張聖誕卡來自星加坡，第二張來自紐西蘭。

若有一張來自北京或者上海，那該是奇蹟中的奇蹟。

聖誕大菜

一九四一年聖誕前一日，香港英軍投降，是年聖誕，為香港歷史上最黑暗之一個聖誕。

某酒店今年聖誕大菜，每客一百五十元正，小費在外，這客聖誕大菜是目前香港歷史上最貴的聖誕大菜。

・上官大夫・

美國百靈頓床單

大人公司有售

我的義父母：徐志摩和陸小曼

何靈琰

紐約五十三街那家圖書館中的中文書籍差不多被我看遍了。有一天經過那裏，又想進去碰碰運氣，看看有沒有新書？在塵封的書架上，夾在一本馮玉奇的言情小說和一本家庭食譜中，竟發見了一本故詩人徐志摩先生的遺作「愛眉小札」。我倚在書架邊，一頁一頁地看下去，在「志摩日記」中四月十四那段寫着：

「琬子（本文作者小名）常嚷頭疼，昨去看醫，說先天帶來的病，不即治且不治，淑筠（本文作者之母）今日又帶去中醫處，話說更兇，孩子們是不可太聰慧了。」

看到此處，一時不禁呆了，這是多麼久遠的事了！那時我大約只有五歲，但是母親帶我去看上海名醫惲鐵樵的情形，還記得很清楚。醫生說我的頭疼是先天帶來的，很難治，只怕過不了七歲，就算過了七歲，也怕過不了十四歲，（不像看病，倒像算命），一番話幾乎把母親急煞。但這個叫琬子的孩子，在千災百病中居然長大成人，依舊是常常頭疼，唯一的改變，就是沒有小時那麼「聰慧」了，這也許是沒有夭折的理由。

歸來和外子談起，他說：「徐志摩先生全集出版不久，妳是他和陸小曼的乾女兒，小時又在他家住過，何不寫上一篇來紀念他們呢？」我說：「關於徐乾爹一生事跡，我知道得很少，怎麼寫呢？」外子說：「又不是叫你編他們的年譜，你也沒有資格，只就你兒時印象寫上一篇，也許別有親切感呢！」

我的童年十分寂寞，父親游宦在外，很少回家，母親又終年臥病，我是母親的獨養女兒，更無年紀相等的遊伴，所以每當回憶兒時，總是迷濛濛的一片，像是走了光的照片，什麼也想不起來，只有在上海徐乾爹家的幾個月，不但記得，而且十分清楚，有時連什麼人說過什麼話，或者穿着什麼衣服，都是歷歷如在目前，但是從何處到上海，離開上海又去什麼地方，便一點也想不起來了。

我們本來住在北平，後來父親任職南京，便把我們母女接到上海，因爲南京房子沒有找妥，於是把我們寄在徐乾爹處。那時徐乾爹和乾娘剛剛結婚不久，他們是在北平結的婚，我們曾去參加婚禮，據母親說乾娘在結婚前夕失眠，吃了很多安眠葯。次日婚禮時，還是昏昏沉沉的，由人扶進禮堂，我當時實在太小了，一切都不記得，當然，梁任公那段有名的「致詞」，也是一點聽不懂了。徐乾爹婚後不久，便和乾娘一家人遷滬，他們兩人破除萬難，才成眷屬，試想四十多年前，在中國那種半封建的社會中，兩個已婚的人，能爲了愛情，不顧雙方家長的反對與社會輿論的批評，各自離婚而再結婚，實在是非常勇敢，也非常偉大。

我兒時穎慧可人，（這是據別人的評語），圓圓臉大大眼睛，見人能說善道，毫不怕羞，非常惹人喜歡。徐乾爹和乾娘婚後沒有兒女，（徐乾爹原配張女士生有二子，長子阿歡隨祖父居住，次子夭折），見了我大爲欣賞，我們達到上海之當日，便收爲義女，疼愛非常，過了不久，又認了一位義父，他就是徐乾爹去世以後在烟榻旁陪伴乾娘後半生的翁瑞午。

我和母親初次寄寓徐乾爹家時，他們住在環龍路一條弄堂的末一家，房子是當時算很摩登一樓一底三層樓的洋房。這個家究竟算是徐家還是陸家，我一直也沒弄明白。因爲陸家的老太爺老太太也都住在那兒，而佣人稱徐乾爹爲姑爺，稱陸乾娘爲小姐，想來是陸家了。那時乾娘常常犯病，一病就暈過去，或是大叫大嚷，見神見鬼，現在想起來大約是神經衰弱。記得他家有個車夫叫老何，高高的個子，常陪我玩，還帶我去隔壁名伶王芸芳家去玩，其實那時我既不懂什麼是名伶，也不知道誰是王芸芳。但聽老何那樣鄭重其

志摩日記　149

四月十四日

下午去龍華看桃花，到塔前爲止，看不到半樹桃花，廢然返車。（桃花在新龍華。）入半淞園撮景，風沙塗面，半不像人。

母親今晚到，寓範園。

琬子常嚷頭疼，昨去看醫，說先天帶來的病，不即治且不治。淑筠今日又帶去中醫處，話說更凶，孩子們是不可太聰慧了。

曼說她妹子慧絕美絕，她自己只是個癡孩子。（曼昨晚又發跳病癢病，口說大臉的四金剛來也！眞是孩子！）

案上插了一枝花便不寂寞。最宜人是月移花影上窗紗。

「志摩日記」中有關本文作者的一頁

事地告訴我，也覺得興奮緊張，（後來倒是聽了王芸芳很多次戲，記得最後一次是七七事變後，在天津中國戲院聽他和蓋叫天的「武松殺嫂」。）這次住了沒有多久，就被父親接走了，大約是去南京。不過在我的印象中，這一段是空白的，一點兒也想不起來了。

徐志摩陸小曼的結婚照片，攝於北平北海公園，時在民國十五年十月三日

不久又重到上海，二次住在陸家。那時他們已搬到福煦路四明村居住，那是一所上海老式石庫門洋房，樓下當中是叫名客堂間，陳設很簡單，好像當中設擺佛堂，可是從來也沒有客人到這間屋子來坐，邊上那間統廂房是陸老太爺的房間。那時乾娘不過廿多歲，他父親最多也不過五十多歲，但在我的印象中，好像他有一百多歲似的，他從來不出房門，也不和大家一同吃飯，聽說他有糖尿病，只記得他是一個胖子，我總覺得他很神秘。有時和他家丫頭在客堂間滾銅板玩，聽見他的咳嗽聲，就趕快悄悄走開。

二樓亭子間是陸老太太的房間，她又是母親的義母，我叫她陸家外婆。上海一般房子亭子間只有一間，而他家亭子間是裏外兩間。我們借住外面一間，一張大銅床，掛着石榴紅的薄綢帳子。陸外婆住在裏面一間，記得最清楚的是她房間牆角孤另另一隻抽水馬桶，四邊又無屏擋，非常奇怪，半生中還沒有再看過第二家有這種設備。陸外婆是一個瘦瘦小小的老太太；陸外婆那時不過五十多歲，從前好像人都老得很早，花白頭髮剪得短短的。據說她年輕時是以脚小出名的，眞正是金蓮三寸，但我們見到她時，已經是「改組派」了。

陸乾娘住在二樓的統廂房前一間，後面一個小間是她私人吸烟間，只有一張烟榻，二樓客堂間才是眞正的客堂，也有一張烟榻，供客人使用，中間一張大八仙桌，是吃飯的地方，但只限吃晚飯，乾娘從不吃中飯的，我們和陸外婆單吃。

三樓亭子間是徐乾爹的書房，也是他不在家時我最好的去處，窗外一棵法國梧桐，把屋子映得綠蔭蔭的，房中有厚厚的地毯，美麗的椅墊，有當時名女人俞珊的舞衣，有陸家外婆年輕時穿的三寸紅綉花鞋，還有很多徐乾爹留歐時用的書籍和紀念品，秋香色洒金的糊牆紙，四週釘着蝴蝶標本。牆上掛着一張俞珊的照片，穿着舞衣，描眉畫眼，一腿跪在地上，手中托了一個盤子，盤中一個人頭，當時又想看又怕看，徐乾爹說是什麼「沙洛美」的劇照。乾娘不到下午六點不會起床，如果徐乾爹不在家，我總是躲在這間房裏看小人書，要不然就是偷偷地爬上椅子，把架上的舞衣拿下來穿着玩，被母親看到總要罵一頓。總而言之，這間房中的一切都是我心目中所謂的「洋派」；我在美國一住廿年，只覺得這個國家一點也不「洋派」，有些中西部家庭主婦才土氣呢，反不及北平的「歐美同學會」、上海的「法國俱樂部」洋派呢，只有在巴黎和倫敦還可以找回一點這種「洋派」的回憶。

乾娘房間裏總是陰沉沉地垂着深色的窗簾，連樓上的客堂間和小吸烟間也是如此。她是以夜爲晝的人，不到下午五、六點鐘不起，不到天亮不睡。每天到上燈以後才覺得房子裏有了生氣。我雖是一個孩子，可是很習慣這種生活方式，平生最恨早起，最喜遲眠，不論是上學或是上班，早上起床眞是痛苦萬分，一天都是暈暈忽忽的，可是一到了晚上十點以後，却是精神抖擻，絕對不肯早睡，這種習慣大概就是那個時候養成的，再也改不過來了。

乾娘家用了許多佣人，除了車夫老何外，只記得幾個丫頭，有沒有老媽子却無印象。伺候乾娘的貼身丫頭叫荷珍，是個白白胖胖很福相的女孩子，又和氣又能幹，乾娘的事，她料理得非常週到，那時大約有十七、八歲，她事多很少哄我玩，記得她說的很好一口京片子，聽說後來嫁得不錯。伺候陸家外婆的是巧珍，是一個很乾很瘦的姑娘，看上去很老氣。樓下伺候陸老太爺的是桂珍，大約她的工作比較清閒，所以陪我玩的時候較多。還有一個老佣人，叫王阿毛，好像是一個幫會人物，非常忠心，後來我們離開陸家，他索性辭了陸家，跟了我們到我家來做事。一直就沒有再走，我小時差不多是他帶大的，給我講故事，做玩具，陪我玩，還會燒菜，他總是叫我「淘氣」或是「小蘑菇」——因爲我是夠頑皮的，直到離開大陸，他還在上海替我們看守房子，現在想早已去世了。

住在陸家的時候，只盼天黑，因爲天黑了乾娘才起來，此時上下燈火通明，客人也開始來訪。記得在座皆屬一時俊彥，如胡適、江小鶼、邵洵美、沈從文、張歆海夫婦、陳定山伉儷、及錢瘦鐵等位老伯伯母。（還有很多客人，我却不大記得了）。我雖是一個小孩子，但最愛坐在烟榻前的小板凳上，聽大家聊天，也從不打盹，（幸虧母親不大洋派，若非八點上床不可，豈不大煞風景），當時這些知名學者的談話，自然不能全懂，不過另外還有一件值得我留戀遲睡的理由，就是烟榻上那些零食，乾鮮果品，甜鹹點心，應有盡有。我是在座唯一的小孩，自然有權利多吃些。至今念念不忘的是他家自製的甜花生醬，別有風味，不像美國市上賣的這種不甜不鹹機器磨的花生醬。有時很想試着仿製一下，可是美國生活緊張之餘，再也提不起精神做這種細膩有致的事了。

吃飯總是在樓上客堂間吃，一張大紅木八仙桌，老是擠得滿滿的，陸家外婆吃素，好像單吃他家娘姨燒得一手好上海菜，乾娘有胃氣疼的老毛病，所以養成一隻腿踏在椅子上，抱膝吃飯的習慣。這當然不是一種好習慣，也顯得沒有禮貌，但是乾娘嬌怯怯的好像西子捧心，別有一種風韻。

一次乾娘給我買了一隻紅色氣球，一不小心，從亭子間的窗子裏飛上天去，跪在窗前椅子上爲之悵然良久。現在每每見到小孩子手中氣球飛去，深深地瞭解那孩子的心裏有多麼難過。兒時的事在我的回憶中，就像亂了次序的幻燈片，一張一張的放映出來，毫無聯貫，可是有的清淅，有的模糊，不知爲什麼那隻紅色氣球，雖然沒有一個故事陪襯，却很突出地時時在我的腦海中經過。

還有一次鬧了一個大笑話。一天有人談起觸電的危險，我便記在心頭。晚上在乾娘小吸烟間門口，忽然覺得腿麻了一下，正巧房中有一隻電爐，我便大嚷觸電了！大家一聽，全嚇慌了，七手八脚把我拖到陸外婆房中，放在一張桌子上，有人說銅可以解電（不知是那國的物理學），陸家外婆打碎了一隻撲滿，找出許多大銅板，堆在我的腿上，我嚇得大哭不止，後來總算來了一個稍具科學知識的，見我好好地活在那裏大哭大叫，才告訴大家不必驚慌，根本沒有觸電，不過是一場虛驚。我雖年幼，但極好面子，也覺得這種無事生非非常窘迫，這種窘迫的感覺也是至今難忘。

陸外婆信佛，常常去老西門壇上去扶乩，母親也常帶我去。（母親一生不信任何宗教，但是爲了我多病，什麼都得試試），一去便是一日，只見兩個人拿隻丁字筆大書特書，旁邊一個人專管抄寫，我心中最佩服這個人，那麼亂七八糟的，寫得又快，他怎麼認得呢？記得一次時近午夜，我已沉沉欲睡，（聽乾娘和他的客人聊天，可以不睡，但老太太念經却有催眠妙用）。忽然有人說觀音菩薩下降，快來迎接，我也被母親强着跪在院子裏，過了半天，忍不住偷偷看了一眼，大約我是肉眼凡胎，什麼也沒有看見，只不明白那些人怎麼知道觀音下凡呢？我雖未俱慧根，壇上還賜了一個名靜蓮。有一次，我生病，陸外婆還求來仙水給我喝，據說什麼病全治；可是神仙有時也作掃興的事，有回陸乾娘登台票戲，劇目是「玉堂春」，徐乾爹飾紅袍，江小鶼飾藍袍，翁瑞午演王金龍，我正滿懷興奮準備看這塲好戲，却被神仙一語打消。據說壇上扶乩，算出我那日命中有災難，不可出門，母親雖不信教，但事關我的安全，不要說是神仙降壇，便是白蓮教的話，她也會相信。於是我便失去這一生中唯一看乾娘演戲的機會，深以爲憾。據說那一天以徐乾爹最差，坐在那裏，總把兩隻靴子伸到桌幃外面。我從不知道徐乾爹會唱戲，想來也是湊趣，要使乾娘高興而已。

有人說陸小曼實在算不得美人，年輕時清清瘦瘦，中年牙齒掉了也不去鑲，十分憔悴。但是在記憶中，乾娘是我這半生見過的女人中最美的一個。當然，她如果生在現在，絕對沒有資格參加選美。人不夠高，身裁瘦弱，自然談不上什麼三圍，但她却別俱一種林下風致，淡雅靈秀，若以花草擬之，便是空谷幽蘭，正是一位絕世詩人心目中的絕世佳人。她是一張瓜子臉，秀秀氣氣的五官中，以一雙眼睛最美，並不大，但是笑起來彎彎的，是上海人所謂的「花描」，一口清脆的北平話畧帶一點南方話的溫柔。她從不刻意修飾，更不搔首弄姿。平日家居衣飾固然淡雅，便是出門也是十分隨便。她的頭髮沒有用火剪燙得亂七八糟，只是短短的直直的，像女學生一樣，隨意梳在耳後。出門前，我最愛坐在她房裏看她梳妝，她很少用化妝品，但她皮膚瑩白，只稍稍撲一點粉，便覺光艷照人。衣服總以素色居多，，一雙平底便鞋，一件毛背心，這便是名著一時、多少人傾倒的陸小曼。她一舉一動，一顰一笑，都別具風韻，說出話來又聰明又好聽，到現在爲止還沒有再見到一個女人有乾娘的風情才調。抽大烟在現代人看來當然是很腐敗的事，但兒時看乾娘躺在烟榻上聊天打烟泡，只覺得是很自然的事。據說她年紀青青吸上鴉片是起於治病，眞可惜她一生便這樣窩窩囊囊的斷送在烟榻上了。

對於徐乾爹，我認識的就不太清楚了，因爲他在家的時候很少。（大約那時他正在北大任教不常回家），只記得他是一位白面書生，帶付黑邊眼鏡，下巴長長有一點凸出，人很和氣，不太高談濶論，很安靜的。當他在家時好像也不太適合家中那種日夜顚倒的生活，有時他起早了，想早一點吃飯，叫佣人，佣人總說：「小姐沒有起來，等她起來一塊兒吃罷」。他性情很好，很少發脾氣，平時乾娘吸烟，他又不吸烟，天亮才睡，只有窩在乾娘背後打盹。這個家好像是乾娘的家，而他只是一位不太重要的客人。

那時我雖是小孩子，也感到徐乾爹對乾娘極好，等到長大以後，讀了他的詩，更瞭解他愛乾娘有多麼深。他是一位單純理想主義的詩人，爲了乾娘犧牲得那樣澈底。看他們兩人的文章，眞覺得是情深如海，生生世世。可惜人生不像小說電影，在最美滿時結束，使人深信此後必是海枯石爛，此情不渝。可是徐乾爹跟乾娘婚後一切並不如理想。乾娘體弱，身體被慢性疾病折磨着，心靈又受鴉片的腐蝕，她變得嬌慵懶惰，沒有一點進步。（徐乾爹是一位有名的學者，而乾娘日常的讀物竟是馬路邊攤頭上租來的小人書，我便時時分享乾娘的連環圖畫，倒養成我這一生中看書的嗜好），她再不是徐乾爹心目中有靈性的女人。她對徐乾爹似乎也漸漸不再關懷，徐乾爹出遠門時，她既不幫同整理行裝，也不送他動身，現在想來那時乾娘只是一個被父母寵壞了不成熟的大孩子而已。

翁瑞午之加入他們生活中，也是由於乾娘的病，他是一位推拿醫生，乾娘多病，常請他來診治。他和乾娘的嗜好也許更相同一點，他們都抽大烟，都是日夜顚倒，又都會唱京戲，拍崑曲。翁乾爹更是精明仔細，善體人意，在乾娘身上處處留心體貼。我對他反比對徐乾爹認識得更清楚一點，一來他在陸家的時候好像比徐乾爹在家的時候多，差不多天天報到，二來他比徐乾爹更會哄孩子。記得他是個瘦長臉，白白的，總是穿長袍，黑緞鞋，北方話還說得不錯，人很活絡也很風趣。現在想想這個人也算多情，他對乾娘眞是照刻意經心，無微不至。徐乾爹去世後，他更是照應她，供養她。後來乾娘烟癮越來越大，人更憔悴枯槁，而翁乾爹又是有妻有子的人，她給他的負担重，而他却能犧牲一切，至死不渝。細想若無翁瑞午，乾娘一個人根本無法活下去，這種情感求諸今日，只怕不可多得了！

前面提過兒時生活十分寂寞，而在乾娘家住的幾個月，却好像上天垂憐，特地用彩筆塗上一片彩色。乾娘家的生活眞是多彩多姿，對我這剛由北平到十里洋場的小土包子，眞如演了一場「阿麗絲漫游奇境記」。

徐乾爹只有一子——就是前面提到的阿歡，沒有女兒。乾娘體弱也難生育，所以特別喜歡認乾女兒，在我之前還認過一對唱京戲的小姊妹，姐姐唱生，妹妹唱旦，還記得在杭州西湖博覽會曾看過她們姊妹演的「寶蟾送酒」。後來，妹妹入了電影界，便是當年海上有名的紅星——現在是王引夫人的袁美雲，姐姐袁漢雲則不知所終。他們還有一個乾女兒，也是上海坤伶叫小蘭芬（不是北平奎德社唱老生的那個小蘭芬），打泡第一天，乾娘帶我們去捧場。記得她唱的是「二本虹霓關」的丫環，一出場就摔了一交，以後便紅不起來了。

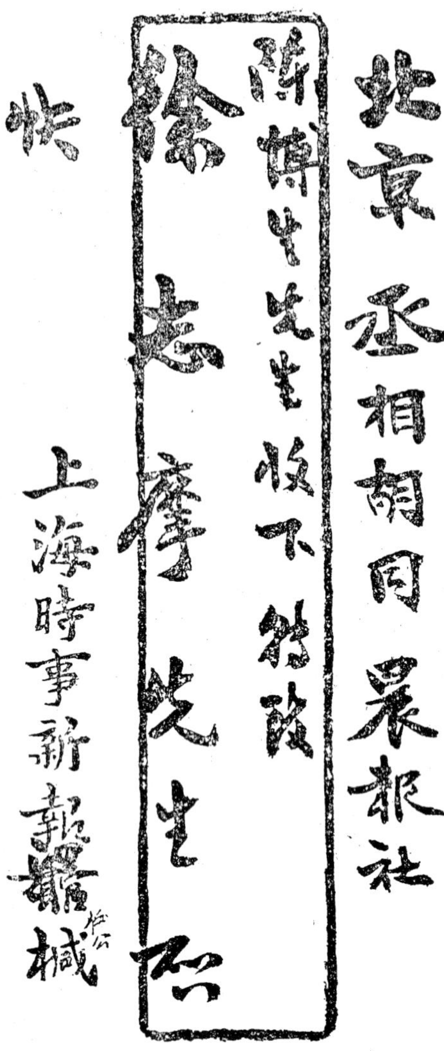

梁啟超致函徐志摩討論徐陸婚事的信函

乾娘愛看京戲，常帶大家去看大舞台和共舞台的連環本戲，什麼「封神榜」、「西遊記」、「彭公案」眞看了不少。記得初次看本戲，換佈景時，突然全塲燈光關滅，一片漆黑，三樓觀衆又吵又吹口哨，差一點嚇得哭了出來。一霎時燈光又亮，而台上完全變成另番景色，令人看得目瞪口張，（總覺得美國舞台換佈景的速度比上海差遠了），還記得「封神榜」中小楊月樓的妲己，出浴一塲，扮成裸體女人，毛韻珂的「彭公案」，紗帽上裝小電燈，眞是新奇之至！至今最懷念的，並不是梅蘭芳、馬連良那些京朝派，而是這種連台本戲。還有一次，程硯秋來滬，乾娘知道我不可能瞭解程派的深奧，便沒帶我去，母親答應她也不去在家陪我。等我一覺醒來，發現母親竟不守諾言和乾娘去看戲。我自小便重然諾，最恨人言而無信，一怒之下大哭不止，荷珍她們哄了半天也哄不好。後來用氈子裹了我，坐在門口他家汽車裏等，記得我跪在車後座上看玻璃窗外面，是冬天正在下雪，馬路上白茫茫一片，人跡全無，偶然馳過一輛汽車，看看不是母親又傷心不已。後事如何？想是倦極而眠，不了了之。

徐乾爹寫過一齣話劇叫「卞崑岡」，好像是寫一個大眼睛男孩子的故事，預備上演，見我眼睛大胆子又大，能說善道，口齒靈俐，便想叫我飾演這個男孩子。我自小對舞台就極感興趣，所以欣然應允，後來開始排練時，母親却反對，她說：「琬子雖然不怕羞，但是倒底只是一個五歲大的孩子，如果臨時不肯出塲，你們票也賣了，觀衆也來了，可怎麽辦呢？」母親一句話便扼殺了我正要萌芽的戲劇生命。不過從那時起，我第一志願便是作一個演員，這個願望在我心上撒下了種子，由於家庭反對，儘管開不出花來，想要澈底剷除却也不易，只好瞞着父親，作一個「票友」過過戲癮。

那年冬天是我第一次聽見「聖誕節」這個名

詞，那時大華飯店還沒有拆除，（後來改建爲美琪戲院），乾娘訂了許多座位，約朋友共渡聖誕，我那時只有一套出客的衣服，是一套暗紅色絨衣褲，（到現在我還恨這種紅色）。但因我一向沒去過什麽大場面，對這套衣服也不滿意。後來發現同去的還有一個小男孩，比我大一點，因爲剛在朋友婚禮中捧過戒指，所以有一套明藍絲絨白緞領子的新衣服，漂亮的不得了，相形之下，深覺自己那套衣服陳舊不堪。便向母親吵着要做一套新衣服，母親堅持不肯。（想來那時家中經濟情形欠佳，不然何以父親把我們寄在朋友家呢？）我是寧可不去，也不肯穿這套舊衣服了，鬧了半日，還是乾娘給作了一套黃緞子沿花邊的衣褲。那夜是我第一次去夜總會，第一次看到聖誕樹和無數玩具，更是第一次看見那麽多黃髮碧眼的紳士淑女。那彩色燈光，彩色氣球，亂哄哄的人聲笑語，對一個孩子眞像一個彩色的幻夢，我又特別有人緣，許多外國老太太爭着把玩具給我，氣球在頭上飄來飄去，好不容易搶到一個，隔座一個洋婆子吃醉了，把我的氣球用香烟燒破，我正要發作，翁乾爹說：「別哭！我給你出氣！」等那位太太去跳舞時，他把蛋糕上的奶油塗了許多在她留在椅背上的白色西班牙綉花披肩上，那時我只覺得翁乾爹行俠仗義，令人可佩，徐乾爹大約也在座，不過他人很沉靜，常常容易被人遺忘了。生平足跡半天下，去過許多不同國家的夜總會，但好像沒有一個地方，比得上大華飯店的堂皇富麗，更沒有一個聖誕夜，像這晚玩得那樣開心了。

那年正趕上杭州的西湖博覽會，乾娘和翁乾爹帶我們去逛西湖，我初次領略到湖山秀麗，高興萬分。只是坐轎子的時候，最怕和父親或母親同坐，父親嚴厲，總是管頭管脚；母親沈靜，一向不苟言笑，我性子不好又頑皮得緊，最願意和乾娘或翁乾爹同坐轎子，一路指點烟嵐，講述古跡，好不有趣。一次在樓外樓吃飯，飯罷父親捫腹說：「今日眞是酒足飯飽。」我立時說：「酒足飯飽，祝爸爸媽媽白頭到老」。大家皆讚我穎慧可喜，一個五歲的孩子說得合轍押韻也就算不易。

一次，乾娘帶我們去拍戲裝照片，她和母親合照了一張「汾河灣」，還給我扮上，照了一張「游龍戲鳳」，居然像模像樣。江小鶼看了喜歡，拿去製版登在一張畫報上，說是小票友，出了個小小風頭，其實我是一句也不會唱。一直到八歲，在漢口，向父親苦苦哀求之下，才找了一位任職平漢鐵路的程派名票施君，教了一齣「玉堂春」，不過是絕對不許登台，那時漢口梅蘭芳南鐵生也常來我家玩，我總是覺得他忸忸怩怩的，非常有趣。

乾娘眞是會玩，還帶我們去著名的一百八十一號賭場，那是一所私人大花園洋房，樓上下佈置華麗，燈火通明，客人們全是當時社交場合中有名氣的人物。我對賭當然一點也不懂。只記得客人可以隨意點東西吃，不必付錢，乾娘給我點了個罐頭桃子，（現在才知道是美國市場上最便宜的水果罐頭），那是我第一次吃那樣的桃子，覺得好吃得很。後來長大了以後，逛澳門、蒙地卡洛，或里斯本的賭場時，對賭還是一點也不懂，但是總是想起乾娘或罐頭桃子。

最可笑的一次是乾娘夫婦跟翁乾爹等帶了我們母女去了一處所在，那是一所很舊很暗的石庫門房子，天井中停了包車，客堂間各種菊花堆積如山，有很多高高矮矮的姑娘出來招待，好像還吃了一頓酒席，問母親這是什麽地方？這些姑娘是幹什麽的？母親瞪了我一眼說：「小孩子，少問！」問乾娘他們，却又都笑而不答。直到讀了朱子家先生所寫的「春江花月夜」，才知道那是么二堂子一年一度的菊花大會，任何人全可以去擺酒請客，想是乾娘好奇，所以去看看，但是帶五歲的孩子逛堂子，也算得很荒唐的事了。父親一定在南京，不知道這回事，否則非和乾娘大吵不可了。

乾娘帶我們去麗娃麗達村去划船，那一灣溪水，幾樹垂楊，至今猶在念中，不知爲什麽後來就關閉了。乾娘也喜歡吃「大菜」，當然老帶着我，新利查、大西洋、一品香等處，對我眞可算是開洋暈了。

乾爹送給母親兩件由巴黎帶回的衣料，一件是翠藍絲絨，母親做了旗袍，一件是金紗上織黑

徐志摩速寫　常玉畫　王濟遠題

紅花的，我看了非常喜歡，一再要求母親留給我，等我長大了穿，到了十八歲那年聖誕節，做了件長旗袍去國際飯店穿。這些年幾番遷播，不知丟了多少珍貴的東西，而這件金紗旗袍却仍藏在箱底中，金色一點兒也沒有變，後來幾次到巴黎，刻意留心，可是再也找不到這類的好料子了。

徐乾爹那時和乾娘的情感已頻破裂邊緣，他當時雖在北大任教，但乾娘却拒絕回平居住，乾爹只好兩地奔波，教授的薪水菲薄，爲了省錢，常搭遞送郵件的便機，（那時飛機旅行還是很不平常的事）。最後一次是在南京上飛機，行前一夜還住在父親南京的寓所，冥冥中好像知道要永訣了，和父親聯席共話，終宵未停，次日淸早還同父親一起吃過早點才上飛機，不幸在山東黨家莊，觸山遇難，享年卅六歲，一代才人，竟不永壽。棺木運回南京，父親撫棺頓足大痛，父親雖祖籍諸曁，却是在海寧硤石鎮生長，和徐乾爹不但是好友而又同學，二人友誼深厚，遠勝手足。父親總以爲如果乾娘不留戀上海，搬回北平，徐乾爹便不會遇難，所以一直不能原諒乾娘，而兩家也就等於斷絕往來。七七事變以後，我們再度由平遷滬，但因父親在內地，母親多病，所以抗戰八年，我們深居簡出，和乾娘毫無往來，有時坐三輪車經過四明村前，從前陸家外婆居住的兩間亭子間，下面已改爲烟紙店，聽說陸家老太爺老太太相繼下世，乾娘也早已搬家了，但是看到了四明村那一排排的法國梧桐，想到在他家住的幾個月，想到乾娘，想到徐乾爹，總爲之悵然良久。

本文作者何靈琰女士攝於紐約寓所

乾爹和乾娘的婚姻，一直未得到徐家承認，比如徐老太太去世時，我們全隨乾爹回硤石去祭奠，而乾娘却未同行。勝利後，父親也常帶我們去範園徐老太爺處拜候，在徐家我們也常見到乾爹原配張女士。（那時徐乾爹之獨子－義兄績楷夫婦已赴美留學）。她在徐家仍是少奶奶地位，記得頭一次見到，不知道該怎麼稱呼，還是徐老太爺說：「你叫鈖伯吧」！她和乾娘是絕對不同典型的女人，鈖伯生得明爽俐落，爲人精明能幹，是家庭中之賢內助，事業上的好幫手，如以畫擬之，鈖伯是工筆，乾娘便是寫意了。若干年後，我到了香港居住，又碰見鈖伯了，她一個人帶了一個德國保姆和三個孫女一個孫子住在香港，由於我們有許多共同的朋友，我無形中提高了一輩，成了忘年交，稱呼也由鈖伯改爲鈖姑。（這是她的名字，并非是姑母的意思），我對她也更進一步的瞭解。

勝利後，我一再向父親要求重見乾娘一次，（父親對翁乾爹是絕對不願再見了），那時她已徐娘年紀，容顏憔悴，但仍存幾分當年風韻，而言談雋永，舉止自然，依舊使我傾倒，那時她總算是成熟了，又從名畫家賀天健學畫，她送了我一幅山水，記得是梅花千樹紅樓一角，可惜沒有帶出來。

雖然父親不肯再見翁乾爹，我却在一次堂會中無心遇到了，那天有一齣「御碑亭」，陳定公的德祿，陳夫人的王有道，好像是名票王準臣的女兒王蕙蘅的孟月華，而小生柳生春就是我極想再一見的翁瑞午，他比乾娘老得更快，更憔悴，形態枯槁，烟容滿面，那裏還像當年的蘊藉瀟洒了。

兒時在乾娘家幾個月的多采多姿的生活，不但記得淸楚，而且對我這一生的性情有極大的影响，我家父母兄弟姊妹中沒有人喜好藝術，而只有我一人偏愛詩、畫、戲劇，對文學之愛好更是與日俱增。只要一卷在手，便覺心曠神怡。學畫也是由於在乾娘家識得凌叔華女士，又由她介紹一位寶小姐給我開蒙。以後又先後從沈劍知、王季遷、徐邦達、張大千諸名家，執弟子禮。詩詞係由錢鍾書、趙叔雍兩位指正，戲則學自梅派名家魏蓮芳。雖然証明了名師未必出高徒，至今仍是一事無成，但在乾娘家那幾個月的生活，的確，對我一生性情習好有很大的影响。

兒時更有一個願望，就是長大了做一個「沙龍」的女主人。因爲那時對乾娘家來往的客人太羨慕了，後來雖也有機會再見到當年乾娘家中座上客，只是已不復有初創「新月社」那樣的干雲豪氣了。時代變了，在這個動盪的大時代中，爲了求生活，往往不由自主地變得太實際。求諸今日少年人中，不敢說絕對沒有，但欲找一個像徐乾爹這樣眞、善、美的人，恐怕很難了。

徐乾爹遇難已四十年了，乾娘和翁乾爹也早就不在人世，胡適伯伯已歸道山，便是我最敬愛的父親也去世十年了。不知這些老友，泉下重逢，是何光景？

正是日有所思，夜有所夢，居然夢見了徐乾爹。彷彿是在硤石，月光中，石橋下，有一小舟，徐乾爹一人獨立船頭。他依舊是一襲長衫，翩翩風度。我在夢中口占一絕曰：「緩緩吳江水，東流細細愁，雲開新月冷，偶繫詩人舟」。

記冒鶴亭

高伯雨

三百多年前，滿清統治了中國，當時有很多舊官僚，因爲要保持富貴，紛紛投降，但亦有很多人閉門不出，甘作遺老。過了二十多年，清朝的江山大定，形勢不同，有些遺老覺得這樣守下去不是辦法，難道白白餓死嗎？於是只好不談清高，不講氣節，出來應科舉考試，希望得到一官半職，解決生活。當時有人嘲這批遺老的詩云：

聖朝特旨試賢良，一隊夷齊下首陽。
家裡安排新雀帽，腹中打點舊文章。
當年深自慚周粟；今日翻思食國糧。
非是一朝忽改節，西山薇蕨吃精光。

這首詩極盡諷刺能事，幽默上乘之作也。後來有「遺老出山」一語，就是這個典故。

辛亥革命後，中華民族推翻了異族統治，但還有不少人懷念清朝，甘心做它的忠貞之士，對民國非常痛恨，便立心做遺老。但過了一些日子，覺得這樣拖下去，實在捱不住了，就表示要出山，賺些周粟來養妻活兒。例如大詩人樊樊山，他在上海做了一年多遺老，不得不入京做起袁世凱的參政，又怕人笑他失節，作詩表白心意，有句云：「對酒益知談藝好，出山思補在家貧」，聊以自嘲。

另一個詩人冒鶴亭，在宣統三年，不過是一個不大不小的京官，辛亥後，也躲在北京學人充遺老，和其他遺老組織詩社，自鳴清高。無如家非富有，不到半年，生活便發生問題，於是走袁寒雲門路，民國元年（西曆一九一二年）十二月，財政部發表他做甌海關監督（在浙江溫州），雖非特別肥缺，但以資生活是不成問題的。（鶴亭名廣生，江蘇如皋人，冒辟疆之後。他的祖父輩皆在廣東做官，他也生在廣東，故名廣生，與廣東人特別有感情，語言習慣，亦多與廣府人相似。）

這個好消息却給冒鶴亭帶來一則以喜，一則以懼的矛盾心情。怕一班同志笑他失節。只好靜悄悄地不讓朋友知道，趁火車出京，前往履新，怎知遺老們消息靈通，紛紛到車站送行，這班遺老一見了這位新任海關監督，就大叫：「我們來送遺老出山了！」冒鶴亭爲之大窘，連連作揖道：「不敢當！不敢當！諸公留步！」

事後，冒鶴亭作了幾首七絕來解釋他出山的原因，希望獲得遺老們的諒解，我只記得其中一首云：

文章那有黃金買，時輩多將白眼看。
餓死應知俄頃事，一身容易一家難。

詩雖然不是上乘作品，但也可謂有藉口了。海關監督是優差，冒鶴亭既然做了官，就要在精神和意志上爲國家服務了，但他的遺老思想仍然未能扔掉，於是便以吳梅村自況，表示自己并非不想守節，實在是和吳梅村一樣被逼出山。其實當時的政府並未用强力來威逼那批遺老出來做事，與元朝逼趙子昂、清朝逼吳梅村完全不同。冒鶴亭以吳梅村自居，似乎比擬不當。現在試舉一事，以證我言。

遺老葉昌熾「緣督廬日記」，癸丑三月廿九日（一九一三年、民國二年五月五日）記云：

佩鶴携其孫同來，葵福之子也，年十八矣。又爲如皋冒鶴亭孝廉（廣生）轉示隆裕太后輓詞五言排律一首，出都重有感四首，謁墓一首，皆七律。冒君爲嵩叔雍之壻，今在甌海關司榷，非其志也。夙未謀面，遠道貽詩，以梅村自況，有云：「誤盡平生負盡恩，半文不值復何言」，又云「總爲巢由母尚存。」語雖未工，其志亦可悲也。

說來亦復可憐，冒鶴亭一面做民國的官，拿高薪養活一家子，而一方面又自責負君恩，愧對遺老，其所以如此者，則因有老母在堂，不得不做吳梅村，領新朝的俸祿來奉巢由之母了，其思想之矛盾，的確可笑。（與樊山齊名的詩人易順鼎，也是做了短期遺老，亦經袁寒雲推轂，做了局長級的大官，他的詩也有「秦洞有花招晉客，周家無粟養殷頑」等句。）

冒鶴亭的官做了七八年，後來又失業了，從此以名士詩人的姿態，在舊文壇中享盛名者三十餘年。一九四五年後，日閥投降，張繼在南京創設「國史館」，聘他做纂修，於是他又做起官來。（詩人陳石遺，他的年輩比冒鶴亭稍高，清亡後，他的詩文中絕無遺老及正統觀念的思想，這樣明理的人，是值得的欽佩的。）

一九五九年八月十日，冒鶴亭在上海福煦路模範邨寓所逝世，自一九五〇年後，他任上海市文物保管委員會顧問、文史館館員，死前數年，經常有病，一九五九年春初，一度病危，入醫院治療，靜養數月已完全好了，便囘家休養，我以爲他經過此病後，可以安然度過九十歲，不意其俄然而逝也。冒鶴亭有兒子在香港，熱心於基督教，亦有其他親友，故有人於是年九月廿六日舉行追思禮拜，有兩家報紙登載新聞一段，可作參考，節錄如左：

××學院教授之尊翁，遜清甲午舉人、刑部郎中、三品京堂鶴亭老詩人，于本年七夕午時逝世滬寓，享壽八十有七，安葬蘇州靈岩。××及留港友好等，以冒翁爲一代詩宗，四方景仰，文星忽隕，薄海同悲，論身世德同

梅村，溯風格遠追山谷。哲人其萎，古殿忽失靈光；遺芬永存，名園猶思水繪。特訂於一九五九年九月廿七日（星期日）下午五時正，假香港北角英皇道浸信會，隆重舉行追思禮拜。

冒鶴亭早年在廣州跟葉恭綽的祖父衍蘭讀書，與潘蘭史、姚伯懷同學，後來又執贄於桐城派古文大家吳汝綸門下。他很小年紀就回故鄉如皋應童子試，歷縣、府、院三試，皆第一名，於是補博士弟子員（俗稱中秀才，他三試皆第一名，俗稱小三元，很難得的），光緒二十年甲午科鄉試中式，時年廿一歲。他的韻文做得很好，未到二十歲，就以詩文馳名國中，一班詩人都很樂意同他唱和。他的學問雖好，但只是一個舉人，並沒有考取進士，所以他認爲有點美中不足。他在清朝最後的官職是農工商部郎中（並非刑部郎中，其時刑部早於光緒三十二年改爲法部了）。

冒鶴亭的母親是河南省祥符縣人周星詒（字季眖，工詩文、目錄等學）的女兒，廿六歲就守寡，分家時得二百六十兩，那時候星詒的哥哥星譽（字叔昀，咸豐翰林）正在廣東做鹽運使，周夫人帶了冒鶴亭及其妹到廣州，依大伯父爲活。鶴亭時年六歲，他的妹妹四歲，她就是後來吳用威的夫人。（吳字董卿，杭縣人）

周星譽因憐姪女孤苦，特撥出數百兩銀子給她，湊足一千之數，存在銀號生息，以爲日用之資，光緒十年，兩廣總督張之洞在年終密考時，說周星譽年老辦事胡塗，勒令退休，不久也死了。冒鶴亭一生受外家的影响最大，他的外祖藏書極多，晚年在福建做官失明，把全部書籍五萬卷贈給他，後來在上海家中，因失火盡毁，鶴亭早年的學問，多靠這批書獲得，一旦失去先人遺物，自然非常悲痛。七八十年前的讀書人，能夠多讀未見書的很少，因爲那時候只有少數富貴人家喜歡收藏書籍，而又非寒士所能借讀，冒鶴亭有了這幾萬卷書，學問日進，未到三十歲已是一個以詩文馳名大江南北的人了。他在文壇上活動了七十年，所作的詩詞不下六七千首，又把早年的詩文刻爲「小三吾亭集」數十卷。他的著作極多，牽涉面很大，是個多才多藝的文士，對於經史子集都下過許多苦工去鑽研，據我所知他寫成的書有很多都未曾出版，關於史部的有「蒙古源流年表」（馬叙倫先生曾對我說，冒鶴亭的祖先是蒙古色目人）、「唐書吐蕃傳世系表」，又有管子、韓非子校注、「疚齋論詞」等數十種，我手邊又有他手校的「隨園詩話」、「陳后山詩箋注」（這兩種都是三十多年前商務印書館出版的）。他又喜歡輯印，就輯印了不少（因爲他的岳丈是光緒十六年庚寅科傳臚，授職編修的黃紹策，瑞安人，故冒翁對温州具有感情，因此築温語樓，又自號甌隱）。他出版一部「如皋冒氏叢書」，其中大部分是他的先人作品和他的作品，小部分是外姓的作品，都是他從光緒年間到民國十一二年所輯的。其中有「五周先生集」七卷，附他所作的「外家紀聞」一卷。五周先生者，就是他的外祖周星詒一家的人，這部叢書的內容極豐富，冒辟疆的作品就有很多種。

冒鶴亭在清朝的官不算大，只不過是五品的郎中，在科名上，也不很得意，未能到得最高的進士科，甚至連光緒癸卯的經濟特科，雖經有人推薦，但考試時也沒有取錄，後來還是以捐納得官。他在北洋政府時代做過海關監督，南京政府時代，經戴季陶照拂，做過考試院的委員。

胡漢民於九一八事變發生後，不想再在虎口討生活，忙不迭回到廣州，陳融是胡的親戚，因胡的關係，做起西南政務委員會的秘書長。陳融喜風雅，所居在小北門，名顒園，有書齋名黃梅花書屋，胡漢民亦常往觴詠。冒鶴亭在南京時，就和胡詩筒往來不絕，兩人唱和的師、期韻的詩，多至十數首。其時顒園的座上客人才甚盛，寫畫的有趙浩公、盧振寰（今在廣州），李居端（數年前死於香港），金石家有李茗柯、馮康侯，詩人則有「南園今五子」的曾希潁、余心一、熊潤桐、李吹萬、佟紹弼（五子中，曾、熊二人今居香港，餘皆先後謝世）。冒鶴亭聞此盛事，亦買舟南下，住在顒園，主人待之特優，因他喜歡聚豐園的灌湯包，主人每日派人去買來孝敬。冒翁在廣州，詩興甚濃，又在通志局任事，又被三水縣士紳請總修「三水縣志」（似乎沒有成，他就回上海了），從公之暇，想起當代詩宗陳石遺住在蘇州，何不請他來湊湊熱鬧，於是向石遺竭力慫恿，並滙旅費給他，請他到廣州小住。

石遺到廣州後，顒園又多一個詩翁了，於是便產生了一幕詩人「鬥爭」之事。曾希潁向陳冒二翁挑戰，要即席吟詩，主人出了詩題，冒翁竟然敗在後生小子手下，久久不能成句，而曾則不消半小時就寫成七律一首，石遺也爲之拜服。主人恐冒翁下不了台，連忙叫歌女來唱歌助興，作詩之事，酒罷再說。這件事曾傳遍五羊城，此是民國廿四年冬之事也。

不久後，冒翁回去上海，而胡漢民亦下世。抗日戰爭期間，汪精衛在南京組府，冒與汪也是詩友，故亦有往來。汪六十歲生日，詩翁興致勃勃，寫了一篇壽序去恭維一番。有人說詩翁宦心未泯，意欲求爲考試院副院長，汪認爲他沒有這個資格，說目前未便更動，待有缺出，當爲留意，先聘他做行政院顧問，又怕他收入不敷支出，照顧到底，派他的兒子做第一區行政督察專員，生活得以解決。

胡漢民與汪精衛一向是不睦的，胡在世時，冒鶴亭親他，胡死了，而汪一時行運，而冒又以文壽之。於是引起張叔儔作詩譏之云：

和盡師期手不停，翩然來往蔣山青。
如何雙照樓邊過，又見詩人冒鶴亭。

這首詩把冒詩人挖苦得夠了，無怪詩翁在上

海某報上見了後，爲之不怡者累日。

冒鶴亭生性慷慨，對於朋友很講交誼，尤其對詩友畫友，見有困難，無不解囊相助，遇到手頭拮据時，他就出術。例如有個詩人要印詩集，尙欠二三百元，他就向親友募捐，完成詩人的心願。有個畫家，窮得要命，拿了十多張作品請他設法，他自己也縮衣節食花二三十元買一張，又代他出力，請朋友賣，有些出二十，有些三四十等，那個畫家就渡過難關了。他有個媳婦，是冒孝魯的夫人，她的父親賀履之是北京頗有盛名的畫家（賀氏名良樸，湖北蒲蘄人，工花果，偶作山水，亦甚可觀。生清同治六年，死民國二十七年，一八六七！一九三八，年七十二歲），她的畫也寫得很好，從小就受到父親的敎導了，但冒鶴亭從不介紹媳婦的畫出賣。

冒鶴亭的詩詞有很多未經刊行，但三十年來散見於刊物者不少（他又寫過幾部雜劇，在廣州出版，由畫家趙浩公、盧振寰繪圖）。一九四五年，是他鄉舉重逢的紀念之日子，因爲他是光緒甲午科舉人，到那年的甲午是六十年了，在科舉時代叫作「重宴鹿鳴」。冒翁爲了紀念此佳辰，塡「金縷曲」一闋云：

余年八十二重宴鹿鳴，妹壻遵義周季貞，年八十一，重宴恩榮，倩潮陽鄭慕康，吳興張威公繪「春秋嘉話圖」，分存我兩家，以示後人

冒廣生

殘夢隨流水，算匆匆一周甲子，不過彈指。猶記泥金朝報到，曾博衰親顏喜，也曾博旁人稱美，暮四朝三棋局換，笑一錢不值今如此！舊時燕，巢空矣。

霓裳畫破憑誰理？數京華紛紛冠蓋，眼前餘幾？白髮蕭疏成二老，相望東南千里，寫一幅丹青遙寄。佛法本來無我相，問故吾紙上非耶是？是天寶，前朝事。

一九三五年是冒翁最後一次到廣東，他有一首詩是詠吃餃子的，詩題：「叔葆太史招同憬吾丈、南屛、師晦香梓、董卿食水餃餌，賦呈一首」。詩云：

唐詩水餃餌，大率名牢丸。北人呼作角，或濕或就乾，伍家有燕姬，伶俐過素鑾。朝來集甓廬，親手供客餐。其蒸氣烰烰，捧出官窰盤。十盤餌幾何，百三四十單。東街買豕蹢（按：此字音擲，脚也，即猪脚。），西市求鵝肝。座客五六人，狼藉無餘餐。得毋翳桑夫，致被姬笑訕。姬聞客健啖，乃至大喜歡。約客詰旦來，不惜十指殫。十指姬不惜，一詩吾寧慳。吾詩灶下解，或者破姬顏。

題中的叔葆是伍銓萃，字建榮，廣東新會人，光緒十八年壬辰翰林。憬吾是汪兆鏞，精衛的長兄，鶴亭曾跟過汪莘伯讀書，故稱之爲丈。南屛是桂坫，董卿爲吳用威字，除吳一人外，其他都是嶺南人（冒生在廣東）。詩中的人今已盡謝世，桂南屛之子師晦最後死，他是一九七一年在香港死的，亦在七十左右了。此詩完全關係廣東人，是地方掌故之最有趣味者。寫到這裏，有朋友到訪，他是熟於廣掌故的，我便問他關於冒鶴亭、陳石遺兩位大詩人在顒園交白卷一事，是眞實，還是謠傳呢？他說確有其事，今日在香港親眼見的還有熊潤桐、曾希潁二人，而且曾又是與冒挑戰的戎首。客人問我見過曾希潁戰敗冒鶴亭那首詩未？我說未見過，客人笑道：「我念給你聽，你可把這件事補寫入你的大文中，以存他日羊城詩話掌故。」以下是客人所說的話。

一日，顒園主人又有雅集，冒鶴亭倚老賣老，發言高論，旁若無人，平時又看輕廣東人的詩，常說廣東人的詩，甚少能出省門一步。這次又有此議論，曾希潁年少氣盛，就說：「我們來即席吟一首好嗎？」於是請主人命題。上次主人曾命「紅梅」爲題，希潁所作最先錄出，而冒、陳二翁撚斷髭鬚，不着一字。此次主人命題爲海珠紅棉，希潁感於當時陳濟棠爲了刮地皮，把海珠勝跡塡平，使與長隄連在一起，海珠寺前本有紅棉三株，只存其一。遂以此爲題云：

粵垣當道塡江使大隄與海珠相連，寺前木棉三株，僅存其一，遽失名勝，感而賦此。

豈爲英雄浪得名，南離正氣盪天聲。
誰敎接跡依塵土；可覺臨流失弟兄。
水石略無垂釣地；祠堂猶有讀書情。
還珠滄海知何日，望眼高樓淚欲傾。

這次冒陳兩詩翁仍然不能即席寫成一詩，從此便不敢再說廣東人詩不出「省門」一步的謬了。有些人作詩構思很慢，但有些人則可以「七步」成章，我們不能因冒鶴亭一時不能即席成詠，就說他不會做詩。

今人提及冒鶴亭，往往喜歡把他的祖先冒辟疆（襄，號巢民，爲明末四公子之首。清末流傳的董小宛入宮故事，即其侍妾也）和水繪園拉來說在一起。因爲舊時的人很看重世家，鶴亭以「世家公子」之後，多少有叨先人之餘光，故對于冒辟疆及水繪園更盡情宣傳，一來表示風雅，廣通聲氣，二來也藉祖宗聲名，抬高自已的聲價以嚇庸夫俗子。三十年前，每逢冒辟疆生日，他一定邀集詩人詞客，爲祖宗做壽，有時興到，逢三月初三上巳佳辰，乃仿清初水繪園修禊故事，也來風雅一番。五十年來，他抓住這兩個題目做了不少詩，而其他詩人也跟着唱和，登在報刊上的時有所見。

水繪園既是冒鶴亭的「世家商標」，我就不妨畧作介紹一下。原來冒辟疆是如皋的大地主，以富豪雄據一方。他在縣中蓋造了七個花園，名叫：水繪、匿峯、樸巢、深翠、菴羅、逸園、還樸。其中以水繪爲最有名。水繪築于哪一年，無可考證，舊有無名氏所作「游冒氏水繪園記」，畧知水繪是以辟疆最初所築的逸園的毗連之地開拓而成的，地點在如皋縣北門的紫霞山前。園不設墻，環以碧水，竹樹擁鬱。可知其園四面皆有水繞，而裏面則有水路，以洗缽池爲中心，貫通諸勝，于迴曲折，克盡其妙，故取名爲水繪。有水就可以觴詠了。（王揖唐贈冒鶴亭詩有「早贖名園泛羽觴」句。）

水繪園主人冒辟疆常在園中舉行修禊盛會，最有名的一次是在清康熙四年乙巳（一六六五年），詩人王漁洋正在揚州府做推官，時年三十二歲，冒辟疆五十五歲。是年二月，王漁洋有信給他說他三月會到如皋，屆時可以在洗缽池玩水了。漁洋到了後，冒即請他到水繪園修禊，著名的詩人集者有陳維崧（四十二歲）、邵潛（八十五歲）等，冒辟疆二子禾書、丹書（三十二歲、二十七歲，此二子乃正室所生），各有詩作，後來收入辟疆的「同人集」。（辟疆生于明萬歷三十九年辛亥三月十五日，死于康熙三十二年十二月初五日。）

十多年前，江蘇文化機構擬修復水繪園，以保存地方勝跡，冒鶴亭藏有舊圖一幅，雖然不是清初原物，據說也是中葉時期的人根據原圖摹寫的。文化機構就決定用他所藏的圖來重修水繪園，後來是否已修葺完成，因冒鶴亭已死，我沒法知道了。民國初年，鶴亭以歷年海關官俸所餘，又向吳用威借用現金一半，以八千元贖回此園，于是水繪復歸冒家，鶴亭以「小三吾亭」名其齋便有着落了。（水繪園中有寒碧堂、因樹樓、枕烟亭、小三吾亭諸建築。）

冒鶴亭在清末做了二十多年官，並未飛黃騰達，亦未有什麽建樹，只是浮沉郎署，以詩人名士姿態在王城中出現，一直到宣統元年（公元一九〇九年），才以一篇文章助上司一鳴驚人，而使冒鶴亭認爲此舉對朝廷做了一件有意義的事，報「國朝養士三百年之恩」，到他晚年，仍引以爲快的。

這件事說來很有趣，也和清末官場外史有關，爲了明瞭此案的來龍去脈，似應詳說一下。

四十年前，招商局一案，牽涉到李鴻章的嫡孫李國杰爲國民政府判處徒刑，李國杰在牢中坐了三年，無以排遣，重新學作詩。出獄後，把他的大作集爲一冊，出版「蠖樓吟草」（作序者有梁鴻志、冒廣生、楊圻等）。題簽亦爲梁鴻志。一九五二我從友人案上見此詩，是李國杰題贈唐紹儀的，扉頁書「少川世丈大人教正。姪國杰敬呈」），其中一首題爲「冒丈鶴亭過滬贈詩感謝次和」。詩云：

同在天涯醉夢昏，早朝憶否紫宸門？
批鱗逆疏彈姦快；倚馬驚才頫首尊。
頗惜鬢毛華杜老；獨傾肝胆向平原。
獄寃三字渾閒事，劫後重逢舌幸存。

詩中的「彈姦快」三字，指李國杰請本部郎中冒廣生爲其草疏嚴劾直隸總督端方也。宣統元年西太后安葬，靈車所至，直隸地方官要辦皇差。端方派人沿途照相。李國杰時以農工商部左丞隨扈，眼見端方如此不法，故請冒鶴亭爲他「彈姦」。其實派人照相，只不過是芝蔴綠豆的小事情，何至有「大不敬」褻瀆王室呢。無非是假公濟私罷了。冒鶴亭彈姦一疏如後：

奏爲大員藐視朝廷，胆大妄爲，據實糾參，仰求聖覽事：竊臣此次奉命恭送孝欽顯皇后梓宮永遠奉安山陵，見有官役人等携帶照相器具，沿途拍照。及本月初一日，梓宮將到菩陀峪之時，該官役等仍在陵寢內外任意拍照，臣已不勝駭異。初三日，乃聞科爾沁輔國公博迪蘇于寶城後東沙山上，見該官役等仍照前拍照，隨即派人當場拿獲。據該官役等口稱，係奉直隸總督之命，隨由肅親王善耆取具口供。臣時行禮未退，當聞該官役等供稱：一、劉壽山，天津人，二十四歲，現充直督戈什哈；一、尹紹耕，天津人，三十七歲，在天津東馬路開福陞照相舘；一、尹紹耕之弟；一、車夫孟長祿。問畢，由善耆將一千人犯交端方自行辦理。初四日，始聞取交大理院審訊。而論者猶爲端方祖護，以爲拍照之事，外國之所不禁，不知陵寢何地，端方何人，當梓宮奉安之時，爲臣子者，搶地呼天，攀號莫及，而乃沿途拍照，毫無忌憚，豈惟不敬，實係全無心肝。……凡此皆該督平日藐視朝廷，胆大妄爲，無所不至。推原其故，蓋由皇上正在沖齡，監國攝政王謙和馭下，乃敢目無法紀，肆意妄行。若不明申禁令，加以嚴懲，恐臣下紛紛效尤，而履霜堅冰，朝綱從此盡墮。……

疏上，端方得革職處分，根據上諭所宣佈罪狀爲「沿途派人照相，初三日舉行遷奠禮，焚化冠服時，該督乘輿橫衝神路而過，又于風水牆內，借行樹爲電杆，實屬恣意任性，不知大體！」這件事在表面上看來，李國杰此舉是爲公而劾姦，而事實上則公報私仇的動機在作怪。原來李國杰的岳丈楊崇伊在光緒三十四年丁憂回籍時，寓居蘇州，受龜奴二千元之賄，糾衆向其親戚吳留生搶回妓女，爲江蘇布政使瑞澂呈請蘇撫陳啓泰、江督端方查辦。奉旨楊崇伊得革職處分。崇伊是楊雲史之父，以翰林官御史，戊戌一案告密而爲士類所不容的姦佞小人。楊革職後誓報此仇，託其壻李國杰覷機會爲之雪恥。（楊雲史爲國杰伯父經方之壻，兩家有密切關係。）

蘇州士紳葉昌熾「緣督廬日記」記楊崇伊此案，亦頗有「內幕新聞」，不見于官書者，今錄如左：

閱「申報」，連日記楊莘伯觀察（崇伊字莘伯，光緒六年翰林，以御史外簡候補道員。——引注）以持槍糾黨至吳子和家搶妓，爲瑞方伯嚴辦，詳由督撫奏參革職，永不敘用，不准逗留省垣，驅逐回常熟原籍，交地方官嚴加管束，如再不知斂跡，干預公事，再行按照所犯治罪。從來紳士獲咎，未有如此之齷齪者，況曾列諫垣詞館者乎？人言嘖嘖，皆云受蔡人王阿松之賄二千元，奪合浦雙珠還，釀此大獄，斯文掃地，至于此極，士大夫與有辱焉！（「蔡人王阿松」蔡人二字，初閱之不知何指，既而思之，乃龜奴也。「蔡」乃龜之古稱，「論語」中已見之，蔡，大龜也。）

楊崇伊受賄代龜奴「打不平」，確是行爲卑鄙，這件事的詳細情形，端方、陳啓泰會銜上奏的摺子，敘述全案眞相頗詳，今摘錄于左：

（上畧）竊據蘇州布政使瑞澂稱：「本司訪聞本月十六、十七兩日，有丁憂在籍前浙江候補道楊崇伊，持槍率衆，夜入三品封典前江蘇縣學訓導吳韶生家逞兇情事。正飭查問，旋據署元和縣吳熙面稟：楊崇伊與吳韶生本係至戚，因楊崇伊前託帶領發堂妓女二名，原議由吳韶生擇配。嗣楊遣僕與開娼戶之王阿松同來索取，吳恐仍爲王阿松所凌虐，推辭未允。詎楊崇伊突于八月十六日夜子刻，手執洋鎗，率領家衆，赴吳家奪取。吳韶生衰邁胆怯，未敢與校，聽其強擁二妓而去。楊崇伊步行殿後，遺有所坐素轎一乘。次夜戌刻，楊崇伊復持槍率衆，重至吳家，逢人便毆，左右鄰近，擁擠張皇，吳韶生避不敢出，家人抵死爭持，將洋槍奪獲。適該令吳熙聞報而至，楊崇伊遂以被毆受捆請驗，並請懲辦吳氏家人。該令見其頭有微傷責以不應持槍夜入人家，開導再三去後，吳韶生始敢出見，驚恐萬狀。據稱彼此至戚，不願涉訟，僅肯開具節畧，並經該令錄呈前來。本司查楊紳崇伊，身爲監司大員，又當守制之時，乃于發堂妓女，插身干預，復敢兩次尋衅，帶領家丁，夤夜持槍滋事，實屬目無法紀，不顧名譽。是其在常熟原籍，遇事風生，鄉人側目，人言亦屬可信。雖吳韶生年老畏事，不願深求，本司查悉既詳，未敢玩忽容隱，專案詳請奏參前來，臣等查：……該道楊崇伊平日聲名本劣：……相應請旨將：……楊崇伊即行革職，永不敘用，不准逗留省城，交常熟原籍地方官嚴加給束。……」

（按：此摺發刋邸鈔，但「東華錄」未錄入。）

楊崇伊是這樣一個無惡不作的劣紳，端方、陳啓泰嚴懲他正是保護善良誅鋤惡霸之舉。楊得到懲罰，不想閉門思過，反而要報仇雪恨，李國杰也爲了親戚關係，還要冤冤相報，作無了期尋仇。冒鶴亭大概不知其中有此內幕，故奮筆爲之執筆草疏云。

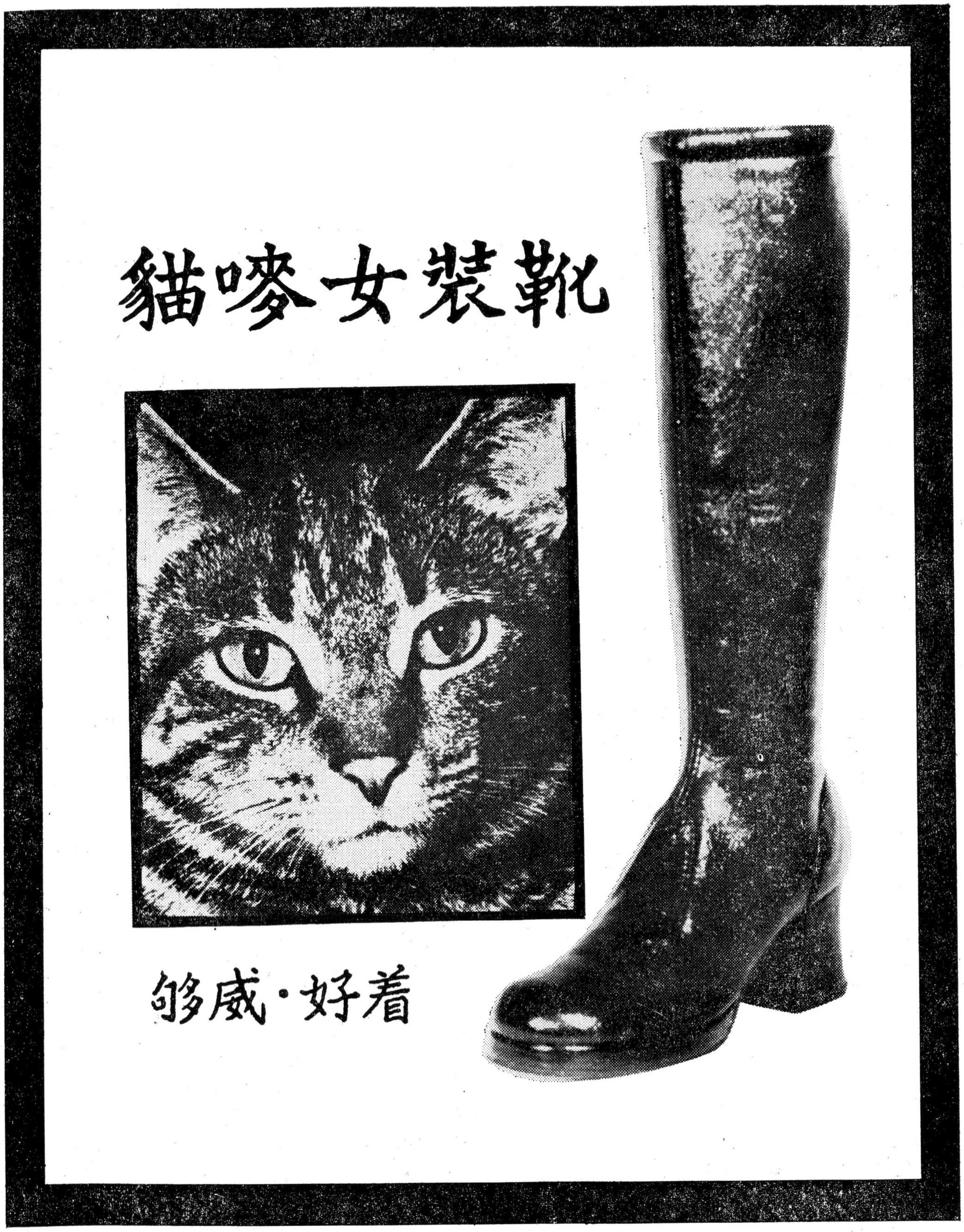

大人公司 平價市場 人人百貨 大方公司 來路鞋公司有售

齊白石與黃賓虹

蘇慧山

齊白石與黃賓虹，世稱「北齊南黃」，在近代畫家之中，兩位都不愧爲代表性的開派大師。到了今天，兩位都已大耆歸眞了多年，儘管時間的冲刷愈久，而其所有畫藝與畫論，却愈能顯出其不朽的光輝。

近代中國的水墨畫，事實上已沒落式微了好多年，「五百年始有王者興」，不知經歷好多年之後，纔崛起了一個齊白石、一個黃賓虹。他們兩人，在平生藝術實踐之中，既反對無所師承的盲目創造，更反對一味模仿、食古不化的師承。因此他們的作品風貌及其內涵的境界，比了前人更遼濶，更奇變，更生辣，更大胆，更創造了一個新的藝術里程碑。

一簡一繁

說起來，一位是花鳥高手，一位是山水大家，兩人在藝術造詣上各有千秋。最難得的是，兩人恰巧出生於同一個時代，而都享了高壽。齊白石活到九十五，黃賓虹亦享壽九十二。平心而論，兩人都不是從天而降生而知之的天才，祗看早年作品，都不過尋常的水準而已。白石在五十歲前，作畫脫不了匠氣，甚至近乎庸俗；賓虹也是到了六七十歲以後，才脫胎換骨，卓然有其特殊的成就。我敢說，如果他們兩位享不到那樣的高壽，身後也就享不到那樣的盛名，藝術之爲物是愈老愈臻成熟，非經過長時間磨鍊不爲功的。

很奇妙地，白石與賓虹，各有其不同的藝術面目。在他們的筆墨上，有人指出：齊是以「簡」勝，黃是以「繁」勝。

白石的筆墨，簡到無可再簡，往往在一張四五尺高的宣紙上，只畫幾隻蟹或一株菰葉，空間既顯得特別大，其物象也僅有寥寥幾筆，即能傳出其神韻。所謂：「作畫不講理法，自脫畫家習氣，下筆如天馬行空……」他作畫打破了無數成規，而儼然自作自法：「放開筆機，氣勢彌盛，橫塗豎抹，鬼神亦莫之測。」（以上皆白石題畫語）這種着墨不多，而內涵豐富的水墨畫，也尤如雕刻一樣，線條有力而極其簡化，却具有相當的藝術效果。

賓虹的筆墨，繁到無可再繁，尤其到晚年的時候，愈是畫到得意處，他的筆墨愈來得繁多，看上去簡直一團漆黑。他的畫面上，所以充滿了這樣黑、密、滿、厚、重的藝術特點，就由於他平生强調「渾厚華滋」四字，對山川樹木一味煊染，而形成了自己的獨特風格。結果賓虹的畫，也就愈墨愈爲人珍重，有些儼然畫得黑如烏金紙，也如古拓碑，其中確有一種金石趣味，超越了以往古人業績。至今，且給予一般山水畫作者以普遍而深遠的影響。

一個是簡，一個是繁，因此在近人論列之下，便認爲一個是減法，一個是加法，其表現方式雖不同，而都有其可取之處。賓虹用的是「加法」，一加再加，加到不可再加爲止，他的畫面上，實在是一筆也不能再加的了。而白石呢，用的却是「減法」，一減再減，減到不能再減爲止，確實他的畫上也是一筆也無法再減的了。

無論是「減」也罷，「加」也罷，都是畫家花了一輩子磨鍊工夫，千錘百鍊，嘔心瀝血的藝術成果，也可說，這兩個老頭兒各以不同的手法，在那裏苦苦奮鬥了幾十年，而一齊攀登了藝術的峯巔。

當然，白石的「減」，要求筆簡而意深，採取那麽高度的概括與提煉，是一項極其不易的藝術創造。他有一首題畫詩道出此中甘苦：

點燈照壁再三看，步步無奇汗滿顏；幾欲變更終縮手，捨真作怪此生難。

莫小覷了白石那些墨蟹墨蝦墨雞墨蛙之類，我曾指出其好處在於：「大胆删減，重點突出」，運用那麽驚人的誇張與概括手法，而更使得藝術感染力因此而增加。試看他老人家畫一隻蝦，其簡單就像普通人寫一個字一樣，但筆墨過處，體積，質感，動作，神氣，應有盡有，而且一看，就恍惚有如在水中游泳自在，栩栩如生的樣子。這樣的減筆還不夠你拍案叫絕嗎？

相反地，賓虹的「繁」，也有其特色。他以「力挽萬牛」的一股傻勁，强調「渾厚華滋」的重墨畫法。嘗說：「中華大地，無山不美，無水不秀」，而其美秀即在於「山川渾厚，草木華滋」，所以非畫出其眞力瀰漫，水墨淋漓不可。據說這就是一種「特健藥」，其所以畫得那麽黑，正由於要澈底醫治四王遺留下來的萎靡之弊。他又這樣說過：「古人言江山如畫，正是不如畫，有人工之剪裁，可成盡善盡美」。因此賓虹畫的山水，也可說是一項刻意的「加工」改造，試看那重重疊疊密密滿滿的畫面上，可不是發揮了「渾厚華滋」的極致嗎？

這其間，白石的簡，與賓虹的繁，究竟孰優孰劣，誰是誰非，很難一下子予以斷言的，其實這兩人創作過程，都有着一個共同的秘訣，即在於一個「勤」字而已。

白石平生，在悠長的歲月裏，幾於每天作畫不輟，據李可染說：除了他母親病逝時曾擱筆了三天，就從來沒有中斷過作畫；他還要常常刻印，筆與刀一時齊下。賓虹則更爲勤力，他十歲以前開始習畫，一直到九十二歲逝世時，可說無日不作畫，即在八十九歲嚴重目疾時，仍精勤如常，其詩中有「八十猶秉燭」「三更燈火五更鷄」之句。據說，他寫生的畫幅即已在萬幀以上，流傳於世的恐有五萬幀之多。這兩位老畫家都可說終其生而努力不懈的多產畫家。試想人生百歲，亦不過三萬六千日，但他們却能這樣孜孜不倦地從事多產，所謂天道酬勤，其成功决非偶然，還不夠我們對之欽佩與慚愧嗎？

本來，藝術家是不怕老的，愈老，愈顯得他有獨立的精神，不朽的生命。無論白石的「簡」，賓虹的「繁」，在今日看來，正在霜雪中的松菊那麼耐得起嚴寒，也正如橄欖細嚼後猶有餘甘，耐人尋味。

喜用宿墨

畫家本身就是時代的先驅者。中國畫到了齊白石、黃賓虹的手裏，纔從時代低潮中振作起來，纔有繼承也有創造。

我們知道，明清數百家間，奴隸性的摹仿風氣籠罩之下，若干畫家不肯運用智慧，獨立思考，祇知襲取古人皮毛，畫些公式化概念化的山水花鳥，失去了藝術的靈氣，實在已是味同嚼蠟。一向性格倔强的湖南人齊白石，雖屬木匠出身，却沒有中了這些毒害，所以終於悟到自我創造的必要。他竭力主張「自有我家筆墨」，「吾畫不爲宗派拘束」，筆底一股磅礴之氣，因此破空而出。至於安徽人黃賓虹，早年受過黃山派的影响，雖然他重視「師承」，一筆一墨都無非從傳統中來，但他敢於勤事寫生，獨立門戶，能把眞山眞水當作他的草稿，因此其畫中豐富地充實了生命，一片氤氳，離紙而活脫！

黃賓虹原名質，字樸存，安徽歙縣潭渡村人。他學問極博，尤精金石考據，兼擅詩書，但專攻的是繪畫。在民初有正書店當編輯的時期，他便提倡黃山畫派甚力，嘗自刻「黃山山中人」一印，對明末遺民畫家尤其揄揚備至。不少明淸小名家的畫，他都搜集了印成專册，如李長蘅、惲向、程孟陽、程邃、鄭慕倩、程正揆，以及黃鳳六等。很早寫了「古畫微」一一書，對中國畫史深入探討，所有各家的流派與其得失，夾敍夾議，次第分明，都能歷歷如數家珍。單是能爬梳到這些資料，就可知其人平生治學用力之深了。

至於賓虹的畫，我看主要還是深受了石溪的厚重而沉郁的風格之感染。他一生雖藏了古畫多幀，最心愛的却是一幀石溪細筆山水。這幀畫是在南京冷攤上覓來的，張宗祥輒目之爲贗品，但賓虹則時懸座右，愛賞不置，甚至南北來往的行旅中，他一定把它隨身携帶，不肯釋手。

我與賓老，先後在杭州與北平承顏兩次。冬天他披着羊皮袍，古貌皤然，在記憶中是一位靄然長者，而娓娓笑談，令人有如沐春風之樂。當時他常把自己的畫隨手送人，而並不取值。記得在他的生前，似乎並無什麽潤格，在北平琉璃廠也從來沒有賣過錢。友人朱枕薪有次取來了十六幀賓虹的畫，我祇約畧看了一遍，便深藏在篋底，至今已不知去向。那時一幀齊白石畫，還能賣上二三十個銀圓，賓虹的畫就不容易遍邀愛賞，他老人家也祇是高興起來把一大批贈人而夷然不以爲意。

誰料他身後却大爲改觀，其作品已愈來愈爲世人所重。一個畫家死了，經過時間的考驗，其名居然由晦而顯，終於紅透半邊天，這是我親見的事實。

當時人們在接受四王影响力之下，在上海祇崇尚「三吳一馮」那些甜熟秀媚的山水畫，對於黃賓虹，往往背後譏之爲「黃邋遢」，連看一眼都不屑的樣子。說來，一般畫家用墨，最爲講究，硯必宿墨洗淨，墨必佳品新磨，水必淸泉初汲，研成之後，用筆尖吸取硯池中心之墨，調勻着紙，故能墨色煥發如新。但賓虹偏偏不然，用時禿筆橐橐然，蘸水用墨，皆極隨便，可以說這種用墨方法，前所未見。及至着在紙上，只覺其濃黑厚重，亦前所未見。在他病目的時候，他畫出來的東西，有幾幅簡直像沒有揚好的碑帖，一片模糊墨迹，不成其爲畫。試問那時誰肯把他的畫掛起來欣賞呢！

有次鄭午昌去信，要求他老人家畫一幀特別濃重的作品，準備由他去分析其中道理，作爲辯解。賓虹也很懂得幽默，他說這樣還未必能說服人，倒不如叫人家多看看天地間眞山眞水的變化。於是他取出一塊石頭，問王伯敏道：「當你在路上看到有塊岩石時，你感到白的，還是黑的？」答：「石塊在路上很突出，我感到是白的。」接着他又問：「你如將它入畫，畫它的白還是畫他的黑？」隨手即把這塊石頭丟進了他的大筆洗池中，再問：「究竟是白的還是黑的？」王伯敏只能答：「是黑的」。他老人家馬上就鋪紙作畫，一面暢談其畫理。「山水間的石塊一定要畫得黑，才能畫得出其內在之美。」又論龔半千與石濤都畫黃山，而形貌各殊。半千用胭脂焦墨畫黃山松谷諸峯，可說斗胆，這是畫家不欲拘泥於一格。石濤强調我自有我之鬚眉」，道理也在這裏。大概賓虹也以斗膽自居，所以古人惜墨如金，筆無妄下，而他偏要將斗墨潑盡而不厭邋遢地作畫，大有「語不驚人死不休」之概。

這股傻勁硬是要得，用重墨方法來藥治中國畫軟媚甜熟的積弊，果然因此而見了效，近年若干畫家之傾向重墨一路，多少都受了賓虹的啓發與誘導。

渾厚華滋

在此，必加研究的是，歷來黃賓虹所著的畫論，一面集結了中國畫論之大成，一面也能獨抒己見，都是他平生學畫甘苦的經驗之談。在所有的畫跋、題畫詩，與友人論畫書信中，他再三再四地標舉「渾厚華滋」四字，作爲他追求的藝術境界。其中有一首詩是這樣的：

唐畫刻劃如蠶絲，宋畫黝黑如椎碑，力挽萬牛要健筆，所以渾厚能華滋。

在他眼中，歷代繪畫特徵，有所長亦有所短：唐刻劃，宋獷悍，明枯硬。所以必須以「金石書法滙繪事」，最重要的不外乎用筆用墨，作爲基本的方法。他提出筆法五種，曰平，曰圓，曰留，曰重，曰變，「落紙之後，雖一小點，運以全身之力，絕不放鬆，譬如獅子搏兎，亦用全力」。「鈎勒用筆，要有三波三折，線條有變化」。這些都與書法息息相通，且儘量要滲入金石意味，才可以「脫去甜俗，重在骨氣」。此中關鍵，倘在書法上未曾用過一番深度功夫的人，即不能悟其隻字。

說到墨法，多至七種：一、濃墨法，二、淡墨法，三、破墨法，四、潑墨法，五、漬墨法，六、焦墨法，七、宿墨法。這些墨法在他的畫中大概都能具備，他從實踐中領會得來，提煉成爲理論，而後又付諸實踐。而最後一定「要筆中有墨，墨中有筆，筆不礙墨，墨不掩筆」，這幾乎把中國水墨畫法的最神妙處全都清楚地揭了開來。

所謂破墨法，是在紙上以濃墨滲破淡墨，或以淡墨滲破濃墨，直筆以橫筆滲破之，橫筆則以直筆滲破之，都該於將乾未乾時行之，利用其水份之自然滲化，充份取得物象陰陽，向背，凸凹，厚薄的質感，且有元氣淋漓、永遠不乾之致，那便是所謂氣韻了。據賓虹說：「此法宋元人所長，而明人幾失其傳，知者極鮮。清代石濤，復用其法，如以淡墨平鋪作地，然後以濃墨畫細草於其上，得水墨之自然滲化，備見其欣欣向榮，生動有致，此以濃破淡之例也，然以濃破淡易，以淡破濃則難。近代北方齊白石先生作花卉草蟲，得破墨之法，此其獨到。然猶多以濃墨破淡墨，少見以淡墨破濃墨。」

在賓虹的畫語錄中，他如此推崇白石之畫能以濃墨破淡墨，他自己呢，雖一心欲以淡墨破濃墨，却也知易而行難，似乎尚未盡得其妙呢。

本來，清代山水畫，嚴格說來，可分兩派，四王一派，反四王一派，即以黃山派爲其主流。當年賓虹最警闢的一段議論，指出四王是紙上之山，不是自然之山。他說：「自然之山，總是有黑有白的。全白之山，實爲紙上之山，自然中不是這樣。清代四王之山全白，因爲他們都專事摹倣，不看眞山，不研究眞山之故」。這眞是一針見血之談。

賓虹自稱：「我用重墨，意在墨中求層次，表現山中渾然之氣。旣以爲墨黑一團，非人家不解，恐是我功力未到之故。重墨作畫，是畫道中一個難關，任他人議論好了」。他自有其自知之明，且能一生對此堅持不捨，與四王一派對立到底。

黃賓虹八十九歲作畫圖

最令人服膺的是，他目光如炬，看透中國水墨畫的妙諦所在，不是巧，而是拙，不太求形似，亦不能不神似，正與白石的論調不謀而合。他說：「古人論畫，要生，要拙，要澀，要茅，要晦暗，要嫩稚，皆是免俗方法。近時尚修飾，塗澤，細謹，調勻，以浮滑爲瀟洒，以輕軟爲秀潤，而所謂渾厚華滋，全不講矣。」這種論調，正不失爲針砭時弊的「特健藥」呢！

從外形力追內美，賓虹看畫即採用此法。他認爲，看畫如果近在咫尺之內，「是摩挲斷碑殘碣之道，非觀畫法也」。他說：「目之視物，必距離相當而復明晰。今夫山水，大物也，逼而視之，石不過窺一紋一理，樹不過見一枝半幹，何有於峯巒氣勢，何有於烟雲出沒？」「不見廬山眞面目，只緣身在此山中」，所以看畫非保持距離不可。

試看打從董源巨然起，其間通過石溪、石濤等輩，一直到黃賓虹的畫，看來用筆都甚草草，都帶些抽象化的手法，但其間分明又有筆墨，由筆墨而形成渾厚華滋的氣韻，又豈常人所能企及？

黃賓虹有一段話可圈可點，且可作爲當世畫家的藥石之言，他說：「畫人物要有神氣，畫山水要有靈氣。神氣、靈氣，都是從物體變化中出來。有變化，現象就複雜。當畫家處理複雜之現象，要沉着，要具有沙裏淘金之本領，要大胆，要堅決，把沙淘盡，把金檢出。這還不夠，藝術家還得把自己身上所藏之金也拿出來，與沙裏淘得之金化合起來，如此，神氣、靈氣即活現矣！」

山水寫生

我們再看賓虹的畫罷，他完全是用自己的語言，有着自己的風貌，雖然他口口聲聲講「師承」，也重視臨摹，却眞正是師了「古人之心」，不是師的「古人之迹」。確實他從石溪沉着痛快之筆中化出來，但化得那麽天衣無縫，又不啻開闢了自己的道路。所以可說是一項創造性的師承。

更重要的是「師造化」，他生平遍歷國內名山大川，每到一地，都用粗蔴紙寫生多幀，眞所謂胸貯五岳，飽經風霜，然後落筆成局，得其大成。他最反對形式主義的山水畫，認爲不過搬前移後，陳陳相因的玩意，甚至說「是刻好的各類『梅花點』『箇字點』的橡皮圖章，一個個打上去的」一樣。他自己的山水畫，則以生活的眞實感受爲基礎。他經常不辭在風雪或炎日之下，對着山川認眞的鈎稿，或在深山雲霧裏，對着峯巒雲氣的變幻，作縝密的觀察。他晚年在山水册上，就曾經這樣寫着：「余遊黃山、青城，嘗於宵深人靜中，啓戶獨立領其趣。」可知其筆底縱橫，又如何得了江山之助。

在賓虹早年作品中，他屢仿馬遠的水墨雙松孤峯，松針還是一簇簇細剔的，但後來又表示「恨不撕去爲快」，原因是山水中的松，祇消以數點焦墨渴筆，便能寫出其性情，又何必刻意剔針？他强調垢道人的畫法，自然有潤含春雨、乾裂秋風之妙。

他最喜華山、黃山，生前游屐屢往，峨嵋青城也去了好幾次，不但親自鈎了畫稿，還央人拍照，案頭堆滿了不少風景照，以供參考。尤其愛藏一種彈子渦的英石，案頭牆隅，堆滿了這些皺、瘦、透的石塊，認爲即屬天然畫本，朝夕摩挲以爲樂。

從小他得自鄭雪珊的面授六字訣：「實處易，虛處難」，終生守此不忘。看賓虹的畫，雖滿幅水墨斑斕，但總能一貫地留出「實中求虛，虛中求實」的畫眼所在。他曾說：「中國畫講究大空、小空。疏可走馬，則疏處不是空虛，一無長物，還得有景。密不通風，還得有立錐之地，切不可使人感到窒息」。他畫山水，儘管筆墨甚繁，但叠峯重崖，路徑村落，有條有理，如同人體之通體氣脈流暢，此即「實中之虛」是也。其代表作如：「雁蕩實景」、「陽朔山水」、「溪山深秀」、「柳村垂釣」、「山齋坐雨」、「湖山烟靄」之類，都有實處也有空白處，在一片筆墨渾厚華滋之中，却又沒忘了「融洽分明」「一氣呵成」的章法結構。

且說與賓虹同時的吳待秋，作山水最習慣於東補一點，西添一點，拼湊有如灰堆。賓虹嘗叩其所以？吳待秋答：「上海人出大價求畫，總望多畫幾筆才覺舒服，所以只能如此堆砌應付一下」。但賓虹作畫時，根本不理會什麽市場價值，故能特立獨行，而今待秋畫價陡落，而賓虹終於獲得高譽，令人不能不想起盛子昭與吳仲圭的故事：「二十年後不復爾」！其應驗如此。

一般人所習見的賓虹山水，無非是筆特別的繁，墨特別的濃，似乎愈畫得興會淋漓，他的筆墨愈有濃得化不開的樣子。其實不然，他偶作一種淡青綠的山水，作平遠小景，極淡雅可人。所有樹石，祇略略勾勒框骨，不用皴法，但填以淡青綠，再以淡墨及淡螺青略加點染，以分陰陽向背，筆跡分明，而色澤瑩然，有如古玉，極古厚之致。他嘗論元人畫云：「細筆但求氣足」，亦可作爲自道。世人但知賓虹畫得太黑，恐怕未嘗見到這一創格罷。

張宗祥曾說他最愛的是賓虹的花卉。他所畫的花卉，那一種筆法，那一種設色，甚至那一種布局，在在能出人意表之外。

當前，中國畫家依然是一窩蜂似的傾向於模仿的風氣，我們所見到的，幾乎人人白石，家家賓虹，只知依樣葫蘆，只知囫圇吞棗，結果是失去了本來的精華，而得到的祇是一團糟粕。例如學白石粗大枝葉，而配以工筆草蟲，例如學賓虹畫得山特別黑，樹特別亂，連房屋也特別歪，這好比學平劇的人專摹劉鴻聲的脚跛，周信芳的喉沙一般。因此，我敢在此提出一個備忘錄：誰要向齊白石與黃賓虹學習的話，一定要澈底了解其作品的瑕瑜之點，要「師其心而不師其迹」，也就是必須作一批判性的接受才好。

齊白石說：「學我者生，似我者死」。旨哉斯言！黃賓虹說得更妙：「藝術家要有沙裏淘金的本領，要把自己身上所藏之金也拿出來」！

原稿
缺頁

原稿
缺頁

原稿
缺頁

原稿
缺頁

原稿缺頁

原稿
缺頁

原稿
缺頁

原稿
缺頁

王子談往（下）

・林熙・

據劉成禺說，黃興之辭南京留守，是中了袁世凱的鬼計的。劉記此事甚曲折有趣，很可參考。「世載堂雜憶」謂爲袁設計者，陳宧也。錄如左：

陳宧之謀取南京留守府也，說袁世凱曰：「南京政府雖移北京，而留守府擁有革命軍隊，各省同盟會都督爲之羽翼，必先去其主腦，否則滋蔓難圖，宧已有萬全之策。」袁曰：「一切汝便宜行之。」其時黃克强之至友李小垣、黃寶昌、陳裕時等，皆在留守府，握重權；陳裕時爲陳宧之親信，又爲克强之心腹，此陳宧用以來往京寧之秘使也。馮國璋之婿陳叔亮，爲留守第一師長，留守府所需軍械，朝請于北京，夕即電撥，皆宧一人包辦之。克强倚宧爲奧援，府中要人亦視宧爲信友。宧乃陰使金錢，特派機密，造成南京大兵變，並於報紙宣傳，謂黃留守無控制南中軍隊能力。一日與陳裕時、黃寶昌談，謂政府極信克强，兵變能鎭壓，極峯（按「極峯」乃袁世凱爪牙稱袁的敬詞）甚倚重，更進一步，能佯辭留守，極峯慰留，則威望更大，吾知極峯必誠意慰留也。陳裕時、黃寶昌挾宧言，往南京，克强與府中要人信宧過深，貿然電北京，自請取消留守府。袁即照准取消，大嘉獎黃留守，謂眞能犧牲權位謀民國統一者。

留守參謀長李書城大憤，通電陳宧，痛數其賣友情形，滬上舊報，今尚可尋。黃寶昌慚爲人所紿，削髮爲僧，閉關以死。陳叔亮則於馮國璋督蘇時，仍爲師表。留守府龍虎人物，全體星散，未幾，民二有再獨立之舉。（按：陳宧，原名儀，字二庵，湖北安陸人，光緒廿三年丁酉拔貢，張之洞在湖北辦武備學堂，陳入校肄業，光緒廿六年，其叔祖陳學棻爲工部尚書，死後，二庵藉其聲望，得爲河南學政林貽書幕客，代爲閱試卷，後來又由林介紹給四川總督錫良，遂入蜀爲武備學堂提調。）

黃興的兵權給袁世凱畧施小計弄掉後，老袁去一大阻礙，現在我們來談談廣東當時的軍政情形。

胡漢民是廣東都督，因爲他追隨孫中山先生左右，職務由陳烱明代理。民國元年（一九一二年）四月底，孫中山先生從北方南下，四月廿四日到香港，換乘「寶璧」號軍艦廿五日下午到達廣州，胡漢民隨行。當晚，代理都督陳烱明在督府設宴款待。第二日，督府演出了一幕禮讓趣劇，頗見昔人有君子之風。據說四月廿六日早晨，陸軍司令長鄧鏗到胡漢民的寓所，請胡往督府商量要事。胡到督府後，陳烱明已往香港，只有朱執信在，他一見胡漢民，就交出陳烱明一封信，請胡漢民復任都督。胡漢民是書生，陳也是書生，他們雖然講禮，但不識大體。都督一職是中央政府簡派的，派胡在先，但因胡未暇就職，故令代理，現在胡歸廣東，陳烱明以「帥印」奉還，自是道理，胡何必推讓，如果不想做也應該向北京提出辭職才是。他們一個避往他方，一個力辭不幹，搞到鄧鏗朱執信兩人不知如何是好，這個僵局眞難打破。

這樣的僵持了整個上午，幸得中山先生在省議會演說後到都督府，見到這個情形，極力主張胡漢民不可推辭，應該馬上復職，並開玩笑的說：「如果不嫌棄，我可以做你的秘書長呀！」胡聞言惶恐非常，立刻答應復職，但他有一個條件，要陳烱明立即歸來，主持軍政。條件商妥後，朱執信即往香港，請陳回粤。

胡漢民復任都督後，向人民開出「支票」兩張，第一張是厲行軍政，治亂世用重典，因爲廣東土匪很多，殺人放火，久爲民患，他一定要肅清土匪，續繼「陳前都督未完之業」；第二張是整頓庶政，使司法、財政、警政皆納於正軌。於是胡漢民自兼民政長，以陳烱明爲護軍使，鄧鏗爲陸軍司長，廖仲凱爲財政司長，羅文幹爲司法司長，朱執信爲核計院長兼廣陽綏靖處督辦，鄒魯爲官銀錢局總辦。這幾位民國偉人都是一時英彥，助都督治粤，不難使廣東成爲一個「模範省」。第一張「支票」，還能「兌現」了一半，至於第二張，就簡直沒有兌現。即以胡漢民自兼的民政長而言，他對於澄清吏治和健全地方基層行政這兩項，他就一籌莫展。例如委派縣知事來說，他就想大力改革的，凡各縣遇有知事出缺，他就請各界人士推荐賢能，或由省政府各廳司長、科長、秘書中，選擇一些較有行政經驗而又有操守者充任。對於舞弊或交代不清的知事，一經察覺，立即懲辦，可惜當時阻力太大，縣政仍無起色。原因是革命之後地方秩序未復，軍隊過多，單是民軍就有十多萬，他們都曾效力革命大業，恃功驕恣，在潮汕者尤甚，因此縣政無由改進。加以無健全的人事制度，行政官無確實之保障，任免沒有一定標準，皆存五日京兆心理。

民國成立的第一年，廣東官廳就初次出現「共產」這個名詞，竟勞都督下令嚴禁。元年十二月，胡漢民令廣東警察廳長陳景華查禁純粹社會黨。陳奉命後，即發出布告，其中有說：

案奉都督訓令內開：現准內務部咨開：准大總統秘書廳函開：本廳接私立偵探團吳天民稱：近有一種純粹社會黨，即無政府黨之變相；……等語，並附呈純粹社會黨約章二紙前來，……查該黨約章有實行共產，實行劏除强權，預備世界大革命及不婚姻，已婚者以二人同意解除夫婦名義等語。實行共產，劏除强權，必至掠奪煽動；解除夫婦名義，必至絕倫傷化；預備世界大革命，意在破壞現在之秩序，爲萬國之公敵，造語離奇，尤爲狂悖。國基初定，豈容有此等奇事，奸亂之徒，公然樹黨，肆無忌憚，應該……按法律嚴行誡禁，以遏亂萌。……等因。查此等社會黨最足擾亂秩序，滅絕人倫，自應嚴行查禁，以杜亂兆，而挽澆風，各區段內倘查有此種會社如心社等等，即當切實干涉，立飭解散。……

這個純粹社會黨不知是什麽人組織的，結黨結社，是人民的自由，而官廳居然禁之，所謂「民主」變成「官主」了。陳景華奉上頭命令飭屬查禁，亦不過例行公事，並沒有什麽結果，倒是他查辦當時的土豪劣紳，破除情面，公事公辦，極博得人民稱許。他在民國元年的德政，至今猶爲人稱道不衰。他所作所爲，當然有些不滿意他的人罵他爲「酷吏」，但有這樣的「酷吏」實在不嫌多，當時的輿論確是如此。

陳景華是廣東香山縣人，光緒十四年（公元一八八八年）戊子科舉第十五名舉人，年方二十歲。光緒三十年，陳景華正在廣西容縣做知縣，當時兩廣總督岑春煊招撫一個强盜，陳景華認爲總督處理强盜的方法和他不同，難與共事，便辭職不幹，從此即加入反清的革命陣營。

辛亥革命後，陳景華做廣東警察廳的第一任廳長。警察廳有負地方秩序之責，那時正是革命氣氛最濃之際，百事維新，也有很多人假「革命」之名出來欺侮人民的，陳景華抓到了就親自審訊，罪情嚴重的，一聲「打靶」，便當場押去槍斃，情節稍輕者，分別判處徒刑。當時廣州地方不靖，治安極壞，警察廳長賦有特權，可以把人槍斃的，經他手懲辦的匪徒不下千萬，也許其中有些是冤枉的，但治亂世用重典，故輿論都稱贊他辦得很對，廣州的治安確實比以前要好得多了。他判犯人死刑後，照例立即行刑，免生枝節，押犯人到刑場的時候，每一死囚皆給以「强盜牌」香烟一支，作爲安慰品。這種香烟是外國出品，在廣州的下層社會中最流行，自從陳景華以此種烟爲囚徒送喪之後，人們便以「强盜」牌爲「打靶」的代名詞，搞到大家都忌諱，不敢買去吃，市上的烟商也不賣這個牌子的烟，洋商大歎倒霉。

陳景華懲治匪徒，自有他的一套手法。民國元年壬子，廣東早已反正，陳烱明做了都督，但地方上的流氓地痞，大肆活動，他們殺人放火，無惡不作。這些壞人中，有組織「百二友」者，居然也有「會徽」，以白鞋綠襪爲「商標」。民國元年三月黃花岡烈士殉國紀念，「百二友」居然也自稱爲革命分子，到黃花岡公祭。陳景華事前偵知，臨時找幾個會攝影的人，扮作照相館夥計，跟着「百二友」一同去。等他們公祭後，請拍照相留爲紀念。這班「革命黨」高興極了，端端正正的站在一起。拍相的人一連拍了好幾張不同角度的照片，功德圓滿。兩天後，警察廳按圖索驥，把「百二友」黨徒絡續捕獲，一一法辦，市面安寧了許多。

當時廣州的雜牌軍隊很多，他們與黑社會頭子合作，魚肉良民，更有不少紳士富商也和軍人、黑社會勾結，包烟賭，幹走私漏稅的勾當。陳景華查出了，不管紳士富商有多大面子，一律依法辦理，絕不容情。這麽一來，「上層人士」就恨之刺骨。

陳景華很有革新的頭腦，他辦理警政，維持治安，爲便於統計市民死亡及防匪走私偷運軍械，下令廣州市上所有的棺材鋪每十天要呈報一次，把賣出的棺木多少，用棺木的人姓名、年齡、住址、葬地，死亡原因，一一塡寫清楚，以便稽查。這可見他的頭腦縝密，要憑這資料幫助他偵査。但商人頭腦守舊，認爲麻煩，指爲「苛政」，罷市反抗。陳景華一向是言出法隨下，絕不反顧，他嚴令長生店在十二小時內復業，否則查封，以後就永遠不准開業，由警察廳另行招商經營。長生店的人知道拗不過他，不能反抗，只好依時限復業了。

廣州的劣紳奸商，恨陳景華破壞他們的財路，向袁世凱誣告，指他爲「亂黨」。袁最恨國民黨人，到民國二年（一九一三年）密令廣東督軍龍濟光把陳景華槍斃。陳死後他的家人把他的遺體往香港，葬在咖啡園，墳碑上刻有銘詞云：

強悍之令，猛以濟寬，寃同三字，獄等覆盤。蓋棺論定，毅力維新，哀我民國，喪此良人！

奇怪，他死在廣州，爲什麽安葬在香港呢？原來廣州的棺材店老板向死人報復，不肯出賣棺材給他殮葬。陳景華的後人不得已，在沙面的外國長生店買了一口洋棺木，索性把他的遺體移葬香港了。

民國成立後，就在民國元年（一九一二年）起，政局就日趨複雜了，其關鍵在於國會與黨爭。起義的黨人志士，他們辛辛苦苦打倒了獨裁政體的清朝，創造了一個共和政體的中華民國，當然是希望使國家行政，皆依憲法而行，但袁世凱有他的野心，且時時欲其早日實現，以使其領導的政府是一個名爲民主，實則個人獨裁的政府。這樣一來，中國就多事了。當時的革命偉人與官僚政客，也紛紛組黨，操縱政局。

因爲民國之建立，是標榜共和民主的，所以在民國元年這一年中，人民的思想言論，驟得自由，自由到隨便可以攻擊人身，造謠生事而不負絲毫責任，確有「百花齊放，百家爭鳴」的景象。官僚政客爲了要在政壇上佔一位置，於是紛紛組黨，作爲個人政治資本，有些黨只不過擁有黨員二三十人，居然也掛起招牌，招待新聞記者，大發政治抱負。總計民國元年成立的政黨，差不多有三百個，現在只列舉其中稍著名者如次：

（一）中國同盟會成立於一九〇五年，領導人有：孫文、黃興、胡漢民、汪兆銘等。民國元年三月三日孫文等舉行全體黨員大會於南京，大家公推孫文爲總理，黃興、黎元洪爲協理。同盟會因有數十年歷史，組織與基礎比較鞏固，在新組的各黨中，地位最高。

（二）統一黨本是章炳麟等所領導的光復會，民國元年一月三日，改組爲中華民國聯合會，後來又改組爲統一黨，領導人有：章炳麟、梁啓超、張謇、湯壽潛、程德全等。它在臨時政府中，地位僅次於同盟會。

（三）統一共和黨由蔡鍔、王芝祥、谷鍾秀、吳景濂、彭允彝等人組成，在參議院中佔有二十多席，算是第三大黨了。

（四）共和建設討論會是清末資政院憲友會變化出來的一個政治團體。民國元年一月在上海成立，發起人是：湯化龍、林長民、孫洪伊、張嘉森等，陰奉梁啓超爲領袖。

（五）民社爲擁護黎元洪的政治團體，在武昌成立，它的幹部大多是辛亥武昌首義的領導人，如孫武、張振武、張伯烈、劉成禺、饒漢祥等人。

（六）中國社會黨由江亢虎首創，本名中國社會民主黨，在宣統三年（一九一一年）二月成立於上海，民國元年改此名。它的政綱比較新穎而有系統，與同盟會所主張頗爲接近。

（七）國民黨由中華帝國憲政會改組而成的。民國元年六月在北京成立，由徐勤、潘鴻鼎等所主持，擁伍廷芳、溫宗堯爲領袖，但又擁戴康有爲、梁啓超爲黨外領袖。

此外還有很多小政黨如：超然社、共和俱進會等等，多到數不清，其黨員亦多跨黨分子，無固定的主張與宗旨，時時有「賣身」之笑話發生。後來袁世凱厲行獨裁，不許「百花齊放」，封閉政黨，那些小黨便曇花一現，不再存在了。

中國是一個封建大帝國，其歷史有三千餘年之久，一旦打倒君主，成立民主政體，由議員控制政府，監督其行政，於是在表面上，議員有無上權力，遂引起對政治有興趣的人爭着做議員。本來議員是法律的製訂者，地位與人格皆極崇高、莊嚴，但民初的議員並不爲人民擁戴及尊重，一來，因爲他們並非眞正由人民選出，二來，這班議員老爺有很多簡直不像樣，有些還恃着議員的銜頭幹非法之事，嫖賭飲吹，無所不爲。當時北京還有一句話常掛在老百姓口邊的，就是「議員納妾」。原來這批老爺在北京除了開會外，終日無事，便以捧女伶，逛窰子來消遣永日，他們討堂子姑娘、戲園花旦做小老婆者，還算「安份守己」，而在堂子爭風吃醋，演全武行鬧到滿城風雨的，就是有玷官箴的壞分子了。

民國元年八九月間，北京發生一件議員爭風，鬧上警局的趣事，而此君又是廣東一位有名的才子，頗可回顧一下。他姓馬名小進，字退之，台山人，辛亥年從美國留學回來，帶了一大筆錢入京走政界，拜兩個大官僚做老師，送上厚禮，不到一年，就弄上一個議員到手。馬小進會做詩，寫篇駢體文，也能嚇嚇人，況且年少風流，「位高多金」，斷沒有不在八大胡同「耍樂」的。結果他就在北京和一個名妓金香玉打的火熱，將論嫁娶了。

金香玉旣是名妓，追逐在裙邊的當然不止馬公一人，其時又有一個同盟會籍議員，亦爲金姑娘入幕之賓，一夕兩雄相阨，爭風起來，居然大打出手，香巢裏的古玩衣物，被兩個議員老爺打爛一空。龜奴恐怕鬧出人命，報警拉人。到了警察分局，兩人還大發官威，罵警員有眼無珠，連議員也不「界面」，豈有此理。

警察分局的局長被議員一罵，倒也不生氣，反而幽默他們一番，說他們旣是「國民代表」，就應該奉公守法，議員嫖妓，辱罵警員，不法已極，何況警員又是依法執行維持治安之責的公務人員，而此法又是議員訂出來的？分局長數說完後，分付手下辦公事，漏夜把他們解往總局，轉解法院，請示法官如何發落。

這麽一來，馬議員的氣燄低了一槪，恐怕分局長認眞起來，報紙必定盡量渲染這件事，對於本人將來的政治生命大有影响，連忙打躬作揖，向分局長賠罪，請他手下留情，就在分局裁判此案，不必移往法院。當日北京的警察，多爲旗人，他們的口才極好，善於排難解紛，把大事化小事，今見議員「界面」，便也不爲已甚，於是效法宋朝的馬光祖判案，問金香玉願意嫁給那一個議員？金香玉表示願嫁馬公（馬光祖判某女子嫁一貧士爲妻，並賠花燭之禮，寫一首詞爲判語，末句有「燭影搖紅，記取媒人是馬公」之句。不過這次的馬公則爲「濶佬」耳）。分局長立即叫馬議員同鴇母商定身價，由他做證人，擇吉娶回去。馬小進沒有帶家小在北京，第二天便不必擇吉，一頂小轎便接金香玉回家了。後來馬太太死了，金香玉扶正，做起「一品夫人」了。

議員狎妓，爭風打架，在民國元年曾發生過幾次，但以馬公這一案最著名，當時京津報紙曾詳登此事，並將分局長的香艷四六判詞，全部刊出，遇到警句，還在旁邊加雙圈，表示贊賞呢。

（民國初年北京出風頭的議員，尚有汪彭年、郭同二人爲娘子軍所窘的趣事，這兩人中，我只認識汪一人，他是一九六六年九月十九日在上海死的，年九十歲。娘子軍打議員，雖不是發生在民國元年，而發生在三年，因相距不遠，不妨遠扯一點，寫來陪襯。記此事最詳者，無如劉成禺的「世載堂雜憶」中「娘子軍打神州」。原來當時的「大總統門生」沈佩貞在北京以「英雌」自稱，時時鬧出風流雅事，可惜劉禺生未詳記此事，其經過情形，我曾聞諸汪彭年，今補記於此。民國三年，沈佩貞在醒春居菜館行酒令，輸者罰嗅臭脚，汪彭年是上海神州日報的主持人，因身爲議員，故常居北京，此事發生，汪雖不在塲，但他是安徽旌德人，與楊士琦及袁世凱左右一批皖人極熟，故聞其事。汪認爲這是好材料，便大加渲染寫了一篇通信寄去上海。「神州日報」分三日登載始完，於是「大總統門生」的臭名，遠播江南江北。後來沈佩貞知道了，要汪彭年道歉，並登報更正。汪不甘，沈即向其乾爹九門提督江朝宗訴苦，請爲她出口鳥氣，汪立即派士兵十名，會同沈的娘子軍三十多人，直奔南横街汪宅，要汪彭年叩頭賠罪。恰值汪不在家，寄居在汪家的江西籍議員郭同，見三五十人擁入大門，不知什麽事，便出來問個究竟。大概雙方各有誤會，一言不合，就打起來，郭同被沈佩貞喝打，娘子軍的纖纖玉手，雙掌齊下，把郭同打到手面俱傷。幸遇劉成禺經過，入門排解，才救了郭同一命。郭養傷數日，即具狀向首都地方審判廳控訴沈佩貞糾衆毆打傷害人體。結果法官判沈徒刑六個月，緩刑二年。當時濮一乘所作「北京竹枝詞」刋於上海「時報」有二首：「最是頑皮汪壽臣，醒春嗅脚記來眞，何人敢打神州報？總統門生沈佩貞。」「杯酒調停事不成，郭同起訴地方廳，議塲搗亂劉麻子，胡裏胡塗作證人。」成禺面麻，人稱劉麻哥也。民國初年，北京的「英雌」似乎頗喜歡打報館，民國三年六月十五日，黃遠庸爲「申報」寫的通信稿，題目叫「談屑」，中有一段云：「近有一奇事，一怪事。奇事者，即女戲子金月蘭大打報館是也。金月蘭爲青衫女優，蓋一上中流脚色，而名聲甚噪。某報忽載其與烏師某君有不甚正當之事。金優大怒，乃率十數男女，到此報館，打壞拍牌，並取以去，謂將以作茅厠板，且將興訟。不意優伶之中，乃亦有此英雄。……」按金月蘭於民國二年會謠傳她行刺袁世凱不遂被殺，後來證實誤傳，黃遠庸特爲這事寫「申報」通信。到一九一六年，她猩紅熱病死，北京的捧角人士皆有哀輓之詞，易哭庵詩云：「癸丑驚心至丙辰，三年噩耗竟成眞。直將歎鳳傷麟意；來弔生龍活虎人，哭汝祇應珠作淚；無郎終保玉爲身。百花生日才過了，驀地罡風斷送春。」其實金玉蘭是一個很自愛的女藝人，並沒有什麽「不正當」的行爲，當時的報紙可以隨便造謠，不負責任的。

民國元年（一九一二年）十月十日，爲中華民國開國周年紀念，是第一個國慶日，全國各地都熱烈慶祝。北京的革命紀念會（張繼等人發起的）於是日舉行慶典，黃興撰聯爲祝云：

江漢湯湯，這似水流年，常記取八月十九；

風雲鬱鬱，願中華民國，起自今萬歲千秋。

這時候，舉國正在歡歡樂樂的祝國慶，幾多學生在晚間舉行提燈會游行，但另一件傷心的事接踵而來了，那就是帝俄在此時已把外蒙古吞下去。俄羅斯一向就覬覦中國的蒙古地區，自清初以來，它就不斷表現其野心，到清末，「蒙古問題」已爲中國一大患。辛亥革命時，外蒙也宣布獨立，其時清朝自顧不暇，無法管到這個問題，於是俄國人就利用小小的兵力、財力，把外蒙的統治者拉到它的身邊，嗾使外蒙脫離中國統治，自成一國，由俄國「援助」使成一個「自主」、「進步」的國家。

當時統治蒙古的可汗是哲布尊丹巴，俄國人利用他的無知，威逼利誘，騙他擬訂條約草案，要求俄國公開承認蒙古的完整獨立。這樣造成了「既成事實」，下一步帝俄便可以明吞暗搶，把蒙古吞下去了。

帝俄一手捧起的「蒙古國君主」同俄國簽訂了「庫倫協約」，北洋政府的外交總長梁如浩才向俄國駐軍軍使庫朋斯基提出抗議，聲明外蒙爲中國領土，無權簽約。黃遠庸的通訊（十一月十八日發）題爲「歷歷傷心錄」，有如下所述：

俄蒙協約之全文之得爲外交部所悉也，在十一月初八日。……先是，路透專電報告廓索維慈（即庫朋斯基）到庫承認蒙古獨立也，總統府、國務院例開會議，諸國務員束手無策，其第一困苦處在不知確實情形。于是趙總理尚主張到俄國使館打聽打聽，其無聊可想。至上月杪，風聲益急，外交部中有人主張即時提出抗議，質問廓使到庫倫理由，而梁如浩尚謂此事不知是虛是實，若我們先提抗議，反將此事坐實了，以後不好轉灣，遂作罷論。後以有人催迫，梁始將抗議之主張，提交國務會議，此時此日之國務會議居然將此案决議稍緩，延至本月初七日，總統府外交高等顧問陸徵祥，乃往問俄使以實在情形，俄使乃約晷道之。陸歸報後，外交部乃大驚，于是提出一種形式之抗議，畧謂蒙古係我國領土，無與外國訂結何種條約之權利，倘有何種條約，中華民國不能承認云云。此等宣言，可謂隔靴搔癢（按：從民國元年到民國廿六年，中國的外交部慣用「□□□係中國領土」及「中華民國不能承認」等宣言，思之可悲可痛——引注）：至初八日午後傍晚，俄庫使乃偕繙譯至外交部晤梁如浩，聲稱奉政府命令來部，將此次廓索維慈在庫倫與活佛所定條件，面交貴總長。……此時俄使即將俄蒙協約全部（俄文）交付梁氏，外部于次日（初九）乃由華文譯出，至外部得悉全文，而北京日本人所辦之「順天時報」已發賣號外發表全文矣。其消息之不靈通如此，尚有何外交之可言，蓋先一日俄使已將原文通告駐京各國公使也。……俄蒙協約之主旨，眞是驅逐中國，獨占全蒙，其尤可駭者，在其起首有「蒙人全體」云云，直是包括內外蒙在內，並非專指外蒙。

……總統府、國務院自初九日起連日會議：……此中決議之結果，雖不能詳悉，要之不外抗議與通告而已……此片紙之文章，自由外交部主稿，閱三四日內可以提出云云。……

過了三十四年，即一九四五年八月十四日國民政府行政院長宋子文與外交部長王世杰在莫斯科，訂立中蘇條約，第四條規定外蒙古可以採全民投票方式，決定是否獨立。是年十月，根據此規定，外蒙經全民投票後，成立共和國，從此外蒙結束了與中國悠久的象徵式的宗主國關係。（按：蒙古本無內外之分，但是它有北邊與南邊之分，而兩者之間，也沒有一個固定的疆界。清代對於蒙古雖有「內札薩克」和「外札薩克」之分，但「外札薩克」是包括比現在的外蒙古更大的地區。）

中華民國成立時的國旗是紅黃藍白黑五色，人們稱為五色旗的，代表五族共和之意，但蒙藏二族的統治者，一直未能與漢族的統治者打成一片，中央政府的政令不能行之于蒙古西藏，久為世人所見。國民政府許外蒙古獨立，自有它的見解，但數年後，又因感情上有所愛憎，又追悔于後了。

與刺宋教仁案有關的趙秉鈞，民國元年八月繼陸徵祥任國務總理，直到二年三月宋案發生，趙始于五月稱病辭職。黃遠庸在通訊中說到他「打聽打聽」的笑話了。他只配做低能的特務頭子，和善于應對進退的舊官僚，叫他做國家的宰相，他實在無此才幹。她果他在太平盛世的時候，做做國務總理，倒也還可應付裕如，在國家多事之秋，他也同袁世凱一樣，只能搬出北洋官僚那一套來應付，就一定會搞到頭崩額裂的。

趙秉鈞字智庵，自稱河南臨汝縣人，據說他是個孤兒，不知父母名姓，早歲流落在山東，做個不入流的小官，當時他不知父姓，乃取百家姓中第一字為姓。沃丘仲子「當代名人小傳」有他的小傳，摘錄如左：

（趙）故袁氏姻婭，以縣主簿官山東，嘗為巡撫署巡捕，從世凱入直隸，屢遷至道員，督辦天津巡警。素諳津俗，蒞事以猛為治，獲會匪棍徒，以紅封達總督，立戮之，日殺數十人，凡拳匪潰兵餘孽，誅鋤畧盡，民賴以安。當光緒癸卯、甲辰（廿九年、三十年，即一九〇三、〇四年）間，析津繁盛，幾至道不拾遺，微秉鈞之力不至此，世凱亦推置心腹，言無不納。已而調辦京師警務，民政部立，遂擢侍郎，以佐雜六年，至官卿貳，古所未有也。然治事已稍懈，且與尚書善耆不相能。宣統即位，世凱逐，明年考績，旨以秉鈞染嗜好，聲名平常，竟休致去（按：趙係宣統元年閏二月二日，以原品休致的。——引注）。自是家天津，時往來彰德。辛亥冬，代桂春為民政尚書，民國改內務總長，唐紹儀遁，代理國務總理（按：八月二十日以內務總長代理，九月廿五日實授仍兼內長。引注）。……未幾秉鈞亦歿，或謂袁氏置毒羹中以死之，則謠言亦不足信。蓋秉鈞素畏妻，不敢置姬妾，恒狎孌童，實為慾戕，歿年方五十也。為人不持威儀，好諧謔，勤于臨池，而書不工，習繪佛像，僅得形似。然御下有恩，與羣士共甘苦，故北洋警界至今稱頌之。

所說是很可靠的。他是袁世凱的特務頭子，可惜沃丘仲子見不及此。黃遠庸民國元年十月廿一日的通信「內務總長之研究」一文，分析趙氏之性格，極中肯，錄如左：

趙……自前清時即以警務起家，其所以有今日者，亦即以其與內務部有不可解之關係故也。其為人外似圓滑，而內實精核有術數，又從小吏出身，故甚習下等社會情事，凡北人通性。可以情誼聲氣相感，不可以法部勒，趙以此深得部下之心。其自前清時代開辦警務以來，蓄養部下既多，故其偵吏頗有能者（按：「偵吏」即偵緝隊，亦特務也）。章太炎謂某某最畏趙智庵，以一切隱私皆在其手下也。……趙氏之才，無待記者為之表彰，顧實不甚習于文牘及政論，既深以國務會議為苦，又頗厭閱文牘，今乃一身而兼二役，宜若大患在身矣。……

一個朝代的轉易，往往更改一些制度，中國由君主而改民主，于是一切制度皆有改變。中央政府最高的機構為國務院，總理總長皆為國務員。內閣所屬有：法制局、銓敍局、稽勳局、印鑄局，局置局長。清代的理藩部改為蒙藏事務局，設正副總裁各一。外官制度，在初革命的七八個月中頗為不劃一，到元年十二月始草定地方官制，都督名稱如故，以民政長為省行政長官，下設內務、財政、教育、實業等司，警察廳、觀察使、縣知事。舊日的知府、知州及一切佐貳官皆撤。縣知事可以直接向省公署遞公事，省了舊時由府轉達之煩。

革命後，行政區也有所改革，清末時，一共有二十二行省，全國九十四道，二百二十二府，直隸州七十七，直隸廳六十六，州一百三十六，縣一千三百六十五。民國成立，省制仍舊，但改順天府為京兆，（順天府為京師所在之地，有如國民政府時代的南京特別市，府設府尹）熱河、察哈爾、綏遠、川邊為特別區域；慶道、府、直隸州；改州、廳為縣（例如湖南有鳳凰廳，改為鳳凰縣）。後來又再設道，每道管若干縣，稱道尹。計全國共有九十八道，一千八百五十五縣，十四設治局。（設治局多在邊區，如黑龍江省清代有西布特哈，後改為布西設治局。奉天有突泉設治局。黑龍江有六設治局為最多。）

清代的縣名，有很多是重複的，奇怪的是二三百年以來，從不改正，例如廣東的新寧縣，鄰省廣西就有新寧州，四川、湖南亦有新寧縣。因此廣東的新寧，就改為台山。從此全國就沒有重複的縣名，不致時生混亂了。把府、州改縣，又合併了一些縣，也是做得很好的，例如江蘇的蘇州府所屬各縣，有些合併了，常熟、昭文合併為常熟縣，吳江、震澤併為吳江縣。

中國政府最先派留學生出洋留學，是清同治十一年（西曆一八七二年）曾國藩奏准派往美國的第一批幼童，由陳蘭彬、容閎帶往。民國成立後，孫中山做臨時大總統時，命稽勳局選出曾盡力于革命的青年廿五人，派往東西洋留學。是年十月，由教育部派往。這就是中華民國第一批的官費留學生。廿五人中張競生首名。我曾問過他為什麼要留學？他說他在辛亥前學過法文，又曾追隨孫中山革命，目的既達，不想做官，打算此後以研究學術為終身職志。派革命青年出洋留學也是他向孫中山建議的。

這批學生放洋的日期是在該年十一月，除學費、旅費外，由財政部撥付該生等三千餘元為治裝費、什費，在上海集合，分批出發。現在把第一批官費留學生的姓名籍貫列左：

姓名	籍貫	留學國別
張競生	廣東饒平	法國
譚熙鴻	江蘇吳縣	法國
楊銓	江西臨江	美國
馮偉	廣東	英國
曾廣智	廣東	美國
蕭友梅	廣東中山	德國
饒如棼	廣東	日本
邵逸周	安徽	英國
劉式庵	安徽懷寧	美國
劉鞠可	廣東	美國
黃芸蘇	廣東台山	美國
任鴻雋	四川巴縣	美國
趙昱	廣東	美國
鄺輝	廣東	美國
余森	廣東	美國
王夏	四川	美國
宋子文	江蘇	美國
何超	廣東	日本
曾魯光	雲南	美國
何建南	廣東	美國
鄒卓然	廣東	美國
彭砥	廣東	美國
熊傳第	江蘇	美國
李文彬	廣東	美國
何春田	廣東	美國

廿五人中，以廣東籍最多，占十六人，如果加上宋子文就十七了。（宋子文在廣東革命政府時做財政部長，職員錄中，他填寫「廣東瓊州人」。因當時廣東有「革命策源地」之稱，其原籍實為江蘇。）其次為江蘇，三人，四川、安徽各二人，江西、雲南各一人。其中以留美者最多，共十八人，留英、法、日者各二人，留德者一人，蕭友梅是學音樂的。這批留學生中，知名之士也不過十數人，張競生得巴黎大學哲學博士，謔者稱他為「性學博士」，一九七〇年六月死于原籍，年八十二歲。楊銓字杏佛，一九三三年在上海被暗殺，宋子文也是一九七〇年死的，任鴻雋今尚健存。譚熙鴻字仲逵，歷任北京大學秘書兼生物學教授，國立浙江大學農學院院長、實業部林墾署署長兼中央農業試驗所所長。劉式庵名燕貽，歷任安徽工業專門學校校長、建設委員會專門委員、安徽省政府委員兼建設廳長。劉鞠可歷任廣九鐵路管理局局長、粵漢鐵路廣韶段管理局長等職。黃芸蘇字慰民，歷任廣州市財政局長、國民政府參事、秘書、駐外領事公使等職。馮偉做過廣州市政府參事。廿五人中我所知者僅此，可說是孤陋寡聞了。

同治十一年至十三年派出的第一、二、三批留美學生，在民國元年時候為人所知者，計有梁敦彥（第一批）、黃開甲（第一批）、詹天佑（第一批）、鄺榮光（第一批）、蔡廷幹（第二批）、溫秉忠（第二批）、容揆（第二批）、周長齡，字壽臣（第三批，其後成為香港名流，獲英國勳銜）、朱寶奎（第三批）、唐紹儀（第三批，年十二歲），梁如浩（第三批）。光緒元年派出的第四批，沒有什麼知名的人士，不贅述。

民國元年的壬子，對上一壬子乃六十年前咸豐二年的壬子（一八五二年），是年太平天國革命軍在華中一帶打下了基礎。一百二十年前之壬子則為乾隆五十七年（一七九二年），是年九月廿一日，英國派馬爾戛尼特使來中國補祝乾隆帝八十壽辰，意欲與中國互派大使。民國元年，政府深恐「列强」不承認，但距此一百二十年前，英國要承認，而中國堅拒之，不屑也。前後觀之，亦可覘國運之一斑矣。

1969
THE QUEEN'S AWARD
TO INDUSTRY
英國 樂頓 男仕皮鞋
榮獲英女皇 一九六九年特別獎
欵美價廉·舒適輕便
特別選用
法國野狼皮製造
norton
MADE IN ENGLAND
大人公司有售

曾國藩國荃昆季

（來鴻去雁）

韋千里

辛未　甲申
己亥　甲戌
丙辰　庚辰
己亥　壬午

國藩命造：丙火失令，壬水秉權，妙在亥未會煞，化印。但其武功文事，並足千秋者，實賴於行運之濟美也。蓋自辦團練於長沙，「湘軍」之名大著，嗣後領袖羣英，平定捻匪，抑又官至大學士，其時爲四十二歲至五十六歲，正行乙未甲午廿年東南運也。

國荃命造：秋金銳銳，午戌火局，官星得用，壬水高透，以潤「秋燥」。至於月日時同居甲戌旬，爲「一旬三位格」，甲戌前引，壬午後，更如花添錦上，所以事業勳名，堪以濟美。

按曾氏昆仲兩造：初看平淡無奇，然而精神潛伏，元機暗藏，宜其公侯將相，取之如寄。以視現代「大人物」之命運，亦頗有類此者。

（覆官塘阮佩華女士）台造：辛卯，乙未，癸丑，壬子。天干三奇，地支冲中帶合，婚姻有波折，行運更複雜。四十歲之後較爲寧靜。三十歲至四十歲戊戌兩運，且多病痛，不離藥爐茶灶。承問有無機會出國，乃二十四歲之後，飛來飛去，尋常事耳。

（覆香港王妙雲先生）台造：甲戌，乙亥，庚寅，丁丑。精華在於寅戌半會火局，時落丁丑，火土金相生，尤爲可喜。所謂「山窮水盡疑無路，柳暗花明又一邨」，絕非「江湖訣」。四十一歲或四十二歲，方有婚姻，亦非虛語。禮失而求諸野，十步之內有芳草，街邊之算命先生，亦有傑出者也。現在，祇問耕耘，不問收穫。四十三歲至四十六歲，五十三歲至五十六歲，乃畢生得意之秋，美妙極矣。

（覆星加坡黃培豪先生）星洲一別，幾經寒暑矣。茲接來函，垂詢令孫女之命造（己酉，庚午，辛酉，壬辰。）按夏金失令，幸而時落壬辰，調候，吐秀，兼而有之。大聰明，大無畏，將來品學兼優，展布良多。十八歲之前多病。十八歲之後，廿年好運，婚姻美滿，德業孟晉。三十八歲至四十八歲，甲戌兩運，乃又病矣，憾也如何。

（覆九龍梁中良先生）台造：甲戌，丙子，癸酉，癸丑。癸生子月，建祿格也。喜丙火取暖，尤喜甲木生丙。冠蓋滿京華，斯人獨憔悴，乃行運使然。今明年還無用武之地。四十一歲起六年機緣輻輳，大有可爲。俗云：命好不如運好，運好不如年好，流年固屬重要，待之哉。

（覆越南鄭民雄先生）來書謂：「生於巳年四月初九晚兩點鐘」，不知巳年指何歲，初九晚，是否即初十之凌晨，請再補示。蒙不遺在遠，千里來鴻，且欲先覩爲快，但又寫得不清楚，徒費時間與筆墨，奈何。

（覆荃灣曹吳興先生）台造：丙子，丁酉，壬子，庚子。憾哉缺木，行運又都金水，縱有冲天之志，乃無登雲之梯。不得已求諸流年，則三十九歲至四十二歲，有利可圖，好自爲之。晚來五十歲至五十五歲，年運並佳，更爲出色。先生原籍南京，來港已爲南行，固屬相宜，不必亟謀他往。

（覆星加坡何家恂先生）台造：辛亥，甲午，丙寅，戊子。火旺，喜有金水，乃行運步高步低，成功有限。今年壬子，防跌打損傷。明年癸丑，無事不光亨。六十四歲之後，六載蹇滯，其能與世無爭乎？

（覆九龍梁求康先生）台造：己未，丁丑，辛巳，壬辰。土重，木火不夠。過去以廿七歲至卅七歲之甲戌運，應有成果。未來以五十六歲至六十一歲，大好流年，必有驚人之鳴。但今年壬子，明年癸丑，一籌莫展，進退維谷，如父母在堂，明年風木興悲。

（覆香港陳華先生）台造：丙子，甲午，戊子，壬戌。陽刃逢冲，婚姻遲遲，反屬有利，明年癸丑，必圓鴛夢矣。三十六歲至四十六之戊己兩運，事業登峯造極，利非淺淺，名非碌碌。其餘運程，大都平淡。今年壬子，女子與小人之纏繞，煩惱極碎，一冬更甚。

（覆香港鄒震歐先生）來函既無時辰，恕難推命。

（覆九龍余秋先生）先生垂垂老矣，幸喜晚運大好。蓋查台造：甲辰，癸酉，丙辰，壬辰。金水威脅丙火，七十一歲至七十五歲，連逢木火流年，名利事業，爲畢生之冠，未吃苦中苦，竟爲人上人，賀賀。

（覆九龍薛沛煌先生）台造：庚申，己卯，辛巳，甲午。辛金絕於卯月，幸有申金爲根。木火兩旺，膽力魄力，均嫌不夠，獨立自主，不如依人作嫁。大名「煌」字，應去其火，單用「皇」可矣。明年暑勝一籌，但五十五歲起，又多木火流年，守之守之。且待六十一歲之後，老運亨通，邁步前進，未爲晚耳。

（覆越南劉厚道先生）台造：丙子，辛丑，丁未，辛丑。丑月丁火，僅賴未爲托根。三十二歲至三十七歲之辰運，應有大破財，豈止「事業婚姻兩無成」哉。明年癸丑，天尅地冲，幸巳交進乙運，危而不危。三十一歲起，年運俱佳，自然峯迴路轉，安富尊榮，直至于老。但今明兩年，必須安分守己，不可輕舉妄動。

（覆香港江洪波先生）台造：戊午，庚申，甲寅，丙寅。憾於水不透天，水運又已過去。今年壬子，惜在丙運，遇而不遇。明年癸丑，大有所獲。五十七歲寅運甲寅年，內外不利，一無是處，尤以舟車之險，跋涉之勞，爲可畏焉。天干甲戊庚，支無丑未，一生多事少成。

（覆澳門阮雅女士）台造：庚午，丁亥，辛未，癸巳。立冬以後，辛金喜火，但火太多，亦非所宜，妙有癸水亥水制火，夫子兩榮。然而行運迄無可意者。查四十五歲甲寅年，四十六歲乙卯年，運在壬水，財旺如潮，家業興隆，勉之勉之。

（覆沙巴州亞庇蔡明昌先生）台造：庚寅，戊寅，壬子，丁未。土之壓力太重，婚姻極不理想，四十二歲至四十七歲之午運，或如鰥魚，或如勞燕，夫婦之道苦矣。先生祇注意婚姻，故不多贅其他事宜。

（覆西貢周清清女士）台造：己丑，庚午，乙亥，庚辰。乙生午月，外盛內枯，全賴亥水滋養。將來情海多波，二十九歲行癸運，方有婚姻歸宿。至於出國之事，二十四歲至二十九歲之申運，行萬里路，讀萬卷書，學業事業，兩皆突飛孟晉也。

（覆香港薛光先生）台造：癸亥，乙卯，辛巳，壬辰。財多身弱，命書有「富屋貧人」之喻。行運如不繫之舟，動盪之至，四十二歲以後，方見穩定，定則有所成矣。所以早歲奔波，晚來安享，至於妻賢子肖，乃足慰生平。

（覆九龍王麗芳小姐）台造：戊子，癸亥，戊申，戊午。身財兩强，拱貴格，雖非富貴，亦必榮華。婚姻好，子不多，且防難產。今歲起，十年燦爛光明，三十五歲之後，歸於平淡矣。故宜早歲努力，婚姻與事業，並皆重視之。

（覆越南許由之先生）先生年近花甲，一事無成，深以晚來之生活爲慮。按台造：乙卯，辛巳，庚戌，癸未。夏金用癸，水火不濟。茲行乙運，幸流年大都金水，絕處逢生，明年癸丑，且大發其財，菟裘之謀，豈可忽畧，蓋六十歲行亥運，老無能爲矣。

（覆新加坡嚴德初先生）台造：甲子，戊辰，己未，己巳。土重如山，一重甲木，疏土不夠，如支有寅卯，便生色不少。查行運無寅卯，而巳午未南方運程，早已過去。今後五十一歲甲寅年，五十二歲乙卯年，如青錢萬選，好到極點。六十歲之甲運亦佳，尤以六十三歲丙寅年，六十四歲癸卯年，滿載而歸，不愁晚景之落寞矣。

（覆日本東京朱永生先生）台造：辛巳，己亥，庚辰，甲申。地支巳申亥，不爲海員，即爲行販。查三十三歲至三十八歲之申運，車塵馬足，最爲奔忙，但忙來有功，何樂不爲。直至三十八歲行乙未甲午等運，乃克坐享其利，而宜以逸待勞，從事於固定之商業矣。

（覆香港文德泉先生）大函謂：「免使英雄兒女，兩皆蹉跎」，其意殆注重於婚姻與戀愛歟？按台造：丁亥，癸卯，庚戌，丙戌。金廢於春，木火爲病。茲行丑運，大利之途，明年婚事諧矣。繼以二十九歲之庚運亦佳。在此十年，建設於外，成家於內，可謂躊躇滿志。

（覆山打根梁淑珍女士）台造：辛酉，庚子，己未，丁卯。丁火生土，卯未木局生丁，可喜也。但年月金水，皆爲忌神，可知父母之福蔭缺如，夫子之結局良好。茲行巳運，今明年勞人草草。後年起，漸入佳境，蘭室清談健，家門喜報多。

（覆九龍陳達偉先生）台造：乙酉，己卯，癸巳，甲寅。癸水春生，甲乙寅卯東方全，應作「從兒格」而論，富命也。今明年滯而不通。三十歲起，四載得意，多采多姿，所忌者，聲色犬馬，醇酒婦人耳。三十七歲至四十七歲乙亥兩運，隨俗浮沈而已。四十七之後，甲戌十年，美景如花，步步春風，名又高，利又厚矣。

（覆香港溫茂寧先生）台造：己丑，丙寅，庚寅，丙戌。「七殺格」，名過於利。少水，宜於金火貿易，流動事業。明年曇花一現，極不得意，須至三十二歲轉佳，從而大名大利，始終勿替。妻宜肖猴肖鼠肖龍，運命多助，大有裨益。

（覆九龍鄭小姐）台造：戊寅，庚申，戊寅，甲寅。憾於火不透天，婚姻不理想，事業有曲折。幸多火運、忙來有成，尤以物質之享受，高人一等。今明後三年，多少恩怨多少淚，小不忍則亂大謀。

（覆中美洲千里達王文淵先生）按己卯年九月廿八日申時，其命造應爲：己卯、乙亥、庚戌、甲申。開來八字（己卯，丙戌，庚子，甲申）似有錯誤。台造身財兩美，但少暖氣。早歲碌碌不遂。三十六歲至四十二歲，年運無一不佳，中年之黃金時代也。尙有四十六歲至五十二歲之午運，更其突出，面團團作富家翁矣。賜詩謝謝，但過承褒獎，愧不敢當。

本欄篇幅有限讀者函問命運祇限本人請詳細開列性別地址及出生之年月日時附右列印花寄大人出版社依序奉覆

血淚當年話報壇

——追憶抗日戰爭中上海新聞界一幕鬥爭史——

·張志韓·

我們爲了自以爲非常神聖的工作必須堅持到底，也爲了自己的安全而自我監禁，過着不知何年何月何日才能終止的光榮牢獄生活，可是那些敵僞鷹犬，却一刻不停的在注視着我們，他們的確想派人調查我們的宿舍所在地，甚至秘密和一個專門看守四樓宿舍的蘇北籍司閣接洽，希望他畫出一張地圖，何處出入，以爲襲擊的藍本。這個蘇北司閣也是法捕房的督察程子卿所介紹，他一方不敢得罪敵僞所派的人物，祇得虛與委蛇，一方也不願出賣良心，貪小利而殘害我們。在某一天淸晨，忽然向我跪了下來，痛哭流涕，却又說不出所以然，我給他攪得一頭霧水，莫名其妙，剛巧李駿英兄上樓有事相商，（李兄是第五位被敵僞暗殺的人，他便是今日聞名世界的中國原子能權威與楊振寧合得諾貝爾獎的李振道的叔父）。見此情形，便叫他到一個小房間內，細加詢問，才知原委。這個蘇北司閣自知處境尷尬，願意辭職秘密返鄉，於是由報社方面，給他一筆錢，讓他暗中離去，而我們四層樓這個擺下烏龍燈泡陣的宿舍，此後更是門禁森嚴，在三四樓間又另加上一道鐵門，以策安全。我之所以提起這位蘇北司閣不受誘脅的一幕，證明上海兩租界警務當局的內部，當時魚龍混雜，成爲各式各樣的間諜特務隱身的大本營，當時程子卿給我們介紹一個姓蔡的老探員，此人的確忠肝義胆，善盡職守，這一位蘇北司閣，也能深明大義，未受利用，但某些捕房派來的探員，未必人人可靠，甚至他們在不知不覺之間，却做了敵僞的幫兇，隨時供給敵僞方面有關我們同人的情報，張似旭的被害，便是一個顯明的例子。

張似旭當年雖身負中文大美晚報主持人的責任，但大部時間都在友邦保險公司工作，因爲編輯經理兩部，都有專人負責，從這張報紙業務日有起色以後，他祇是每天前來看看或是聊聊天，曾記得有一個時期，他還和新聞報記者顧執中，英文大美晚報的女記者史沫特萊等應上海中共方面負責人的招待，遠道而去閩浙邊界的新四軍區參觀。更有一次爲了史帶業務上有關外滙問題，去重慶和當年的財政部長孔祥熙接洽。憑了當時大美晚報在上海的聲望，他的任務自然很容易達成。張似旭既是一個血性男子，也是一個很聰敏的人物，他在敵僞橫行之日，當然也知道自身危險，所以他也避免以大美晚報的主持人身份和人接觸，但汪派人物中有很多從事新聞事業的健者，像林柏生和湯良禮，也是張似旭的老友，尤其湯良禮和他更熟，所以他當時自然不免直接間接的和他們有些交往。

在七十六號特工總部開始行動之前，南京方面發出的通緝令，黑名單中張似旭也赫然在內。當時，我們上海的新聞界中人，還以爲這是汪派的一種恐嚇手段，他們既想在淪陷區中，有所作爲，總致不對上海這些手無寸鐵的文化人，實行屠殺；甚至當年的上海新聞界中人，有的身登黑榜，嚇得遠走他鄉，有些則以不在黑名單中而引爲奇恥大辱。蓋此時此地，忠奸判然，壁壘逐漸分明，一紙黑名單，網羅了所有中文報中被認爲反日僞的幾個同道漢奸，是否有意安排，當然無法得知。朱惺公在接到通緝令的黑名單以及警告信之後，便在大美晚報副刊的夜光版上，寫了一篇『將被「國法」宣判「死刑」者之自供』，這是答覆汪僞在滬的特務機關，也就是當年舉世聞名的上海七十六號特工總部的警告信，那時候他們的對外招牌自稱「中國國民黨剷共救國特工總指揮部」，這篇文章應該是中國抗日史中的重要一頁，慷慨激昂，眞可說擲地有金聲，垂之千古而不朽的。

此文眞足傳千古　記者殉國第一人

今天我把朱惺公當年這一篇轟轟烈烈的文章重行刊載，讓我們知道當年上海的新聞界，有這樣一個人爲了不甘屈服於侵略的日本人和靦顏事仇的漢奸們所給予我們的殘暴統治，不惜犧牲生命而嚴辭譴責，其人其文，而今一再拜讀，猶覺其正氣凜然，彪炳千古而不朽。文曰：『慨自國軍西撤，孤島四週，久已不聞「國法」之施行矣。如孤島四週，果仍有「國法」者，則又何容小醜跳梁，狐鼠橫行，暗無天日，一至於此耶！在此烏煙瘴氣之地，風雨如晦之期，乃忽有所謂「國法」者頒臨，而此一「國法」，又復爲專事對「無辜之人」而施者，是其「事」奇「法」奇，而執行之官無署，油印之函濫投，此種「綁票式」之判決書，則又奇之尤奇者矣。

貴「部」所發之書，余亦慨然承惠一份，此余之不幸耶？抑余之寵遇耶？檢閱內容，則謂余所編之版，今後如再發現「反汪」之文，即將派員對余執行「死刑」等語。夫生猶寄死猶歸也，余寄生於茲濁世，垂四十年，其平時足以致死之道，本已不一而足，如非薪所入，僅圖口腹，既不能趨炎附勢，求官謀祿，又不屑仰人鼻息，乞食嗟來，數根窮骨，一股寒酸，是「窮」即可致余死命也。又如瘦骨嶙峋，身如鷄肋，既不堪當老拳之一擊，更難避佛說之三災，繼晷焚膏，苟延殘喘，疾病時侵，攝生無術，是「病」亦可致余死命也。至若平時因乏車資，出門每多安步，偶一不愼，則橫逆之來，安知不作車輪下之鬼，而生平酖嗜鞠生，得暇輒赴市樓，冀謀一醉，或飲如過量，安知不似南京「新貴」之中酒毒，遂爲不淸不白之酒鬼耶！總之，吾人生於方今之世，無時不可致死，亦無地不可致死，死固然耳，不死者不幸中之幸運兒也。因死爲人情之平常，亦且爲人事之至易，余對於死，乃絕無所謂，二年來之寄生孤島，早如待死之囚，所以不死者，乃「刑」之尙未遍及無辜，余乃叨天之幸，直至今日，仍得以不死之身，而日藉文字與孤島人士相見。

今貴「部」將宣判余之「死刑」矣，此誠余之寵幸也；蓋以如此死法，死且爲「烈士」矣，「烈士」，死之最光榮者也。余一介寒士，庸懦無能，安足當此；余自信「不能爲烈士」，余友皆謂余「未必能爲烈士」，今貴部乃欲以此嘉名寵錫於余，是則安得不令余自撫昂藏，頻摸頭顱，亦如汪精衛先生當年「慷慨歌燕市」而發之豪語曰「不負少年頭」，余之頭顱，能得爲無情之槍彈所貫，頭顱乃不得謂爲「無價」，頭顱有價，死何憾乎！

雖然：死則死耳，死必死得淸白而不作糊塗之鬼，茲當貴「部」尙在「容忍」之日，余不能無一詞以爲辯，是以在將死未死之前，披心瀝胆而爲之供，所以答貴「部」者，亦即所以告社會人士，知余死之不寃也。在貴「部」之意，以爲汪精衛之提倡「和平」乃係「反共」，而今之反汪最烈者亦惟「共黨」，故反汪者即係「親共」或爲「共黨所利用」，此種邏輯，想入非非，實爲余所大惑不解者，余既非共產黨，亦非國民黨，且余亦與兩黨之人，根本無所往來，然而余之反汪意旨，則縱有斧鉞鼎鑊之加，亦不足動搖余心。貴「部」若謂余因愛國而受「國法」之誅，則余死而無憾，貴「部」若謂余因反汪而應受「死刑」之判，則余死亦有所應得，貴「部」若必欲謂余「親共」或爲「共產黨所利用」而獲「罪」，則余死亦當作厲鬼以鳴其寃，否則非特將爲「共黨」所竊笑，且余以一無黨無派之人，而無辜於黨史上濫竽姓名，此縱爲「寵錫之加」，亦斷非余之所願受者也。貴「部」應識惺公自有其人格，自有其品性；惺公如欲爲黨人者，則今日之名，雖不及吳稚暉、戴季陶輩之顯赫，至少亦可在黨史上佔重要地位矣。二十年前，余即識汪精衛其人，二十年來汪精衛已在政治史上，三覆其生命，而惺公則仍然一襲布衣，淸風兩袖，余與汪精衛不同之人格在此，余之所以終爲匏瓜者，是生就的匏瓜料耳。

復次余尙有辯者，「惡意謾罵」四字，斷不能誣加諸我，蓋余所編之副刊，從不欲作此種論斷也。故汪精衛在重慶初發「和平論」時也，余亦作「和平說」，結論則謂和平本非不願，特汪精衛口中之和平，則斷非中國人之所願也。及至汪精衛主張議和，遁身河內，余則斷然以秦檜目之，蓋彼時汪氏頗有「主和」之議，尙無賣國之實，秦檜誤國之大奸也，究無通敵作倀之史證，而今日之汪精衛則不然，居然將欲欣膺僞命，袍笏登場聞矣，是則汪精衛已由秦檜而進一步作劉豫受金主齊王之封矣。以奸惡如劉豫者，而欲國人不反對之，是則除非必將中國人皆殺盡，方可安享其永久之祿位，否則中國如尙有一人，必將誓死以反對之，余特中國之一人耳，貴「部」即能殺余一人，其如中國尙有四萬萬五千萬人何？是則貴「部」之所謂「以昭炯戒」者，亦惟見「心勞日拙」而已。老子曰：民不畏死，奈何以死懼之，吁，可以休矣。

抑尤有言者，今日之余，即當年慷慨歌燕市之汪精衛也，汪精衛能慷慨歌燕市，安知余不能「激越唱淞濱」耶？汪精衛能從容作楚囚，安之余之不能「引頸作死囚」耶？「引刀一笑」，余則頻撫頭顱，誠有「欲笑之不得」之感矣。

嗟夫！余今既不能逃避，又不能屈服，惟有作「待死之囚」矣，余知余如果因此而死，余兄在遠，聞耗必曰「佳哉吾弟，其足以光吾門楣矣」。余之至友聞之，必曰「求仁得仁，復何求，朱子之死得其所也」。余妻亦必忍淚强笑而告誡余之幼子曰：「汝父固不願作亡國奴而死，汝如長大，必當復此不共戴天之仇」。余子雖幼，亦將雀躍而告余之靈曰：「阿父雖死，猶是中國鬼也，中國不亡，魂其欽格，尙饗」。至是，余之英靈必將彪炳於天霄之上，而與日月爭光，照遍全中國，任何黑暗陰霾之面，而追尋文文山李若水之魂魄，相與共話亡國時之痛史矣。

言盡於此，即此可代遺囑！生殺之權，操諸貴「部」，維貴「部」撫躬自問，憑良心作事，千秋史筆，必有定論，余不屈服，亦不乞憐，余之所爲，必爲內心之所安，社會之同情，天理之可容，如天道不滅，正氣猶存，彼蒼者天，其必佑我。耶穌因救世而釘死於十字架上，余縱無耶穌之宏願，而耿耿此心，實可與耶穌之意念息息相通也。余生爲庸人，死作雄鬼，死於此時此地，誠甘之如飴者矣！而今而後，余將日携三星白蘭地一瓶，以待死神降臨之時，從容狂浮三大白矣。』

大美同仁不畏死　前仆後繼又三人

以上便是上海中文大美晚報夜光版編輯朱惺公先生當年的一篇討賊檄，惺公便因此文而被汪精衛正式下手開殺戒的第一人，而今事隔三十多年，惺公墓木已拱，而我們這些後死者，如果再從頭拜讀此文，猶覺其慷慨激昂，眞不愧爲大漢民族之好男兒也。想當年，上海的新聞界在朱惺公死了之後，起了一陣恐怖大騷動，有許多人視新聞記者爲是非之人，從此退出新聞圈，有的則遠走高飛，避禍而去，而政府當局和敵僞雙方，從此以後，展開了大規模的暗殺工作，頓時之間，上海兩租界成了血肉屠場，情形慘烈，眞使人胆戰心驚，而我們當年在中文大美晚報工作的一羣，在惺公死了之後，不但沒有給敵人漢奸的駭怕，而且再接再厲的在報紙上給予他們作種種文字上的打擊，於是乎汪記漢奸們殺得高興，在朱惺公死了以後，中文大美晚報的主持人張似旭又被狙擊而死，張氏被刺以後，接着則爲國際版編輯程振章先生，最後一個給他們刺死的是經理部的李駿英先生。眞可悲，中文大美晚報在當年和漢奸的結下不共戴天之仇，一個接着一個的被狙擊，一個一個的活生生地慘死於漢奸鷹犬的無情槍彈下，這些萬惡兇徒，沒有一個被捕，他們一雙血腥的手，在租界內橫行不法，從容來去，如入無人之境，殺了人，抹乾了手，便去滬西七十六號報功領賞，升官發財，漢奸們固然得意地笑了，他們以爲殺一可以儆百，全上海的中國人從此可以屈服於敵寇漢奸的血腥統治以下，去過王道樂土的生涯；可是相反的，全上海有良知的中國人，看到這種喪心病狂的殘殺，他們滿腔熱血更沸騰了，而中文大美晚報當時幾成爲中文報紙的一種象徵，僉以爲這張報紙才是反抗敵僞代表四百萬侷處孤島人民心聲的權威刋物。

張似旭出殯中西友人扶柩

論理，張似旭似乎不應當遇害的，他名義上雖是中文大美晚報的主持人，他在中文大美晚報沒有一間辦公室，也沒有一張辦公桌，他爲人很機警，出入也很秘密，並不天天到報社，也沒有固定時間，行踪飄忽，來去無常，駕着一架自備汽車，獨來獨往。住在法租界鄰近福開森路的一間公寓，身上經常帶着一枝自備手槍，他的太太和女兒，經常住在美國鹽湖城的外家，單身寡佬，與一個姓李的朋友同住在那裏。不過他有位舞國膩侶名陳海倫者，兩人感情不錯，但當時因爲環境險惡，也已絕跡去舞塲酬應。他如此小心謹愼，可是當時的法租界當局，似乎好意的要保護他，在朱惺公被殺以後，特別派了一個便衣暗探，作爲張似旭的保鑣。不論張似旭去那裏，他總是寸步不離，追隨左右，這種警務人員，他們是奉命派遣的，每日總要寫上一份報告書呈交他們的頂頭上司。譬如派在大美晚報編輯部鐵門以外的探員，他有一本小册子，每天記錄所有在報館出出入入的人，尤其是他們認爲比較重要的，何時或是訪客，或是報社的編輯和記者，何時來，何時去，都寫得清清楚楚。如果報社收到恐嚇信甚至信中附有子彈，他們更詳加研究，多方查問，至這是他們的責職，自然無可厚非。那個跟隨張似旭的密探，當然也要把張的每日行踪時間和地點，甚至那裏吃飯，何處歇息，早晨幾點上班，晚上幾點返家，例行公事，呈報上去捕房的政治部，以便負責搜集這種資料，加以審核研究。據說這是必要工作，而毛病也便出在這上面，當時的日方當局，便和兩租界捕房，有更換情報的一種協定，大至政治案件，小至盜竊姦殺，都在互相交換之列，於是所謂那些抗日份子的動態，日本方面，除了自己的特務所作日常報告以外，租界方面的情報交換，自然也可按圖而索。或者說這種調查交換工作，祇是捕房政治部的普通資料，不值得注意的。還有那些潛伏在捕房的不肖人員，甘爲敵僞鷹犬，他們也暗中把許多秘密消息，隨時供應給對方。

張似旭爲眼中釘　咖啡座上殪忠魂

像張似旭這樣一個人，當時已爲汪僞特工方面認爲眼中釘，密切注意而無法下手，他們間接的從這種資料中，查出跑馬廳畔的起士林咖啡店，爲張似旭常去消磨會友的地方。我們記得很淸楚，那天中午，張似旭曾來大美晚報，而且特別遣走了那個密探，叫他當天不必隨陪，他下樓還去英文報編輯部轉一下，一個美國同事還和他打趣，要他出門小心在意，不要碰到了漢奸特工，張似旭拍拍他身上的手槍，告訴他不必躭心，我有這個防身利器，可以對付他們兩三人而有餘。這原是戲謔之詞，誰知一語成讖，我們那天的報紙還沒出版，接到消息，說是張似旭被刺了！第一個告訴我的，是法捕房政治部的督察長曹炳生，這個噩耗之來，使全報同人，大爲震動，因爲朱惺公死了不久，接着又是一個張似旭倒下去！他因爲是我們中文版的負責人，更使我們徬徨失措，大有羣龍無首之感。就中文大美晚報本身來說，張似旭的殉國，比了朱惺公的被刺所受的震驚和影響更大，因爲那時候的汪僞組織，利用銀彈政策拉攏新聞界，所收效果並不大；尤其當時的中文大美晚報，好像汪記僞政權的死對頭。他們爲了樹立威信，把手槍子彈對付這些新聞界人士，更把中文大美晚報的人員做主要對象。他們選擇了張似旭，知道他時常去起士林咖啡館會朋友，早已密派殺手，暗中等候，我們也不知道張似旭那天去飲咖啡和誰見面。事後據捕房的報告，據說當時祇有張似旭一個人，他靜靜地坐在那裏啜咖啡，冷不防咖啡座後，一個兇手突然向他狙擊。張氏當時身受槍傷，還勇敢的拔出自備手槍和兇手抵抗。這個兇手從樓梯上逃下去時，張氏且跟踪追擊；可惜他受的致命傷，槍彈還沒發出，便倒在梯級，滾了下去，立刻身亡！兇手奪門而出，外面還有接應他的人，見他業已得手，便相偕逃至馬路對面停靠在跑馬廳邊的私家車向滬西歹土溜之大吉。張氏之死，當然又是引起上海愛國同胞的無比憤怒，其身後一切，大美晚報當局派人隆重料理，而各界愛國同胞，更是奔走相告，自動參加執紼。張似旭結識的中西朋友很多，他的太太當時遠在美國，聞耗携了她的獨生女趕來奔喪，而中央政府方面，除了函電交馳，吊唁慰問以外，還另撥郵金壹萬元，以示悼念。中文大美晚報的同人，在張似旭倒下以後，更覺義憤塡膺，不與汪偽漢奸共戴一天，事實的確如此，當時凡是稍具正義而認為匹夫有責的人，他們絕對未曾給這些特工兇手的槍彈所嚇倒，憑着三寸毛錐，週旋到底，你們殺得兇，我們罵得更兇，於是乎羣魔亂舞，子彈橫飛，多少新聞界的忠貞人物，繼遭毒手，此來彼往，上海幾成暗殺世界了。

人是血肉之軀，誰都怕死，我們中國人為了國家民族的存亡絕續關頭，大家不顧一切，與敵偽相週旋，外國人拔刀相助，為了正義，看不慣日本人與漢奸的所作所為，那些駐在上海的外國記者，不但把一切暴行，隨時發到世界各國，當時在上海的外國報紙，由於他們的地位特殊，更是暢所欲言，儘量宣傳敵偽種種劣跡，（但須除去日本報紙，還有一份時常作為日偽傳聲筒的英文泰晤士報）往往有許多重要消息，中文報紙有時給租界的新聞檢查人員所壓制而不能登載，那些英文報是無所顧忌的，英文大美晚報當時表現得更出色，而且它因為和中文大美晚報是一體的關係，往往在英文報刊登之時，中文報也同樣披露，即使租界的檢查人員對中文報橫加干涉，中文報同人可以把英文大美晚報捐出來抵擋，更因為那時候的中文大美晚報總編輯頭銜，係由英文報的總編輯高爾德兼領，即使租界檢查員有所留難，中文報可以由那個美國總編輯負責折衝，由於這種關係，所以當時的中文大美晚報，得到了天時地利人和的關係，比了其他中文報要自由得多。當其時也，租界上的所有中文報紙，雖已全部掛上了洋商招牌，但明眼人均知這是一種手段，實際上仍是由中國人獨負其責；唯有中文大美晚報，當時的的確確是從英文大美晚報所誕生，縱然敵偽方面，對新聞界壓迫威脅，日甚一日，但對於這些眞正洋商報紙，仍是比較顧忌。中文大美晚報叨得這種便宜，却給七十六號的特工殺手相當煩惱，他們要樹立聲威，一定要對付中文大美晚報，而且他們也知道張似旭是中文大美晚報的主腦人物，他們要查明這個底細，在實行暗殺張似旭之前，先進行了一次綁票案。這是當年沒人知道而從未發表的史實，被綁的是大美晚報的會計員杜炳昶，這位先生，他身負中英文大美晚報以及大美印刷所的財政大權，為當時三位一體的大美總經理美國人勃羅司的親信人員。勃羅司原為大美印刷所的經理，他因為經營得法，大美印刷所營業鼎盛，極為史帶所重視，祇是總編輯一席，由高爾德負責，七十六號的特工總部，當時不知如何，把這個杜炳昶綁去，其目的據說在調查大美晚報的經濟情形，更想知道大美晚報究竟與重慶方面有何關係，其間來龍去脈，姓杜的事後也不敢盡道眞相，我們祇知道他被綁在七十六號前後達兩星期之久。杜在被綁期中，七十六號有一個神秘人物，居然和勃羅司暗中接觸，甚至杜炳昶給釋放歸來以後，這個人還經常秘密來往，勃羅司當時也的確想利用他知道一些七十六號的情形，更重要的目的希望七十六號不再對付中文大美晚報，其用心不可謂不苦，而此人竟乘此機會，向勃羅司按月要索酬勞，大敲竹槓。

會計先生被綁票　審訊大員自己人

這位杜炳昶，自脫虎口，便也搬進了大美晚報四樓的我們自我拘禁的宿舍中同作羈囚，閒來無事，自要談及他此次被綁的情形，誰知從他口中，我們竟赫然獲悉就在中文大美晚報編輯部中剛去職的一位新聞記者，竟是七十六號偽特工總部要員之一，而且他身任審訊大員。凡被七十六號綁架的所謂重慶份子，都由他負責主審，而且身任審訊科的主管，這個杜炳昶被捕以後，便是由他審訊。杜炳昶平日在會計部中任事，很少和中文報編輯部中人接觸，但有時為了發放薪水，或是有事和我接洽，他也偶然到我們的寫字樓見面，所以他對這位昔日記者而當時身任審訊大員的蔣曉光，在這生死關頭而在氣象森嚴的閻王殿上相値，好像鬼門關上，遇見救星。因為中國人有一種很難描寫的情感，如果曾經相識，何況有過同事關係，總有一些微妙因素。而且蔣曉光的為人，因為他平日接觸的都是巡捕房和白相人地界的俠義中人，帶着江湖豪氣，他雖負責主審，大概也是職責所在，他所訊的內容如何，杜炳昶其後又如何被釋，杜某雖然不肯透露，但他把蔣曉光在七十六號出任偽職的一幕告訴我們，當時却使我們大為奇怪！至於蔣曉光如何投身七十六號，勝利之後，竟然又搖身一變而為地下鑽出來的英雄人物，都是使人莫名其妙？我在日軍投降以後重返上海，曾在某一偶然機會中見到蔣曉光和我握手言歡，互叙契濶之餘，還拖我和另一位朋友見面，他向那位朋友說，他之過去在七十六號中如何如何，我是最淸楚的一人，天地良心，我絕對沒知道他如何會置身其間，又如何會搖身一變，當時祇有含糊其詞，應付過去而已。

杜炳昶也透露他雖脫離魔窟，但七十六號要他隨時報告大美晚報的種種動態，而且指派了一個漢奸經常和他接觸，這個小漢奸就是向大美晚報的總經理勃羅司處按月領取賄賂的，據說他可以保證七十六號以後不再對大美晚報為難，甚至他可以在七十六號如果對大美晚報有所不利的行動之時，沒法預先通知；勃羅司當時為了報社，當然也慨然應允，任他敲詐。想不到不久却發生了張似旭的被殺，自然非常惱恨，一面既痛心老朋友之又遭毒手，一面也深覺被欺騙的忿慨，那個小漢奸却也從此不敢再行見面，這是當年大美晚報在苦難中的另一幕插曲，也可想見那些小漢奸的無耻卑鄙，弄錢而不擇手段。而大美晚報在張似旭身死之後，內部却發生了另一危機，甚而主持者想把中文大美晚報眞的實行關門，免得多所犧牲，而實際上他們也覺得中文報既與汪僞組織結怨得如此之深，長此以往，也許連英文大美晚報也會牽連在內。此外，當時身兼英文大美晚報及中文大美晚報總編輯的高爾德，也經常接到恐嚇信和恐嚇電話，他雖然在報上社論中意氣風發，表示不屈不撓的精神，甚至說他經常把一支手槍放在寫字桌上，如果有人企圖對他不利，他會毫不猶疑的和他拚個你死我活，的確，高爾德的辦公室在大美晚報的二樓，他那時隨身帶着自備手槍，作爲防身利器。但他的內心中，却也有一種非常的不安，特別自張似旭的以身殉報之後，他覺得這些漢奸們的橫行無忌，不顧一切，推本窮源，他認爲毛病出在中文大美晚報身上，如果中文大美晚報停辦，他可以脫掉兼任總編輯的一件濕布衫，所以他當時也力主停辦；無奈總經理勃羅司，他是一個善於理財的人，他怎肯放棄這張每天大大賺錢的報紙，所以他不但竭力反對，而且乘銷數日增與廣告日增之趨勢下，增加張數篇幅，要辦得更爲有聲有色，不過那時的大美早報和大美午報則以營業不如理想，張似旭又告身亡，同意予以停辦；可是高爾德對於兼任中文大美晚報總編輯的職務，仍是表示不感興趣。那晚候，上海的美國總領事高斯，他也經常注意大美晚報的動靜，而且和公共租界當局，有着密切關係，高斯認爲高爾德是一個美國人，不識中文，要他兼攝中文報總編輯頭銜，不但於理不通，而且的確不便，所以他主張中文大美晚報的總編輯要由中國人担任，而且要報館當局，向公共租界重行登記，註明誰是總編輯，否則美領署很難予以保護。勃羅司爲了此事，便和我以及李駿英兄商量，此一問題，關係着中文大美晚報的存亡絕續，而高爾德雖然辭去總編輯名義，他自動表示可以担任中文大美晚報的顧問，凡有問題，他仍可隨時諮商應付。他們要我把這個名義担任下來，我也知道責任雖重，但事實上我早已身列黑榜，隨時都有被殺可能，所以一諾無詞，慨然應允。好在此事祇是美總領署和上海的租界當局知道，並未向外公開，中文大美晚報於是暗中改變登記，內部一切照常。尤其對於敵僞漢奸，並不退讓一步，因此在張似旭以後，又是一個國際版編輯程振章被殺身死，李駿英兄則爲被殺的最後一人，想起了這幾位朝夕相處，患難相共的同事，多在倏忽之間，慘遭横禍，事後還得在悲痛忿恨而又繼續在槍彈威脅之下，料理善後，這種苦痛的心情，迄今猶夢寐難忘，爲之泣下。

四張西風不可打　程振章君又成仁

談起程振章，這個熱情而又和藹，更兼對人總含靦覥狀態的朋友，他在同人中相處得最融洽，當時還沒結婚，甚至也沒女朋友，我們的編輯部中有兩位女同事負責剪輯資料，其中一位吳小姐，她的弟弟和我也是好朋友，其時編輯部同人中，覺得程振章和吳小姐，年齡既相若，脾氣也都謙和，所以竭力拉攏他們，希望成爲一對鴛侶，事實上，他們兩人口頭雖沒表示，也早已私心默許，時常相借外出。當朱惺公遇害之後，我既遷居報社四樓，自然也要程振章搬來同住，免爲兇徒所乘；當時我們四層樓的自置囚室，不但有我們中文大美晚報編輯部的大部同人，連大美早報的總編輯吳中一、劉祖澄等，也都陸續搬來同住，所以情形相當熱鬧。有時各人的妻子兒女，分別前來探視，送菜送飯，更覺氣氛濃郁，如此羈囚生活，倒也相當不錯。其時程振章有一位姓裴的好朋友，化名周華，每天前來看他，裴君另有一位女朋友姓陳的，二八年華，聰敏伶俐，和裴君正在熱戀中，幾於天天前來相會，我們當時也不知道裴君的眞姓名，祇覺得他精明强幹，別有一種氣度，想不到有一時突然不見，連那位陳小姐也毫無踪影，程振章爲之非常惶急，誰知日本人辦的日日新聞、每日新聞，以及中文報紙新申報上，忽然同日刊出一張照片，大字標題「中國的青年間諜周華，已被他們拘捕」，文中着實稱讚周華如何勇敢，如何機智，甚至被捕以後，始終不肯招供。日本人有一種英雄思想，愈是至死不屈的人，他們愈是佩服，所以裴君被捕，日本報上竟大加贊佩，認爲青年間諜中之英雄人物。我們也因爲日本報上披露這一新聞，方始明白裴君原是負有特別使命的，而那位陳小姐之突然絕跡不見，當屬退藏於密，未遭敵僞膏吻。程振章看到日本報紙的消息，一面爲老朋友的被捕而深感痛苦，一面也因爲老朋友已有下落，並未喪失生命，覺得不幸中之大幸，他自己當然並未與此事有所牽連，而且住在報館四樓，難得外出，自覺安全可靠。可是程振章的老母，那時住在福履理路，他們母子二人，相依爲命，偶然返家探望，也是人情之常，誰知這種行動，居然也給七十六號的漢奸調查清楚，那天正當程振章兄返家探訪老母，途經法租界金神父路法國醫院附近時，終於繼張似旭之後，又給他們狙擊而死，這種慘痛的噩耗，使我們報社同人，在一再嚴重打擊之下，眞覺悲痛而幾於發狂！好端端一個鮮龍活跳的人，一小時前，尙與我們在四樓宿舍中，以打麻將爲消遣，這原是當日同人中唯一消遣娛樂的節目，我還清楚記得，這桌麻將四個搭子，我與程振章爲其中之二，另外兩人，一爲曾被七十六號綁架的會計主任杜炳昶，另一名也是會計部中的同事莫君，當天事有湊巧，在第一圈中，忽然四個人連打四張西風，我雖並不迷信，但知道打麻將的人，很多不願意起手連打四張西風，所以正當第四人將要發出第四張西風時，便高聲阻止，可是杜炳祀却不信這一套，他說儘管打，如要死人，由他承當，你們不必顧忌，於是第四章西風，也就隨手發出，大家哈哈一笑，不以爲意。我們的麻將時間很短，大家祗是消遣，並不着迷，程振章在打畢麻將之後，偸偸溜囘家中，當時誰也沒有注意。其時天色尙早，我們還未晚膳，誰知一眨眼間，噩耗傳來，程振章兄又給漢奸鷹犬所殘害。廣慈醫院雖近在咫尺，也難挽救，那位吳小姐，家住愛麥虞限路，離振章兄成仁之處很近，聞耗趕去，早已一瞑不視。而振章兄的母親，祗此獨子，其悲傷的情形又豈言辭所能道，蒼蒼者天，使當時的中文大美晚報遭逢亘古未有之慘變！猶記當年香港的某報編者，他過去和程振章原是晨報的老同事，在報紙副刊上發爲感歎之言，其意以爲中文大美晚報在如此兇險的環境中，假如還能憑此精神，繼續奮鬥，他眞願執鞭追隨，永表臣服，很慚愧，我們沒法對某君這種措辭有所表示，我們的確在極度傷感中，所有同人，絕未爲漢奸小醜的子彈所屈服，一樣的再接再厲，在原來的崗位上固守。

欲圖遠禍仍不得　傷心最是李駿英

最後則又有李駿英君之被漢奸所殘殺，李兄有一個大好的家庭，他們夫婦倆情感至篤，三個兒子以及最小的一個女兒，都生得又英俊又聰敏，李君並不屬於我們編輯部中，他之進入大美晚報，原是張似旭希望他負責中文報經理部的工作，凡是廣告發行諸事，均託李君處理，後來無意中談起他的一個堂妹子，竟是張似旭的弟弟張似旅的太太，張似旅君當年留英，李駿英的堂妹子留法習聲樂，我後來在太平洋大戰之後間關前往重慶，和張似旅君見面，那時他太太已是重慶著名的女聲音家，勝利以後，張似旅君來上海在國營中國石油公司担任要職，我還和他數度往還，想不到時隔不久，張似旅竟在上海寓中，跳樓身亡，也使我非常震驚，他們兄弟兩人，一個以身殉國，一個也不明不白的慘死，今因談及李駿英與張似旭兩人過去的淵源，追筆記述。而當年張似旭既知道和李駿英有這一層的親戚關係，所以兩人的公誼私交，也更密切。李駿英的確是一個經理人材，他能言善辯，風度又好，他的長處，等於目前搞公共關係的專家，對內對外，都有一套應付天才，所以他的工作，在當時雖無適當名義，但大家以爲他是一個經理人材；他並不屬於編輯部，照例並不是汪僞特務對付的目標，所以當中文大美晚報風聲鶴唳，草木皆兵之時，他却獨往獨來，無所顧慮。他和當時中國電影界中人也相當熟悉，每天中午，在法租界外灘一個地點常和張善琨、吳性栽等共進午餐，他的被刺，說來眞叫人不信，因爲他當時已對大美晚報工作發生厭倦，說不定他當時也已感覺漢奸特務，似欲對他有所行動，所以他已正式向報館當局提出辭職，甚至已透過別人的關係，告訴了七十六號的特務頭子李士羣取得諒解。誰又知道這些漢奸特務，早已泯滅人性，他認爲你既是大美晚報中工作的一員，便是反汪人物、抗日份子，憑了這些罪狀，一遇到機會，總是格殺不論，而李駿英的遇害，便在他每天中午稍過，前去法租界外灘午餐時間給他們所殺害。事發之後，我們報紙尙未出版，當時也知道發生了一件暗殺案，捕房方面也一時未明瞭死者身份，其後法捕房政治部的督察長薛耕莘和我通話，他說你們報社的李駿英先生，是否身材相當肥碩，戴着金絲邊眼鏡的人？我一聽之下，頓覺不妙，慌忙叫人去樓下查看李駿英先生是否在辦公室中，一面又和李家通話，這時李駿英的太太早已接到捕房通知，趕到法租界的驗屍所中，在一個個安放死屍的冷氣抽屜中，果然見到李駿英的遺體，李太太當即暈絕於地，經過急救之後，才慢慢甦醒過來。他們的一個快樂家庭，從此便陷愁雲慘霧中，以迄日軍投降，我從重慶飛囘上海，才再和李太太見面。李駿英先生算是中文大美晚報最後一個被漢奸特務殘殺的人，他本想跳出是非圈，他和我們也說明非走不可的原因，完全受到別人勸告，要他早日辭去這份危險工作，而且他也坦白說出，已託朋友告訴李士羣，互相取得諒解，眞可憐，他本想抽身遠禍，結果還是給他們暗殺而死，而我們當時處身其間，誰也不知自身命運如何，若干胆小同事，早已紛紛求去，甚至很少人敢投身在我們的工作崗位上服務，我們也不敢隨便錄用新人，親朋友好，平日往來頗勤者，此時也以大美晚報爲畏途。我們也不願多與無關之人接觸，如此環境，如此局勢，我們也是一個有血有肉的人，固然憑着一股正義，爲了許多同事被殺的深仇大恨，抱着誓不與敵僞漢奸兩立之心，但有時想到死亡威脅，戰局遷延，心中苦痛，又豈足爲外人道。但我們處境雖危，中心雖苦，全上海的愛國同胞和後方的廣大人民，却把中文大美晚報作爲上海人愛國心的一種象徵，他們不但以實際行動來支持我們，更進而要我們除了對敵僞盡其口誅筆伐的天職外，又要我們發動許多社會工作，幫助或救濟在上海的許多苦難人士，甚至冬令的寒衣救濟，癮君子的戒煙戒毒，也都有許多仁人君子，出力出錢，要我們的報社登高一呼，衆山响應。我最不能遺忘的一件重要大事，厥爲太平洋大戰爆發，我們實行宣告停版時，正當隆冬臘月，寒衣救濟辦得如火如荼，那時中文大美晚報已整個搬到威海衛路相近成都路的美軍防區以內，堆滿了兩大間的棉衣棉被，還設法派送淨盡，太平洋大戰爆發，中文大美晚報自動停版了，敵僞方面想和我聯絡希望照常出版；甚至綁去了我的三家兄和報社內的三個工房一個排字房，一個鑄版房，一個機器房的領班，他們當時正和三家兄湊成一桌麻將在報社內消遣，被日憲兵和七十六號特工拘走作爲人質，要求我出與合作，恢復中文大美晚報，我的答覆是馬上離開上海，間關赴渝，絕對不讓中文大美晚報蒙上一些醜惡的氣息。(二)

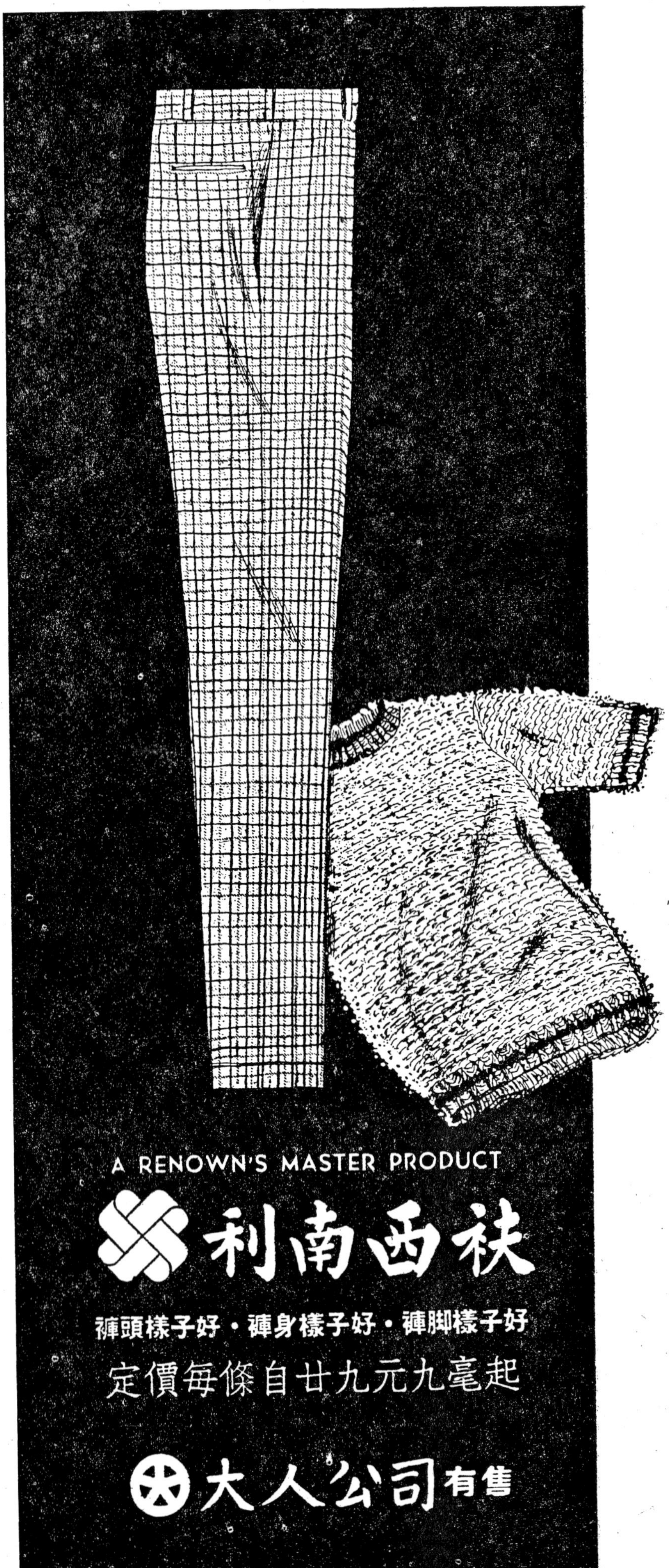
A RENOWN'S MASTER PRODUCT
利南西衭
褲頭樣子好・褲身樣子好・褲脚樣子好
定價每條自廿九元九毫起
大人公司有售

太極拳淺談

·何小孟·

太極拳練到高明之處，眞可達到令來擊者「沾衣卽跌」的妙境。吳鑑泉先生表演掤勁，籠兩手於長袍袖裏，使來客緊執其袖管，但見他兩袖畧一擺動，擊者便跌出尋丈之外。八勁綜合爲三類：一主攻，二主守，三主攻主守，變化多端，妙用無窮。

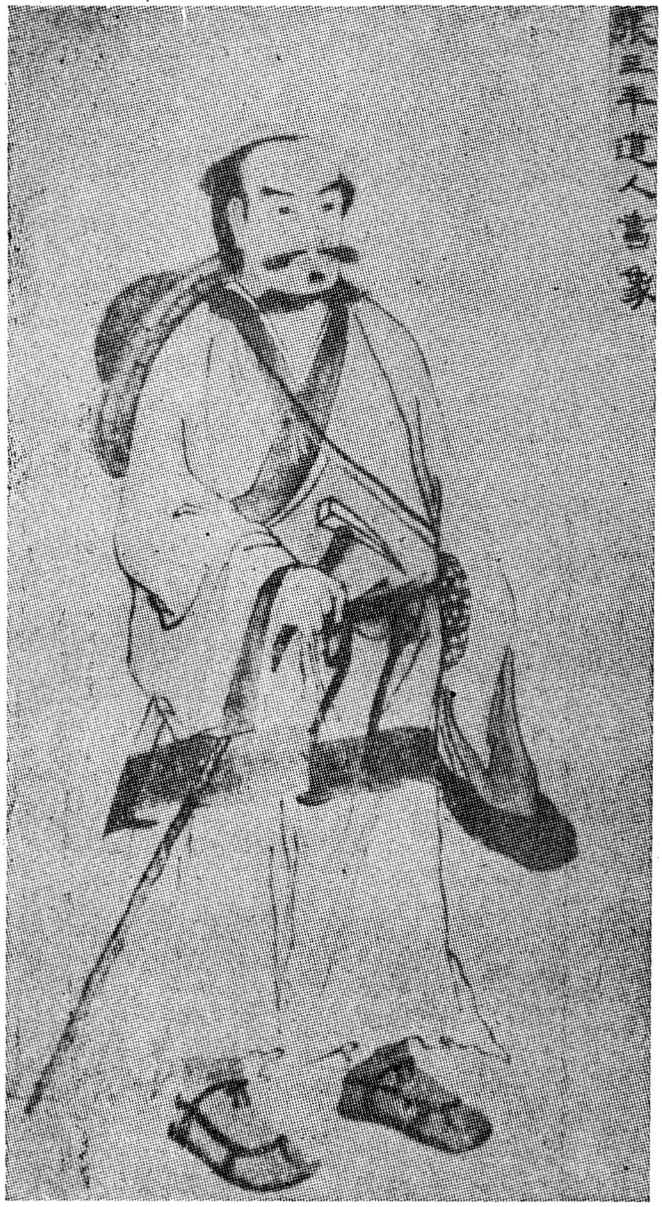

太極拳發明者張三丰道人畫像

許多人認爲太極拳是一種柔軟運動，也有許多人認爲太極拳是一種內家拳術，前者大概是從外表觀察，沒有深入研究拳理，抱着爲健康而練習爲觀點；後者既已認定爲內家拳術，便注意於拳的架式勤於練習，以爲內功即能與日俱長，偶然學得三兩度花巧的散手，每能制勝初學者，更是欣然自足！殊不知這已陷入花拳繡腿的異途了。要知太極拳是道家的行功，乃張三丰眞人觀蛇鶴之鬥而悟出來的，其初乃爲十三個不同的架式，故名爲「十三勢」。又因其每一個架式都有其特點，不同勁度，不同方向，乃命名誌之曰：掤，攌，擠，按，採，挒，肘，靠，進，退，顧，盼，定。其後傳至王宗岳，乃把十三勢連貫一氣，取義於長江大河，滔滔不絕，故名之曰「長拳」，又以其靜則渾然一體，動則必有陰陽，故又名之曰「太極拳」。以筆者的意見，學習太極拳，大概分爲四個階段，分別陳述如左。

（一）盤架子：這是入門的第一步，對於架子的標準尺度，當然要認眞，練習必需要有恒，不可間斷，並須依時，如每日清晨及睡前練習，則日日如是，方易長功。至於架子以楊家的爲標準呢？吳家的爲標準呢？孫家的爲標準呢？這個問題曾經有人向已故宗師吳鑑泉先生提出研究，當時鑑泉先生固然不與討論，但掀髯微笑反問曰：「汝輩看楊大爺及楊三爺的架子相同嗎？」其意是指少侯先生和澄甫先生。考當時那三位太極拳宗師，可謂工力悉敵，而鑑泉先生則畧爲嘉許少侯先生，筆者按：少侯先生的拳法，短勁含蓄，疾徐應節，姿勢緊凑，身手步武輕靈，確是太極的上乘工夫，惟對於初學入門，頗難窺其門徑。澄甫先生的架式，邁步寬大，手法則運抽絲長勁，對於初入門者，最易上手，亦容易長功，是故其門人特多，今之練楊家太極拳者，十九皆爲澄甫先生的架式。鑑泉先生的架式也有他的獨到好處，其架式能寓開展於緊凑，步式可寬可窄，運勁的圈子可大可小，這三種不同的架子，可謂各有千秋，視乎學者的性近而採擇之可也。無論練習那一種架子，拳經裏的要旨是必須遵守的，其要旨可分爲八要，虛領、頂勁、沉肩、墜肘、弧臀、裹襠、氣靜、神潛。倘能刻刻留意這八要，則不論練什麽架子，終必有成功的一天。

（二）推手：太極拳用的方法，當然是推手，包括不動步推手、進退步推手、活步推手及大攌。初學者單推手純熟後即能練不動步推手，目的在練習掤攌擠按四勁的變化，因爲這四種勁，能夠互爲消解，亦能互相襲擊，循環變化，了無止境，除非有一方變化失靈，受了對方的勁，便會傾覆，所以同道中人甫一交手，便知工夫高下；有了相當工夫的更不用表面勝敗而知道對方的程度如何。這是什麽道理呢？太極拳推手內在的工夫，有所謂聽勁，得到了聽勁工夫之後，又有所謂懂勁。雖然，聽勁懂勁的工夫有深淺之別，但能懂勁者亦即能知己知彼，故不待決勝負而後知優劣。進退步推手是活步推手的基礎，進退步純任自然之後即能開始練活步推手了。活步的工夫是鍛鍊腿的靈勁，練到身手法步都能合一了，更進而練習大攦。大攦主要是練採、挒、肘、靠四勁，同時也練習披身偷步的工夫，亦可以配合推手的掤、攦、擠、按四勁，故練至大攦則八勁俱全，加以進、退、顧、盼、定，則十三勢亦備矣。

（三）內勁：曾經鍛鍊過的力，在拳術裏都稱爲勁，太極拳則極之重視內勁，除了盤架子可以培養內勁外，尙有坐功比盤架子的功效還大，坐功也附屬太極拳的範圍嗎？那是當然的，上文已說過太極拳是道家的行功，既有行功，當然要有坐功，坐功的法門又怎麽樣的呢？大致可說是遵守上述的八要，習之有常，久之便覺潛氣內轉，「一身輕利頂頭懸」的工夫，於坐功裏可以領會得到，更有可以考證的，太極拳經有兩句話：一曰「氣沉丹田」，一曰「氣宜鼓盪」，前者適用於行功，後者適合於坐功，如此始配合所謂「動中求靜」及「靜中求動」的經旨，是故筆者常勸同門中人兼坐功，培養內勁，然後配合拳的各勁，使用時方能得心應手，這樣，就可說是「進乎技矣」了。

（四）技巧：各家拳術皆有散手，太極拳又焉能例外？不過太極拳要在懂勁之後及大攦純熟之後，才適合說散手，因爲工夫未到而說散手，雖然學會了也有用不出之弊；反過來說，如拳經所謂「由純熟而漸識懂勁」，「由懂勁而階及神明」，到了神明的階段，其技巧可知矣，又何必斤斤於手足上的交搭而成的散手？猶記得鑑泉先生初到香港的時候，慕名拜訪的都是十年拳術以上的同門，鑑泉先生表演掤勁，籠兩手於長袍袖裏，使來客緊執其袖管，無異於雙手受縛了，並着來客力擊其要害，但見他的兩袖畧一轉動，擊者便彈出尋丈外，其他不信者，再試之亦如是，衆皆佩服，乃留鑑泉先生在港設社授徒。可見，太極拳並不重視花拳繡腿，而重視的八勁及內勁，練至到家的時候，用起來的神化，幾乎使人不能置信的。

太極拳宗師吳鑑泉

太極拳八勁妙用

太極拳的架式中，蘊藏着八種基本的勁，那就是掤、攦、擠、按、採、挒、肘、靠。八勁可綜合爲三類：一爲主攻，一爲主守，再一爲可攻可守；變化多端，妙用無窮。現在先把每一個勁的含義畧爲闡明：

「掤勁」是彈簧的力量，又如水負舟，視乎水的容積多寡來決定負舟的大小，所以這種勁是隨着拳齡而增加的，但凡練過太極拳的人，其本身必有掤勁。

「攦勁」的運用可長可短，順勢借力，不丟不頂，引導敵勢向前，使之落空。最要注意的是自己的重心，使不受敵撲前之勢所乘。

「擠勁」又有直接與間接之分，直接的是單純地用彈力攻敵，間接的乃是反應的彈力，像是把皮球踼向牆壁，便會反彈出來；又如投物在鼓上，必會鏗然躍起的意思。

「按勁」像是水流推撼崖岸的力量，水流勢急的時候，寓柔軟於剛强，太極拳經有謂：極柔軟而後極堅剛。雖巨石也可以推動，如遇着位高的地方，則波濤澎湃起伏，遇着低窪的地方，則急速下注無孔不入。

「採勁」是一種移動力，如秤之衡物，畧把力點一移，便知輕重了，這就是四兩撥千斤的道理。（太極打手歌有謂：任他巨力來打我，牽動四兩撥千斤。）

「挒勁」是旋轉的力量，若將物投擲向旋轉着的飛輪，其物即被彈出；又如水面的漩渦，將可浮水面如樹葉之類的東西投下，亦必被漩渦之力沒入水裏。

「肘勁」是用肘打，如架式中的「肘底看捶」，表面雖然是用拳打，但變化中的下一着就是肘打了。肘的打法是要融會了以上六勁，方能運用得起的。

「靠勁」要分開肩靠和背靠，統稱爲靠打，如「斜飛勢」及「野馬分鬃」就要用肩和背的靠勁了，用這個勁的時候，最要注意重心維持中定，方不致「偏沉」「雙重」之弊。

以上八勁，可以分爲三種類型，擠按勁是主攻的，採攦勁是主守的，掤挒勁是可攻可守的，肘靠勁是配合上述六勁來運用的；因爲肘靠的打法有別於雙手，故特別標出這兩個勁以合乎通體運用的意思，其實六勁貫通之後，便能領悟肘靠的打法了。

太極拳名人軼事中，顯著地表現出有長於擠按勁者，有長於採攦勁者，亦有長於掤挒勁者。楊露禪當然是無勁不精，但在他的平生事跡中，能以一個「搬攔捶」縱橫數省，所向無敵，則他長於擠按勁是無疑了。楊健侯在耄耋之年，在江濱釣魚，有一惡少年持棒在背後當頭打下，健侯只把頭略偏，肩膊迎棒打了一個小圈子，即能使出採挒勁把那惡少年連棒從頭頂拋落江中，這也可知健侯是長於採、挒勁的了。楊少侯拳架和推手，全是小圈子的短勁，與門徒試手常常打得非常爽脆，變化多端，進退莫測，這當然長於掤挒勁了。至於近代的楊吳兩派的宗師，有人說楊澄甫、吳鑑泉二位各有所長，我輩後學，便不敢妄自議論了。

太極洪拳二三事

凡事物外表看來似是相反，而內裏的原理却是相同的，往往如是；如太極拳與洪家拳，誰都知道太極拳是武當派的柔拳，洪家拳是少林派的硬拳，但在拳理方面，太極拳與洪拳是最相近相似的；如洪拳的「單虎爪」與太極的「摟膝拗步」，又如洪拳的「火箭捶」與太極拳的「搬攔捶」，雖然演出的時候是剛柔互異，但兩家所遵守的規矩準繩是一致的，而且練到到家的時候，可說已是共通了。筆者曾親眼看見兩派的宗師練功時的情形，練後還親自闡述拳理，多相吻合，只是初入門的途徑不同吧了。

三十年前，林世榮設館於「三十間」授徒，當時筆者是學生時代，醉心國術，練習有年了。凡南北拳術名師都想盡辦法結識，後得林師的門人胡君介紹，乃相約定期拜訪，相見之下，他當然矜持着他老前輩的身份，但也不掩他和藹可親的態度。於是我以後學的身份，殷勤地請他到酒家樓晚飯，胡君也從旁勸駕，他老人家乃欣然同往，三杯過後，他的話盒打開了，暢論南北拳術之優劣，嶺南拳術的掌故，滔滔不絕。我覷着機會到了，乃請他表演平生獨到的鐵線拳，當初他辭以地方不便，後由胡君提議折返武館，以便開拳脚，林師首肯了，乃一道回去。當時尚未到授徒的時間，武館內只餘看館的童子一人，林師乃命他迴避，笑對我曰：「我練這套鐵線拳，二十年如一日，從不間斷，亦從不許人參觀，今天乃破例了。」於是抱拳開步，甫三二十式，但見身形吞吐閃展有度，內氣鼓盪而發出奇聲，如龍吟，如虎嘯，最奇者偶發出如雷巨響，几上的杯碟亦振動有聲，武器架上的刀棒，有時也因拳勁和嘯聲而搖動，可見內氣充沛和拳勁威猛了。演式既畢，氣沉如故，談話如常，臉容寬暢。是時林師高興極了，命我起立進招以示洪拳變化解拆之妙用，我遜謝不敢，乃再請而謂我曰：「我們是研究性質，並非比武競勝，不交手怎能知拳術內的工夫呢？」胡君亦從旁謂我曰：「難得師傅高興，怕醜就失去學習的機會了。」我於是對林師說：「請留手毋令太出醜則幸甚矣！」乃用太極拳的「摟膝拗步」出擊，林師以「蝴蝶掌」從側上步反擊，但覺其鬆沉輕巧，直與太極拳的化勁，有異曲同工之妙，我乃轉身一攦以消來勢，林師亦適可而止。笑曰：「我的『蝴蝶掌』，若應以硬橋硬馬，無不應手而出的，今能以柔勁化解，可謂深明本門的拳理了。」各乃歸坐，林師亦奉茶送客了。

太極拳吳派宗師鑑泉先生南來設館授徒的時間，距今約在二十餘年，筆者挾技從遊門下，因能繙譯他的北方話爲廣東話，使一般學者都能明白他的講解，故頗得吳師的好感。一夕，授徒的時間已過，各人皆散，我故遲遲不去，陪着吳師談太極拳的源流和掌故，待其談至眉飛色舞的時候，乃懇請指點要訣，吳師乃命盤架子，逐一修改及解釋用法，我故作不領會狀，吳師老誠爽直，曰：「待我演給你看。」乃下正腰馬，斂神靜氣，一口氣走完一套太極拳。雖然，吳師亦常登台表演，但與練功時的姿勢迥異矣！觀其練至中段的時間，開始活躍如龍，變化詭異，「披身踢脚」「打虎」「跨虎」等式，虎虎有威，「斜飛」「下勢」等式，則見其下盤功夫深厚，雖能一字馬者，亦無此精采，最神化者，莫若「野馬分鬃」的幾個連貫姿勢，但見吳師的兩臂一分，則拳風緩緩而起，稍迫近之，則如冷風之割面，大抵掌風拳風之所以生，多因「勁」與「快」激動空氣而成，今其動作柔緩亦能生風，故甚奇之！

繼而請教「大攦」，吳師眞是誨人不倦，欣然交手，是時我正當血氣方剛，少不免有點好勝心理，在在進逼，吳師笑謂我曰：「以你現在的工夫，沒奈我何也，你喜歡擇在我之前呢？我之後呢？或左或右？或俯或仰呢？你先指定，我表演給你看如何？」當時我因新婚關係，保重爲宜，不敢嘗試，坐失了一個學習的好機會，可惜！

太極拳推手一式

特出劇種 英語粵劇

呂大呂

中國的劇種多得很，以筆者所知，有京劇、漢劇、越劇、徽劇、豫劇、川劇、粵劇和潮劇等等。

在香港可以看得到的只是京劇、粵劇和潮劇，越劇有時也會偶然一見。由於香港粵人多，粵劇因而成爲一枝獨秀。戰前經常演粵劇的戲院，香港方面，有太平、高陞和利舞台，九龍方面有普慶、平安和北河。光復初期，香港又多了一間中央戲院，九龍却多了一間樂宮和新舞台，另外還有大會堂的音樂院和劇院也可以演劇。上面這些戲院，大都演出粵劇多，很偶然才會演出其他的劇種，像越劇和潮劇。可知在粵人多的香港，一直也是粵劇的世界。雖然有個時候，粵劇衰落到無院可演。

由于香港在這許多劇種當中，以粵劇佔第一位，因而一個特出的劇種「英語鑼鼓劇」，便脫胎粵劇，由粵劇蛻變而成，也因而稱爲「英語鑼鼓粵劇」，它唱的是粵劇的「梆簧」，粵劇的小曲，但編成英語唱出。演的也是粵劇的排塲和做手。

這是香港獨有的一種戲劇，是全國任何劇種中所無的。它以粵劇的唱做爲基本，而所有曲白都用英語。懂得英語的粵劇觀衆，固然可以極視聽之娛，只懂英語而不懂看粵劇的人，也覺得會比看粵劇還好，至少他們對英語的曲白能夠吸收，即使不懂英語的粵劇觀衆也感到一種新刺激。曲文雖然不會了解，却是曲調樂譜就懂得，自然也有興趣來看。

這個堪稱得爲特出劇種的「英語鑼鼓粵劇」，它的歷史已經有了廿五年之久，創出這劇種的人是誰？經過怎樣的艱難過程，經過怎樣的轉變，廿五年來誰主其事？到今日的成就怎樣？這都是値得一說的。

最先創始譚神父 稱英語戲服話劇

說「英語鑼鼓粵劇」的前身，是「英語戲服話劇」。說「英語鑼鼓粵劇」的祖先，是譚壽天神父。遠在戰前，譚神父在香港，他很喜歡看粵劇，特別喜歡粵劇每一個戲人所穿的戲服，他認爲粵劇戲服的表現很美。如果一齣粵劇，能夠在歌唱方面都改編爲英語唱出，一定會使到外國人大大感到興趣。他爲此而研究怎樣把粵劇來介紹給外國人，讓外國人得以欣賞粵劇戲服的美，還能接受粵劇的曲白。

經過一番深思熟慮，他知道把粵曲譯成英語唱出，未必有此可能，就算有此可能，也不會有這樣的人才來担當這一個責任。結果他想到了一個方法來，這是不要曲，只要白。單是在舞台上作英語對白。相等于一部話劇，對編劇和對白台詞，譚神父正是個能手。而穿上了粵劇戲服來演出英語的話劇，這是可以盡量把粵劇戲服的美介紹給外國人，畢竟也算一種新刺激。

他開始編劇，開始撰作全劇的台詞。跟着是組織了一班對演劇有興趣的學生担任演出。原來譚神父來香港傳教，在香港的「華仁書院」担任教席。這班學生便在華仁來挑選，就用這班學生來組織了一間劇社，首晚演出他新編的一齣戲，演出地點就在華仁書院。

這齣戲名「馴悍記」，但並非出自莎氏比亞的馴悍記，而是由譚神父新編的。全體演出者都是穿上了粵劇的戲服，因而便稱爲「戲服話劇」。全部英語對白，全部粵劇戲服來演出，許多外國人都很感興趣，大大的稱道，見了譚神父一個個也向他道賀，祝他演出成功。

這齣「馴悍記」成功的因素，一是故事緊湊，二是對白精彩，三是演出精警。譚神父平日說話很幽默，有他在座，總會令人笑口常開。這齣戲的每一句台詞，都是他的精心之作。

跟着不久，他又新編了「雙城記」演出，一樣是以幽默的台詞，劇情的美妙而獲得成功。更成功是華仁的一班學生，他們的演技，比起了第一次更熟練。當時演出中的學生之一是現在香港當大律師的余叔韶，他當時是華仁的學生，另一同學爲醫務總監蔡永業，他們的演技使看戲的外國人鼓掌稱善。

當時大約是一九三六年至三七年的事。經過了日治時期，到光復後的一九四七年，這個「英語話劇」重又由黃展華協助譚神父組織起來。可就健全得多，隨着就由「英語話劇」而改變爲「英語鑼鼓粵劇」了。

用原班人馬組織 演英語鑼鼓粵劇

那年是一九四七年，在華仁畢業的一名學生，有名黃展華的，他對演劇很有興趣，認爲在戰前。華仁學生演過的兩齣英語戲服

英語粵劇發明人譚壽天神父

話劇有這樣的成績，應該重新組織，繼續演出。譚神父對這個正有此意，當即以原班人馬來了一個更健全的組織，定名為「華仁戲劇社」。由黃展華主其事，所謂原班人馬，男生是華仁的學生，女生是聖心的學生，也即是戰前的聖貞德女校。組織成後，再來演出「馴悍記」，但却改編為「現代劇」，全部英語對白，穿現代的服裝。在華仁校內演出，許多外國人看完，都交口稱譽。

過了一些時，有一班外國人對譚神父和黃展華要求編演新戲，還提供資料，把外國一個流行劇本說出來，要求他們以這個劇本，改編為英語話劇。譚神父和黃展華接納了他們的意見，當即編成了一齣英語話劇演出。劇名認眞粵劇化，是叫做「一女配三夫」，不是現代服裝，而是穿粵劇戲服的。

黃展華（中）謝雪心（左）合演「佳偶兵戎」

這戲十分「受落」，在華仁連演了數晚。在這齣戲演過的幾次後，開始演出英語鑼鼓粵劇，是用粵劇的鑼鼓，粵劇的做手，用粵劇的梆簧，粵劇的小曲撰成了英文，用英語唱出的曲調。一經演出，便奠定這「英語鑼鼓粵劇」的地位，時至今日，已成為一種香港獨有的特出劇種了。

由「英語戲服話劇」改變為「英語鑼鼓粵劇」的一段過程中，是經過一番艱難困苦的。他們要把這班學生訓練到懂得粵劇的台步，關目，做手和懂得唱曲。這不是黃展華所能訓練的，譚神父更不能。但黃展華精於唱粵曲，唱曲方面，他可以担任教授。譜着粵曲來撰成英語的詞句，黃展華也優為之。剩下來的訓練社員演出粵劇，這就不能不想法子。唯一的方法便是請粵劇界的耆宿、戲人來教戲，除了教曲之外，什麽也教。

當時有一位教戲師傅，姓鄧，名超，藝名肖蘭芳，人稱他為「光頭超」。他原是個老伶工，男花旦時代頗有名氣，戲前他已經收山，改而教戲了。現在的林家儀、林家聲姊弟，戰時都跟他學戲。這兩姊弟在廣州的游樂場所時時演出「金蓮戲叔」的排場戲，肖蘭芳都隨着在後台指點。戰後在九龍設館教戲，不少名伶出自其門下，鄧碧雲、羅艷卿是其著者。黃展華就在這時候，聘了他來教戲。當時肖蘭芳還帶着他的愛徒林家聲到來掌板。林家聲現在是極有名氣的文武生，却是當時就無非十一二歲罷了。

經過了肖蘭芳的一番訓練後，所有的劇員都已經獲得了舞台的演出技術，可以出台了。當即由黃展華和譚神父編劇，全部英語曲詞由黃展華來撰寫。口白則由譚神父來寫作。編好後，來過幾次排練，就在華仁書院演出。演出之夕，座無虛設，看得外國人心花大開，中國人懂得看粵劇，又懂得英語的也看到讚不絕口。

後來又再編了另一齣新戲，這可連粵劇界的人也哄動了。當時羅品超還在港，他看過了後，認為難得這班學生會有此造詣，他自動來找黃展華，自願義務來教他們的舞台技術。羅品超在教授期中，黃展華的舞台技術也有了大大的進步。到羅品超離開了香港到廣州後，這個華仁戲劇社便聘從前有花旦王之譽，正開辦香江戲劇學院的院長陳非儂為主教，更聘為華仁戲劇社的顧問，直到現在。

編演過十多部戲
曾用過旦角名伶

自從黃展華負責華仁戲劇社後，他不斷的編演新劇，每一部新劇都是由他撰曲。譜是粵劇的調子，黃展華能音樂，他的英文底子非常的好，因之他寫每一枝英文曲，無論是梆簧、小調，也都撰得精警之至。中國語言是單音的，無論什麽戲種的曲也有「呀口」。如果用英語來唱出了粵曲而用「呀口」，這就不對勁了。你想尾音用拉腔來唱出連續的「呀呀」聲，這怎樣是英語？外國所有的舞台劇，外國所有的曲，只是唱出一個個字來，決不會在唱出了某一個字之後加上了「呀口」這樣滑稽。但粵曲的唱出，如果沒有「呀口」便不成為曲。黃展華的英文曲就是要把每一「呀口」所發的每一個音譯成英語。難能可貴的地方是每一個用來代表「呀口」的字，也絕對沒有遷就「工尺」譜，這是黃展華的長處。這種長處，偶一為之，只撰一兩枝曲詞，倒還可以。現在却要撰全劇的曲詞，吃力自不待言。但黃展華就有這股勁，更有這樣的興趣，因之他在華仁戲劇社中是個主席，對劇務是編撰、導演，對演出是主演，他還永遠是個「文武生」主角。

在華仁戲劇社的廿五年當中，他先後編撰了十多部英語鑼鼓粵劇。計有「王昭君」、「鍾無艷」、「楊貴妃」、「刁蠻公主戇駙馬」、「多情種子」、「金雀緣」、「孟麗君」、「金釵緣」、「醉打金枝」、「花木蘭」、「鴉雀如何作鳳凰」、「鸚鵡前頭不敢言」和「佳偶兵戎。」其中「鸚鵡前頭不敢言」是七一年編撰演出的，「佳偶兵戎」已經演出過兩次，兩個月前在大會堂連演四晚，是第三次了。

華仁戲劇社的「英語鑼鼓粵劇」，生旦主角，生是一直也由黃展華站穩「担戲」，却是旦角，好幾次也要外求。所謂外求，便是這個旦角是在粵班中有名氣的花旦。像「花木蘭」的演出便是鄭碧影。鄭碧影在戲班中當正，有了歷史了。「醉打金枝」這齣戲是由胡笳演出，胡笳是有「女薛覺先」之稱的陳皮梅的女兒，家學淵源，光復後不久，也曾在當時的粵班露過頭角。她們兩個都是「番書女」，既熟英文，又熟戲劇，黃展華讓她們來主演，自然勝任愉快。他把曲本交給了這兩個「番書女」出身的花旦，她們和黃展華再來研究一下，便在演唱中也達到水準了。

黃展華

前兩個多月爲華仁戲劇社二十五週年紀念一連演出四晚的「佳偶兵戎」，是由謝雪心作旦角正印担綱演出的，這位謝雪心也不是華仁的原班人馬而是雛鳳鳴的一名旦角。是白雪仙的徒弟，演過幾屆雛鳳鳴，只因她也是個「番書女」一名，對英文很好，因之便由他來主演旦角。前有胡笳、鄭碧影，後有謝雪心，先後就用過三位粵劇名伶當女主角。

除了加入過三個旦角名伶外，還有一齣戲加入過一個文武生主演，黃展華在這齣戲中，讓賢給他去担綱。原因這位文武生熱心地把一齣戲帶到來華仁送給黃展華。結果黃展華就和他分撰了全劇的英文曲詞，然後演出。

這位文武生不是別人，是當時在舞台最紅的名伶馬師曾之弟馬廷芳。他也曾跟着馬師曾落班演過戲，但鬱鬱不得志。他的英文很好，看過華仁的幾部英語鑼鼓粵劇，大感興趣，因此便把馬師曾的一齣首本戲「刁蠻公主戇駙馬」來改編成英語粵劇給華仁演出。演出之後，似乎他入了內地去，此後便沒有繼續，便又由黃展華一個人編撰導和主演了。

半句曲只七個字 譯成英字廿二個

把粵語曲詞譯成英語，是一件極其艱鉅的工作。黃展華對這個雖然熟極生巧，有時也很慘淡經營。就以「佳偶兵戎」一劇而言，所唱小曲凡四十枝。打曲打到黃展華寢食俱廢。尤以其中一段「芙蓉中板」，無非只是四句，但「芙蓉中板」的「呀口」最多，尤其是馬師曾唱起來更甚。他的唱腔，「呀口」是比人爲多，拉到特別長的。由于「呀口」多，必須把「呀口」的每個音也譯成了英語，半句曲七個字，譯成廿二個英文字，黃展華爲了這四句「芙蓉中板」構思竭慮，寫了又改，改了又寫，足足一個月才完成。只是四句「芙蓉中板」便費了整個月的時間，你說這個工作是何等的艱鉅。

在最近演出的一次「佳偶兵戎」，小曲一共四十枝。除了大部份是粵曲譜外，時代曲的曲譜也加進了去，像「高山青」，像「往事只能回味」。每一枝曲的造句和調協音律，眞令你拍案叫絕。

「英語鑼鼓粵劇」的演出，照想一定是演來非驢非馬，有點滑稽。但在事實上竟大大不然。每一個演員也演出極有戲味，極有粵劇準繩，每一段曲都具見撰曲人的不苟且，匠心獨運。尤其是黃展華主演的角式，他的唱工，完全是個馬腔唱家。唱馬腔唱得好，已經不易，何況是用英語來唱出？黃展華唱來，馬腔味極濃，運用英語的發音和馬腔融合，這太好了！

演員多知名人士 教育界與法律界

華仁戲劇社成立了二十五年，他的基本演員是華仁的學生、教員，經過了一段長時間，他們不少已經成爲社會的知名人物了。像這位主席兼編導而又兼演員的黃展華，他從前是華仁書院的學生，現在是華仁書院的教員。像余叔韶大律師，他在華仁讀書時，也常有參加演出。而現在也有演出的一位余錫超，他也是執業律師的。不是教育界中人，便是法律界中人，餘外的潘廣瀏、程自立等，都是知名之士，他們都是受過高深教育的。而事實上演英文粵劇，亦非知識界不可亦一個「開口梅香」，她們都是英文程度很深的高材生。當然，所有的演出者沒一個不是爲了興趣的。

黃展華和譚神父努力使這個華仁戲劇社發揚光大，努力使這英語鑼鼓粵劇成爲特出的劇種。全國並沒有人演出這個劇種，便是香港也只有華仁戲劇社能演。他們兩個人不可謂非在戲劇界中有着極偉大的成就。可惜在十年前，譚神父却去了馬尼拉，在馬尼拉那裏一間雜誌担任編輯，使到黃展華獨力支持着這個華仁戲劇社。大約是兩年前，譚神父却在馬尼拉死了。目前的華仁戲劇社就更是只有黃展華一人之力了。

現在的華仁戲劇社，黃展華的職位是主席，編劇撰曲，導演兼主角。担任着最吃重的工作。他職位的名稱是：Producer & Director 除了他之外，陶神父和陳非儂這兩位顧問也在社裏所佔的份量很重。陶神父這個顧問是負責英文部份的，而陳非儂這個顧問是担任教戲。所有關目做手，台步排塲，通通由陳非儂來訓練。便是黃展華的文武生戲，也是由陳非儂來教。就爲了這個，每一齣戲的演出，唱和做都能達到水準，確堪稱得上是一個特出的劇種，而這個特出劇種，也只有在香港才可以見到。

馬場三十年

老吉

上文我講到當年馬場四小將蔡克文、陳杰、莊洪康與洪燮康四位之中的最後一位小洪，小洪在一九五三年十二月十二日初次在香港馬場掛起紅牌上陣，第一次出場騎重磅一五九的「抗勝日」上陣，立卽跑得第二，到過了十二天第二次上陣騎大熱門「黃天霸」出戰，一個紅牌生第二次出場，竟然成爲第一大熱門，也可見馬迷們當日對小洪之有信心。結果，不負衆望而在終點前力拼另一匹冷馬林國强騎的「生客」，映相僅勝一馬頭而拔得頭籌，此後陸續在全季中共得七次頭馬。到一九五四年至五五度，當然好容易再贏三次頭馬而畢業升黑牌，同時還爲當年馬會的董事伊雲士君救出了一匹第九班馬「高超」，贏了升上第八班居然再贏多一次，可是這一匹「高超」，却是他的畢業馬，騎同一匹馬連贏兩次而畢業，眞是一件非常難得的事。還有，他升了黑牌之後，第一次贏馬又有古講，原來他騎的「要多利」，贏頭馬，却與另一匹馬並頭贏出，這可算又是一件更難得的事。

他畢業之後，却有幾乎三個月未再得頭馬，第十一次頭馬是在一九五五年二月十二日，馬名「獎狀」，馬主黃天送兄，也是建築商，現在他仍舊養馬，講起「獎狀」，英文名字Citation，可是現役馬也有一匹英文名字相同而中文名字叫「驥中王」的；但馬主却不是黃君而是張沛松夫人（威靈頓英文書院的監督）。現在的「驥中王」在第三班中，而當年的「獎狀」則是第五班馬，這一次贏頭馬，獨贏派彩廿八元四角，也不是大熱門馬。

再隔一個星期，他贏第十二次頭馬，這一次贏來巧極，原來是並頭頭馬，連映相都分不出頭、二馬，可謂不容易之極。小洪贏的是「要多利」，和牠並頭的是「不要緊」，騎師是當年的紅騎師奧利華君，「不要緊」是大熱門，而「要多利」則是冷馬，前者獨彩十一元二，後者則是廿一元二，如果小洪騎「要多利」贏出，獨彩有五十多元。

今年的新馬中，第十二號馬也叫「不要緊」，中、英文名字與當年完全一樣，而且連馬主都是同一人，他就是恒生銀行的董事何添先生，大約何先生對「不要緊」三字大有好感之故。

小洪贏「要多利」這場並頭馬，可說是出盡了全付工架，因爲這是他畢業之後第一次騎高班馬（第三班），當然非得贏馬威水不可。須知當年，紅牌生至多騎到第四班馬，第四班以上是不准紅牌生拈手的。而且這一場馬，特別得很，因爲當時第三班馬有兩種路程，一種六化郎，還有一種一哩，可以任由報名一種，在未報名以前，大家總以爲報六化郎馬一定多過一哩，不料報名紙發表，原來報六化郎的祇有九匹，而報名在一哩的，却多至廿二匹。同時，這一天可以上陣的馬是第三、第四、第七班馬，與另外三場一九五五年的新馬，這其中，第四班馬有兩種路程，也是六化郎和一哩，第七班馬又是兩種路程，半哩一七〇碼和一哩，每班每種一場，兩班四種路程非排四場不可，加上了三場一九五五年新馬的三種條件不同，一種是得過位置的不准報名，一種是贏過一千五百元以上及少過一千二百五十元的不準報名，第三種則是與第一種一樣，可是這兩場路程是分爲六化郎或一哩一七一碼各一場，所以這三場馬也是非跑不可的。按：新馬在當年是跑第一得獎金三千元，第二、一千五百元，第三、一千二百五十元，所以這三場賽事是兩場未得過分文獎金，一場祇跑過第二或第三，（這就是限止已跑過頭馬的不准參加），因爲這裏一共有了七場，跑的時候是一九五五年二月，也即是農曆正月，日短夜長，至多祇能跑九場，於是乎這場第三班馬跑一哩，廿二匹報名馬，無法分爲兩組，而祇能排在一場中出賽，這一種情形如果發生在現在用閘廂起步，那麽因限定每場至多十四匹馬上陣，（最近自今年十二月二日星期六起，跑一二三五公尺（也即是去屆的六化郎四十碼），爲了一出閘便要轉灣，十四匹馬改爲十二匹馬上陣），當然廿二匹馬會分爲每組十一匹馬而變成兩組，理由是當年場數太多時，從來沒有像現在這樣留一場壓後在下一次賽馬時舉行的，當年幸而是用閘網起步，馬匹可以多一點，又幸而這一場上陣賽跑的馬匹，到正式入紙申請出賽時，祇有十三匹參加而有九匹棄權，尚不致於太多亂了籠。

這一場賽事是第九場，也是那一天的最後一場，有小搖彩開獎，廿二匹馬因而搖出廿二粒珠，九匹不出場馬與十匹出場落第馬，皆有獎金二千元可得，小搖彩票與現在一樣每張兩元，一共售出了五十九萬一千張，「要多利」與「不要緊」並頭跑第一，變成兩個頭獎，每個得獎廿七萬零一百廿六元，陳杰騎的「人上人」第三，得獎六萬零零廿八元；須知，現在賽馬的尾場小搖彩開獎，何以頭獎至多祇有十六、七萬元呢？好像十二月二日星期六尾場小搖彩，頭獎也祇有十六萬八千零七十三元。這是甚麽緣故呢？講出來各位就知道了，原來以前是每一個的賽事，尾場纔開一次小搖彩大獎，彩票售出的時間長，售出的票數多，獎金自然頗多，但現在却是每一個星期賽馬的尾場都有小搖彩大獎開，開得太密，各種獎金當然減少了。講起小搖彩開獎，上兩星期的二號，竟然有兩個小搖彩大獎開彩，一個在第一場，另一個在第九場（末場），這又可以說得是一件馬會所破天荒從來不曾有過的事，事實是，原本十一月廿五日賽馬，末場小搖彩獎券早已發售；同時，十二月二日的小搖彩獎券，也跟着發售，廿五日因先幾天大雨而預早在廿三日即宣佈延期賽馬，可是兩天的末場彩票，皆已售出，無法可想，於是祇有來一個馬會以前所未曾有過的創舉，將十一月廿五日售出的末場獎券，延期在十二月二日第一場開獎，一天之中，同時有兩次小搖彩大獎，就成了香港賽馬會有史以來的新紀錄了。

一九五八年元旦，韋耀章騎「夜游人」贏頭馬

還有我在前兩期曾經講起蔡克文騎「再博」與陳杰騎「戰士」出「廣東讓賽」大搖彩票，跑出了一場並頭冠軍而造成了兩個大搖彩票得主幸運兒，現在，小洪的「要多利」與奧利華的「不要緊」也跑了雙冠軍，可是雖不能造成兩個大搖彩票幸運兒，却也造成了兩個尾場小搖彩票頭獎得主，因而也可以說得一聲無獨有偶了。

在這一季裏，小洪再贏了一場第七班馬「灣岸」之後，便無馬再贏，總計他在這一九五四至五五年的一季裏，一共贏了六場頭馬，四場第二與七場第三，但，落第却有四十四次，不能算少了。

洪燮康第一次贏第一班頭馬，是一九五六至五七年的一季，五六年十一月十二日第三次賽馬第二天的第七場，這一場第一班馬路程是一哩，上陣馬祇有六匹，剛剛當年第一班的頂尖馬「夜遊人」與「雪姑」不報名，小洪騎的是「斯利時」（SHIRZ），這一場賽事的第一大熱門是阿圖茂騎的「大文豪」（IYAN-HO），負獨票二萬二千多張，第二大熱門是郭子猷騎的「青山」（CASTLE PEAK），負獨票一萬七千多，第三熱門是陳毓麟騎的美麗」（BONITA），小洪的「斯利時」是冷門，冷門馬對小洪有特別好感，這是凡是馬迷都知道的，「斯利時」就在最後二十碼憑後上贏了「青山」一馬頸而出了冷門頭馬，因爲祇有六駒上陣，獨彩派四十一元三角，可是已不算少了。

過了十二天，他又爲第八班馬贏了一場一哩冷門，獨彩派出六十九元二角，這匹馬的馬名叫做「香橙皇帝」（ORANGE KING），馬主即是當年聞名的雄德公司總經理馮天玩君，（馮君在一九五五年，與他介弟曾參有一匹「神行太保」，當年由韋耀章兄策騎，贏得「打比」榮譽），他除了「香橙皇帝」之外，還有一匹「香橙美人」（ORANGE BEAUTY），何以他個人的馬匹都有「香橙」兩字呢，我可以講出原因來，原來當年「新奇士」橙的香港總代理便是馮君組織的雄德公司也。

小洪在這一年度之中，一共贏了十七次頭馬，十四次第二與十一次第三，也落第了六十五次，可是他的十七次頭馬，却可以大書特書留爲他一生騎馬的紀念的。

原因是，第一，他騎「斯利時」，在這一年度，一連贏了三次頭馬，除了上面我寫的一次之外，在第二次他爲此馬上陣跑了一個第三之後，接着到五七年二月十六日出第一班一哩一七一碼，這一場賽事，雖然「夜遊人」不出，但其中有大熱門「金谷鈴」與二熱門「雪姑」（司馬克），「斯利時」當然又是冷門馬，可是小洪又在最後衝上，贏了「雪姑」一乘，（這場馬「金谷鈴」落了第），獨贏派彩又有五十一元四角，「斯利時」跟着由紅牌生侯斯負一五四磅跟一次短途半哩一七〇碼落第之後，到季尾又出「沙宣挑戰杯」一哩，（此賽以前一直在季尾舉行，今年却完全改觀，提前在週末十二月九日出賽，路程也由幾十年不變的一哩，改爲一二三五公尺，也即是六化郞四十碼），「斯利時」居然在小洪胯下一季中第三次贏馬而又得杯了。

這一場賽事，因有了「夜遊人」上陣，大熱門當然是牠，但因騎者不是郭子猷而是林國樑，所以雖熱而不透，獨票祇負二萬六千四，「斯利時」與蔡克文的「酋長」（RAJA）是二熱門，同負一萬二千票不到，結果小洪與「斯利時」又憑後上易勝了「夜遊人」兩乘，完成三捷而又得了「沙宣挑戰杯」。

還有，小洪不獨贏三次「斯利時」，還有一

匹「封面女郎」，竟能在這一季中，也贏三次頭馬，這三次頭馬，還要輝煌，因爲是一連跟着贏，我們叫「連中三元」，外國人則叫做「帽子戲法」（HAT TRICK）也。

「封面女郎」的馬主也是我的老友，他是譚日榮兄，當年是警察幫辦，而且眞是一位好好先生，他現已退休營商，現在在馬場中，每一次譚兄都必到，他並不落大注，必到的理由，因爲他對賽馬有幾十年的興趣也。

「封面女郎」在一九五六至五七年度季初由小洪上陣兩次無位之後，第三次上陣，在第六班中，於五六年十二月一日跑一哩一七一碼，這一場馬，牠是大熱門了，同場祇得六駒上陣，「封面女郎」獨票近三萬票，同賽祇有吳祥輝兄騎吳文廣兄的「豪俠勇士」（GALLANT KNIGHT）負票比較少了八百多是第二熱門，最冷的是鄭中樞兄的「成功湖」（LAKE SUCCESS），由林國樑兄主轡，祇得三千四票耳。

「封面女郎」憑後上易勝「成功湖」兩乘，「豪俠勇士」第三，映相敗於「成功湖」短馬頭，「封面女郎」獨彩派十三元九角。

因爲此賽牠祇負一四四磅，未升班，到下一次隔一個月在一九五七年一月一日仍在第六班出一哩，加重十磅，「封面女郎」變成要負一五四重磅了。

不料這一場賽事，雖有十駒上陣，却仍是第一大熱門，獨票有二萬八千張，與第二熱門「旋紡輪」（阿圖茂）的萬六票相較，「封面女郎」多出了一萬票有突。

這一場馬，「封面女郎」還是易勝，以乘半贏了還有一匹一五四磅重磅馬劉家麟兄騎的「艷陽」（HIGH NOON），「封面女郎」獨彩派十三元二角，比上賽少了七角。

跟着升上了第五班，在一月廿六日又出一哩，「封面女郎」雖升一班却要負一五〇磅，比上賽祇減不四磅。

這一回輪不到大熱門而是第三熱門，也可見這一對人馬的爲當時的馬迷所看重，第一大熱門是郭子猷的「快航」（FULL AHEAD）獨贏票竟有五萬七千六百五十五張之多，彩銀幾乎達到廿九萬元之多，第二熱門是蔡克文的「侏儒」（MIDGET），有萬六獨贏票，「封面女郎」第三熱，與陳杰「得心應手」（WINNING TOUCH）的一萬二千近七百票，祇少五百多票耳。

蘇芬諾夫何文法夫婦洪燮康夫婦捧杯合影

小洪施出殺手鐧，「封面女郎」映相僅勝「快航」短馬頭，完成了連中三元，獨彩派四十一元九角，這一回是冷門了。

「斯利時」三捷，「封面女郎」三捷，此外，他還爲他的死黨林秉寬兄（林兄現在還有「必圖利」與「新圖利」兩駒，當年他也是騎師），當年的「鐵木兒」贏兩次頭馬，可是兩次都是大熱門，獨彩一次派十元九角，一次派十四元正，冷門騎師變了熱門騎師了。

另外，他爲馮公夏及馮肅陵兩位（肅陵兄現在是「揚名聲」與新馬「揚偉聲」兩駒的馬主）的「舊膠輪」贏兩次頭馬，而且第一次此馬在第四班中出一哩二五長途，「舊膠輪」是冷馬，在這一場賽事之中，「舊膠輪」的獨彩票，祇有四千二百多票，這一場賽事，陳鴻禧（已故）的「金像獎」負獨票二萬三千多，布林利（已故）的「衛頂登」負票九千多，是第一、第二熱門。「舊膠輪」在小洪胯下，輕易贏出，派彩八十三元六角，又是一場冷門馬。

因而，在這一季之中，小洪贏的十七場頭馬，其中「封面女郎」與「斯利時」各勝三場「鐵木兒」與「舊膠輪」各勝兩場，那末，四匹馬已贏了十七場中之十場了。

「夜遊人」是一九五五年新馬，初來時誰也不知道這一匹是後來變成長短途全能的好馬，因牠的父母系並無名氣，所以大家都不會注意，而且在新馬第一次上陣時，「夜遊人」由郭子猷上陣出一哩，負獨票祇有二百五十六張，也可見此馬在當時的無人注意了。

附刊的照片，一張是洪燮康在一九六四年五月十六日爲成報主人何文法兄的「即時」（Jesse）贏了當年的「香港冠軍渣打杯賽」在頒獎後留影，除了小洪之外，是洪夫人，何文法夫婦及蘇芬諾夫，還有一張則是「夜遊人」跑六化郎居然創出時間紀錄，其時在一九五八年一月一日，馬主爲李國豪君，由於篇幅關係，又要留到下期再講了。

（卅一）

釘巴

（上海滑稽）

笑嘻嘻：文

王澤：圖

乙　什麼叫「釘巴」？

甲　叫化子討銅鈿就叫釘巴。釘巴，釘是釘牢儂，巴是叫化子的切口，就是銅鈿。釘牢仔問儂討銅鈿，就叫釘巴。叫化子，上海人叫畢三。伊釘到儂，儂就嘸沒生路，一定要撥伊銅鈿。

乙　我倒有點勿相信，假使伊碰着一個人一毛不拔，偏偏勿撥伊。

甲　勿怕儂勿撥，終歸要撥格。

乙　我勿相信。

甲　格末我和你來試試看，我就算是專門釘巴的畢三。、

乙　我就算是路上走的大老板，儂來釘釘我看。

甲　（懇求語氣）先生開開金龍手，年紀活到九十九。

乙　（一副很神氣活現的神態）我要活到一百五十歲啦，哼！

甲　先生，一鈿勿落虛空鈿。

乙　我出世到現在，從來沒有給過一個銅鈿，人人叫我一毛不拔，嘿嘿！

甲　先生，窮靠富，富靠天。

乙　靠天吃天落水啊？滾開！

甲　先生，行了好心有好報。

乙　我不相信的。

甲　先生，做好事做勿窮的，想穿點。

乙　勿要噱我，我算得老鬼哉，勿開銷的。

甲　先生，隨便儂開銷好哉，儂撥得出，我拿得進，決勿爭多嫌少。假使儂覺着給得太少，有點難爲情的話，就給我三十五十，還覺着太少，拿不出來末，就給個一百兩百……越多越好！假使沒有現鈔，支票也可以的，不過支票末，最好開即期。

乙　我想拿根大條子給儂，好哦？

甲　好的。

乙　（加重語氣）我勒鈍儂！窮昏心啦？

甲　先生，我看儂這樣的氣派，儂就是眞的給我一根大條子，也不在乎。

乙　老實告訴儂，我前天早晨一只電話到交易所，就賺着廿根大條子。（萬分得意地）

甲　先生，儂賺了這麽許多鈔票，就是用也來勿及用。

乙　勿吹牛皮，賺得多用得多，昨日夜裏會樂里生意浪拉我請客吃一頓夜飯，就用脫兩根條子。

甲　先生儂下次請客，請儂也發張請帖給我。

乙　儂在做夢！我發請帖給儂？臭畢三！（掩住鼻子）身浪來得格氣味，滾開！

甲　先生，我本來想勒身浪先洒些夜巴黎香水，再來釘儂的。因爲一瓶夜巴黎香水要賣一百多塊，我實在賣不起！

乙　廢話。

甲　先生小財去了大財來。

乙　爲啥一定要去小財？

甲　明中去了暗中來。

乙　畢三，儂這句閑話講得有點道理，我賺來的鈔票，全是糊里糊塗來的。

甲　先生，儂就馬虎點，開銷一碗麵錢給我罷？

乙　爲啥儂一定要吃麵？

甲　因爲我今朝是生日。

乙　喔，儂倒考究格，格是我還要送人情撥儂來？嘸沒！

甲　先生，修子修孫，望儂多養一個大胖兒子。

乙　我屋里小囡已經嫌比太多了！

甲　先生，我望儂手脚輕健。

乙　請儂放心，我每天打補針，吃補藥，還有常年醫藥顧問。

甲　先生，儂慢慢交走。

乙　勿要煩！釘牢勒後頭，搞勿淸爽，眞討厭。

甲　儂不給我，我只好陪儂。

乙　啥人要儂陪！儂歡喜釘就釘下去吧！不過鈔票終歸嘸沒。

甲　先生，給了我末讓我好走哉！

乙　笑話，我又沒有用大紅帖子請儂來釘，儂儘管走好啦。

甲　先生，何必呢！對一個畢三爲啥要介勿客氣呢？老古話，朋友多一個好一個，對哦？

乙　放屁！（發火）阿是我搭儂畢三軋朋友！我的朋友全是社會浪有名望人搭仔大亨。滾！

甲　先生這樣光火勿好的，火氣大要腦冲血的。

乙　好極哉，咒我中風是哦？曉得我最怕死！隨便儂去講，我終歸兩個字：嘸沒！

甲　先生，儂譬如賣張膏藥貼脫。

先生，年紀活到九十九！

乙　喔！（氣極）好，我情願賣膏藥貼脫，就是全身貼滿，鈔票終歸勿撥儂！

甲　先生，儂譬如賣痧藥水吃脫。

乙　我情願拿藥水當汽水吃，勿撥儂！

甲　先生，行了好心有好報，這個就叫惡有惡報，善有善報，如若勿報，時辰未到；一錢如命，勒煞吊死，天大家當，眼睛一閉死下來，一鈿帶勿去的。

乙　我情願一鈿帶勿去，也挨勿到儂。

甲　先生，儂撥我兩鈿勿吃虧的，行了春風有夏雨；窮人勿會窮到底，瓦片也有翻身日，等到我畢三將來飛黃騰達、黛上發財，儂做畢三的辰光，問我來討，我一定撥儂好啦，這個叫有來有往。

乙　好！望我做畢三？儂放心，我做畢三的命還沒生。

甲　先生，滿飯好吃，滿話難講，一個人想勿到

「小姐：祝你青春常駐，永遠不老！」

的，從前我比儂還要篤定，現在照樣勒做畢三。

乙　我有的是家當。

甲　上海灘浪，家當多做多沒有用的，只要三場天火燒，兩場人命案，日裏强盜搶，夜裏碰賊偷，家主婆跟了人家捲包逃走，自己瘋癱勿會動，儂照牌頭做畢三啦！

乙　好，我認得儂，見儂怕好哦？（跑得快些）

甲　先生，儂見畢三有啥好怕格呢！儂看見你爺怕，倒變成孝子啦！（在後面跟得也快）

乙　好，要做我爺哉！（越跑越快，甲在後面緊追。乙跑得吃勿消，停下來喘氣）儂勿像畢三釘巴，儂像捉强盜了！

甲　路浪這麼多人，我一個都勿去釘，專門釘儂，大概是我搭儂前世有緣份。

乙　要末儂格斷命緣份！今天算我倒霉，走到這條路上來。

甲　先生，鬧猛地方全是畢三，我勿釘儂，別個畢三也要釘儂的。

乙　唉，想勿到今朝我會撥勒畢三揹牢。哼！我光起火來一只電話打撥警察局局長，叫伊派大車子拿所有畢三全部捉進去，關起來！

甲　那是謝謝儂哉，這樣一來，阿拉吃飯、睏覺好不必耽心事哉。

乙　唉我哪能會碰着儂這種畢三的？

甲　阿拉這種畢三儂勿容易碰着的，阿拉出來釘巴，有一定的辰光，上午九點到十二點，下午兩點到五點，星期天休息，勿釘。

乙　倒是寫字間派頭。

甲　如果我今朝釘得儂滿意，儂下次可以打電話叫我，我隨叫隨到。

乙　啥人要儂釘？

甲　儂倘使喜歡每日要我來釘，可以搭儂訂一張長年合同，專門做儂的生意。

乙　噢！還有訂長年合同？

甲　儂歡喜零碎釘也可以格，上門末便宜點，出門末加倍計算。

乙　又勿是請醫生出診。

甲　先生，請儂勿要尋我開心，撥仔我末我好去釘別人哉。

乙　畢三我告訴儂，儂還是快點去釘別人吧。我今朝袋袋裏勿便，儂要白釘的。

甲　先生，格末儂是半吊子啦！既然儂嘸沒鈔票，應該老早就通知我，說明今朝勿要釘，那末我好去釘別人，現在釘了這麼許多辰光，儂再回頭我嘸沒，那來勿及了，我現在嘸沒辦法，已經釘儂脫哉。

乙　（乙被釘得精疲力盡，態度由硬轉軟，商量似地）畢三啊，今朝交關對勿起，我實在身邊不便！

甲　先生，儂實在嘸沒，我倒也肯原諒儂，一個人出來作興勿便，叫一鈿逼死英雄漢。那末，從現在起，我准定勿釘哉，鈔票我也勿要哉。

乙　對不起，謝謝儂！

甲　謝倒也用勿着格，那末我釘了這麼許多路，儂總勿見得叫我損失！準定請儂釘還。（將扇子交給乙）好哦？大家勿吃虧！

乙　這句閑話有道理格，揩畢三格油是講勿過去，准定釘還。

甲　（甲將乙手中的雪茄烟拿過來塞在自己嘴裏，走在前面。乙在畢三後面釘。）

乙　畢三走好，畢三當心，儂畢三是量大福大：儂也要叫我先生。

甲　先生……（想想不對，立時翻臉）我從來也沒有聽見過，勿撥畢三銅鈿要釘還！（將扇子摔在地上，再將甲嘴裏雪茄烟搶過來）我撥儂攪得糊里糊塗，自會聽儂閑話釘還，勿釘啦！

甲　好，既然儂勿釘還，（拾起地上扇子）那末仍舊我繼續釘巴釘下去，（繼續釘在乙後面）先生，儂弄送我畢三勿作興格。

乙　謝謝儂勿要釘勒好哦？我有末老早撥儂啦！

甲　先生，儂憑良心講有哦？憑我格經驗，照我格估計，儂袋袋裏一定有鈔票。

乙　儂眼睛又勿是愛克司光，難道看得到我袋袋裏？

甲　既然儂實在嘸沒，格儂讓我抄。

乙　抄就抄，（給甲抄身，一想不對）從來嘸沒聽見過，勿撥畢三銅鈿要抄巴子。

甲　先生，那末儂還是有了不給，還是沒有不給，還是弄僵不給，還是搭我打打棚不給，請你講明不給的理由。

乙　畢三，我實在是嘸沒不給，可以哦？

甲　你實在嘸沒，我可以相信你，不過請你要表示表示，跪下來罰個咒，那末我就勿釘哉。

乙　罰咒就罰咒好啦。（跪下）天老爺在上頭，我要是有了鈔票勿……（想想勿對）我爲啥要罰咒呢？（非常後悔）

甲　勿肯罰咒，就是心虛，那末我只好繼續再釘下去。（甲繼續釘乙）

乙　你歡喜釘末釘吧！（哭喪着臉）畢三，我實在跑勿動啦。（立停）

甲　勿瞞你講，我也吃勿消啦！（故意戲弄乙）此地是皇后跳舞塲，那末我們到裏面去休息一歇再釘吧。

乙　倒是用得着，沙發浪坐一歇，聽聽音樂。

甲　吃脫一杯咖啡，跳脫一只舞，儂看哪能？

乙　（感到不對）我搭一個畢三一淘去吃咖啡？變神經病哉！

甲　你到底有沒有？

乙　我已經講了幾十遍，沒有！

甲　沒有？那末再繼續釘下去！

乙　我哪能會碰着你這個畢三！（繼續跑）

甲　（面孔一板）好，這樣一看，你這個人在實沒有辦法哉。你今朝勿撥我鈔票，哪能講得過去！

乙　啊？我阿是少欠你的？（立停）

甲　我有資格問你拿鈔票，你也有責任撥我鈔票用，照名份勿要我來問你討，應該你自動給我。（教訓似的）我現在再三再四苦苦哀求，你再五再六的回頭我，可見你這個人毫無心肝，沒有靈魂，在你身上已經嗅不到一點人氣味！格本勿配做人！你是冷血動物！畜生都勿如！應該判你無期徒刑！你有槍斃資格，你死下來要撥勒人家千刀萬剮，還要遺臭萬年！

乙　（被甲突然而來的痛罵，有些莫名其妙）阿是我勿撥畢三銅鈿，有介許多罪孽啊！

甲　（繼續訓斥）我問你：你是那一國人？（像審訊犯人似的）

乙　我是中國人！

甲　那末我是那一個人？

乙　也是中國人！

甲　總算儂這個人還有一些知覺，自己是中國人還勿曾忘記。我問你中國人稱四萬萬七千五百萬同胞有沒有？

乙　（默認）

甲　儂是四萬萬七千五百萬同胞之一，我也是同胞一分子。我們全是自家人呀，一筆寫勿出兩個字。我搭儂同胞碰同胞。何謂同胞？同胞者即是手足也，手足就是阿哥兄弟，儂年紀大些是阿哥，我年輕些是兄弟，對不對？

乙　（楞住）哪能一歇歇變成阿哥兄弟哉？

甲　兄弟今朝落魄做畢三，請阿哥來幫忙，阿哥應該幫助兄弟嗎？

乙　…………

甲　就算我們是朋友，也應該助一臂之力，就算我搭儂大家勿認得格，叫四海之內皆兄弟也，也要幫助。何況我們是同胞，儂現在阿哥勿承認兄弟，讓兄弟勒外頭拋頭露面做畢三，兄弟做畢三，儂阿哥勿見得有面子！兄弟塲台，也就是儂阿哥塲台。儂見死不救，就有一項大罪，儂這個阿哥良心在什麼地方？責任在什麼地方？儂哪能對得起我同胞兄弟！哪能對得起儂自己阿哥的地位！儂哪能對得起上代祖宗！儂哪能對得起親生爺娘！儂哪能對得起前方將士後方百姓！儂哪能對得起弄堂口頭格小皮匠，四馬路浪格掃垃圾！儂哪能對得起亭子間裏王先生搭仔灶披間裏格三好婆！

乙　（乙被甲罵得啞口無言，呆若木鷄）慢……這班人我全勿認得伊拉格，根本勿關格！

甲　總而言之，是人儂統統都對勿起！儂哪能對得起……

乙　好哉，勿要來啦！我沒有想到勿撥畢三銅鈿，要對不起這麼許多人。好！看在大家全是中國人，全是自己同胞手足格面浪，我准定撥儂……（摸銅鈿）

甲　這樣一看儂這個人還有希望，能夠悔過自新，沒有執迷不悟。

「今天的成績又比昨天好！」

乙　撥儂一只洋。

甲　啥物事！一只洋？先生儂勿要打棚哉！大世界釘到南京路，一只洋我本鈿都勿到。（繼續釘下去）

乙　儂這個畢三介勿講道理，撥仔儂還要爭多嫌少，阿拉做生意末有資本格，你做畢三還有啥格本鈿？

甲　先生，儂勿曉得做畢三格苦，哪能好沒有本鈿呢，阿拉要吃飽仔釘，釘得慢仔要撥儂逃走的。

乙　那末阿拉也要吃飽仔跑的，阿拉的本鈿問啥人去算呢？

甲　先生儂勒前頭跑，威風凜凜幾化神氣，阿拉勒後頭跟幾化苦惱，味道兩樣的。

乙　那末畢三，儂前頭跑好啦，我倒隨便的。

甲　我畢三前頭跑勿像樣的，試試看。（甲前乙後，兩人面對面走）先生開開金龍手，（倒退跑）阿是勿登樣的？（恢復乙走在前，甲後面釘）先生，阿拉畢三釘巴也有一定格規矩，阿拉勿能偷工減料，要貪儂下次的生意的。

乙　還要下次生意，這次我已經吃勿消哉。

甲　先生，儂自家勿好，儂一只洋早半個鐘頭撥我是差勿多啦，現在晏仔半個鐘頭，已經漲價了。

乙　你畢三格漲價倒是漲的快，比阿拉做生意還要漲得快。好好，我終歸見儂怕，再撥儂四塊，湊滿五塊，總好解決哉。

甲　先生，儂勒煞吊死勿作興，儂五只洋，勒南京路撥我倒是差勿多，現在釘到了泥城橋又勿夠哉。

乙　我又勿曉得儂會釘到泥城橋。

甲　先生請儂頂好勿要走好哦？儂跑下去價鈿還要勿對啦。上次有位先生叫我釘到蘇州，撥我釘脫一爿南貨店啦。

乙　儂格畢三倒是辣手，撥仔儂鈔票還要釘，那末請儂開張詳細格價目單撥我吧！

甲　先生儂也門檻精來；儂也做過畢三，也曉得市面。

乙　啥人做過畢三？

甲　先生，行有行規，店有店規，每個行業全有規矩格，儂電車乘過哦？

乙　電車我一日要乘幾次啦。

甲　阿拉畢三釘巴有規定格，和電車一樣，講站頭計算，釘一站算一站，釘兩站加一站，儂現在是五只洋，老早超過站頭，對于我個人收入倒毫無關係，撥勒阿拉同行查着，要取消我畢三格資格，吊銷營業執照。

乙　嘩？做畢三規矩介大啊！

甲　先生，儂現在是我老生意哉，我因為搭儂是老朋友，先豁個令子撥儂，阿拉明朝開始，畢三釘巴價鈿又要漲價啦。

乙　嘩，又要漲價勒？

甲　現在市面浪樣樣全漲價，實在勿是阿拉畢三要漲價，阿拉勿漲沒有辦法了。現在趁沒漲價之前，阿要先定廿個畢三撥儂，照老價鈿還可以打八折優待。

乙　我弄廿個畢三囘去啥用場？喂，畢三這次漲多少？

甲　漲得結棍啊！勿講辰光計算，也勿講站頭計算，以後釘巴要講尺頭計算勒，釘一尺一塊錢，有一尺算一尺，釘滿一丈，可以加放三尺。

乙　倒像布店賣布哉！好，你畢三漲得比阿拉還要結棍！

甲　先生，儂碰着阿拉這種畢三還算額角頭亮，便宜貨撥儂塲進。儂要碰着黑市畢三，儂哭都來不及啦。

乙　嘩！還有黑市畢三？這種黑市畢三是哪能樣子格？

甲　黑市畢三跑出來，一看就看得出來，伊拉身上着西裝，衣裳畢挺，還常常坐汽車、住洋房、吃大菜、跑跳舞塲、白相堂子……樣樣全來。并且手里拎只鐘，伊拉就是市面上操鐘（縱）市面格黑市畢三。

乙　他們不像眞的畢三的樣子。

甲　不過伊拉格種黑市畢三，比阿拉這種畢三手段好好交要狠，伊拉只要出來一次，市塲馬上就混亂。

乙　啊，市面上有這種可惡的畢三！

甲　伊價鈿大哉，伊拉勿講站頭計算，也勿講尺頭計算，伊拉完全照鐘上格秒針計算，秒針一動，一個滴嗒，儂就要撥伊鈔票，伊滴嗒滴嗒，儂就幾百幾百，滴嗒滴嗒，幾百幾百，滴嗒滴嗒，幾百幾百……

乙　哎喲！我鈔票印都來不及呀！

甲　儂想一日天有幾化滴嗒，伊就要向儂算幾千幾百，儂有幾千萬家當，只要釘儂兩三個鐘頭，就就可以滴嗒光。

乙　我老實告訴仔儂吧，儂看看我身浪衣裳蹩挺，其實全是空塲面呀，上海灘浪做人要末有家當，要就像儂這樣做畢三，一些沒有什麽，頂不好像我這種人，勿上勿下軋勒當中軋煞，頂頂苦！

甲　總勿見得儂比我畢三還勿如？

乙　豈敢，豈敢，儂只有一個人沒有負担，吃着勿愁，幾化篤定，像我屋裏要一家八口。

甲　人丁興旺。

乙　上有八十歲的老母親；

甲　門前大樹好遮蔭。

乙　下有一歲兩歲格小寶寶。

甲　將來後福無窮！

乙　阿拉女人勿會做事體，常年生病睏勒床上。

甲　你太太像林黛玉一樣，眞是艷福不淺。

乙　一家八口都要靠我一個人吃。

甲　儂是能者多勞。

乙　（下跪）你的口才實在好，我講你不過，我怕你！袋裏還有幾塊錢你一淘拿去吧！

obermain

西德製男裝"奧比馬"皮鞋

大人公司 平價市場 人人百貨 大方公司 來路鞋公司有售

連台綵頭戲

連台綵頭戲在上海有三十年光景的歷史。以前老天蟾排的封神榜，三星舞台排的彭公案，老大舞台排的狸貓換太子，改建後大舞台排的西遊記，共舞台排的火燒紅蓮寺，都是轟動全滬，在叫座方面產生任何戲劇所無法比擬的力量，連台開排，平均總得三十幾本，一唱就三四年。曾記得以前共舞台演「火燒紅蓮寺」，裏面有一個惡僧叫智圓和尚，一個清官叫卜文正，老看這齣戲的，便以這二人作爲忠奸的分野，戲的開展從頭本到最後的三十多本，都是千篇一律。假定智圓和尚將卜文正哄來捆綁，在將要處死的時候，一定有大批義俠從天而降搭救卜文正出險，或者卜文正將智圓拿着了，忽然卜文正的一批部下——即是俠客，都誤中了機關，智圓和尚又被逃脫。因爲不這樣，死了一個忠的或是奸的，戲要編不下去了。情節是如此單純，但觀衆無一個不覺得情緒高漲，興奮萬狀，拍手頓脚，始終不歇。開戲館的賺錢第一，眼看觀衆如此歡迎，他們對於每一本戲的開排，便無需另闢蹊徑，照着老路子依樣葫蘆，只須換上幾套新的機關佈景，不愁不拉鐵門。火燒紅蓮寺排到三十幾本，足足演了三個年頭，老看客本本要看，因之有不知多少次眼見智圓和尚謀害卜文正，心中積鬱，簡直比什麽都難受，等到他們知道火燒紅蓮寺有結束的消息的時候，頓時有成千成萬封信寄到戲館，都是對編劇先生要求在最後一本將智圓和尚嚴厲處刑。這證明了觀衆對於這一個連台綵頭戲的關懷，而編劇先生居然也順從了大衆意見，將智圓和尚拋在油鍋中煎死了。這最後一本因爲活煎智圓和尚是特別高潮，格外的多賣了好多天滿堂。

某年共舞台的廣告上有過這麽一句話：「大俠飛過尊駕頭上，當心帽子！」那時共舞台有個當家武生從三層樓攀巨繩滑到台上，表示從天而降的意思，這一幕戲又少不得轟動一番。但廣告上所說「當心帽子」，大家認爲誇張過甚，因爲看客那裏會戴了帽子看戲。其實廣告的作者就爲了看戲的人都不肯脫下帽子，大家頂着銅盆帽坐着，衣帽間是有人出錢承包的，承包者發急便去和廣告部商量，纔有這樣的妙句登在報上，畧爲有點諷刺的意思。當時有人實地調查過，共舞台裏戴銅盆帽看戲的，確實佔了十分之二三。

連台綵頭戲又注重大開打：何謂大開打？便是他們所有的武生一起上台大打一陣子，甲與乙打，乙與丙打，丙又與甲打，打到後來，看客的頭昏了，台上也變成「敵我不分」，俠客的兵器擲在大盜的手裏，大盜又擲還俠客，這打什麽仗？可是三層樓上所起的彩聲，一直從大開打上場鬧到下場，這，因爲看的人實在滿意。以上情形，不是指某一家戲院如此，那是家家戲院如此，而且，幾十年來一直如此。

四脫舞是綵頭戲的傑作之一，婦孺皆知。當年彭公案在三星舞台也是每本有跳舞穿插，歐陽德是古裝的；其實是一種奇裝，和一個袒胸裸臂黎錦暉筆下的葡萄仙子模樣的女子相抱而舞，以服裝而論，這二人要距離多少年代，如何叫人家看得順眼？但是擠滿着的觀衆認爲滿意，而且是很大的滿意。

有時候，「演義」的材料顯得枯竭了，也會偶然的搬演幾個時裝戲，閻瑞生一劇寫一嫖客謀害名妓，被拘獲後正法，這是上海實事，任何一戲再沒有比閻瑞生的情節簡單，看第一幕便可以料想到第二幕的開展，其實連結局也早已瞭然了。那知在二三十年前，上海已五度搬演閻瑞生一戲，而且每次有莫大盛況，這又是上海人的奇特的看戲心理。記得閻瑞生一戲中麥田害命一幕，主角閻瑞生開了一部小汽車上台，這就是他們廣告上的皇皇標題：「眞汽車上台」。汽車在上海遍地皆是，算來毫不出奇，但把它搬到台上，一出場便有人叫好，有人騷動，足足三五分鐘才會平靜下來，這點又很難解釋。而且，汽車固然是眞汽車，但因爲主角不懂駕車術，恐怕闖禍，這汽車是用繩子在下場門由許多工匠拖動的，看客們的視線給麥田的佈景遮住，也許看不出這個破綻。總之，無數條的喉嚨爲這一部用繩子拖的汽車叫好，總似乎有點冤枉。

台上有一幕吃花酒，茶房端上一隻西瓜來，當場切開，大家分食，這又引起台下大大的騷動，喝彩不止。其實看客自已也許也正在吃着西瓜，戲院裏就有兜賣西瓜的小販；一個演員在夏天穿了皮大衣上台，觀衆又爲之大笑，一到台上，什麽都成了笑料，奇怪得很。某戲館權威以前曾說過：「上海人看戲，頂好不要他們多動腦筋。」這也應該算是名言吧！

·萬寶全·

「天下第一名票」

燕京散人

民國二十六年，張伯駒在北平票了一台「空城計」，博得「天下第一名票」之稱，不是說他的戲唱得好，演得好，而是這一台戲的四靠將，由楊小樓、余叔岩、王鳳卿、程繼仙四位名伶担任，北方人說張伯駒這下子漏臉極了！稱爲天下第一名票實不爲過。

張伯駒是河南項城人，與袁世凱不但同鄉，而且是袁的表侄。也就因爲這親戚關係，他的父親張鎮芳，才做到了河南督軍，這主持方面的高官。張伯駒是大少爺出身，席履豐厚，不知物力維艱。書念得不少，對音韻學尤其有研究，著作有「亂彈聲韻輯要」。就是一樣，性情孤高自賞，傲氣凌人，沉默少言，落落寡合。爲人風雅，酷愛古玩字畫，遇見有精品，不惜重價搜購；倘若手邊現錢不方便，典房子賣地都在所不計，一定要弄到手才算完事，所以他的收藏很豐富，而且都是精品。

張伯駒的學戲，也固執得很，堅持規矩，保存傳統，他在認識余叔岩以前，簡直不知皮黃爲何物。與余叔岩結交以後，才開始對戲有興趣，而且從余學老生，專攻余派，拳拳服膺。他下的功夫很深，調嗓子，打把子，文武崑亂，無所不學，但他對余叔岩的劇藝，却是薰陶得比直接學的多。他和叔岩當然常常見面了，有時來了余家，一語不發，不論余叔岩在調嗓子，或與打鼓佬、琴師說戲，或是與友人談戲，他都在旁靜聽。夠了時間，他能不告而去，不但叔岩本人，連一般常去余家的朋友，對他這種對人不寒暄不講話的態度，日子久了也就不以爲怪了，等到他覺得需要直接問藝的時候了，才請叔岩指點，所以綜其一生學余，是懂的比學的多。他的學戲方法，也是效法叔岩，叔岩因爲直接從譚鑫培學的很有限，就對譚的配角錢金福、王長林非常禮遇。從他們那裏，間接學譚的玩藝兒。張伯駒也是如此，除了趕上一點錢金福和王長林晚年以外，後來他就從錢寶森、王福山那裏掏摸玩藝兒。因爲余叔岩在演戲末期，王長林、錢金福已然物故，就用他們二人的哲嗣爲配，張伯駒不但從王福山錢寶森學戲，後來索性長年把他們二人養在家裏，以備隨時練功、諮詢，像這種大手筆，就非一般人所能辦得到的了。

張伯駒自己工余派，對天下唱老生的人，也以宗譚學余的標準來衡量。遇見有不唱譚余，或是唱出花腔的人，不論內行票友，生張熟魏；不論是私人調嗓，或公開演唱，他必然怒目相視，惡言責罵，當面開銷，不留餘地。而且說話越急，他那河南味兒就越發濃厚的發揮出來。當事者、旁觀者，愕然相顧，他却認爲當然，昂然而去。這種固執的衛道精神，他只顧了我行我素；却不知有悖人情世故，因此一般人稱他爲怪物。

張伯駒（孔明）

那麼，究竟張伯駒的玩藝兒怎麼樣呢？論他的腔調、韻味、氣口、字眼，那是百分之百的余派，沒有話說；可惜，他限於天賦，沒有嗓音。在公開演唱的時候，不要說十排以後聽不見，連五排以內都聽不眞。所以一般內行，都諢稱之爲「張電影兒」；那時候的電影還是無聲的，也就是說：聽張伯駒唱戲，和看電影一樣。至於台步、身段，也不是那麼回事，但是張伯駒却自視甚高，很喜歡彩排，還以余派眞傳名票自居，於是內外兩行，常拿張伯駒唱戲當作笑話講。

筆者以爲，國劇不但本身是綜合藝術，由文學（故事）、歌唱、舞蹈、音樂、技術綜合而成。它的表現方法，也是用綜合方式來表現。一定要化妝（扮戲），穿上服裝（行頭），以唱、做、念、打來發揮劇中人個性，和表達劇情，即是業餘的票友，也應該如此，才算是唱戲。如果只能清唱，不能上台，而唱時又沒有丹田的氣力，唇、齒、喉、舌的鍛煉；藉着麥克風，還要放大音量，透過擴大器，才能使人聽得見，那就不算唱戲了。而有些余派票友，都犯這個毛病，什麼腔兒呀，喇兒呀，字眼兒啊，氣口兒啊，講的頭頭是道，等到唱出來呀，你就是聽不見。戲是要「唱」給人家「聽」的，如果使人聽不見，那還算是唱嗎？無以名之，只好贈以「嗓子眼兒裏的余派」；而張伯駒不過是其中的鼻祖罷了。

余叔岩的生平好友，有魏鐵珊、孫陟甫、薛觀瀾、孫養農、岳乾齋、張伯駒等諸君子。岳與張先後任北平鹽業銀行總經理，余氏所有收入，全部存入鹽業。偶然遇有急需，存欵不敷時，岳、張必代爲墊付，等叔岩再有收入時，再存上歸墊。所以余對他們二人在財務上的支持，十分感激，遇見岳張二府的喜慶堂會，必然賣力卯上，有時還演雙齣，而且不收戲份兒。岳，張兩位，那裏肯使叔岩盡義務，不但照送，還比一般豐厚，每次必定强而後可，叔岩才收下。張伯駒與岳不同，他不止是戲迷，自己還學老生，他和叔岩就盤桓得近一點，經常往來，叔岩遇他求教，也傾囊以授，很拿張當個朋友。

張伯駒除了家裏常辦堂會，自己也喜歡彩串。民國二十六年正月，適逢他四十初度，爲了做壽，打算大大的辦一塲堂會，自己也露一露。他很久便有一份心願，想演「失空斬」，而請余叔岩配演王平。但是請余叔岩給自己當配角，茲事體大，不敢冒昧請求；並且也沒有把握。如果他當面碰了叔岩的釘子，鬧成僵局；以後也不好來往了，反倒躭誤交情。於是心生一計，在籌辦堂會戲的時期，很自然的在家裏湊了一局，叔岩是常到張宅去的，在座還有楊小樓等幾位名伶，都是伯駒熟人，另外還安排了幾位有預謀的清客，在酒足飯飽以後，大家初步研商戲碼，這幾位就以客觀的姿態，建議的立塲，春雲乍展向余叔岩探詢口氣：『張大爺的四十大慶，可是個大好日子。他的「失空斬」是您給說的，假如您捧捧好朋友，合作一個王平，那可是菊壇盛事，千古佳話了！您看怎麼樣？』張伯駒則在旁邊也一語不發的旁聽。余叔岩這個人自視很高，對他的藝術，重視而珍惜，對張伯駒交朋友可以，教戲也可以，反正也沒有切身利害關係；但他把張伯駒的戲，和一般人一樣，當做笑話兒，拿他當喜劇人物。自己這個王平，是譚鑫培親授，當年祗在堂會中陪自己的老師演過一回，在公開演出就從沒有唱過，那能跟張伯駒一塊兒起哄鬧着玩兒呢？但是，心裏雖然十分不願意；一來和張伯駒這麼好的交情，二來在中國人情社會，也不能當面說不字呀！他看楊小樓也在座，就轉移目標，以進爲退的找了一個藉口：『其實，我這個王平，倒是稀鬆平常，沒什麼了不起，又是本工戲。我很希望實現這齣「失空斬」，如果煩楊老板來個馬謖，那可就精彩了。』轉過頭來對楊小樓說：『怎麼樣？師哥！（因爲小樓是老譚的義子，叔岩是譚的徒弟，所以管楊叫師哥。）您捧捧張大爺好不好？』這時全屋的人，目光就都注視楊小樓了。小樓笑着對叔岩說：『余三爺，你可眞會開玩笑！第一，我不是本工；再說，我也沒學過馬謖，這那是短時間學得會的呀？我可不敢接這個帖。』其實，余叔岩準知道楊小樓「沒有」馬謖，（內行管不會稱沒有。）他是故意如此說，以便小樓推却，他也就可以不接王平這個活兒了。於是又故意很誠懇的說：『師哥，你別客氣了，什麼話兒，你還不是一學就會呀！你要是肯來馬謖的話，你別瞧我最近身體不好，功也少練，我一定捨命陪君子，陪您唱這個王平，咱們一言爲定，您瞧怎麼樣？』合着算是把這塊熱山芋，扔在楊小樓的手上了。換言之，也等於間接向張伯駒表明了態度；如果楊小樓不唱馬謖，他也就不唱王平了。楊小樓一看情勢嚴重，要造成僵局，他是聰明絕頂，又飽經世故的人。先別下結論，緩緩鑼鼓吧！就說：「好在爲時還早，咱們再研究吧！」就在沒有結果之下，大家散了。

張伯駒本意，如果這天把「失空斬」促成了，更好，他也知道余叔岩不會輕易答應，如果不成呢，就即席研究，改派其他的戲碼了。沒想到余叔岩提出楊小樓馬謖這個題目來，如能實現，那不更是錦上添花了嗎？楊小樓雖然當時沒接受，可是沒拒絕，還有一線希望，於是就不急於決定改換其他戲碼，仍向這一局的實現來努力。第二天起，就請他的朋友向楊小樓進攻，這些清客們，以中立客觀姿態，向楊小樓進言，用兩種說法：一種是「您和張大爺是熟朋友，捧捧他吧！難得這麼一回。」另一種說法，是挑破余叔岩的用意，向楊說：『您可別中了余叔岩「借刀殺人」之計呀！他不好推脫張大爺，拿您來頂門。您不唱這一齣，您算得罪了張大爺了，他自己脫身還不得罪人，您不上當了嗎？爲什麼不捧捧張大

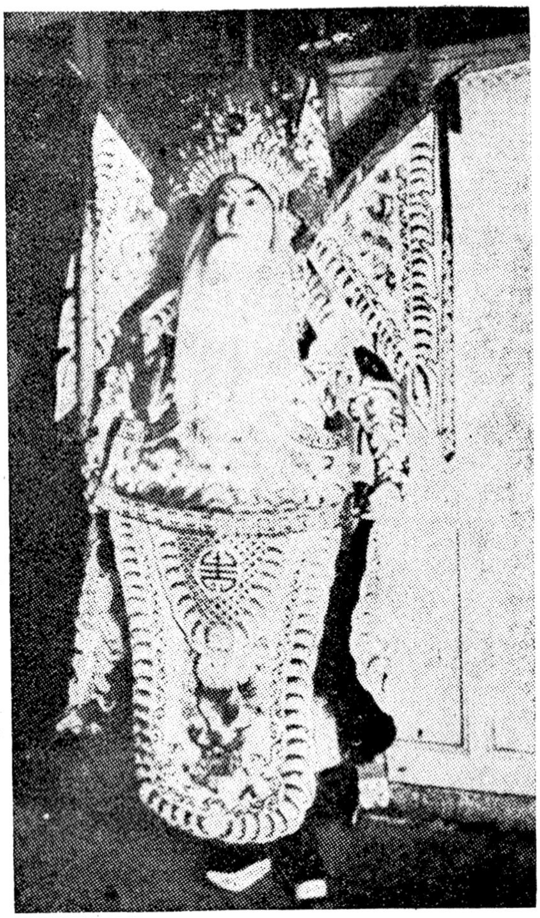
王鳳卿（趙云）

爺，他該多感謝您哪！』楊小樓再思再想以後，一衡量利害關係，爲什麽不掙個大戲份兒，還使張伯駒感恩不盡，落個名利雙收？何況，這又不是公開的營業戲而自己又可以過一回文戲的癮呢？於是答應張宅准演馬謖。一面請錢寶森給自己說馬謖唱做和身段；一面請張家來人告訴余叔岩快準備王平，並且定期對戲。當時張宅朋友欣喜若狂，趕快向張伯駒復命圓滿交差；並且給余叔岩傳話如儀。這一下，余叔岩出諸意外，可嘗了「請君入甕」的滋味了。

余叔岩借楊小樓使了個「金蟬脫殼」之計，原打算楊小樓推掉馬謖，他自己也就可以推却王平，他只顧到楊的不會馬謖，却忽畧了楊的個性，也可以說是楊的弱點——他愛唱文戲。楊小樓是楊月樓之子，楊月樓是名重一時的文武老生，繼程長庚掌理三慶部，他的猴戲也好，人稱「楊猴子」。楊小樓家學淵源，他武戲演得比他父親還好，青出於藍而勝於藍，猴戲也演得出類拔萃，博得「小楊猴」的美譽。這兩樣都克紹箕裘了；就是他不會老生戲，終身引爲遺憾！而總想有機會就露露老生戲。筆者是最崇拜楊小樓的，但對他的老生戲，却不敢恭維。有一次他在吉祥貼雙齣；大軸與尚小雲合演「湘江會」，前邊帶一齣「法門寺」。尚小雲宋巧姣，郝壽臣劉瑾，楊小樓趙廉。只演叩閽。他飾趙廉，上場往那兒一跪，觀衆就忍不住要笑。同是穿官衣，他穿不帶補服的青官衣，飾「戰宛城」的張繡，身上就是樣兒。而穿藍官衣的趙廉，是文官，和張繡的身份與身段不一樣，他演來就不像。雖然唱工就是兩段搖板，一共八句，但唱來依然是黃天霸的味兒，沒有鬚生的韻味。平常他演武生唱工，荒腔涼調，觀衆不以爲忤，而且喝彩。但在老生唱法裏，有點荒腔，就顯鼻子顯眼的了。因此，這一齣戲，觀衆是忍着笑聽的，當然不會喝倒彩。到了最後趙廉一抓劉媒婆轉身下場，楊小樓自己也忍不住笑了，於是台上下笑成一片，皆大歡喜。

而筆者個人的感受，却是啼笑皆非。但這並不減低楊小樓演老生，以及推廣而演文戲的興趣。馬謖雖然是架子花，不是老生，但却是文戲裏的脚色。楊小樓自恃藝高人胆大，也願意藉此過一過又唸又唱文戲的癮。

這齣「失空斬」的王平和馬謖既然敲定，有這兩位名角唱配角，可謂亘古未有。張伯駒自然是高興萬分，於是對其他角色，也都爭取第一流了。這才趙雲找了王鳳卿，馬岱找了程繼仙。馬岱原是末角扮演，但也可以用小生的，這也是破格。其餘角色：名票陳香雪的司馬懿（因爲沒有談妥金少山），錢寶森的張郃。慈瑞泉、王福山的二老軍帶報子，反正是第一流，「失空斬」戲碼前邊，是小翠花、王福山二位的「小上坟」，又名「飛飛飛」。

程繼仙（馬岱）

演出的地點，是隆福寺街福全館，這裏又要註釋一下。北平有飯館和飯莊子之別，飯館很多，內有散座兒，賣零吃的客人。有單間，賣整桌的。也有大廳，可容幾十桌；以便請客，或喜壽事宴客用，就是不能演堂會，因爲沒有戲台。飯莊子不多，但是地方大，傢俱、器皿齊全，且備有戲台，根本不賣散座，一桌兩桌也不賣；專爲喜慶婚喪大事而用，擺上百十桌酒席不算一回事。凡是有堂會的喜慶大事，都在飯莊子裏辦，著名的飯莊子有天壽堂、會賢堂、聚賢堂、福壽堂，而福全館是其中之一，規模很大，所以張伯駒在這裏辦慶壽堂會。

張伯駒平常演戲，一般人不認識他的不感興趣，內行和朋友們也都認爲是湊趣的事。這次「失空斬」的消息傳出去以後，不但哄動九城，而且轟動全國，除了北方的張氏友好紛紛送禮拜壽，主要爲聽戲以外，不認識的人也都想法去拜壽爲聽戲。甚至有遠至京滬的張氏戲迷友好，遠道專程來聽這齣戲的。福全館中，人山人海，盛況不必描述，就可想像而知。

而這天「失空斬」的戲，也逐漸變質，原來內行們陪他唱，是準備開攪起哄來湊湊趣兒的，後來因爲配搭硬整，大家爲了本身的令譽和藝術責任，就變成名角劇藝觀摩比賽了。而最後却演變成楊小樓、余叔岩爭勝「比粗兒」的局面。大家的注意力都集中在這些望重一時的名角硬配上面，張伯駒的壽星翁兼主角孔明，每次出場除了至親好友禮貌地鼓掌以外，大部來賓都把他當作傀儡，他促成了這空前絕後的好配角的戲，出了票戲天下第一的風頭，自己在演完之後，却不免有空虛之感了。

「失空斬」第一場四將起霸，不但台上的四

位角兒卯上；台下的來賓，也都把眼睛瞪得比包子還大，注目以觀。頭一位王鳳卿的趙雲，第二位程繼仙的馬岱，當然都好，也都落滿堂彩，但大家的注意力却全集中在王平和馬謖身上。第三位余叔岩的王平起霸，一亮像就是滿堂彩，首先扮相儒雅而有神采，簡直像「鎮澶州」的岳飛，和「戰太平」的花雲，儼然主角。然後循規蹈矩的拉開身段，不論雲手，轉身，一舉手一投足，都邊式好看，乾淨俐落。台下不但掌聲不斷，而且熱烈喝彩。到第四位楊小樓馬謖出場，雖然只是半霸，却急如雷雨，驟似閃電，威風凜凜，氣象萬千。尤其一聲：「協力同心保華裔」，更是叱吒風雲，聲震屋瓦。觀衆在掌聲裏，夾着「炸窩」的「好兒」。（內行管喝彩聲振耳叫「炸窩」。）四個人一報家門，又是一回彩聲。這一場四將起霸，是這齣戲第一個高潮。

就在所有來賓，嘖嘖稱讚起霸之好的聲中，張伯駒的孔明登場。來賓們除了張氏友好外，就是許多不認識他的人，因爲人家是今天的壽星，再說，沒有他，那有這場好戲聽。於是在拜壽和感激的心情下，所有來賓在這一場都特別捧場，出場有彩，念引子有彩，「兩國交鋒」那一段原板，雖然都聽不見；可是在「此一番領兵，」那一句，大家都知道，余派在「兵」字這裏有一巧腔，就是聽不見，張伯駒一定很得意的耍了這個巧腔了，那麽就心到神知的喝一次彩吧！張伯駒在台上也許自己覺得這一句果然不錯，那知道是大家曲意逢迎呢！總之，張伯駒就在這一場落的彩聲多，以後他的幾場戲，除了友好捧場鼓掌以外，大家都鄭重其事的聽名角的戲了，對張只當看電影一樣，不予理睬了。

余叔岩（王平）

下面第四場，馬謖王平在山頭一場，又是一個高潮，也可說是全劇精華。楊小樓把馬謖的驕矜之氣，刻劃入骨，余叔岩表示出知兵的見解，却又不失副將身份。兩個人蓋口之嚴，邊念邊做，連說帶比劃，神情和身段，妙到絕巔，嘆稱觀止。那一場的靜，眞是掉一顆針在地上都會聽得見。因爲蓋口（即問答對白）緊，觀衆聽完一段，都不敢馬上叫好兒，怕誤了下一段，偶有一兩個急性叫好兒的，前面必有人回頭瞪他。直到馬謖說「分兵一半，下山去吧！」王平：「得令」。大家才鬆一口氣，大批的鼓掌叫好兒。可惜那時候沒有錄影，如果這一場戲傳留下來，眞是戲劇史上珍貴資料，可以流傳千古了。

第五場，王平再上，畫地圖，余叔岩邊看地形邊畫，很細膩，不像一般的低頭作畫就完了。接着與張郃起打，和錢寶森二人平常是老搭檔，嚴肅而簡捷，敗下。

六七八場過場開打，不必細談。第九場馬謖王平上，馬謖白「悔不聽將軍之言……」小樓念時，帶出羞愧，念完將頭略低。王平：「事到如今……」叔岩面上微現不滿，並不過份矜情使氣。兩個人的三番兒念「走」，「走哇」……一個無奈，一個催促，意到神到，不瘟不火，默契而合作得恰到好處。台下又是不斷掌聲。王平下場，同時把槍倒手（右手交與左手），都在一瞬之間，美觀俐落，令人目不暇給，又是滿堂好。馬謖先驚，再愧，作身段，使像兒，然後轉身狼狽而下，楊小樓又要回一個滿堂好兒來。戲就是這樣演才好看，兩個功力悉敵、旗鼓相當的人，在台上爭強鬭勝，搶着要好，那才有勁頭兒，出現絕好的精彩。而台下也過癮，越看越起勁，鼓掌喝彩，身不由己，台上下引起共鳴，打成一片，眞是人生至高享受，只是這種情景，一輩子沒有多少回而已。

最後斬謖一場，余叔岩的王平，雖然只有兩段共八句快板，却是斬釘截鐵，字字珠璣。大家聽完一段一叫好兒，就是覺得不過癮，好像應該再唱十段才對似的。孔明唱完「將王平責打四十棍」，余叔岩仍按老例，扭身使個屁股坐子，一絲不苟，邊式已極。等到馬謖上來，楊小樓的唱工，當然難見功力，點到而已。在孔明馬謖的兩番兒叫頭：「馬謖」，「丞相」，「幼常」，「武鄉侯」，龍套「喔」了兩次喊堂威之時，兩人要做身段使像兒。楊小樓都用了矮架兒，這是捧張伯駒的地方。照例馬謖有高架兒、矮架兒兩種身段。可以用一高一矮，也可全用高，或全用矮。楊小樓人高馬大，張伯駒個子不挺高，若小樓使高架兒就顯得張伯駒矮了，這是老伶工心細體貼人的地方。

總而言之，這齣戲是圓滿唱完，而喧賓奪主的，給楊小樓余叔岩兩個人唱了。若論兩個人的優劣比較，先要了解余楊二人的技藝特色。余叔岩的玩藝兒以水磨功夫，謹嚴取勝。光以唱兒說吧，不但一句不苟，而且每字不苟，搏獅搏兎俱用全力，他的一句搖板，和一句慢板一樣用心用力，腔、調、字，韻無不考究。若以繪畫比擬，他是工筆，得其神髓和規格的，只有孟小冬，她也是一絲不苟，全力以赴。所以余叔岩、孟小冬唱一齣戲，要比別人累的多，好像用了別人唱三齣戲的精神力氣，這種對藝術認眞負責的精神，令人欽敬，沒有第三個人。

楊小樓的好處，是技藝精湛之外，加上天賦特佳。大氣磅礴，以聲勢氣度取勝，完全神來之筆。他對劇中人個性的把握、造型、揣摩、發揮，那眞是到了極峯，演誰像誰。若以繪畫比擬，他是寫意。而余叔岩尙可學，起碼有個孟小冬，得了十分之六七。而楊小樓則無人能學，後無來者，只高盛麟得了他晚年形態的十之二三而已。

這場「失空斬」演完以後，南北報紙爭相記載，戲迷觀衆時常談論，餘波很久都沒有靜止。有一次錢寶森和外行朋友們閒談，這幾位都是當時在場目覩的人。錢寶森問他們：「起霸那一場，您看那一位最好？」有的人說：「楊小樓。」有的人說：「余叔岩。」錢寶森笑着搖頭：「都不對！鳳二爺（王鳳卿）最好！」大家愕然問故？錢說：『別人的武功好，都看得出來。鳳二爺的起霸最「圓」，功夫內涵，其實內有千斤之力，就是已入化境，不細看看不出來罷了。』衆人唯唯喏喏，也沒有接着再討論。筆者對錢氏這種說法，不敢妄評；不過，却悟出一個「圓」字的道理來，而發見有一個人在台上最「圓」，就是張春彥。張春彥是二路老生，會正工，却在台上唱裏子，王少樓、陳少霖都向他學過藝。筆者所謂張春彥的「圓」，不是指他生得胖，看着「圓」，而是他的身段和扮像，都讓你有「圓」的感覺，看來十分舒服。張春彥不論穿官衣、褶子、紥靠、穿蟒，都邊式好看。而使出的身段，也都恰到好處，這也許是火候的關係吧！

張伯駒以演過這一齣空前絕後大場面的「失空斬」，而馳名全國。追憶這三十五年前的舊事，也有無限的憧憬。聽說那天「張電影兒」曾拍了片段的紀錄電影，不知道現在又落在誰家了！

楊小樓（馬謖）

余叔岩演王平

·孫養農·

這四個人在起霸的一場，各逞其能，互不相讓，精彩紛呈，令人目眩神移，歎爲觀止。楊王程三人當然使出全身能耐，而余氏之起霸尤見功夫。他在「四擊頭」出場亮相的時候，就富有書卷氣，具儒將風度，以後依鑼鼓之緩急，不徐不疾，逐步做出各種身段，一抬手一投足，無不美觀絕倫，尤以「三倒手」（起霸身段之一種術語）時，整個轉身站住之一手，如旋風，如轉輪，到鑼鼓停住的時候，戛然而止，穩如泰山，令人拍案稱奇！總之在整個起霸中，自頭至足，線條之美，可以入畫。尤其可貴的是，外表視若無骨，內含千鈞之力，可謂化境矣。

在跨馬下場的時候，他又與人不同：普通的有兩種，一種是跨鞍之後，轉身揚鞭，一種是跨鞍之後，轉身將馬鞭別在背後。唯有余氏上馬之後，先起一小雲手，然後一甩髯口，再把兩手一高一低左右分開，同時高抬左腿，在「崩蹬倉」內恰恰正好，其乾淨利落，無可比倫。後來與馬謖在山頂一場，有大段白口，也是與衆不同，據說這都是取法劉春喜的。在失街亭之後，跟馬謖說性命斷送你手後的下場，提槍起雲手，跨腿踢腿掄槍轉身，同時將槍交左手，眞如兎起鶻落，龍飛鳳舞。

在「斬謖」一場中，孔明唱完「將王平責打四十棍」一段快板後，余氏還使了一個屁股坐子。他那時已經有病，但還是臨事不苟，令人欽佩；尤其將王平一角，在「空城計」中不過是個配角，而經他一唱就有聲有色，喧賓奪主了！（遺作：「談余叔岩」中一節）

歌壇十二金釵

（新册・上）

陳蝶衣

或曰：「足下敍金釵十二，豈能無憾於珠遺？望弱水三千，毋乃有偏於瓢取？」不佞爲之拊掌曰：「善哉！此問。」夫聽聲察形，應審人才萃衆；明爐辨慧，詎宜峭覈爲方？凡所見責，不佞於搦管之初，固已慮之且熟。嘗以爲自有文字以來，若論主持巾幗之誠，護法裙釵之摯，當以曹雪芹所著「紅樓夢」爲第一；書中寫金陵十二釵，有正册焉！有副册，又副册焉！凡風流靈巧之女，得列姓名於其間者，雖悼紅之筆，但多隱約之詞；警幻之圖，殊少顯明之判，惟例既可援，法無妨變；以不佞之心香意蕊，別摹夸容；從若曹之春感秋悲，另擷芳髓；所謂蹈其迹而易其常，倘亦賢者之所許乎？然不佞者，僅是荒外之渴羌，初非曲中之南董；恒時覺音之可賞，常懷稱揚專精之心；識藝之當譽，終乏裨助盛美之力；是以貌諸豔，則惟能託末契於夙知；譜羣芳，則未敢問端緒於素昧；此又不得不求恕於嬌紅，乞原於柔綠者也。至於名本篇曰「新册」，則但就識面之較遲者而言，與「金陵十二釵」之首推緊要，次及庸常，更迥異其趣，不欲苟同矣！

——歲在壬子十月小至日，蝶衣序於花窠。

一：古蘭

在香港歌壇上，近期以異軍突起姿態出現而能獲得衆口交譽的，是來自台灣的古蘭。

初次聽古蘭之歌，是在螢光幕上，她參加無線電視的「歡樂今宵」節目；一聽到她的歌喉，便不期而然地勾起了「受過訓練」的幻想，因爲我發現她的歌聲，有着並非每個歌人都具有的「喉底音」。

之後，一而再、再而三的在「新都城」夜總會作座上客，專誠聽她的歌；每聽一曲，便止不住要爲之歡喜讚歎，按捺不住「得未曾有」的感覺。

古蘭有一副寬厚而又清澈的嗓音，加上她運用的是純正的唱法，因而格外顯出了她特具的優點；她的聲量、底質，俱極豐滿，發音的線條亦甚圓滑。關於此點，歌評家何梓鴻先生也曾力繩其美，給予頗高的評價。

古蘭

從緩慢的抒情歌曲到熱烈、輕快的流行歌曲，從古典的到新潮的，古蘭都能應付裕如。她不僅歌路甚廣，並且還善於創作；一首大家耳熟能詳的「高山青」，她能用「一炁化三清」的方式，唱出三種不同的調子，無形中成了她的代表作，招牌歌。

此外，她又仿照「雞尾歌」的方法，把平素擅長的歌曲各取一節，來上個「大串連」，在音樂一次伴奏中唱出；這種「雞尾歌」，包括非有相當聲樂修養便唱不出來的「海燕」「夜來香」「薔薇訴願」「香格里拉」等等在內，每一發聲，便顯出了她的「響抑揚而潛轉，氣衝鬱而熛起」之功力；眞是兀動赴度，指顧應聲；軼態瑰姿，並時無兩；使人不得不拊手斂心，歎爲觀止。

古蘭本姓梁，原籍廣東台山，在台灣長大，卒業於台南女中，初次下海獻歌，地點就是台南飯店附設的夜總會；之後曾先後膺台北歌廳及統一香檳廳、七重天歌廳之請；並到過星加坡與菲律濱，而以在星加坡的紅燈夜總會接連唱了九個月，歷時最久。

事實上，古蘭在香港漏臉已不止一次，早年在香港歌劇院及漢宮夜總會，都曾唱過一個短時期，但未能引起歌迷們多大的注意。直到這一次重蒞香港，這纔獲得普遍讚賞，聲名大著。

古蘭嗜花成癖，尤愛蘭花，因而以蘭為名。據她見告：在台北家中的庭院裏，所蓄蘭花多至二百盆，品種則包括著名的美齡蘭、蝴蝶蘭在內，幾於應有盡有。

在台灣，古蘭是「台視」的基本歌星；與先鋒唱片公司亦簽有合約，灌錄過兩張長壽唱片，名為「古蘭之歌」第一輯及第二輯。此外，也曾一度躍登銀幕，在古裝片「五色仙女」中飾演仙女之一——羅錦，則僅是客串性質。她說：「我的興趣在歌唱。」

二：李亞萍

另一位在香港歌壇上獨當一面，成為熱門人物的是李亞萍。

李亞萍最初跟隨夏台鳳領導的「台楓歌唱團」來香港，在環球戲院登場，以一曲「醒來吧！雷夢娜」為殺手鐗，唱到最後便大聲疾呼，喚一聲「夢娜！」隨即仆倒在台上；由於她能出奇制勝，獨創一格，立即大受歡迎，掌聲往往如雷而起，觀衆反應之熱烈，頓使其它同場歌星為之黯然失色。

李亞萍

嗣後，李亞萍每逢唱出此曲，便要仆倒一次，成了她的例行工作。謔者稱之為「仆倒歌后」，其實她的這一表演動作，也相當辛苦，只是此例一開，欲罷不能而已！

事實上，李亞萍賴此一仆，不僅她個人奠定了紅歌星的地位，影響所及，使其它的後起歌人，也為之望而生羡，存了如法泡製的企圖，以便在短時期內出人頭地；於是，台北方面就有一位歌壇新血，異想天開地以「空手道」姿態出現，每唱一支歌，總要以劈、砍、鈎、挑等動作，配合她的歌聲；這一種譁衆取寵的方法，無疑地即是以李亞萍為師。不過，這僅是傳說而已；由於迄今尚未發現這樣的一位「空手道歌后」來到香港，因之眞相如何，無從求證。可能此種唱歌帶賣拳頭的招式，不為歌迷所歡迎，是以未能聲譽鵲起，業已悄悄地收了檔；或者只是出於傳說的過甚其詞，實際並無此事，亦未可知。

可喜的是：重蒞香港以後的李亞萍，作風已稍稍改變，獻歌時的誇張性動作已大為收斂，台風已轉趨於嫻雅。所選之歌，亦以抒情者為多；最耐聽的一首歌其實並非「醒來吧！雷夢娜」，而是「今夜雨濛濛」，她歌來極有韻味；最近並在螢光幕上迭獻新歌，也頗能予人以耳目一新的感覺；如果再能在情感方面稍作適當的控制，俾與歌曲的內容相配合，亦即是對何者宜嗔，何者宜喜的區別留意一下，則她的一流歌星地位，就可望更臻穩定了。

三：孔蘭薰

孔蘭薰，是至聖先師孔子的七十二代孫女，原名德坤，與奉祀官孔德成屬於同一輩份。

有一首譯自日本歌曲的「傷心的人」，由我填詞，孔蘭薰引吭而歌，灌成了唱片，是「美嘉」出品之一。認識這位聖門後裔，即是從這一次的合作開始。

孔蘭薰

在歌壇上，孔蘭薰已不算是新人，一九六九年「中華藝術團」自台灣來到香港，她已是該團成員之一，曾在九龍的「明愛中心」、香港的皇都戲院作巡廻演唱。但以「獨當一面」的姿態與顧曲者相見，則還是最近的事。

曾被譽為「清麗得像一朶白蓮」的孔蘭薰，愛好唱纏綿悱惻的抒情歌曲。過去在台灣，曾先後應「國民飯店」與「七重天」夜總會之聘，擔任主唱節目。她有的是多方面的藝能，除了歌唱之外也兼演電視劇，並多次上過銀幕，是著名的歌、影、視三棲藝人。

匝月以前，偶然去往半島酒店飲下午茶，巧遇青山與孔蘭薰亦在座上，——他們正在等候時間，準備偕赴官塘，看一部電影的試映。——晤談之下我提起了她的「傷心的人」唱片，蘭薰表示：由於錄音時採用了日本歌曲的原聲帶，不完全符合她的聲線，因此唱來甚不愜意，認為是一大憾事。由此，也可以約畧窺知她對待歌唱工作的認眞程度。

蘭薰唱得較多的是民謠與小調，在歌壇上，倒也頗能顯出她的獨樹一幟，迥異恒流之風貌。只是仍不免爲了適應環境，要唱一些自己不喜愛的流行歌；提及此一情況之時，她私底下嘅嘆着說：「心情很不好過。」能抱持這樣「不得已而爲之」的態度，亦足覘她的不平凡襟度之一斑。

四：林美儀

有一首帶有民歌風格的時代曲「山前山後百花開」，由林美儀唱出，使她憑此而登上了一九六九年歌唱比賽冠軍的寶座，也開拓了她此後夢一般美的嶄新世界。

這一首歌由姚敏作曲，我塡詞，林美儀在歌唱比賽的初賽、複賽以至決賽中，所唱的都是這一首歌；因之後來她被百代唱片公司羅致在旗下以後錄灌的第一張唱片，也把這一首歌包括在內。唱片面世後，她特地送了一張給我，讓我得以留作紀念。

在後起的歌人中，林美儀是較肯用功的一位；在參加一九六九年的歌唱比賽之前，她曾進入趙梅伯主持的音樂學院，經歷爲期兩年的聲樂訓練。當時所學的，多數是民歌與藝術歌曲。

民歌與藝術歌曲，和時代曲的運腔使調，有着相當巨大的差別；因而在此以後，林美儀又拜在時代曲教師鮑培莉門下，繼續作多方面的研習，藉以充實自己，擴展歌路。

她之能在一千多人參加的歌唱比賽中脫穎而出，膺選爲一九六九年的「香港歌后」，就是由於出身於音樂學院，受過正統訓練之故。

據林美儀自己分析，她之獲得決賽的勝利，除了上述因素之外，還有第二個因素是不怯場，她說：「我所以沒有感到怯場，是因爲從前在學校裏，已有過數次演出的機會。同時我自己覺得，既然參加比賽，就得避免怯場，否則成績一定不如理想；因此在臨場的時間內，我總是抱定宗旨，鎮靜應付，不讓畏怯的意念存在。」

林美儀

以上的一段話，雖說不上是獨得之秘，却也不妨列爲學習歌唱的訣竅之一，是值得後起歌人作爲借鑑的。

美儀在香港，唱過很多歌廳、夜總會，她能獲得相當良好的聲譽與地位，實非倖致；不過最近一年來，她經常出門在外，至今還逗留星加坡；她大有樂不思歸的光景；她先是接受彼邦「文華酒店」夜總會的聘請，三個月合約屆滿後又轉到了「香妃樓」；據她的歸鴻透露：在星洲可能要唱過了年，方能賦歸也！

五：廖小璇

在歌壇新人中另一個頗能自勵，因而終於出人頭地的是廖小璇。

廖小璇之成名，與一封「打單信」有關。當她在「鑽石歌廳」獻歌時期，忽然接得了一個自稱是她的歌迷的來信，開頭寫了幾句仰慕之詞，然後是出語恫嚇，顯露了意存勒索的歹徒面目。廖小璇在駭異之下，爲了未來的安全，不得不據實報案。於是消息傳出，報章騰載，頓時使她成了新聞人物。

不過，廖小璇之在歌壇上闖出她的天下，多半還是憑藉她自身的努力；一封「打單信」，僅是幫助她加速成名的時間，起了一些「催生」的作用而已！

有一篇專訪文字，形容廖小璇有兩種美：動的和靜的。「當她不言不笑，默默含情之際，頗似空谷幽蘭；但活動起來，又似活潑的小鳥。」但凡認識廖小璇的人，都會同意以上的描寫，確是十分恰當。

台上，台下，累次看到廖小璇，她總愛穿霧縠也似的花式晚服，披在她玉人頎頎型的身上，就彷彿是仙女的五銖衣，飄飄然地顯出了她的靜中有動、動中有靜的雙重美感。

歌如其人，小璇的歌喉亦以清亮、細膩見長。由於人靚歌靚，近年來竄得很快；自經「新都

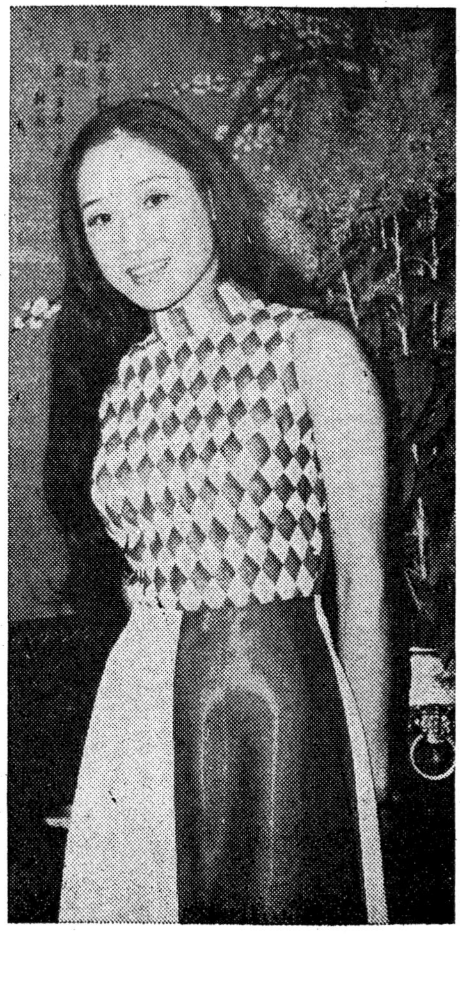

廖小璇

城」加以羅致之後，已成爲新人中的大牌歌星之一；每晚她在港九兩岸，總要趕好幾個塲子，說明了她是一位受到普遍歡迎的歌壇新秀。

和年輕的女孩子們聊天，總是說喜歡春天的爲多，因爲她們就是春天的花朵；但小璇則異於是，她例外地喜歡夏天，愛夏天的汽水、雪糕。

小璇說：「每逢夏天到來，我一天可以吃十杯八杯大雪糕；有時飽得連飯也不想吃；有一個夏天，就這樣吃壞了肚子，以致不能上班，所以後來纔不敢吃得那樣生猛。媽媽說我樣樣都乖，就是這一樣，不聽話。」

怪不得小璇的膚色那樣白皙，看來像個白雪公主似的，可能就是多吃了雪糕的緣故吧？

六：郭竹萍

郭竹萍，也是近期的歌壇美才之一。

坐在電視機前，聽郭竹萍唱「梨山痴情花」，看她接受訪問，對話中她透露：在香港將有三個月時間的逗留，先在「金寶」「漢宮」兩家夜總會演唱一個月，然後呢？她沒有說，當然是陣地可能會移轉。

郭竹萍

就在她出現於無線電視的螢光幕上之前一晚，這位來自台灣由鼓手轉爲歌手的郭竹萍，與幾位文化界的朋友有一次宴聚，席間我問她：「還打不打鼓？」她說：「很少！」

雖說「很少」，但在螢光幕上還是露了一手。她一面唱第二首歌「往事只能回味」，一面發揮她純熟的鼓技；兩支鼓棒握在她的手裏，就像是魔術師在玩弄手杖與帽子，手法又靈活，又巧妙。

郭竹萍的鼓技，可以說是「家學淵源」，她的父親在台灣，就是一位著名的鼓手。郭竹萍在稚齡時期，便一面求學，一面玩鼓棒，功課之餘經常學她父親的樣，拿起鼓槌敲敲打打。十二歲，她就以客串的姿態，試作鼓手。到了十四歲那一年，她的鼓技已甚出色，於是成了「藍聲樂隊」的一份子，在台北的歌壇上從此添多了一位人見人愛的打鼓女。

一九七〇年，「第一藝術團」從台北來到香港，團員中就有她；這時候，她已歌鼓兼擅，口手並用，顯示了她的潛質之不凡。最近應邀而來，則是與香港的歌迷們第二次覿面了。

郭竹萍的成就，是歌壇上人才輩出的象徵之一。在「宜和情志」的音聲範圍裏，賴有像她那樣的女孩子之努力不懈，方始顯得不寂寞；固亦值得予以嘉勉，爲之延譽者也！

（未完，待續。）

瑞士乃是世界製表業之王國，亞米茄表素負盛譽，亞米茄金表尤爲舉世人士所推崇。

亞米茄各欵金表不但具備精密準確的報時性能，並且欵式趨時，迎合潮流，有超薄型或配有特級之水晶玻璃。金鐲型表帶之設計更爲別緻，襯托出表壳的優美線條，佩戴亞米茄金表令你感到親切的滿足和自豪，餽贈亞米茄金表更能表達你的隆情厚意，永誌不忘。每一只亞米茄表都附有全球156個國家之服務保證書，請駕臨各亞米茄特約零售商參觀選購。

A.	BA 368.847	黃金欵式，	港幣$4,400.元
B.	BA 711.1688	黃金欵式，	港幣$4,500.元
C.	BA 711.1675	黃金欵式，	港幣$1,850.元
D.	BA 751.244	黃金欵式，	港幣$2,200.元
E.	BA 353.009	黃金欵式，	港幣$4,000.元

Ω
OMEGA

「潮州怒漢」大吼一聲！

·馬行空·

近來的國語片，還是以拳打脚踢爲主，而且新人輩出，精采紛呈，例如陳觀泰的「馬永貞」，陳是的「蕩寇灘」，以及最近的闖天龍的「鐵三角」等，都獲得了絕大的成功，這就叫做「六十年風水輪流轉」，老一輩的如王羽，如張翼，如羅烈，又如陳鴻烈等，可眞個到了急起直追的時候了。

導演王星磊脫離「邵氏」之後，自闖天下，發起山東人的戇性來：「俺非拍出一部與衆不同的好片來不可！」誰想到就因爲他這一股牛性子，使他不自覺的鑽進了牛角尖！

精益求精是好事，深入鑽研亦未可厚非，但「小山東」却忘了三件事：一是影片的娛樂性，二是觀衆的口味，三是攝製的時間與成本。他把這三件大事，全給置諸腦後，一心一意的「雕琢」起來，當然就似乎有點「超現實」了。香港某作家評王星磊的「虎山行」，說道：「此乃是走火入魔之作！」可謂一語中的，絲毫不假。

王星磊「雕」了一部「虎山行」，「琢」了一部「大漠英雄傳」，每一部的攝製時間都超過十二個月，成本之浩大也就不用說了。王星磊戇性十足的說道：「俺要的是藝術，俺不要錢！」話呢，講得沒錯：中國導演的片酬不高，一年祇拍一部，拿來養家活口，當然不鬆動啦。

但是，爲了藝術，生活上的享受可以犧牲，沒關係！誰叫咱們是山東好漢硬骨頭呢？

因此，王星磊咬着牙拍完「虎山行」，又勒緊了褲帶拍完了「大漠英雄傳」，論功力，沒話可說，論成績，「眼高手低」，論到上映之後的售座紀錄，可就距離理想還有老大一截子路了！

「虎山行」與「大漠英雄傳」都沒能賺得了錢，「小山東」淨講藝術了，可就忽略了老板的荷包。這兩記悶棍，把個「小山東」給打得無聲臭了好一陣子，當香港觀衆差不多要把王星磊給淡忘了之時，他又從台灣回來了。碰上「小山東」，雖然頭髮白了一大片，但精神飽滿，喜透眉梢，逢上熟人之時，他挺胸說道：「你們不是講究生意眼嗎？行啦！改天請你們看看『潮州怒漢』，這回你們應該沒話可說了吧？」

看神氣，王星磊對於這部新片是信心十足，頗有大吼一聲、震驚影壇之企圖。究竟如何？請看官們捺下性子，聽在下慢慢的道來。

這話要從根上談起，就要扯回去約莫一年的時間。

大澈大悟 改頭換面

話說「大漠英雄傳」上映之後，因爲是第二次的「成績欠佳」，（第一次是「虎山行」）製片家對於我們這位王導演，就不免發生一點「敬而遠之」的心理。王星磊的產品，沒人可以說一聲不好，但奇怪的就是叫不進座來，換一句話說，也就是一般觀衆所不能接受，這個問題，可就顯得嚴重起來。製片家們，不能不爲成本打算一下，何況王星磊又以專拍大片著稱，花到一百萬元以上的港幣不算希奇，風險未免太大，萬一虧損起來可實實的不得了！至於王星磊本人呢？到了那個階段，連自己都有點迷惑：繼續拍大片吧？想想實在胆寒，台灣一家官方的影片公司，就曾經想拍一部戰爭鉅片，選來選去，還是以王星磊導演大場面比較有經驗，有把握，這個機會，旁人連想都想不到手，但我們的「小山東」此次却沉住了氣，仔仔細細的獨自考慮過三天四夜，所得到的結論是：敬謝不敏，另請高明！那麽，改絃易轍的來拍拍小片吧？可一時又想不出來拍什麽纔好。這就是王星磊最苦悶的一個時期，在台北弄得進退維谷，狼狽不堪。

據王星磊自己坦白：就在那個徬徨無主，遊手好閒的時期以內，他在台北還居然欠下了一些債務。本來嘛；王星磊專拍大片，可是沒有賺過大錢，祇是那麽安安份份的支取他的導演費而已。兩部大片的導演費，總算勉强夠了他兩年的澆裹，一旦閑了下來，可拿什麽來養家活口呢？王星磊回憶往事時，笑道：「俺不怕丟人；像我們的山東好漢秦瓊秦二爺，還在天堂州賣過黃驃馬哩！」

話雖如此，但那個滋味不好受，俗語道得好：「一錢逼死英雄漢」，所以王星磊在嘗盡苦頭，痛定思痛之餘，就不能不把他那股子牛性給按捺一下，嘆道：「罷了啊，罷了！」咱們還是向現實低一低頭吧。

一旦想開了，這就叫做「窮則變，變則通」；王星磊拍成了一部「潮州怒漢」，今後的收復失地，扭轉乾坤，按說起來，好像是完全在此一舉了。難怪王星磊此次回到香港來爲「潮州怒漢」配音剪接，神氣顯得特別的緊張與興奮，跟老朋友們談起這件事的經過來，也更顯得那麽結結巴巴的了。談到他爲何改變初衷，更換作風之時，突然激動起來，王星磊一連講了十七八個「你……你」，然後纔能迸出下面的這一番話：「你問問翰祥，叫他拿出良心來講話；他可是心甘情願拍『風月奇談』的？」

不錯，拳脚片發展到今日，已經成了俗中透俗的一套玩藝了，換了前幾年的王星磊，說什麽也不肯像現在這樣的「趕上時代潮流」的。但是，雖然大家都一窩蜂的搶拍拳脚片，不過拍出來的成績亦大有上下床之分，逢上高手導演，在拳打脚踢之中還能拍出「味道」來，那就一方面提高了娛樂性，另一方面也減去了好幾分的「俗氣」。王星磊本人對於「潮州怒漢」非常自負，每次提起這部影片來，他那個「老招牌」的爽朗笑容又會出現在他的臉上，說道：「幾時有功夫，咱們看看試片，裏頭有點玩藝，你大概不能太失望了。」名導演申江在看過「潮州怒漢」的第一拷貝之後，對人正色點頭說道：「這是小山東所拍過的電影之中最好的一部，娛樂性强，過程緊湊，到底比普通一般要高明得多。」「潮州怒漢」已經試過好多次片了，看過的人數不少，所作的評語，大致與申江差不了許多，使王星磊胸中放下一塊千斤大石，而由此也可以看得出來；「潮州怒漢」的成績是如何的值得驕人了。

全部新人 大胆嘗試

「潮州怒漢」的最大特點，就是全片中的大小演員們，除了一名硬裏子魏甦之外，清一色是沒有上過鏡頭的新人！有人說：「這部片子的優點，就是清新可喜。」但不曉得王星磊此次之「新」，也是整個給擠兌出來的也。

當初，「潮州怒漢」的劇本決定之後，王星磊腹內另有一張「卡司脫」，其中都是名震影壇的大角兒，旁人不要去說他，單單一名女主角，就請的是港台兩地最走紅、最叫座的甄珍。

按說起來：王星磊與甄珍的私交不錯，如能携手合作，自然珠聯璧合。可惜的是：甄珍實在太忙，忙得簡直的不像話，所以一誤再誤，不知不覺的就把「潮州怒漢」開鏡之期給躭誤了好幾個月。直到最後，「潮州怒漢」可是非拍不可了，沒想甄珍却溜到了東京，爲「東寶」拍起日語片來。那時間，潮州怒漢變成了山東怒漢；王星磊一氣之下，就此向甄珍索還定洋，公事告吹，幸喜還沒鬧到對簿公堂，否則就變成天大的笑話了。這件公案，公說公有理，婆說婆有理，曾經很熱鬧過一陣子，各報章與各雜誌裏也刊載過不少資料了，我們在此不必重複，暫且按下不表。

「潮州怒漢」用壁虎功越牆而上

王星磊失去了甄珍之後，把心一橫，索興一名大牌都不請！他倔强的說道：「俺不信那個邪，新人難道拍不出好片來？哪個大牌不是打新人拍起來的？」也叫做事有湊巧；「華聯」的王南琛，發掘了一名小姑娘林鳳嬌，還沒決定請她拍什麼呢，趁此機會，王南琛就把小姑娘介紹給王星磊了。王星磊初次會見林鳳嬌，不由得發生了很大的感觸，因爲小姑娘跟當年的甄珍彷彿是一個模子裏刻出來的一般！使得王星磊腹內尋思道：「這不是老天的故意安排，又是什麽？」

林鳳嬌在「潮州怒漢」裏的戲不多，但表現得相當出色，一嗔一喜，完全是那裏頭的事。有人認爲：假如有合適的劇本，再加上王星磊的琢磨，說不定小姑娘就能飛上枝頭。此乃後話，但看今後林鳳嬌自己如何去努力了。

女主角決定了，男主角可是一個更成問題的問題。

「潮州怒漢」是一部拳脚片，當然需要一名「打仔型」的小生，王星磊大胆起用了名不見經傳的譚道良，憑良心說，起先還眞的沒敢抱有任何太高的希望。片成之後，王星磊樂了；譚道良非但能打能演，而且在外型上也很有點大將的風度，這是王星磊在事先所沒有想到的。

譚道良是怎麽冒出來的呢？王星磊每次想到他以前所做過的傻事，就自己都忍不住要發笑。最早的時期以內，王星磊決定要在國術界以內發掘人才，所以就開始在台北市內物色起來。台北是台灣的第一大都市，當然藏龍臥虎，有的是武林高手，王星磊踏破鐵鞋，差不多訪遍了所有的武術館、體育會，以及名氣比較响亮的拳師們，結果還是等於一個零。

王星磊笑道：「台北市內有沒有武術高超的高手呢？眞有，而且還不少，但是我發現了一個最大的難題：原來國術這門功夫，是要經過多年的鑽研與練習，然後纔可以達到登堂入室之境哩。我在台北訪問過的武術界裏，三十歲以下的功夫還沒到家，成了名的大師傅差不多都在五十開外，有的甚至於還留了老長的白鬍子，那不是小生，都成了小生的爺爺啦！」這倒說得也是：若要功夫深，鐵杵磨成針，沒有個幾十年的苦功，怎麼能夠成爲名家呢？

踏遍寶島　求賢若渴

「台灣有一千多萬人口，俺就不信找不到一名小生！」王星磊大發傻性，由台北出發，經桃園、板橋、新竹、苗栗……一直往南，到了高雄拐彎，經過台東、花蓮等地，再一個圈子繞回台北，這倒好，合着是環遊寶島啊。

「小山東」求賢若渴，走遍了窮鄉僻壤，地毯式的搜尋一名合適的男主角，結果與台北市內一樣，無數的失望，一個接一個的加在他的身上。等王星磊再回到台北之時，仍是兩手空空，一事無成，而且累得個筋疲力盡，活像一隻鬥敗了的公鷄。

王星磊還講起他那次「深山求道」之中的一則笑話：有時走到一個極其邊僻的小村落裏，看見半截破磚牆，一扇舊板門，可偏偏在一塊褪了漆的招牌上大書「××武館」的字樣！王星磊一看之下，不由心頭有如小鹿亂撞：「莫非眞個就在此處了？」

舊小說裏的描寫：越是不起眼的窮地方，越是俠士劍客的隱居之地，這就叫做眞人不露相，「包子有肉不在摺子上」也。當時王星磊對着那扇舊板門肅然起敬，誠心誠意的跨進去，跟裏面幾位老者套了半天的交情，說盡了幾大車的好話，到最後才發現完全不是那麽一回事。

原來鄉下地方的所謂「武館」，早就沒人練武了！前一兩百年，也許那個地方出過一位「祖師爺」，但是流傳到今日，後代們早已棄武經商，「武館」裏專賣傷葯丸散，你要是騎電單車摔了個跟斗，上這兒來可以找到跌打醫生，你要是想訪求名師，研究武術，那你算是整個找錯了地方！像這種哭笑不得的情形，王星磊在一路上遇見過好幾次，事後談起來，「小山東」可也祇有搖頭苦笑的份了。

話說王星磊在空入寶山之後，不免心灰意懶，壯志頓消，整日裏長吁短嘆，苦悶不堪。關心的朋友們替他出個主意：「你不是要找年輕人嗎？爲什麽不到各大學的國術訓練班裏去碰碰運氣呢？」王星磊搖頭答道：「學生們剛學了一兩年的伸拳踢腿，功夫差得太遠，怎麽能跟李小龍、王羽他們相比呢？」朋友又勸道：「死馬權當活馬醫，有時奇蹟也會得出現的呀。」如此的經過了好幾天，王星磊倒底被朋友們勸得心眼活動起來，再說呢，也實在沒有更好的辦法，祇好姑且試試看吧。

要到各大學裏去串門子，也得有門路纔行，總不能瞎跑亂闖吧？王星磊的朋友裏就有一個認識「教頭」譚道良的，於是要求這位「教頭」譚道良担任王星磊到各大學的國術訓練班去訪問的臨時响導，帶着王星磊到各大學的國術訓練班裏去挑選人才。練拳的同學們倒實在不少，怎奈功夫都嫌嫩一點，眞個上起鏡頭來，恐怕做不到得心應手的程度。按說呢，拳脚片裏所施展的都是虛招，好像與武術功夫之深淺沒有太大的關係似的，然而，這個看法是絕對錯誤的。要曉得「虛招」比「實招」還要難使，假打比眞打還要麻煩。舉例來說：李小龍那一脚踢出去，怕不有幾百磅的力量，眞個踢上了，不送命也得受傷，那要換上多少名龍虎武師才能拍成一部影片呢？所以在這裏頭，就用得着眞功夫了；像李小龍等武功高超之輩，出拳飛脚都有分寸，該放的時候能放，該收的時候也能收，故而不會得打傷對手，但看上去却又和眞的一樣。王星磊對於此一點看得很清楚，深明此中的原理，所以就不敢貿然的起用猶如初生之犢的青年學子們了。

如此的參觀過幾處訓練班，王星磊是越看越心焦，越心焦越拿不定主意。有那麽一次，「教頭」譚道良下塲，指點同學們一些過招交手的路子，果然力沉勢穩，進退有據，畢竟與普通一般的不同。王星磊在一傍看了半天，不聲不响，若有所思，等譚道良教完學生，退到塲邊，王星磊就把他拉到一邊去了，說道：「怎麽樣，你有興趣拍電影沒有？」譚道良睜大了眼睛怔住了，一時沒能答出話來。

這就叫做「踏穿鐵鞋無覓處，得來全不費功夫」，王星磊理想中的男主角，原來遠在天邊，近在眼前，担任臨時响導的譚道良却是剛好合適！「機緣」二字，就是這樣的無法解釋，你不信也不成！

譚道良原是韓國華僑家的子弟，自幼習武所學的是「八極拳派」，雖然今年祇有二十出頭一點，但因爲開始練功得早，再加上自己的勤奮，早已就成爲此一門派中的高手之一，不然的話，台灣各大學也不會請他去當國術教頭了。我們在「潮州怒漢」裏，可以看得出他的威風八面，神勇無敵，而且在舉手抬腿之間，似乎有着很嚴密的組織，那倒不是一般「盲拳小生」所能比得了的矣。

再說我們這位「小山東」王導演，自從得到林鳳嬌與譚道良之後，精神爲之一振，工作起來，也就特別的痛快。一部「潮州怒漢」，從開鏡到最後一聲「收工」，總共耗去了四十五個工作天，加上休息，等天氣，等佈景的時間，前後也不過兩個月，就算大功告成了；全部新人有一個最大的優點，就是演員們絕對不會撞期。「潮州怒漢」的攝製成本是多少？台幣三百餘萬元，折合港幣，約爲四十萬元之譜，眞正做到了「快，省，好」的條件；王星磊爭回那一口氣，叫朋友們都替他怪高興的。

最近，王星磊前後來過香港兩次，停留時期，長達二月有餘，富都酒店倒做了不少他的生意。爲什麽需要這許多日子呢？一來是他要親自剪接、配音、做預告片，二來他還要與此地院商討論「潮州怒漢」上映的問題，由此觀之：「小山東」此次集編劇、導演、製片、發行的任務於一身，在平劇術語裏叫做「特別卯上」，在電影行話裏就是「搶盡鏡頭」，可算得是賣足氣力了。

說起配音來，又發生一段趣聞：「潮州怒漢

」本來已經配好了音，而且也印出第一個拷貝來了，不想就在前幾天裏，人們又看見「小山東」往配音間裏直鑽，倒弄得大家莫名其妙起來。經過調查之下，纔曉得這部片子又在進行第二次的配音了。原因是：前次配好了音之後，也就正好是王導演耳朵害病之時，所以沒能聽得太清楚，現在經過開刀療治，總算恢復了聽覺，再一聽之下，王導演方始發現並不完全滿意，索興一不做，二不休，乾脆把以前的聲帶廢棄不用，重新配過！請問還有比他再認眞的導演沒有？

「小山東」更有一個長處，就是從善如流。「潮州怒漢」經過多次試映，當然得到的批評也不少，現在王導演把各方面的意見給歸納起來，又重新剪接過一次，其中有刪除也有增加，當然與原來的聲帶不相符合了。這也是他第二次配音的主要原因；他自己倒不嫌麻煩，祗是一幫配音人員被他指使得團團亂轉，莫不叫苦連天！

飛簷走壁 銀幕僅見

目前，拳脚片已經拍成濫調了；幾部優等的除外，所以非得有特殊的表現，就引不起觀衆的興趣。這個問題，相當嚴重，製片家們都感覺頭痛欲裂，因爲假如拿不出新的東西來，那就等着「仆街」可也。

如此說來，「潮州怒漢」有什麽特點，可以作爲號召的呢？王星磊很自傲的說道：「你們看見過眞正的飛簷走壁功夫沒有？這回讓你們開開眼吧！」

「小山東」沒有吹牛，他向來也沒有那個習慣；我們在影片裏，可以淸淸楚楚的看到，譚道良祗憑雙腿之力，攀登數丈高牆，輕捷快當，如履平地！看試片的時候，座中居然有人高聲喝采，可見那門功夫是如何的足以驚人了。

其實譚道良的輕身術表演，也是「小山東」在無意中得之的。據說「潮州怒漢」在拍到一小半的時候，有那麽一天，譚道良向導演建議道：「我有一套壁虎功，您看在影片裏可用得着？」

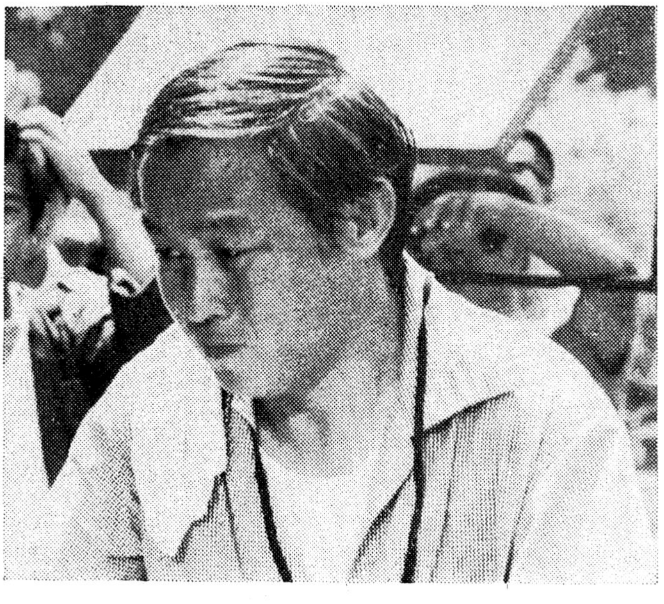

「小山東」王星磊

那個時候，「小山東」正爲了一場逃出龍潭虎穴的戲而發愁哩，心裏自然夠煩的，所以祇那麽一揮手，說道：「你們練武的人，總是言過其實，不用談了，好好的拍戲吧！」譚道良是個老實孩子，又不怎麽會說話，當場把臉給臊成大紅布似的，默默而退。

過了幾天，「潮州怒漢」到鄉間去出外景，走過一堵高牆之下，「小山東」忽然想起譚道良講過的話來了，於是帶笑對他說道：「你不是會使壁虎功嗎？好啦，今天我要考考你，」導演順手一指高牆，「爬上去，讓我瞧瞧。」譚道良那時可高興了，嘴裏答應一聲，竄到牆根底下，祗見他手攀脚登，捷似猿猴，很快的就到達了牆頂之上。

譚道良站在牆上，得意的往下一瞧，沒想到「小山東」祇那麽微微一笑，仰面招手道：「行啦，功夫不錯，不過也沒什麽出奇，你下來吧！」這一桶冷水，把個譚道良給澆得啞口無言，心裏可就打定了主意，非得找個機會，露一手「絕的」給導演看不可。

機會終於來到了：在某一處外景地點裏，有並排的兩堵高牆，當中祇留下幾尺的空隙，就好像蘇州天平山名勝「一線天」似的。譚道良一看，心中暗喜，鼓起勇氣來又對導演說道：「這次我不用雙手，就能上得了牆，您要不要再考我一下？」說得「小山東」也樂了，「好吧，我倒是要看看你有多大的能耐。」導演一點頭，譚道良可高興了，走到牆下，跳起身來雙腿一分，兩隻脚就好像釘在牆上的一般！王星磊正在詫異之時，祇看見譚道良颼颼的憑空騰起，越昇越高，轉眼就到了幾丈高的牆頂以上，惹得在場的全體工作人員齊聲喝采。

「小山東」這一喜，非同小可，仰面叫道：「快下來吧，摔着了可不是鬧着玩的！」等譚道良重新落到平地上之時，導演還直埋怨他哩：「你怎麽早不說啊？害得我傷了好幾天的腦筋。這麽一來就好了，那一場逃出地牢的戲也就有了解決的辦法了！」

在「潮州怒漢」裏，「小山東」一點也沒有糟塌了譚道良的「壁虎功」，那一場翻牆逃獄的戲，拍得是源源本本，實實在在，叫觀衆們絕對可以看得出來是眞功夫，而不是像其它片子裏的「倒拍」，或是「吊威也」，那種過了時的取巧辦法。

王羽在「龍虎門」裏創造了「鐵砂掌」，李小龍在「唐山大兄」裏表現過「連環腿」，於是大夥兒都起勁的倣效起來了。但「鐵砂掌」祇是攝影技巧而已，「連環腿」亦能用特技手法來虛構之，祇有譚道良在「潮州怒漢」裏的「壁虎功」，可不是隨便可以「效顰」的，因爲摔斷了大腿，倒底不甚好玩也。

潮州老鄉 大力捧場

這就要談到王星磊在編寫劇本時的動機了。民初拳腳片，講來容易，眞正要尋找資料的話，就會感覺到困難，因爲差不多的題材都已經拍過了，如霍元甲、馬永貞、馬素貞、范高頭、黃飛鴻、江世玉、燕子李三、大刀王五等，早已被人捷足先得，甚至上海灘小流氓仇連環也被搬上了銀幕，編劇家之技窮，由此可見一斑矣。「小山東」在籌備開戲之時，也曾爲了劇本而頗傷腦筋，他有一名好朋友，乃是潮州籍的大學教授，聽到他的煩惱，不禁失笑說道：「像這種幾十年前行俠仗義的故事，在我們家鄉可有的是，你爲什麽不來問問我呢？」王星磊大喜，急忙請教，那名教授講出了一段「販猪仔」的故事，也就是這部新片「潮州怒漢」的一個輪廓。

劇本寫得，準備開拍，「小山東」爲了感謝那位教授盛意起見，所以取了一個「潮州怒漢」的片名，因爲那也稱得起是潮州同鄉們的桑梓之光也。沒想到這麽一來，倒變成了「無心插柳柳成蔭」；當東南亞各地的潮籍同胞們，聽到這個片名時，不禁萬分興奮，準備大力捧場。又因爲這一層關係，「潮州怒漢」的外埠版權賣得更加順利，那又是「小山東」始料所未及者。

人們都知道：泰國是潮籍人士的大本營；飛機到得曼谷之後，講國語路不通行，講粵語亦舉步艱難，假如能講一口潮州話，那麽走遍曼谷，無往而不利矣。還有，泰國的電影院商，十人之中，倒有九人是潮州老鄉，此所以「潮州怒漢」在拍到一半之時，星馬與泰國的版權早已售脫，而且價錢甚高，三地共售港幣三十六萬元！港台兩地的製片家們看得眼紅，都說：「小山東這次的片名，可實在讓他給佔了老大的便宜了。」

國語片另外還有一個主要的市場，就是印尼。這也是「潮州怒漢」在拍攝之中所發生的事：幾名印尼片商到台灣去觀光，順便參觀了「潮州怒漢」的拍攝情形。一部影片的製作認眞與否，逃不過片商們銳利的眼光，因此當場就有人向王導演洽購印尼版權。「小山東」嘗到了星、馬、泰的甜頭，對於印尼自然也希望得善價而沽之；他的開價是港幣十六萬元，印尼片商們表示可以考慮，最近消息傳來：印尼方面出價十四萬元，王星磊已有允意，日內即可簽字成交了。

除了上述的四個市場之外，說出來信不信由你，「潮州怒漢」的各地版權都已經被人搶購一空，計開：越南五萬元，菲律賓五萬元，英國二萬元，金邊一萬八千元，還有韓國的九千美金，美國本土的八千美金，與中南美的八千美金等。以一部新人主演的影片來說，賣埠如此之多，賣價如此之高，實在是一個罕有的現象。

至於「潮州怒漢」的台灣映權，在很早的時期以內，就有人出到過台幣二百萬元了，但「龍裕」的蘇漢龍則主張保留版權，自己發行。蘇漢龍是「小山東」的老友，台灣有數的幾名資深影片發行人之一，他的話，自然有根據，「小山東」沒法不同意。據蘇漢龍估計：「潮州怒漢」在台灣全省的收入，除去各項開支與分賬以外，至少可以淨盈台幣三百萬元！假如他的估計不錯，則「潮州怒漢」的總盈餘就太可觀了，因爲三百萬台幣也要合到三十多萬港幣哩。

總計以上的數字，（未售版權者尚不計在內）「潮州怒漢」雖未公映，但已經收入約有港幣一百一十五萬之鉅！非但封閉了蝕本之門，而且還大賺特賺，賺得不亦樂乎！「小山東」這一回，把「虎山行」與「大漠英雄傳」的悶氣給吐得一乾二淨，豈不快哉。

但王星磊不是「潮州怒漢」的出品人，香港皇冠影業公司纔是該片的眞正老板。「皇冠」的主持者，一是金融界裏的羅志雄，二是前次主辦藝霞歌舞團的雷夢非，此二位對於「小山東」這次的加倍賣力，都表示十分欣賞，所以除了應得的導演費之外，「小山東」還可以到手一部份紅利。至於這筆紅利，究竟佔有全部盈餘的幾份之幾？那就不得而知，反正他的名利兼收，是已經成爲定局的了。

農曆新春 方顯顏色

香港地區，現在已經成爲國語片的第一市場，製片家們，都把香港版權留到最後，作爲主要的收入，「潮州怒漢」亦不能例外，決定要在香港搏上一搏！

以上提過了：「小山東」自己對於這部影片亦非常重視，起先的計劃，是一定要爭取得到聖誕接新年的排期，現在聽說已經有了改變，要到臘盡春來，大家忙着「恭喜發財」之時，這位「怒漢」始能與香港觀衆會面。

「邵氏父子」的邵維鏌，看過「潮州怒漢」的試映之後，頗爲賞識，願意負起該片香港代理發行之責，但他不主張排在聖誕節上映，原因有二：第一，聖誕節的各影院映期，差不多都已經決定了影片，如要費上許多氣力去爭奪，實在並不値得。第二，聖誕節「嘉禾」推出李小龍的「猛龍過江」，「邵氏」上映張轍的「四騎士」，實力皆不可侮，尤其是「猛龍過江」，來勢過於凶猛，「潮州怒漢」犯不着與它去打對台，所以不如延到農曆新春，暫避其鋒。「小山東」認爲「二小開」講得有理，所以也不再堅持己見，好在農曆新年亦是一年中的佳期之一，算來與聖誕節差不多，故而馬上表示同意。

「邵氏父子」的「雙麗線」，到明春將有十三家聯映之聲勢，但邵維鏌認爲不夠凌厲，據說他曾經答應過「小山東」，另外設法聯上一條首輪的西片院線，不用說，「父子」旗下的「新華」也一定在內了。如此一來，「潮州怒漢」首映之日，將有十六七家影院的龐大陣容，所以更加顯得隆重了。

旅港的潮州同鄉也有四十餘萬之衆，捧起場來，其勢亦足以驚人，再加上「壁虎功」的首次出現於銀幕之上，自有其一定的號召力量，「小山東」此次眞正的可以高枕無憂矣！

狗仔嘜皮鞋

BOBY®

Casual Shoes

（註册商標）

猄皮男鞋
軟皮男鞋
童庄皮鞋
軟皮凉鞋
對對保証
好着耐用

大人公司　平價市場　人人百貨　大方公司　來路鞋公司有售

大人

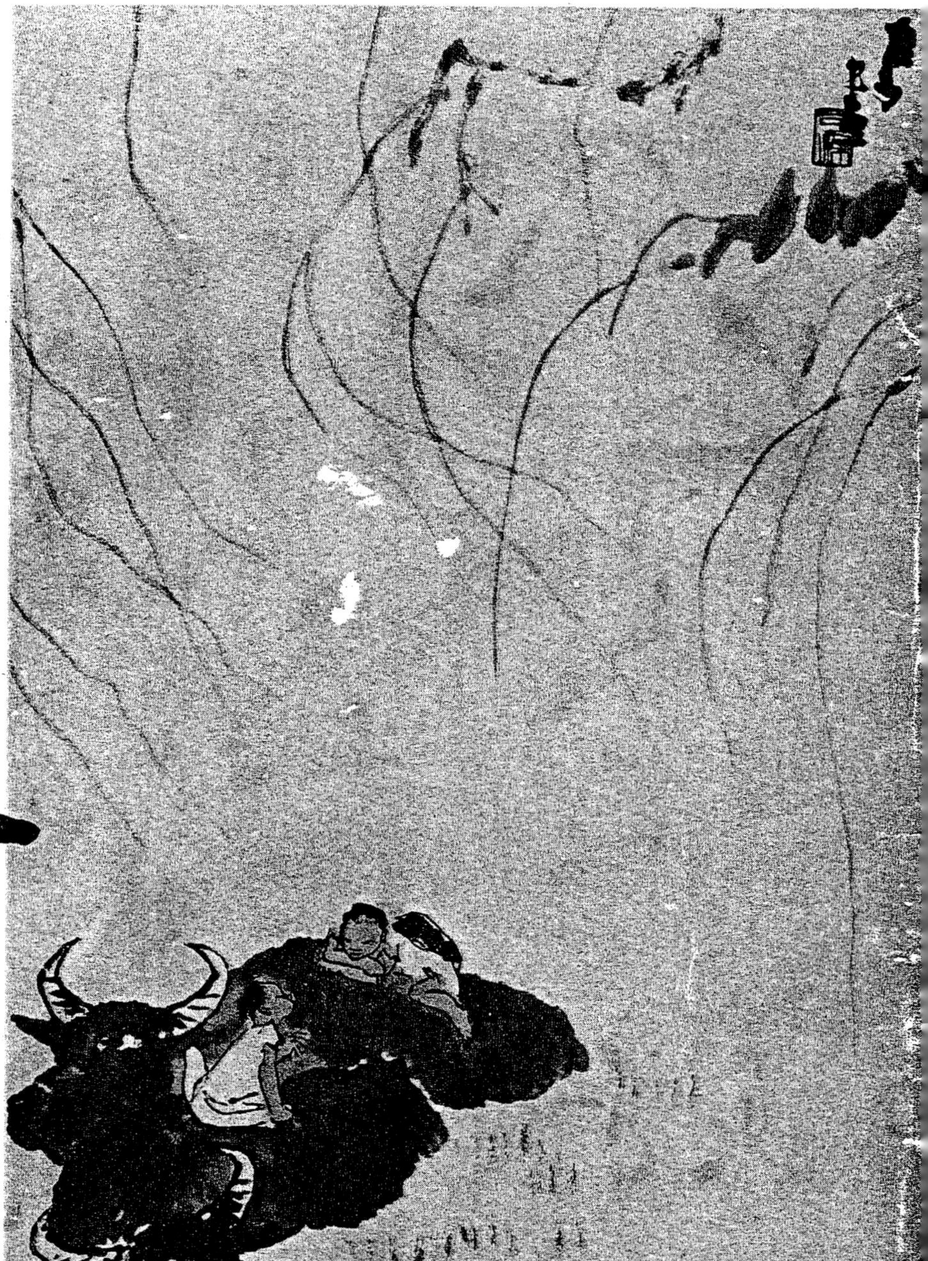

論天下大事
談古今人物

第三十三期

李慈銘（一八二九—一八九四）

本文作者手書越縵堂日記書籤

民國九年蕭山張岱杉氏醵資影印李慈銘越縵堂日記余家與張氏夙有世誼遂亦訂購一部是書所記清代末葉朝野掌故及作者之文章學術博洽淹貫無所不包洵為一代文獻先王父暨先大夫每日披覽不忍釋手予小子平居多暇嘗取架上諸書各粘標籤以便利檢索間且加鈐印章藉明隸屬生丁叔季戰亂頻仍寒家所藏一切喪失殆盡今遭國變復流寓香江舊時文物徒縈夢憶壬子十月偶過集古齋書肆見有越縵堂日記九函都六十四冊亟購取一部及啟視則第二函內各本先大夫鶴孫公之篆章赫然在目函套上且有予少年時所書之標籤其一三兩函則予昔年所書孟學齋日記及桃花聖解盦日記之書根墨瀋如新絲毫未損嗚呼時閱五十年流離數千里卒能合浦珠還物歸故主豈夢想所及哉兒子緒康今方稚幼其異日遭遇之變局以現時情勢覘之必有更甚於今日者是書能續為吾家所有否耶不可知矣爰製鷓鴣天詞一闋紀之

學海翻瀾閒氣騰絳師詞客一身膺紺珠志在千秋業竟博山膏善罵名　驚世變感飄零舊家文物證精靈回頭五十年前事最憶趨庭弄管城

壬子十一月宋訓倫識

請參閱宋訓倫撰「李慈銘及其日記」

封面：李可染畫春牛圖　封面內頁：李慈銘及其日記
巨幅插頁：錢松嵒畫歲朝平安圖（宄齋藏）

大人　每逢月之十五日出版
The Chancellor Publishing Company Ltd.
出版及發行者：大人出版社有限公司
督印人：王朝平
編輯者：大人雜誌編輯委員會
總編輯：沈葦窗
社址：九龍西洋菜街三號A　即彌敦道大人公司後面
電話：K八五五七三〇
印刷者：立信印刷公司
九龍新蒲崗伍芳街緯綸工廠大厦11樓
總經銷：吳興記書報社
香港租庇利街十一號二樓
電話：H四五〇五六一　H四五〇七六六
星馬代理：遠東文化事業有限公司
新加坡厦門街十九號
檳城沓田仔街一七一號
泰國代理：曼谷青年文化服務社
曼谷黃橋東北路
五六六之七〇號
越南代理：聯興書報社
越南堤岸新行街二十二號
其他地區代理：
澳門：可大文具店　漢城：汎亞書籍公司
亞庇：利民公司　寮國：永珍圖書公司
千里達：中華公司　斗湖：光明書店
菲律賓：華安書局　菲律賓：玲瓏書局
倫敦：東寶公司　紐約：友聯圖書公司
芝加哥：杏林春　紐約：大方圖書公司
波士頓：中西公司　洛杉磯：永安堂
三藩市：新生圖書公司　檀香山：大元公司
三藩市：益智圖書公司　三藩市：文化商店
加拿大：香港商店　加拿大：新國華公司

杜魯門總統初任之美國天驕時代

——翻開我的回憶一頁——

李璜

美國第三十三任總統杜魯門於前月二十六日以老病去世。他於一九四五第二次世界大戰正臨勝利之年四月接任羅斯福遺下的總統席位，三年多後又競選正式連任至一九五三年十二月爲止，距今算來恰恰二十個年頭了。憶他在六十八歲時，民主黨的右翼多人勸他再行競選正式的第二任。他表示，做總統，這差事太辛苦，他不願死在白宮，被人抬了出去，讓他現在便硬健的走出去罷！這位總統先生

對於個人的權力慾，可算是看得開的。他無官一身輕，博得二十年鄉里安居生活，以搜集時代史料，建設圖書館爲樂，大有雅人高致，已不應再以其出身市井而輕視之。

像美國這種社會，行行出狀元，確是英雄不怕出身低的，一個窮光蛋，只要能自勵，人人都可以白手成家；當了總統，只要有胆氣，便可以一舉而震驚世界。因爲美國既得天獨厚（北美聯邦共和國的九百三十八萬五千平方啓羅米突。那塊長方衣櫃形領土地跨兩洋而資源富足之至），而又以其拓荒者的精神，不斷開發，不斷進步，到了二十世紀之初，其農業出產之豐，其工業儲力之厚，已舉世莫與之京。兼以美國人的動力主義，一切不願安於故常，門羅主義因此關他不住，而非出而過問舊大陸的事不可！於是在第一次世界大戰之末，初露其鋒，在第二次大戰之中，便處處顯示出這是一個天之驕子了。

杜魯門總統初任，正值美國的天驕時代。其時我因青年黨之推薦被國民政府特任爲中華民國參加聯合國代表團十個代表之一，自一九四五年四月至十二月，有九個月的時間留在美國，與彼邦的人物接觸不少，杜魯門總統當然不在例外。至參觀其兵工建設，見其組織之精密，其進度之迅速；且感其上下之一心，其戰意之高昂，我在是年八月之前，即已知好勇鬥狠之日本軍閥必然澈底失敗無疑。即使不投兩顆原子彈，日本也非投降不可，因人力與物力均相差甚遠也。現在翻開我的回憶錄第十七章，將未曾發表而有關於杜魯門總統初任時期我所親見的美國盛況，節述數行，以應大人雜誌編者之殷勤特約。

到埠值羅斯福逝世

一九四五年四月二十五日聯合國製憲大會將開幕於美國舊金山，我於是月二日自成都飛赴重慶，與其他五位代表宋子文、張君勱、董必武、胡霖（政之）、吳貽芳會合動身，分別各偕顧問、專員或秘書，坐美國的免費運輸機，自陪都西行飛過喜馬拉亞山駝峯，經印度、北非、又橫渡大西洋而至美國東岸，與在美四位代表王寵惠、魏道明、顧維鈞、胡適聚齊。此一中華民國代表團計三位是無黨派，三位是在野黨，而政府黨只有四位，算是國民黨自執政以來在民主的表現上做得最漂亮的一次；而其時中華民國也以四强身份居聯合國發起而兼召集人之一，可算是不辜負全國軍民苦鬥的犧牲，國格增高，在美僑胞尤爲興奮之至。但這往事在今日已不堪回首了啊！

我們一行，飛到美國東岸最北一大埠勉因州之奧古斯塔（Augusta, Maine）機場降落，時爲四月十三日午夜。足一踏上美國土地，即聞知羅斯福總統於昨日下午以心臟病逝世，我們對於這一位爲人類和平奮鬥而且以「四大自由」號召於世界，確能趨赴理想的政治家之死，眞不勝其敬悼之情！我在機場來賓室及驗查處並立刻發現一個奇景，即壁上貼有「靜默」二字，一切工作人員皆不說話，即有必要指示時也聲調低沉。因此平時一例喧鬧的交通要樞乃忽然不聞人聲，顯出一種肅穆景象。人言美國是青年民族，活潑而習於自由，不受拘束，而我今初到，即見其普通工作者也能如此衷心服從命令，直至談話也如是自抑，又誰信自由民主便與秩序紀律會相背馳，或者也因羅斯福總統任內的新政（New Deal）曾普遍造福於美國罷。

羅斯福逝世時，他第三任總統剛做了三個多月，而美軍其時在歐西已解放了法國而於三月七日渡過萊因河，刺穿了德軍的本土防線，以第一第九兩軍在魯爾區，包圍了德軍三十萬人；至在遠東戰區，則在三月中旬，美國軍機已飛凌日本本土，菲律賓羣島迅即完全解放了。在這三個月中，東西兩大戰場的各路盟軍，無不唯美國的馬首是瞻，而美國供給各盟國的

Top: The President of the United States, HARRY S. TRUMAN, addresses the final UNCIO session.
Bottom: Panoramic view of the San Francisco Opera House interior during PRESIDENT HARRY S. TRUMAN's closing address.

美國總統杜魯門向聯合國會議最後一次會議演講情形
杜魯門總統閉會演講時舊金山歌劇院之內部全景

軍用物資也源源輸送前往不絕，這顯出美國的人力物力大有取之不盡，用之不竭之勢。因之各盟國接收物資或商討軍事等甚多的代表團齊集美京或紐約。即以我國而論，據我所知的，除大使館外，也有七個代表團之多，茲不具述；而我國名流學者個人彼時前往向機籌募美金，從事於辦學、辦社會事業者，大有手伸得長一點的便可以獲得援助，紐約僑報所稱爲「八仙過海，各顯神通」者，我也曾偶然相遇。有諺「美國的月亮特別要圓一點」，大概就在那個時候。杜魯門總統恰

在這花好月圓時節接任，他眞算是幸運兒了！

聯合國大會閉幕式

我們中國代表團要趕赴舊金山參加聯合國製憲大會四月二十五日的開幕式，因無法在美東久留。一列直達不停的火車快車，從大西洋西岸邊，以三日兩夜的長程，把我們全團近百人送往太平洋的東岸（那時美國國內的客機空運還說不上）。但車內設備完美，臥室寬整，坐談，寫讀各別有室，且有會議長廳，以備我們車中開會討論。代表們大多尚未了解一九四四年十月由中英美蘇四國在美京所開的頓巴敦橡園會議，專為籌商成立聯合國的基礎條件是那一些；顧維鈞曾代表中華民國參加過，故會議時主要為聽取顧代表說明其內容，並附帶討論本團應付大會的方針，以及代表們分別各自出席於某一分組討論委員會的安排。

在車中開會時，我始知此一尊重國際平等共維國際和平之聯合國，乃有安全理事會常任理事國之「否決權」的頓巴敦會議一個規定。常任理事國為中英美法蘇五國，在安理會中，無論多數贊否，只要常任理事五國之一舉手表示異議，則贊否均歸無效。如是將成為少數壓倒多數，強者支配弱者的局面；國際正義云乎哉，大是問題。不幸一開會，我個人分配在第二委員會，其所討論為「會員與會議總則」(Committee 2: membership and general)，中間恰有否決權一案的議定。於是除所謂五強之外，四十餘國代表羣起反對，認為豈有此理。但美蘇均持之甚力，大有主人（四召集國）請客，客應早知之概，即此一桌席，早經決定有否決權這樣大菜的，客人願否入席，固聽便也。我知否決權為蘇俄答應參加此一國際組織所提出之主要條件，因習於多年一黨專制之共產黨人，是不信任民主議會之多數有理的。且英有聯邦數國，美有中南美泛美同盟十餘國，都容易取得一致；而蘇俄一開始，即要求有三個投票權（強將烏格蘭與白俄羅斯分開而各得一權），已足見其大不放心英美的多數高壓；至對小國之多數，則更不予重視。因之蘇俄代表在會上發言，竟稱：「國際和平之屢遭破壞，就是常因小國不和，打起了來，才將大國拖下水，乃成為大戰。今後世界和平完全要靠大國合作維持，故大國要有此否決權，始能避免分裂，且足以制止小國之亂鬧也。」於是澳洲代表在會議上便直斥蘇俄為共產強權（今日則更進一步斥為「社帝」了啊）。美國之堅持否決權，我在會議中也看得明白：一則在以前頓巴敦橡園會議條款上早經寫定，再則美國在此次大戰中感到從前國際聯盟之無力，美國的霸權勢須在新的國際組織建立起來，是即所謂「齊桓晉文之事」，要挾天子（聯合國）以令諸侯。至於中英勉列五強之中，只好追隨美國之後；而法國新復國，喘息未定，亦默默無言。全靠美國調解於其間，此案始勉強通過。但第二委員會開會已比其它各委員會議延長至一週之久。我有一篇近五千字的「威妥之戰」（即否決權為古羅馬皇帝對議會之特權），便不在此贅及，因茲篇在說杜魯門總統之初任，及美國人志得意滿，將有疏失之處。

聯合國製憲大會於六月二十六日舉行閉幕式，杜魯門總統特於華盛頓趕來舊金山，出席致辭。這一閉幕大會仍在舊金山歌劇院舉行，一如前數次之大會。但此次不比尋常：第一，美國招待甚為周至的執事人員，恐此次各國代表遲到會場，特令兩部電單車為代表專車開道，不理紅綠燈，而直在市中橫衝直闖，跑得如飛，我與張君勱先生坐在小轎車中暈了大浪；且下車直送入會場固定之中國席位上而後去。第二，會場在開會前十分鐘，除五十國代表團全體七千餘人外，三萬多個樓上樓下座位全滿，好不鬧熱！第三，杜魯門一登台，全場起立拍掌；其講演不過十五分鐘，演辭並不精彩，而各國代表與全場來賓又起立拍掌至一分鐘之久，眞個威風之至！然而戲唱下去，笑話就不免了！

聯合國大會中國代表團自右至左：董必武、本文作者李璜、胡適、王寵惠、宋子文、顧維鈞、魏道明、吳貽芳、胡霖、張君勱、施肇基（顧問）

延見代表 禮貌欠周

大會閉幕式後，立即爲杜魯門總統延見各國代表的儀節。但此儀節的安排，則頗欠斟酌，大不妥當！我想這是安排儀節的總統府禮賓司執事或者是舊金山市政府人員沒有頭腦或至少知識不夠之過，非百忙中的政府大員之錯失也。

延見儀節在市政府的大客廳中舉行。我們四十餘國代表們先後進入大客廳中，乃見空廳而無一椅棹之設。圍繞廳的四壁之下，將四十餘國的國旗，按照國名第一字母，間隔三尺的豎立起來，而請各國代表分別站立本國國旗之下，聽候傳呼國名，一國一國的代表們輪流導入廳左側室之內，去與杜魯門總統握手，寒暄數語而出。於是從A字數起，一直要到V字，這樣站起來候傳，有些代表不能忍耐者便或笑或怒的悄然離去。中國是C字，A字便有澳洲等好幾國，B字又有比利時、巴西等兩三國；中國代表團之胡霖代表便對我說：「如此五蠻進貢式的傻像，老是站着彼此相望，實在難受得很！」他說完即越衆出門而去。胡走，我一看中國旗下代表只有五人（十人中，胡適只參加過大會開幕式就回紐約養病去了，宋子文在開會一月後便去莫斯科辦外交走了，魏道明回美京料理其大使職務去了，張君勱沒有來），王寵惠、顧維鈞、吳貽芳、董必武與我，我再離去，則只餘四人。但我也難耐，正在躊躇，左顧，見法國旗下法代表保祿．班古（Paul Bancourt）向我招手，我移步就之，他向我細聲說道：「時間還長，我站不住了，陪我到酒吧間去喝一杯紅酒罷！」酒吧間恰巧在法國旗的後面，我便同這位老人溜了進去，並未驚動別人。

保祿班古其時年已七十八歲，曾在中年時兩任法國外交部長，晚年又一任法國內閣總理，退休已有十年；此次之出任代表，乃是居於老手作顧問的地位，一如施肇基博士之担任中國代表團高等顧問然。法國代表團之首席代表是抗德地下活動有名的皮杜爾（Georges Bidault），但甚少露面，且開會不久，即回國任法國復國後第一任內閣總理去了。法代表多是新人物，故衰年的保祿班古也只得出席，苦熬那一種從朝至夜，疲勞轟炸的分組會議。他常出席於第二組，大概他也要觀察一下否決權之爭，究竟結果如何。他既與我同組，又座位與我爲鄰；因爲他已聽覺退化，聽不清時，有時耳語請我簡述蘇俄吵些甚麼。其時翻譯耳機尚未發明，俄語必須翻成法語、英語，重述兩遍，俾衆周知，耗時甚大；而且譯者只一老手能將俄語譯成法語不走樣，新手只能譯得依稀彷彿，非細聽而加以玩味不可。保祿班古與我閒談時，知他與我在巴黎大學的老師們多是朋友，我自以長者事之。於是他每出會場時，總要挽我左臂而行，以防備美國人走得太快，把他擠倒了。

當時，保祿班古與我進入酒吧後，一杯在手，老人便發起感慨來了！他太息道：「我尊敬的代表先生，你是從禮義之邦來的；你們的聖人孔夫子講求的是，交以道，接以禮；我相信你必然感到這種立着候傳見的作法，不大適合於交友之道的。不過，我們中、法兩國都是老民族了，所以對於人與人相處的交接道理要多一些經驗。美國人究竟是青年民族；青年人失禮是常事，我能原諒他的。但我們予其站在那裏排班伺候，當然不如坐在這裏喝酒要舒服一點啊！」——這一坐、一喝，C字與F字都過去了，我們兩人竟都與杜魯門握手緣慳了！

寫于一九七三年一月五日
美總統杜魯門追思禮拜日

一九七三年預言

·司馬我·

前面的話

每年歲尾年頭，世界各國的星相術士以及所謂「預言家」之流，照例有許多預言發表，或者內容不凡，語出驚人，或者引證星宿，言之鑿鑿，即使未能立即令人信服，也能引起廣泛的好奇。

我對於星相命運之說，既無研究，亦不輕信，對於經由通訊社「傳遞」而發表於著名報紙的名家預言，仍感興趣，一一搜集，決不輕易漏過，理由所在，主要是爲了滿足個人的好奇，其次是假以時日，我要看看這些預言，究竟能有多少可以及時應驗，又有若干是無的放矢，而那些作出預言的人，又將何以自圓其說。

依我經驗所得，幾乎可以說是沒有一個人肯對於他們所作的預言，事實上，他們也無需爲所作的預言，對任何一人負責。好在讀者多數健忘，而像我這樣喜對預言家所作的預言與事實結果相對照者更屬少之尤少，在這種情形之下，讀者既然不會加以追究，會作預言而無一應驗者當然也可以裝聾作啞，當作沒有作過任何預言好了。

亞洲前途黯淡歐洲光明
北愛繼續流血中東無事

一九七三年已經開始，但是對今年世局作出的蠡測寥寥無幾。義大利中部小城阿維連諾附近的一個山洞中，有一羣神秘的宗教人士舉行會議之後，認爲一九七三年之內，亞洲和美國前途黯淡，歐洲和中東各有光明。

這個會議是在香烟繚繞中舉行，出席者都身披東方術士裝束的外衣，並當場展出數頭善伺人意的烏鴉，他們預言埃及與以色列之間，不會大興干戈，但有人會對約旦哈辛王圖謀造反，雖然這陰謀不能成功。

他們預言印度支那的戰爭和北愛爾蘭的流血都將繼續下去，尤其是北愛爾蘭，騷動和傷亡，將於今夏達到新的高潮。

亞洲將會受到自然災害所蹂躪，而且會發生兩宗重大的空中慘禍。英國的經濟因加入共同市場而好轉，歐洲各國的金融情況將大體穩定，但美元將會發生一連串的問題，要政府費相當的力量去解決。

各國婦女領袖均有不利
埃及總理九月因病辭職

奈羅比傳來消息，非洲占星學泰斗胡賽因根據其獨到之觀察，於去年年底發表預言，他說：一九七三年這一年，對於各國婦女，將有不利。

他說：以色列總理梅雅夫人將因政府危機而辭職；印度總理甘地夫人會病倒；錫蘭政治有難關，總理班達蘭乃克夫人應付不易。

此人過去對有關非洲的預言曾應驗多次。這次他預言中共與蘇聯今年將再起衝突，六月至八月間，兩國領袖中必有一人去世。

關於非洲部份，他特別指出，埃及總統沙達將於今年九月間因病辭職；約旦王胡辛將於今年春夏間遭逢意外事件。

舊金山預言家推算錯誤
擾亂人心市長大爲震怒

「舊金山大地震」一片對人印象甚深，所以當六十六歲的預言家格林斯本發出今年一月四日上午九時舊金山將會有地震後，人心極爲不安。舊金山大地震乃在一九二六年，四十餘年來，格林斯本曾預測舊金山小規模地震兩次均甚準確。

格林斯本發出上述預言乃在去年十二月中，但於十二月二十八日加以修正謂，彼原有之推算發現有誤，是以一月四日之舊金山地震將不會發生。

舊金山市市長於一月四日上午九時，坐於市長辦公室椅上，注視天花板上之玻璃吊燈，歷時三十分鐘，結果全無動靜，但有爲數不少的居民，祇聽到格林斯本預言而沒有聽到他修正談話的人，在一月四日早晨，却惶惶不安，恍若大難臨頭，他們躲在家裏不敢出門，有人到九點半鐘過後，纔去辦公。

據格氏自言，錯誤之造成，是他認爲太陽與月球的位置，將於一月四日上午九時令地球產生强列的磁吸力，因而影响舊金山地面下之地壳，舊金山市長阿里奧圖對該預言所引起騷動不安，大爲震怒。事後地球物理學會及地震研究專家均指出格氏之「吸力緊張」論爲毫無學術根據，但一般市民因格氏以前曾有兩次預言均告應驗，對於他都肯加以願諒。

田中首相垮台內閣改組
英國王室將有喜訊傳出

此外尚有「小預測」多項，來自世界各地，簡誌如下：

日本田中首相垮台，內閣改組。日元升值，所升幅度改爲百分之六。

◇◇◇

英王室將傳喜訊，安妮公主與查里士王子二人中，至少將有一人訂婚。

一九七二年之最

余不惑

去年美國最尊敬人物 總統與牧師繼續領先

一九七二年終，蓋洛普民意測驗，美國人最尊敬的人物，一九七二年爲尼克遜總統，一九七一年十大傑出人物中居於第三位的愛德華·甘迺迪參議員則降至第五位；十二月二十六日去世的杜魯門總統居第三，總統顧問基辛格第四位，第二位與去年同樣仍爲葛培理牧師。十大傑出人物中，外國人僅有兩人，一爲羅馬教皇保祿六世（第八位），一爲西德總理布蘭德（第十位），蓋洛普的此項測驗是在十二月初舉行。

新澤西民意測驗選出 美國最崇拜十大女性

新澤西州普林斯頓另外有一項民意測驗，於十二月卅日選出了一九七二年度美國人最崇拜的十大女性，尼克遜夫人名列第一。

尼克遜夫人以下，以色列總理梅爾夫人居第二位，第三位爲印度總理甘地夫人，第四位爲艾森豪夫人。在一九七一年的民意測驗中，尼克遜夫人係居第二名，在一九六九年艾森豪夫人爲第一名，尼克遜夫人爲第三名，第二名梅爾夫人。

國際婦女觀察家選出 十大最受注意的女性

總部設於美國聖地牙哥的國際婦女觀察家俱樂部，於一九七二年十二月三十日選出一九七二年十名最受注意的婦女。她們之所以被選，是爲了一九七二年內及其過去之表現。

這個已有十二年歷史的組織創始人及主席比雅堅於星期六週年大選會中宣佈稱，當選者「不單止以美艷，個人的儀表，而且亦因爲在她們被提名的範疇內有傑出的成就而當選者。」

該會所選出最受注目的婦女：

母親——祖晏甘迺迪。

歌星——茱莉安德絲。

模特兒——茜比爾薛樸特。

女權運動者——歌莉亞史泰南。

女演員——瑪莉泰拉摩亞。

妻子——非總統馬可斯夫人。

政治人物——加州民主黨衆議院議員維安妮柏克。

記者——國家廣播公司凱絲麥。

行政人員——加州托蘭士廸亞慕時裝廣場之廣播及發展部總監祖安妮巴格。

空姐——太平洋西南航空公司之康廸絲柏斯克。

二千名時裝家選出 世界最佳服裝男女

尼克遜夫人被提名列入一九七二年衣着最佳之國際男女名單內，但結果並未獲選。

獲選者爲廿九名女性及卅名男時裝設計家，社交界人士，娛樂界份子及時裝刊物專欄作家。

當選女性之一伊文士太太表示：「我認爲尼克遜夫人乃一相貌可愛婦人，伊身材優美，頭髮可愛，肌膚潔白，但伊之儀表太端莊，我認爲伊之秀髮被風吹亂時，更爲可愛。」

女星徐姿及莉莎文妮莉（女歌星）今年落選，當選之新人物，包括兩名娛樂界女士在內，搖擺樂明星積加之太太，及女星瑪莉莎比蘭遜。

滾石樂隊領班米克積加被選爲一九七二年十二個最佳服裝男子之一，他底妻子貝安芝査，則獲選爲十二個最佳服裝女子之一。

彼等係由二千名國際時裝什誌編輯及專家投票選出，各專家們又提名英國雅麗珊郡主之丈夫歐國偉，爲最佳服裝名人。

影評人協會投票兩次 「哭泣與低語聲」獲選

紐約影評人協會第三十八屆投票中，英國演員羅蘭士奧利花被選爲一九七二年度最佳男星，而英瑪褒曼的「哭泣與低語聲」被選爲最佳影片。奧利花爵士獲選所飾的角色是寫神秘小說的作家，片名是「秘密案件」。最佳女星是瑞典的李芙烏曼，她在「哭泣與低語聲」及「移民者」之中均有優異的演出。

「低語聲」一片是自一九六九年「大風暴」以來，第一部外國語影片獲得紐約影評人奬，它囊括了四項大奬。

影評人協會的選舉，採取兩重投票制。若第一輪投票中選不出得票最多者，則須舉行第二輪投票。譬如最佳男女主角方面，所得的票數極近，以致需舉行二輪投票。奧利花得票三十，「教父」中馬龍白蘭杜得票廿七，占士美臣得票二十，彼得奧圖十五，第一輪投票中被淘汰的有史德西基。女星方面，烏曼小姐在二輪投票中獲勝，得票卅八，其次的茜茜莉泰遜得票十四。

去年度最佳影片榮銜雖由影評人協會頒給了「哭泣與低語聲」，但最賣座的影片，却是另一部美國影片「教父」。

單在一九七二年一年中，該片在美國和加拿大電影市場，已經有八千一百五十萬美元的票房收入，超越一向居於賣座首位的一九三九年巨片「亂世佳人」。

軟玉温馨尋好夢
一室皆春"麗確雅"

澳洲「麗確雅」純羊毛毡

MADE IN AUSTRALIA

Laconia

WORLD'S MOST BEAUTIFUL BLANKETS

PURE NEW WOOL

大人公司有售

本港各大公司均有代售

環華庵詩冊

·張大千·

大石當門老樹倚，三間矮屋足棲遲，
墻邊種竹從人看，不用知他我是誰？

環華庵成

矮結一龕香火冷，貧無長物竹松栽，
念家已破何堪憶，去國寧知意莫回。
夢裡瀘南思荔子，（此間種荔子不實。）眼中海外見
楊梅，（流寓南北美二十年，昨始見楊梅與蜀中及吳越所產無殊，予乞得三枝，種之庵中。）
仙人好事流人泣，九月偏教躑躅開。（月來此間杜鵑已有盛開者。）

環華庵建畫室

蓬顆新開五畝園，木皮蓋屋石當軒，
石邊更種梅花樹，我欲橫窗見月痕。

向侯北人乞海棠

君家庭院好風日，纔到春來百卉開，
想得楊妃新睡起，乞分一棵海棠栽。

北人以梨花海棠來贈，拈二十八字奉答博笑。

覩輩名花送草堂，真看白髮擁紅粧，
知君有意從君笑，笑此狂奴老更狂。

向王天循乞杏花蘋果樹

文杏來禽乞幾根，看花更想果堆盆，
不是老夫貧不厭，分甘猶欲到諸孫。

太希以延濤穀年合寫秋蘭楓葉索予補筆，爲添一蝶，附題三詩。

落紙婀娜氣亦豪，石濤而後見延濤，
紉蘭結佩吾能說，敢賦新辭續楚騷。
穀年自是吾宗秀，似舅名家故自超，
（張穀年爲名畫師馮超然甥。）醉抹一枝霜紅葉，不勝薄酒雨三蕉。
霜葉秋蘭各自都，花間鳳子未應無，
儘多空濶迴旋地，夢裡蘧蘧笑老夫。

垂枝桃

花如人面柳如腰，老眼昏濛不易描，
笑語山妻卿莫妬，容予相對坐終朝。

畫菊（此邦四時有菊，寫此慨然。）

南山山色暗塵埃，那得東籬擇地栽，
花到夷荒無晚節，仰人顏色四時開！

題畫紅白蓮花

雨過香次夢乍迴，小池塘忽報花開，
老夫空色都忘了，笑領紅粧白玉杯。

畫荷

不施脂粉不濃裝，水殿風微有暗香，
要識江妃真顏色，晚涼新浴出蘭湯。

畫桃

老貪人世不求仙，鬚鬢皤然步履便，
金母蟠桃三度喫，開花結子六千年。

墨畫白牡丹

揚州一朶號能行，玉樣溫瑩月樣清，
不是仙人工染溉，此花原自墨池生。

夢人貽黃竹十許莖

瑤池青鳥遠飛回，金母殷勤囑咐來，
怕我桑田變滄海，故分黃竹伴桃栽。

友人贈野山參

三椏五葉野山參，能利頹齡過百齡，
贈與衰翁添壽考，更期變作老人星。

贈匡仲英

揮毫便可窮殊相，破墨真堪撥亂雲，
來共匡君結廬舍，更呼老雨滌塵氛。

李慈銘及其日記

·宋訓倫·

逛舊書店已成爲我公餘生活的一部份，有時候確能以低廉的代價購得異常精良的本子。有時且能買到在學術上具有很高價值的某些書籍。當然，這與豪商巨賈不惜以千萬金收集宋元版本視同商彝周鼎的意義不同，代價自然也有霄壤之別。當年我旅遊日本時，曾在東京神田的書店區以廉價購得十六開本連史紙木刻精印的「四庫全書總目提要」，紙張既潔白可愛，字體約有四英分見方，神采奪目，共有一百數十本，相信這樣好的本子現在已很難找到。另外還有兩冊巾箱本連史紙的陶淵明集，我曾與香港文文出版社新近影印的宋紹興本陶集詳細核對，所有詩文及旁註竟完全一樣，一字不差，而且我的第二冊內還多了五孝傳和聖賢羣輔錄等雜目。初時祗知我這一部也是一種很好的版本而已，及至最近讀了越縵堂日記第二十七冊光緒三年六月初五日所記，使我這一喜眞非同小可！原來我這一部陶集，曾經李慈銘特別品題賞識。這一部北齊陽子烈所編十卷本的陶集，乃咸豐辛酉獨山莫友芝得到旌德縮刻宋本後，由桐城徐椒岑醵金重刻的。李慈銘稱讚這本子「精緻可觀」。這部陶集開卷首頁便有大字刻着「陽子烈所編十卷本，咸豐辛酉嘉平皖城行營收旌德縮刻宋本初印者。此版後印多漫不可讀，緗宜寶之。郘亭眲叟呵凍記。」旁邊還有一個長方形的「莫友芝圖書印」。莫友芝是道光舉人，字子偲，號郘亭，晚年又號眲叟。一生喜藏書，精通蒼雅故訓、金石目錄，做詩寫字，出色當行。受知於曾國藩、李鴻章。緗宜是他的兒子。現在當然無法再找到莫友芝所藏縮刻宋本的那部宋本原書，但就這部徐椒岑重刻而爲李慈銘所特別鑑賞的本子，已是很難得的了。（那部紹熙本陶集，據聞現已落入中共手中，以前曾一度爲祁陽陳氏所收藏，幸而文文出版社搶先影印，確實有功文物。）

香港的集古齋是很大的舊書店，我在這裏竟接二連三地發現與我直接或間接有關係的舊書，更觸發起我一己的感喟。前年買到先曾祖鶴訪公所著的一本「聞妙香齋詩草」，那是先祖從福建帶出來的曾祖遺稿，於民國十二年交給上海中華書局用聚珍仿宋體印了分贈給許多相識朋友的。我十幾歲時便已看見，但後來流浪各地，身邊迄未收藏一本，不意竟在香港買到。而且這一本的封底前頁還有三行毛筆字寫着：「此爲宋尊望先生之先人遺稿，竊擬其境在冬郎放翁之間乎？南湖誌」。南湖何人？我猜測極可能便是小萬柳堂主人廉南湖，大概這本詩集曾經廉南湖過目，所以才批上這兩句行家的話。尤其用先生之稱，顯然是處於同一時期而又久通聲氣的口胳。

去年又在集古齋買到姑丈俞秋漪先生的母親傅太夫人（青儒）的「山青雲白軒詩集」，厚厚兩冊。這位俞老太太便是清朝道咸同光時代大名士李慈銘和周季貺二人的詩弟子。民國十一二年間，她以七十幾歲高齡在杭州以詩篇蜚聲兩浙，與當時杭州一班詩文名家唱和無虛日，中間曾一度到上海遊覽，我幼年時還見過她一面。俞老太太的父親傅節子（以禮）博涉羣書，著述宏富，與李慈銘交往最密，在越縵堂日記中屢屢提及。如皋冒廣生給「山青雲白軒詩集」寫的序文中提到傅節子，說他「……治殘明史學，及校讐目錄，其博幾與周季貺等而專勤則過之……」。在名父師培育下，這位老太太的詩學當然造詣不凡。

李慈銘的「越縵堂日記」何以成爲一代文獻而爲研究中國近百年史和國故學術的重要參考資料，主要的因素約略如下：

（一）這部日記前後聚精會神寫了四十年，而這四十年恰值有清末葉內憂外患交相煎迫的大苦難時代。其間最重要的大變故，當然是太平天國之亂。外侮方面則有鴉片之戰，英法聯軍火燒圓明園，以及中法中日之戰，外侮都以賠欵割地來收場。作者經常把「邸抄」——即現今所謂「政府公報」——抄錄在內，無論政軍經濟的一切措施，和內外大僚的遷除黜陟，都詳細紀載，有時也提出自己的意見來批判。

（二）作者是一位貫通經史的大學問家，對文章學術寢饋功深，不斷地用他自己銳利的眼光，透闢的見解，分析辯證，儘量發抒出來，給予後生末學極大的啓發和指導。

（三）由於文學修養卓異，在日記內觸緒紛披，用鍊凝駿邁的筆調寫山川風物，用纏綿悱惻的心情作詩詞，用憤世嫉俗的態度申斥他所不滿的人，但也用懇摯恭敬的誠意推許他所欽服的人。近來一部份青年握管不能寫較爲通順的文言，我看與其向左傳國策去鑽研，還不如讀讀像越縵堂日記這類的書，大有助於舊文學的欣賞。

（四）在北京與他交往過從的什九是文章鉅公，政壇魁首，如周祖培、翁同龢、潘祖蔭、李文田、陸潤庠、沈曾植、張之洞、文廷式、汪鳴鑾、許景澄、袁昶等。除政治關係外，氣類相推，蔚成一種風格。李慈銘脫略形骸，不拘細節，但大處磊落慨慷，當御史後曾屢向朝廷提供內政上許多意見，如整頓御史台，參劾大員等，朝廷則一味敷衍搪塞，採而不行。接着，清廷對日作戰失利，敗訊及辱國的消息一疊連地傳來，李慈銘雖不負政治上軍事上的責任，却憂憤咯血而死，這種忠心憂國的精神，可與他的日記同垂不朽。

我最初看見這部影印的日記時，還祗十幾歲，那時北洋政府財政總長張岱杉（弧）和北京大學校長蔡元培都是浙江紹興府人，對於他們鄉前輩這部震撼時代的日記，亟欲影印出來公諸於世。幾經磋商，除了最後一函（計八本）被樊樊山留中未獲付印外，從咸豐四年三月到光緒十五年七月共分九函計六十四冊，都予印出。先於民國九年開印同治二年四月到光緒十五年七月的八函，到民國十三年又補印咸豐四年三月到同治二年三月的十三冊，內中還缺失一小部份。作者用年份和自己書齋的名稱來劃分其先後次序。咸豐四年至同治二年三月是甲寅日記及越縵堂日記；同治二年四月至五年五月是孟學齋日記；同治五年六月至八月是籀詩研疋之室日記；同治五年十一月至同治七年九月是受禮廬日記；同治七年十月至同治八年是祥琴室日記；同治八年四月至八月是息荼庵日記；同治八年九月至光緒五年三月是桃花聖解盦日記；光緒五年閏三月至光緒十五年是荀學齋日記。

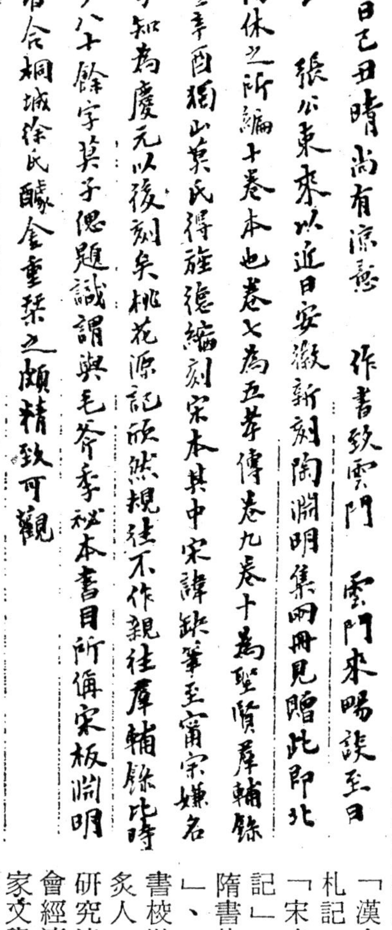
初五日己丑晴 尚有涼意 作書致雲門 雲門來暢談至日
昳去 張公東來以近日安徽新刻陶淵明集兩冊見贈此即北
齊陽休之所編十卷本也卷七為五孝傳卷九卷十為聖賢羣輔錄
咸豐辛酉獨山莫氏得旌德縮刻宋本其中宋諱缺筆至甯宗嫌名
廓字知為慶元以後刻矣桃花源記欣然規往不作親往羣輔錄此詩
本多八十餘字莫子偲題識謂與毛斧季祕本書目所稱宋板淵明
集皆合桐城徐氏醵金重栞之頗精致可觀

李慈銘日記影印本光緒三年六月

影印的優點便是印本與原稿的精神和形式一般無二，塗抹修改，原跡宛然，作者秀勁工麗的行楷以及典雅古拙的說文書法，讀者都能盡情欣賞。那時我以十幾歲的青少年怎能讀得懂這書，當然祗有我的祖與父在瀏覽着。但因後來我曾用小楷標上書籤，並曾戰兢兢地用小楷將書名寫在一部份書根上，所以這部書留給我極深的外表印象。想不到事隔幾十年，居然於前兩月在香港集古齋被我買到這部流落出來的家藏舊籍，眞使我驚喜不寐！因此我特地寫了一跋一詞裝訂到第一冊日記的卷首以資紀念。（見本期封面內頁）

這位大學問家一生著述之宏富，眞令人喫驚。經他自己整理而可臚舉出來的，計有「十三經古今文義彙正」、「說文舉要」、「音字古今要畧」、「越縵經說」、「後漢書集解」、「北史補傳」、「歷史論贊補正」、「歷代史牘」、「閏史」、「唐代官制雜鈔」、「宋代官制雜鈔」、「元代重儒考」、「明謚法攷」、「南渡事畧」、「國朝經儒經籍考」、「軍興以來忠節小傳」、「越縵讀書錄」、「柯山漫錄」、「孟學齋古文內外篇」、「湖塘林塘駢體文鈔」、「白華絳跗閣詩集」、「杏花香雪齋書集」、「霞川花隱詞」、「桃花聖解盦樂府」、「史記札記」、「漢書札記」、「三國志札記」、「晉書札記」、「宋書札記」、「梁書札記」、「魏書札記」、「南史札記」、「隋書札記」、「北史札記」、「魏書校勘記」等。而最爲膾炙人口，並確實可供後人研究清代末葉政治史、社會經濟史、及欣賞經史百家文學作重要參考資料的莫過於這部寫了四十年的「越縵堂日記」。曾孟樸孽海花小說，記北京許多達官名士假座雲臥園替李慈銘做壽，各人把自己收藏的心愛秘寶或精品作爲一句詩句的題材，彼此即席聯吟。例如李文田有西嶽華山碑，便說「華山碑石垂千年」，汪鳴鑾有十三行本周官，便說「周官精槧北宋鐫」，江標有十幅馬湘蘭畫，就來一句「馬湘畫蘭風骨姸」，端方因收藏碑版極富，乃道「漢碑秦石羅我前」，費念慈有雕出綠毛小龜瑪瑙鼻烟壺，故云「綠毛龜伏瑪瑙泉」。輪到李慈銘，他祗哼了一聲「日記百年萬口傳」，大家翕然俯首，可見這部日記在當時便已爲朝野人物重視。

李慈銘，字㤅伯（這「㤅」字恐有很多人不識，實際祗是「愛」字的古寫），號蒓客。道光九年（一八九四年）十二月廿七日生於浙江會稽。他的父親號竹村，母親倪氏。慈銘六歲時已識字一千，七歲上學讀唐詩，十一歲作文，十四歲便結婚。早婚的原因，可能因爲這一年他的祖母久病不愈，大概這是江浙人所奉行的「沖喜」習俗，恐怕也是他後來幾十年體質孱弱的遠因。加上他先後曾納妾三次，到了北京又狎玩相公，如此水陸兩棲，弄得長期與藥爐病榻作伴。最後連一個兒子也沒有，把他的姪子名孝奎的承繼爲子。中年以後的日記中還經常寫着：「疾動」、「疾大動」、「五更後疾幾動，復止」。由於斲傷過甚，患上了嚴重的遺泄之症。

道光三十年，二十二歲，皇帝派吳晴舫督學浙江，李慈銘初應院試。先試古學，拔列第二。賦題是「汲古修綆」以題爲韻。詩題是「臨深履薄」。然後再試正場文兩篇，詩一首。最後覆試四書五經及詩一首。

這吳晴舫是漢學大師，官名鍾駿，江蘇吳縣人，道光壬辰科狀元。對於李慈銘的詩文，評價極高。說他「首場風華掩映，法密詞圓，詩俱稱和。覆試貫上絡脉，醒出正意，濃淡相間，心平氣和。經藝珠圓玉潤，詩秀雅。古學筆意如走盤珠盤旋如意。……」等語。這裏所說的「古學」倒不是指考古之學，或經學中今文與古文之分的古學，乃是針對八股文而言，凡不屬於八股的學問，諸如經解、史論和詩賦等概稱古學。結果他以第二人補縣學生員，次年食餼，已經成秀才了。

他素性勤讀，從少年到晚年，一生孜孜矻矻，耽湎於經史典籍。根據日記所載，他有了錢便買書，沒有便向朋友借，或向書店賒，更有時將自己看過的書與朋友看過的書互相交易，這種交易在數量和質量上本來很難持平的，他在日記中時常自怨吃虧。傳節子知道他有時因買書而負債，頗有規勸，但他積習難除。

對書籍如此癖嗜，而每閱一書，又把自己的心得和批判在日記內詳盡寫出。此外，他自己的抒情詩文也都宣洩在日記上，時時緊叩讀者的心弦，天風浪浪，深情細細，令人陶醉。這部日記在學術上的價值也多基於此。他一面讀書，一面做官，一面著述，經史考據，淵博精湛，詩和詞尤其傾動朝野，他自己也承認「所致力者莫如史，所得意者莫如詩」。

但他學問雖好，命運却不濟，自從中過一名秀才後，先後應南北試十一次，都鎩羽而歸。到了咸豐年間，清廷既要與太平軍大戰，又欲應付英法等外患，爲籌餉之故，乃大開捐官之門。李慈銘既在正途失意，祇得納資捐官，於是在家賣田售屋，拼湊了八百幾十兩銀子，捐得一名郎中，於咸豐九年五月到達北京。不料戶部又責他到差太遲，勒令再補繳銀子，乃繼續向故鄉悉索敝賦，豈知滙欵到京，竟又被同行知友用了去。他在北京窮困極了，幸賴朋友湊錢幫忙，好容易弄得一個分發戶部行走。

「長安居，大不易」，何況酒綠燈紅，歌塲徵逐，開支更大，終於在北京耽不下去。又虧同鄉濟助，方能於同治四年回到浙江。那時浙江巡撫是馬新貽，特聘他爲浙江書局總校勘，又請他主講蕺江書院。所以後來馬新貽調升兩江總督後被張文祥刺死，李慈銘同治九年八月初五日日記寫道：

「數日前聞兩江制府馬公出城謁客，方下輿，有衣僕隸衣者跪道左。馬公問故？其人即出匕首刺馬公，中腹下，刺入者四寸。材官道從者以百數，皆瞪眙不知所爲，而其人已逸去。馬公輿而歸，血逆注不能言。闔城鼎沸，旋聞公即於次日加未卒。至深驚駭，且疑其未真。今日知撫署有急報至，事已確，且已擒盜，供稱姓名爲張正榮，河南兗州人，究何所由及主使，皆不答。吁，可異哉！馬公歷官以謹慎稱，待士夫頗有恩，與之交未嘗見其疾言遽色，竟遭此變，深爲未喻。且以一縣令，不二十年致位督部，雖與軍事無汗馬之勞，迺以薦牘屢膺，隨材平進，甫晉皖藩，旋擢浙撫，命督閩浙，即移兩江。眷渥任隆，幾無倫比，而亨衢方展，異變忽臻，年甫五十，尚未有子，豈禍福之相倚，抑高明之難居歟？其蒞浙四載，雖無赫赫名，而拮据綏集，以儉率下，調停悍吏，與民休息，故去後頗令人思。予辱與相知，備承推挹，雖居窮忍餓，未曾仰賴毫髮，而虛襟畧分，有逾故交。自移建業，予性疏懶，未通一書，而公每見浙中人士，未嘗不殷殷致問。近日子虞公虒自秣陵歸，猶傳公深以僕病爲念，知己之感，生何能忘！今秋得辦北上之裝，當迂道絕江，奉斗酒隻鷄，哭公于雨花台上耳。」

這一篇短文夾敍夾議，事變的經過，馬新貽的經歷和性格，自己的感情，一齊交迸而來，令人讀後有一種「曲終人不見，江上數峯青」的感覺。

馬新貽被刺後，還有一段幽默的插曲。過了些時，日記續載：

「公之被刺也，方由箭道步入署東側門，有疏戚某自其鄉來，遮道乞貸，公止而問之。盜忽自旁出，刺公倒地。吏急閉城門捕盜，人情洶洶。布政使梅君出示諭民，言總督有家難，無預外人事。而安徽學政殷閣學次日試錄遺生，出題曰：『若刺褐夫』。士論大譁！此輩不特全無人心，其文理不通，亦已甚矣。設有以此登白簡者，縱朝廷寬而不問，恐亦無地以自容也。」

這位安徽學政在百忙中開這樣一個玩笑，在專制時代確屬新鮮。

馬新貽一案，儘管民間有種種傳說，有人說馬新貽姦淫了盟兄弟的妻室，還置人死地，這個刺客乃替盟友報仇。但朝廷派曾國藩、鄭敦謹到南京澈查並嚴訊，眞正的內因却未見公佈，祇知刺客背後並無主使人而已。同治十年正月上諭：

「鄭敦謹會國藩覆審凶犯行刺緣由，並無另有主使之人，請將該犯仍照原擬罪名，比照謀反叛逆，凌遲處死，並摘心致祭等語。着即將張文祥凌遲處死，並於馬新貽柩前摘心致祭，以彰國法而慰忠魂……」。

自從道光三十年青了一衿，在塲屋中困躓了二十年的李慈銘，居然於同治九年運氣大轉。這年六月皇帝派都察院左副都御史劉有銘爲浙江正考官，翰林院侍講李文田爲浙江副考官，主持在浙江舉行的鄉試。這一回李慈銘得了否極泰來的機會。兩位主考中的李文田，號芍農，廣東順德人，咸豐進士，學問最為淹博，對金元故實、西北輿地，尤為精通，文章詞翰，自然更不在話下。李慈銘於八月初八日、十一日、十四日先後入闈，十五日雖然身有寒熱，仍力疾對策五千餘言。十六日出闈。

雖然連朝文戰，又身染小恙，但十九日仍偕同胡梅卿、胡梅仙、翁巳蘭、陳鈞堂等文友在錢塘江上姓袁的「江雲水月舟」中夜飲達旦，座上當然還有些鶯鶯燕燕。散後，他塡了一闋風光蘊藉的望海潮詞：

「涼風移暑，微雲催夕，藍輿小駐江程。斜日畫船，開窗並處，鬢絲亂點蜻蜓；臨水晚妝明，正帩衫小扇，相鬬輕盈；笑約青山，桂花香裡待潮生。 當筵夜按秦箏，又金尊欵月，銀燭搖星；襟上淚痕，釵邊鬢影，年來訴盡飄零；戍鼓已三更，聽隔江吹笛，煙柳暝暝；酒醒香殘，為誰扶夢到重城。」

好個「笑約青山，桂花香裏待潮生」，句子既漂亮，語意又雙關，蟾宮折桂，寄望無窮。但看看身邊坐着那許多照眼鬟絲，再想想自己二十年來名場困頓，自然要唱出「襟上淚痕，釵邊鬢影，年來訴盡飄零」了。這與白太傅的琵琶行，吳彥高的人月圓，如出一轍，同是青衫落拓，紅粉飄零的感慨。

皇天不負苦心人，這一回他的文章遇到知音了。九月十五日記：

「是日鄉試揭曉，傍午報至。予中第二十四名。山陰五人，會稽四人，梅卿中九十名。」

閩中考試的墨卷要印出來大家欣賞拜讀，刻墨卷的人名喚任有容。

「閒妙香齋詩草」吳昌碩題耑

二十日日記：

「刻字人任有容來告，予卷在第五房。房師石門令陳訏堂先生（謨），江西安仁人，丙午舉人，庚戌進士。」

二十二日日記：

「謁房師陳先生送贄銀四兩，門禮四番金，總犒兩番金。陳先生極致推挹，言予之二三場博約綜取，絕無炫奇逞能之意，非世之才人學人所能幾及。又言主司得予首場三藝，傳示各房。第二房李君士塏即決為予作。至寫榜日，學使徐侍郎先閱紅號，至予卷，侍郎已暗識之，喜躍曰：『李某中矣！』通場無不以得予為幸。自問文章無以過人，而二十年來潦倒場屋，幾已絕意於此，今垂老得一乙科，尚復重煩諸君過相引重，深可自笑。」

文章當然自己的好，趕快要分送給家人和好友，所以二十三日「作書致李弟幷闈墨十部，題名錄十冊。作書致愼齋並闈墨一部。」幷記：

「午詣總督衙門，謁兩座師，各送贄銀四兩門禮三番金。先見副考官李芍農先生，極道故誼，且言『閩中物色予卷文筆殊不相似，以為佬失，既慚負知己，又無以對都中故人』。指所改閩卷第十名徐建棠詩末聯云：『茲鄉蒓菜好，敲月訪參寥』，曰：『此語為兄設也』。談逾兩時而出，復見劉鑴山先生，劉字緘三，南皮人，道光丁未翰林，年六十五矣，藹藹忠厚人也」。

科舉時代最重視座師與門生的關係。所謂座師倒不一定學問準是好過這門生，與現今的師生情況不同。祇因「聞道有先後」，科名較早與較高的關係，考官與考生便建立了法定的師生之誼，不管這考生的才能學問是如何了得，得終身尊敬這位老師。即以劉有銘、李文田來說，他們的學問也未必一定勝過李慈銘，但同治庚午秋闈，劉有銘、李文田既為李慈銘的考官，李慈銘自然要終身尊他們為老師。可是這個門生放浪不羈，口頭筆下兩沒遮攔。孽海花說部中，有一節繪影繪聲地刻劃這個門生的狂態：

『……忽聽一陣脚步聲，幾個管家說道：「李大人到」。就見李芍農穿着半新不舊的袍褂，手捋着短鬚，搖搖擺擺進來嚷道：「來遲了，你們別見怪呀！」看見江費兩人（江標和費孝慈），就笑道：「你們也在這裏，我來的很巧了。」潘祖蔭笑道：「怎樣着，貴門生不在這裏，你就來得不巧了？」芍農道：「再別提門生了，如今門生收不得了，門生愈好，老師愈沒日子過了」。翁潘兩尚書都一怔道：「這話怎麼講？」芍農道：「我們坐了再說。」於是大家坐定。芍農道：「我告訴你們，昨兒個，我因注釋元秘史，要查一查徐星伯的西域傳注，家裏沒有這書，就跑到李蒓客那裏去借。」盛伯羲道

：「蒓客不是你的老門生嗎？」芍農道：「論學問，我原不敢當老師，祇是承他情，見面總叫一聲。昨天見面，也照例叫了。你道他叫了之後，接上句什麼話？」翁同龢道：「什麼話呢？」他道：「老師近來跟師母敦倫的興致好不好？」我當時給他蒙住了，臉上拉不下來，又不好發作，索性給他暢論一回容成之術，素女方呀，醫心方呀，胡謅了一大篇。今天有個朋友告訴我，昨天人家問他，爲什麼忽然說起敦倫？他道：芍農一生學問，這敦倫一道，還算是他的專門，不給他講敦倫，講什麼呢？你們想，這是什麼話？不活活氣死了人，這種門生還收得嗎？」……大家聽了都笑起來。』

曾孟樸這一段文字不一定出於小說家的杜撰，很可能是當時官場中傳說已久的故事。

舉人得中後，他立刻摒擋一切，趕到上海，乘輪船北上，準備參加北京的會試。不幸又是時運不濟，五次應考都告失敗。一直到光緒六年才成進士。但在北京這一段時期結交了許多達官名流的朋友，不獨詩酒唱和，還儼然是文壇盟主，在日記中是最爲多采多姿的一部份。他的朋友董硯樵因爲欽佩他的詩，寫文章題他的詩集，有「初學溫李，繼規沈宋」這兩句話。溫飛卿李義山沈佺期宋之問本來都是一代詩宗，唐書中也說「蘇李居前，沈宋比肩」，不料董硯樵竟因此被李慈銘碰了一次大釘子。他除函覆董硯樵外，並在日記中寫了一大段對詩學的見解。此中甘苦得失，對研究詩學的人異常重要。他說：

「予平生實未嘗讀此四家詩也（指溫李沈宋）。義山七律有逼似少陵者，七絕尤爲晚唐以後第一人；五律亦工，古體則全無骨力。飛卿大有佳處，七絕尤警秀，惟其大恉，在揉弄金粉，取悅閨襜，蕩子艷詞，胡爲相擬？至於沈宋，唐之罪人耳。傾邪側媚，坿體僉壬，心術既殊，語言何擇，故其爲詩，大率沿靡六朝，依託四傑，浮華襞積，畧無真詣，間有一二雕琢巧語而已。雲卿尚有盧少婦一律，粗成章法。『近鄉心更怯』十字，微見性情。延清奸險尤甚，詩直一無可取。蓋不肖之徒，雖或有才華，皆是小慧，必不能抒揚理奧，託興風雅。其辭枝而不理，其氣促而不舉，縱有巧麗之句，必無完善之篇。硯樵溺志三唐，專務工語，故以此相品藻。予二十年前已薄視淫靡麗製，惟謂此事當以魄力氣體補其性情，幽遠清微傳其哀樂；又必本之以經籍，宓之以律法；不名一家，不專一代；疵其浮縟，二陸三潘亦所棄也；賞其情悟，梅郎樊榭亦所取也。至於感憤切摯之作，登臨閒適之篇，集中所存，自謂雖蘇李復生，陶謝可作，不能過也。硯樵之評，深思之而不可解。以詩而論，世無仲尼，不當在弟子之列，而謂學溫岐，規沈宋乎。」

這一段話顯然標明自己「不名一家，不專一代」，並表示除非孔子復生，在詩學方面實在沒有人可以做他的老師的。張之洞將他與湘潭王闓運相提並論，以爲是一時瑜亮。不料他在這一段日記下面接着便寫道：

「前日香濤言，近日稱詩家楚南王壬秋之幽奧，與予之明秀，一時殆無倫比。然明秀二字足盡予詩乎？蓋予近與諸君倡和之作，皆僅取達意，不求高深，而香濤又未嘗見予集，故有是言也。若王君之詩，予見其數首，則粗有腔拍，古人糟魄尚未盡得者。其人予兩晤之，喜妄言，蓋一江湖唇朐之士，而以與予並論，則予之詩亦可知矣。香濤又嘗言壬秋之學六朝，不及徐青藤。夫六朝既非幽奧，青藤亦不學六朝，則其視予詩亦不如青藤矣。以二君之相愛，京師之才亦無如二君者，香濤尤一時傑出，而尚爲此言，真賞不逢，斯文將墜，予之錄錄，不可以休乎！逸山嘗言：『以王壬秋擬李悉伯，予終不服』，都中知己，惟此君矣。此段議論，當持與曉湖語之。」

王闓運詩追漢魏，托體高絕，他感慨於外軍火燒圓明園，於同治十年，仿元稹連昌宮詞體制，發表一篇七古的圓明園詞，轟動都下，萬紙爭抄。當時的大學士周祖培，侍郎潘祖蔭，都爲之感動傷心。但他對於詩詞取徑，主張從摹擬入手，以爲經常學習古人家數，久便可自成家數。這種辦法顯然與李慈銘背道而馳，李慈銘把他評騭得很低，大約就是根據其作品的精神。「江湖唇朐之士」，這句話倒被他一語道着，王闓運在洪楊時期已經遊說各督撫前，到了民國，又奔走於袁世凱及各省軍閥間。

張之洞爲此碰了一鼻子灰。不獨王闓運被他評騭得很低，道咸同治間詩家都被他趕盡殺絕：

「道光以後名士，動擬杜韓，槎牙率硬，而詩日壞；咸豐以後名士，動擬漢魏，膚浮填砌，而詩益壞；道光名士苦於不讀書而騖虛名，咸豐名士病在讀雜書而喜妄言。」

中間還有一段暢論歷代詩家的優點，他表示自己無不取法。

「平生師資學力約畧在茲，自以爲馳

驟百家，變動萬態，而可憾之以一二人，賞之以一二字哉！」

對於歷代詩家的淵源和優點分辨得異常詳細，所以他主張融會百家，博採衆長，絕不可拘泥於一派一人。他說：

「學詩之道，必不能專一家，限一代，凡規規摹擬者，必其才力薄弱，中無真詣，循墻模壁，不可尺寸離也。五古自枚叔，蘇、李、子建、仲宣、嗣宗、太冲、景純、淵明、康樂、延年、明遠、元暉、仲言、休文、文通、子壽、襄陽、摩詰、嘉州、常尉、太祝、太白、子美、蘇州、退之、子厚，以及宋之子瞻，元之雁門、道園，明之青田、君采、空同、大復、國朝之樊榭，皆獨具精詣，卓絕千秋。作詩時當汰其繁蕪，取其深蘊，隨物賦形，悉為我有。七古子美一人足為正宗。退之、子瞻、山谷、務觀、遺山、青邱、空同、大復，可稱八俊。梅邨別調具足風流，此外無可學也。五律自唐迄國朝，佳手林立，更僕難數，清奇濃淡，不名一家，而要皆密實沉宕為主。七律取骨於杜，所以導揚忠愛結正風騷，而趣悟所昭，體會所及，上自東川、摩詰，下至公安、松圓，皆微妙可參，取材不廢。其唐之文房、義山、元之遺山，明之大復、滄溟弇洲、獨漉、國朝之漁洋、樊榭，詣各不同，尤為絕出。七絕則江寧、右丞、太白、君虞、義山、飛卿、堯致，東坡、放翁、雁門、滄溟、子相，我朝之王厲，尤風雅宜人，辨香可奉。五絕則王裴其最著已。平生師資學力約畧在茲，自以為馳驟百家，變動萬態，而可域之以一二人，賞之一二字哉？蓋今之言詩者，必窮紙纍幅，千篇一律。綴比重墜之字，則曰：此漢魏也；依仿空曠之語，則曰：此陶韋也；風雲月露，堆切虛實，則以為六朝；天地乾坤，佯狂痛哭，則以為老杜；雜填險字，生湊硬語，則以為韓孟。作者者惟知剿襲剽竊以為家數，讀者惟知景響比附以為評目，振奇之士，大言之徒，又務尊六朝而薄三唐，託漢魏以詆李杜，狂譫寐語，陷於一無所知。故自道光以來，五十餘年，惟潘四農之五古，差有真意，而七古儜弱，諸體皆不稱。魯通甫筆力才氣皆可取，而工夫太淺，格體不完。其餘不乏雅音，概無實際，欲救乾嘉諸家俳諧卑弱，而才力轉復不逮，此風會所以日下，而國朝之詩，遂遠不如前代也」。

在清朝的詩家中，他最佩服王漁洋，另外有一段讚美漁洋道：

「國朝詩家，漁洋最得正法眼藏，商榷真偽，辨別淄澠，往往徹蜜味之中邊，析芥子之毫髮，至於論古，或歉讀書，而語必平情，辭多特識，雖取嚴生之悟，迥殊歐九之疏，大雅不羣，庶幾無愧。」

書而　先大夫遺著猶有存者次第編錄得詩草八十二章函牘文稿二百餘篇雖殘縑寸楮未盡十一然題襟之集性情寓焉論事之書經濟見焉則述德有徵垂聲無極不必以鱗爪為憾也爰亟先將詩存付印餘稿尚待斠訂所悵者吾弟墓門拱木不獲剪燈共讀書此不僅有蓼莪之感抑且觸棠棣之懷矣癸亥正月男尊望謹誌時年八十

孫祖宏綬謹校

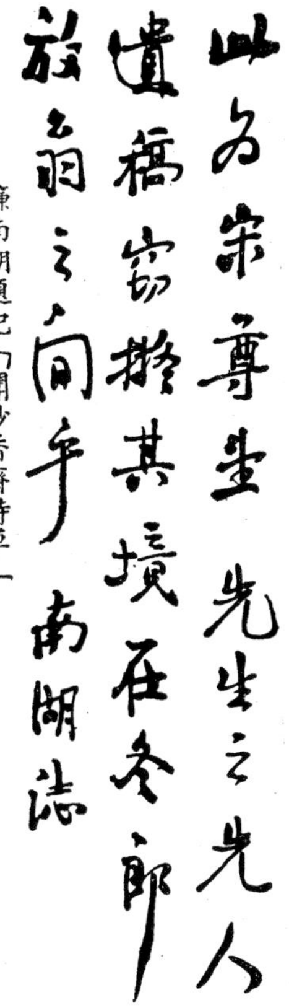

康南湖題記「閒妙香齋詩草」

像這樣飽讀並參悟了歷代諸大家的作品，退回來再用自己的筆，寫自己的詩，功力之深，自然卓絕一時。讀者大約也已發覺，在他的視野下，那裏還有袁子才、趙耘松這班人立足之地，因為乾嘉諸老，除王漁洋、厲樊榭受到他尊敬外，其他諸人已經列入「俳諧卑弱」一類。倒是與他同時期的潘德輿和魯一同二人得到了部份的推許，但一個是「儜弱」，一個是「功夫太淺」，也都有缺陷。當然，李慈銘也一定想不到他死了之後，時移代遷，中國發明了新詩體，無須讀前人之詩，任何人都能成詩人，遠比十年窗下讀古詩要省力得多了。

李慈銘讀書最爲精細，因此對於前人的著作能剖析微芒，而且褒貶抑揚不輕假借。例如龔定盦一代巨子，李慈銘批評道：

「瑟人承其外王父段氏聲音文字之學，又與吾鄉徐星伯氏游，通地理學尤究於西域蒙古；與魏默深游，通絕世學；與吳縣江鐵君及海鹽王曇游，通釋典雜學；而文章瓌詭，本孫樵杜牧，參之史漢莊列楞嚴之言，近代霸才也。其集共三卷四十六篇，又餘集五篇。若太倉王中堂奏疏書後，武進莊公神道碑銘，海門先嗇陳君祠堂碑文，真奇作也。若平均篇，若農宗，若西域置行省議，大文也；若寫神思銘，佳作也；乙丙之際著議六篇，則飾而淺矣；五經大義終始論，則奇而駮矣；黃山銘，哀忍之筆，別辛丈人文，定盦七銘，則拙而露矣。他又皆瑕瑜互見，與人箋四首，簡絜多名言……其餘集水仙花賦，六朝之劣駟耳……。」

柳宗元的文章，千古推爲大宗師。近人章士釗費幾十年心血研究柳文，甚至在不惜澈底剷盡舊文化的「革命」怒濤中，用道道地地的古文編寫「柳文指要」來啓發後生。可惜在他的環境中不知能有幾個後生還看得懂這書，或是還有那種悠閒的心情來閱讀這書，但李慈銘對於柳宗元的文也有幾篇是不盡滿意的：

「柳柳州文佳處最露，然如「段太尉逸事狀」，「先太史人墓表」均噪絕千古。顧段狀叙事潔而乏精采，墓表雖哀咽，而俱出以排句，亦近膚調。「曹溪六祖」及「南嶽和尚碑」，東坡極稱之，然俱窪泓易盡，未見佳處，豈古人之欺我耶？抑學問之未至耶？甚矣，論文之難也！」

對於曾國藩的學養，他是非常推崇的，不過曾氏編「經史百家雜鈔」，却引起他的「微詞」：

「閱曾文正公文鈔。文正初慕漢學繼慕宋儒，其古文則服膺惜抱，然筆力自可喜，性情亦真。其江忠烈，羅忠節諸神道碑，事既可傳而又同艱共苦，周旋百戰，故叙述尤覺真摯……季公芝昌墓誌銘尤多言外之恉，雖義法未純，固不僅藉以人傳矣。末附求闕齋「經史百家雜鈔」叙目，仿姚氏「古文辭類纂」之例而倂鈔諸經附入之，自我作古，真蛇足也。」

我在少年時代，大學內曾將「經史百家雜鈔」作爲國文教本，當時便覺得這部書的編纂，與姚鼐的「古文辭類纂」有點叠床架屋。不過姚鼐選得蕪雜，曾氏則發明了古文中的陰柔陽剛之美，憑他自己的審美觀念來選編這部書。其實據我個人想法，曾國藩選編得最精粹的一部書，倒是專門編給他兒子紀澤讀的那部「聖哲畫像記」。上起文武周公，孔孟班馬，下迄許鄭杜馬，顧秦姚王，一共有三十餘人。使青年們讀了，不獨看到了「文統」的面目，而且也幫助認識其中大部份足以代表儒家「道統」的人物。現在港台兩地大學欲使青年多多認識中國舊文化，「聖哲畫像記」實在是一部極有價值的書。

至於李慈銘自己的宏文鉅製，另有詩文專集，茲不贅。我祇將日記中他信筆揮灑的小品隨便在這裏介紹幾段，以窺一斑。有一次他託把兄弟陳德夫畫一幅沅江秋思圖，沅江在湖南省內，也就是楚辭中「沅有芷兮澧有蘭，思公子兮未敢言」的地方。他自己給這幅畫寫一篇小序：

「蓋聞楚天爲結恨之鄉，秋水實依人之物，白雲無盡，蒼波捲空，騷客所鍾，勝流栖寄。況夫蘭芷被澤，風露泫華，香叢叢而益幽，態儌儌以善斂。當其朝霞在嶺，夕月臨江，哀猿一鳴，棹謳間發，故將愁絕，誰曰能堪？僕本恨人，何時不憶！至若丹楓落葉，朱橘迎霜，寒色片帆，客心千里，蹇修既具，魂夢爲勞。雖楚游之計未諧，而湘靈之思無歇，爰傳尺素，繪此遙襟，庶幾點綴騷容，流連墨雨，春風若采，誰尋白蘋之花，微波可通，永謚斑竹之淚。」

這種文章，是將圖畫，音樂，詩和散文交織噴薄而出，得江文通、庾子山的三昧，芊綿清麗，讀了令人情思惝怳。但讀者切不可被他朦混過去，以爲祇是模山範水，吟風弄月之辭。須知這一篇小品實際是爲了懷念他所眷愛的相公（孌童）芷秋而作。芷是沅江所產的植物，這相公原籍湖南，所以又給他取了一個雅號名叫「沅江君」。他還有一首念奴嬌詞，題目便是「清明夜從沅江君飲和稼軒韻」，那是在芷秋家裏飲了酒的抒情之作：

「病懷無賴，又歸期耽誤，禁烟時節。黯黯輕陰留薄醉，羅袖夜來寒怯。燭底新妝，尊前私語，一日都難別；東君心事，流鶯多事能說。還記昔歲初逢，小庭今夜，正映濛濛月；彈指桃花回昨夢，恨事眉頭重疊，燕子光陰，杜鵑鄉里，愁把垂陽折，相憐南望，吳山天際如髮。」

如果我不先點出芷秋是個賣唱的男妓，讀者

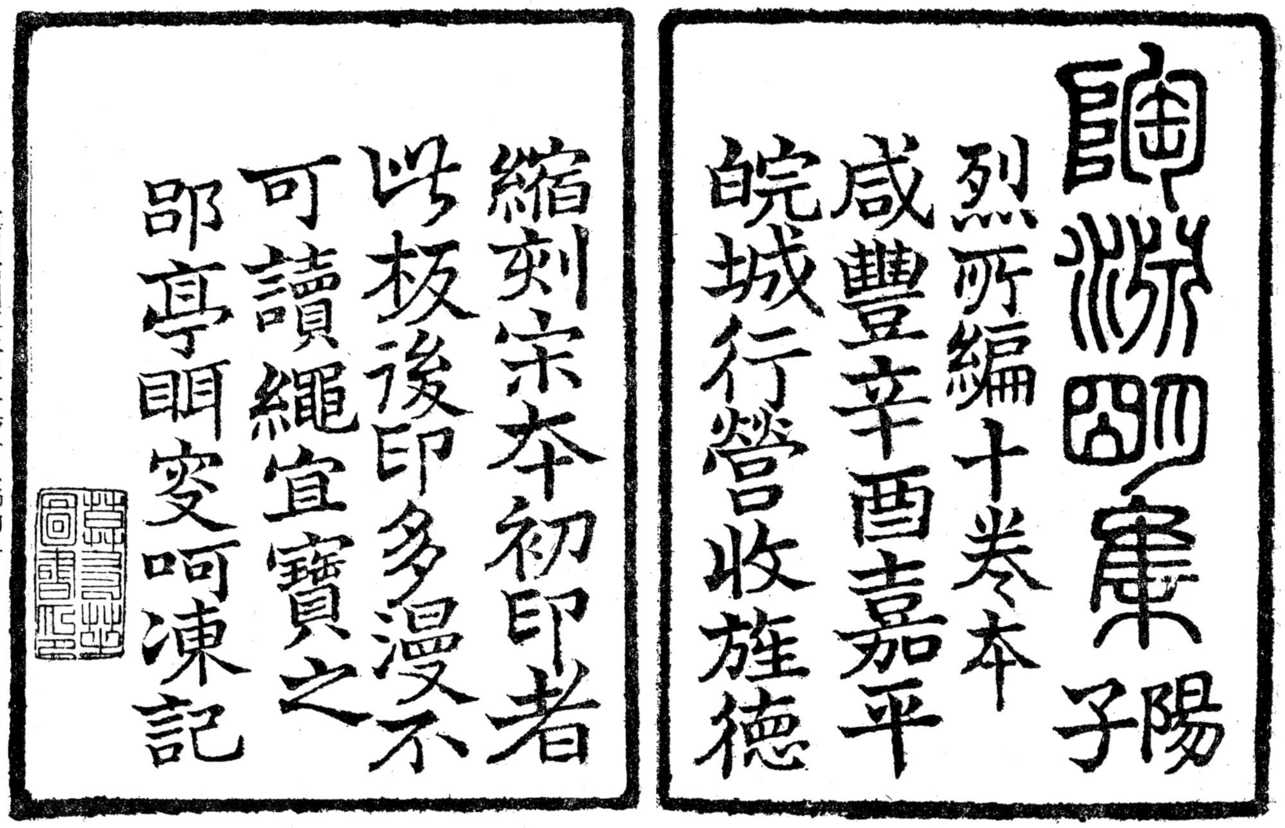

重刊縮刻宋本北齊陽子烈編陶集

看到「燭底新妝，尊前私語，一日都難別」，眞要爲他表無限同情。試想有這麼一位如花如玉的小姐，燭光映着一襲動人的新妝，拿着酒杯偎倚在身邊喁喁私語，欵欵深情，這種情景怎捨得有一天分離呢？何況去年今夜，記得初次相識時，天上一片朦朧的月色，時光像夢一般地逝去，現在却眞要分別了，你祇能南望天邊，遙遠地想念着我吧！

讀者一經發現李慈銘原來是爲了一個相公在發魘，免不得要啞然失笑，罵他荒唐了。其實，在他那時代一點不稀奇。男子在自己的妻妾方面如果得不到靈肉一致的滿足，同時男女社交又不公開，無法獲得理想的女友來彌補婚姻上的缺陷，那就很容易走向旁門左道，因爲官場嫖妓在當時也是認爲「有玷官箴」而犯大忌的。環境迫着許多人要走上變態性慾的一條路，這比現今世界各國之盛行同性戀還更具理由。何況這些相公大抵綺年玉貌，輕顰淺笑，令人心醉神迷，再加軟語纏綿，清歌婉轉，雖尋常女子有所不及。唯一區別，祇是眞個銷魂之際，換了個部位而已。

孽海花有一節描述袁爽秋、張樵野、端午橋、文芸閣等名流在北京假座雲臥園召來相公給李慈銘做壽的情景：

『……忽聽灘頭拍拍幾聲，一羣鴛鴦鷺鷥鼓翼驚飛。蒓客道：「誰在那裏打鴨驚鴛？」爽秋指着池那邊道：「你們瞧，午橋雙槳亂划，載着個美人兒來了。」大家一看，果然見一隻瓜皮艇，艙內坐着個粉裝玉琢的少年，面不粉而白，唇不硃而紅，橫波欲春，瓠犀微露，身穿香雲衫，手搖白月扇，映着斜陽淡影，眞似天半朱霞。午橋却手忙脚亂，把槳划來划去，蹲在船頭上，朗吟道：「携着個小雲郞，五湖飄泊」。蒓客眯着眼道：「哪，那艙裏坐的不是芷秋嗎？」說是遲，那時快，午橋已携了芷秋跳上岸，與衆人相見，笑道：蒓老且莫妒忌，「此曲祇應天上有，人間那得紫雲迴」。說罷，把芷秋一推道：「去吧！」芷秋忙笑着上前給蒓客爽秋大家請了安。』

孽海花作者曾孟樸是親眼看見過北京相公的，他所刻劃的外型，雖或誇張，大致不差。老實說，這與我們現在尖沙咀一帶茶廳酒樓所看見的相公，顯有天淵之別。

李慈銘對於自己心愛的相公實在是動了眞感情的。有一次，芷秋靠在他肩上唱了一支曲子，他樂不可支。寫道：

「晡時命酌，二更始散，是日諸郎形迹媟昵，頗異於常。芷秋倚予肩而歌，予雖亦酬答之，要仍凝然自處。此中風調，非今日士夫所知，東山竹林，庶幾可語。」

還有一次，因怪芷秋遲到，竟不理睬芷秋，直至解釋清楚，他對芷秋格外憐惜。原文如下：

『晡後出赴飲，招芷秋，久不至，及罷酒始來，予頗怪之，略不顧接。芷秋掩抑通辭，玉容寂寞。告予以「頃飲龍樹寺，見君一紙，即驅車歸，道濘，行又不得速，甫及家，聞君車已駕，始踉蹌來。」因舉屧示予曰：

「街泥已污約矣。」予轉益憐之，與從容小語而別。』

細膩體貼之至，文亦似歸震川。但相公也與妓女一樣，多數是「討人身體」。當嫖客床頭金盡之時，便要遭到龜公的白眼，再也不能上門嚕囌了。李慈銘在北京那些年，儘管才氣洋溢，名動公卿，生活却經常拮据，靠戶部那一點微乎其微的薄俸，斷斷難以維持。因此借貸典質，成爲家常便飯，甚至典質俱窮，弄得身無長物。所幸京中還有幾個紹興同鄉和素具熱忱對他由衷欽佩的達官濶友，時加賙濟，方能支撐度日。其中幫忙最多的首推潘祖蔭。此公是江蘇吳縣人，字伯寅，別署鄭盦，咸豐壬子探花，曾任工部侍郎，刑部尚書，博學多才，禮賢下士。古文學家王先謙也曾經有一次送銀子二十兩給李慈銘，還附一封信說：「此非盜泉，不妨一勺，如或拒之，視非人類」，意思說：「你倘不收我的銀子，不把我當人了」。送錢給人唯恐別人不收，要說這樣重的話，今天聽來，好像是三代以上的社會了。

當李慈銘不名一文之際，便無法再與芷秋親近，一切牢愁綺念祇能寄之於詩詞，有「雨夜有憶」七律四首，眞是玉想瓊思，淒怨欲絕：

畫簾疎雨隔微塵，獨夜簾櫳易愴神，
淡墨羅巾燈畔字，小風鈴佩夢中人；
難銷碧玉當年恨，留得文簫舊日貧，
除却小數山下路，天涯何處更尋春。

潭水閒門倒影斜，金鋪深掩玉窗紗，
驕驄日夕偏知路，乳燕春深未定家，
銀燭慣侵三五月，銅壺低隔一分花，
江湖側帽塡詞客，長與年年減鬢華。

小別東風不自由，香車油壁幾勾留，
難忘玉手搴簾笑，誰遣蛾眉滿鏡愁；
鶯語畫屏人倚瑟，珠絲小幔月當樓，
銀河有信誰相待，瀉作瀟瀟暮雨秋。

咫尺青鸞便斷聞，漫書花葉寄朝雲，
燈前秋扇留殘滴，雨後春衫發故熏；
楊柳長爲牽恨物，蘼蕪新著懺愁文，
多應終古沅湘水，翠被蘭舟怨鄂君。

含意纏綿，授辭婉委，而綺思煥發，搖曳生姿，眞得玉谿生的神髓。才思與性靈當然密切相關，江山助其藻采，風月盪其心胸，再加神追古人，讀破萬卷。祇因得不到眞正的紅粉知己，乃將一腔錦繡心情，寄之於分桃斷袖，眞是「亦可哀已」！所以除了這一部份是他的私生活外，他平生最愛耽玩山水。日記中對於風景的描述，筆墨逈異尋常：

「……拭足披襟，登岸流睞，溪狹環墅，岩凹納雲，晚磬忽流，疏柳將夢，花氣十丈，釀爲瞑煙，樓陰百尋，雜以孤樹。」

「……出錢唐門湖水方溢，買舟至湖南淨慈寺，濕陰如掩，凉波乍肥，望蘇堤柳煙，蔚然深綠，裏湖山色亦倦沐作態。余酷嗜越中巖壑，嘗唐突西子湖。然氣質深秀，固不及吾鄉，而游屐所至，駘心蕩目，真此間樂不思蜀矣。蓋吾鄉如嵇阮風神，偷然塵坌之外，而面目或有古拙處；若武林山水則如王謝子弟，塵拂犢車，服物修整，自覺流麗可喜，周素人言：『西子湖是絕好一篇六朝駢文』，真知言也……。」

「……詣孤山放鶴亭，山徑幽峭，古綠盎然，紅芙就零，遺艷獨絕。傍晚回至段家橋，夕景忽明，秋烟自媚，湖光萬頃中，覺汀雲洲樹，沙鳥行舟，歷歷變滅，其蒼艷不可繪，遠山深處，白氣如匹，林宇隱然，絕似越中州山諸勝地，而清逈過之。年年過此十餘度，未得親切見真處，如今日無恨矣。」

西湖山水之美，一經他的渲染，好像由平面畫變成了立體畫，因爲他所用的文字是經過了千錘百鍊而安置的。但文字究竟祇是工具，首先要有自己主觀的心理反應，也就是佛經所說的「境由心生」。當你愉快時，一切景物看去都覺得分外絢爛明媚。李慈銘遊西湖時，至少心中廓然清空，故能很忠實地就景言景，沒有一點哀與樂的情緒糾纏。這與我在民國三十五年十月重遊西湖時的一種悽愴情懷，逈然有別。一樣是西湖，我那時却塡出一闋悼琴悲玉的龍吟曲：「**萍踪又到西湖，十年誰識南歸雁。朱橋綺棟，綠波畫艇，霞飛鶯戀；老圃秋深，長街人靜，幾家絃管；歎舊時門巷，重來崔護，難再覩，靈妃面。　忍過惠興樓畔，憶淒迷珖梁雙燕，翠幃夢穩，錦屏春永，恣情繾綣；紫玉煙沉，人間天上，柔腸都斷；向朝陽影裏，蘇堤竚立，把秋魂喚。**」

因寫李慈銘而將我自己的俚詞附記於此，自覺近於放肆。所恨李慈銘比我早生八十餘年，我這弃陋淺薄班門弄斧之作，已無法得到這位老前輩來給我指謬斧削了。

他對詞研究之深，在清代不愧一位名家。他說：

「……余嘗論作詞之道，固另有一種婉麗軟媚之致，必性情近者始足語此；然亦須書卷富，才力厚，草堂骫骳，元明淺陋，豈彼之人皆性情拙歟？國朝談詞推朱陳兩家，伽陵病在熟，竹垞病在陳，顧伽陵勝於竹垞者，筆意靈也，餘子不足數。求與伽陵鼎峙者，其容若及金風亭長乎？（訓倫按：金風亭長即朱竹垞）余於詞非當家，所作者真詩餘耳。然於此中頗有微悟，蓋必若近若遠，忽去忽來，如蛱蝶穿花，深深欵欵，又須於無情無緒中令人十步九迴，如佛言食蜜中邊皆甜，古來得此旨者，南唐二主，六一，淮海，小山，及李清照漱玉詞耳。屯田近俗，稼軒近霸，而兩家佳處，均契淵微。本朝董文友小令最佳，惜不見其集，次則厲樊榭真宋人滴髓，而太近白石草窗，蘭荃遺韻，敻乎邈矣。納蘭詞在當日伽陵徐菊莊吳薗次輩均推許之，今則鮮有能舉其姓氏者其詞絃絃掩抑，令人不懽，洵有如顧梁汾所謂非文人不能多情，非才子不能善怨者，然根柢太淺，每露底蘊，長調尤時若不醇，此不讀書之故。徐健庵韓慕廬作容若墓志，言其所作多於扈蹕侍獵時得之，容或然也。余嘗見其所著淥水亭雜識，固不見佳，而詞獨哀怨騷屑，以承平貴公子而憔悴憂傷，常若不可終日，雖性情有獨至，亦年命不永之徵也。大約詞與詩之別，詩必意餘於言，詞則言餘於意，往往申衍於詩者，可以盛氣包舉之，詞則不得游移一字，故異曲同工。詞之小令，猶詩中五絕七絕，須天機湊拍，不著一字，以字句新雋見奇者次也。或以小令爲易工，是猶作七絕者，但觀摩晚唐南宋諸家而不知有龍標太白也。長調須流宕而不剽，雄厚而不競，清真未免剽，稼軒未免競，東坡則或上類於詩，或下流於曲，故足以鼓吹騷雅者尠已。伽陵詞如絲竹迭奏，廣場繁響中時作淵淵金石聲。納蘭詞如寡婦夜哭，纏綿幽咽，不能終聽。近來汴人周譽芬東漚詞，則如兒女子花前月下喁喁私語，温麗聞薌澤，故雖未能盡兩家之長，而實爲兩家所未有也。余詞非叔子所服，顧嘗自謂如松竹間語，清婉無凡響，不肯一語同東漚而心實喜之。或有譏其不醇者，雖未必知言，然能再加洗伐，則五代兩宋無人矣，因論容若詞及之。」

我不惜長篇累牘將這段警闢之論披載出來，因爲「越縵堂日記」已經絕版，舊書店裏縱或還能搜羅到少數幾部，却無法供應大衆學者，而李慈銘這一段見解對於海內外有志研究詞學之士，却是一種極端重要的指導和參考資料。文內所提及的周譽芬、叔子，其實就是祥符周星譽，字叔雲，著有東鷗草堂詞。我藏有他的詞集，却也有一二首不是李慈銘所謂兒女子語，其意境氣概，直逼蘇辛，着實可佩。例如下列一闋水龍吟：「**蒼然片月飛來，酒波都向青天卷。舉杯一**

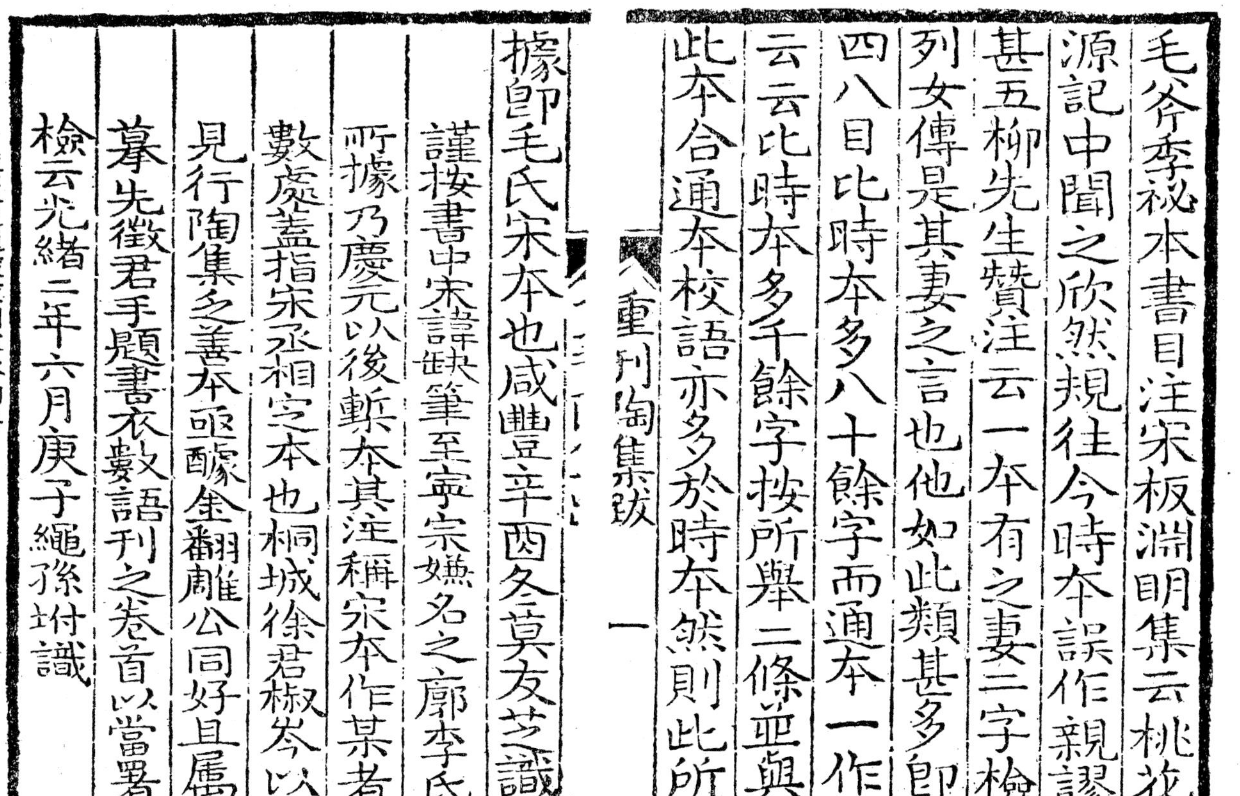
毛斧季祕本書目注宋板淵明集云桃花源記中聞之欣然規往今時本誤作親謬甚五柳先生贊注云一本有之妻二字檢列女傳是其妻之言也他如此類甚多卽四八目比時本多八十餘字而通本一作云云比時本多千餘字按所舉二條竝與此本合通本校語亦多於時本然則此所

重刊陶集跋　一

據卽毛氏宋本也咸豐辛酉冬莫友芝識

謹按書中宋諱缺筆至寧宗嫌名之廓李氏所據乃慶元以後槧本其注稱宋本作某者數處蓋指宋丞相宅本也桐城徐君椒岑以見行陶集之善本亟醵金翻雕公同好且屬摹先徵君手題書衣數語刊之卷首以當署檢云光緒二年六月庚子繩孫附識

莫友芝題跋重刊宋本陶集

笑，東南如此，且聽簫管；七百年前，黃樓吹笛，風流未遠；看萬荷香裏，魚龍跌宕，似睨，江山宴。千載猿愁鶴怨，把湖波傾來重浣；紅裙烏帽，古今多少，星飛雲亂；海樣秋光，不判一醉，流年潛換。待明朝散了，皁韡雙脚，又黃埃滿。」

倒是李慈銘自己的詞內凡贈給相公的，時常有脂粉氣，因爲他除了與芷秋親昵外，又與另外幾個相公名喚霞芬、玉仙和秋菱的纏綿不已。他有很多贈給他們的詞，把這幾人也完全看作女人。有一次，他索性携了秋菱同到霞芬處飲酒，左擁右抱，塡了一闋三株媚：

「鑪烟歌扇裊，又花間招携，金尊傾倒。翠管筵前，正袖霞低拂，鏡菱偷照。背了銀荷，衫暗比端相嬌小。水樣湘簾，偏借銀蟾，映人雙笑。惆悵年時懷抱，看舊眷新嬌，一般風調。密字珍珠，算酒邊心事抵伊多少。白髮催人，償幾度蛾眉低掃。但願歡紅愁翠，相依未老。」

「但願歡紅愁翠，相依未老」，如果不是相公而是眞的異性，想必爲各位讀者先生所欣然嚮往矣。

光緒六年是李慈銘一生最得意的開始。他五次參加北京會試失敗。這一次皇帝派戶部尙書景廉爲會試正考官，工部尙書翁同龢，吏部左侍郎宗室麟書，兵部左侍郎許應騤爲副考官，內閣侍讀學士胡聘之，右春坊右庶子王先謙，左春坊左中元裕德，翰林院修撰陸潤庠等以及翰林院其他編修等多人爲同考官。

從三月初八日到十四日連考三場後他已經取中。四月十六日又到保和殿覆試。十八日庶吉士散舘又試。皇帝下了一道上諭：此次新貢士覆試一等的六十三名，二等的一百二十名，三等的一百三十二名俱准一體殿試。二十一日殿試，對策文章，他自己非常得意，說道：「已刻對策，直書不起草，首尾俱不同俗例，灑灑二千餘言，不落一字，未刻交卷，頗自憙也」。到二十四日，他已知道自己在二甲八十六名，「同試者三百三十人，余得賜進士出身，已爲幸矣」。二十八日又參加朝考。會試的名次不夠高，他道出原因是耽誤在滿洲人烏勒喜崇阿之手，日記上說：

「聞余卷在侍郎烏勒喜崇阿手，先畫一△，繼徐蔭軒師見之歎賞，亟畫一○，以後董尙書恂、王侍郎文韶等六人皆畫○，以有一△在先，遂名第在後。然向來畫七圈者，可列前十本，亦有得鼎甲者，聞今年八圈者至七十五卷，盖亦不愛惜之甚矣，其實余文亦未必真有知音也。」

牢騷之音，溢於紙上。照說他應當進翰林院，但他毅然自動放棄，因爲新舊翰林中很多人平日都奉他爲師的，他不屑與他們爲伍，乃呈請以進士資格仍歸戶部郎中本班。後來得到聖旨准以戶部郎中原資叙用時，他說：

「背郎回就，桑榆之景已斜，流品既分，蓬瀛之路遂絕，虛望後車之對，長循選格之名，雖出陳情，實非雅志，羞與少年爲伍，迺與俗吏隨波乎？金榜一題，玉堂永隔，當亦知己所累欷，後人所深喟者也。」

但進士對於他當然極度重要，不僅地位提高，今後做大官的基礎已打定，而且各方餽贈銀兩，經濟上的困苦局面全部打開。難怪他說：

「自余中進士，喜不自勝者三日，可以勵世之有志讀書者。獻之言在通州聞榜信，通州僑居及奉使士大夫稍有耳目者，無不同聲相慶，余衰病無狀，讀書尠得，而虛聲至此，彌可愧悚！」

五月初七日他以新進士覲見光緒皇帝，也有一段記載：

「四更至東華門下車，入景運門，待漏九卿朝房。卯刻進乾清門，引見於養心殿。天顏咫尺，香惹爐煙，二聖垂簾，黃雲夾扆。時方雨甚，水溢玉除。陛衛盛陳，諸貴露立，冠服如濯，同班中有傾跌者。向例東華門止鐙，景運門止扇。今日引見，諸人有携鐙入景運門者，有持扇上乾清門者，至傳宣時，大臣或持傘至養心門；而乾清宮御前待衛皆戴雨帽，班立門下，盖朝儀之寬，爲已極矣。」

清朝到了光緒，國勢凌替，朝廷尊嚴受到影响，不知不覺間朝儀也就跟着馬虎起來，心理所趨，雖叔孫通亦難以挽救。這與李慈銘七年前所記同治十二年六月初四日同治皇帝接見外國公使的朝儀，情景已有不同。據他所記外國使臣覲見同治皇帝的情況如下：

「是日已刻，上御紫光閣見西洋各國使臣，文武班列，儀衛甚嚴，聞夷酋皆震栗失次，不能致辭，跽敂而出，謂『自此不敢復覲天顏』。盖此輩犬羊，君臣脫畧，雖跳梁日久，目未覩漢官威儀。故其初挾制萬端，必欲瞻覲，既許之矣，又要求禮節不宜跪拜。文相國等再三開喻，始肯行三鞠躬，繼加爲五鞠躬，文公固爭，不復可得，今一仰天威，便伏地恐後，盖神靈震叠，有以致之也。」

自鴉片戰後，五口通商，繼之又有外國聯軍入據京津，中國虛實，外國人早已看得一淸二楚，怎會見到同治皇帝震栗起來。說外國人重視現實，那是由來已久，說他們糊塗顢頇，那是小看外國人了。何況到同治末年，皇帝自己察覺內憂外患，局勢糜爛，因此悲憤之餘，走向醇酒婦人，自戕其身的一條路。每天退朝後，不知要荒唐多少次，甚至命宮女嬪妃一律着開襠褲，以便利行事，這種褲子，名爲「梭背襠」，這件事見於「梵天廬叢錄」，絕非我信筆胡扯。想像那同治帝坐在御座上，神恍恍，身搖搖，連說話都未必有氣力，那裏還能教外國人神靈震疊呢！李慈銘顯然是屬於頑固派一類，長期夜郎自大，對於外國情況完全不知，所以他會與翁同龢沆瀣一氣，祇看他對於郭嵩燾的不滿，以及對徐繼畬所編的瀛寰志畧，大肆指摘，可以想見。

見解雖然頑固，但性情實不失爲耿直。儘管他的日記中不時對於他所深惡痛絕的人，口誅筆伐，罵之不已。例如大金石家趙之謙先後被他罵爲「妄人」者五六次之多；有一班與他結社吟詩的朋友，後來因事得罪了他，被罵爲「魅魎一班人」。張之洞原與他詩酒相交，但後來張之洞在政治上與他敵對，日記中就臭罵張之洞。在戶部時，不慊於各同事，寫道：

「本司主事王壽彭、顧敦義，皆磊苴齬齟之尤者，生與此輩相對，咄咄怪事。」

在北京有一次參加會試失敗後，寫道：

「聞今年闈墨更較辛未不堪，會元秦某，文極惡劣……第二米某，第三路某，尤爲不通。萬尚書陋而妄，李尚書疏而迂。崇實、魁齡及諸房考，則更混敦矣。」

在他的日記中罵人的話不可勝數，因此有了好罵之名，不過，他的信筆亂罵，一經寫上日記，大概他的氣已消了一部份，不像今人在萬人閱讀的報紙上作身體攻擊。美國名人富蘭克林說過：「當你對某一人怨恨發怒時，最好的辦法是寫封信給他，惡狠狠地臭罵一頓，但這封信却不要發出去，過了一夜，氣已平，這件事就過去了」。我想中外名賢對於處世接物都各有一套，可惜有許多理論，我們現在實在難以做到。

人們祇震於他的好罵之名，却忽視了他那一副鯁直剛介的性格。當他在戶部時，即曾直接頂撞過戶部尚書閻敬銘。閻敬銘的威望在當時着實了得，他出身翰林，當初以戶部員外郞乞病回鄉，胡林翼做湖北巡撫，邀閻敬銘總管軍需，當時淸廷對湘軍已經心存懷疑，閻敬銘獻計胡林翼施用手段籠絡湖廣總督官文，終將安徽江西的太平軍剿平。事後胡林翼大表欽佩，向朝廷疏荐閻敬銘，從此連陞四級，一路做到山東巡撫。後因手下用的酷吏太多，受到外界攻訐，乃辭職回鄉。到了光緒年間，重復起用，這回做戶部尚書。由於爲政嚴峻，綜覈名實，下令戶部郞曹每天要待候參謁。參謁本無不可，但問題是出在他的執行程序。閻敬銘自己高坐堂皇，却由一個書記官拿着名冊，按名點呼，堂下齊聲應諾，立刻傳牒引入，那種情況活像皂隸押提囚犯。有一天點到李慈銘，李慈銘不但不去，並立刻伸紙搦管，洋洋灑灑寫了幾千言的一篇大文章，交給持牒的來人面呈閻敬銘。那篇長信痛責閻敬銘不該侮辱朝廷命官，輕量天下讀書人，伉直激切，文不加點。閻敬銘畢竟是讀書種子，宰相大才（後來官拜東閣大學士），他一聲不響，不但不責罪李慈銘，並立刻把這種點名傳喚的辦法取消了。

李慈銘中了進士後，李鴻章於光緒九年便請他主講天津「問津書院」，每年有一千多兩銀子薪水，書包翻身，生活全部改善。光緒十六年又靠朋友幫忙，補了山西道監察御史。他曾向政府提供許多意見，並屢次參劾大僚，不避權貴。所以他的性格由他自己筆下表達出來的最爲眞切：

「余性褊急，而信人亦太過，故屢被人欺。蓋不忍以不肖待人，尤恐人之自愧。平生酬接，未嘗以一語傷人，雅俗相參，絕口不談學問，偶遇名流，道古，陋妄百出，從不出一言以正之。以露才揚己爲深戒，以情遣理恕爲至言，非惟取法前賢，實亦秉承家教。或酒間縱論，花下閒評，偶及時事是非，人材臧否，無不平情審度，公道主持，即日記之所書，本私家之自述，冀存清議，稍秉嚴科，然一字之加，三思而出，必衡其終始，權其重輕，幽可以質鬼神，明可以視天日，學問有片長，無不暴之，心術有可諒，無不原之。而私衷所寓，又有三例：交好有小過者諱之，微賤有大惡者畧之，過惡雖著而不係人心世道者亦没之。至己有小失，無不大書，所以示名教，存大閑也。世無知我者，聊於此發之。」

這部卷帙浩繁的六十四冊日記，我尚未從頭到底讀完，祇隨便翻了幾本，便扯上一大篇。日記內涉及經史文學方面資料最富，價值最大，誠能有人將它有系統地整理出來，對於研究國故，應該是一項貢獻。（完）

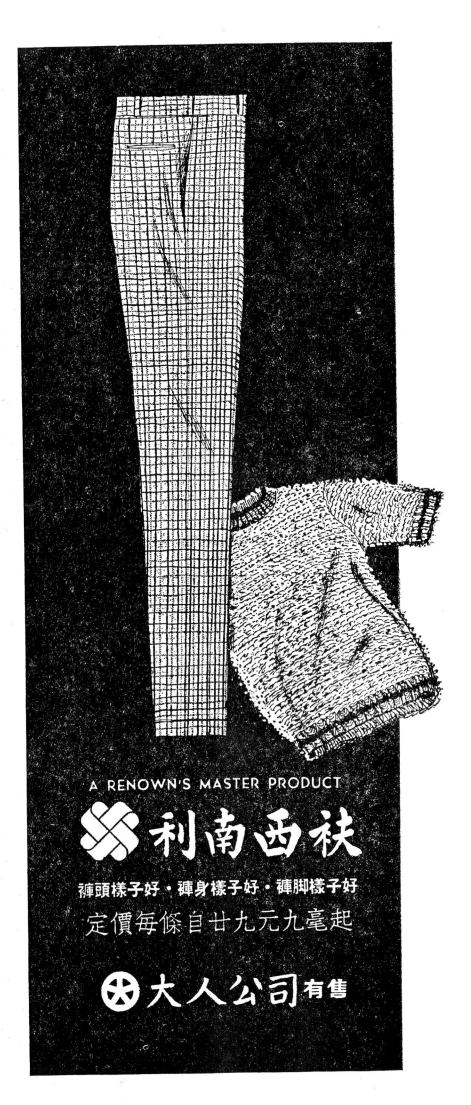

大人小語

今年何年

今年是公曆一九七三年，亦即中華民國六十二年，黃帝曆四千六百七十年，佛曆二千五百一十七年，孔曆二千四百七十四年，日本昭和四十八年。到了二月三日，陰曆鼠年過去，牛年到來，歲次屬癸丑年。

越戰若停，今年將被封爲「國際和平年」，小民無大志，祗望今年不是「漲價年」。

各有苦衷

聯合國是否可以發行彩票一案表決時，美國與中共、蘇聯，同告棄權。

三個棄權的人，各有苦衷，美國是爲了自己富有，未便贊成，中共與蘇聯是爲了自已不肯出錢，未便反對。

中共之妙

中共批評美國人民貧富懸殊，兩億人口中，有二千五百六十萬人生活貧困，程度且在繼續加深。

中共人民生活之妙，就在七億人口之中大家窮得那麼均勻。

一月二十

越戰是否停火，一月二十日是一個關鍵，因爲尼克遜差不多寫下保單，越戰必可於第一任總統任內結束。

一月二十日是美總統宣誓就職之日，正因爲如此，河內方面非把它拖過這天不可。

交帳與收數

越戰停火後第一件事，美國是迎接俘虜，北越是等待美國所答應的經濟援助。

前者是向人民「交帳」，後者是向敵人「收數」。

兩千家航空公司

越戰以來，美國空軍已損失飛機八千五百餘架。

普通航空公司，平均擁有飛機不過三四架，八千五百架飛機，用以開兩千家航空公司，綽乎有餘。

國旗問題

南越政府明令禁止出售紅藍兩色布料，以免被人搜購縫製共黨旗幟，違者軍法從事。

西貢方面業已準備南越國旗七百萬面，俾能於停火協議達成之日，立即懸旗慶祝，但因和平尚無確訊，該批國旗乃祗能暫存倉庫。

何曾猶太？

各國國防費用，當推以色列人民平均負担最多。

猶太，猶太，以色列的政府與人民，何曾猶太？

香港與聯合國

中華民國業已退出聯合國，香港根本沒有聯合國。

但在香港，却有一個聯合國香港協會，不知何故？

游覽電車

舊金山電車歷史已逾百年，它之繼續存在，純粹是爲了點綴風光與服務遊客。

香港電車歷史超過七十年，目前有八十架車輛，何不改裝兩架爲「遊覽專車」，以豪華設備服務遊客，路程不分遠近，收費一元或兩元。

相差甚大

林語堂那本「漢英辭典」，內容和其他「漢英辭典」「漢英字典」之類相差無多。

差得最大的是在售價方面，一本普通「漢英字典」約售一二十元，而他那本「鉅著」要賣港幣二百元正。

虛位以待

卓別麟二十年前舊片，參加本年度金像獎評選。

不管它是那一部影片，祗要與卓別麟有關，無需評選，至少非得一個「特別獎」不可。

電話在香港

香港電話，平均每六人可有一架。

借打電話時，後面有五個人在排隊，那是剛夠標準。

目標則一

台韓非星等地，決計全力撲滅暴力及色情電影。

禁映的地區雖有四處，對付的目標却祗有香港一個。

關於「牛」年

本期本刊出版後，又要過年，明年陰曆乃是牛年。

希望諸君於除夕之前，大牛源源而來，奉勸各位，明年牛柳不妨多吃，牛脾氣務請少發爲妙。

・上官大夫・

政海人物面面觀

——李濟琛、龍雲、盧漢、范紹增——

馬五先生

李濟琛（任潮）

李濟琛

李濟琛廣西蒼梧人，民國初年畢業於北洋政府創辦的陸軍大學後，入陸軍部作少校參謀。他在陸大修業時，與同學粵人陳可鈺、李民欣友善，陳離開陸大即回粵從事軍旅工作，參加陳烱明的援閩軍，担任鄧鏗（仲元）所領的支隊參謀長。烱明回粵驅逐桂軍，主持粵省軍民兩政後，鄧仲元初以支隊司令兼粵軍參謀長，旋將支隊擴編爲粵軍第一師，鄧任師長，仍以陳可鈺任參謀長，陳可鈺乃舉薦李任潮以自代，

越民國九年，孫大元帥在桂林督師北伐，鄧仲元突被刺於廣州，而陳烱明暗通北洋軍閥吳佩孚，阻礙北伐，叛迹已著，孫公回師改從韶關北進。鄧仲元的師長職務，由梁鴻楷承其乏，李任潮任參謀長如故。既而陳烱明公然叛變，砲攻廣州白雲山總統府，孫公電令北伐軍許崇智李烈鈞各部回粵討逆，李任潮在前線與粵軍第一師諸中級幹部團長葉挺、營長張發奎、鄧演達等，義憤塡膺，悉力反對烱明，詎有團長陳修爵、陳銘樞臨陣變節，主張投降，而師長梁鴻楷無可如何，第一師仍回粵駐防，陳烱明敗走後，歸許崇智統率之。

民國十一年粵省政局改組，許崇智以粵軍統帥兼粵省府軍事廳長，梁鴻楷率師戍屯省境南路，本人常住廣州，關於整訓部隊諸事宜，皆由李任潮負責主持。未幾，許崇智被迫離粵至香港，梁鴻楷遭扣押，旋予處决，即以李任潮升任師長，是爲李在廣東發迹的始基。越民十五年首夏，廣州國府成立，準備出師北伐，統一軍政軍令，將所屬各項軍隊一律改編爲國民革命軍，李任潮受任第四軍軍長，粵軍數師皆歸其統領，而陳濟棠亦由營長升爲團長了。繼而廣州設立政治分會，又以李任潮爲分會主席，省政亦在他督導綜持之下。省長林雲陔畫諾而已。迨北伐軍興，蔣總司令擬以白崇禧爲參謀長，而李宗仁認爲白的資望不夠，且顧慮白的性格或與蔣不甚契合，主張由李任潮兼任北伐軍總參謀長，以白副之，此時李任潮名位煊赫當代，成爲南天一柱的顯要人物了。

北伐時，李坐鎮廣州，對於接濟前線餉械事宜，頗爲熱心。他對於文人亦能善處，邵元冲當時在廣州刋行「建設雜誌」，向李乞予資助，李即捐贈毫洋八萬元，可算慷慨大方，他又以中山大學教授朱家驊担任粵省民政廳長。邵朱皆係浙江人，是時張靜江正主持國民黨中央黨部，他藉此間接對蔣總司令與張靜老表示好感，不失爲巧宦的用心。李在粵固無貪汚聲名，但私心甚重——亦可說是野心，他隨時以粵省的財力物力，應濟廣西軍隊，頗引起粵人不滿，他的目的是在拉攏桂軍作爲自己的政治資本，藉以鞏固「南天王」的地位。

民十六年寧漢政府對立時，第四軍張發奎是擁護汪兆銘的，十七年張在鄂西宜昌起事失敗後，原不準備回粵。李任潮以舊長官關係，頗想乘張窮蹙的機會，收爲己用，乃派人勸張率部遄返廣州，初不意因此而招致了是年十二月廣州暴動之役，專在打擊桂系，使李痛心疾首，對張發奎誓不兩立。後來李與桂軍黃紹竑的第十五軍協力平定廣州事變，重主粵政，但實力損失不小，而粵人更對李任潮發生離心力，他和桂省李黃白三巨頭，亦就如唇齒之相依，不能分離了。

民國十六年秋，蔣總司令尚在日本游歷時，南京國府派李宗仁討伐武漢叛將唐生智獲勝後，宗仁雄據武漢，担任政治分會主席，綰領兩湖軍民兩政。白崇禧收編唐生智的湘軍第八軍三個師，帶赴北方，佈防於灤州到山海關之線，且與奉軍總參謀長楊宇霆約晤於山海關，構成連犄之勢。此時桂系以李任潮爲首腦，勢力遍佈兩粵兩湖以迄幽燕之地，鷹瞵虎視，莫之與京，自爲當國者所忌。越十八年初，蔣總司令業已復職，在南京召集編遣會議，李任潮與李宗仁等皆親預其事，會議通過各項要案，規定各編

遣區部隊，非有中央命令不得自由調遣；各地政治分會亦不得自由任免所轄各省府主席暨省委。詎武漢政治分會竟擅將湖南省主席魯滌平撤換，且派桂軍入湘攻擊魯所領的第二軍，蔣主席大爲震怒，主張查辦李宗仁，而李任潮挺身迴護宗仁，認爲係地方事件，不妨和平解決，旋由廣州赴上海，挽請蔡元培、吳稚暉諸元老從中疏解，逆料南京當局因投鼠忌器而不爲已甚。李平日原與吳稚暉很親近，吳常常受到李的物質資助，相信稚老必能鼎力斡旋，化險爲夷。張向華（發奎）此時亦在滬上，曾聞宋子文透露消息，說南京擬將李任潮設法扣留，乃派人通知李勿去南京，然李認爲係張將軍故意挑撥離間他和中樞的關係，毅然跟吳稚老一道晉京，即被幽囚於湯山了。吳以曾向李拍胸保證他的安全，感覺失信負友，因而亦到湯山陪伴李濟琛，以明心跡，往後李在獄中致長函於李宗仁、白崇禧，勸他們服從中央的文稿，即出于吳稚老的手筆。

李任潮在湯山經過長期的幽禁生活而獲省釋後，先回香港，繼入廣州，盼能重行復職，然城郭依舊，人事全非，陳濟棠對他已另眼看待，決不讓位了。於是他祇好遄返海隅作寓公，然不忘湯山之辱，乃組織所謂「國民黨革命委員會」，從事反南京的政治活動，不惜與中共勾結，圖報一箭之仇，因而釀成閩變之役，公然自喪立場，毀棄中華民國的國號國旗，且反對三民主義，撕毀國父遺像，却不知置其所謂「國民黨革命委員會」的信用於何地。李宗仁常說：「李任公的好處是遇事無成見，壞處是遇事無定見」，信不誣也。

對日抗戰軍興，中央統帥部在桂林設置行營，原擬以白崇禧爲行營主任，而李宗仁與白崇禧向最高統帥替李任潮說情，予以報國機會，乃改由李担任桂林行營主任之職。可是，李的舊怨始終不釋，當日寇佔桂林，進攻黔省獨山之際，他又進行所謂「八省自治同盟」的叛國陰謀。迨日寇退出黔桂，李放棄其行營主任職守，竟夥同前十九路軍幹部譚啓秀、張炎等人，在梧州招收土匪，組織游擊隊以反抗政府，若不是日本及早投降，李濟琛的叛亂行爲，必不會終止的。對日抗戰結束後，李到南京活動，先在上海創設「文滙報」，繼在香港照樣刋行，專事反動宣傳，與共黨一鼻孔出氣。

李濟琛與馮玉祥勾結有素，民國卅八年馮從美國乘蘇俄輪船回國參加中共叛亂行列時，曾以其所領國府給他的水利考查費餘欵美金萬元，寄交李作「民革」經費。是歲秋間，李宗仁在廣州代行總統職權之際，接納黃紹竑建議，擬擁李濟琛出面與毛共進行和談，由黃濳來香港與李洽商，詎黃抵港時，李濟琛已於先一日被共幹潘漢年挾持北上石家莊了。黃在港且受何香凝痛罵一場，這亦是黃後來到北平甘作降虜時，要求加入「民革」而被拒絕的原因之一。

中共政權僭立後，李任潮被指派爲「人民政府」副主席，他受寵若驚，洋洋得意，竟親筆致書僑居香港的反共名人張發奎將軍，勸張投共，說他自已過去在粵省殺戮的共黨分子，比任何人的血債皆重大，然「毛主席」並未追究，還給作高官云云。據張將軍對筆者閒談，過去具有較深友誼的共黨幹部葉劍英、親共分子黃琪翔等，亦只是託人帶口信給張將軍，希望他回大陸去旅行一下而已。李任潮過去視張將軍爲不共戴天的仇人，居然以親筆信作此非所宜言的策反勾當，其胡塗思想，殊堪驚詫。

當共黨在大陸上勒令各個所謂民主黨派人士，實行「交心」運動時，「民革」秘書長葉篤義首先起來清算李任潮，他對共黨的舊有罪狀孔多，不勝縷述，亦無從辯解，迫使他啞口無言，唯乞憐於「毛主席」，哀求矜全，毛以李風燭殘年，形同塚中枯骨，爲日無多了，乃命「統戰部」傳諭葉篤義，說共黨仍認李任潮爲「民革」的領導人，葉的內鬨把戲纔告停止。實際上，葉等所演的鬧劇，原係共黨教唆而然的，用意是在打擊李任潮，不許他亂說亂動，只充當一個無機體的工具，以了殘生。

李任潮爲着私人恩怨，不惜倒行逆施，背叛國家民族，掮着國民黨旗幟而毀棄三民主義，昌言革命而賣身投靠於共黨之下，甘作降虜，論思想，一無是處，講作風，毫無立場，諡之爲時代渣滓人物，不亦宜乎！

龍雲（治舟）

龍雲

龍雲係雲南昭通縣的夷族子弟，自幼即以膂力過人，橫行鄉里，稍長，因避仇家暗算，濳逃至蒙自縣，投入駐軍當兵，亦以技擊見重於儕輩。民國初年唐繼堯都督雲南軍民兩政時，某歲在昆明舉行全省運動大會，龍雲由軍中派遣參加，曾與一名俄羅斯籍的大力士比武獲勝，唐都督大加激賞，拔擢他入都督府担任衛士隊隊員，倍見親信，逐漸升級。迨唐榮任川滇黔聯軍統帥，將衛士隊改組爲佽飛軍，龍雲已洊升爲中級軍官，受大隊長王潔修領導，對唐聯帥忠貞不貳，唐亦視龍爲心膂之寄，任之爲滇軍的旅長，與張冲、朱小東、張彭春等三旅長齊名。

既而駐在四川的滇軍統帥顧品珍率部回滇反唐，唐聯帥被迫下野，遠走香港，仍作捲土重來之計，而倚龍雲爲內應的主力。龍亦不忘故主，一面與胡若愚、張汝驥等採取聯繫，協力從事反顧運動，同時連絡迤南的土匪首領吳學顯、迤西土匪首領楊天福，一致反對顧品珍，歡迎唐繼堯回滇主政，聲勢甚盛。迨內戰發作，顧品珍率部征伐叛軍，途次遇伏戰死，唐聯帥即由香港重回昆明復職，論功行賞，升任胡若愚爲第二軍軍長，龍雲爲第五軍軍長，張汝驥爲第六軍軍長，李顯廷爲第十軍軍長，而以二、五兩軍的實力最雄厚。

唐聯帥復職後，因軍隊擴充太多，非雲南一省的財力所能負担，又不能再向四川發展，乃決計進軍貴州，龍、胡兩軍奉命出征，而以唐繼虞負兵站總責。詎繼虞忙於販運鴉片，對軍糧未能及時濟應，以致軍事上遭受挫敗，滇軍實力損失不小，龍雲、胡若愚對唐繼虞大起反感，要求唐聯帥撤懲，唐聯帥乃將唐繼虞的兵站總監職務免除，又任之爲滇軍訓練總監，因而龍、胡暨其餘各軍，皆不滿唐聯帥的措施，表面仍示擁戴，實際貌合神離了。未幾，唐聯帥因病去世，龍雲與胡若愚互爭雄長，當滇軍征黔失敗，羣起反對唐繼虞之際，聯帥府佽飛軍統領王潔修亦與龍、胡等通謀，尤與胡若愚特別接近。唐聯帥病故後，胡若愚將龍雲所領第五軍擊敗，曾將龍捉獲，交由佽飛軍王潔修看管，旋龍部反攻，胡軍平日紀律甚壞，作戰失利，胡乃將龍雲用鐵籠裝赴軍中作人質，而命王潔修率部進攻龍軍，詎王又按兵不動，期待龍、胡兩敗俱傷，坐收漁人之利。於是，胡認爲王潔修居心叵測，即將龍雲省釋，彼此且抱頭痛哭而別。龍回到軍中，軍心大振，胡若愚的軍隊已無戰鬥力，其他各軍更不是龍軍的對手，最後胡若愚離滇赴滬，再去德國，而雲南乃成爲龍雲的天下了。在龍、胡鬥爭中，龍雲迭經患難而終能轉敗爲勝，躍居滇省主席之位，有兩個人的功勞最大，一是他的營長盧漢，掌握部隊，聯絡友軍與土匪，奮勇作戰；一是他的李氏夫人，四出奔走關說，化險爲夷。所以，龍坐上主席位置後，即以其內兄李希平爲雲南鹽運使，而對盧不次的拔擢，使其總領師干。

龍雲統治滇省的方針，與唐繼堯恰相反，他沒有向外發展的野心，對國事亦少過問，但求保持「雲南王」地位，超然於全國各方政爭內戰之外。如民國十九年閻錫山、馮玉祥與中央軍大戰之役，西南各省當局皆作壁上觀，且有暗與閻、馮通聲氣者，唯有龍雲通電表示擁護中央，反對內戰。民國廿四年冬，蔣委員長在貴州勦共時，龍雲曾奉命派兵入黔助戰。對日抗戰中期，汪兆銘潛離重慶飛滇，從事通敵主和，對龍聲言不諱，然龍既不附逆，亦不對汪留難，處處表示其不預外事的意志。

對日抗戰期間，雲南位居衝要，中央軍政人員以及中原淪陷區人物，輻輳駢臻於滇池，視重慶更有甚焉。然龍雲只求保全其固有地位，一切肆應如儀，不似巴蜀軍人劉文輝等之桀驁不馴。但由於智識修養關係，有時候在應酬場合中，不免流露着「唯我獨尊」的態度，如對日抗戰初期，國民黨中央黨部派劉某爲滇省黨部主委，劉至昆明初謁龍雲，表示着黨部主委地位與省主席相埒的意態，嗣後龍即拒與劉晤面，以致黨政關係陷於不協調的情況中。旋中央黨部改派裴存藩接替滇省主委，裴對龍很客氣，纔得恢復和諧現象。南京「朝報」創辦人王公弢，違難昆明時，擬將報紙復刊，某日晉謁龍主席，龍起與握手，王肅然道：「公弢何人，敢與主席握手嗎？」龍深爲愉悅，對王的報業多所資助。

對日抗戰結束伊始，駐滇池的國軍杜聿明部發生驅龍事變，是時滇軍已由盧漢率往安南受降，龍雲只有警衞連一連人在五華山上省府駐守抵抗。中樞旋派宋子文赴昆明迎接龍雲來重慶就任軍事參議院長，龍的老同寅張冲，曾建議龍挾持宋子文乘飛機前往安南邊境，轉道入盧漢軍中，然龍不能從。中樞旋任命盧漢爲雲南主席，龍隨同政府還都，住在城南一所華屋中，宋子文送給他一架冷氣機，裝在抽鴉片煙的房裏。他每天很少出門，亦不參加各項應酬，更絕少過問軍事參議院的事，表現着「隱於市」的生活情調，實際上却在暗中籌劃脫出牢籠之策。他有兩個兒子在南京讀中學，常常穿着童子軍服裝往來學校與住所間。陳納德的民航公司人員，都是對日抗戰時住在昆明的第十四航空隊舊人，跟龍雲不但認識，且有深交，龍即利用這種關係，勾通C．A．T公司的幹部人員，秘密約定時間出走。先夕樓上燈光掩息，示無異狀，次日清晨改穿童軍服裝，與兒子同乘吉普車作上學狀，中途馳入友人家，偕同約好在友家等候的C．A．T公司職員，喬裝爲該公司的地勤工作者，混過飛機場入口的憲兵，未加檢查，即乘民航機赴滬轉飛廣州。當飛機在上海加油時，龍潛伏機座中，深恐事發被捉回，嚇得汗流浹背，到達廣州後，早有人替他買好到香港的飛機票，並未進入市區休息，即飛至香港了。是夕他在淺水灣私邸召集一些親信幹部，會商如何應付南京的方式，決定以來港醫病爲理由，電達國府乞假，對外不發表談話，亦拒見新聞記者。

中共駐港的特工人員，知道龍雲來了香港，即向他刻意拉攏，請他北上參加政權，且許以讓他回到雲南去主政，意極誠懇而言甚甜蜜。龍暨其左右親信，對共產黨的本質與作風皆懵然罔覺，以爲係換朝代的舊有局面，而龍的第三個兒子繩曾，此時在滇省迤西一帶擁有相當武力，且由共方收編爲正規軍一師，由繩曾担任師長，更認爲回滇主政頗有可能，乃貿然隨共幹北上投共。初時共方對他亦很敷衍，稱之爲「民主人士」，他要求回滇一行，亦得到了毛許可。迨他走到重慶時，原在滇省領兵的兒子繩曾全家皆被共黨殺害，軍隊亦解散了！龍這纔如夢方醒，一言不發的遄返北平，度其抑鬱的降臣生活。他的老部下盧漢於投共後，亦住在北平，曾屢次叩謁龍雲，皆閉門不納，爲的是當年龍在昆明五華山被圍困時，盧漢坐視不救，視盧爲忘恩負義之徒。盧於某日探悉劉文輝與龍約定在龍宅晤面，乃跟隨劉文輝闖進去，並替龍招待客人，聲言「我是來給老長官服役的」，龍祇默然應付而已。

龍自重慶折返北平後，心裏已憬悟共黨不是好惹的，然身入囚籠，插翅難飛，唯有聽候命運之神，如何擺佈自己這有涯之生，對於一切的社交活動，皆無興趣。迨共黨號召所謂「大鳴大放」運動，他受別人教唆，曾在「政協」會場中，提起當年蘇俄把我國東北的重工業機器刼走這回事，認爲太不應該了。詎共黨於反右派的惡作劇時，即藉此爲龍雲的右傾罪狀，對他一再鬥爭，說他誹謗「蘇聯老大哥」，置於牛鬼蛇神之列，又認定是思想毒草，龍是沒有政治頭腦與知識的老粗人物，遇着橫蠻不講理的共產黨人，祇有悔恨交迸，無話可說，從此鎮日偃臥樓上不出門，不見人，表示無言的抗議，不久即凄然去世了。

對日抗戰末期，吾黨元戎李協和上將違難昆明時，迄未拜訪龍主席，李離昆明入川之際，龍揚言李先生如向他辭行，將致送賻儀以示敬禮，而李僅派人持名片向龍道別。後來我以此事叩詢李協公，他笑謂：「當年我在雲南與唐繼堯共事時，龍雲是唐的衛士長，見着我要立正講話的。」我說：「彼一時也，此一時也，先生何必不稍予敷衍呢？」李笑而不答。這證明龍雲的智識固然淺薄，但與一般得意忘形，飛揚跋扈而不可一世的軍人有別。假使他不離開雲南，在大陸淪陷時，或許不致如盧漢之反覆無常，亦未可知也。

盧漢

一九四六年八月，日本宣告無條件投時，雲南由龍雲統治着，滇軍實力亦雄厚，主將盧漢與龍雲且係至親——社會傳說他們是異姓昆仲——戰時越南屬於盟軍中國戰區範圍，關於越南方面的受降事宜，即歸中國負責，中樞乃就近指派盧漢率部入越南執行受降使命。然龍雲以滇軍大部調走，對他的前途頗多顧慮，初持異議，認爲駐屯滇省的國軍杜聿明部，儘可肩負入越受降之任。曾將此項心病對盧私訴密商，然盧矢言滇局倘有異動，彼即回師應援，朝發夕至，力保無虞，龍雲乃欣然同意了。滇軍入越不久，昆明發生驅龍的軍事行動，龍雲一面堅守五華山省府不屈，同時急電盧漢來援，詎盧按兵不動，置若罔聞，據說盧已得到中樞指示，滇省主席將派他承其乏，因而不惜對故主爽約了。後來盧漢叛國投共赴北平時，屢次叩謁龍雲皆拒不接見，即以此故。

龍去而盧繼主滇政，留越滇軍陸續奉命北上戡亂，迄未言旋，滇省防務，改由國軍接替，而以第廿六軍余程萬部爲主力，最後又有李彌的第八兵團入滇整訓，此外昆明的空軍基地仍舊，中央憲兵一團亦駐昆明，盧漢僅擁有保安團兩千人新招的兵馬，不足以當國軍之一擊也。對日抗戰末期，龍雲縱容一般反政府的左傾知識份子，以「西南聯大」爲大本營，積極活動，冀以懾制中樞，保持他的「雲南王」地位。盧漢繼主滇政後，仍師龍雲故技，與這羣反動派人士沆瀣一氣，而共黨幹部艾思奇亦潛伏昆明與盧接近。越民國卅八年十月間，共軍侵佔湖南，向越省大舉進攻之際，盧漢受着艾思奇暨「民主同盟」份子楊杰等人的蠱惑，表示異動，代總統李宗仁、行政院長閻錫山、華中軍政長官白崇禧聞訊在廣州協商決定，擬派白崇禧所部滇人魯道源軍入滇，以武力解決盧漢，由魯繼任雲南主席，魯道源在衡陽且已發出班師赴滇的通電從廣西疾馳前往，預計兼旬即可抵達滇境，驅盧易如反掌。

既而中央政府由粵遷重慶，蔣總裁應李宗仁、白崇禧之呼籲，於卅八年十月下旬飛臨渝市，而宗仁先期潛去昆明轉往桂林，不復回川視事，蔣乃坐鎮巴蜀，主持軍國大計。不採武力解決手段，一面電令白崇禧轉飭魯道源軍停止入滇，一面派遣侍從室第一局局長俞濟時赴昆明向盧曉以利害，囑勿輕舉妄動，並許以各種條件，饜其所欲。盧亦懔然於實力孱弱，僅恃土共朱家璧的應援，決無倖理，乃改變態度，親自飛赴重慶謁蔣，表示忠誠不貳，蔣囑其安心供職，決不干預，如有任何困難，皆可予以解除。但須盧實行左列事項：

一、宣言反共反龍雲；
二、改組雲南省政府；
三、拘捕一切反動份子；
四、解散雲南省參議會；
五、禁止昆明各種反動刋物發行；
六、查封或整理各公私立大中學校；
七、滇境應駐國軍兩個軍，以一軍屯戍昆明；
八、雲南實行征兵征糧，並淸勦土共。

盧對上項指示表示恪遵辦理，只乞仍以林西園蟬聯省府財政廳長而已，時論皆以蔣的懷柔政策很成功。盧遄返昆明，亦依約行事，逮捕了各方反動份子三百餘名，但共幹艾思奇不在其列，中有情節較重者七十人，蔣主張嚴辦，而張羣請授權盧漢斟酌發落，以示誠信。未幾，盧將七十餘人陸續省釋，其他二百餘人亦以罪證不足，免予究處，然對其餘七項指示，並未實踐。迨是歲十一月末，共軍攻佔重慶後，蔣坐鎮成都，正擬將中央政府遷往昆明，忽傳盧漢將有變，急派張羣於十二月七日飛赴昆晤盧商洽政府遷滇問題，偵查盧動態。盧與張商談了四小時殊無異狀，但聲述地方財政艱窘，糧食缺乏，張謂可由政府負責解決，勿庸憂慮。八日，張偕駐滇國軍將領余程萬、李彌、龍澤滙等回成都報命，蔣對余、李、龍三將領頗責盧漢首鼠背信之非，張羣知龍澤滙係盧之內戚，急以他語和緩之。

是時成都形勢亦趨危急，政府是否遷赴昆明，亟須作最後決定。十二月九日張羣與余、李、龍等再飛昆明晤盧商洽大計。張下榻盧宅，隨員等住五華山省府招待所，但盧迄未與張晤面。傍晚，張之主任秘書周君亮自招待所赴盧宅，途遇省府人員，告以盧主任（盧兼雲南綏靖主任）奉張軍政長官命令，今夕在綏署召集軍政要員會議等語，周入告張氏，張謂「我並無此囑」，蓋張已辭去西南軍政長官，新任由顧祝同接替。正疑問中，駐昆明空軍司令倉皇來報，機場已被封鎖，必有事變，曾遍尋余、李兩軍長囑其切勿預會，速回軍次作萬一的準備，然皆外出未遇，事急矣，奈何？張此時知盧必有異謀，急函致盧，希一晤，不報，旋有身穿青色制服，腰繫短槍者三人入張氏住室，目烱烱四望，張問何事？三人掉頭走出。迨十時許，乃有龍營長率兵士數名前來，謂奉盧主任命，特來保護張長官者。長官素來對雲南很好，現已辭去「西南軍政長官」職務，乃盧主任的客人，乞放心毋慮，但望勿外出耳。張周二人遂被軟禁於盧宅，是夕二人各據客廳中的長沙發椅爲臥榻，而以痰盂爲溺器，自難成寐，夜半，張又以長函致盧，激以情誼，動以利害，盼毋趨極端，仍不復。十日，中央飛機至昆明上空散發傳單，警告盧漢釋放張羣離滇並將所扣運輸機數架放回，否則即將狂炸昆明不貸。十一日清晨，滇省府委員楊適生、楊文清來見張氏，謂盧擬次日派機送張赴香港。周君亮即言：「我現爲階下囚，不能自由行動，但行李在招待所，兩位能伴我往携取否？」楊文清乃偕周至招待所，則見余程萬、李彌及中央保密局駐昆明負責人沈醉，憲兵副司令某等四人，被扣禁一室內，相視不能言談。張羣離昆明時，盧漢派人送一函致張，謂雲南不堪再經兵燹，已與共軍一致行動，希諒察云。

事變發作後，余程萬的廿六軍與李彌所部，即向昆明進發，營救余、李二長官，盧漢無力抵抗，共軍又一時未能竄入滇境，乃對實力較雄厚的余程萬軍長從事誘惑，名義上仍改任余爲第十軍軍長，另給現洋十萬元作餉項，將余、李釋回軍次，相約和平解決。假使余軍不變，合以李彌所部，旦夕即可攻佔昆明，盧漢非被虜即逃亡，雲南不致迅告淪陷。詎余回至軍中召集副軍長彭熙佐與旅團長會議時，表示大勢已去，回天無力，唯有實行和平應變之一途。即有某團長慷慨陳詞，主張寧爲玉碎，拒不降伏，但余不同意，詢問餘人意旨如何，亦有言軍人以服從爲天職，唯軍長之命是聽者。於是，余乃宣稱本人贊成和平解決，然不勉强大家，凡與某團長抱同一態度的，保證安全離滇，一律優給旅費。余軍既生變化，李彌所部乃感孤危，難勝進攻昆明之任了。中央原令駐黔國軍何紹周部入滇，途中聞余、李等被扣留消息，情況不明，趦趄停發，而雲南即從此淪陷了。

當盧漢誑稱奉張羣命令召開軍事會議之前，國軍諸將領皆滯留昆明，而中央保密局人員暨憲兵團，尤常川駐在省垣，盧之叛謀決非臨時之計，必有迹象可尋，何以事前乃茫昧無所警覺，致被一網成擒而措手不及呢？可見這些官員在局勢阽危之秋，依然晏安逸樂，曠廢職守。余程萬若有忠貞報國的軍人氣質，而能實踐平日夸夸其談的「不成功，即成仁」的宣傳口號，於釋回軍次後，激勵士氣，與李彌所部協力討伐叛逆，準可攻佔昆明，使盧漢的逆謀歸於幻滅，而川中的戰事亦必然受到鼓勵，不致逆告崩潰。即令雲南終不能保，然個人安全決無問題，且視臨難苟免卑怯行爲，磊落光明多了。余後來仍挾資脫出軍中，潛至九龍作寓公而終遭暴徒鎗殺，死於非命，其愚眞不可及。盧漢亦以釋放張羣之故，毛共對其通電歸降之舉，未有一語嘉獎，又爲老長官龍雲所不齒，可謂枉作小人也矣。

范紹增

范紹增原名海廷，是川東開縣的「棒老二」首領出身，亦即所謂綠林豪傑之士也。民國肇建後二十餘年間，巴蜀羣雄割據，嘴距矜張，競事擴充武力，而以招收山澤中篝火狐鳴之輩爲捷徑。劉湘佔據重慶時，川東屬於劉的勢力範圍，乃將范所率領的「棒老二」羣衆，收編爲正式部隊，給范改名紹增，以示仰慕楚霸王帳下謀臣范增之意。

范氏原非軍人，就撫後，對其舊有的弟兄們亦未能實施軍法部勒，初以營長職位受驅策，每逢奉命出發作戰之際，即告語部衆云：「這次去打戰，誰要臨陣退縮的，就是這個東西！」說時用無名指鈎作半圓形示衆，即俗言「兎子」是也。綠林中人最憎惡這種名稱，因而大家在戰場上奮勇不卻，義無返顧，主將嘉其所部忠勇，逐步擢升他的軍職，到民國十二三年間，范已升任爲劉湘麾下的第四師師長了。綠林人士的性格多尚義氣、重然諾，伉爽不懷機詐之心，時人乃錫紹增以綽號，稱之爲「范哈兒」，川諺「哈兒」即傻瓜也。實則范頭腦很聰穎，一點亦不傻的。他知道部屬中的核心分子，都是當年一道打家刼舍的患難弟兄，而又不守紀律，本性難移，却不能放縱不管，要管，殊不忍繩之以法。於是，他保薦了一位習法政的友人羅君彤作副師長，負責整飭軍紀。羅執法嚴峻，對士兵違犯紀律的，動則予以槍斃，當事人不敢向羅副師長抗辯，而以舊誼乞范師長准予從輕發落，范聞之，初佯作驚詫不安狀，繼矍然謂：「羅君彤這傢伙脾氣很壞，我若向他說情，他可能要殺我，怎麽辦呢？」老弟兄們亦就相信他的話並非虛偽之詞，漸知恪守軍紀了。有時他遇見士兵們在軍中賭博，或在市街游蕩，即語以「今天你們幸而是遇到我，若被羅副師長瞧見，腦袋馬上要搬家呀！」士兵們只好對范表示感激親切，不復隨便胡行妄爲。實際是他與羅君彤早已商量好了，教羅作惡人，他在表面上對部衆寬厚，藉以維繫軍心，而軍紀亦不隳敗，用心良苦，這豈是愚魯人士的作風嗎？

民國十三年間，劉湘與其族叔第二十四軍軍長劉文輝火併甚激烈，文輝時爲四川軍務督辦，據有川西南七十餘州邑，位尊而多金，曾派人秘密對湘部師長藍文彬、范紹增策反，除給以軍長委任令外，各致現金二十萬元。藍秘不作聲，范則據實密報劉湘，請示如何應付？湘囑范收受賄欵，乞假兩個月赴上海游玩。同時將藍文彬褫職囚繫，直至對日抗戰，劉湘出川督戰時方予省釋。范懷鉅金赴滬，投贄杜月笙之門，揮金如土，每乘汽車到各大百貨公司或其他娛樂場所大門前下車時，必有癟三之流走來代啓車門，范輒順手賞給鈔票十元額一張，一時范師長的濶綽聲名遍傳十里洋場間。范氏所用汽車，係杜月笙所有，他赴各公司購買物品，櫃上詢知買主是范師長，即拒收價欵，說是杜公館已經招呼過，范師長的貨欵由杜公館代付，因而各大公司和娛樂場所的職員乃至一般顧客，沒有不認識范師長的。范流連上海兩個月，假滿回川時，杜月笙問他此行是否玩得滿意？范謂只有一項不愜意的事，即舞場中一位名女人黃白英拒與親近。杜謂：「你先回去，一個禮拜之內，保證黃白英親到重慶來找范師長談談就是」，范遄返渝市的第三天，黃白英果然跟踪蒞渝了。從此范對杜月笙尊敬異常，上海租界裏的白相人，因犯罪而遭巡捕房查緝者，只要持有杜月笙的名片介紹到重慶避難，范無不接待照顧。對日抗戰前，渝市下半城商場的沙利文餐館，就是范斥資教上海這些逃難朋友開設的謀生事業，表現着江湖豪俠的風義，良堪稱道。

民國廿一年夏，川軍奉命入鄂勦匪，以范的第四師爲主力，另有劉光瑜一旅，由王陵基統率作戰。范在洪湖區域進攻賀龍的大股共軍，身先士卒，右手臂膺受重傷，赴滬醫療月餘告癒，但已構成殘疾了。嗣以王陵基有不遵節度的行爲，經蔣總司令飭劉湘查辦，川軍全部回渝，范乃及時休養，鄂西勦匪任務改由第十軍長徐源泉接替，然范作戰的勇名，鄂西人民莫不稱贊的。

范亦與川軍一般高級軍官的私生活相同，常置有妾媵三數人，編遣無定時，亦無定額，又好時髦，聘請家庭教師教授諸姬妾以英文，久之，有妾晤與教師私通，范聞悉後，泰然不以爲意。一日，在家中設宴欵待英文教師，命妾同席，宴罷，范語妾云：「聽說你愛上了某教師，我爲成全你們的好事，特置酒話別，另以大洋二百元作賀儀，今天你就跟他去罷！」回頭告訴某教師曰：「你既然愛上了她，就要愛到底，如其始亂終棄，格老子的手槍是不認識人的，小心爲上」。妾與教師乃持着賀儀而去。對日抗戰時我在重慶聞諸當地親友言，該教師夫婦二人甚和諧，這是范哈兒作的一樁好事情，若在台灣，應屬於好人好事之列，值得表揚的。在重慶上淸寺建築着一棟豪華私邸，名曰「范莊」，佔地宏敞，內有游泳池與晴雨網球塲的設備，夏屋渠渠，允屬大觀。民國廿四年十月，蔣委員長初入四川督勦共軍時，即駐節范莊，一日劉湘謁見，詢及此屋主人是誰？答以范師長，蔣公喟然語劉云：「四川一個師長，乃有這樣豪華住宅，實非國軍將領所能企及。」劉以轉告范，范從此即不再入住，寧願空着，說是遵從委員長訓示，另卜居於城內來龍巷的普通民房中。對日抗戰軍興，政府遷移到渝市，行政院即以范莊爲公廨，孔院長派人詢范每月需要租金若干？范聲明貢獻國家，不收資金，旁人笑他眞是「哈兒」，何必放棄每月相當可觀的固定收入以自苦呢？他的想法却不同。他認定將來已既不能赴前線統兵抗戰，祇好在大後方從事生產事業，一定需要大量資金的。於今不收取行政院的房租，必要時請求孔兼院長核許，在中央銀行貸欵濟急，諒無問題，爲數必在每年房租總額若干倍以上，孰得孰得，思過半矣。范有一妾鄧氏，與大名鼎鼎的某二小姐締結深交，形影不離。後來他的部隊改編爲第十八軍，檄赴第三戰區對敵抗戰，他在重慶遙領着軍長名義，由副軍長指揮作戰，曾向國家銀行貸得一筆欵項，運用於商業上，獲利不鮮，足見范決非愚魯之輩。

抗戰期間，唐生智、楊虎等人，常在范的來龍巷住宅中娛樂，治安機關亦鮮過問，因而門巷中車輛林立，路人爲之側目。軍統局長戴雨農偶對范語及范公館貴客盈門情形，他馬上禁止一切娛樂，怕惹麻煩。即郭春濤在渝市鬧家庭糾紛，由范協同楊虎從中調處息爭，從西安事變發生後，郭春濤奉馮玉祥之命前往成都訪問劉湘，馮以親筆信聲明，對於政治問題，郭可以全權代表與劉主席協商，因此劉對郭甚加優禮。劉屬下電務處長王月潛以郭代表爲政界要人，大肆招待，終至王妾秦德君隨郭私奔出川。對日抗戰中期，重慶報紙上忽刋出「秦德君警告郭春濤」啓事，指摘郭昧良遺棄，限令郭尅日回家，負責贍養，否則依法控告，是時郭又入川，唯恐事態擴大，糾纏更深，乃商託范紹增與楊虎二人出面調解，保證秦德君的生活必有着落，如郭無力支持，即由范、楊負責維持，其事始寢。劉湘去世後，范自忖在軍事上已無發展可能，知難而退。對日抗戰結束，政府還都後，筆者在重慶晤及范，問他是否到南京找找顧司令長官墨三先生，在政治上尋求出路，因范素與顧先生親近也。范笑謂：「我是不文不武的角色，今後還有啥子出路可尋呢？劉甫公死了。我這一生的事業亦就完結了！」言下不勝滄桑之感。大陸淪陷後，他亦未出來，共黨將他的產業沒收、姬妾遣散外，將他發配到河南勞改。年前從大陸傳來消息，說范尚健在，但共黨不許他回到重慶，仍流寓河南度其殘年的凄楚生活。范哈兒一生的行爲並不傻，唯有共禍來臨而株守家園這件事，難逃愚魯之譏，原因是不瞭解共黨的本質與作風，誤以爲在共產政權之下，亦可以作個安分守己的順民，許多高級知識分子皆上了這種大當，如范者祇其一例而已。

LLOYD

HANDMADE QUALITY

World's proudest, most expensive, elegant, comfortable & durable men's footwear

西德名廠「利來」男裝鞋

飲譽全球·鞋中權威

大人公司 平價市塲 人人百貨 大方公司 來路鞋公司有售

宣統皇帝
和他的英文師傅
莊士敦

・高伯雨・

自左至右：鄭孝胥、宣統皇帝、莊士敦、鄭垂攝于天津張園

溥儀在故宮做關門皇帝時，曾有過一位英文師傅名叫莊士敦，他在中國居住有二十年之久，能閱讀中文，據說還熟讀四書五經，所不能的只是執筆爲文而已。因此，每逢他的學生——宣統皇帝對他有什麽賞賜，他也學紫禁城中那一些臣工，上一個謝恩摺。他連中文信都不能寫，怎會來一手陸宣公那樣的文章，來向他的皇上表達謝忱呢？每逢遇到這個問題，莊師傅就頭痛萬分。本來他可以請求內務府那批人爲他撰稿謄寫的，但他向來和內務府的關係不很好，就不肯低頭去求這班人。幸喜漢文師傅中有朱益藩，翰林出身，寫謝恩摺奏是他的拿手好戲，而莊師傅和他的感情又特別好，這樣才解決了他的難題。

莊士敦能夠做起中國皇帝的師傅，說起來是頗爲有趣的，但其中却有一段秘聞。原來溥儀在書房念書時，那班師傅教他讀書，他都心不在焉，只是想着跑出書房外去玩。而那班「爐火純青」的師傅，向來就不敢發皇上的脾氣，只是照例講解一番，依時上課，依時下課，每月拿七百兩薪水（陳寶琛最多爲八百兩，其餘如梁鼎芬、朱益藩則爲六百兩，但過年、過節、生日、皇上生日、太妃生日還有賞賜，多者一千兩，少亦二三百兩不等，平均每月有千多塊錢收入），袋袋平安。至於他們的皇上懂不懂，從不關心，也從不檢查功課，所以溥儀在上課時間，沒有學到什麽；倒是有時在課餘時候，師傅談到一些國內國外的大事，與中國古代歷史有相似之處的，老師就從這一點詳詳細細的向他講故事，這倒使溥儀大有心得。據說，有一次不知是哪一位師傅向他講「左傳」的晉國故事，晉公子重耳出亡在外，秦穆公以女嫁之，後來秦國出兵把他送回晉國，做起國君。這個師傅就借題發揮，認爲那年的復辟不能成功，最大原因是兵力不足，如果有外國兵力幫忙，那就什麽都解決了。

溥儀經這一啓示後，神而明之，便想出了將來非到外國求學不可，學上了英文，和外國人打交道，聯絡感情，借洋兵之力來恢復「大清江山」，那是易如反掌的。到了溥儀十三歲那一年，他就有心想學英文了，第一個目的是恢復江山，第二個是開中國三千年之奇舉，有個懂得英文的到外國留學的皇帝，這該多麽威風呀。

這時候，徐世昌上台做總統不久，溥儀對這一個舊臣是相當好感的，曾派人向他徵求意見，請個外國人來做教師好不好？徐世昌一力贊成，於是由李經邁推薦他的朋友莊士敦做「帝師」。莊士敦是蘇格蘭人，他的本來名字是 Reginold Fleming Johnston，先在愛丁堡大學念書，得到學位後，又入牛津大學，修碩士學位。清光緒廿四年戊戌（公元一八九八年），他到香港英國政府做公務員，先後曾任港督府秘書、輔政司等職務。在一九〇四年至一九一七年期間，英國曾派他爲威海衛租借地的行政專員。辛亥革命時，李經邁曾避居威海衛，所以和莊士敦認識，交談之下，才知這個英國人是個中國通，不止會讀四書和諸子百家，還會念唐詩，並且講得一口極流利的官話，因此大爲佩服。後來他向徐世昌推薦此人，堪當洋文師傅，徐就請求英駐華公使朱爾典設法，使莊士敦離開威海衛來做小朝廷一個教師。奇怪的是倫敦的英國殖民部大臣和外交部大臣都樂於放人，准許莊士敦辭職，不做英國官而來做一個「關門皇帝」的老師，英政府爲什麽如此關照，頗耐人尋味。

莊士敦所作的「紫禁城的黃昏」，有一段說到他爲什麽會被聘請爲敎師，和此擧與「復辟」無關，是値得參考的。他說：

徐世昌曾經和他的親密的朋友們談論到溥儀將來的前途，他們一致認爲溥儀應該要受點現在西方的敎育，這種敎育包括英國語言文字；他們更希望溥儀應該懂得些歐洲近代的政治制度，尤其是英國的君主立憲的精神。如果有人認爲這種敎育計劃是幫助溥儀復辟的陰謀之一部份，那就大錯特錯了。不過那些對這問題有興趣的人都有這幻想，徐世昌便是其中的一個。他們對民國的前途都沒有多大信心，認爲像這樣的共和民主政體不會弄得好的。在他們之中，至少有一些人仍然對他們的故君效忠。但他們都一致希望他們的故君能學習一些西方歷史與政制，以備萬一民國政府倒台之時，成爲一個爲人民所擁戴、信任的穩固的政府，這個政府一變以前的所作所爲，一切行政皆保存舊作風，於是溥儀就大有資格在一個有限度的君主立憲政體下担任一個角色了。最初，這班人曾經要請一個美國人做溥儀的英文師傅，他是一位外交人物，在中美兩國都有名望，不過這個美國人快要成爲美國駐華使館的代辦，不便接受這一職位。

試看，徐世昌等人的幻想是什麽，表面上是要灌輸一些歐西政治學識給溥儀，其實是大有借外力以定內亂之意。大概美國人對這件事不大感興趣，所以那個被聘爲帝師的美國外交家不便接受，而英國則大感興趣，所以放莊士敦出來，我們仔細想一下，其中是有無窮巧妙的。

溥儀自己曾說過，他的師傅中陳寶琛和莊士敦對他的影响最大，尤其是後者，使他知道歐洲的「文化」是什麽東西，於是他才有決心擺脫圍在他左右那一批遺老，作逃出紫禁城之擧，最終目的是前往英國留學。溥儀「我的前半生」第一集一二一頁說：

莊師傅教育我的苦心，我逐漸地明白了，而且感到高興，願意聽從，他教的不只是英文，或者說，英文倒不重要，他更注意的是教育我像個他所說的英國紳士那樣人。……「假如皇上將來出現在英國倫敦」，他曾對我說：「總要經常被邀請參加茶會的，那是比較隨便而又重要的聚會，擧行時間大都是星期三。在那裏可以見到貴族、學者、名流，以及皇上有必要會見的各種人。衣裳不必太講究；但是禮貌十分重要。……」我按照莊士敦的樣子，大量購置身上的各種零碎：懷表、表鍊、戒指、別針、袖扣、領帶等等。我又請他給我起了個外國名字，也給我的弟弟妹妹和我的「后」「妃」起了個外國名字，我叫亨利，婉容叫伊莉莎白。我摹仿他那種中英文夾雜着的說話方法，成天和我的伴讀者交談。……總之，後來在我眼裏，莊士敦的一切都是好的，甚至連他的衣服上的樟腦味也是香的。莊士敦使我相信西洋人是最聰明最文明的人，而他正是西洋人裏最有學問的人，恐怕連他自己也沒料到的，他竟能在我身上發生這樣大的魅力。他身上穿的毛呢衣料竟使我對中國的絲織綢緞的價値發生了動搖，他口袋上的自來水筆竟使我因中國人用毛筆宣紙而感到自卑。自從他把英國兵營的軍樂隊帶進宮裏演奏之後，我就更覺中國的絲弦不堪入耳，甚至連丹陛大樂的威嚴也大爲削弱。只因莊士敦譏笑說中國人的辮子是猪尾巴，我才把它剪掉了。

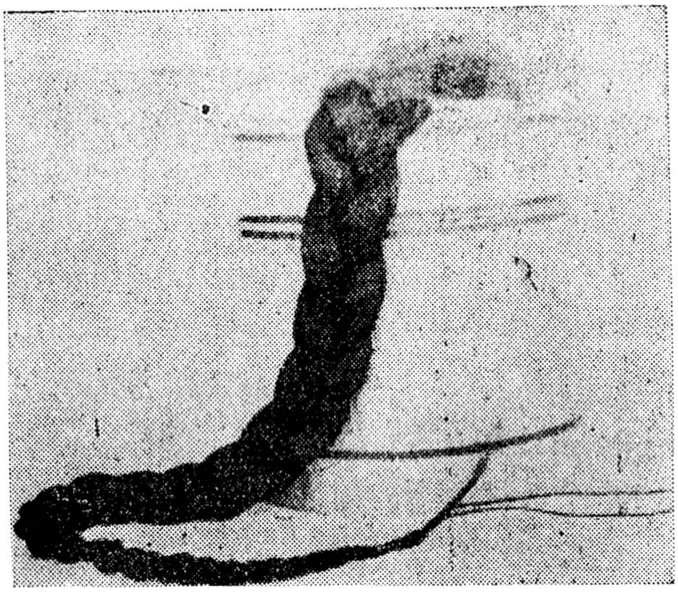
宣統皇帝剪下來的那條辮子

莊士敦影响溥儀是這樣的大，連祖宗傳下來的辮子他都下決心剪去了，其他可想而知了。從前我曾想過，如果當日溥儀逃出紫禁城的計劃成功，由莊士敦伴送他到英國留學，然後把他的資產全部帶到英國去，受英國保護，做一個「流亡皇帝」，那麽，他的大半生歷史就要重新寫過，當然寫不出那部多采多姿的「我的前半生」了。

「紫禁城的黃昏」有記述溥儀剪辮一事，很是有趣，摘錄如左：

遜帝剪去他的辮子，人們都說是受我影响。他曾經好幾次表示要剪辮了，他的叔姪以及皇族人物，多已把辮子去掉，他當然也有此心，但宮廷裏那班人說，別人可以剪，獨有他不可以，因爲他是滿族的主人，應該尊重祖宗傳下來留辮子的傳統習俗，萬萬不能剪去，失掉了族人的信仰。遜帝知道這批頑固成性的人，難以同他們講道理，便一聲不响。某日，他突然傳剃頭太監爲他剃頭，叫他把辮子剪去，那個太監嚇到魂不附體。

太監便說，如果奉命，說不定王爺（指宣統的生父醇親王）會拿他去殺頭呢。於是叩頭請皇上另請高明，他不敢動手。遜帝見他這個樣子，便不理他，走到另一個房間，拿起剪刀，把辮子剪去了。遜帝剪辮之後，宮裏的人對我大有怨言，認爲是我唆使的。（莊士敦記此事後，有注語云：遜帝剪辮的消息傳到英國以後，新近退休回國的駐華公使朱爾典就有新聞記者訪問，請他發表意見。一九二二年十月廿八日，天津的英文「華北先驅報」予以登載說：「遜帝是一個很開通的青年，他從他那位英文教師學到了很多西洋文化。……他剪辮的行動，充分表現他有進步和有改革的決心，這樣，對於他的聲望會增加不少的。」）

民國十一年（一九二二年）五月底，胡適奉召入宮見溥儀一事，多少與莊士敦有關係。這件事，在當時成爲中國一大新聞，報紙雜誌，會有過不少爭論。因爲那時候的胡博士，在守舊的士大夫眼中是個破除舊思想舊禮教的危險人物，現在居然入宮去見「宣統皇帝」，還脫眼鏡叩頭，口稱「皇上」，當然受到一般人攻擊了。莊士敦說他介紹五四運動後的新文化、新思想給溥儀，於是才有胡適「覲見」之事。他說：

遜帝開始對「少年中國」的活動感到十分興趣，那是因爲我介紹他讀陳獨秀等人在「新青年」雜誌的文章所引起的。我並不想使他成爲一個舊風氣的破壞者，也不想他變爲「新青年」那一派的社會改革者的信徒，我對於這派的人並不崇拜；不過，我認爲像遜帝這樣年青而又聰明的人，他應該和中國青年人的心結成一心，成爲新時代的人物，不管後果是好還是壞，或好壞兼而有之，他既是中國青年，就不應該不知道這一潮流。他絕不會從他的中文師傅們口中得知這些情形的，所以介紹他這個新時代和這個反封建思想的責任便落在我肩上了。我和「新青年」和文學改革運動那幾位主要人物是相識的……我選擇了胡適博士寫的一些文字，和胡博士與其朋友經常投稿的一些定期刊物給遜帝閱讀，使他知道五四運動後的中國文化，思想界是怎麼樣子的。

這一結果，遂有一九二二年五月末，胡適博士奉召入宮一事。當他未入宮前，會和我討論到和遜帝相見時的禮節問題。我說遜帝不會叫他磕頭的，他聽後大爲安慰。……胡博士「覲見」後數日，有一信給我，日期是一九二二年六月七日，現在抄一些如左：

「我入宮見遜帝時，他對我很客氣，態度也極懇切。我們談到新詩和新詩人以及其它文藝等事情。我在宮裏逗留的時間只不過二十分鐘，本來我預定的時間不止那麼短，因爲在神武門受阻（按：胡博士入宮時，事先溥儀沒有關照神武門的護軍，就不給他進去，經過一番唇舌，護軍才向奏事處請轉奏，溥儀下諭才放胡適進宮），把一部份時間耗費了，並且我又另有一個重要的約會，不得不向皇帝陛下告退。……我原意是不想報界知道我們這次相見之事的，可是，不幸得很，有很多家我不大看的報紙却似乎認爲這是一件大新聞，把它登出來了。……我不得不承認，我很爲這次召見所感動。我當時竟能在我國最末一代皇帝——歷代偉大君主的最後一位代表的面前，佔一席位！」（譯者按：原文確稱溥儀爲「皇帝」及「皇帝陛下」。末後數語，自「我不得不承認」至「佔一席位」，則根據「我的前半生」的原文，大概是溥儀自己譯出的，溥儀自傳說：「這裏我要提一下在這短暫的而無聊的會面之後，我從胡適給莊士敦寫的一封信上發見，原來洋博士也有着那種遺老似的心理。」溥儀說胡博士有那種「遺老似的心理」，確實不錯。）

莊士敦穿上了清朝大官的冬天服式

胡博士所說他和遜帝見面一事，會被人認爲是「大新聞」，那是事實。此事自經報紙刊登後，新文化運動的左派人物就攻擊他，罵他在遜帝面前磕頭——這是不確的，但罵他稱遜帝爲皇上（Your Majesty）則是事實，三年後，胡博士仍爲國人攻擊，說他背叛民國，有失體統，其實他稱遜帝爲「皇上」是他不願視優待條件爲廢紙罷了。（按：胡適見溥儀的日期，莊士敦書中及溥儀自傳皆沒說明是哪一日，今據一九二二年七月出版的「努力周報」第十二期，胡適所作一文說：五月十七日，溥儀在電話中同胡約定見面，三十日，胡入宮。與莊士敦所說五月末相合。）

莊士敦從威海衛入宮任師傅之職，是一九一九年二月，廿二日他到北京，總統府派了一個秘書在車站迎接他。兩日後，他分別拜見了醇親王和貝勒載濤，三月五日，醇親王設宴招待他。據莊士敦說：他入宮授課之日是三月三日，這一天溥儀穿起朝服，一班大臣也衣冠伺候，由一個大臣帶領到殿中覲見。他向溥儀行三鞠躬禮，然後溥儀離坐，向前行，和他面對面的站着，握手為禮，溥儀站了一會，講幾句客套話，莊士敦就退出便殿休息。有人告訴他，等皇上換上便服後，立即上課。到他再度進入毓慶宮時，溥儀已經坐在書案前了，他請莊士敦坐在一旁，就從此時起，他們有了師生的關係，氣氛輕鬆了許多，不必樣樣都拘禮了。（按：「我的前半生」說莊士敦第一天上課之日是一九一九年三月四日，莊士敦則說是三月三日，莊說是對的。今查「內務府大臣」耆齡的「賜硯齋日記」：己未二月初三日云：「進內，同世（續）太保帶領英文教習莊士敦覲見，並授課。」是年陰曆二月初三，正是公曆一九一九年的三月三日。）

莊士敦因為在中國住得太久了，對中國的事物非常愛好，經史子集與古詩不必說，大概對於那些封建極守舊的思想，同樣也是愛好的。他教了三年書，溥儀賞給他二品頂戴，他高興極了，現在做了中國「官」了，於是把自己裝扮成一個「滿洲大員」的樣子，特地縫製了一套清朝的袍褂，頭戴紅頂帽子，胸前還掛了一串朝珠，但頸上仍然圍着一條白硬領，最妙的是足穿洋褲，脚踏皮鞋。這樣不倫不類的打扮，使人見了不知好氣還是好笑。（按：美國人福開森，久居中國，也是醉心中華文化的，他在清末，曾獲賞二品頂戴，認為無上光榮，常把紅頂佩掛在胸前，好像掛勳章那樣。）後來他的同事對他說了，他才改正過來。溥儀說他對於清室的賞賜視為無上光榮，「我的前半生」中也說：

他和中國師傅同樣地以我的賞賜為榮，他得到了頭品頂戴後，專門造了一套清朝袍褂冠帶，穿起來站在他的西山櫻桃溝別墅門前，在我寫的「樂靜山齋」四字扁額下面，拍成照片，廣贈親友。內務府在地安門油漆作一號租了一所四合院的住宅，給這位單身漢的師傅住。他把這個小院布置得儼然像一所遺老的住宅。一進門，在門洞裏可以看見四個紅底黑字的「門封」，一邊是「毓慶宮行走」、「賞坐二人肩輿」，另一邊是「賜頭品頂戴」、「賞穿帶膝貂褂」。每逢受到重大賞賜，他必有謝恩摺。下面這個奏摺就是第一次得到二品頂戴的賞賜以後寫的：

奏為叩謝天恩事。宣統十三年十二月十三日，欽奉諭旨：莊士敦教授英文，三年匪懈，着加恩賞給二品頂戴，仍照舊教授，並賞給帶膝貂褂一件，欽此。聞命之下，實不勝感激之至，謹恭摺叩謝皇上天恩。謹奏。

所謂「宣統十三年」就是民國十年辛酉（一九二一年），因為教英文很用心，故此「皇上」賞他頂戴，他的歡忻感激，是出於至誠的。「賜硯齋日記」辛酉十二月十三日云：

入直。莊士敦三年期滿，留任。賞二品頂戴並膝貂褂。……

十四日。晨往賀莊士敦，遇艾老。莊以被賜，喜形於色，託買珊瑚頂珠，檢所戴者與之。（按：艾老是朱益藩，字艾卿。）

原來莊士敦對小朝廷的「名器」是看得這般珍貴的，可見他的思想是怎樣了。他的西山別墅，是託徐世昌為他弄來的，是買是租，可不清楚了，莊士敦在紫禁城裏最紅時，有「四頭住家」，一在北京市內的油漆作一號，一在故宮御花園的養性齋，一在頤和園，一在風景區的櫻桃溝可謂享盡人間清福。他的「門生天子」對他眞是恩重如山，他怎能不感恩圖報，為皇帝陛下效命呢。莊士敦在公務忙時，一個月總得到西山的別業住一兩晚，不忙的時候，必往度周末，有時也請他的同僚往游。他佔有櫻桃溝後，請中文師傅往作客的恐怕第一個便是陳寶琛。一九二〇年九月廿五日（陰曆庚申年八月十四日）陳寶琛應邀往游，作了兩首詩，寫成條幅送給莊士敦，現錄如左：

夢回疑雨又疑風，身在飛流亂石中。
此景故山吾最習，天涯老顧與君同。
谷澗能為盛夏寒，未霜林葉已微丹。
潺潺洗出中秋月，擁褐深宵數起看。

庚申八月十四日，志道吾友招觀櫻桃溝泉石之勝，信宿油幕中，口占似正。寶琛。（按：志道是莊士敦的別號，蓋取「論語」的「士志于道」之義。此外，他還有一號叫靜淵。）

溥儀說：櫻桃溝的別業「樂靜山齋」四字是他的「御筆」所寫的，此匾我未見過，不知代筆者何人。但莊士敦自己設計的藏書票；西洋的藏

莊氏藏書票

書家往往自己或託人設計一種紙貼在書的封面內頁，印明「某某藏書」，這種票叫（ex-libris），就印着「樂靜山齋」四字，一定是用溥儀的「御筆」，它的筆蹟，與朱益藩相近，恐怕就是朱師傅代筆的。十多年前，友人劉德壽兄漫游倫敦，在舊書攤買到一冊莊士敦的藏書，是法郎士小說THAIS的英譯本，書裏就貼有一張藏書票，設計很簡單，四邊沒有圖框，中間是五個小圖案，排列成四角，正中又是一個，這五個圖案是代表金木水火土五字，下面爲「樂靜山齋」四字。劉先生因爲知道我曾譯過「紫禁城的黃昏」一書，故以莊士敦舊藏爲贈。當我在英國求學時，莊士敦還在中國，未做倫敦東方語言學校遠東語言文化部主任，他是一九三一年回英國的，而我也在此時回國，故沒有機會認識他。他是一九三八年三月六日死去的，享年六十四歲，他的藏書大概是死後才流出市面的。

莊士敦的櫻桃溝別業，雖不如退谷（在西山臥佛寺附近，亦名櫻桃溝，孫承澤居此著書，自稱退谷居士。民國初年，爲周肇祥所得，遂名周家花園。）之有名，但風景也是很美的，而且一經「帝師」暫時佔有，也就提高地位，成爲名跡了。耆齡於一九二一年往訪莊士敦，是年陰曆七月，他的「賜硯齋日記」，有如下的記述：

初六日，入直，長春宮傳見。……遣順兒至三家店備轎，明日赴莊靜淵之約，均兒願隨往。……

初七日，微陰。清晨携均兒出西直門，至車棧，弢老（按：陳寶琛也）來送，少談。開車到三家店易轎。永定河適值盛漲，奔流如吼。緣山西北行，至十八盤入山，北望羣峯，環抱蒼翠撲衣，升降溪澗十餘度，水聲山色，每轉益勝。過午至櫻桃溝，溝在仰山寺下，莊君方出游未歸。飢甚，向園丁索食。少頃莊歸，歡言許久。飯後偕游靜淵，一磵自北山迤邐而來，東岸爲林，林皆山果，垂實纍纍，再上即莊氏園，有屋八九間，憑高俯視，流泉注壑，曲曲而下。岸西數武，則峭壁樹影倒垂，萬綠合一。中有累石小梁通之，梁上西岸，巨石三五聚立，而空其腹，下可坐十餘人，莊君曾夜宿其下。再上石益奇，泉益駛，泉石相搏，濺沫飛流，約數十折，蓋不僅三叠已也。梁下數武，有潭澄然，即靜淵，莊君嘗浴於此。再下一石亘溪，泉自石上飛渡，瀑布丈餘，左有一亭，可坐可臥，亦勝處也。由梁西上夾谷深處，堂三間，莊君讀書之所，幽邃可喜。客來，以其屋讓客，而獨宿於此。與莊、均選石聽泉，月上始各歸寢。枕上聞風雨沓至，夜尤劇，起視，乃澗下泉聲也。

康有為門生徐良致莊士敦書

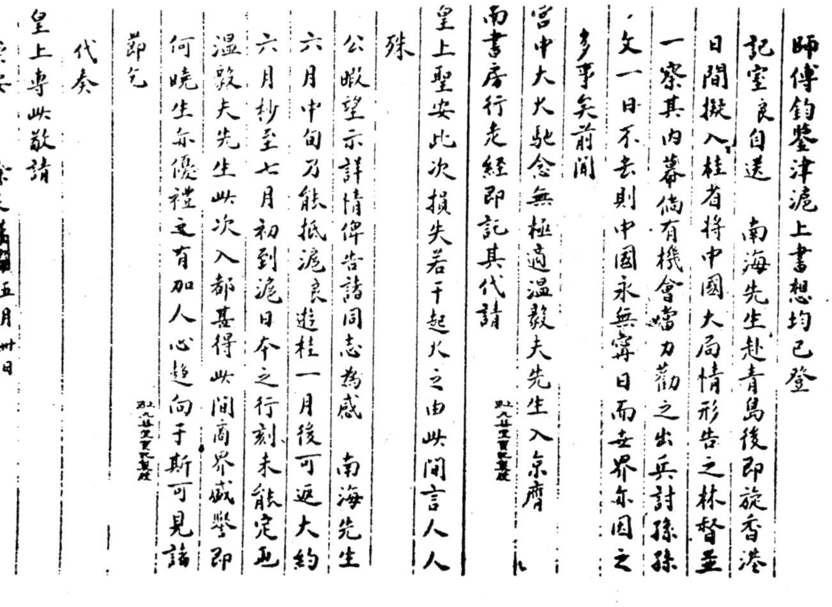
師傅鈞鑒津滬上書想均已登
記室良自送　南海先生赴青島後即旋香港
日間擬入桂省將中國大局情形告之林督並
一察其內幕倘有機會當力勸之出兵討孫孫
文一日不去則中國永無寧日而世界亦因之
多事矣前聞
宮中大火馳念無極適溫毅夫先生入京齊
南書房行走經即託其代請
皇上聖安此次損失若干起火之由此間言人人
殊
公暇望示詳情俾告諸同志爲感　南海先生
六月中旬乃能抵滬良遊桂一月後可返大約
六月杪至七月初到滬日本之行刻未能定也
溫毅夫先生此次入都甚得此間商界歡擧即
何曉生亦優禮之有加人心趨向于斯可見請
節乞
代奏
皇上專此敬請
崇安　徐良謹　五月卅日

初八日，晴。日未出即起，扶杖再至亭上聽水。均兒在水際捉一翠蜻蜓。日出，莊君穿林而來，遂同飯。飯後，余與均乘輿由大路游滴水巖，莊自後山步行赴之。行數里入谷，山皆峭立，入既深，徑仄山橫，幾不得路。野檀緣石隙叢生，濃翠蔽虧，高下彌望。至峯，有一巖獨立，左腋孤峭玲瓏，拔地千丈，不讓匡廬之金輪峯也。巖下有洞，洞右即滴水處，泉清冽，滙爲小池。莊已久至，同憩巖下小亭，欲入洞，以流汗沾衣，恐爲寒襲，遂止。啜泉趺坐，東峯峯迴合，層出不窮，惜雲未解，未能盡目力之所届，徘徊四顧，至不忍別。過午步行下山未半，余即乘輿，均兒拄杖鼓勇隨莊行約廿餘里，輿夫恐其力乏，促之乘，不肯，竟與莊步歸。平日余每慮其弱，今能如此，勝乃翁多矣，爲之心喜。歸後甚倦，小睡。及醒，均兒又在磵下弄泉，余亦呼童携茶具往坐臨流大石上濯足，莊亦來，擇一石臥而觀書，又聽莊話山居之樂，並有異日罷職終老是鄉之意。傍晚坐簷下，又話仰山寺後山之左嶺下曹泉之勝，約明日往游。余以筋力已疲，辭之。夜山雲四合，月色微茫。

初九日，晨起，與莊共話，飯罷辭歸。莊送至溪頭，握手而別。經南莊桃源村，村右連峯不斷，上有洞，相傳昔人避兵處也。沿磵涉溪，取道十八盤，午至三家店，買瓜食之，並犒從者。車至即行，未正抵西直門，抵家已申末。……

讀了以上幾段日記，我雖未去過這個櫻桃溝，但亦爲之神往，莊士敦眞會享山林之福，無怪他說將來如果教書之約已解，他有意終老於是鄉了。不過，莊士敦的心願不能得償，九一八事變前他已經回去英國，即使他不回國，也必跟着他的「皇上」到滿洲國做「開國功臣」，當然不能在樂靜山齋隱居沒世的。

莊士敦和溥儀相處日久，在感情上，他是希望溥儀能夠重新做起中國的皇帝，但他只是同情溥儀而已，並不主張再有復辟之事。民國十三年（一九二四年）甲子，溥儀被驅逐出紫禁城，下一年七月三十一日，辦理清室善後委員會，在養心殿發見許多與復辟陰謀的重要文件，其中有康有爲請莊士敦代奏游說經過函件，日期是甲子年正月十二日。又有一封是康的門生徐良給莊士敦的信，請代奏康的行踪，現在把徐良一函錄左：

> 師傅鈞鑒：津滬上書，想當已登記室。良自送南海先生赴青島後，即旋香港，日間擬入桂省，將中國大局情形，告之林督，倘並一察其內幕，有機會，當力勸之出兵討孫。孫文一日不去，則中國永無寧日，而世界亦因之多事矣。前聞宮中大火，馳念無極。適溫毅夫先生入京膺南書房行走，經即託其代請皇上聖安。此次損失若干，起火之由，此間言人人殊，公暇望示詳情，俾告諸同志爲感。南海先生六月中旬乃能抵滬，良游桂一月後可返，大約六月杪至七月初到滬，日本之行刻未能定也。溫毅夫先生此次入都，甚得此間商界盛譽，即何曉生亦優禮有加，人心趨向，于斯可見。諸節乞代奏皇上。專此敬請崇安。徐良謹肅。五月三十日。

這封信很平常，只是叫莊士敦師傅「代奏」他的老師的行踪罷了，沒有什麽陰謀可尋，但廢話却是有的，說什麽溫肅入京做「南書房行走」，居然也會爲香港的「商界」稱贊，甚至何曉生（東）對這位「文學侍從之臣」也優禮有加，可見人心趨向，未免滑稽！溫肅入京是民國十二年癸亥（一九二三年）三月（陰曆三月初一日，溥儀下諭，派溫肅、王國維、景方昶、楊鍾羲在南書房行走），紫禁城裏的建福宮大火，發生於陰曆五月十四日清晨。徐良字善伯，廣東三水人。

辦理清室善後委員會，於民國十四年（一九二五年）八月十七日，送一份公函給外交部，請照會英國公使，勒令莊士敦出境。當時英國在華享有治外法權，中國政府不容易把一個英國人驅逐出境，甚至也沒有權說一個外國人爲「不受歡迎的人物」，而不必宣布理由把他遞解出境的。外交部接到該會的公函後，到底有沒有照辦，現在無法找到檔案來參考，不過從莊士敦仍然在天津的「行在」做其帝師來看，中國政府對他是不能動分毫的。該會致外交部公函是這樣的：

> 逕啓者：本會於本年七月三十日，點查養心殿時，發見有去年春夏間清室密謀復辟文件，由組長吳承仕提出，本會同人認爲有圖謀復辟確據者。有內務府大臣金梁四次條陳，及康有爲請莊士敦代奏游說經過函等共五件。事關內亂，業送法庭檢察。惟莊士敦係屬外人，據康有爲致彼之函，有特可注意之數點：一、函云：「各事已累令善伯面告」，則康之游說，每事必有報告與莊，康、莊間之接洽，不止一次。二、又云：「望以所歷代奏，先慰聖懷。」則康之游說，溥儀固知情，而爲之傳遞消息者，莊也。三、函本與莊，而發見乃在溥儀之養心殿，知莊已盡傳遞之義務矣。四、此函之發見與金梁各摺同在一匣，則溥儀亦認此爲密謀復辟要件，故同置一處也。五、金梁條陳力言聯絡外人之必要，有「借外交以定內亂」等語。今莊竟以外人參預清室復辟密謀，挑撥我政潮，擾亂我治安，照國際慣例，應即驅逐出境。茲特將原函抄送貴部查照，應否照會該國公使勒令莊士敦出境，希酌核辦理……

莊士敦對這件事是有辯駁的。後來他在「紫禁城的黃昏」裏說，這是一個反對優待清室大同盟的團體製造的謠言。他說：

> 反對優待清室大同盟這個團體，一向就製造謠言來攻擊清室的。……一九二五年的下半年，清室的敵人發表一些復辟運動的文件，據說是在遜帝的臥室中一個匣子裏找到的。其中有些函件與復辟陰謀有關，而有關的人又是中國政治上著名人物。但這些文件却沒有確實證據證明是復辟陰謀，他們發表出來，無非是要使中國人民對清室增加仇恨，他們甚至還要把我拖下水去，說我和這個陰謀有關。因爲有一封信提到我的名字，這個大同盟就如獲異寶，以爲拿到了確證，公然說溥儀的洋師傅也參加這陰謀，進行復辟，捧他的學生再坐上寶座了。他們更進一步的來誣衊我，製造種種謠言，使外交界也受到影响。最典型的一例，無如一九二五年八月十一日英文「明報」所載的一段了，它說：「自前清遜帝到天津後，他的英文教師莊士敦先生就奔走於歐洲帝國主義者公使、領事之門，代表他的學生向這批外國使節提出種種建議，請他們幫助遜帝復辟，而答應事成後給予各出力者的國家以特殊權利。他的陰謀所產生的效果，就是使到英公使館的代辦蒙受影响。自上海五卅慘案發生後，莊士敦先生和英國代辦更努力於復辟運動了。」（莊士敦自己註明說：這時候，英國公使麻類克回國度假，代辦是巴利列特先生。）這個可鄙和惡毒的謠言散播後數星期，反對優待清室大同盟，又以代表四萬萬中國人的名義，給英公使一封公開信，要求把我勒令回祖國。信裏還說，所有中國的復辟派分子都要處以極刑，而我本人的罪行也是絕不能饒恕的，同樣地也要處以極刑。這樣的攻擊我，很是無聊而幼稚，本不值得一辨的，但段祺瑞的政府却暗中派人告知我，假使我站出來公開予以反駁，他們倒也很高興，因爲這樣政府就可以採取措施，迫使那些反對清室

的活動份子就範。……

莊士敦雖然不敢公開駁斥，助段政府一臂之力，但也在中英文報刊上發表一封答復的信，否認溥儀與外國人勾結，許以復辟成功後，讓予種種權利。並說：這不過是溥儀的敵人用來攻擊他的藉口，完全無根據的。

莊士敦這樣否認，在當日看來還可以使人相信，因爲復辟派的行動，只是宣傳，未有實行，沒有證據是難以入人以罪的。

溥儀賜莊士敦入住御花園養性齋一角

溥儀在紫禁城最後那兩年（一九二三、二四年），他和莊士敦的關係越來越密切，陳寶琛對溥儀的影响力，已萬不及這位洋師傅了。這並不難理解的，因爲陳只能教他詩書禮樂，而莊能爲他奔走聯絡，有起事來，可以做他的「保鑣」（溥儀「我的前半生」上集說：清室之用莊士敦爲教師，多少是存有「保鑣」的作用的，此係實情），陳寶琛、朱益藩之流，已經沒有大用途了。據莊士敦本人說：到一九二三年年底，他和溥儀已不再是師生，而是朋友了。自溥儀結婚後，毓慶宮書房已撤銷，陳、朱二師傅不必排日入宮上課，但莊士敦仍每日入宮，大部分時間伴君主，並且不必講究「宮廷禮節」，隨時入見，隨時退出，這是一個大「曠典」，使到小朝廷中那批大小臣工爲之眼紅，暗中憤憤不平的。最有趣的是師生見面時，多在溥儀所住的那一帶地方，或在新設的那個游樂場（建福宮大火後，溥儀利用廢墟，改作爲露天游樂場，並築有一個網球場，常與其弟妹等打球爲樂），或在御花園。在清代盛時，御花園是皇帝和他的家人行樂的地方，非有特許，不准外人跨入一步的，現在莊士敦竟然有出入的特權，難怪小朝廷的人馬側目了。

據莊士敦自述，在一九二四年初，溥儀給他一「曠典」，竟然在御花園中，指定養性齋做他的休憩之所，有個紫禁城的「官員」對莊士敦說：這一曠典，是前朝所無的。溥儀這一措施，表面上是爲了便於老師在園中有個屬於他的地方，可以休息讀書，遇到必要時，還可以在宮中過夜，溥儀也可以隨時來看他，不拘形跡。其實關養性齋之眞實用意，在於隨時可以與莊士敦密談，商量大事，說不定有什麽陰謀在策劃進行呢。雍正帝爲了西北用兵和自己的安全，把內閣大權削去，改設軍機處於乾淸門內，以保秘密，溥儀更進一步，索性再向後退，退到御花園設立他的「軍機處」，說來眞是有趣得很呢。

「紫禁城的黃昏」對養性齋及溥儀和他往還的描繪，很是精采，摘錄於後。

養性齋在御花園的西南隅，距離遜帝所住的養心殿只不過步行幾分鐘。它是一座頗大的兩層建築。（按：養性齋是向東的，共七楹，東北向各三楹，皆有樓，其南即爲瓊苑西門。）遜帝吩咐把它改裝西式陳設——可惜我事先全不知道，假如先和我商量一下，我還是喜歡它原來那種中國式設備。——布置妥當，我就從家裏搬了大批書籍來，增加了這座養性齋的可愛性。養性齋一共有一個臥室和幾個大廳，在它的對面的一所房子，是預備給我使喚的人或宮中指定伺候我的人所使用的。我每日的大部份時間都在齋中獨對書本，有時遜帝來談天，他偶然也在這裏和我一起吃午膳，不過，他在我處吃飯，用的是御厨的飯菜。有幾次他還帶了一兩個滿洲年青的王公來同桌。皇后和端恭皇太妃很少到御花園或養性齋和我們同游，皇后偶爾來游，往往同她的朋友兼英文教師美籍女士任薩姆同行。這個美國小姐，在皇后未婚前已是她的教師了，她結婚後，仍然教她英文。遜帝常派人到養性齋召我入皇后所居的儲秀宮和他們一起進膳，我們在這種場合中，完全不拘宮廷禮節。

溥儀給莊士敦的「曠典」——入住養性齋，已足使小朝廷大小臣工驚駭萬分，詫爲空前舉動了。怎知過了不久，溥儀又來一個炸彈性的舉動，派莊士敦管理頤和園及其附近的一批產業。內務府那批人接到「上諭」後，很是傷心，怎麽可以派個洋鬼子來管理頤和園呢？但「煌煌天語」，從上頭發下來，他們不敢不照辦，於是用公函通知莊士敦，叫莊欽此欽遵。函云：

敬啓者：本日總管內務府大臣面奉諭旨：「着派莊士敦管理頤和園、靜明園、玉泉山事務。欽此！」用特肅函奉聞，即希遵照可也。專此藉頌時綏！內務府啓。

到這時候，莊士敦眞眞實實做起小朝廷中的「實缺」官了。以前他的什麽「頭品頂戴」，只是虛銜，現在有了實職，好不威風，所以他在「紫禁城的黃昏」中，很得意的提到一筆說：

我正式就職，負起管理頤和園的職務，同時又和園中各宮殿的辦事人員會面，他們個個都是有品級的官員，現在是我的直轄下屬了。從這天起，我的辦公時間分一部份在紫禁城，一部份在頤和園，偶然也去那個我最喜愛的山中別墅櫻桃溝畧作勾留，這個地方是我四個住所之一。

莊士敦的「頭品頂戴」之賜，原來是一九二二年溥儀結婚後，加恩在廷出力臣工，莊士敦得此「恩典」。那個中文師傅陳寶琛、晉升太子太傅（一九三五年死後，封「太師」），朱益藩封太子少保。但同爲師傅，而莊士敦却沒有「宮銜」之賜，未免對洋人有歧視了，大概因爲莊士敦在小朝廷的資格尚淺罷。溥儀結婚之日是陰曆壬辰年十月十三日，陽曆是十二月一日，第二日，溥儀就加恩內廷行走人員，入座聽戲，日期是十月十四、十五、十六，莊士敦也接到內務府通知，按時入座。溥儀給莊士敦這種種「曠典」，可惜已是紫禁城逼近黃昏的時候，好日子無多了。霹靂一聲，馮玉祥把這個過氣皇帝逐出紫禁城，莊士敦果然能盡「保鑣」之職，替他向駐北京公使團訴苦，後來又安排妙計，把溥儀從醇王府引入使館區，住到日本使館，受外人保護，進一步，溥儀又逃往天津，在日本租界裏重整「江山」，仍然做他的「關門皇帝」。

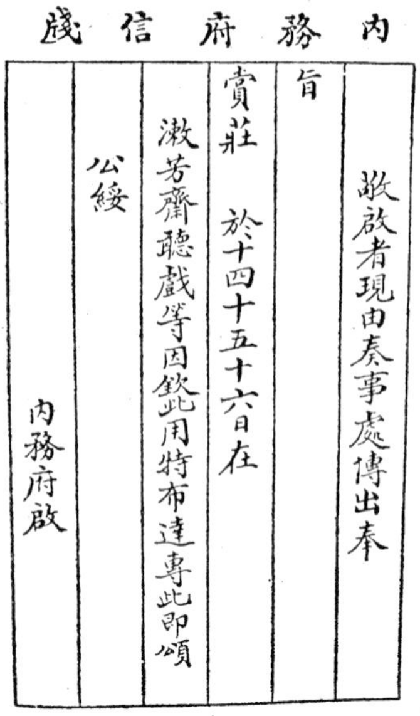
內務府信箋
敬啟者現由奏事處傳出奉
旨
賞莊　於十四十五十六日在
漱芳齋聽戲等因欽此用特布達專此即頌
公綏
內務府啟

內務府奉旨賞莊士敦聽戲通知

一九二六年莊士敦因事回英國，溥儀在天津「行在」設宴爲他餞行，二人並在平和樓內合攝一影相，溥儀親筆題「二十一歲在平和樓餞別莊士敦先生赴英」。一九二七年莊士敦重返中國，前往威海衛租借地任英國的行政專員，一直做到一九三〇年十月一日英政府交還該地區爲止。在九月上旬，莊前往天津向溥儀辭行，溥儀親筆寫了一把摺扇送別，欵識云：「庚午夏月初伏，爲志道師傅書」。寫的是兩首五言古體詩，因係「御書」，是沒有下欵的。

莊士敦回國後剛一年，他又到中國一行了，這次是出席在華舉行的太平洋會議及英國庚欵問題。一九三一年他在船上聽到九月十八日日本侵畧軍攻佔瀋陽的消息。他到了上海，立即轉乘火車前往天津。據莊士敦說：他在天津和溥儀相處兩日，他已猜出不久後，溥儀將會到東北的了。有一晚，溥儀邀請莊士敦和鄭孝胥晚宴，陪食的是陳寶琛、鄭垂、徐良。所談的只有一個問題。到底是什麽問題，莊士敦在他的書中沒有明確指出。他顯然是不想在紙上作供，說他參預溥儀通敵的活動。

十月八日，莊士敦忽然到北京一行，他爲什麽有這舉動，他也沒有說明，但後來知道，他是負有溥儀的秘密指示，打聽一些情報，最要緊的是向外國人探消息，看他們對瀋陽事變後，外人對溥儀有什麽感想。他到北京時，曾謁見張學良，張已知道他在天津見過溥儀了，張學良還表示很想從他口中知道溥儀的動向。莊守口如瓶，一點都不漏口風，張學良很失望。

莊士敦在北京逗留到十月十五日才回天津，在這個時候爲什麽留得這樣久，是頗令人尋味的，可惜他的書中一點不提，這就很可以引後人懷疑了。十月廿一日莊士敦到上海出席太平洋會議，上海的報紙天天都有登載關於溥儀的消息，說他不久就要到東北登位了，有幾家報紙還說莊士敦對溥儀很有影响力，於是便有幾個中國名流來見他，請他善用其影响力，本君子愛人以德之義，阻止溥儀受日本軍閥利用。但莊士敦這時候急於要看見他的學生能重返舊里，再坐龍廷，小人君子之分，他早已忘個一乾二淨了。莊士敦說：他離開上海後，於十一月十日到南京，這時宋子文以財政部長兼任外交部長，他知莊到了，就請他馬上往見，一見面，宋就拿出一封從北方拍來的電報，發電人請宋轉告莊士敦，謂「溥儀處境十分危險，他需要莊士敦的幫助。」莊看後，知道這是中國當局希望他立即回天津，阻止溥儀前往東北。於是他對宋子文說：「遜帝是知道我的行蹤的，如果他在危難中，需要我援助，我得到他的一句話，我會立即到他的身邊去的。不過，這句話一定要由他直接給我。」他這樣斬釘截鐵的說了，宋子文不便再說什麽了。最妙的是他於十一月十日見宋子文，當他於十三日回到上海時，得到他的朋友電報，告知他溥儀已於十日夜裏逃出天津了。

溥儀到了東北後，在日本軍閥導演下做的是什麽戲，莊士敦當然早已料到，難道他還不知溥儀登位做皇帝只不過是一個傀儡嗎？但莊士敦枉讀中國經史，不知道東北這一地區數千年來都是中國的領土，還說溥儀出關是「龍歸故里」，恢復舊業，想不到清太宗開國後三百年，他的子孫又回到他的老家，在滿洲登極了。他引唐紹儀的話說：「中國人雖把滿清推倒，但東三省是溥儀的祖先帶入關的嫁粧，溥儀回到東北，自有其『合法的繼承權』。」這是莊士敦聊以自慰之語，他還祝溥儀的後福無窮。不錯，溥儀在長春確也享了十四年「福」。然而後來以「皇帝」身份成爲戰犯，又坐了十四年牢。最後才遇到「特赦」而壽終正寢，而莊士敦的墓木拱矣。

百年好合　五世其昌
萬里長風　千秋大業

三陽開泰，一元復始，癸丑新年，瞬即來臨。際茲「除舊更新」，敬譔本篇，以餉讀者。百年好合，選出結婚之佳期。五世其昌，統計全年新生嬰孩之上好八字。萬里長風，預查出行之啓程良辰。千秋大業，乃店鋪、工廠、公司、商行之「擇吉開張」也。

韋千里

癸丑年結婚吉期一覽表

農曆	幹枝	陽曆	星期	時辰	註一	註二
正月初十日	己卯	二月十二日	一	午	新郎或新娘屬雞者忌	堂上有姑避之
正月十三日	壬午	二月十五日	四	巳	新郎或新娘屬鼠者忌	
正月廿二日	辛卯	二月廿四日	六	午	新郎或新娘屬雞者忌	
正月廿八日	丁酉	三月二日	五	午	新郎或新娘屬兎者忌	
二月初五日	甲辰	三月九日	五	辰	新郎或新娘屬犬者忌	
二月十一日	庚戌	三月十五日	四	午	新郎或新娘屬龍者忌	
二月廿六日	乙丑	三月三十日	五	申	新郎或新娘屬羊者忌	
二月廿七日	丙寅	三月卅一日	六	午	新郎或新娘屬猴者忌	
三月初八日	丙子	四月十日	二	酉	新郎或新娘屬馬者忌	
三月初十日	戊寅	四月十二日	四	午	新郎或新娘屬猴者忌	堂上有姑避之
三月二十日	戊子	四月廿二日	日	申	新郎或新娘屬馬者忌	堂上有翁避之
三月廿一日	己丑	四月廿三日	一	申	新郎或新娘屬羊者忌	
三月廿九日	丁酉	五月一日	二	酉	新郎或新娘屬兎者忌	
四月初五日	癸卯	五月七日	一	戌	新郎或新娘屬雞者忌	
四月十一日	己酉	五月十三日	日	申	新郎或新娘屬兎者忌	
四月十二日	庚戌	五月十四日	一	午	新郎或新娘屬龍者忌	堂上有翁避之
四月廿七日	乙丑	五月廿九日	二	申	新郎或新娘屬羊者忌	
五月初三日	庚午	六月三日	日	午	新郎或新娘屬鼠者忌	
五月十一日	戊寅	六月十一日	一	巳	新郎或新娘屬猴者忌	
五月十三日	庚辰	六月十三日	三	巳	新郎或新娘屬犬者忌	
五月十九日	丙戌	六月十九日	二	巳	新郎或新娘屬龍者忌	
五月廿九日	丙申	六月廿九日	五	酉	新郎或新娘屬虎者忌	
六月初二日	戊戌	七月一日	日	申	新郎或新娘屬龍者忌	堂上有姑避之
六月初五日	辛丑	七月四日	三	午	新郎或新娘屬羊者忌	
六月初六日	壬寅	七月五日	四	戌	新郎或新娘屬猴者忌	
六月十二日	戊申	七月十一日	三	巳	新郎或新娘屬虎者忌	堂上有翁避之

（「來鴻去雁」下期續刊）

農曆	幹枝	陽曆	星期	時辰	註一	註二
六月十三日	己酉	七月十二日	四	午	新郎或新娘屬兎者忌	
六月十八日	甲寅	七月十七日	二	辰	新郎或新娘屬猴者忌	堂上有姑避之
六月十九日	乙卯	七月十八日	三	申	新郎或新娘屬雞者忌	
六月廿八日	甲子	七月廿七日	五	申	新郎或新娘屬馬者忌	堂上有翁避之
六月三十日	丙寅	七月廿九日	日	酉	新郎或新娘屬猴者忌	
七月十一日	丁丑	八月九日	四	酉	新郎或新娘屬羊者忌	
七月十六日	壬午	八月十四日	二	巳	新郎或新娘屬鼠者忌	
七月廿二日	戊子	八月二十日	一	申	新郎或新娘屬馬者忌	堂上有姑避之
八月初三日	戊戌	八月三十日	四	申	新郎或新娘屬龍者忌	
八月初八日	癸卯	九月四日	二	卯	新郎或新娘屬雞者忌	
八月初十日	乙巳	九月六日	四	申	新郎或新娘屬豬者忌	
九月初一日	乙丑	九月廿六日	三	申	新郎或新娘屬羊者忌	
九月初四日	戊辰	九月廿九日	六	巳	新郎或新娘屬犬者忌	堂上有翁避之
九月初五日	己巳	九月三十日	日	午	新郎或新娘屬豬者忌	
九月十三日	丁丑	十月八日	一	酉	新郎或新娘屬羊者忌	
九月十八日	壬午	十月十三日	六	巳	新郎或新娘屬鼠者忌	堂上有姑避之
九月廿二日	丙戌	十月十七日	三	巳	新郎或新娘屬龍者忌	
九月廿七日	辛卯	十月廿二日	一	午	新郎或新娘屬雞者忌	
九月廿九日	癸巳	十月廿四日	三	巳	新郎或新娘屬豬者忌	

農曆	幹枝	陽曆	星期	時辰	註一	註二
九月三十日	甲午	十月廿五日	四	酉	新郎或新娘屬鼠者忌	
十月初二日	丙申	十月廿七日	六	申	新郎或新娘屬虎者忌	
十月十一日	乙巳	十一月五日	一	申	新郎或新娘屬豬者忌	
十月二十日	甲寅	十一月十四	三	辰	新郎或新娘屬猴者忌	堂上有翁避之
十月廿一日	乙卯	十一月十五	四	申	新郎或新娘屬雞者忌	
十月廿二日	丙辰	十一月十六	五	酉	新郎或新娘屬犬者忌	
十月三十日	甲子	十一月廿四	六	申	新郎或新娘屬馬者忌	
十一月初三	丁卯	十一月廿七	二	午	新郎或新娘屬雞者忌	
十一月初四	戊辰	十一月廿八	三	申	新郎或新娘屬犬者忌	堂上有翁避之
十一月初六	庚午	十一月卅日	五	午	新郎或新娘屬鼠者忌	堂上有姑避之
十一月十四	戊寅	十二月八日	六	巳	新郎或新娘屬猴者忌	堂上有姑避之
十一月二十	甲申	十二月十四	五	申	新郎或新娘屬虎者忌	堂上有翁避之
十一月廿六	庚寅	十二月二十	四	辰	新郎或新娘屬猴者忌	
十二月初三	丙申	十二月廿六	三	巳	新郎或新娘屬虎者忌	
十二月初八	辛丑	十二月卅一	一	巳	新郎或新娘屬羊者忌	
十二月十一	甲辰	1974一月三日	四	酉	新郎或新娘屬犬者忌	
十二月十六	己酉	一月八日	二	午	新郎或新娘屬兎者忌	
十二月廿二	乙卯	一月十四日	一	申	新郎或新娘屬雞者忌	
十二月廿八	辛酉	一月二十日	日	巳	新郎或新娘屬兎者忌	堂上有翁避之

癸丑年新生嬰孩上好命造一覽表

農曆	陽曆	時辰	八字
癸丑年正月初二日	一九七三年二月四日	酉	癸丑 甲寅 辛未 丁酉
癸丑年正月初三日	一九七三年二月五日	午	癸丑 甲寅 壬申 丙午
癸丑年正月初四日	一九七三年二月六日	巳	癸丑 甲寅 癸酉 丁巳
癸丑年正月初八日	一九七三年二月十日	丑	癸丑 甲寅 丁丑 辛丑
癸丑年正月十二日	一九七三年二月十四日	酉	癸丑 甲寅 辛巳 丁酉
癸丑年正月十三日	一九七三年二月十五日	酉	癸丑 甲寅 壬午 己酉
癸丑年正月十九日	一九七三年二月廿一日	巳	癸丑 甲寅 戊子 丁巳
癸丑年正月廿三日	一九七三年二月廿五日	午	癸丑 甲寅 壬辰 丙午
癸丑年正月廿四日	一九七三年二月廿六日	夜子時	癸丑 甲寅 癸巳 甲子
癸丑年正月廿五日	一九七三年二月廿七日	午	癸丑 甲寅 甲午 庚午
癸丑年正月廿五日	一九七三年二月廿七日	戌	癸丑 甲寅 甲午 甲戌
癸丑年正月廿八日	一九七三年三月二日	子	癸丑 甲寅 丁酉 庚子
癸丑年二月初一日	一九七三年三月五日	申	癸丑 甲寅 庚子 甲申
癸丑年二月初三日	一九七三年三月七日	未	癸丑 乙卯 壬寅 丁未
癸丑年二月初四日	一九七三年三月八日	卯	癸丑 乙卯 癸卯 乙卯
癸丑年二月初五日	一九七三年三月九日	寅	癸丑 乙卯 甲辰 丙寅
癸丑年二月初七日	一九七三年三月十一日	夜子時	癸丑 乙卯 丙午 庚子
癸丑年二月初九日	一九七三年三月十三日	午	癸丑 乙卯 戊申 戊午
癸丑年二月十一日	一九七三年三月十五日	子	癸丑 乙卯 庚戌 丙子
癸丑年二月十三日	一九七三年三月十七日	未	癸丑 乙卯 壬子 丁未
癸丑年二月十五日	一九七三年三月十九日	子	癸丑 乙卯 甲寅 甲子
癸丑年二月十五日	一九七三年三月十九日	辰	癸丑 乙卯 甲寅 戊辰
癸丑年二月十八日	一九七三年三月廿二日	酉	癸丑 乙卯 丁巳 己酉
癸丑年二月二十日	一九七三年三月廿四日	亥	癸丑 乙卯 己未 乙亥
癸丑年二月廿一日	一九七三年三月廿五日	子	癸丑 乙卯 庚申 丙子
癸丑年二月廿五日	一九七三年三月廿九日	亥	癸丑 乙卯 甲子 乙亥
癸丑年二月廿九日	一九七三年四月二日	申	癸丑 乙卯 戊辰 庚申
癸丑年三月初三日	一九七三年四月五日	子	癸丑 乙卯 辛未 戊子
癸丑年三月初四日	一九七三年四月六日	子	癸丑 丙辰 壬申 庚子
癸丑年三月初九日	一九七三年四月十一日	寅	癸丑 丙辰 丁丑 壬寅
癸丑年三月十七日	一九七三年四月十九日	子	癸丑 丙辰 乙酉 丙子
癸丑年三月十八日	一九七三年四月二十日	戌	癸丑 丙辰 丙戌 戊戌

農曆	陽曆	時辰	八字
癸丑年三月二十日	一九七三年四月廿二日	申	癸丑 丙辰 戊子 庚申
癸丑年三月廿五日	一九七三年四月廿七日	夜子時	癸丑 丙辰 癸巳 甲子
癸丑年三月三十日	一九七三年五月二日	申	癸丑 丙辰 戊戌 庚申
癸丑年四月初二日	一九七三年五月四日	申	癸丑 丙辰 庚子 甲申
癸丑年四月初六日	一九七三年五月八日	酉	癸丑 丁巳 甲辰 癸酉
癸丑年四月十一日	一九七三年五月十三日	夜子時	癸丑 丁巳 己酉 丙子
癸丑年四月十五日	一九七三年五月十七日	巳	癸丑 丁巳 癸丑 丁巳
癸丑年五月初一日	一九七三年六月一日	酉	癸丑 丁巳 戊辰 辛酉
癸丑年五月初二日	一九七三年六月二日	申	癸丑 丁巳 己巳 壬申
癸丑年五月初六日	一九七三年六月六日	午	癸丑 戊午 癸丑 戊午
癸丑年五月初七日	一九七三年六月七日	寅	癸丑 戊午 甲戌 丙寅
癸丑年五月初十日	一九七三年六月十日	子	癸丑 戊午 丁丑 庚子
癸丑年五月十六日	一九七三年六月十六日	午	癸丑 戊午 癸未 戊午
癸丑年五月廿三日	一九七三年六月廿三日	戌	癸丑 戊午 庚寅 丙戌
癸丑年五月廿六日	一九七三年六月廿六日	午	癸丑 戊午 癸巳 戊午
癸丑年六月初八日	一九七三年七月七日	未	癸丑 己未 甲辰 辛未
癸丑年六月初八日	一九七三年七月七日	申	癸丑 己未 甲辰 壬申

農曆	陽曆	時辰	八字
癸丑年六月初八日	一九七三年七月七日	酉	癸丑 己未 甲辰 癸酉
癸丑年六月初八日	一九七三年七月七日	夜子時	癸丑 己未 甲辰 丙子
癸丑年六月十一日	一九七三年七月十日	丑	癸丑 己未 丁未 辛丑
癸丑年六月十一日	一九七三年七月十日	申	癸丑 己未 丁未 戊申
癸丑年六月十一日	一九七三年七月十日	酉	癸丑 己未 丁未 己酉
癸丑年六月十一日	一九七三年七月十日	戌	癸丑 己未 丁未 庚戌
癸丑年六月十一日	一九七三年七月十日	亥	癸丑 己未 丁未 辛亥
癸丑年六月十二日	一九七三年七月十一日	子	癸丑 己未 戊申 壬子
癸丑年六月十三日	一九七三年七月十二日	子	癸丑 己未 己酉 甲子
癸丑年六月十三日	一九七三年七月十二日	申	癸丑 己未 己酉 壬申
癸丑年六月十三日	一九七三年七月十二日	酉	癸丑 己未 己酉 癸酉
癸丑年六月十三日	一九七三年七月十二日	戌	癸丑 己未 己酉 甲戌
癸丑年六月十七日	一九七三年七月十六日	卯	癸丑 己未 癸丑 乙卯
癸丑年六月十七日	一九七三年七月十六日	未	癸丑 己未 癸丑 己未
癸丑年六月十九日	一九七三年七月十八日	子	癸丑 己未 乙卯 丙子
癸丑年六月二十日	一九七三年七月十九日	丑	癸丑 己未 丙辰 己丑
癸丑年七月初一日	一九七三年七月三十日	亥	癸丑 己未 丁卯 辛亥

農曆	陽曆	時辰	八字
癸丑年七月初二日	一九七三年七月卅一日	申	癸丑 己未 戊辰 庚申
癸丑年七月初三日	一九七三年八月一日	子	癸丑 己未 己巳 甲子
癸丑年七月初三日	一九七三年八月一日	酉	癸丑 己未 己巳 癸酉
癸丑年七月初六日	一九七三年八月四日	未	癸丑 己未 壬申 丁未
癸丑年七月初八日	一九七三年八月六日	辰	癸丑 己未 甲戌 戊辰
癸丑年七月初八日	一九七三年八月六日	巳	癸丑 己未 甲戌 己巳
癸丑年七月初九日	一九七三年八月七日	子	癸丑 己未 乙亥 丙子
癸丑年七月初十日	一九七三年八月八日	子	癸丑 庚申 丙子 戊子
癸丑年七月初十日	一九七三年八月八日	丑	癸丑 庚申 丙子 己丑
癸丑年七月初十日	一九七三年八月八日	辰	癸丑 庚申 丙子 壬辰
癸申年七月初十日	一九七三年八月八日	亥	癸丑 庚申 丙子 己亥
癸丑年七月初十日	一九七三年八月八日	夜子時	癸丑 庚申 丙子 庚子
癸丑年七月十一日	一九七三年八月九日	午	癸丑 庚申 丁丑 丙午
癸丑年七月十九日	一九七三年八月十七日	巳	癸丑 庚申 乙酉 辛巳
癸丑年七月十九日	一九七三年八月十七日	夜子時	癸丑 庚申 乙酉 戊子
癸丑年七月二十日	一九七三年八月十八日	巳	癸丑 庚申 丙戌 癸巳
癸丑年七月廿二日	一九七三年八月二十日	巳	癸丑 庚申 戊子 丁巳

農曆	陽曆	時辰	八字
癸丑年七月廿二日	一九七三年八月二十日	申	癸丑 庚申 戊子 庚申
癸丑年七月廿二日	一九七三年八月二十日	酉	癸丑 庚申 戊子 辛酉
癸丑年七月廿三日	一九七三年八月廿一日	夜子時	癸丑 庚申 己丑 丙子
癸丑年七月廿七日	一九七三年八月廿五日	卯	癸丑 庚申 癸巳 乙卯
癸丑年七月廿九日	一九七三年八月廿七日	申	癸丑 庚申 乙未 甲申
癸丑年七月廿九日	一九七三年八月廿七日	夜子時	癸丑 庚申 乙未 戊子
癸丑年八月初一日	一九七三年八月廿八日	丑	癸丑 庚申 丙申 己丑
癸丑年八月初一日	一九七三年八月廿八日	丑	癸丑 庚申 丙申 己丑
癸丑年八月初一日	一九七三年八月廿八日	亥	癸丑 庚申 丙申 己亥
癸丑年八月初一日	一九七三年八月廿八日	夜子時	癸丑 庚申 丙申 庚子
癸丑年八月初二日	一九七三年八月廿九日	子	癸丑 庚申 丁酉 庚子
癸丑年八月初二日	一九七三年八月廿九日	午	癸丑 庚申 丁酉 丙午
癸丑年八月初二日	一九七三年八月廿九日	申	癸丑 庚申 丁酉 戊申
癸丑年八月初二日	一九七三年八月廿九日	酉	癸丑 庚申 丁酉 己酉
癸丑年八月初二日	一九七三年八月廿九日	亥	癸丑 庚申 丁酉 辛亥
癸丑年八月初二日	一九七三年八月廿九日	夜子時	癸丑 庚申 丁酉 壬子
癸丑年八月初四日	一九七三年八月卅一日	申	癸丑 庚申 己亥 壬申

農曆	陽曆	時辰	八字
癸丑年八月初四日	一九七三年八月卅一日	酉	癸丑 庚申 己亥 癸酉
癸丑年八月初七日	一九七三年九月三日	午	癸丑 庚申 壬寅 丙午
癸丑年八月初九日	一九七三年九月五日	夜子時	癸丑 庚申 甲辰 丙子
癸丑年八月初十日	一九七三年九月六日	子	癸丑 庚申 乙巳 丙子
癸丑年八月十一日	一九七三年九月七日	寅	癸丑 庚申 丙午 庚寅
癸丑年八月十二日	一九七三年九月八日	巳	癸丑 辛酉 丁未 乙巳
癸丑年八月十三日	一九七三年九月九日	子	癸丑 辛酉 戊申 壬子
癸丑年八月十三日	一九七三年九月九日	巳	癸丑 辛酉 戊申 丁巳
癸丑年八月十三日	一九七三年九月九日	午	癸丑 辛酉 戊申 戊午
癸丑年八月十三日	一九七三年九月九日	申	癸丑 辛酉 戊申 庚申
癸丑年八月十三日	一九七三年九月九日	酉	癸丑 辛酉 戊申 辛酉
癸丑年八月十三日	一九七三年九月九日	亥	癸丑 辛酉 戊申 癸亥
癸丑年八月十四日	一九七三年九月十日	寅	癸丑 辛酉 己酉 丙寅
癸丑年八月十四日	一九七三年九月十日	申	癸丑 辛酉 己酉 壬申
癸丑年八月十四日	一九七三年九月十日	酉	癸丑 辛酉 己酉 癸酉
癸丑年八月十六日	一九七三年九月十二日	午	癸丑 辛酉 辛亥 甲午
癸丑年八月十九日	一九七三年九月十五日	辰	癸丑 辛酉 甲寅 戊辰

農曆	陽曆	時辰	八字
癸丑年八月廿一日	一九七三年九月十七日	午	癸丑 辛酉 丙辰 甲午
癸丑年八月廿二日	一九七三年九月十八日	子	癸丑 辛酉 丁巳 庚子
癸丑年八月廿二日	一九七三年九月十八日	丑	癸丑 辛酉 丁巳 辛丑
癸丑年八月廿二日	一九七三年九月十八日	午	癸丑 辛酉 丁巳 丙午
癸丑年八月廿二日	一九七三年九月十八日	申	癸丑 辛酉 丁巳 戊申
癸丑年八月廿二日	一九七三年九月十八日	酉	癸丑 辛酉 丁巳 己酉
癸丑年八月廿三日	一九七三年九月十九日	寅	癸丑 辛酉 戊午 甲寅
癸丑年八月廿四日	一九七三年九月二十日	夜子時	癸丑 辛酉 己未 丙子
癸丑年八月廿九日	一九七三年九月廿五日	巳	癸丑 辛酉 甲子 己巳
癸丑年九月初四日	一九七三年九月廿九日	子	癸丑 辛酉 戊辰 壬子
癸丑年九月初四日	一九七三年九月廿九日	申	癸丑 辛酉 戊辰 庚申
癸丑年九月初四日	一九七三年九月廿九日	酉	癸丑 辛酉 戊辰 辛酉
癸丑年九月初五日	一九七三年九月三十日	寅	癸丑 辛酉 己巳 丙寅
癸丑年九月十一日	一九七三年十月六日	戌	癸丑 辛酉 乙亥 丙戌
癸丑年九月十三日	一九七三年十月八日	子	癸丑 辛酉 丁丑 庚子
癸丑年九月十三日	一九七三年十月八日	丑	癸丑 辛酉 丁丑 辛丑
癸丑年九月十三日	一九七三年十月八日	申	癸丑 辛酉 丁丑 戊申

農曆	陽曆	時辰	八字
癸丑年九月十五日	一九七三年十月十日	子	癸丑 壬戌 己卯 甲子
癸丑年九月十八日	一九七三年十月十三日	寅	癸丑 壬戌 壬午 壬寅
癸丑年九月廿四日	一九七三年十月十九日	申	癸丑 壬戌 戊子 庚申
癸丑年九月三十日	一九七三年十月廿五日	巳	癸丑 壬戌 甲午 己巳
癸丑年十月初四日	一九七三年十月廿九日	申	癸丑 壬戌 戊戌 庚申
癸丑年十月初五日	一九七三年十月三十日	子	癸丑 壬戌 己亥 甲子
癸丑年十月初八日	一九七三年十一月二日	午	癸丑 壬戌 壬寅 丙午
癸丑年十月初十日	一九七三年十一月四日	巳	癸丑 壬戌 甲辰 己巳
癸丑年十月十四日	一九七三年十一月八日	子	癸丑 癸亥 戊申 壬子
癸丑年十月十四日	一九七三年十一月八日	申	癸丑 癸亥 戊申 庚申
癸丑年十月十四日	一九七三年十一月八日	酉	癸丑 癸亥 戊申 辛酉
癸丑年十月十四日	一九七三年十一月八日	亥	癸丑 癸亥 戊申 癸亥
癸丑年十月十五日	一九七三年十一月九日	申	癸丑 癸亥 己酉 壬申
癸丑年十月十五日	一九七三年十一月九日	酉	癸丑 癸亥 己酉 癸酉
癸丑年十月十六日	一九七三年十一月十日	寅	癸丑 癸亥 庚戌 戊寅
癸丑年十月十七日	一九七三年十一月十一	午	癸丑 癸亥 辛亥 甲午
癸丑年十月十七日	一九七三年十一月十一	申	癸丑 癸亥 辛亥 丙申

農曆	陽曆	時辰	八字
癸丑年十月十八日	一九七三年十一月十二	子	癸丑 癸亥 壬子 庚子
癸丑年十月十八日	一九七三年十一月十二	丑	癸丑 癸亥 壬子 辛丑
癸丑年十月十八日	一九七三年十一月十二	寅	癸丑 癸亥 壬子 壬寅
癸丑年十月十八日	一九七三年十一月十二	卯	癸丑 癸亥 壬子 癸卯
癸丑年十月十八日	一九七三年十一月十二	亥	癸丑 癸亥 壬子 辛亥
癸丑年十月十八日	一九七三年十一月十二	夜子時	癸丑 癸亥 壬子 壬子
癸丑年十月十九日	一九七三年十一月十三	子	癸丑 癸亥 癸丑 壬子
癸丑年十月十九日	一九七三年十一月十三	亥	癸丑 癸亥 癸丑 癸亥
癸丑年十月十九日	一九七三年十一月十三	夜子時	癸丑 癸亥 癸丑 甲子
癸丑年十月廿四日	一九七三年十一月十八	寅	癸丑 癸亥 戊午 甲寅
癸丑年十月廿四日	一九七三年十一月十八	午	癸丑 癸亥 戊午 戊午
癸丑年十月廿九日	一九七三年十一月廿三	子	癸丑 癸亥 癸亥 壬子
癸丑年十月廿九日	一九七三年十一月廿三	亥	癸丑 癸亥 癸亥 癸亥
癸丑年十月廿九日	一九七三年十一月廿三	夜子時	癸丑 癸亥 癸丑 甲子
癸丑年十一月初四	一九七三年十一月廿八	子	癸丑 癸亥 戊辰 壬子
癸丑年十一月初五	一九七三年十一月廿九	巳	癸丑 癸亥 己巳 己巳
癸丑年十一月初八	一九七三年十二月二日	子	癸丑 癸亥 壬申 庚子

農曆	陽曆	時辰	八字
癸丑年十一月初八	一九七三年十二月二日	夜子時	癸丑 癸亥 壬申 壬子
癸丑年十一月初九	一九七三年十二月三日	子	癸丑 癸亥 癸酉 壬子
癸丑年十一月初九	一九七三年十二月三日	夜子時	癸丑 癸亥 癸酉 甲子
癸丑年十一月十二	一九七三年十二月六日	辰	癸丑 癸亥 丙子 壬辰
癸丑年十一月十四	一九七三年十二月八日	巳	癸丑 甲子 戊寅 丁巳
癸丑年十一月十四	一九七三年十二月八日	亥	癸丑 甲子 戊寅 癸亥
癸丑年十一月十五	一九七三年十二月九日	寅	癸丑 甲子 己卯 丙寅
癸丑年十一月十五	一九七三年十二月九日	亥	癸丑 甲子 己卯 乙亥
癸丑年十一月十六	一九七三年十二月十日	戌	癸丑 甲子 庚辰 丁亥
癸丑年十一月十八	一九七三年十二月十二	午	癸丑 甲子 壬午 丙午
癸丑年十一月十八	一九七三年十二月十二	亥	癸丑 甲子 壬午 辛亥
癸丑年十一月廿三	一九七三年十二月十七	未	癸丑 甲子 丁亥 丁未
癸丑年十一月廿四	一九七三年十二月十八	巳	癸丑 甲子 戊子 丁巳
癸丑年十一月廿四	一九七三年十二月十八	戌	癸丑 甲子 戊子 癸亥
癸丑年十一月廿五	一九七三年十二月十九	寅	癸丑 甲子 己丑 丙寅
癸丑年十一月廿五	一九七三年十二月十九	亥	癸丑 甲子 己丑 乙亥
癸丑年十一月廿六	一九七三年十二月二十	戌	癸丑 甲子 庚寅 丙戌

農曆	陽曆	時辰	八字
癸丑年十一月廿八	一九七三年十二月廿二	亥	癸丑 甲子 壬辰 辛亥
癸丑年十一月廿九	一九七三年十二月廿三	辰	癸丑 甲子 癸巳 丙辰
癸丑年十一月廿九	一九七三年十二月廿三	巳	癸丑 甲子 癸巳 丁巳
癸丑年十二月初六	一九七三年十二月廿九	寅	癸丑 甲子 己亥 丙寅
癸丑年十二月初七	一九七三年十二月三十	亥	癸丑 甲子 庚子 丁亥
癸丑年十二月初九	一九七四年一月一日	午	癸丑 甲子 壬寅 丙午
癸丑年十二月初十	一九七四年一月二日	巳	癸丑 甲子 癸卯 丁巳
癸丑年十二月十二	一九七四年一月四日	戌	癸丑 甲子 乙巳 丙戌
癸丑年十二月十四	一九七四年一月六日	子	癸丑 甲子 丁未 庚子
癸丑年十二月十六	一九七四年一月八日	寅	癸丑 甲子 己酉 丙寅
癸丑年十二月十七	一九七四年一月九日	戌	癸丑 乙丑 庚戌 丙戌
癸丑年十二月廿五	一九七四年一月十七日	巳	癸丑 乙丑 戊午 丁巳
癸丑年十二月廿七	一九七四年一月十九日	戌	癸丑 乙丑 庚申 丙戌
癸丑年十二月廿九	一九七四年一月廿一日	午	癸丑 乙丑 壬戌 丙午
甲寅年正月初五日	一九七四年一月廿七日	午	癸丑 乙丑 戊辰 戊午
甲寅年正月初七日	一九七四年一月廿九日	戌	癸丑 乙丑 庚午 丙戌
甲寅年正月初八日	一九七四年一月三十日	午	癸丑 乙丑 辛未 甲午

癸丑年出行吉期一覽表

農曆	幹枝	陽曆	星期	註一	註二
正月初四日	癸酉	二月六日	二	大利東南	屬兎之人忌
正月初六日	乙亥	二月八日	四	大利西北	屬蛇之人忌
正月初七日	丙子	二月九日	五	大利西南	屬馬之人忌
正月初十日	己卯	二月十二日	一	大利東北	屬雞之人忌
正月十三日	壬午	二月十五日	四	大利正南	屬鼠之人忌
正月十八日	丁亥	二月二十日	二	大利正南	屬蛇之人忌
正月廿二日	辛卯	二月廿四日	六	大利西南	屬雞之人忌
正月廿五日	甲午	二月廿七日	二	大利東北	屬鼠之人忌
正月廿八日	丁酉	三月二日	五	大利正南	屬兎之人忌
二月初一日	庚子	三月五日	一	大利西北	屬馬之人忌
二月初四日	癸卯	三月八日	四	大利東南	屬雞之人忌
二月初五日	甲辰	三月九日	五	大利東北	屬犬之人忌
二月初九日	戊申	三月十三日	二	大利東南	屬虎之人忌
二月十二日	辛亥	三月十六日	五	大利西南	屬蛇之人忌
二月十四日	癸丑	三月十八日	日	大利東南	屬羊之人忌
二月廿六日	乙丑	三月三十日	五	大利西北	屬羊之人忌
二月廿七日	丙寅	三月卅一日	六	大利西南	屬猴之人忌
二月廿八日	丁卯	四月一日	日	大利正南	屬雞之人忌
三月初八日	丙子	四月十日	二	大利西南	屬馬之人忌
三月初九日	丁丑	四月十一日	三	大利正南	屬羊之人忌
三月初十日	戊寅	四月十二日	四	大利東南	屬猴之人忌
三月十四日	壬午	四月十六日	一	大利正南	屬鼠之人忌
三月十七日	乙酉	四月十九日	四	大利西北	屬兎之人忌
三月二十日	戊子	四月廿二日	日	大利東南	屬馬之人忌
三月廿二日	庚寅	四月廿四日	二	大利西北	屬猴之人忌
三月廿四日	壬辰	四月廿六日	四	大利正南	屬犬之人忌
三月廿六日	甲午	四月廿八日	六	大利東北	屬鼠之人忌
三月廿九日	丁酉	五月一日	二	大利正南	屬兎之人忌
四月初五日	癸卯	五月七日	一	大利東南	屬雞之人忌
四月初八日	丙午	五月十日	四	大利西南	屬鼠之人忌
四月十一日	己酉	五月十三日	日	大利東北	屬兎之人忌
四月十四日	壬子	五月十六日	三	大利正南	屬馬之人忌
四月十五日	癸丑	五月十七日	四	大利東南	屬羊之人忌
四月十七日	乙卯	五月十九日	六	大利西北	屬雞之人忌

農曆	幹枝	陽曆	星期	註一	註二
四月廿二日	庚申	五月廿四日	四	大利西北	屬虎之人忌
四月廿三日	辛酉	五月廿五日	五	大利西南	屬兎之人忌
四月廿六日	甲子	五月廿八日	一	大利東北	屬馬之人忌
四月廿八日	丙寅	五月三十日	三	大利西南	屬猴之人忌
五月初三日	庚午	六月三日	日	大利西北	屬鼠之人忌
五月初八日	乙亥	六月八日	五	大利西北	屬蛇之人忌
五月十一日	戊寅	六月十一日	一	大利東南	屬猴之人忌
五月十三日	庚辰	六月十三日	三	大利西北	屬狗之人忌
五月十七日	甲申	六月十七日	日	大利東北	屬虎之人忌
五月十九日	丙戌	六月十九日	二	大利西南	屬龍之人忌
五月廿三日	庚寅	六月廿三日	六	大利西北	屬猴之人忌
五月廿五日	壬辰	六月廿五日	一	大利正南	屬狗之人忌
五月廿九日	丙申	六月廿九日	五	大利西南	屬虎之人忌
六月初二日	戊戌	七月一日	日	大利東南	屬龍之人忌
六月初六日	壬寅	七月五日	四	大利正南	屬猴之人忌
六月初八日	甲辰	七月七日	六	大利東北	屬狗之人忌
六月十三日	己酉	七月十二日	四	大利東北	屬兎之人忌
六月十五日	辛亥	七月十四日	六	大利西南	屬蛇之人忌

農曆	幹枝	陽曆	星期	註一	註二
六月十八日	甲寅	七月十七日	二	大利東北	屬猴之人忌
六月十九日	乙卯	七月十八日	三	大利西北	屬雞之人忌
六月廿八日	甲子	七月廿七日	五	大利東北	屬馬之人忌
七月初一日	丁卯	七月三十日	一	大利正南	屬雞之人忌
七月初十日	丙子	八月八日	三	大利西南	屬馬之人忌
七月十一日	丁丑	八月九日	四	大利正南	屬羊之人忌
七月廿一日	丁亥	八月十九日	日	大利正南	屬蛇之人忌
七月廿二日	戊子	八月二十日	一	大利東南	屬馬之人忌
七月廿八日	甲午	八月廿六日	日	大利東北	屬鼠之人忌
八月初一日	丙申	八月廿八日	二	大利西南	屬虎之人忌
八月初三日	戊戌	八月三十日	四	大利東南	屬龍之人忌
八月初五日	庚子	九月一日	六	大利西北	屬馬之人忌
八月初八日	癸卯	九月四日	二	大利東南	屬雞之人忌
八月十一日	丙午	九月七日	五	大利西南	屬鼠之人忌
八月十五日	庚戌	九月十一日	二	大利西北	屬龍之人忌
八月十六日	辛亥	九月十二日	三	大利西南	屬蛇之人忌
八月十八日	癸丑	九月十四日	五	大利東南	屬羊之人忌
八月廿五日	庚申	九月廿一日	五	大利西北	屬虎之人忌

農曆	幹枝	陽曆	星期	註一	註二
八月廿七日	壬戌	九月廿三日	日	大利正南	屬龍之人忌
九月初一日	乙丑	九月廿六日	三	大利西北	屬羊之人忌
九月初十日	甲戌	十月五日	五	大利東北	屬龍之人忌
九月十一日	乙亥	十月六日	六	大利西北	屬蛇之人忌
九月十八日	壬午	十月十三日	六	大利正南	屬鼠之人忌
九月二十日	甲申	十月十五日	一	大利東北	屬虎之人忌
九月廿二日	丙戌	十月十七日	三	大利西南	屬龍之人忌
九月廿七日	辛卯	十月廿二日	一	大利西南	屬雞之人忌
九月三十日	甲午	十月廿五日	四	大利東北	屬鼠之人忌
十月初二日	丙申	十月廿七日	六	大利西南	屬虎之人忌
十月初九日	癸卯	十一月三日	六	大利東南	屬雞之人忌
十月十八日	壬子	十一月十二	一	大利正南	屬馬之人忌
十月二十日	甲寅	十一月十四	三	大利東北	屬猴之人忌
十月廿一日	乙卯	十一月十五	四	大利西北	屬雞之人忌
十月廿四日	戊午	十一月十八	日	大利東南	屬鼠之人忌
十月廿六日	庚申	十一月二十	二	大利西北	屬虎之人忌
十月廿七日	辛酉	十一月廿一	三	大利西南	屬兎之人忌
十月三十日	甲子	十一月廿四	六	大利東北	屬馬之人忌

農曆	幹枝	陽曆	星期	註一	註二
十一月初二	丙寅	十一月廿六	一	大利西南	屬猴之人忌
十一月初三	丁卯	十一月廿七	二	大利正南	屬雞之人忌
十一月初六	庚午	十一月三十	五	大利西北	屬鼠之人忌
十一月十二	丙子	十二月六日	四	大利西南	屬馬之人忌
十一月十四	戊寅	十二月八日	六	大利東南	屬猴之人忌
十一月二十	甲申	十二月十四	五	大利東北	屬虎之人忌
十一月廿五	己丑	十二月十九	三	大利東北	屬羊之人忌
十一月廿六	庚寅	十二月二十	四	大利西北	屬猴之人忌
十二月初三	丙申	十二月廿六	三	大利西南	屬虎之人忌
十二月初六	己亥	十二月廿九	六	大利東北	屬蛇之人忌
十二月初八	辛丑	十二月卅一	一	大利西南	屬羊之人忌
十二月初九	壬寅	1974 一月一日	二	大利正南	屬猴之人忌
十二月十一	甲辰	一月三日	四	大利東北	屬犬之人忌
十二月十六	己酉	一月八日	二	大利東北	屬兎之人忌
十二月廿二	乙卯	一月十四日	一	大利西北	屬雞之人忌
十二月廿五	戊午	一月十七日	四	大利東南	屬鼠之人忌
十二月廿七	庚申	一月十九日	六	大利西北	屬虎之人忌
十二月廿八	辛酉	一月二十日	日	大利西南	屬兎之人忌

癸丑年開市吉期一覽表

農曆	幹枝	陽曆	星期	時辰	註一	註二
正月初五日	甲戌	二月七日	三	巳	主人或負責人屬龍者忌	次吉之日
正月初七日	丙子	二月九日	五	巳	主人或負責人屬馬者忌	
正月十二日	壬午	二月十五日	四	巳	主人或負責人屬鼠者忌	
正月十八日	丁亥	二月二十日	二	午	主人或負責人屬蛇者忌	次吉之日
正月廿二日	辛卯	二月廿四日	六	午	主人或負責人屬雞者忌	
正月廿三日	壬辰	二月廿五日	日	巳	主人或負責人屬犬者忌	次吉之日
正月廿五日	甲午	二月廿七日	二	酉	主人或負責人屬鼠者忌	
正月廿八日	丁酉	三月二日	五	午	主人或負責人屬兎者忌	
正月三十日	己亥	三月四日	日	午	主人或負責人屬蛇者忌	次吉之日
二月初二日	辛丑	三月六日	二	巳	主人或負責人屬羊者忌	
二月初五日	甲辰	三月九日	五	辰	主人或負責人屬犬者忌	
二月初六日	乙巳	三月十日	六	申	主人或負責人屬豬者忌	
二月十二日	辛亥	三月十六日	五	午	主人或負責人屬蛇者忌	
二月十五日	甲寅	三月十九日	一	辰	主人或負責人屬猴者忌	
二月廿四日	癸亥	三月廿八日	三	午	主人或負責人屬蛇者忌	次吉之日
三月初一日	己巳	四月三日	二	午	主人或負責人屬豬者忌	
三月初四日	壬申	四月六日	五	巳	主人或負責人屬虎者忌	
三月初八日	丙子	四月十日	二	酉	主人或負責人屬馬者忌	
三月初十日	戊寅	四月十二日	四	巳	主人或負責人屬猴者忌	
三月十三日	辛巳	四月十五日	日	巳	主人或負責人屬豬者忌	次吉之日
三月十四日	壬午	四月十六日	一	巳	主人或負責人屬鼠者忌	次吉之日
三月十七日	乙酉	四月十九日	四	申	主人或負責人屬兎者忌	
三月二十日	戊子	四月廿二日	日	申	主人或負責人屬馬者忌	
三月廿二日	庚寅	四月廿四日	二	午	主人或負責人屬猴者忌	
三月廿四日	壬辰	四月廿六日	四	巳	主人或負責人屬犬者忌	次吉之日
三月廿八日	丙申	四月三十日	一	巳	主人或負責人屬虎者忌	次吉之日
四月初五日	癸卯	五月七日	一	戌	主人或負責人屬雞者忌	
四月初八日	丙午	五月十日	四	巳	主人或負責人屬鼠者忌	
四月十一日	己酉	五月十三日	日	申	主人或負責人屬兎者忌	
四月十五日	癸丑	五月十七日	四	巳	主人或負責人屬羊者忌	
四月十七日	乙卯	五月十九日	六	申	主人或負責人屬雞者忌	
四月二十日	戊午	五月廿二日	二	巳	主人或負責人屬鼠者忌	
四月廿二日	庚申	五月廿四日	四	午	主人或負責人屬虎者忌	
四月廿三日	辛酉	五月廿五日	五	午	主人或負責人屬兎者忌	
四月廿七日	乙丑	五月廿九日	二	申	主人或負責人屬羊者忌	
五月初三日	庚午	六月三日	日	午	主人或負責人屬鼠者忌	
五月十一日	戊寅	六月十一日	一	巳	主人或負責人屬猴者忌	
五月十七日	甲申	六月十七日	日	酉	主人或負責人屬虎者忌	
五月廿三日	庚寅	六月廿三日	六	午	主人或負責人屬猴者忌	
五月廿五日	壬辰	六月廿五日	一	巳	主人或負責人屬犬者忌	

農曆	幹枝	陽曆	星期	時辰	註一	註二
五月廿九日	丙申	六月廿九日	五	酉	主人或負責人屬虎者忌	
六月初五日	辛丑	七月四日	三	巳	主人或負責人屬羊者忌	次吉之日
六月初六日	壬寅	七月五日	四	戌	主人或負責人屬猴者忌	
六月十三日	己酉	七月十二日	四	午	主人或負責人屬兎者忌	次吉之日
六月十八日	甲寅	七月十七日	二	辰	主人或負責人屬猴者忌	
六月廿五日	辛酉	七月廿四日	二	巳	主人或負責人屬兎者忌	
六月三十日	丙寅	七月廿九日	日	酉	主人或負責人屬猴者忌	
七月初一日	丁卯	七月三十日	一	午	主人或負責人屬雞者忌	
七月初六日	壬申	八月四日	六	巳	主人或負責人屬虎者忌	
七月十四日	庚辰	八月十二日	日	申	主人或負責人屬犬者忌	
七月十六日	壬午	八月十四日	二	巳	主人或負責人屬鼠者忌	
七月廿二日	戊子	八月二十日	一	申	主人或負責人屬馬者忌	
七月廿七日	癸巳	八月廿五日	六	申	主人或負責人屬猪者忌	
八月初三日	戊戌	八月三十日	四	申	主人或負責人屬龍者忌	
八月初五日	庚子	九月一日	六	申	主人或負責人屬馬者忌	
八月十一日	丙午	九月七日	五	巳	主人或負責人屬鼠者忌	
九月初一日	乙丑	九月廿六日	三	申	主人或負責人屬羊者忌	
九月十三日	丁丑	十月八日	一	酉	主人或負責人屬羊者忌	
九月十八日	壬午	十月十三日	六	巳	主人或負責人屬鼠者忌	
九月二十日	甲申	十月十五日	一	酉	主人或負責人屬虎者忌	
九月廿二日	丙戌	十月十七日	三	申	主人或負責人屬龍者忌	
九月廿三日	丁亥	十月十八日	四	午	主人或負責人屬蛇者忌	次吉之日
十月初二日	丙申	十月廿七日	六	巳	主人或負責人屬虎者忌	
十月初六日	庚子	十月卅一日	三	申	主人或負責人屬馬者忌	
十月十八日	壬子	十一月十二	一	辰	主人或負責人屬馬者忌	次吉之日
十月二十日	甲寅	十一月十四	三	辰	主人或負責人屬猴者忌	
十月廿四日	戊午	十一月十八	日	申	主人或負責人屬鼠者忌	次吉之日
十月三十日	甲子	十一月廿四	六	辰	主人或負責人屬馬者忌	
十一月初三	丁卯	十一月廿七	二	午	主人或負責人屬雞者忌	
十一月初六	庚午	十一月三十	五	午	主人或負責人屬鼠者忌	
十一月十四	戊寅	十二月八日	六	辰	主人或負責人屬猴者忌	
十一月二十	甲申	十二月十四	四	巳	主人或負責人屬虎者忌	
十一月廿五	己丑	十二月十九	三	申	主人或負責人屬羊者忌	
十二月初五	戊戌	十二月廿八	五	申	主人或負責人屬龍者忌	次吉之日
十二月初九	壬寅	1974 一月一日	二	卯	主人或負責人屬猴者忌	
十二月十五	戊申	一月七日	一	巳	主人或負責人屬虎者忌	
十二月十六	己酉	一月八日	日	申	主人或負責人屬兎者忌	
十二月廿二	乙卯	一月十四	一	申	主人或負責人屬雞者忌	
十二月廿八	辛酉	一月二十日	日	巳	主人或負責人屬兎者忌	
甲寅年正月初十	癸酉	二月一日	五	午	主人或負責人屬兎者忌	

上等品質之標誌

18-8不銹鋼容器及双層保煖保冷日用品·每類均有弍百餘欵·任君選擇·

建業五金塑膠廠有限公司榮譽出品

香港九龍官塘鴻圖道九號　電話：K-896261（五線）
K-423456（本銷專用）

大人公司·平價市場·人人公司·均有代售

硯邊點滴

·錢松喦·

發音是歌唱的基本條件，繪畫用筆是造型技巧的基本條件，一個人只須劃一筆，已可看出他是不是畫家，是國畫家還是洋畫家，好像聽到有人在練嗓，是洋嗓子還是「土」嗓子，一開口便知他是歌唱家或京劇演員。國畫要避免洋氣，用筆是重要條件之一，我畫一幅「青衣江上萬木流」，構圖及一切處理，都吸收水彩畫法，但沒有一個人認爲這是洋畫，以我個人體會，主要原因在用筆，骨子是國畫。有些青年畫家，儘管刻意畫像一幅國畫，但骨子裏還存在洋氣。

京劇發音，氣從丹田中出。聲音要衝出去，喉嚨裏又把它拉囘來，不使它輕輕放走、脫口而出，用力控制住，才沉着有力；用筆也是同一道理。古人論用筆，「欲左先右」，「欲下先上」，「筆欲前而意欲後」，好像一輛載重的板車從高坡上下來，不是向前拉，反而向後拉，一步步放下來，這是矛盾，矛盾的運動中就產生力量。如果在紙上順手劃一筆，一滑而過，決不見到筆力。懂得這個竅門，還要加上勤學苦練，學習歌唱家、京劇演員天天吊嗓子。古人用筆「生」、「澀」、「辣」、但又要兼有骨肉氣血，也可於戲劇唱腔中領悟。

筆力的表現，有的從外表上可以看出有力，有的在外表上看不出有力，却是骨子裏很有力。用運動來譬喻，球賽時，雙方生龍活虎，一望而知，是一個人人使勁的緊張場面；至於打太極拳，動作緩慢，態度從容，與球賽場面相形之下顯得無力，實際太極拳是拳術中的王牌，是「內功」的力，力在骨子裏。以此證畫，斧劈皴看出有力，披麻皴同樣有力；梁楷、吳小僊等所畫人物的衣褶潑辣有力，「高古游絲描」、「鐵線描」也同樣有力。古人論用筆，以爲浮在外表上的力，尤其是裝腔作勢的力，叫做「劍拔弩張」。要在平凡的一點一劃中蘊藏着無窮的動力，才雋永有味。

學字先從正楷入手，學畫先從工筆勾勒入手。先收後放，是順路，先放，這一匹野馬就難以收囘。寫意畫，不從工筆畫打基礎，是無根的植物。寫意畫看上去酣暢淋漓，潑辣自如，但決不是草率，態度絕對嚴肅，「寫意」是一種風格。古人寫草字和寫正字相同，並不太快，或許寫正字反而比寫草字快些。工筆畫細致謹飭，但又要筆筆有力，勿瑣碎纖弱。

山水畫用筆內斂意多在收，花卉畫用筆姿肆意多在放，放而必須凝煉，就要收。專畫花卉者，偶爾畫山水未必佳。專畫山水者，畫花卉未有不佳。青藤、石濤、南田、新羅的花卉所以能佳，對於兼長山水不爲無因。沈石田長於山水，可是他的花卉亦別具風格。近人陸廉夫、吳觀岱長於山水，偶爾點染花卉，不同凡响。所以學花卉畫，必須兼學山水，尤其在今天做一個美術工作者必須一專多能。

從美術專業學校出身的青年畫家，畫人物大佳，甚而已經突破古人藩籬，但添畫背景就窘相畢露，與主體的人物不相稱。所以畫人物必兼學山水。山水用筆豐富多變化，對人物畫有直接幫助，也應該與人物用筆取得一致，使整個畫面統一。畫山水亦必兼學人物，山水內容包括自然和社會，山水不能脫離與人的關係，即不能脫離生活。當然不是拘泥地幅幅山水中必定要有人物。人物是肯定要會畫的，山水畫以山水爲主體，山水畫中的人物是點綴性質，所佔地位不多，却爲畫中眉目所在，主題思想所系。山水中的點綴人物，其繁簡和山水一致，簡筆的較多，簡雖簡，但又要神態生動，不求細節的刻劃，落落大方，否則，畫壞了一個小小人物，全畫因此會作廢。

學習古人，一開頭必先揀好的臨摹，萬里長征，第一步就要踏正方向，如果走了彎路，退囘來再走，非但浪費精力和時間，恐怕先入爲主，習慣成自然，功力愈深，愈退不囘來。所以「愼始」二字，是傳統的學習好經驗。畫的好壞，最後評價，不取決於功力的深不深，要取決於路子走的對不對，當然功力也是必要的。

對業務，不單是一開頭要通過學習，要始終不懈的學習——學習到老。很多老畫家，老停留在一點上，不能再進，這叫做「結殼」，好像一條蠶，最初辛勤吐絲，久而久之，却又作繭自縛，封閉在繭殼裏，畫家的藝術生命也就壽終在這「殼子」裏。所以又要學蛾子從繭殼裏鑽出來，並且一經鑽出，也已變了，不再是蠶，而是添了雙翅的蛾。畫家就應該這樣不斷地鑽出「殼子」，不斷自我革命，不斷的變，才能永遠保持了藝術生命。我們看到石濤的畫，一生是多變的，有粗，有細，有濕筆，有枯筆，多變不等於不要個人獨特風格，石濤畫，儘管面目多變，石濤終歸是石濤。

過去專業畫家的學習，先從人物畫開始，再嚴格些先從肖像畫開始，由於肖像畫謹飭精確，不能有一絲苟且，學好了，再學「散作」（指人物、山水、花鳥等畫，別於肖像畫而言）有如順水推舟。傳統的學畫，多採取突破一點，全面開展的方式。從人物開始，取其較其他門類嚴格，肖像畫更較人物畫嚴格。拿下了主力堡壘，就可以觸類旁通，少費力。至於一專多能，專甚麽，這是另一問題。我幼時見一般學人物畫，多用木刻本上官周的「晚笑堂畫傳」爲範本。學習分三個階段：（一）印。用薄稀礬紙蒙在範本上描。（二）臨。範本置在旁邊，看了對臨，你得畫到蒙到範本上去筆劃對筆劃不差錯爲止。（三）默。不看範本，憑空從記憶中畫出來，蒙到範本上去，也要不差錯和印了畫的一樣。繪畫是熟練技巧，主要是視覺記憶，學畫首先要通過視覺記憶的訓練。

過去學習肖像畫，首先練眼。其法，老師和學生相對坐；其間有適當距離，老師初以圓盆口舉對學生一晃，隨即拿去，叫學生隨手畫一個圓圈，要和所見到圓盆口同樣大小。如此通過一定時期，達到一見就畫得正確。再換碗杯等圓形物，由大逐漸縮小，再從小逐漸放大，忽大忽小，無不一瞥即得。這個方式，今天是不是可以採用，可以研究，但以訓練視覺記憶爲目的，這一教學原則是完全正確的。

青衣江上萬木流

今天學畫肖像，可直接對模特兒畫，在學習方法上也是應該樹立全局觀點，從整體到具體，從大概到局部，用比較分析來目測對象，整體與局部，局部與局部的相互關係。不光是精細地寫，還要練習速寫和記憶畫。速寫和記憶畫要限幾分鐘內完成，速寫的快和好是矛盾的，即在此狹窄矛盾罅隙裏努力進攻，必然會緊張起來，這個緊張是有價值的，因爲這緊張是培養敏感性的好方法。

我記得幼年時，有一個老地主，他的兒子要請畫師爲他畫一「喜神」（即肖像畫又名「喜容」）。老地主很迷信，以爲把他的神氣畫去，要倒霉的。初則堅決反對，不敢露面，繼而見到畫師不帶紙筆，也就泰然，招待他喝茶吃午飯，面對面的聊天，混了半日，畫師悄然回去。不多幾天，畫師把一幅活龍活現的老地主肖像草圖寄來了。肖像畫，傳統法和西洋畫法路子不同，西洋畫要調整好對模特兒角度，調整好習慣光，一筆一筆看了畫。這個角度，這個光線和模特兒的態度，永遠不能變換，到畫成爲止。中國畫法只追求對象的內在本質，精神全貌，不需要對被畫者打招呼。畫師和老地主聊天時，他一面敷衍，一面全神貫注，對老地主察言觀色，捕捉他的性情思想，集中的構成了他的總的神態。傳統的肖像畫，一般是常態的正面，因爲要供子孫紀念扮莊嚴些，但端莊肅穆中仍能顯露出他的精神本質，一望而知是某人。任伯年的肖像畫，非但形神畢肖，還有他作者的獨特風格。中國的肖像畫家，都要有敏銳的觀察力，堅强的記憶力，豐富的想像力。

舊社會時畫「喜神」，還有一種叫做「接白」，是在人剛死未殮時，對着死者畫的，要在三朝靈前懸掛，是一個突擊工作，就是把死人畫成活人，「音容宛在」。可是問題來了，顧愷之對「傳神」重視點睛。所說「傳神寫照，正在阿堵（眼睛）中」，眼睛是靈魂的窗戶，死者已經一瞑不視，「窗戶」緊閉，怎麽辦呢？因此勾好面框及五官位置後，再從死者家屬親友口述死者生前性情態度中，加以揣摩推敲，再由家屬親友對草圖所提意見而進行修改，終於叫死者雙目睜開，復活在紙上。我們今天不需要再做令人悚然的「接白」工作，但不能不學習古人能把死人畫成活人的本領。

我國對肖像畫，並不叫肖像畫，就叫做「傳神」。傳神的意義不限於畫肖像，是整個繪畫理論和美學的中心思想，一千五百多年前東晉顧愷之最早提出了「傳神」論，他認爲「神」是藝術的最高要求。神與形又有辯證關係，所以說是「以形寫神」。他的創作過程，先對事物觀察，叫做「實對」。再進行形象思維，達到「遙想妙得」。即是對客觀事物觀察分析，把我融入對象中去，物我俱化，但又不是只停留在表面的形象上，而是來搜捕他的內在本質內在生命，終於微妙地捉住了總的一個「神」。這是屬於現實主義的。現實主義以神爲目標，以形爲基礎，主觀和客觀一致，好像電影藝術片，而不是新聞紀錄片。

南齊謝赫提出「六法」作爲繪畫創作和評論的法則，中國畫學理論便有一個完整的體系。六法是：一、氣韻生動；二、骨法用筆；三、應物象形；四、隨類賦彩；五、經營位置；六、傳移模寫。其中以骨法用筆、應物象形爲繪畫造型主要技巧。應物象形又和隨類賦彩、經營位置構成藝術表現三個基本技巧。最後傳移模寫是複制工作，但可作爲繼承傳統屬於學習方面而言。其中惟有第一項氣韻生動是最重要的一項，是總的藝術效果，藝術的最高境界。

古人做詩做文章，不一定都是堂堂的大題目，也描寫眼前瑣屑生活小節，小中見大，能說明大道理，這是從多方面的生活中擷取一點，透過這一點見到生活的全面，這樣的作品才親切有味。所以創作不一定追求大——大場面、大題目、大篇幅，當然眞正需要大，還是要大，譬如看戲，本頭戲、連台戲要看，折子戲也要看。

國畫在技巧上的發展，和書法不能分割，即是把書法精神，滲透在作畫技法表現中去，而成爲世界上獨特的民族風格。畫後簽名，曰「某某寫」，明明是畫，而曰「寫」，「寫」字大有意義，整個畫的技法，就是一個「寫」字，不是在描。書法雖是專門學問，但練字不是學畫的額外負担，而是間接在學畫。

國畫是綜合藝術，畫上直接配合詩文、書法、印章。單講題字，青年人往往畫得很好，題上幾個字便成白圭之玷。畫可題則題，不可題則不題；題則有話即長，無話即短，短到只記一個年月日和姓名；再短則寫一個姓名，儘管少到兩三個字的姓名，但不能不從全局出發，這不是畫外多餘的東西，是整個畫面有機構的組成部分。首先字要寫得好，不能請人代筆，代筆的字和本人的畫是不調和的。簽名叫做「落款」，款有「款式」，款字的位置、大小、字體都不能隨便，落款對畫面有調整重心，配合節奏相成相破的作用。俗話稱題字多的叫做「長題」，題字少的，少到只寫一個姓名叫做「窮款」，長題格式可從金冬心、鄭板橋、趙撝叔、吳昌碩的畫中去看，任伯年的畫便以窮欵爲多。他們把字和畫有機的組成一起，字在他們畫上，不能抽去，不能增加，也不能移動位置。

題字可以是四個字，也可以是兩句詩，一首詩，幾句散文小記，甚至長篇詩文，題字本身就是一門藝術，一門學問。一幅畫經過好的題字，不啻錦上添花，還能點鐵成金。題句不是看圖識字的兒童讀物，畫一個人，題一個「人」字，畫一只手，題一個「手」字。是畫外生發，見景生情，或竟另拓天地，不是死咬住畫面做一幅畫的說明書，一幅畫要用說明書時才懂得，已經不是好畫。詩和畫同屬藝術，而形式不同，各有各的領域，各有局限性，畫的表現是具體的，有可視的形象，但只限於一個固定的鏡頭。詩不能見到具體形象，但所包含的可以突破時間的局限，上下五千年，縱橫九萬里一拉即來。如果取長補短，打通了各個的局限性，把這兩者不同的效果合而爲一，集中說明一個內容，會相得益彰，格外豐富，把美的境界提得更深，推得更廣，不但「詩中有畫，畫中有詩」，還得詩外有詩，畫外有畫，味外有味。善於題畫的不一定多題，片語隻句，便能啓人妙悟，這不能希望青年人都能立刻辦到，但不妨做一個努力方向，乘此機會多多閱讀詩文書籍，即使不會題畫，對創作也能豐富想像，廣拓思路，使作品造詣益深。不問怎樣，要做一個藝術家，不能缺少文學修養。

原稿缺頁

原稿
缺頁

原稿
缺頁

原稿
缺頁

原稿
缺頁

原稿
缺頁

原稿
缺頁

原稿
缺頁

記：一位苦學成名的老畫師

錢松嵒

[illegible]慧山

當前，中國畫家紛紛都在嚷着求變，鬧着創新，一時甚囂塵上。但議論不一，誰也茫然不知究竟從何處着眼與下手？我深願在此標舉出錢松嵒這人來做一個例子。

錢松嵒，被世人稱爲一個最努力的老畫家。近年他抖擻精神，頭角嶄露，寫下上千幅富有時代氣息的美麗圖畫。「江山代有才人出，各領風騷數百年」，趙甌北的詩，原是鼓勵着文化藝術各項人才之不斷奮起接替而作。值得提出的，錢松嵒今日之成就，即能以一支健筆，繼承了中國畫優秀的傳統，而又儼然打開了一些新局面。但據我所知，他從事藝術創作的歷程，是相當悠長而艱辛的，正如從一條蠶蛹之蛻化爲一隻飛蛾一樣的。

最妙的是，他曾把蠶繭結殼來比喻若干老畫家之老是停滯在某一點上，不能再進步。因此他再三的變，才能永遠保持了藝術生命。這眞是深中時弊、一針見血之談。

對於近世畫家作品之優秀高下，相信讀者諸君固不乏慧眼，自有一定的評價。錢松嵒的畫，其獨特的風格與技巧，誰也一眼容易看得出來。但他這一輩子如何學畫，如何用功，如何求變，如何創新，其種種歷程，似有加以考察研討的必要。

予生也晚，但在距今四十四年之前，却能與松嵒有一時期同硯切磋的機緣，敢說對其平生品藻學業，多少有所了解，且有所月旦。故而夾敘夾議，寫成此篇，以當芻蕘之獻。

早期作品　一幀烏龜

錢松嵒從事繪畫的過程，於今已歷六七十年之久。他出生於一八九八年，江蘇宜興一個耕讀的人家中。他的祖父是一位塾師，略擅幾筆畫，松嵒七歲時就跟着學習。但他的家裏經濟相當困難，在童年便要經常下田，幫助大人操作，鄉村的生活使他有機會熟悉大自然，培育了他一輩子喜歡描繪山川景色的興趣。

辛亥革命後，他衹十四歲，便隻身離鄉到無錫求學。無錫是一個歷代出過很多大畫家的地方，從晉代的顧愷之，一直到元代的倪雲林、明代的王孟端，都曾寫下不朽的畫蹟，因此風氣所及，直到清末民初，猶能人才輩出，連綿不衰。其中有一位號稱「江南老畫師」的吳觀岱，剛從北京故都返鄉，專學二石，（石濤，石溪）頗負盛名。松嵒很想跟他學畫，但他當時賣畫生涯十分鼎盛，求畫者每日門戶爲穿，往往先付了潤金多時，還求不到他一紙一絹。窮學生如錢松嵒，在渴慕之下，去登門拜訪了多次，無法正式拜師，祇能足恭旁觀其作畫，多少「偷師」了些技法而已。這時，另一位畫師胡汀鷺，專攻新羅派花鳥，爲人和易可親，見到松嵒平日用力之勤，便慨然答允免費爲之教導。至今松嵒所撰文稿中，頻頻提及「吾師」，便是這位恩師胡汀鷺先生。說實話，沒有汀鷺的薰陶，即沒有今日的松嵒，此中固淵源有自。

約一九三〇年間，我還不過十五歲，初次去西水關進謁胡汀鷺師。他是一位熱情坦率的長者，作畫時習慣把紙張於壁間，兀立着下筆，一時手足幷用，揮灑如意，畫楊柳迎風最是一絕，頗得新羅山人的神趣。後來又常去拜訪吳觀岱師，見到他亦然如此。兩人作畫，都是作古人題壁式的姿態，據說這樣子用筆比伏案放得開氣勢來。就在此時，汀鷺師的左右，常出現了一位瘦長的中年人，面目和善，吐屬温雅，那便是我們的大師兄錢松嵒。他一早便來，必恭必敬的追隨几席，幫老師捧硯調色，看得凝神時，連呼吸也幾乎屛息，對每一筆都不肯忽畧過。隔了些時，我有機會看到松嵒自己作畫，也是那麼懸紙壁上站着揮毫，但他作畫時却對人輕鬆談笑，是一種解衣磅礴逸興遄飛的樣子。

松嵒初期的畫，筆墨技巧，酷似汀鷺師，那筆尖稍禿的中鋒，於輕巧中帶些拙樸味。有年全國第一次美術展覽會在南京舉行，記得他畫了一幀水墨立軸應徵，六七隻烏龜在爬行，逐個姿態不一，構圖十分奇警，果然入了選。當時齊白石還未曾享大名，却也畫了一幀墨蟹參加，與之相映成趣。目光還很幼稚的我，對國畫的看法已有推陳出新的要求。當松嵒把美展特刊上印出的畫，翻給我閱看的時候，我便指出白石的蟹與他的龜都比較生動可喜，但被另一位同學搶白說是「俗氣」，幾乎因此吵起架了。

其後，松嵒繼續孜孜不倦地學畫，他經常有

一位苦學成名的老畫師錢松嵒

些新意的創作。一度且嘗試過學清代高其佩的「指頭生活」，作畫時以手指代筆，主要靠指甲，五個指頭都可用，大指當大筆，小指當小筆，兩指三指一齊下，手掌也可出動。畫時水墨淋漓，比毛筆別有趣味。但管見則不以爲然，認爲指畫這玩意兒，聊備一格，値不得多費工夫。不久松岩也就罷手，不再作指畫了。

無可諱言：松嵒學畫很勤，有時有會心處，但也不免有摸索失錯之點。他初學山水，沒有一開頭學宋元，僅從沈石田學起，甚至也學過四王，他醉心過四王的筆墨，祗嫌其缺乏現實性。等到多看了吳觀岱作畫，才又對石溪、石濤發生興趣，着實臨摹過一段時間。本來，臨摹目的，在於古爲今用，必先把古拿到手裏，才有權談到用。松嵒常說：「借古人擺一個渡，渡過了河，就可以丟掉這隻渡船」。但他又是一個溫情主義者，往往捨不得一手丟掉，到老年下筆時，還是跳不出石田、石溪、石濤這三條渡船呢。

每作一幀畫，他例必以柳炭打草稿，認爲這是一項非常重要工作，反覆推敲修改，非此不行。古人所謂「九朽一罷」，松嵒終身拳拳服膺，其實打草稿在初學者或所難免，但作爲一個成熟的畫家，似不宜多用這一套，還是放開筆機游行自在的好。例如石濤，畫中常多誤筆或疵漏之處，所謂「畫貴有誤筆」，也即是不失天趣。可是松嵒因臨畫臨得太多了，眼看手追，過於認眞，往往牢守一張範本，耐性的臨它十遍八遍或幾十遍，甚至擇其一角、一部份、一石、一樹、一花、一葉，重複臨摹，不厭其煩。試看松嵒的山水畫，那一幀不是慘淡經營，筆筆送到，非弄得無懈可擊不可？但另一方面看來，其中即不免露出了刻劃心機的斧鑿痕來。

胡汀鷺師　獨具清標

這些年來，松嵒以一股旺盛的創作熱情，寫出了不少中國名山大川的圖畫。他感到：「一拿起筆，心裏總是熱乎乎的，精神一抖擻，擋也擋不住。」他的過去，確有過一大段艱苦的路程，到了晚年才獲得遊歷全國各國的機會，視野一開，畫興勃發，下筆便不能自休了。

石濤說過：「搜盡奇峯打草稿」。但早年的松嵒，實在足不出百里，祗在蘇錫一帶兜圈子而已，少見眞山眞水，偶而見到石濤的畫便激賞不已。石濤畫的惠山，是一幀極其平凡的江南景色，惠山沒有高山峻嶺，山頂雖說有三峯，整個形勢橫長，缺少丘壑層次，朝晚雲霧籠罩，却形成一片模糊烟景，石濤便這樣畫了。但其近景，突出一座拱形單孔的大石橋，橋背薄，橋身高，如弓如虹，看來富有詩意。松嵒對這幀畫，不斷地贊美過石濤的見解高明，感覺敏銳，把這個江南名勝概括地表現了出來。石濤怎樣取景，怎樣描寫，都給他以極大的妙悟。

因此，松嵒早年的山水，無非以此爲出發點。他在三十多歲時，把唐、宋詞選中所有的畫境，寫過很多小品，如李白的：「平林漠漠烟如織，寒山一帶傷心碧」。李後主的：「寂寞梧桐深院鎖清秋」。以及蘇東坡的：「縹緲孤鴻影」。都把它一一刻意的畫了出來。那些畫面上，不外乎幾株寒林，一個深院，其中還隱約掩映一個簡筆的古妝士女，好一派柔情弱調、楚楚可憐的樣子！這些作品我都寓目過，甚至也幾番作不勝欣賞狀。今日看來，松嵒或有「悔其少作」之嘆，但由此正可看出他多少有些新意創格的醞釀。

其實，從這些早期作品之中，松嵒即已表現了其藝術性的處理，他懂得大胆刪減，而把重點突出，在畫面上有一種打動人心的感染力。所謂「耐人尋味」一語，「耐」字「尋」字皆有意義，松嵒作畫的秘訣，既要充份表現，又要含蓄，其辯証是更含蓄，會更充份有力。古人「立意爲先」，「意在筆先」，也就是這個道理。

記得當年，胡汀鷺師常說：「謎語是給人家猜的，如果同時對人家揭出謎底，便毫無趣味，實際你要說的話，已在不言之中。畫意也就是這樣，所以有人畫『踏花歸去馬蹄香』這句詩意，只畫一羣蝴蝶跟着馬蹄飛舞，就把『香』字暗示了出來。畫意即是禪意一般，其終點也祗是一個『悟』字。」蘇東坡詩：「作詩必此詩，定知非詩人」。黃山谷所云：「味外有味，咽之無窮」，其意義也正復相同。

汀鷺師平日又諄諄告誡我們：「作畫要生，要澀，要拙，要空靈，要簡潔，要意到筆不到：……」。他一向最反對畫得密密滿滿濃得化不開來，這與他特有高潔的性情胸襟有關，故能確立其「逸品」風格。但他自己却非常謙虛，認爲一個畫家作品欲求臻於「逸品」之境，非繼續不斷讀書修養，與旅行寫生不可。

有天下雪，師生結隊去太湖之畔，在梅園小羅浮看梅花。胡師指着一棵半開的綠萼花說：「畫梅花的人多了，但誰也不容易畫出它的性情神韻。畫梅花要少，要疏，要淡，要清，一枝兩枝，勝於千花萬蕊」。又說：「最好帶些雪意，要畫出它兀自冷艷耐寒的獨立精神出來」。

此後，松嵒寫了一個梅花橫幅，一數，上面梅花不到十朵，有的含苞，有的盛放，其勝人處正不在多。我見獵心喜，依樣畫了一幅，但筆墨離披缺落，胡師爲了獎掖後生，還援筆題上了「獨具清標」四個字。

「獨具清標」，正不妨說就是胡師本人的夫子自道。雖然他擅長的是新羅山人一派的寫意花鳥，但同時也畫山水，構圖如馬遠，而筆墨簡峭却似倪雲林，其畫品在當時確已超然不同凡俗。但不幸的是，他的晚年，恰恰喘息在兵荒馬亂的年頭裏，生活既甚清苦，又患着嚴重的痾疾，常在貧病交迫之中，因以「大辱道人」自號。有年大除夕去拜訪他，他當場口誦了如下四句：「柴米油鹽醬醋茶，件件都在別人家。今朝大年三十夜，綠蘿庵裏看梅花」。說這是故鄉一位寒士的故事，而今胡師的詩集已佚，但他口誦別人的打油詩却猶殘存於我記憶中。又記得他老人家一手持一盞油燈，一手在壁上作畫，只管苦笑說：「別人一定要我畫得有些富貴氣象，而嫌我太荒寒蕭瑟了，可是我仍然要這樣鄭重宣布，寧可以餓死，也不畫這些媚俗的東西。」

直到今天，世人大多不知汀鷺之名，而僅知有松嵒，豈畫家的命運果眞有所不同嗎？且看畫廊之中，一面懸着松嵒的畫，標價逾數千金，而掛在其旁汀鷺的畫，儘管藝術造詣不俗，依然是不過數百元，相形之下，能不令人一嘆！

寫意花卉　青出於藍

究竟松嵒從汀鷺師那裏獲得了什麼呢？在長期的親炙之下，他摸熟了筆性、墨性、紙性，尤其是水性，與夫設色種種技法。至於意境的超逸，構圖的出奇，也多少得其薪傳。而五六十年來，他本人聚精會神，對傳統各種畫法作嚴格的苦練，在經驗累積之下，終於有了求變創新的傾向。

首先，「明知山有虎，偏向山中行」，由於老師的啓發，敢於破除了畫中四難。四難者何？「畫人難畫手，畫獸難畫狗，畫花難畫葉，畫樹難乎柳」。其實，人的面目不一定比手容易畫，祇因大家對面目特別注意，不會畫錯。而手的姿勢變化甚多，伸、握、正、側、反，平日輒熟視無覩。因此松嵒常備一面鏡子對自己的手寫眞。至於狗所以難畫，也與手一樣的道理。因爲人們對狗最熟悉，稍有錯誤立刻看出。松嵒一邊畫狗，一邊把自己也狗化了，作狺狺吠聲，自稱「物我相忘」。說到畫葉，因章法變化多，又非一氣呵成不

可。畫柳必先畫幹，然後由上勾下柳絲，更注意其結頂，總之有意無意，靈活運用，把迎風的楊柳便會畫得飄灑有致了。

汀鷺師畢生三折肱於新羅花鳥，得其超脫飛動之致，但他平日對實物的觀察異常深入，輒能掌握對象的神情與特徵。畫雄雞時再三關照勿忘它的武器！對距。畫鳥頭在與全身比例上要恰當。鶴的身後兩側長黑羽，不能當做尾巴來畫。又指出一般飛鳥的翅畫得過短。有的把貓畫成虎，虎畫成貓。說這些話時他老人家發出風趣的呵呵笑聲，但涵意却極嚴肅，松岳都能一一領悟之。

因此松岳的寫意花卉才是其平生出色當行之作。他畫蘭竹，喜在燈光之前，照着牆上的影子充作最好範本。有時配上一片石塊，作飛白之筆，在畫面上能起疏密調節的作用。他的行書，同樣用禿筆中鋒，與汀鷺師彷彿，更參以隸書意味，但總覺得拘謹了些。他畫花卉，强調葉暗花明之理，畫葉色中加墨，一下筆就可分出深淡來，也可用純墨畫葉，或墨葉上再罩清水。花蕊用細狼毫從中心向外剔出，要筆筆挺，花的精神才表現出來。

那時北京的王夢白，蘇州的陳伽庵，都是專學新羅的名家，他們畫松鼠及猿猴的毛，把筆尖撒開，即有蓬蓬鬆鬆的質感。我年少好弄，偶然畫了幾頭松鼠，松岳還曾爲之補松枝藤蘿，以助其活躍之勢。他告訴我：新羅山人畫鳥類羽毛，亦用破筆，而青藤，八大畫鳥則用大寫意筆，兩者手法不同，效果也不同。但我後來採取了後者，不再贊成新羅的兼工帶寫，松岳輒爲之頷首。

每逢春節，汀鷺師按例寫一歲朝清供的中堂，其題材每年變換不同。松岳也畫過幾幀，筆姿肆意而豪放，但內涵又能凝鍊，看上去一片古艷可愛。汀鷺師欣然說：「這叫做青出於藍而勝於藍」。

作花卉畫，以傳統而言，仍須以水墨爲主，稍配其它色彩，要求其雅靜大方，不失「大家」的風度。汀鷺師最拿手的是，於筆墨構圖外，設色極其協調溫和。紫藤花下，兩隻黃色小鴨在水面嬉戲。兩隻紫燕在嫩柳中飛掠而過。墨葉黃花的秋葵下，斜插一枝雁來紅。墨葉荷花下，綴一小叢紅蓼。白貓睡在石綠的石上。他常說：「單色難用，要多想，雖是各個不同幷且不協調的單色配搭在一起，而全幅總的效果還是和諧的，這就是傳統的方法。」但松岳對此，不以爲滿足，其後期作品，却因採用民間藝術的特色，明朗、樸素，儘管大紅大綠，不覺其庸俗，可說又是一種變格。

江南俗語說：「紅搭綠，一塊肉」，意思是紅綠配搭易見庸俗，紅與綠是最强烈的對比色，一般人不敢隨便使用在一起，但松岳認爲也不要怕用。「萬綠叢中一點紅」，其關鍵在「萬」與「一」，其支配的面積如此。他在花卉以至山水畫中，都能大胆小心地這樣設色。所以畫的庸俗與否，不在水墨與設色之分，還要看用筆，看意境，看畫家本身的修養。最重要的，着顏色時，不要描，不要塗，要見筆，領會一個「寫」字。所謂：「色中有墨，墨中有色，色不凝墨，墨不凝色」。寫意花卉而能摸索到了這個訣竅，在藝術效果上又焉能不造其極！

構圖突出　再三求變

看松岳的畫，章法變化多樣，層出而不窮，可以令人想像到他創作的時候，如何苦思冥索過。不論選取甚麽題材，思想感情與技巧表現都很鮮明突出，這就是他在當世芸芸畫家羣中所以出人頭地之處。

近年來，他不滿足於固有的程式，大胆地嘗試了適應新內容的新形式。他的畫中，往往插入現時代的鐵路、鐵橋、汽船、礦井，各種新的事物，而又能與其筆墨技巧統一，幷不像一般畫得太牽强，其中便有含蓄暗示之奧妙。他曾告人說：「前無古人才是新，今天不煮夾生飯，明日就無熟飯吃，我如創新不成，開個風氣，後人豈能成功」！他本是深通了畫理之人，懂得把傳統的優點保存，且吸收了新鮮事物，而融會貫通之，其作品堪與時代的脈搏相呼應。

必須指出：唯其松岳在構圖布局上肯多動腦筋，才能成功地創新，决非一般率爾操觚者所能夢見。

汀鷺師說：「章法要從四邊打進來」，即是章法要先看四條邊線所構成一個整體的畫面，通盤籌劃的來個「置陳布勢」，不能從一邊、一角、一點堆積起來，先確定了對全局起作用的幾個大面積的東西，再逐漸打碎，以小面積的東西配搭進去。「大幅看氣勢」，更須要樹立全局觀點。近年松岳山水構圖要素，即不外築基乎此。

所謂章法，千言萬語，不外「虛」「實」二字，其他疏密，輕重，濃淡，大小，長短，橫豎同一道理，如同體味音樂的節奏，當實則實，當虛則虛。虛不是不畫，是有計劃的不畫，不畫處仍有畫。又譬如音樂的休止"休止不是「怠工」，而是一支曲子的組織部份，用今天的辭彙來講，即是「多樣的統一」。作山水畫時，山頭太實了，把雲一遮就虛，也就等於音樂之有節奏，把畫家的思想感情格外表現出來。

可是，不悟此理的人，別說畫要求變創新，連最起碼的常識也談不上。即使畫了幾十年的老畫家，也像「結殼」一樣，而終身不悟者比比皆是。

每當松岳在考慮佈局的時候，就把一張紙釘在壁上，老遠對着它默默地靜看，看到紙上似已隱隱有畫，然後才落筆。有時他反剪着手，徘徊沉思了好多時候，忽然靈感一來，便狂喜地一躍而起，馬上奮筆畫出一幀前所未見的得意傑作，逢人便笑問：「這樣畫究竟對不對呢」？

一般人作畫，最易落入尋常窠臼，即四平八穩，沒有節奏，沒有重點突出部份，教人看不出它的壞處，也看不出它的好處。這種局勢，江南土話叫做「瘟」，如果任何一個藝術形式到了「瘟」，便絕無動人的感染力了。所以松嵒强調「畫三不畫四」，三是奇數，奇數才可相成相破，造成險勢，使主題頓時爲之破空而出。

以近期作品來說：松嵒的「珠江春曉」，在幾株龐大紅棉樹下，露出一艘樓船，在水面上緩緩駛來，凡到過廣州的人，一眼看得出是實景，經他加工剪裁，便覺得呼之欲出。「古塞春來」（見附圖），驟見不過一幀染石綠的山水，但細看之下，山後掩映幾排出烟的烟卣，水邊還有起重機，其着筆不多，一見而知塞上也透露繁榮的新氣象了。最妙的是「南湖曉霽」，浙江嘉興的南湖，原是我們舊遊之地，在松嵒筆下，烟雨樓仍掩映在雲樹飄渺，烟雨空濛之中，但下面的一泓湖水，波紋上却染上了胭脂色，表示破曉時的陽光倒影，如其不是親歷其境過，怎麽也畫不出這幀平淡中的奇景來。

其山水的設色更奇，有時他居然用朱砂、胭脂和紫色，熱色和寒色並用。「蓮峯」、「紅岩」都是創新之作，前者用沒骨法，設色高華流麗，朝霞燦爛，一片蓬勃生氣，後者用傳統的朱砂染石法，畫面紅黑二色，强烈醒目，給人一種力氣飽滿，格調清新的感覺。

紫色在國畫中很少見人用過，松嵒在山水中常用之，看來渾成自然，這也可以說是一種求變之道。

國畫中對海洋景色本屬稀有，近年松嵒頗致力於此，畫了很多海洋景色，如「海天垂釣」一圖，雖從側面寫生活小景，而咫尺有千里之勢。倘沒有筆墨基礎，沒有獨立思考的話，欲求如此創作，又談何容易！

搜畫奇峯　皴法不同

「畫有十三科，而以山水爲首」。這是明代人的話。然在古代，却以人物畫爲主，至隋唐漸爲式微；山水畫到宋元才發揚光大。但歷代所有的山水畫家，都接受老莊哲學，一律作出世隱逸之想。例如明王肯堂便說：「前輩畫山水，皆高人逸士，所謂泉石膏盲，烟霞痼癖，胸中丘壑，幽映迴繚，鬱鬱勃勃，不可終遏，而流於縑素之間，意誠不在畫也」。唯其如此，山水畫家都祗是些「泉石膏盲，烟霞痼癖」的高人逸士，但其行踪有限，往往偏於一地一隅，對各地山水取景，無法一下子集其大成。近代交通方便，縮地有術，我在廿歲時便有機會暢遊了五嶽之四。歸途遇到松嵒，他仍在師範學校執教鞭，還未離故里一步，當時他表示歆羨而立下了諾言：等時局稍安靜之後，一定要實踐此一宿願，擴大其藝術活動世界。

錢松嵒說：「我初學山水，那時識見不廣，沒有一開頭學宋元，僅從明沈石田學起，當時一般老先生講，沈石田沉着簡練，沒有習氣，宜於初學。……一般人不贊成四王，平心而論，四王在筆墨方面還是好的，但只有形式，失去了現實性，並且因襲到底，當然不行，取其精華，棄其糟粕，還是行的」。

「搜盡奇峯打草稿！」這是當年松嵒在畫跋上引用多次的石濤句。直到他六十歲以後，才開始進行全國名勝的觀察與寫生，以其精熟手眼，到處抓住山水整個氣勢，抓住地方特徵，抓住時代精神。他從長江下游旅行到上游，發覺同一條長江內，四川的船與江蘇不同。而歷史上的船形更難臆測，曾爲畫「鄭和航海圖」而大傷腦筋，北方拔海高，山溝河道都是急流，並且大部份是石底，不能通舟楫，反而可通車馬，爲生長江南的畫家所夢想不到的。

傳統的山水畫皴法，都是現實中所見的石理石紋，古人創造這些皴法，自有生活體驗。他在華山看到了眞正的「荷葉皴」，覺得畫本上的「荷葉皴」已經走了樣。但華山不是全部荷葉皴，有的壁立千仞，光光的沒有多皴，好像刀劈一樣。華山天下雄，要抓住一個「雄」字，更非振衣登高不可。又到了陝北，經過的高原，土質僵硬非土非石，這種皴法實爲畫本所無。松嵒便創造了一個黃土高原皴，替古人畫法中，塡充了一個空白。

一個地區有一個地區的特點，這個特點，是構成藝術眞實性不可缺少的因素。松嵒認爲，過去的畫家只知把那些畫法，搬來搬去硬套，弄成公式濫調，其實美景當前，不單是要眼看手追，還得細心選擇甄別，才能寫成具有高度感染力的作品。果然，如今看到松嵒的山水畫集，其中所畫泰山、勞山、青島海濱的礁石，都是花崗石，但石理石紋的處理各有不同。他認爲「亂中求理，必有一定的規律可尋」。足見其觀察之深，用心之微。而這些正是四王派形式主義，畫家最最容易犯的毛病：一味囫圇吞棗，沒消化過。

從照片中看來，一別多年的松嵒，而今銀髯婆娑，垂垂老矣，但他仍强調：「人可老，畫不可老」自勉。在其所撰「硯邊點滴」裏，有一段極其警闢的議論，使我讀了深深感動。他這麽說：「對業務，不單是一開頭要通過學習，要始終不懈的學習——學習到老。很多老畫家，老停留在一點上，不能再進，這叫做『結壳』，好像一條蠶，最初辛勤吐絲，久而久之，却又作繭自搏，封閉在繭壳裏，畫家的生命也就壽終在這『壳子』裏。所以又要學蛾子從繭壳裏鑽出來，並且一經鑽出，也已變了，不再是蠶，而是添了雙翅的蛾。畫家就應該這樣不斷地鑽出『壳子』，不斷自我革命，不斷的變，才能永遠保持了藝術生命。」

這樣一股努力健鬥的傻勁，是可欽佩的。就像石濤的畫，一生是多變的，有粗，有細，有濕筆，有枯筆，有千點萬點，有一點也沒有，但儘管面目多變，仍不失其一貫獨特風格，石濤終是石濤。而今松嵒雖不斷的變，在我看來，松嵒仍是松嵒。

以前我曾說過：「藝術家是不怕老的，愈老，愈顯得他有獨立的精神，不朽的生命」。在這裏，也獲得了一個最好的辯證。松嵒到了老年，創作的熱情愈來愈旺盛，據說：在萬籟俱寂的深夜，正是他構思的好時光，一有所得，驚喜若狂，怕年老健忘，常不待天明即披衣揮毫。他所作每一幀畫，必經過反覆推敲很久，不肯草率而成。其代表作如：「蒼山如海殘陽如雪」、「龍門石窟」，在寫實中注入自己的感情。尤其「杜甫草堂」、「雲林故里」之類題材，爲懷念歷史上先賢而作，看來却給予我們一種親切感。

對大自然的氣候變幻，他比了前人更有敏銳的觀察力，其處理手法時有心得，往往喜從側面描寫，畫外有畫，較有意味。朝暾斜陽，不一定要畫出一輪紅日，但於天空烘一抹紅霞，含蓄有味。如畫紅日，畫之適當，也生燦爛輝煌的美觀。重彩青綠山水，山頂抹一小層朱砂山頭，或竟加幾筆紫色，天空雖不畫紅日，而已知有紅日。至於處理夜景，國畫和洋畫方法不同，貴於象徵的微妙，畫月亮祇靠烘托，不畫處有畫。但用水拱月時，手帶快些，不使筆滯。畫風也不能直接使它形象化，但在風帆上下、衣袂飛舞之間爲之，以示生動之致。畫雨景，也祇是寫雨的「意」，不求形迹之刻劃，不若多烜染雲氣，要勻和而巧妙。畫雪景仍應以墨色爲主，儘量勿用白粉。但在重彩中可用粉，以求畫面統一。春雪可畫青綠，他在峨嵋山看到山頂白雪皚皚，山下紅花粲粲，便寫生了一幀重彩雪景，別開生面。

如此創新　可入妙格

中國畫本來是一項抽象化的高度藝術，但它不是萬能的畫種，（實際上也沒有萬能的畫種），有它的擅長當行處，但也有局限性，所以作爲畫家本身就非「獨具隻眼」「匠心獨運」不爲功。惟有小中見大，沙裏淘金，從多方面的生活中擷取一點透過一點見到生活的全面。因此，畫家筆下該賦有一種改造宇宙的權力，儘量做到强調重點，删畧枝節，不論加些減些都無妨。例如畫水中倒影，舊畫本上少見，古人不是沒有觀察到，因爲把水作爲虛處來處理，不能添畫倒影以實之。松嵒的意見是：「今天可以畫倒影，也不一定要畫倒影。水面嫌空虛，就可利用倒影來充實它，需要水面空虛，就不畫倒影」。其實齊白石畫過一幀荷花蝌蚪的倒影就很不錯，惟高手始有靈活運用之妙。

令人發生興趣的是，松嵒談到關於空氣的問題，中國南北版圖遼闊，氣候不同。南方空氣潤濕，畫山水遠淡近深，空間感强烈。但北方地勢高，空氣乾燥明淨，畫山水遠近相差不大强烈，輪廓清楚。他舉出一例：在塞外旅行時，見到對面山上的草木屋宇，甚至一個小石塊，歷歷如可指數，生長江南的他，以爲距離很近，可是久久走不到，實際很遠，就這點我在旅途中早有發現：此所以山西河北所見盡似范寬關仝所畫高山崇嶽，而董源筆下當然屬於江南一帶景色，大地到處是活用的稿本，取之不盡。一個成功的畫家，如其畫技已達到筆參造化的意境，也就沒有固定的畫法能夠拘束他？誰也不能限制了。現代極多事物，都是我們老祖宗當年所沒有的，或未發見的，並非不能入畫，祇要用自己的靈感與思想，不變畫的原理而得其神韻，所謂俯拾萬物，從心所欲，何必死死地墨守成規呢？

祇是，畫家不談創新則已，創新一定要具備有兩個重要條件才能與之並行，即是一、必須使你自己的畫技已經到了成熟的境界；二、必須使你的作品在更能發揮中國文人畫的理想而又不損及傳統優點爲原則作更好的改進。學中國畫，入門似容易，但求登峯造極，决非一蹴而幾。像松嵒着實花了六十年長期的苦鍊的精力心血，才在筆墨技法上打牢基礎，構圖意境上自成一格，但當世能像他那樣創新成功者，試問又究有幾人？今日大陸多數畫家的新作品，看來盡成標語口號，所謂「一律把畫起重機當做了萬靈丹」，這是藝術的遭殃！而海外所謂新派的水墨畫，又不肯從基本上痛下功夫，絕無筆墨造詣可言，祇一味偷懶地向日本畫去看齊。殊不知倘不用中國畫法也就失去了中國的風格，祇能稱之爲「仿日本畫」呀！

嚴格地說，在努力創新中的松嵒作品，他的筆墨技法僅是夠能，夠穩，比尋常畫家夠得上水準而已。他一生學石濤，但迄未能盡石濤之妙。石濤慣用破潑墨，或先淡，後破以濃，或先濃，後破以淡，即在墨未乾時，立刻另用不同濕度的墨對它一攪，或用濕筆對它一攪，清水一飛，枯墨一擦，便有了「元氣淋漓障猶濕」的高度藝術境界。可是我遍觀了松嵒所有的畫，變是變了，却始終變不出這樣子酣暢痛快。究竟爲的甚麽？一句話：「性格决定作品」，一向較爲謹飭小心的松嵒，作畫時過於慘淡經營，一筆也不肯苟且，也許事實上就像倪雲林那樣吮筆作畫，「無一筆不從口出」。結果是不夠放，不夠大，眞如他自己說的，還不過是些「折子戲」之類。敢問松嵒既以從事藝術創新爲己任，爲甚麽不乾脆大胆地來個石破天驚，大變而特變呢？

宋代黃休復有云：「畫之逸格，最難其儔。拙規矩於方圓，鄙精研於彩繪，筆簡形具，得之自然，莫可楷模，出於意表，故目之曰逸格爾。大凡畫藝應物象形，其天機迥高，思與神合，創意立體，妙合化權，非謂開厨已走，拔壁而飛，故目之曰神格爾。畫之與人各有本性，筆墨精妙，不知所然；若投刃於解牛，類運斤於斫鼻，自心付手，曲盡玄微，故目之曰妙格爾」。此日，我給予松嵒作品總的評語，既非「逸」又非「神」，請老友恕我唐突，惟拈出「妙格」兩字，庶幾近之乎？

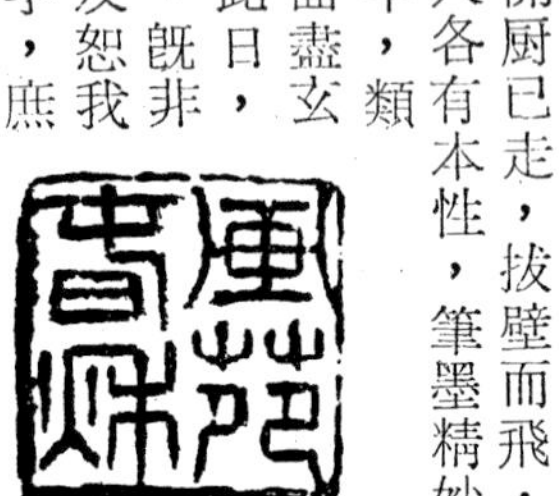

貓嘜女裝靴

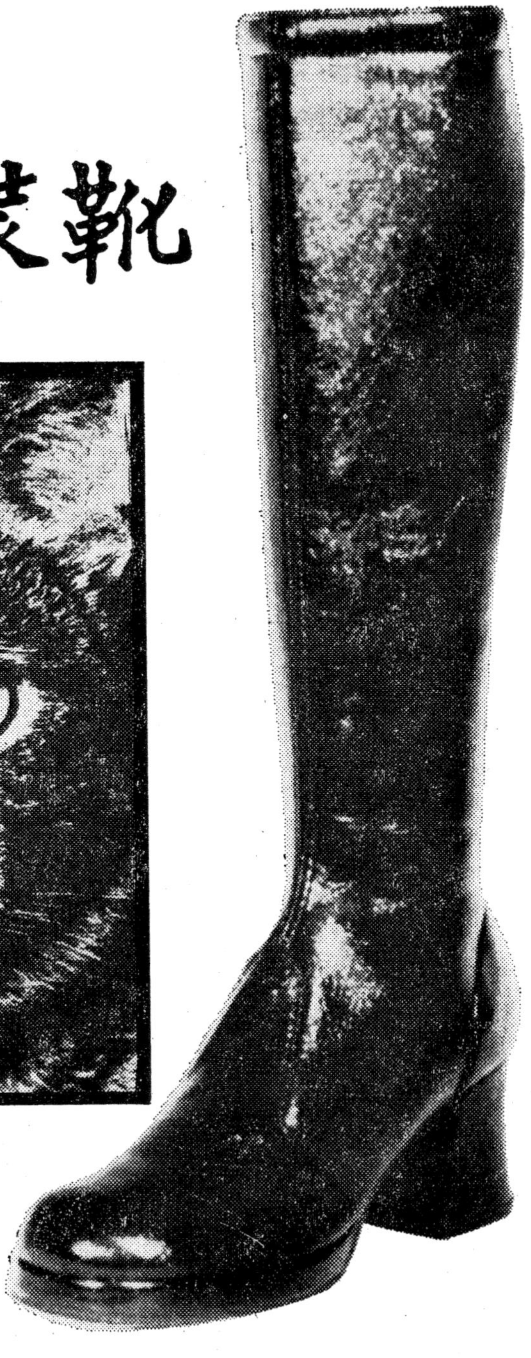

够威·好着

大人公司 平價市場 人人百貨 大方公司 來路鞋公司有售

黨國秘聞

周伯年周魯伯父子

胡憨珠

去年八月十五日，香港大公報上曾刊載了一頁治喪啓事的廣告，那是由招商局輪船公司出面的，畧云：「我局前副總經理、顧問周魯伯先生因患腸癌，醫治無效，經於八月十四日病逝香港聖保祿醫院，終年七十歲……。」等等，聯想到他的父親周覺（伯年），父子二人，均有可述，正是說來話長。

一般人說周魯伯所交一生好運道，第一是他的投胎投得好。當呱呱墮地，經入塵世，即爲周覺（字伯年）的名父之子。其次是他的就業就得好，當他在上海大夏大學的大學教育，還未進修學程到期滿卒業時期，即已任職國民革命軍軍事委員會委員長侍從室的秘書，他的任期雖只有短短三四個月，就調任招商局的主任秘書，但可說這是他終身職業旅程的開始。

改換名字大有崇洋心理

周魯伯本來的名字叫做「周世安」，他的所以廢棄原名不用，而改用了今名，說來也是一則極有趣味性的小掌故。蓋在距今半個世紀以前上海的一班大學生，都喜歡要題取一個外國名字的一種時髦風尚，而這種風尚原是從聖約翰、東吳等那幾家教會大學所流傳出來的。此時的周世安考入大夏大學，自經就讀肄業以後。當不例外，於是，他便自己題取一個「ROBERT」的外國名字。從此，同學們對他的叫喚，都呼之爲羅勃脫，而不再以周世安名之了。

向來吾人話說周魯伯的福大命好，鴻運交足，實在覺得一點都沒有說錯。試想他倘使處身大陸，服務原處機關，縱然萬分僥倖能逃得過三反、五反的可怕潮浪，但可以斷定他決難逃得過文化革命運動時代的紅衛兵造反的這個關口。如果被揭發出他曾有題取外國名字的那件事情，可以料想得到這「崇洋輕中的心理」的罪名所加，定必要在「堅持愛國立塲上作出一定懲處」，果爾，那他的遭受可夠慘了，差幸的是他命運生得太好，福澤長得深厚。因爲早於抗戰以前，他已奉命來此海隅，任做招商局輪船公司的香港分局長。對於年來大陸方面一切的政治風暴，概不身經親歷，只是留處海隅，度其安樂生活。若非命好福大，怎爲五十六年的長時期以來，一直有此意想不到的特殊遭遇啊！

周魯伯使用這個名字的開始經過，亦饒有相當的奇趣。原來時在民國十六年，國民革命軍的勢力，已自珠江流域發展到長江流域。而革命軍總司令蔣委員長亦已蒞臨上海，駐紮於楓林橋以南的外交大樓。據說有某一天，蔣委員長偶與在座的幾位黨國元老談及，謂總司令部急切需要增添一名秘書，專門管理密電碼事項。對於人選條件，唯一的必須要徵自本黨老同志的後人，方爲合格。其所持理由是以每位本黨老同志平時對其兒女必然的教養有素，訓誨所及，早已養成愛國忠黨的純正品性。至於所懷的學問與所具的才能，雖亦同樣重要，但尙屬其次。因爲所謂品學俱優一詞，似乎品性的優良還在才學的優良之前，所以有此選擇的條件云云。於是，就有座中的某元老舉說出周伯年的兒子來，認爲恰巧足夠符合條件，第一是周伯年爲孫總理的忠實同志，向來跟隨陳英士先烈奔走革命，而其次是周伯年的兒子那是個大學生。

蔣委員長對於周伯年在辛亥革命以前，一向是極其相熟的一起幹革命工作的同志。現在聽說故人有子，已能參加革命軍的行列，頗爲喜悅。因此，便對某元老說：明天請你把伯年同志的兒子帶到這裏來，讓我看看，他的人品相貌，長得怎樣？該某元老便欣然應命而去，隨即趕到大夏大學的學生宿舍，和周魯伯見面，告訴他全部經過之事。並且約定他於明天上午同到楓林橋總司令部去晋見蔣委員長，當然，他聽到這個消息以後，自是內心高興非凡。但不過有一個問題橫在心頭，一時無法解決，那就是對「周世安」這個名字的存廢問題。因他認爲「世安」兩字，有濃重的封建氣息，是以非常憎惡。只對於他自己所題取外國名字的「羅勃脫」，却萬分喜愛，而且這個外國名字同學朋友無人不知。可是明天去晋見蔣委員長時，總不能報稱外國名字，那不要鬧出大笑話麽？

所以他一方面要想保存外國名字的字音，在另一方面却要遵守中國題取名字的規格。於是不斷的爲之左思右想，終於給他想出「魯伯」兩字的音譯名字來。原來他把「羅勃脫」的尾末之「脫」字音抹去不唸，祇唸前邊「羅勃」兩字的拼音。而此兩字的拼音，在他們湖州人的鄉音唸讀起來，「羅勃」變成爲「魯伯」，其音彷彿似之。所以他於翌日跟隨父執某元老同去謁見蔣委員長時，其通名就用的是「周魯伯」這個名字。好在當時蔣委員長對他所注意的是怎樣品貌性格，不是名字的什麽華洋音式。因爲他此時的年紀只有二十三四歲，正是在英氣蓬勃的時代，而他的相貌又生得五官端正，氣宇軒昂。最好的一點，就是他滿臉長得有一副忠誠敦樸的老實相，使人一見，對他自會發生好感。更何況蔣委員長對此眼前人的挺秀青年，那是故人之子，在故交情深，友誼意切的感念中。便即提筆，親下委任周魯伯爲侍從室秘書的手諭，隨手交給身邊的侍從副官。並對周魯伯說：「明天你就來報到治事，此刻隨同他（指侍從副官）辦理一應手續去罷。」從此以後，這「周魯伯」便成爲他永遠性的法定名字了。

趙鐵橋酬情偕入招商局

周魯伯任做軍事委員會委員長侍從室的秘書以來，工作非常清閒。最最重要的任務，只是管理幾本密電碼本子，而且祇是一部份，不是全部份，但不過他總感覺得責任重大與時間冗長而已。侍從秘書室的所在，就在委員長室外的側邊。如此佈置，以便利侍從人員獲得就近應命與傳言迅捷的效率。向例凡委員長召見之客，在前客還未談話完竣，與辭離去之時。後客亦必在侍從秘書室裏，小坐等待，聽候傳見。因此，周魯伯處身在這間侍從秘書室中，很像大叢林寺院裏的一名知客和尚。對一班前來拜佛求神的所有香客，他在禮貌上都招接得皆大歡喜，因此認識了不少黨政軍各方面的大人物。大約在他任職兩個多月以後，忽然來了一位趙鐵橋，那是委員長所召見之客，據說他是四川革命前輩熊克武的代表。這個趙鐵橋雖是四川人，但在遜清光緒末葉年代，奉熊克武之命一直在北京負責專辦國民黨的黨務工作，而且辦得頗有成績。

及辛亥革命成功，南北和議成立，趙鐵橋認爲國民黨人的出頭之日，已經到來。所以他便挺身而出，作公開活動，於是，他的國民黨人的身份完全暴露無遺。當袁世凱以奸謀詐術賺得大總統的職權以後，包藏禍心，剽竊國政，處處以革命黨人爲敵。尤以派遣爪牙，購買兇手暗殺宋教仁於上海北火車站一案。導致南方國民黨人的無比憤怒，遂爆發癸丑年二次革命的討袁戰役。在那時期袁之頭號爪牙趙秉鈞正欲大事捕捉留居北京的革命黨人，趙鐵橋幸而得訊較早，悄悄離開北京，遠走別處。在這十幾年來，是他奔波四方，跋涉江湖，總是搞不出什麽一個名堂來，只成了南北東西的漂泊人？於今眼看國民革命軍自廣東誓師北伐，勢同破竹，大有三分天下有其二之概。趙鐵橋便向這一方面動腦筋，取得一封熊克武致蔣委員長的親筆書信，而信中言詞情意寫得非常懇切。大意說只要有利於統一國家，振盛國勢的革命工作，凡有所命，願效前驅云云。

熊克武這封書信，確是叩動了蔣委員長的心扉。原來他認爲魯川一地，自入民國以來，成爲整個中國政局形勢的一個縮影。例如軍人們的形成割據，擁兵自威，內戰頻仍，兵連禍結，地方糜爛，民不聊生等等。如果這班魯川軍人都來歸我，參加國民革命軍的行列，不但國家得以早日實現和平統一，而且國勢因之增强益盛，可以減少若干列强國家對我中國的無理欺凌行爲？與侵畧利益野心。只是對這一班四川軍人如何使之欣然來歸，赤忱虔意的接受革命洗禮。覺得這份艱巨任重的牽引說服工作，舍熊克武外，實難作第二人想。因爲他是四川的革命前輩，且向被人稱爲川籍軍人中的慈祥家長，既然他親筆來信表示自願幫忙，便決定即以此事相煩。現在讀熊氏的來書中曾提說起他的代表指書人趙鐵橋，有「相隨他幹做革命工作多年，堪寄重任，請予破格提携」云云，那番請託之話，於是決定要委任趙鐵橋一份較爲像樣的差使，以便有個交代。

恰恰蔣委員長正要將上海招商總局輪船公司，接收過來加以整理成爲眞眞實實的國營的交通事業。但却感於身邊左右，缺少一個當此大任的幹練人材，只因念及熊克武的來函中，對趙鐵橋曾有「堪寄重任」之語。於是就發表趙鐵橋爲上海招商總局輪船公司的總局長，並還兼任該機構整理委員會的主任委員。原來這招商總局爲遜清政府官商合辦的一種交通事業，不過於歷年間來，形成爲合肥李鴻章、毘陵盛杏蓀這兩姓兩家的私有業產，互相授受利益均佔。尤以當年傅筱庵以盛氏家臣關係，任當該局總辦，大權獨攬，在孫傳芳自封爲五省聯軍總司令以後，他却傾心輸誠的勾結孫傳芳，儼然以孫氏的撐腰人自任。是以國民革命軍在修水、銅鼓、南昌、九江這一線歷次的激烈戰役，皆由傅筱庵指揮招商局的數艘輪船，不斷的在長江航線上，專替孫部運載士兵、糧秣、彈藥、軍火等大批戰畧物資作大力的支持幫助。因此，蔣委員長於徹底消滅孫傳芳的兵力與克復上海地區之餘，便對招商總局視爲敵產，予以接收整理，成爲國營的事業機構。

趙鐵橋每次晉謁蔣委員長的時候，總要在侍從秘書室裏小事等待，畧爲逗留。而他總是受着周魯伯的溫和招接，妥善指點，是以他對周的印象非常良好，而且發生了深厚的友誼情感。因此，趙鐵橋接到委任爲招商局總局長的委令公事以後，依遵定例，要去總司令部向委員長謝委請訓。在他報告的陳述中對於任用全局工作人員一事，擬盡量留用舊員，以資熟手，但以奉公守法，勤奮治事，作爲甄別任用的處理辦法。此項辦法，據說頗爲委員長所嘉許，因爲他向來用人政策，也是惟舊自求的。後來趙鐵橋還陳述他身邊無一親信之人，爲要公事保密的關係起見，請求委員長可否特許侍從室的周魯伯秘書調任爲招商局的主任秘書。傳說中趙鐵橋這樣的請求當面提出，蔣委員長於初聞之下，爲之一怔，認爲這是怪異的請求。但旋即點頭稱可，也許可能他明白趙鐵橋表示用無私人之意，也許可能他爲故人之子的前途着想，便立即答應趙鐵橋而准如所請了。

朱家驊部長內舉不避親

趙鐵橋就任上海招商局總局長，確屬做到少用私人，多留舊員的情形地步。因爲向來中國人在政治舞台上做官實同梨園行在戲劇舞台上做戲一樣，最重要的需要一副「班底」角色。趙鐵橋此次出任招商局的總局長，就是沒有一副自己的班底，過去他所幹的是黨務工作，不是行政工作。何況是十多年前的事，更何況又是遠在北京方面，這就是他主張多留用舊人員的最大原因。所以他上任就職之日，除掉偕同周魯伯一人以外，幸而還隨帶兩人前往局中，稍壯聲勢。這二人一位是江西人陳方（字芷汀）却是趙鐵橋在北京時代所認識的朋友，介紹他們二人相識成友的居間人還是楊永泰。陳芷汀的文章寫得好，公事也辦得熟，趙鐵橋堅請他幫忙，担任整理委員會的主任秘書。另一位那是寧波人洪雁賓，由陳芷汀鄭重舉荐給趙鐵橋的，任做棧務科長。

如所皆知洪雁賓原係中國通商銀行總理傅筱庵身邊的出名智囊，在名義上那是該銀行的秘書。其實他參與傅筱庵的一切秘要密勿，凡十餘年之久，但與傅筱庵的兒子傅品圭却不甚投機，於是便藉詞推託，力辭而去，旋即成爲杜月笙的座上嘉賓，日在華格臬路杜公舘裏盤桓周旋於杜氏門中的賓客之間。他之所以能毅然決然的願意接受趙鐵橋的邀請，出任招商局的棧務科長，多半受了杜月笙的支持和鼓勵。因爲這個棧務科實爲該局業務組織中最難治理的一個科別，科中所屬的人員衆多，情形複雜。原來隸屬於該科管理業務範圍之中的，計爲浦東、虹口以及十六舖三處地方的輪船碼頭，貨倉棧房。舉凡搬運工人，守望警員等等，人數約在二千餘人之多，尤以二百餘名的守望警員，最不容易駕馭治理。

因爲他們是有組織的系統，又富有團結心，更有歷史關係的安徽人。而他們的先人，非祖即父，無一不是出身於合肥李鴻章所統率的淮軍。蓋因爲當年淮軍於平定洪楊之亂以後，百戰歸來，保得微命。在遣散命令之下，大部份的淮軍官兵脫却征衣，回轉家鄉另謀生計活命。尚有小部份的五百餘人，無法遣散，於是，便重行改編，作爲保衛上海南鐵廠的地方武力之用。是以辛亥革命的前夕，先烈陳英士隻身進入南鐵廠，意欲說服該廠督辦張寶楚輸誠納降。但張寶楚悍然不理，還喝令保衛南鐵廠的兵士對陳英士予以繩綑索縛地懸吊於空室中。幸而滬紳李平書以南鐵廠幫辦的身份，急足趕來，命令看守兵士釋放陳英士解除綑縛，只作暫予囚禁的看守。恰恰此時由潘月樵、夏月珊所率領梨園行所組織的商團，攻入南鐵廠的西邊側門，遂因此救出陳英士。在上海宣告光復以後，此五百餘人保衛南鐵廠的兵士，乃再遭遣散。所剩留的衹有二百餘人，便由李平書負責，介紹他們全部進入招商局，分散三處地方，專任看守碼頭倉庫等的警衛職務工作。據說這是李平書履行進入南鐵廠援救陳英士之時與他們訂的口頭約言。

但李平書實踐這個君子約定的口頭諾言，終於遺給招商局無窮的後患。因爲他們這班二百餘人都不是奉公守法的善男子，就是專在上落進出的倉庫碼頭客貨方面集團做出各式各樣犯例犯法的竊盜行爲。但因他們都寄籍於清洪兩幫的幫會組織之中，一切措施行動，無不以幫規律之。是以極富於江湖義氣，豪俠行徑，凡有所獲，按股均分。只要沾有一點利害關係，自可安享一份利益，並且不需要收受人出首露面，落下任何一點痕跡，因此傳說中，李合肥相國的冢孫公子李國杰（偉侯）還未在入不敷出、經濟狀況陷於捉襟現肘的窘迫時期以前，他們早就按月致送他一注數字不太小的現金，作爲孝敬之貲。蓋他們對他仍以舊主人、老長官般相敬事，實都基於他們的父祖出身淮軍，向來承受李老相國的庇蔭栽植之賜的一點德念。但不過後來趙鐵橋之死，李偉侯就因有收受此筆按月孝敬的欵項關係，致被視有主使殺人的重大嫌疑人物。一度身羈縲絏，結果迭經臨時法院的法官鞫審，終於罪證不足而獲釋放。至於後來李偉侯在上海新閘路被遭狙擊的暗殺而死，那是另一回的事，不在於趙鐵橋之死的關係範圍之中了。

原來趙鐵橋自就職招商局總局長以後，對於該局各部份的整理工作非常努力認眞。再加之以多才多能的棧務科長洪雁賓，實在配合得宜，竟把棧務科所屬倉庫和碼頭的兩項業務，對看守、監察的保衛方面各項的職責條例，整理改革得完美無缺。是以業務成績，爲之大好，無如這班二百餘名的保衛人員積習已深，劣性難改。實在沒法幹做出監守自盜的事情來，諒以責任條例的分明，互交手續的淸楚，一經追查，罪狀立見。於是他們的千般憤怒，萬種怨恨，全移在趙鐵橋一人身上。於某日午前趁他乘坐汽車外出之時，自有一名暴徒，暗行開槍狙擊於招商總局門前，彈中要害，當場慘死。只因兇手兎脫逃走，主犯未獲，遂成了一件永不破案的懸案。此時任做南京國府交通部長的爲吳興人朱家驊（騮先）朱部長與周魯伯的關係，是屬郎舅至親。只不過他名義上似乎並非周魯伯的妹夫，可是，在實際上却係的的確確周魯伯的妹夫；大凡世人如不對他自己的大舅子做出一種竭力維護的幫助工作，這對天理人情都是說不過去的，那還算得是萬物之靈的人麼？所以朱部長於委出繼趙鐵橋之後的新任招商局總局長的委任令時。輕描淡寫地向新局長說了一句「敝親周魯伯在招商局任當主任秘書，請你老哥多多提挈指教」的請託話，總算做到「內舉不避親」的左氏之語，也對他大舅子盡了做妹夫的責任了。

周魯伯獲得了終身職業

周魯伯生來就是有這份糊裏糊塗的福氣，於趙鐵橋死後，並不對他職位發生被炒魷魚的惶恐憂慮。似乎他對「一朝天子一朝臣」的那句俗諺，整個遺忘，直到新局長上任後的加委公事交到他手上時，方始知道朱家驊已經替他「通過聲氣」了，所以安安定定地做他俸厚事簡的高級局員。及至舟山人劉鴻生以上海著名企業家的身份出任招商局的總局長，就特派周魯伯來香港任做分局長，此爲「八一三」中國對日抗戰的前兩年事。料不想這招商局香港分局長却成爲他的終身職業，蓋他膺命此職，一直任做到此次因罹患腸癌絕症不治，溘然逝世於醫院中始告休止。周魯伯一生寄棲廛跡於招商局輪船公司，歷年凡有四十五度春秋之多，不能不說他是吃招商局飯最長命的一個人了。

香港政府所定的法例，就是不管中國人的所謂國營或民營，只要在港地所經營的業務，凡屬於商業性質的範圍之內的組織機構，一律相繩以「有限公司」的組織法規，申請商業登記。而後發給營業執照，以資一律而符法制，並且以申請商業登記的出面人爲依據，而其人就成爲永遠法定的出面人。從此該組織機構所有對內對外的一切有關於經營業務上的進出文件，往來賬冊等之事情，皆以該法定出面人的簽字，作爲法律的唯一憑信證據。他人不得庖代與更易其簽字，否則除非變更組織，重行登記不可。但如要組織變更時，登記重新的話，據說其手續相當的麻煩，而需時亦要久長。香港招商局的分局成立，當年就是由周魯伯奉上海總局長的任命前來組織招商局輪船有限公司。於是，他順理成章地成爲永遠的法定出面人，而他的一隻飯碗本來是玻璃脆性的，因有香港政府所定的法制關係，他這隻「玻璃脆」的飯碗，也就變成爲銅澆鐵鑄的了。是以歷經八載抗戰的冗長歲月，在太平洋戰爭以後，香港淪陷時期。傳說中，當時周魯伯因被形勢所迫，一度離去，轉輾繞道到大後方，去作了逹難避災之行。

及抗戰勝利，國民政府交通部任命紹興人徐學禹（按：徐學禹爲革命先烈徐錫麟「伯蓀」的三弟叔蓀之子）任當上海招商局的總局長。雖然，徐學禹自有夾袋中人在，只因囿限於港府所定的法制，對於香港招商局的分局長一職，無法另委他人就任。祗有加委周魯伯仍然延續其職位，是以一般人說來，這也是他命中所註定的福份，毋需爲職業問題而煩惱。非止此也，洎乎大陸政權易手，中共政權便對海隅所有國營機構，逐個照單全收。但不過因爲有香港政府的法制關係，無不對於原有的法定出面人不予撤換更動，仍維舊貫。至於招商局輪船有限公司方面，據說中共只派來了一名得力幹部，名義上是來任做周魯伯的副職助手，實際裏却是和平奪權，於是從而掌握了全局行政和業務的大權。再經相當時期，周魯伯的名義也由局長而改爲副局長了。

要知周魯伯的一生爲人，其脾氣行爲非常和易與，樂於自我陶醉。當他在港地任職期間，一向以來，所居住的房子，所乘坐的車子，都是由局中供給的。原來招商局在銅鑼灣地區所擁有的地產數字，相當可觀，且已蓋建屋宇，出租收費。而他所居住的房子即爲局中產業，所以他居的舒暢，住的適意，且可不命一錢。至於他所乘坐的車子呢，不但駕駛人的薪給，由局中按期出糧，而且連之汽油錢，亦毋須自掏腰包。因此，當在大陸政權未曾易手以前的時日，周魯伯對於這樣的生活供應，糊裏糊塗的懵然罔覺。自從大陸政權易手以後，尤其是那位副局長到來以後，聽聽他所談，說中共政權各級人員的供給制度，等級條例訂定得相當刻苦。他便憬然省悟過來，認爲過去不太珍惜生活環境，實屬大錯誤事，大有覺今是而昨非之概。是以他有時與幾個要好的朋友閒話家常，他嘗說他現階段的生活享受，竊比於國內一班部長階級的人物，覺得尚有過之而無不及，似乎享受方面，已經逾份，這可見周魯伯知足常樂的一斑。

不過話雖如此，周魯伯是一個生與俱來，對於自由主義有深愛熱戀的觀念之人，他向來喜歡閱覽書報，尤其對上海小型報式的小報，最愛閱覽。因爲小報的內容文字，都側重於趣味方面，是以他閱覽成癖，目涉成趣。後來他深怕被人攻訐，抨擊他思想上有問題時，就感有所未便。於是他把小報總是藏放在不會使外人輕易發見的冷角落裏，而且上邊還用陳舊報紙掩遮。到了室無外人的時候，才取出來閱覽遣興，此其一。二是他喜歡作方城之戲的打麻將，在過去他是好客成性，朋友往來又多，若有同好之友，便即坐攏一桌，打上幾圈以助清談的餘興。後來時易勢遷，舉目有自由云亡之異，他就以禁止在家打牌作自律，偶爾牌癮發作，手癢難禁時，寧願遠走到朋友家裏去摸上幾圈，方始罷休，此其二。總而言之，周魯伯就是有於不自由的環境中，爭取他自由主義伸展的精神，此周魯伯之所以其名字中合該有一「魯」字也。

張定甫斥資創正蒙學塾

此外，周魯伯對於黨性鄭重的形式主義之事，那在他的觀感中非但淡漠無視，且亦心懷憎惡。關於他這種觀感和意緒，一般的人指說他頗有父風，更其是自由主義的天性所禀，尤爲顯著是他得自爺老子周伯年先生的遺傳。只是他的才能學問，難與他爺老子作比，是以周魯伯祇能成爲克家之子，不能成功爲跨灶之兒。究竟周伯年的才能學問，其美妙淵博到何種的樣子？在此作個約畧的介紹，而後再講說他幾樁非常有趣可博一笑的故事，便可以覘知周伯年才能的如何美妙，與學問的怎樣淵博了。

話說吳興人周伯年，他的名字，那是單名一個「覺」字，伯年是他的號，出身於南潯正蒙學塾。該學塾的主教老師爲湖州名儒曹勵金，他的本身功名則爲前清光緒初葉時代的舉人。他兄弟曹仲彝在前清末葉年代，以兩榜出身，任做一任揚州知縣。入民國後，在陳果夫出任江蘇省政府主席的時候，曹仲彝還再度到揚州來做縣長。及任期滿後，即又轉入農民銀行任當總行的秘書主任，直做到距今三年以前去世，以視他老兄曹勵金的皓首窮經，困頓塲屋，終至於坐教書的冷板凳，直坐到祿命告盡，永別塵世爲止。如果以曹氏弟兄兩人的命運作比較，那正合上了廣東人的口語所謂：「同胞唔同命，同遮唔同柄」那兩句老話了。

不過，當在光緒中葉年代，曹氏兩弟兄的飽學才名，早已洋溢在外，旋由南潯富商張定甫斥資創辦一所正蒙學塾，乃以極高額的束修，與極敦厚的禮數，聘請曹勵金老師前來坐館，主教講席。原來張定甫的先德及其岳家，均爲世代鹽商，凡浙東杭紹兩府沿海地區所產的鹽斤，概由開設在杭州的張恒源鹽棧統收統運以及統銷，這累世經營的盈利所得，其財產的豐厚富有，可想而知。此外，他們南潯張家在中國的海禁大開以後，又早已在五口通商之一的第一商埠上海，經營其絲茶出口貿易了。所以一般的人說；張定甫一經墮地入世，就是生活長成在這家南潯首富張家的豪富門第之中，在青年時代他是十足的富家公子，到了晚年時代他是十足的老封君，只是他在創設正蒙學塾正當他是富家翁的中年時代。因爲他生有弁臣、靜江、澹如三個兒子，聽說曹勵金飽學之名，便請他來主持學塾，一時湖州地方的縉紳之家，豪富之宅，聞風紛紛把他們的子弟，送到正蒙學塾來附讀。據說後來有聲於上海高層社會中的湖州人，於張氏兄弟以外，朱家驊、周伯年、沈維翰、沈百先等等，都是在正蒙學塾附讀出身的。而正蒙學塾的所有附讀生中，不管文學淵博，才藝多能，允推周伯年爲第一人。後來定甫的長子弁臣便北上都城，在北京任做小京官。次子靜江於成婚生女以後，正在籌劃着如何的謀得正當出路，恰巧杭州人孫寶琦膺清政府之命，任做駐法領事的使臣。孫與張定甫原有多年舊交之情，張氏就把他次子張靜江舉荐於孫寶琦，作爲他的隨員；並且一再聲明對於他兒子一切去法國的盤川諸費，以及留法時期的生活開支，全部自費，不需要在公費方面負担分文的支出，他這種措施，無非旨在替他兒子爭取一個出身的堂皇名義，爲將來謀出路的資格受用。諒以這樣的免費隨員，孫寶琦何樂而不予錄用任命，只不過在他出國名單上多加一個隨員名字和一張護照而已。就因爲全部自費之故，所以張靜江當年隨同孫寶琦去法國赴任，竟偕同他的妻女婢僕等人舉室以行。接着張定甫把他幼子澹如派遣到上海去，專門管理商業的業務工作，因爲張氏有不少事業在上海的如大綸綢緞局、通運公司、通易信託公司等。當張定甫把他三個兒子的出路問題，支配定當，分頭出發，做官爲商，各就其業，於是正蒙學塾也就隨之停辦而宣告解體。那曹勵金自正蒙學塾停辦以後，適值清廷政府厲行政府維新，廢止科舉，禁設私塾，提倡新學，遍辦學堂。於是，他便回返城中，主辦程安縣立的高等小學，全校經費由烏程、歸安兩縣共同撥給。校址則在三賢祠裏，該祠位於湖城橫塘，那裏遠山近水風景幽美，於是曹氏即在此間以小學校長終老。

張靜江在法經營古玩舖

張靜江跟隨孫寶琦去法國履任，那是在上海起程的，乘坐法國的外洋輪船前往馬賽。當輪船經過日本時，曾在橫濱作一日夜的停留，以便日本去歐洲的貨客上落裝卸。孫中山先生時在日本主持中國革命黨同盟會的會務工作，適亦有歐洲之行，就在橫濱登乘輪船。因而與張靜江成爲同舟共濟之人，實則他倆原先是兩不相識，其間也無人介紹。他們之所以得交成友的由來，據說：於輪船起碇駛行以後，大家在甲板上閒步隨喜眺望海上景色。在偶爾聚首的機會中，二人相互寒暄，談起話來。終於一經接觸，雙方話得情投，說得意合。從此二人便在海天萬里的旅途中，總是掩關艙門，日談夜談的談說不休。最後的談話結果，非但談得成爲肝胆相照的至好朋友，而且也導引張靜江加入同盟會成爲革命同志。不過他加盟入會的手續，只因當時在輪船之中，未便舉行，若要補行入會宣誓的神聖手續，還須要落後一年的時日，張靜江於乘回國之便，特在日本登岸，補行宣誓入會的莊嚴儀式。而爲他在入會書上所塡寫介紹人的名字，則爲孫中山與胡漢民兩氏，蓋以兩氏和他接觸爲時最早最先。

原來張靜江在輪船上於談話中，聽得孫中山先生畧爲透露同盟會的經費支絀，有募集不易之話，是以輪船將到馬賽以前，他便向他詢問同盟會在日本東京的詳細地址和出面負責人的姓名，以便滙寄三萬元去作爲他捐助會中經費的所需。當下孫氏雖是詳詳細細的告訴了他，但不十分重視和信任，蓋在意念上他總認爲年輕的富家子弟，多數的言行是靠不住的。所以沒有寫信給留在日本負責人的胡漢民，通知有張某其人，慨捐本黨經費三萬元之舉。實因當時幣制太於値錢，而三萬元又不是小數目，如果口惠而實不至，不將徒亂人意；誰知孫氏在法國諸事料理淸楚，再行回到英國倫敦的他自己寓中，胡漢民却從日本發來收到張靜江滙寄去三萬元的電訊報告，已經陳放在他寫字枱上了。這樣的事實擺在面前，怎不要教孫中山先生對之大喜過望，也暗暗叫聲慚愧，覺得當時對張靜江的估計，實太錯誤，總認以爲他像一般的華而不實的富家子弟一樣，往往言不符行。料不想他却是個言必信，行必果的熱心革命救國的忠實同志，從此以後，孫氏對張靜江更爲之大大的改變觀念，而且欽信有加。凡遇到革命運動急切需要大數欵項應用時，在無法籌措之下，最後必向張靜江去告急求援。而張靜江也做到有求必應，如數奉獻，從沒有拒絕或減少應命之事。

所以當時頗多人說，張靜江慷慨豪爽地對革命事業方面所投的資本，都是他父親定甫先生的錢。其實此話說得並不正確，要知張靜江化他爺老子的錢，投向於中國革命運動中，祇有最少最小的少數部份。而所化極大的多數部份，全是他自己在法國經營商業，所掙賺得來的錢財，是以自有他自由化錢的自主權。蓋當年是他跟隨孫寶琦到任以後，覺得法國巴黎高層社會中的富有人家，無不喜愛中國的名人書畫和古董玩器，作爲他們室內的四壁飾物，案頭淸供，當然以年代越古老的越喜愛珍視，也很肯出錢的樂於購置。因之，張靜江有鑒及此，認爲經營這一行的商業買賣實爲最易賺錢的生財之大道。於是，他就很快速的在巴黎創立起專營中國古玩書畫的一所門市店舖，其牌號所題的即爲「通運公司」。關於在上海的主持收購貨物品種，以及處理裝運出口的全部事務，張靜江就延請他同鄉要好朋友周佩箴，全權負責其事。上海的這家通運出口公司設立在南京路拋球塲亭達利鐘錶店東邊的一條弄裏二號屋中，只是坐莊性質的一個寫字間。這條弄堂形狀非常特殊，前邊狹窄，後邊寬暢，却有一個小廣塲全用大型石板舖成，足見其建築的年代之早，與式樣之古。只因四周被高建築物圍住，陽光遮沒，空氣阻塞之故。便覺得那裏房屋湫隘，光度昏黯，但却是財臨旺地之處。因爲張靜江把這裏的貨物裝運到巴黎去出售，着實掙賺得不少錢財，不過大部份付之於革命事業上邊去了而已。非僅此也，從辛亥革命年代起，到國民革命軍北伐成功以前爲止，通運公司便成爲革命黨人的秘密糧台。相信今日處身於中華國民政府所在地的寶島上。尙有若干位革命前輩，黨國元老，曾到該通運公司樓上，在周佩箴手中領取生活費與活動費的呢。

怎爲張靜江會幹做這門的營生，說來是他並非外行，却是內家。在他青少年時代，已經懂得辨別書畫眞假，古玩贋鼎的那種學術知識。更其難得的是他還懂得審辨瓷皿窰器的製造朝代和年歲，鑒物解釋，毫無錯誤。這是一種難能可貴的高度鑑賞力，使一般考古學家對之，也會產生「吾弗如也」的驚嘆之感的。但是他對於這種知識與學識，從那裏得來的呢？實則由於多見多聞的所得經驗，累積而成的成績。因爲南潯地方，多的是縉紳巨室，富豪高第，並且十有九家的主人無不喜歡購買些古物收藏，認爲是風光事，也是風雅事。如龐家、劉家、金家、鈕家等等都是，而他們張家正是第一流的富有人家。是以各地古董畫的掮客們，凡有精品眞件的古物在手，於未上市塲以前，必定先來南潯上門求售。張靜江於童年時代，就喜歡對古物的欣賞，也愛好對古物的求智。凡見古董掮客們到來時，他就靜靜地站立旁邊，看看聽聽，覺得有疑難莫明之處時，還要向他們問問，非但每事問，而且仔細問，這便是他因而見多識廣的由來，所以說他幹做這門營生是內家而不是外行，一點都不會錯。

在早期年代，上海古董掮客的業中人們，對於南潯人鑑別古玩書畫的眼光犀利，能力高强，曾有「四人七隻眼睛」的一句讚揚口語，常掛嘴邊。所謂四人，就是（一）張靜江，（二）龐萊臣，（三）蔣孟蘋，（四）謝翔鳴，所謂七隻眼睛，那是指說張、龐、蔣等他們三人，各具有兩隻眼睛，即是說他們三人都能鑑別書畫的眞假，古玩的贋鼎那兩種的眼光；至於一隻眼睛只是說謝翔鳴一人，這倒不是說他獨具隻眼的五官生理上有所瞎眼盲目的缺陷，實是他如他們三人一樣地生有目光如電的兩隻眼睛。所謂一隻眼睛，那是說他只能辨別珠寶玉石的眞假，那一種的高度本領而已。原來謝翔鳴是當年上海南京路品珍首飾公司的經理，是他只懂珠寶玉石，不懂古玩書畫，這亦毋怪其然的事。可是另有一位南潯人對於他們四人所能的，所擅長的，他則無一不能，也無不擅長，甚至還要超勝過之。其人非他，就是周伯年，他的多才多能，都從自修自習的孜孜鑽研而來。因爲他對人間的事事物物，都喜歡破工夫加以研究，憑他生有過人的智慧聰穎，更益之以博聞强記，其學識的廣博淵深可知。所以他們四人遇到買賣古玩書畫、珠寶玉石發生有疑難問題時，都要他去作最後的審定裁決。而以張靜江與龐萊臣兩人對他倚重尤殷，幾有一日不可無此君之槪，只是古董掮客們不知四人七隻眼睛之上還有周伯年的一對天王慧眼呢。

周伯年早婚研究性藝術

向來江浙兩省有錢人家，都有早婚的習尙。即使是貧寒境況未到徹骨苦難的尋常農家，只要在秋收冬藏的時際，算來多收穫了幾担稻穀、多飼養了幾隻肥猪，都要替兒女們作婚嫁之事的打算，認爲這是爲人父母應盡之責任。而浙江湖州，即爲最有名的富庶地區。而周伯年的家，就在湖州的南潯鎭上，那裏更爲豪富第宅、仕宦世家的薈集之處。所以周伯年對於早婚一事當不例外，自然，他在弱冠之年，早已奉了父母之命，憑着媒妁之言，舉行過婚禮了。究竟周家是有田有地的書香人家，因此，他的選擇配偶對象，眞正的是天作之合的佳偶天成。實因這樁姻緣親事，可說門當戶對，配合得非常美滿。原來周伯年所娶的那是雙林鎭上武舉人蔡原淸的大女兒，却是知書達禮，甚有美德之稱的一位好小姐。這婚後光陰所度，爲最舒適的、最和諧的家庭生活，他倆亦正如神仙眷屬，無復有紅塵之想的了。不過這位周伯年夫人的蔡大小姐是她生性所禀，却有一種古板脾氣。是以因此後來的結果，多因爲「尷尬人偏遇尷尬事」，於是從而這「好姻緣變成惡姻緣」了。

如所衆知中國自從清廷政府海禁廢止，門戶開放以來。不管西洋文明也罷，東洋文明也罷，也不管西洋文化也好，東洋文化也好，都是跟着世界的新時代潮流，洶湧澎湃的滾滾而來。尤以上海一地，竟開全國風氣之先，來者不拒地全部接受。這還不打緊，却引起了周伯年對東西洋舶來的文明和文化，概要予以研究的興趣。不知他如何會對愛的教育、性的藝術這兩個問題，竟也爲之大感興趣，而要力事研究起來。據說當年周伯年對於「愛的教育」的研究，要想研究把夫婦之間的愛的生活，如何使之維繫永恒。對於「性的藝術」的研究，要想研究把男女之間的性的藝術，如何爲之進化歡樂。可是這兩者的問題，却有極大關連而錯綜的連鎖性質，尤以性的藝術較重於愛的教育，所以周伯年研究所得的結論，認爲要維繫愛的生活永恒，首要該把性的藝術研究得到高度的美滿成績。傳說中有一天的清風明月之夜，周伯年堅要與他夫人對性的藝術作共同研究與實踐試驗，這是一種不正常化的「相交」之道。

不知周伯年當時如何惹動了他夫人的怒惱，是她一時怒從心頭起，猛然輕舉一脚，對準他兩腿之間的臀部上踢去，頓把周伯年這個人像皮球般的從羅帳門裏，拋飛出來摔倒床下。幸而他摔在樓板上邊，床前又舖有一方地氈，饒她房中原有如此的佈置狀況，周伯年還是躺在床前，一時間爬立不起來，只是低聲雪雪呼痛不置。原來周伯年夫人自幼兒跟隨她父親學練國術武藝，因爲蔡原清兩老夫婦不生多男，祇育兩女。所以她父親盡把他一身武藝，全傳授給兩個女兒，因此她們姊妹二人纔屆及笄之年，已經拳棒嫻熟，武藝驚人。蔡家在雙林鎮上，原是大族巨室，更何况蔡原清又是個武舉人的現有功名身份之人。不願他的女兒成爲沒字碑，是以請得一位進了學的秀才老師前來坐館教讀，授給姊妹以經史子集的古典文學。蔡家兩女倒是文武全才，故而蔡原清兩老夫婦在宗法社會的時代裏，非但沒有兒子，引以爲憾，反而自己有兩個賢孝女兒，大感高興。因此，此老嘗朗吟陶淵明的：「生男不若女，慰情良勝無」的那兩句詩，作爲自慰自嘲的曠達之語。

終於蔡原清的大女兒，以賢孝之名，競傳鄉里，從而經人執柯作伐，做了周伯年夫人。料不想這次周伯年好沒來由，研究起外國新花樣景來。是她認爲他對任何的學術思想都可以去研究，竟會對荒謬絕倫的「性的藝術」也會研究起來。是而無耻，孰不可耻，也就因此，她於一忿之下，便陡然使出她所學練成的一記「鴛鴦連環腿」。還是念在恩愛夫妻份上，她所使的脚力不大，腿法不兇，只是輕輕的一脚踢出而已。但已教周伯年從床上摔倒床下，呼痛弗已，爬立不起，這可見蔡家拳脚武藝的高强之一斑。因爲周伯年夫人的賦性行爲，實在非常保守，雖然，她於幼年間飽讀五經四書，飫聞孔孟之道以外。但於當時清廷政府提倡維新教育的開始，她們兩姊妹便已負笈同到杭州進入高等女學堂肄業，接受新的教育思想和學課。在理在情周伯年夫人該屬於新時代的人物，可是她對於舊禮教的觀念，仍然蒂固根深、牢不可拔。因而造成這一次的衝突，由衝突而雙方感情破裂，終於造成夫婦分離的局面。

爲來爲去爲的是他和她兩人性格不合，實是造成分離局面的最大因素。因爲周伯年的性格，生成是風流放蕩的，而他夫人的性格生成是端莊矜持的。當夫妻生活在正常化的時候，縱然二人的性格不合，但因相約以禮，原無若何問題會發生。一旦遇到不正常化的尷尬事情，是她感情激動的猛烈到沒法阻攔，便如防堤決口，一發而不可遏止了。傳說中那夜周伯年要與他夫人對「性的藝術」作共同實踐的試驗時，他的導演方法，實在太不正常化之極。而且有些近似效法禽獸的相交化，這是使她難於忍受，於是她感情爲之猛烈的激動起來了。原來周伯年夫人把她最尊貴的初夜權，獻給周伯年後，一直以來夫妻的相交之道，倒是相當正常化的。因爲她牢記着孟子書上有所說：『良人者所仰望而終生者也』的孟語錄，是以她實行其仰望終身之道。認爲這種仰望行爲，是他如天之覆，而她自已則如地之載，在天地交泰之下，兒子自育，家道自成。但是今夜他不要她仰望，却要她作出或左或右的側身傍視，甚至於要她仆身床上作俯視。所以她大爲忿怒，就向他大聲叱說：「這是人類相交之道麽？這是性的藝術麽？惟有禽獸才有這種交配行爲。你該知道我是個人，不是禽獸之類，那你怎爲做出這種禽獸行爲的形狀來呢？既然是你所喜歡，那你就去做吧！」話纔說完，脚已踢出，因此周伯年就被摔倒床下來了。

蔡原清南薰閣上顯身手

周伯年夫人就於第二天，挈領了她所生週歲多大的兒子周世安，和她兒子的奶娘一同脫離周家了。她還留有一封信給周伯年，信中大意說明她受不了昨夜沒廉耻、無人格的極大侮辱。所以決定今天我們母子二人離開你們的周氏之門，不再回來，同時，我和你也從此宣告斷絕夫婦關係，永不相見。只是世安爲我們二人所共有的兒子，無法使之屬誰，成爲獨佔專有。爲此我曾作過竟夜的思考，實無兩全之策，但爲了周氏香火的嗣續計，自願自我犧牲。決將關於屬我所有部份的兒子權利，全部放棄，歸你獨享獨有。不過他的年紀尚小，需要照顧，小孩子何辜，致遭無母的悲痛。現與你約，眼前歸我携去撫養，到他行年十歲爲止，由你前來領去，負責教養。此時在你可享父子相聚的天倫之樂，在他已屆童子十歲就外傳的教育之年，在我認爲已盡了母愛的責任之時。一舉三利，莫善於此，或然或否，請由你自已作抉擇罷云云。據說周伯年夫人這封書信原是以文言寫成，寫得情文並茂，極盡其激昂慷慨之至。當時周伯年見到這封書信，覺得文了武了，都是不了，除却默認作個不了而了，才是了之上策。

因爲「文了」不外在本鄉本土約請一班在場面上有頭面之人，坐下作個大家談談出禍由所因，那是他强迫他夫人共同作不正常的性行爲，不管他辯說爲了實踐研究實驗「性的藝術」，或是「性的教育」的緣故，怎知其名詞固屬美麗之至，其行爲却是醜惡之極的。試想這「文了」他如何的了起呢！至於「武了」嘛？他於昨夜已經受過他夫人的沉痛教訓了。以一個武藝名聲不出雙林鎮的蔡家大小姐，一脚輕輕踢處，使他像皮球般的抛跌床下，她的武藝已是了不得。如果蔡原清親自出手，爲他女兒作「武了」的話，那此老的武藝正是不得了。所以周伯年當年左思右想、橫盤竪算之下，只有悶聲不出，默認了結。究竟蔡原清的武藝本領，高超精湛到何種的程度呢，而他有些那種有關武藝的驚人軼事，留傳人口呢。老實說他的武藝軼事，竟無一事留諸人口，在晚清末葉時代的不少文人著作中，亦無一書有所記述。所以如此，有三種原因關係：（一）是他有田有地有功名（武舉人）之人，非一般闖江湖、跑碼頭之輩。（二）是他是湖州人，地屬水鄉，賦性温和，既不藉武藝欺人，亦不願好勇鬥狠。（三）是他自律甚嚴，不喜外遊，終日杜門不出，練他的武藝工夫，少人接觸，是非遠隔。

以蔡原清這樣的處世行爲，不但少事，而且無事。使人覺得江南地方的武林之中，竟沒有蔡原清其人，在文人們的私乘筆記、稗官野史的書中，也不見有蔡原清其名。有之，祗有平江不肖生向愷然所撰著的那部「江湖奇俠傳」長篇武俠小說裏，却給他帶上短短的幾筆。只是於書中對話裏說到浙江省的武林中，却要推崇吳興人蔡原清那是一位內功名宿、點穴高手等數語而已。但是具體的事實，他還沒有記述出一件來，這不知誰人告訴他聽的。平江不肖生就是有這種活聽活用、現賣現吃的本領。當民國八、九年間，他來上海買文爲生，住在新聞路斯文里，與中國晚報館總主筆張冥飛是前後弄堂的鄰居。冥飛和我就是他家的常客，我們在烟榻上閒聊，往往會聊到半夜三更，他常把我們所聊之話，吸收到小說裏去。現在我來舉說蔡原清兩件小事表現，作爲平江不肖生讚譽他爲內功名家、點穴高手的兩語傍証。第一件小事，乃是話說周伯年夫人自從離開南潯周氏第宅，不去雙林，歸寧母家，恐怕有傷堂上之心。所以她逕赴城中，租定「七顆樹前」地方的一所巨宅，作爲居停。當即一邊着手籌備創辦蔡氏女塾，一邊寫信到家裏，把她妹妹招來相助。一經蔡氏女塾開學有期，城中所有的富家巨室，凡有及學年齡女兒的人家，無不紛紛送來報名入學。居然一砲而紅，女塾的形勢大好，周伯年夫人藉此把她脫離周家，夫妻分居之事，全部隱瞞過去於無形。同時，就把她父親自雙林接來，安頓在女塾的後進的樓上，作爲起居之所，以便晨昏定省，甘旨親奉。

此時蔡原清已逾古稀之年，但他蹤跳如飛的輕身功夫，絲毫未曾退化。凡傭僕邀請他下樓吃飯時，他極厭惡上落樓梯級的步行麻煩，總是在樓梯口一躍而下，飯罷回樓，亦必蹤身而上，最特異的一點，就是躍下蹤上，落地無聲，纖塵不揚，凡此種種皆足以証明他內功精湛的一斑，這是一件事。另一件是蔡原清所表現的點穴之事，那是發生在民國五年的這一年間。此時上海護軍使楊善德，已奉命調任浙江省的督軍，楊於入浙就任時，率領其向所統率的第十師與俱。是蓋他對浙軍有所戒懼使然，諒以臥榻之側，豈容他人酣睡，此爲一般統治階級者共同心理的現象。湖州地方瀕臨太湖，位居要隘，向由浙軍駐守，楊即以他第十師的部隊作瓜代，該部士兵來自齊魯各地，浙江人俗稱「北兵」的便是。北兵性多獷悍粗蠻，而軍風紀亦較差，稍不稱心，罵詈隨之，是以湖州人對北兵無不畏之如虎。蔡原清於每日晨間，輒赴「府廟前」的南薰閣茶館品茗，風雨無阻，寒暑不更，已十餘年如一日。而他的來去進出，却也有一定的時刻，分秒不錯，但不過他來去茶館的上落樓梯，不像在家裏喜歡如飛的蹤跳，他倒是按步就級地緩步行走。這不是他上了八十多歲的高齡，輕身功夫發生退化，實因街頭行人，與樓頭茶客，爲數衆多，深怕落入人眼，傳揚開去，反而不好，所以如此，那是他遵守「眞人不露相」的那句江湖例言。

當年江浙兩省地區的城市鄉鎮，凡大型茶館總必備有黃銅製成畧似仙鶴形的水烟袋，以供茶客們的需要。只是所供應的水菸，都是蘭州產品的「青條」，其烟味相當兇辣。蔡原清也有吸水菸的癖好，但所吸的却是福建產品的「皮絲」，這種烟味是和淡清香的。人們呼呼的吸菸徐徐的噴烟，大有吹氣如蘭之概，當使吸者有感，妙趣橫生，俗念全消。尤其是蔡原淸吸皮絲菸的那具水烟袋，係以雲南白銅造成，却造得小巧玲瓏，非常美觀。這還是數十年前，有一位要好朋友從漢口買來，贈送給他的紀念品。所以他非常喜愛，常帶身邊，隨時吸菸，倒成爲不可須臾離的恩物。他是個無事可爲之人，每天對於水烟袋的去烟油、換清水的整理工作，從不假手於傭僕之手，總喜歡親手料理，並且專用細體的磚瓦粉末，從事摩挲拭擦。把這具白銅水烟袋擦得白潔如銀，光可鑑人，成爲人見人愛之物。有一天，該回家去吃午飯的時間到了，但是他於臨去以前，亦有一個定例之事要幹做，就是去到後邊尿坑作一次小便而後行。不料他於小便後回到茶座，想在枱上取了水烟袋離去時，但水烟袋已失所在。只見他所心愛之物的水烟袋，却在一個排長級身份的北兵手上，眼看他一邊在呼不一呼，一邊在看不一看，其心愛的神情大有不忍釋手之概。

此時蔡原清內心的忿怒，實同失去了陳圓圓後的吳三桂一樣，只不過他是衝冠一怒，爲了烟袋而已。所以他忙上前對北兵說：「這是我的水烟袋，你怎可以不告而取在你手中呢？那你太沒有規矩禮貌啦。」他邊說邊伸展兩手，在北兵手中取過烟袋，揣入懷裏，頭也不回的管自走了。可是這個北兵已經着了蔡原清點穴的道兒，因此他的那雙眼睛却是睜睜地視而不眨，他的那兩手仍然捧着水烟袋的樣式擎在那裏一動也不動。他的整個身體那是直挺挺的殭立着，好似泥塑木雕的人物，其形狀神態，極像京劇演員劉斌崑、曹四庚在「大劈棺」戲中所扮的「二百五」這個角的一般，滑稽可笑之至。南薰閣茶館中的茶客們看見了，無不爲之惹笑不已，爲了害怕北兵的兇橫無理。是以有的掩口葫蘆，有的忍俊不禁，大家對他不敢縱聲作笑。同時，也無不咄咄稱怪，紛紛叫奇，不是說他碰着赤佬野鬼，即是說他衝犯兇神惡煞。就中祇有一個老茶堂肚裏明白，知道蔡原淸的身份來歷。因爲他十多年的一向以來，非常週到的招接這位老茶客，雙方已有了感情。所以他追下樓去，把蔡原淸橫請堅求的請他回來，要求把北兵治療醫好。他很懇切的說：「否則以北兵的强蠻無理，這南薰閣難免搗毀之厄，而老闆和我也怕難逃被牽連之禍。」該老茶堂說出這幾句話，却使蔡原淸聽得大爲感動。覺得這場禍事是自己所闖，怎好累害他人，所以他急亟回到南薰閣來。他眞不愧「點穴高手」這個稱謂，只在北兵的背間，輕輕拍了一下，那些被點封住的穴道立即解開。再運用內功到掌上，在他幾處穴道上邊揉揉搓搓了一陣，施行推血過宮的療治手術以後。百脈通暢，血液遍流，該北兵非但完全復元，反而覺得精力份外充沛。蔡原淸乃即以善言勸導一番，打發他走路完事，這就是另一件的點穴之事。

周伯年嫖學經驗與艷遇

回頭再話說周伯年於他的夫人携帶兒子離去以後，頓成了「妻離子散」的局面，人非木石，情何以堪。雖然他是個賦性曠達的樂觀主義者，但寂寞空虛之感，却是免不了的事實。所以他孑然一身在家裏，過了三五天的鰥夫生活，總是感到皇皇然如有所失的不安。怎奈白晝易過，深夜難渡，此時他纔了解這鰥居與寡居，都是極人世間的悲慘之事。要想打破寂寞，惟有尋找刺激，可是在本鄉本土的南潯地方，如何尋找得起。一則沒有刺激對象，次則實是人言可畏，只不過對這種空虛寂寞的日子，實在感覺捱不下去，逼得他祇有離家鄉到上海去的一條路子可走。此時雖在遜淸光緒末葉年代，但湖州到上海的內河航行路線，早已經開闢通暢。周伯年當年就是趁乘湖州班的小輪船來上海的，輪船抵埠，停泊在蘇州河盆湯弄橋的南岸碼頭。那裏亦名爲「絲業碼頭」，因爲上海自闢成中國五口通商的第一商埠以後，凡湖州出產的蠶絲和絲綢，都裝到上海來售於洋商，而後裝運出口。所有自湖州裝載蠶絲絲綢的民船，都停泊在這裏起卸貨物。在早年該業鼎盛時期，貨多船擠，造成該碼頭無比的熱鬧。

周伯年於棄船登岸，即稅居於俗稱「後馬路」（俗稱「盆湯弄」）的老謙吉客棧。因爲那裏鄰近於山西路的絲業會館，館中築成一間間的獨立房間，專供同業們租賃作爲寫字間式的營業所在。各間門前得以懸掛「某某絲莊」的小型黑漆金字招牌，以資一律。其次要比絲莊超多數倍的綢莊，散處在後馬路與盆湯弄附近四周的各里弄中。甚至如老謙吉客棧裏竟有十多家綢莊，租定長房間經營其業，其數之多可知。且也經營絲莊和綢莊的業務，却全是湖州人的天下，並且湖州人還有一種特殊的風尚，頗多讀書人而兼做生意人。周伯年的親戚朋友，多數是經營絲綢業務的，這就是他要以老謙吉客棧作爲居停之處的因由。蓋取其就近便利，易於受到照顧，但事實也是果然。他的一日三餐毋須自開伙食，因爲他的親戚朋友不是你請某某西菜社吃西餐，就是他請某某大酒樓吃中菜。正使周伯年有應接不暇，分身無術之概，有時他懷念故鄉風味，在淸晨獨自一人到盆湯弄湖州麪館的「先得樓」去吃紅燒羊肉麪，麪還未曾吃完，麪賬早已有人付清了。這可見這段地區湖州人居留者之多，同時，也顯得他交友之廣。

周伯年對於嫖長三堂子一事，似乎頗感興趣，凡朋友給他請客票，無不欣然以受，歡然以赴。「碰和」便碰和，「吃酒」就吃酒，一惟以助友人之興爲主旨。因此他總是乘興而來，興盡而去，毫無流連忘返的一些意念。曾有不少朋友勸他「落水」，力勸他選擇看得中意上眼的妓女做定一家，開個堂差戶頭，方不辜負青樓載酒、花間側帽的一場因緣。於是紛紛爲之介紹，周伯年不管朋友所介紹的是要「點大蠟燭」的，或者只是「挨城門」的，一概含笑搖頭，表示拒絕，他對妓女的淡漠無視，比之東坡居士「眼中有妓，心中無妓」都要徹底。原來他「眼中心裏兩皆無」，老是對朋友們這樣的說：如今上海的「妓道」之不傳已久。所有的「先生」（指首席妓女）未解風情，所有的「做手」（指副手妓女）不懂風趣。她們只知道怎樣撮合勸客人做花頭，全不知道怎樣使客人得快心樂意，這寃大頭我是不做的云云。後來有個朋友導引他到北京路將近「北泥城橋」處的一條大里弄裏的程小姐家中作遊。這程家黑漆耀光的豪華牆門，一扇是常開着，一扇是常關着。對於門的效用和形式而言，却成爲關開各盡其半，即是說在於半開與半關之中，而室內的佈置，亦頗爲華貴而淸麗，不俗不雅，適如其份。

這裏女人的程小姐，周伯年終於由他朋友的引見介紹，成了相識。他對她的容顏形貌覺得嬌美映麗之極，似乎經由天公造化對她特別經心精工，塑造而成最美麗的動物。正如王實甫的西廂記曲詞所謂：「想着她眉兒淺淺描，臉兒淡淡妝，粉香膩玉搓咽項。」對程小姐的年齡，在當時周伯年的眼中，猜度起來不過二十歲左右，遠未到花訊年華。後來一問，才知道她已是兩個女兒一個兒子的母親，而她兩個女兒年亦垂髫，已經在坤範女學讀書了。實因她肌膚生得白嫩細膩，似乎青春永駐，她的實際年齡，也已超過了二十四番花訊風之期。不過在周伯年的感念裏，認為是個成熟了的婦人，正如開放了而未全展開的花朵。現在一室晤對，坐聆欬謦，如蘭芳氣，隨聲傳來。所以他此時的內心所感，覺得前人詩有「好花看到半開時」之句，倒是爲他此刻對她觀賞的寫照。因此，周伯年故意地一邊有一搭沒一搭的和她講話，一邊眼睜睜的望着她，欣賞她說話時的形態神情。但見她欲言含笑、玉靨泛春，正是美到極點，也甜到難說。本來相對無語，已夠魂銷，如今言笑娓娓，似將骨酥。不料當此周伯年如醉似夢時際，他的朋友却驀然插話，他對她說道：「程小姐，請你關照娘姨把我們的塲面擺起來吧，是你也所認識的我兩位朋友馬上來了，我們是約好的今天要早點入局。」

話實果然，這兩位痲將搭子先後從半開門走進來了，恰巧一個是絲莊經理，一個是綢莊老闆，也都是周伯年的朋友。所以大家嘻嘻哈哈了一陣，便即同上樓來，因爲周伯年是客，又是第一次來這裏。一致的遜讓要他先進女主人的房中，正在他們互相遜讓之際，程小姐已經掀起門帘，玉立亭亭的站在門邊來迎接。此時周伯年已被推排在最前面，當門帘揚開時，他恰巧一脚跨入門檻，險些兒與程小姐撞個滿懷。幸而她側身相讓閃避得快，周伯年得以擦身而過，並且她還輕舉玉手，捏住他腕間忙爲扶持。這種動作表現，只是剎那，但後邊的三個朋友早已落入眼裏。不約而同的叫喊着「喜相逢」、「巧姻緣」、「全家福」之聲來。這些原爲樽前摒戰中的術語口號，本屬平凡尋常之極，任誰聽得都無所謂。只是在此地的當前形勢之下，驀然發現這種歡呼聲，立即起了重大作用。那就是「纔得風流况」的周伯年爲之興奮到成了風魔，也教「嬌羞花解語」的程小姐經此產生了心通靈犀一點。世間事情便是有這種巧合，成全男女間的情愛之事，不管它美滿與缺陷。否則王實甫在西廂記的曲詞，撰寫不出「正撞着五百年前風流寃孽」那句絕妙的好詞來。所以有此他們的歡呼，撮合成周伯年與老一代程小姐的情愛之事，從而產生了朱家驊與下一代程小姐的情愛之事，至於結果如何，只有付之於「風流寃孽」一語了！

周伯年升任做署理丈夫

在程小姐的家裏「碰和」打牌，有三點佳處爲任何塲化所弗及。（一）是程小姐對來客們的招待周到，既溫和可親，又熱情奔放。（二）是她房間裝飾靜雅宜人，既新麗脫俗，又清華可喜。（三）是她家所供應飲食的風味獨具，既滋味可口，又色香兼美。說句實話，即與此同時代的上海長三堂子，第一流的妓家，當推「四大金剛一天王」。（按：當年四大金剛計爲林黛玉、陸蘭芬、金小寶、張書玉，一天王即爲胡寶玉）若論使客人們獲得滿意稱心的舒適享受，她們五家妓院恐怕都還不及程小姐家裏的一點塲面呢。所以喜歡到她的家來「碰和」打牌尋找快樂之人，大有「從之者如歸市」之概。原來除掉在她那裏有上述的三優點以外，尚有一種最最對人具有誘惑性之事。那就是程小姐有不少手帕之交的妙齡女朋友隨時自動到她家來隨喜，她以主人的身份關係，責毋傍貸的定必爲她們逐個與座客們作介紹。凡來到她家的女朋友個個具有美麗的姿色，苗條的身段，文靜的體態，以及不同的身份。把她家裏正如嫣紅姹紫的百花齊放，一時形成春色滿樓台，而程小姐恰恰像崑戲那齣「堆花」戲中，管領羣芳的花神。是以人們若做過了程小姐家的座客，於來過之後還想要來，只聞其名沒有來過的則更想要來，這就是她家的「香閨座客時常滿，牌局競聲永不空」的熱鬧因由。

周伯年便是於這次跟隨他朋友，同到程小姐打牌開始，從此他就每天自動的去「拉牌頭」，祇要拉得三人，湊上自己便成一局，同上程家去入局打牌，幾已成爲他日常生活的必需工作。其實這是他對她謀取接近，培養感情的漸進政策，這樣忽忽過了一個多月的時日。雙方情感雖然已經到達飽和點，但是周伯年還運用欲擒姑縱的策畧。一直以來，是他對她絕口不道輕薄佻達的一句游詞，絕手勿施非禮失態的一種動作，端莊自重，規矩矜持，儼然是個現代的正人君子。這樣的策畧所施，反而逼壓着程小姐忍受不住，情難自禁地向他提出詢問。有天，她對他問說道：在這些日子以來，我所介紹給你的女朋友，爲數已屬不少。爲什麽你竟會沒有一位小姐看得上眼，不是說這個勿歡喜，即是說那個勿中意。究竟你所要的是那等樣人，你不妨說出條件來，待我替你物色符合各項條件的一個稱心對象。當時周伯年見問，知道「攤牌」的時機，已到眼前，不可再延，自貽伊戚。是以立即作出簡單明瞭，直捷痛快的答話，那是以無限眞情實意的大力吐話：「我要的是你」。可是程小姐亦是個爽快人，毫不佯示嬌羞，假意推諉，却以一片甜心千般蜜意的說：「對你我早已心許了，我愛的是你」。周伯年與程小姐就是這樣的結合成功，正是一天好事從今定，程小姐改成「程夫人」。原來凡屬周伯年的朋友對她都叫喊程夫人，而她也喜歡以「程夫人」自居，所以論周伯年的初步身份，却是她的「地下丈夫」。

程夫人的前任丈夫究竟如何去職的？是因辛勞過度病歿任上的麽？還是因辦事不力撤職去任的麽？皆因周伯年的不問，程夫人的不說，這就因之大家就都無從話說得起。只大家所知道的唯一之點，即爲周伯年自就任程夫人的「地下丈夫」以後，對她們家裏上下大小的工作非常努力，同時，也能克盡厥責，所以造成和諧無比的「聯合家庭」的和平局面。尤其是他對她的子女，着實發揮他父愛的精神，兒子年紀幼小，不去說它。可是他對兩個女兒的慈愛喜歡，却到少見少有，難說難話的狀況程度。更其是他對兩個女兒的教育問題，看得萬分鄭重，不惜他的金錢和精力，一心一德的着意培植，只希望培植這對姊妹日後成為博士。可是這兩個女兒對於她們母親的「地下丈夫」，毫沒有所歧視的親疏之分，對這個「地下父親」也都是千般純孝，萬種親暱。是以要是旁人見了這樣父慈女孝的情況，都會讚揚這聯合組織的共和家庭其優點有遠遠超勝於傳統組織的封建家庭之處。因此，在無形之中，程夫人把周伯年擢升為「署理丈夫」，而這「地下」與「署理」的區別，即在於秘不出面與公開出面之分而已。此蓋程夫人援用清廷政府官制的定例，有「由代而署，由署理而實任」的那種漸進制度。不過周伯年的任做「署理丈夫」却成為永久的「署理」，怕做「實任」，這是他有懾於蔡氏夫人之威，不敢向她輕言離異關係。

且說程夫人的兩個女兒，經過數年來周伯年的培植教養，不但中西學問有了精深造詣，而且她們兩人的身條容貌，也都屬亭亭秀發，出落得風華絕代，明艷照人。一般人的評說：若論貌相的嬌艷美麗，做姊姊的有勝於妹妹一籌，若論賦性的溫和柔靜，做妹妹的實居在她姊姊之上。這好像天公的造化有意，故爾把程夫人此生中所賦稟的鍾靈毓秀，却判分散給在她兩個女兒的身上邊了。不料當此「程家有女初長成，養在深閨人未識」的時際，恰恰有一人闖進了程家的深閨裏來。此人非別，就是吳興人朱家驊，字騮先的便是。如所皆知他於青少年時代即與周伯年同在張靜江的尊翁所創設的正蒙學塾讀書，該可以說是同出於吳興名儒曹礪金之門。當正蒙學塾宣告停辦，周伯年不再轉入新的教育組織機構去接受再教育，只是耽在自己家裏，作無所不學、無書不窺的進修研究工作。但是朱家驊却考入上海吳淞的同濟大學，這是最負盛名的德國派醫科大學，後來中國所有德派西醫，都從此出，所以他初攻讀了醫科三年。後因該校增設了工業一科，此科的學期比之醫科的畢業期要短縮四年，因此，朱家驊旋即轉入工科。及至民國三年的春間，他則隨同張靜江取道西伯利亞去德國留學，進入柏林礦冶大學，研究採礦的學術。原來他於辛亥年參加革命工作至完成歸來，仍然回校讀書。不過此時他鑒於民國雖已肇興，但要圖強必先富國，認為富國應以開發礦藏資源為當務之急，因此志切採礦之故，從而他所攻讀的學科便又有這一個的大變更了。

朱家驊愛美一見便鍾情

朱家驊在出國之前的一段時間，遍訪親友作別，周伯年是他的老學長，更有非去不可的必要。於是，有一天他就專誠到程家去探訪周伯年，因為周伯年此時早已成為程夫人的「署理丈夫」，儼然一家之主，所以對朱家驊的到訪，為表示他們同門弟兄的特別親熱起見，遂令程夫人和她兩個女兒一起出見，這是他表現主權的作用，也是發揮夫權的精神。因為程家的居屋那是兩間一廂房的建築，廂房位於西邊，且闢作會客室兼書房。是以朱家驊當年就在這間西廂房裏與程夫人母女三人作了歷史性的第一次相見會面。不料他見到了程家的大小姐，頓時深深地被她美麗無比的容貌顏色所吸引住了。大有如王實甫所撰西廂記的曲詞所謂「似這般可喜的龐兒何曾見，則着人眼花撩亂口難言，魂靈兒飛在半天」之概。這也正是「剛剛的打個照面，風魔了朱騮先」的那種情況，在民國要人的婚姻史上所留的一頁佳話。所以後來有人會有「新西廂記」的長篇言情小說之作，書中故事，就是採這些的事實情形敷演而成。諒以該書中他和她的愛情故事的開端與發展，便在這所西邊的廂房間裏，所以有此「新西廂記」的題名，且把男女兩主角終於有情人成了眷屬為止。

據說這天朱家驊是被程夫人慇懃留住在家裏吃午飯的，但這樣也好給他一個暢所欲言的機會。於是，他就滔滔不絕的講說他這次去德國留學所立的堅定志願，也話說他學成回國後，如何求謀事業發展所擬的各項計劃。同時也連帶述及他在幼年時代既失怙，又失恃的悲苦多難，以及虧得兄嫂撫養成人的友于情重，這一番敘述身世之話，在表面上似乎在陳情給首次見面的年嫂程夫人聆聽，在實際却是在示意給她的女兒程大小姐知曉。正是「心頭欲說難言事，都在者番敘述中」，只因想要討娶程大小姐為妻之話，總覺得難於啟齒，說不出口。原因是他在名義上那是高長了一輩，那有師叔娶了師姪女之理，可是在心理上却是非要爭取得不可。所以於談話中便把他的身世牽涉進去，這不打緊，竟使程夫人母女聽得倏而攢眉蹙額，倏而嚬然微笑。那是跟隨他言詞的喜哀而喜哀，這是一種同情心的表露，但朱家驊的一切言語表情，實是瞞不過周伯年一雙銳利的眼睛。是以在飯罷之後，乘程夫人母女都上樓去洗漱化粧，不在眼前的時候，周伯年就很誠懇的把朱家驊挽拖到會客室去，輕聲靜氣着說：「騮先，是你今年已二十一歲了，該是娶妻成婚的時際。只因你我是同窗好友關係，所以我勸你對任何一家姑娘，祇要門當戶對都可娶得，但却千萬不要娶我家的這位大小姐。」朱家驊聽了一怔，大為錯愕，不待他再說下去。便即接口說：「為的是什麼」？周伯年直截了當的回說：「她不配，她不配做你的妻子」。朱家驊再說一句「為的是什麼」向他追問。周伯年又是簡單明瞭的回說：「你若娶了，你的頭上怕會染上綠色的」。不知此時朱家驊對於程大小姐的美麗之色，深愛實戀到入迷的程度。所以聽到周伯年阻勸他不要娶她作妻室之話，總不會嗤之以鼻，却也要搖之以首。因此他便帶笑帶說：「綠色怕什麼，我是不怕頭上會染綠色的。如果能夠和心愛的人兒相聚一處，情同水乳，我認為綠了頭也是件有意思的事，這頭上染綠了些何妨。倘使和非心愛之人，長處一室，形成冰炭，就是白了頭都毫沒一點意義可說。伯年，你想我的話說得對麽？」朱家驊這番話說得頗有哲理思想，也大有哲學家的風度與氣概。所以後來他終於獲得柏林大學的哲學博士學位的由來吧？但不過當時周伯年祇知道他入迷已甚，無可救藥。只得對他說：「騮先，我對於你這件親事，既不撮合你成功，亦不破壞你失敗，只希望置身事外，勉守中立就是。一切捨取的抉擇，全憑你自己的主意去打算罷！」

朱家驊根據他不怕綠了頭的既定方針，決意向前進行，努力做去。於是他就自爲媒妁，直接與程夫人母女談判這個嫁娶問題，當然的母歡女愛得無話可說。只不過對他所提出的要求，就是在數天之中，舉行婚禮，以便婚後同去德國留學讀書。這個要求却使做母親的程夫人，有點遲疑莫決的神情流露，認爲婚期太於迫促，對於她女兒的粧奩嫁衣，一時籌辦不及。誰知待嫁的程大小姐，却不以爲然，大概她如西廂記曲詞那句「常言道女大不中留」的種因關係，對她母親的主張力持異議。就是她反而力說粧奩嫁衣一概不要，並且遵依朱家驊所提出的「革命結婚」。這所謂「革命結婚」儀式，比之當時所盛行的「文明結婚」儀式，還要簡單草率。所以朱家驊與程大小姐的結婚場所，就在毫無新佈置的自己家裏，而新房也就設在西廂房的後房間。眞正合上了「一雙新夫婦，全部舊傢伙」的那兩句話，其草率可知。便是結婚儀式的舉行，也比之一般的「養媳婦併親」，還要遠遠過之的簡單。

原來在這天午刻，只備了一桌酒筵，邀請了張靜江、戴季陶、周佩箴等幾位革命同志前來赴宴。因爲事前守秘甚嚴，除當事人外，竟無一人得知有吃喜酒事，此眞是「革命結婚」中的秘密行動了。於酒過一巡以後，當由周伯年義不容辭的起立，方才宣佈今天是朱家驊與程小姐兩結合的日子，就請張靜江做了証婚人，而他同戴季陶却是主婚人和媒人的「兩門抱」，都成了「一趕兩」的角色。所以這個「革命結婚」的儀式雖然簡單，氣氛却極莊嚴，這且不去說它。不過有兩事不得不作個明白交代，一是朱家驊此次結婚對於他兄嫂方面却是不告而娶，蓋他實怕告而後娶，會有娶討不成的煩惱，諒以他躭心兄嫂對女方程家有門不當、戶不對的歧視而遭反對之故。可是他幼失怙恃，頗受嫂氏撫養長大的一番劬勞，他自年少就學以至出國留學，膏火所需，悉由兄長朱祥生負責供應。因此，他的不告而娶，極被他故里中的若干衛道之士所非議。世事就是兩難全的，據說婚後亟亟寫信報告兄嫂致歉意，求取諒解了。二是時間確屬迫促之極，婚後三日，即登旅程。若在舊式的婚姻制度，這正是新嫁娘「三日入廚房，洗手作羹湯」的「嘗新」日子呢。恰這對新夫婦抵達德國的柏林，賃屋居停所在，恰與正在留學的黃伯樵夫婦成爲比鄰。江南鄉親，同客異域，因此，黃伯樵夫人與這位朱家驊夫人非常要好，通家往來，竟無虛日。也就因此，會有朱家驊夫婦的結合，執柯人爲黃伯樵夫人的傳說。有誰知他倆是結了婚而後去德國的，更不知道朱家驊還有自爲媒妁的一幕喜劇呢。

周伯年僞造北魏女尼碑

在前邊話說過周伯年因研究「性藝」實踐的試驗問題，被他端莊自重的蔡氏夫人認爲是下流行徑。是以在一怒之下，輕踢一脚，把他摔下床來，並且挈携她愛子周世安（即周魯伯）絕裾離去。當時周伯年處身在妻離子散的孤獨局面裏，忍捱不住空虛寂寞的悽涼日子。於是，他亦繼其後，作出背井離鄉的上海之行，不知當年當時蔡氏夫人所施的這一番行動，實大有造於周伯年的幸運和機遇。所謂「幸運」當然是指說程夫人所給予的艷遇與艷福，所謂「機遇」那即是說他同窗好友張靜江恰巧從法國回來上海。終因張靜江的導引他進入同盟會，參加革命工作，成爲中國國民黨中的老黨員身份。據說張靜江自法回國時特，在日本橫濱上岸，特去東京補行入黨儀式。曾與孫中山、胡漢民、廖仲凱、黎仲實、戴季陶等一班黨同志們，盤桓多日。於談論國是，商討黨務之餘，孫中山先生殷殷囑咐張靜江，乘此次回國之便，要多多留意革命人材。舉凡鑒及有血氣，有志向，有才能，有肝胆的青年振奇之士，儘量吸引他們進入本黨。要知多加一個本黨同志，即增厚一份革命力量，亦即不爲滿清政府所用而減少革命阻礙的有效之作用。傳說中當時張靜江曾以周覺字伯年其人以進，力言他如何的多才多能，如何的機警智慧，實爲我們正蒙學塾同學中的第一人。

所以周伯年早已簡在孫心，張靜江回到上海以後，即把他找去密談一過，勸導他加入同盟會。這對滿清政府造反，正是當年年青一代的知識份子，認爲是件有意義而應該做的事。以周伯年生性的好動不好靜，喜新不喜故，自然樂於參加革命運動。當時張靜江爲表示入黨的鄭重其事起見，還親自陪同周伯年到日本去晉見孫中山先生，舉行加入同盟會的宣誓入黨儀式，兩位介紹入黨人在宣誓書上所填即爲張靜江與戴季陶，其重視可知。因爲孫總理數次接見周伯年相與作深談，對他思想的卓越與論斷的正確，無次不加以大爲讚揚，善爲嘉許。但是事亦湊巧，負責上海革命運動的主持人，恰巧正是陳英士，他們既屬同鄉，又係舊識。所以周伯年蹲在上海幹做革命工作，越發收得運臂使指、得心應手的大效率。是以一直以來翊贊機要，參加密笏，幾有無事不與、無役不從之概。最好的一點，他就是淡於名利，恥於眩耀，總是功成身退，隱居幕後。但不過這種行爲，亦佔得有便利之處，在二次革命的癸丑年討袁之役失敗以後，一班本身起碼而愛好漏臉出風頭的失敗英雄的革命黨人，都躲匿起來，不敢外出，恐怕落入於袁世凱走狗的走狗之手。惟有周伯年却仍然吊兒郎當的，徜徉於十里洋場之中，誰也不認識他是革命黨中的重要份子。更其有他手捧着幾張舊字畫，或者是幾樣假古董裝做掮客身份作爲掩護，自由自在地做他秘密的革命工作，直做到國民革命軍打到上海爲止。是以當國民政府在南京成立，一班老黨員同志大家勸他設法一個監察委員任當，周伯年總是打着哈哈，縱聲笑說：「照我這副料坯，也配做得麽？」畢竟他老同盟會同志這個身份的可貴，與他革命工作成績的可珍，因此結果，國府監察院于右任院長任命他爲監察委員。及至「一二八」第一次中國對日抗戰的淞滬戰役發生的前夕，我政府的最高當局爲了備戰起見，曾經有國民政府遷都洛陽之謀。蓋認爲被敵方逼迫到最後犧牲關頭，惟有準備不惜一切犧牲，與敵周旋到底，爲此乃遣派監察院監察委員周覺，作爲先遣部隊，以期先到洛陽，部署遷都時所有院部一切官衙公署的安置所在地方。罔何，淞滬之戰，雖然爆發，但我國將士浴血作戰，僅百日而止。終因上海地區與國際商業有關，經若干國家的使節奔走調定，遂簽訂淞滬停戰協定，此爲民國二十一年間事。及至二十二、三年間，洛陽市上忽然發現一種魏碑的新搨本，名爲「魏瑤光寺尼慈雲墓誌銘」。該碑字體寫得很好看，而搨本也搨得極精緻，但是碑文却撰得十分希奇，爲一般魏碑中所僅見。現錄該碑的原文如下云：

「尼俗姓元氏，洛陽人也。少處宮禁，長入寺宇。儀容婉妋，肌體瑩潔，自頂至踵，不有玷瞽。房間妙緒，千態百端：左張右搏，俯熨仰承，骨肉勻合，無少漏隙。牀幃精麗馥郁，四方瞻禮，歡喜踴躍。尼猛勇精婥，廣求法侶，不意攖疾，遽爾萎謝，正光三年八月一日卒於寺，越十日葬於芝山之原。法師慧密，痛芳容之遽逝，懼山谷之頻遷，爲銘立石，以期不朽。其辭曰：發大善願成大善行。三界幻化，五欲紛乘，宿世有緣，智者始應。依此慧乘，度盡衆生，元神旣竭，遂以戕身。容顏已渺，涕泗空淪，伐石銘記，求慰幽冥。」

當洛陽市上專門售賣碑帖的店舖，自發售此種魏碑新搨本後，自有人購買而去。大感興趣。只因此輩購買人向來對魏碑頗多研究經驗和審別眼光，自然對這個新搨本，都大感興趣。是以在他們的察視之下，見有正光三年字樣，便瞭解這「正元」是北魏孝明帝的年號。而是歲爲公元五二二年，在當時作約畧計算，已有一千二百多年以上的歷史。至於「慈雲」這個女尼的名字，見之於「洛陽伽藍記」書中，就從正光年號和女尼名字的兩點看來，這碑是眞實無疑的。但從碑文的通篇文字來說，却是猥褻淫穢之極，明明在對女尼開玩笑，吃她死人荳腐，北魏人不會有此大胆的筆墨。若說是假，倒也可能，因爲文字的結構，句詞的組織，類似近於「雜事秘辛」、「控鶴監記」、「黃帝素女經」之類那些書本。準此爲例，加以推測，莫非明朝人的僞造之作，這却成爲一個謎。爲因是個難明費猜之謎，大家都想揭穿這個謎底，便紛紛搶購這個新搨本。誰知新搨本的數量不多，大約估計只不過一百幾十份而已，每份售價爲二十元。僅僅數天，搶購一空，後來有人轉手出賣的，索價已高漲到每份一百元。在當時洛陽市上購買碑帖，要算得很高很高的高價，明知是假貨，偏偏願意出高價搶買。這倒不只是爲了好奇，而是有意的哄抬囤積，等候願出更高的高價之人，前來購買。

時隔不久，這個謎樣似的秘密內幕，已被揭開無遺，成爲人人皆知的一件有趣之事。原來那個新搨本不但不是什麽魏碑，其實是件僞造的仿製品。只以僞造者的技術高明，對北魏的書道的研究，因其工力精深，是以仿造得越發像樣了。而且這個僞造者本人的正身尚在，也不是什麽明朝人，即是現任國民政府監察院委員的周覺。至於揭開秘密內幕的也不是傍人，却是周伯年自己，也是他在南京讌請朋友筵前當衆坦白出來，而後再傳到洛陽的。現將周伯年僞造「北魏瑤光寺尼慈雲墓誌銘」一事的前後，做個約畧敘述，足以覘知他一生性喜尋開心的一斑。其事實如下：

當中日的淞滬停戰協定簽訂以後，政府對遷都洛陽之議，無形告吹。當時周伯年還留居洛陽，以待後命，只因客中閒暇無事，乃大玩其魏碑搨本遣興。在他一時的興之所至，於是，遂造此贋鼎，旨在與一班愛好收藏搨碑的人們開次玩笑。那篇文章是他自己做的，字體是他自己寫的，他還選購了上等石頭，延僱了名家刻匠。在他自己寓室關起門來，從事鎸刻，於幾天之內，刻就搨好，付之市上發賣。由於洛陽地處我國天下的中心，表裏山河，綰轂中原。是以在政治歷史上，曾有九朝建都會於此之盛，而古代的出土文物亦以此間爲最多。所有出土之文物中當以魏碑文字，因壯實遒勁之故，尤爲歷代的後世書家所珍愛。也就因此，洛陽地方成爲現代的魏碑搨本集中地，也是假魏碑搨本的出產區。他既不告訴人，刻碑匠也代守秘密，所以外間的人都被他瞞過。

後來不久，周伯年奉命回去南京。向來他的友好凡有古玩、書畫，以及碑帖等收買，必挽他作一次最後過目鑑別，審定眞僞。及聞其洛陽歸來，紛將以高價買得的魏碑新搨本，丐請作審察評定者，得有十餘人之多。他則見之，必睨視作笑，而後以輕描淡寫地說一句「這是假的」。間亦有人以「假在那裏」一語追問？他說：「暫請足下稍俟數日，等我來做個總答覆罷，到時會拿出眞憑實據來作辯証的」。終於有一天的假期之日，周伯年就在他南京寓中，備具酒食，把他十餘位朋友全數邀來作歡飲。於酒酣耳熱之際，即以僞造魏碑新搨本一事，作爲席上談助。說到最後，他還沾沾自喜地自詡騙過了許多內行人的耳目，感覺大爲高興。便在他揚揚得意之下，揭開室隅一個包裹，指示一方碑文石頭給朋友們觀看。並且笑說：「這就是我所說該魏碑新搨本是假的辯証物，相信有物証在此，足証我的說話是眞實的了」。從此轉輾傳揚開去，那些高價買了新搨本的人們，無不大罵「周覺促狹不止」。

Wearing Levi's is better than wearing pants!
Levi's ®

血淚當年話報壇

——追憶抗日戰爭中上海新聞界一幕鬥爭史——

•張志韓•

中文大美晚報當時死了這許多人，現在回想，依然無限感慨，我們當時自比亡命之徒，憑着一股豪氣，決不與敵人漢奸勾結，這許多同甘苦共患難的同人中，因爲歷經變故，時有更動，想不到竟然藏龍臥虎，出了許多風雲人物，實爲始料所不及。屈指數來，歷歷可道者，如共產黨席捲上海後出任解放日報社長的惲逸羣，原本是新聲通訊社記者，曾做過中文大美早報的編輯主任。原爲大美早報本埠編輯的劉祖澄，在早報停辦之後，轉任大美晚報本埠編輯，在日僞統治上海進佔兩租界後，他化名魯風，出任新聞報社長；共產黨到上海後，他又搖身一變而爲共方上海警察局長楊帆手下的一員大將。我更想起這兩位朋友遠在未進中文大美早報以前，先已獵獲了大美晚報一塊園地，每週出版青年記者專刊，這是當時共產黨打入上海新聞界而且以此擴大侵入全國新聞記者圈中的宣傳刊物，主其事者除了惲逸羣和劉祖澄外，袁殊也是一個中堅份子，袁殊又名袁肖逸，當年由共產黨而轉爲國民黨，由吳醒亞派他去日本讀書，回來後，又派他在上海新聲通訊社做新聞記者，所以他和惲逸羣也有同事關係。惲逸羣沉默寡言，爲人並不歡喜出風頭，絕對想不到他和袁殊，當時竟爲共產黨在上海新聞界中的領導人物；甚至日僞在上海橫行無忌之時，袁殊又搖身一變而與日本特務岩井英一合作，組織所謂興亞會，袁殊任興亞建國本部的總幹事，隱然成爲汪僞組織的太上皇，他所辦的新中國報，便是日本人所翼護而時常對汪派漢奸任意批評謾罵，這份新中國報發行之初，便由劉祖澄做了總編輯。其後汪僞接收租界，劉又搶到了新聞報社長這一席，當然其間錯綜複雜，爭權奪利，非局外人所得知，但可以想象得之者，共黨當年，混跡在上海時，身份隱蔽於各行各業，而新聞界更爲爭取目標，處心積慮，固非一朝一夕也。這家新聲社，當時除了袁、惲兩人外，一個名王廼勛的人，謎樣的身世，自稱原籍東北，父母雙亡，流浪到上海求生，正在窮途末路之時，吳中一介紹他在新聲通訊社做外勤記者，他身材矮小，面孔像韓國人又像日本人，中文不很好，但可以寫普通新聞，能講日語，又會講廣東話。當時我們上海的新聞記者，和當道要人接觸，因爲他們都是北伐統一全國而自廣州北上，廣東人大都身踞要津，新聞記者而能講廣東話，採訪上便利很多，王廼勛所以成爲一名出色的記者；但當一二八滬戰發生時，這個王廼勛失踪了，他的太太是一個寧波人，當時已生了一個女兒，先生失踪，他去新聲社查問，當時大家還爲了友誼關係，多方調查，眞相如何呢？據說王是一個道道地地的日本人，他混跡中國新聞界，另有目的，戰事既作，遂被我方有關當局，予以逮捕，囚禁在南市老西門白雲觀中，當國軍撤退時，這些囚犯盡被槍決，從此毫無音訊。新聲社中，另有一位神秘人物，也是我們朝夕見面的朋友，諢號小痲皮的翟以承，此君一口蘇北話，平日和王廼勛非常不睦，兩人都負責政治新聞，工作上未免衝突，王廼勛罵小痲皮漢奸，而小痲皮則罵王廼勛是間諜，這一本賬於今無從清算，王廼勛失踪之後，翟以承也在新聞界中消聲匿跡，此君究在何處，是否功成身退，目前祇能存而不論。此外還有那個冒我名義向汪僞政權按月領取千元津貼的小漢奸祝尊譽，最初也是新聲通訊社的記者，他而且是該社社長嚴諤聲的中表親。以一個新聲通訊社中，便有如許角色。那時的中文大美晚報，在中日風雲日亟，國共兩黨鬥爭聲中，於是也有許多人物滲入其間，可惜我們當時渾渾噩噩，一些都不知道有人勾心鬥角，以報紙作爲他們的工具，惲逸羣等之參加大美工作，因爲張似旭出版大美早報，人手缺乏，拉攏了吳中一負責編輯部工作，由吳再拉惲逸羣劉祖澄輩，甚至副刊陣容，全是當時的左傾作家所把持，他們總以爲大美早報由他們一手包辦，一定有聲有色，一鳴驚人，可是事與願違，這張早報非但不能與人爭一日之長，廣告也是寥寥可數，毫無起色。當時的中文大美晚報，雖然日進斗金，可以彌補早報的虧損還綽有餘裕，但老板的眼光非常現實，在張似旭遇刺身死之前，早已打算關門大吉，張似旭死了之後，維持無人，總於把它停刊。而劉祖澄當時由早報而轉入晚報工作，的確由我拉攏，因爲劉的爲人，向來非常穩重，既非好强爭勝之徒，恂恂然若處子而規行矩步。由於當時大美晚報，被漢奸們轟炸暗殺，胆小之徒，相率引去，如蔣曉光已莫名其妙的出任七十六號特工總部的僞官；有的間關去渝，在大後方另謀出路。當時我們物色新人，有的不敢來，也有的我們不敢請，所以劉之由早報而入晚報，頗覺順理成章。想不到劉祖澄後來變了魯風，在敵僞手下，初則爲袁殊手下大將而任新中國報總編輯，繼則爬上全中國最大的新聞報做社長，其情形之特殊，比了蔣曉光倏而僞官，倏而地下忠貞份子，更覺高明萬倍。現在劉祖澄在紅潮中之情形如何，不得而知，但那位惲逸羣則做了上海解放日報社長之後，數年前早已打入右派陣營，其罪狀之一，據說以公欵幫助一個叫做吳漢滄的朋友，犯了人情味太濃的溫情主義，在公私不分的罪狀下倒台。提起吳漢滄說來慚愧，他還算是筆者的老友，曾在汪精衛尚未叛變之前由林柏生所辦的中華日報做記者，中文大美晚報刱辦時，他失業在家，由我之介紹屈就大美晚報校對之職，其後中文大美晚報在張似旭主持時，受到某種壓力，編輯都改組，他又參加了華美晚報的籌備工作。此君爲人，另有一套本領，當時華美晚報的主要人物爲朱作同，總編輯爲大美晚報編輯部的石昭泰，吳則堅持也要一個總字輩首腦的名義，於是給他一個總管理處處長名義，朱作同被殺時，石昭泰早已脫離，吳則在朱死以後，方才離去。勝利後改行做生意，但總是虧折賠累，狼狽非常。共黨統治上海以後，據說他榮任了六河溝煤礦總經理，也算一個總字頭銜，無如命實不猶，經濟方面，無法打開局面。惲逸羣爲了朋友關係，把解放日報的經費予以通融借貸，因此列爲被鬥爭罪狀之一。這位吳漢滄兄一生過的是倒霉運，論他爲人，却是辯才無礙，筆下也很風趣，他的胞弟則迄今猶在台灣，盡忠職守。有一件趣事值得一提，好像語涉隱私，有傷忠厚，但事實則爲環境迫成，原來吳漢滄的令弟，早歲成婚，對象爲其中表姊妹，可是結婚而後，這位老弟奔走國事，終年在外，而且另組家庭，再納新寵；身爲哥哥的，祇能對這位弟媳表妹，盡其照顧之責。又因吳漢滄本身，中年喪妻，遺下一子一女，都由這位弟媳負責撫養，其後吳漢滄斷絃再續，娶了一位他的同鄉常州有名的凌家傷科的獨生女兒，偏偏夫婦之間，形成水火，據說癥結所在，即爲這位弟媳表妹而起，終於兩人脫輻離婚，凌家小姐在上海掛起了傷科招牌，吳漢滄則在其令弟諒解之下，正式與表妹永諧白首，而今事隔多年，也不知他們近狀如何了？

遺臭流芳各不同　記者投筆作英雄

中文大美晚報的張似旭，因爲他做過洋文報記者，也做過外交部情報司長，不免在政治圈中打滾，但他既非國民黨員，也非共產主義者。正當中日風雲緊張，上海的愛國運動，風起雲湧之時，他曾一度爲當年上海淞滬警備司令熊式輝所拘捕，當時獄中尚有司法界元老居正，而朱作同也是當年難友之一，他因此而認識張似旭，又因此而一度參加大美晚報，更因被張似旭擠走而剏辦華美晚報。華美出版後，一鳴驚人，因此而朱作同大見發達，聲色犬馬，攪得一塌糊塗，華美由炯爛而平淡，內部衆叛親離，甚至把義勇軍捐款，中飽化用，最後又和七十六號特工總部秘密來往，當年的申報記者金華亭在大華舞廳門外被殺，有人認爲朱作同所出賣，不數日後，朱亦被狙殺於公共租界厦門路上，此事前因後果，說來話長，朱作同也算與大美晚報有關，同一死也，流芳遺臭，各有千秋。大美晚報尚有一個上海新聞界中最出名的老共產黨吳蘇中，此君其時已是稜角全無，安份守己，他當年在時事新報做公堂記者時，與公共租界法院裏的庭長推事，個個相熟，可是他爲了宣傳共產黨罪名，曾被公共租界捕房一再的拘捕送審，一再的判罪入獄，一時吃官司，一時做記者，因此法院中人和捕房警探，對此常客，最爲熟悉。他之加入中文大美晚報，係由原洗凡兄介紹，原兄本屬時事新報的老記者，此時也在大美晚報担任記者職務，他介紹時保證吳蘇中已不和共黨打交道，祇辦了一個滬光通訊社，從社長記者抄寫信差茶役一腳踢，以此爲生，很是艱苦。我見吳蘇中此時完全是一個忠厚人物，因爲屢受縲絏，兩肩已聳，每天準時到來，準時而去，盡忠職守，以迄太平洋大戰大美晚報關門爲止；所以吳蘇中雖爲新聞界中當年著名的老共產黨，但他的行爲表現，却已絕無色彩；甚至惲逸羣、劉祖澄輩在大美工作時，吳也和他們並無往還。再說介紹吳蘇中加入大美晚報的原洗凡，此人又是一個不尋常人物，他的確是一個新聞界的老前輩，他的妹倩便是新聞報名記者杭石君，杭兄在我由滬去渝之時，在江西上饒，予我熱情援手，使我一家人坐了第三戰區顧祝同將軍所部的軍車，由上饒去曲江，流亡途中，獲此溫情，迄今念念不忘。原洗凡當時雖是一個普通記者，但他在上海的幫會組織中，則赫然爲洪門中一位坐上第二號交椅的人物，他當時担任採訪警務消息，所有大小新聞，自有他的手下人等，經常報告，遇有突發事件，他也不必大駕親征，一個電話，便有詳細答覆，他身爲幫會的大哥而休休有容，絕無流氓架子與氣餒。正當八一三戰事發生，兩租界暗殺之風此起彼仆之時，他突然要求辭職，但爲了覓人困難，他薦賢以代，至於他何以要擺脫從事多年的記者生涯，說來使人可感可佩！原來當時上海洪門的忠義之徒，已在向松坡指揮之下，組織了一個鋤奸組織，專門對付那些人面獸心認賊作父的漢奸，以他們的力量和羣衆之多，所建的功蹟當然不同凡响，但此乃秘密，無法得知，而且他們功成不居，從不向人吹擂，有一件新聞却使我非常驚異的，則爲上海第一名新聞界漢奸記者許申的被刺，確確實實爲當年洪門鋤奸弟兄之傑作，雖然當時祇使許申受了一些輕傷，但從此以後，使這位第一個賣身投靠的漢奸記者，再不敢耀武揚威，按日在新申報上，毒罵相識人物。說來慚愧，許申也算是我朋友，也是他在日本人辦的新申報上，時常被垂青而謾罵我的一人，這傢伙罵了以後，還公然來電話聊天談笑，使人啼笑皆非！在許被刺之前，原洗凡忽然和我在電話中，希望供給一張許申的照片，因爲許申之入新聞界，最初便在我和沈秋雁兄組織的華東通訊社任職，原兄以爲我既與許申多年朋友，也許有他若干相片，事實上我不但沒有許的照相，即使有，在那個年頭，以及許申已從事漢奸這一行爲，知道如果供給了這種照片，一定大有作用，我雖痛恨許的失節，也不忍見其因此喪命，所以答覆原兄並無此人照片，但原兄仍諄諄相囑，可否詢問別的朋友有無照片，希望暫借一用爲託，當時他既沒有說明作何用途，我也未便追根問底，直至許申在虹口北四川路被擊受傷，原洗凡兄便供給我這個特殊消息，他說奉命執行的人，當時眼見許申坐在黃包車上，兩眼骨溜溜的注視一個漂亮女子，一槍擊去可惜畧畧偏了一些，祇打在他頭部耳旁，雖然滿面流血，倒翻地上，但他不致送命，狙擊地點，接近北四川路新亞酒店日憲兵大本營，所以一槍之後，執行人立即全師而退，徼倖了許申保得一條性命，此人後事如何，以至日軍投降，未聞音耗，大概他早已知機遠避，不知奔向何方了。許申爲金山人，出身上海民治新聞學院，爲顧執中的及門弟子，民治新聞專校畢業生中，有不少朋友，像新華日報記者陸詒，以及出賣我的祝振譽，也都是民治新專出身的。

漢奸門中佳子弟　大義滅親鄧樹勛

寫中文大美晚報舊事而想到當年許多或生或死的同事，還有幾位令人不敢深信的人物寄身其間，說來更覺使人不信。有一位鄧樹勛兄，此人在香港台灣兩處，可算大名鼎鼎，他做過香港美國總領事館新聞處的中國主腦之一，開過鄧氏英文學校，又做過西北航空公司香港分公司經理，經常在電台電視台教英文，他當年便是中文大美晚報的翻譯。此君精力充沛，當時還兼任塔斯社的翻譯，一身兩職之外，在大美早報出版時，他又一脚踢，把大美早報的翻譯工作也承攬過去，當然負責翻譯的不是他一人，但鄧樹勛譯得既快又好，極爲同人稱道。此君的一身本領眞了得，他當年賺這三份薪水，相當辛苦，時常在寫字桌上打磕睡，但一經醒來，便又生龍活虎，縱跳如飛去找他的娛樂，跳舞場中，當然經常涉足，他最感興趣的是賭馬賭狗，他寫的跑狗跑馬預測，比了香港的狗馬專家更準確，可惜他自己却是常輸將軍，時常賭得青黃不接。問其原因，祇爲他贏錢的心理太狠，熱門的收穫太少，他喜歡買冷門和獨贏，因此之故，他眞做了精於謀人而絀於謀己的鋪草皮大家了。鄧樹勛是當年人稱華北大漢奸王克敏的外甥，他母親是王克敏的胞姊，王克敏每次來上海，總得探望他這位姊姊，鄧樹勛在大美晚報工作，逢到新聞或是社論上提到漢奸王克敏，他秉了大義滅親的精神，不但直書漢奸兩字，還毫不客氣的加上一個大字，稱他嫡親的舅父做大漢奸；不但此也，其後他又介紹了一個王祖文君參加翻譯工作，祖文碩人頎頎，氣度很瀟洒，譯筆更流利清新，文如其人，可惜身體較弱，此君竟是王克敏的嫡親侄孫，他的父親當時任六河溝煤礦的經理，家庭環境很好，可是他也加入我們報館中工作，完全站在抗戰陣營方面，與敵寇漢奸作鬥爭。在大美晚報增加了大美早報以至大美午報時，翻譯的人手需要更多，於是又由鄧樹勛介紹了一位王遵嶹小姐參加工作，這位王小姐後來成爲鄧樹勛太太，當年小姑居處尚無郎，眞是冰雪聰敏的好女子，想不到她又是大漢奸王克敏的嫡親侄女，而且她自小父母見背，由王克敏撫養長大。試想之，當年王克敏在華北做大漢奸，甚至汪精衛在南京登台以後，幾次三番的想把華北天下，歸入他的勢力範圍，但到日本投降，汪精衛完蛋爲止，華北仍在王克敏手中，其後病死囹圄，有人說他之出任傀儡，另有原因，此中內幕，我們也不去研究，但王克敏這個大漢奸，當時竟有他自己最親的骨肉，在抗戰陣營中工作，豈非一件奇事。區區一份大美晚報，想當年，既有殉國烈士，又有被汪僞特工通緝的叛徒，也有被他們綁架而去的職工，更潛伏着共產黨中途變節的漢奸，而後又從地下鑽出的忠貞份子，幫會中的首腦，大漢奸的子弟，眞是臥虎藏龍，錯綜複雜，這個炒什錦式的班底，却在萬分危險的局面中，與敵人漢奸搏鬥到最後一刻爲止，現在想來，也算得是奇蹟了。

人是不能離羣索居的，我們當時爲了避免漢奸特務的殘殺，自作羈囚，就在大美晚報的四樓作爲起息之所，三樓是編輯部，樓上樓下，很是方便，這是一個無期徒刑，誰也不知道中日戰事，何時結束，我們的囚徒生活何時終了，有時心中苦悶，也未免黯然神傷，於是而發覺患難之中，友情可貴，值得一提而可自我解嘲的也有許多不怕死的朋友，不時前來探望聊天。像詩翁盧大方兄，承蒙不棄，時常稅駕光臨，以慰岑寂，盧詩翁一度也曾主編華美晚報副刊，雖未名列黑單，應當也是漢奸特務獵取的對象，但他生性豁達，並不以此爲意，嘗憶某次他與我聊天之際，問我日處報社樓頭，請問有何樂趣可言？我聞言連說有，有，有，詩翁訝然，我乃告以身處層樓，久不與泥土接觸，因之脚氣大發，逢到脚癬發癢之時，以滾水輕輕燙之，奇癢漸消，身心舒暢，最暢快時，皺眉霎眼，百脈輕鬆，此中樂誠不足爲外人道也，詩翁聞之，莞爾大笑，且在他報爲文記之，今偶而憶及，猶爲之忍俊不已。有這許多不怕死的朋友，經常親臨險地，時予慰問，這種精神上的鼓勵，也是增加我們鬥志的興奮劑，比了那些漢奸報館，雖然四門大開，而上海愛國同胞，却視之爲閻王殿鬼門關，誰肯上門一顧，其間的差別，有如天壤，所以我們的確也非孤立無援；尤其值得大書特書而今日不可不特別一提的便是那位身爲南京新貴的金雄白筆名朱子家兄，這位在新聞界中資格歷史較我們爲久，平日常共游宴的老大哥，他時常向我提出警告，囑我不可外出，因爲他雖身在番邦，却志在南朝，尤其對於我這個處身險境中的小弟弟，當他看到一些有關我的秘密報告，甚至他們已有指示，準備採取行動時，他定必不避危險，予我秘密通知，好在一個電話，聞聲辨語，便知其人，他某次還聲色俱厲的向我警告，據說看到一份秘密情報，某天我竟身穿短裝，頭戴草帽，在河南路上匆匆而過。這完全是一份假情報，我根本並未外出，但朱子家除了警告我以外，還罵我「你要作死，是否活得不耐煩，人家已佈置天羅地網，你還渾然無知，在河南路上大搖大擺，」當時我聽了之後，並不否認，我感於此君之友情可貴，祇有連聲道謝，同時的確不敢輕易越雷池一步，不因他一度投僞，抹煞當年一番友誼；更有一事，值得追記者，則為朱子家在南京汪記偽組織轄下籌備「中報」之時，突然和我通話，告訴我快速辭去大美晚報這一份工作，否則性命危在旦夕，如果不能離滬赴港，則不妨去南京接受行將開幕的「中報」總編輯之職，當時我聽了他的警告，仍覺莫名其妙，如說危險，則早已名列黑榜，隨時有被殺可能，仍以為此公的忠告又像過去他們的偽情報所稱，於是口頭上感謝他一番好意，更說明無法接受新職的意願。

恩怨今日從頭記　無良小醜害多人

誰知事隔數日，忽有一位姓章的朋友突然造訪，此君在黨政界中，向來非常活躍，此時的身份早已與汪方有關，因他當時自稱有非常重要的消息奉告，所以我延請入內，促膝密談。章君於是詳說有一個名叫祝振譽者，自稱我的密友，按月向汪方替我領取千元津貼，祇因中文大美晚報態度始終不變，他們覺得我得人錢財，幷未替人消災，所以這次眞的已派出殺手，務必對我加以誅鋤，此事已由南京下令上海，尅日執行，他聞此消息，深覺此事可疑，而且決定其中另有蹊蹺，所以自告奮勇，由他直接向我負責調查。我聞章君之言，當時也深為訝異，蓋此一祝某的確屬於老朋友之一，當時他已脫離新聲通訊社，一度追隨申報經理馬蔭良之父，去漢口做該報漢口版的記者，漢口的申報停版之後，他返滬失業，情況頗為潦倒，由我介紹去華美晚報任職，但因無甚表現，因而去職，生活情況，頗為隔膜，萬不料他會冒我名義，作此賣友之舉，所以向章君竭力表白並無此事。當章君回去以後，這個姓祝的漢奸，於是被七十六號所拘捕，當時據說也吃了一些苦頭；事聞於朱子家，由於祝某一度和他在晨報同事，又激發他對朋友熱情，匆匆由京來滬，去七十六號保釋了這個姓祝的，而且帶去南京，幫他籌備中報，出任該報總經理。其後朱子家又開辦了南京興業銀行，姓祝的又出任該行經理，此後一帆風順，更藉朱的關係，在上海承包蘇浙區的鹽稅，發了大財，眼高於頂，目中無人。我們的老友胡憨翁，一度在上海朱子家的寓所，看到這位姓祝的高座堂皇，與朱子家等這班風雲人物，大搓麻將，朱子家見到憨翁，推牌而起，躬身相迎，這姓祝的却佯作不識，不理不睬，氣得憨翁大罵癟三，至今耿耿。這個祝振譽勝利之後，却能逍遙法外，而且在漢口路開了一家錢莊，請出邊定遠做董事長，這錢莊不久倒閉，前線日報社長馬樹禮吃了一筆大倒賬，氣得把祝某關在貝當路警察局，祇因他早已分文不名，馬社長要他舉出一個熟朋友，方允開釋，此人竟又老着面皮，認我作朋友，於是恢復自由。

祝振譽險些害去我一條命，我所以不憚煩的再予詳述，因為事後逐株連到新聞界許多人物，當時暗中醞成一陣風波，最可憐者，則為新聞報副總編輯陳達哉，竟亦首當其衝，成為問題人物，因為祝振譽每月冒領一千元，係由南京汪記政府負責宣傳的林柏生所發放，林柏生在上海辦中華日報時，我們也早已相識，當年汪精衛到上海，我身為新聞記者，經常採訪汪氏，曾仲鳴、林柏生輩和新聞界淵源最深，像朱子家便是曾仲鳴的最好朋友。汪朝開府，林柏生貴為宣傳部長，對新聞界有一筆很大的活動費，想憑此收買人心，混淆視聽，所有淪陷區新聞界中人，尤其上海方面，反日反汪最烈，所以他拉攏收買的經費最多，自有許多無恥之徒，暗中接受，別人家事，我也不必多談；他們當時對大美晚報原來的對象是張似旭，據說與張似旭秘密交往的是湯良禮，張氏被殺之後，他們的對象遂垂青於我，於是林柏生命殷再為和我接洽，殷某曾在上海主辦日日通訊社，和我認識而不甚相熟，於是他就商於陳達哉，陳達哉雖為報界前輩，他是內勤，和我少有接觸，自知此事很難向我啓齒，於是商託一位姓蔣的同事，這位蔣君又轉託他弟弟，因為他弟弟比較和我更熟，像這樣的轉灣抹角，圈子已兜得很大，但蔣的弟弟自知此事非常棘手，他們也深悉我之為人，向來嫉惡如仇，平日新聞界中任何不清不白的錢財，從不沾手，這筆南京的賄款，自然沒法向我開口；此時他正幫一個白相人名王海山的，辦一張東南晚報，而這祝振譽便在那裏做事，他知道祝振譽過去和我採訪新聞，關係較為密切，便把這個任務與祝相商，大概此人窮昏了頭，看到花白銀洋，當時一千元並非小數，於是拍胸脯担保由他負責轉交，一定必完成使命。這個無耻漢奸的一顆玲瓏心，以為這樣一筆錢，既不必寫收條，自然毫無証據，祇要中文大美晚報以後少一些反汪論調，他也可居功卸責，或再有反汪論調，他便可藉詞搪塞，推說張某的報紙是美國人主辦，幷非張某一人之力，可以左右一切，這種設想，自以為可以遮天瞞日，每月千元，儘可袋袋平安。誰知汪記政府中人，儘多報界健將，他一個月一個月的替我經手領錢，而大美晚報一個月一個月的再接再厲，從未有所讓步，於是一怒而下令對我格殺不論，而這個姓章的朋友，却替我洗刷清楚，祝某由被捕而在朱子家卵翼下，因禍得福；但他們的偽宣傳部，仍要澈底根究，當時因他負責轉手而亦蒙不白之冤的陳達哉，甚至新聞報內部，因獲悉陳達哉與汪方勾結，發生了很大的爭執。陳達哉其時尚想保持本身清白，急急秘密去香港，想向老師杜月笙求情解釋，杜氏忿於陳之背叛國家，不予接見，事聞於吳鐵城，吳氏的目光向來遠大，深覺陳達哉既能來港解釋，足見尚有良知，此人既為新聞報編輯部要員，何不假以詞色，曲予諒解，所以陳達哉由吳鐵城接見之後，吳氏要他戴罪立功，仍回新聞報原來崗位，不過要他返滬以後第一件事必須和我見面，詳加解釋，幷把南來情形，全部轉達，以後更須與我保持聯繫。陳達哉總算不虛此行，滿意而返，記得他訪我於大美晚報那天，正值大雨滂沱，他未携雨具，滿身是水，和我晤見時，很詳細的叙述他去港時與吳鐵老晋接經過，使他非常興奮，而祝振譽如何賣友的經過情形，也使我更加清楚。所可惜的，陳達哉回到了新聞報，禁不了同事間對他的冷嘲熱諷，無法安於其位，不久之後，他却去南京做了朱子家開辦的中報總編輯了。

老貓燒鬚朱子家　救人不料是寃家

寫到朱子家在抗戰期中，和我身處兩個陣營，但蒙他分外關切，足見此公平日做人處事的熱情，更由於他向七十六號拯救的朋友，不止那個無耻漢奸祝尊譽一人，但他在熱中於救人之際，却又料不到老貓燒鬚，去担保了一個寃家對頭而猶渾然無知，此人伊誰？乃爲當年金雄白在上海所辦的平報，其中一個記者名叫芮信容，此人竟爲奉命潛伏的地下英雄，據說他的任務要結果金雄白的生命，還得把平報來一個澈底大破壞，芮信容又是和我十分厮熟的朋友，他由杭州來滬之初，祇在華東通訊社中做抄寫，後來練習做記者，成績不錯，不知如何，他的平日行爲，有許多使人不解。最可怪的，他那時忽然時常去日本領署採訪，和岩井英一很熟，甚至時常以空頭支票向岩井英一換現鈔，我很不以爲然，而且向他警告，切弗因此而被人利用。其時八一三滬戰尚未發生，中日新聞界經常互相接觸，芮信容此種反常行動，多年以後，才知他別有用心，希圖藉此而做些有利國家民族的工作，當然他早已有所秉承。平報出版，他置身其間，工作得非常賣力，朱子家也對他很賞識。但據說平報內部，當時經常發生火災甚至某次被人在印報的機器房中，抛了一個小炸彈，當時雖未釀成災禍，而且也不肯向外公開，但汪僞組織的特工總部，負有保護這些報館之責任，所以暗中調查，發覺芮信容竟是一個潛伏在內的重慶地下工作者，所以秘密予以逮捕，當然嚴刑審訊，查究根源；金雄白則在南京，聽說他自己報社內同事，竟被七十六號關進虎牢，此事與他面子，大大有關，於是氣冲冲馬上由京來滬，直接去七十六號要把芮信容保釋，七十六號對於朱子家，自然不敢抗命，乖乖的把芮某釋放，由朱子家具保領回，但他們事後却將拘捕芮信容的來龍去脈，整個案卷移送給朱子家，希望他自己明瞭，也算脫卸了他們的干系；朱子家看到這份報告，方才知道芮信容原來身份，而且他所負使命，不但破壞整個平報，還想結果自己的性命，當然他心中也非常震動，不過他自己生性向來豁達，而且人也保了出來，不但篤念過去的友誼和同事關係，同時也佩服芮信容竟有這樣的勇氣，於是向芮信容解說一番，自己又揚長而去南京，此後這個芮信容在日僞治下，居然未有絲毫麻煩，以迄日寇投降，汪僞解體，他又恢復了新聞記者工作。朱子家這位朋友，便有這種傻氣，所以他後來置身囹圄，以迄刑滿省釋，許多朋友，一樣照常來往，現在經常住在東瀛，依然脫離不了筆墨生涯，多年未來香港，頗令人興秋風黃葉之思也。

大美晚報結束日　羈囚生活告終時

中文大美晚報的壽終正寢，結束了我們長時期的牢獄式生活，太平洋大戰把上海的兩租界正式給日本和汪僞組織所佔據，上海人則從此進入了更苦難的階段，我們當時，也知道自身無法再在上海立足，勢非另打出路不可，我記得很清楚，那一天在睡夢中給黃浦江上的炮火突然驚醒，我和法租界捕房聯絡最好，他們最初也莫名其妙，問我有何消息？事實上我根本茫然無知，但細察炮聲，似在黃浦江邊，於是請他們向外灘方面調查，果然不錯，他們說日本軍隊正向黃浦江內的英美軍艦開火，片刻之後，又說英美軍艦掛白旗了，其後又傳來消息，日軍已正式進駐白渡橋以南，好像局面已有大變化，我立時感覺到這是上海租界的末日到了，我們這張大美晚報，勢不能再行出版，於是匆促喚醒報社內住在宿舍中的同人，希望他們自己作一個最後準備，我皿已則先去外面，看一看情形再說，於是在自己臥房內稍事料理，便信步而出，樓下的一個印度司閽，見我時還舉手爲禮，連呼「大班你早」，其時我自己也像一個無主孤魂，去那裏呢？回去家中，距離不甚遠，覺得不妥，因爲我的家那時非常秘密，恐怕有人跟踪，所以一輛三輪車，先要他駛去霞飛路底一個親戚家中，這個親戚在一家美國銀行經理的住宅中做事，他們一家也同住在一個小院落內，偶然前去，尚感安全，我在親戚家中消磨一整日，藉此與各方聯絡，明瞭了日本人果然已發動大戰，不但上海被佔，連香港等處也已同時發動攻勢，以迄下午，則確知連美國的夏威夷也已陷入戰火中，乃知此事已一發不可收拾，中文大美晚報斷斷不能繼續出版，我除了和中文報同人保持聯絡以外，英文報和經理部方面，我不和他們接觸，他們也無法找我。到了深夜，已到兩租界戒嚴時間以內；當時兩租界都於午夜十二時戒嚴，我因爲持有特別通行証，可以安步當車，走回家中；其時我家已遷居公共租界成都路三鳳里，這是一條小巷，一共有三個很大的石庫門房屋，我住的是第一戶，上海人所謂的五開間兩廂房，我住樓上西廂房，包括一個過街樓，很大很寬敞，平日祇有我妻和我的女兒以及三兄嫂居住，家父則有時在浦東鄉下，有時來我家居住，樓下是一家施診給葯的慈善機構廣仁堂，所以樓上住家，除了我們之外，其餘都是廣仁堂的職員，我之遷居那裏，早已移名改姓，內子有時和鄰居們聊天，別人問她貴姓？她說姓顧，妳先生作何貴業？她說在滬西一家工廠供職；再問她何以不見妳先生回來？則說因廠中事忙，不克返家，如此情形，頗使所有鄰居，發生猜疑，一致確定我是一個見不得人的漢奸，所以不敢回來。事實上：我之遷居成都路，也是逃避漢奸鷹犬的暗算，因爲我在遷居成都路之先，原住法租界福履理路合羣坊的一所小洋房內，在朱惺公被殺以後，我雖遷入報社宿舍居住，但敵僞鷹犬，他們早已偵知我原來住處，甚而在我住處的對面，派人租屋早夜伺察，幸而我們有關方面，接到報告，據說他們因爲無法對我下手，已計劃轉移目標，決定把我的獨生女兒，在上學或放學時乘機擄去，我迫不獲已，先採緊急措置，小女立即停學，並着內子和小女當晚離去，暫寓親戚家中，一面設法覓屋；事有湊巧，三鳳里的房屋爲一個友人的女親戚稅居，當時這女主人死亡，房屋空置，可以並傢俬什物，全部頂讓，而且價錢特別便宜，我心存警惕，不敢以眞面目見人，也不敢以眞姓名示人，所以內子揑造一個假姓，別人以我爲漢奸，我亦何必聲明反對，何況我難得偶然溜囘家中，見見父親和妻女，時間都在夜半，鄰居也從不見面。我更爲了安全起見，從合羣坊遷住三鳳里時，原來的傢俬什物，並不直接運去，先由搬場車運到青島路我妻的胞妹家中，而後分別陸續取囘，青島路和成都路近在咫尺，所以我住成都路，未爲七十六號漢奸所知，但傢俬搬到青島路，則被駐在合羣坊負責看守的嘍囉，由釘梢搬場車而一淸二楚，於是又種下了一次生平認爲最驚險而最不可思議的大難關，鬼使神差，居然會化險爲夷，因知冥冥中果有不可思議之神力在內，爲人豈可不稍存忠厚之心哉！

經過情形如此：太平洋大戰爆發，上海租界淪陷，當天中文大美晚報實行停版，當天的英文大美晚報依然照常出版，我則斷絕和他們的一切聯絡，雖然知道有人找我希望把中文報和平日一樣照常出版，但我則毅然決然，認爲日本軍隊既已正式把兩租界佔領，除非此後我們的態度作個一百八十度的轉變，絕無存在之餘地，所以我除了囑咐三房工人（排字、鑄版、印機）留守在報社中和經理部門保持聯繫辦理善後外，因爲三家兄當時也在編輯部做校對工作，每天照常前去，互通消息，我則暗中和政府方面派駐上海的幾位有關朋友，商量如何去重慶的種種手續，大約這樣經過了一個星期左右，我在當夜十二時半以後，也是從霞飛路底親戚家中，安步當車，踱囘成都路舍間，其時已在戒嚴時間，路上很靜，難得見到一二輛不怕巡捕拉去罰錢的三輪車在較冷僻的小路上行駛，從霞飛路底去成都路，時間也得花上三刻鐘或一小時，當我到達三鳳里的弄口鐵門時，向例要由司閽開啓，但那天大鐵門上的小鐵門，却應手而開，一推便入，心想倒也少却麻煩。踏進弄內，瞧見一個穿着黑長袍頭戴呢帽的彪形大漢，兩手叉腰，站在弄中向外注視，我自作聰敏，以爲我們弄底一家錢莊老闆，日前被綁，也許捕房派人前來保護他的家族，所以根本不以爲意。我當時穿的是一套藏青西裝和厚呢大衣，那大漢也根本對我不理不睬，於是我又推開了所住的這個大石庫門的兩扇黑漆大門，此門照例虛掩，跨步而入，下面的一個大敞廳，白天施診給藥，晚上總有那些辦事人擺開一二桌麻將，作爲消遣，但那天晚上，靜悄悄闃無一人，我猶不以爲意，反覺得此輩不在，免得我低頭俯首而過，於是昂昂然拾級登樓，大踏步逕去舍間，這情形我最淸楚，我住在整個西廂房門首一盞電燈，非常光亮，一進門，却也非常靜寂，房中雜物，則非常凌亂，祇有我父親一人猶兀坐在客室之中，他見到我大爲訝異，問我何以前來？我當時莫名其妙，老人家則輕輕向我說「他們抄過了」，我不知道這是日本人前來抄家，還以爲三家兄夫婦吵嘴，所以口中嘰咕爲什麼又吵架，老人家見我如此糊塗，慌忙拉在一邊，問我是否看到門口有一個日本便衣憲兵站着？我說沒有，於是他簡單的告訴我有大隊日本兵和租界捕房，今天下午前來搜捕，路上還駐有鐵甲車以及憲兵佈防站崗，何以你竟揚長而入？至此，我方才如夢甫醒，覺得事機危急，慌忙告訴老父，說囘家之時，初未遇見任何人，大可乘此時機，趕緊溜走，事不宜遲，我向老父告稟，他們之所以對我採取行動，無非要我恢復中文大美晚報出版，我意已決，非走不可，我走之後，家中也會平安無事，請老人家不用躭心，於是匆匆再去樓下，誰知此時忽然想到大門以外站着的那一個大漢，一定是捕房的包打聽，恐怕此關不易通過，忽然又覺胆小，於是想起不如向廣仁善堂那位掛號先生，他睡在樓下，身邊有一串後門鑰匙，不如請他開了後門，讓我溜走，於是輕輕去喚醒那位先生，說明我是何人，請他行個方便，誰知這位先生，聽我陳說以後，馬上蒙被而睡，連說沒有鑰匙，快走快走，此時此狀，頓然使我非常傷心，深恨此人見死不救，沒奈何，又返去樓上家中，老父見我未脫險境，當然更是惶急，他於是要我躲在樓上東廂房一個鄰居家中，也許可以暫避，我此時忽然胆氣突壯，覺得躲避既非辦法，別人也不一定慨然收容，於是拜別老父，告以願藉祖宗蔭庇，如能脫此險境，則此行決無問題，否則此身已入陷阱，亦難插翅而飛，於是毅然決然，大步下樓，開了大門，堂而皇之的施施然外出。當時猶見那位包打聽先生，依然雄糾糾氣昂昂的立在弄中，向外虎視，當其時我忽然又見到弄口一角，有一人赫然爲三家兄，手鐐脚銬，倚在一角，他一見我便把頭垂下，我亦心照不宣。既出三鳳里，成都路上，雖燈火通明，但無一行人，我當時不敢向南走，因爲穿越白克路和靜安寺路，便是成都路捕房，所以我折向北行，至愛文義路西進，剛巧有一輛空三輪車，擦身而過，我便輕輕招呼，要他車去徐家滙，於是飛輪疾馳，脫出虎口，我本非常鎭定，但坐上三輪車後，忽然一顆心大跳特跳，想着剛才一幕，還不知是夢是眞，連自己也覺得不可思議。

無端踏入樊籠裏　居然險裏竟逃生

我之能夠逃出生天，說來眞是奇怪，世事巧合，冥冥中眞是鬼神相助，前後經過是這樣的，當時日本人一心希望中文大美晚報能夠照常出版，他們知道當時民衆對於大美晚報印象很深，因此，想藉此收拾民心，達成其宣傳目的，所以一再要我出面合作，無條件尅日出版，當時英文大美晚報早已照常刊行，但據說另有一個白俄在主持其事，我因未嘗有所接觸，實際情形並不明瞭；日本人因我始終規避，於是出以行動，他們當天由日憲兵派出一隊人馬，協同七十六號漢奸，由坦克車前導，開去成都路捕房，要他們協同派員去威海衛路的中文大美晚報抓人，捕房不敢待慢，自然派出警探，洶洶然奔去中文大美晚報所在地，但是指名要抓的正兇不在，剛巧三家兄和排字鑄版印報的三房領班，一桌麻將，戰興正濃，於是給他們詢明身份，全部拘去成都路捕房落案。他們的目的是希望問出我的藏身地點，三房領班當然不知，三家兄也啞口無言，推說雖在報社同事，但住處不同，他也未曾清楚，捕房中人的詢問祇是虛應故事，但派去的日本憲兵，當然兇惡無比，他們馬上全體押送極司非爾路的七十六號，因此三家兄當時吃了許多痛苦，他仍是閉口不言。日憲兵沒有辦法，乃下令七十六號調查我過去的所有情報，居然給他們查出以前我居住法租界合羣坊，後來遷往公共租界青島路廿七號，這便是我當年把傢俬雜物，先搬到那裏駐脚，然後再偷偷運去成都路三鳳里，七十六號的小漢奸祇看到搬往青島路，記錄上登載得非常明白，因此禍貽舍親，把我的一個襟弟即刻逮捕，從此人身上，才知我眞實的藏身地點。頓時大隊人馬，如臨大敵，開往成都路，其時已在下午五時半左右，本來舍間是根本不知道已經發生大禍，甚至中文大美晚報的其他同人，也都不知道我的住處，所以出事以後也無法通知。但在日本憲兵七十六號漢奸以及成都路捕房警探，馳至舍間時，正當小女婉莘放學歸來，她忽然覺得耳朵奇癢，，拉着她母親非要看看有沒有東西在耳中爬動，於是內子便和她走出陽台上看個清楚，這個陽台正面臨成都路，忽然她看到許多日本兵坐在坦克車上，以及捕房探員的警備車等，大隊駛來，正在樓下停止，而且押解了三家兄蠭湧而入，好像擒捉江洋大盜，於是她心知不妙，立即拉了小女，奔入內室，告訴我父以及我的三嫂，說是大禍來臨，她和小女非要躲避不可，但此際時間短促，前後門和弄外成都路上，早已無法通過，日本兵等而且已衝進大門，靴聲橐橐，正在登樓，她無可奈何，祇能奔到樓上的鄰居家中，告以原委，並說出我供職大美晚報，日兵此來，定係搜捕家中人。難得這家鄰居，深明大義，當此緊急關頭，切囑內子弗驚，暫時躲在他家牀帳背後，至於小女，則他家兒女頗多，可以混在小孩羣中，不須避匿。其時，日憲兵和七十六號鷹犬會同捕房警探，進入舍間以後，他們先問我老父，希望告訴他們有關我的踪跡，一面把全部房屋，詳細搜查，人既無從找到，則翻箱倒篋，甚至書信照片，都在查問之列。他們因爲見不到我，甚至我的妻女，也都踪跡杳然，還以爲我神通廣大，消息靈通，幸而他們對老人尚知尊敬，對我三嫂及姪兒等也未有所騷擾，而且說明此來並非拿人，祇是商量合作，如何恢復中文大美晚報出版；他們也未向鄰居查問，祇是派人駐守在內，以期守株而待，當時陣容壯大，不但門首一輛日軍的坦克車，而且另駐一輛捕房警備車，路上派了步哨，南至白克路，北至愛文義路，這樣的嚴重形勢，眞夠嚇人！其時內人躲在鄰居家內，總覺不是辦法，於是和他們商量以後，換了一身破衣服，手持銅壺一把，假裝去老虎灶泡滾水，就這樣她也算跳出樊籠，奔到親戚家中，我的小女也由鄰居設法，和二家兄取得聯絡，前去他家暫避。那家中發生如此嚴重事件，我自己却悠哉游哉，那天正在霞飛路親戚家中聊天，他們的一桌麻將，還有人要我代局，竟玩到深夜才散，我徒步而回，自己投向牢籠，誠如飛蛾撲火，但不可思議之事，偏有如此巧合者。那時駐守在我家的日本憲兵和漢奸們，良久不見我的踪跡，於是他們以爲這樣捉人，宛實不智之甚，因爲既要使我自己撞上門來，則外面放了步哨，還有坦克車和警備車，豈非明白告訴我有人在家恭候駕臨，所以主張把步哨和坦克車警備車一概撤退，祇留下幾個便衣日憲兵及捕房探員七十六號特工。但這些傢伙，有的是上命差遣，身不由己，有的等候了幾小時，也覺不耐，於是又私相商議，祇留下一名日本便衣憲兵和捕房探員，留守監視，日憲兵在樓上，探員在弄中，把三家兄押在弄口一角，要他負責認人，如此安排，應當也很合理。誰又知道在我將近回家之前的二三分鐘，這個駐在我家的日憲兵，忽然覺得肚中飢餓非常，於是他悄悄的去附近白克路的小食攤上，充飢果腹，那裏正是私娼的集中處，一到深夜，鶯鶯燕燕，正在門麗爭妍，大賣風騷，日本人看到這些，自不免稍事流連，忘却本身任務，而我則乘隙蹈瑕，施施然大搖大擺，歸去來兮，我的身材既矮，西裝也普通，進入三鳳里，我祇見那個像金剛般的大漢，了無驚懼之色，站在暗裏的三家兄，也未加以指認，所以那個探員，根本未曾注意，說不定他還以我是一個矮東洋，於是任我上上下下，如入無人之境，最後從容而去，據說相差也祇一二分鐘，那個憲兵，便即歸來。眞是差之毫厘，謬以千里，我就這樣的在神差鬼使中，莫名其妙的逃過這場難關，冥冥中果有天乎，其祖宗之靈，予我以蔭庇乎，事後不禁深深禱告列祖列宗甚至釋迦牟尼觀音菩薩以至天主而大呼阿門了。避過這場風波，一時又聯絡不到若干有關係的朋友，因爲我的出事消息，過程雖頗簡單，但也驚動了平時與我接觸的政府中人，我當夜住在親戚家中，對外很難聯絡，於是先則溜到另外兩個朋友家中暫避，其後則住在我的老友徐逸鶴兄家中，他也曾是大美晚報記者之一，平日肝胆相照，他不怕危險，爲我多方出外聯絡，並替我準備了許多去大後方的衣物，更找到了內子和小女的所在，於是我又假裝病人，住進了蒲石路的中西療養院，一家人在那裏刼後重逢，自知上海非我存身之地，於是更積極進行去重慶的一切手續。（三）

七十二家房客

（諷刺喜劇）

姚慕雙　周柏春

乙　啥叫啥「七十二家房客」？

甲　一幢房子，要住七十二家房客，

乙　我勿相信，

甲　儂聽我講，就拿我來說吧，一家八口住一間灶披間，裏面只好放一張破床。我們一家八口就睡在這一張破床上，肚皮與背心都碰着的。假使一個人要翻身，就要關照其他七個人，然後喊「一、二、三」，再八個人一道翻身。

乙　這像體操了。

甲　沒有辦法。窮人想住一間房子眞不容易，首先受到二房東的剝削。

乙　這話倒是眞的。

甲　就像我曾經住過的一幢房子裏，二房東眞黑心，一上一下的房子竟然借給了七十二家房客。

乙　（奇怪地）一上一下的房子怎麽能住得下七十二家客？

甲　二房東有辦法，她的男人是流氓出身，在警察局做包打聽，他們就靠了警察局的勢力私搭擱樓。

乙　那也住不下七十二家房客啊！

甲　一幢房子是三層樓，每層搭一層擱樓，這變幾層樓了？

乙　（扳指頭計算）每層搭一層擱樓變二層；房子是三層樓……二三得六，那也只有六層樓。

甲　再在晒台上搭一層。

乙　七層樓了。

甲　再搭一層擱樓。

乙　八層樓了。

甲　拍掉屋頂，再加一層。

乙　變九層樓了。那就算是九層樓也住不下七十二家人家呀？

甲　二房東挖空心思，私隔房子呀！

乙　怎麽隔法？

甲　我先來談談底層：一個天井先借給擺大餅攤的老山東；不到一個月，二房東自作主張隔一半借給燙衣裳的杭州人。

乙　豈有此理！

甲　過了一禮拜，二房東把兩家當中再隔一間出來，借給裁縫攤老板。

乙　這不像房間，變成鴿子棚了。

甲　從天井裏走到客堂裏有兩級石扶梯，借給一個收壞金牙齒、壞金表的。

乙　眞會動腦筋。

甲　二房東在天井裏裝只柜台，借給賣發財票、香檳票的。這個人最苦了，地方實在太小了，他不好坐只好立，外加胸口還挺牢柜台，人家來買發財票，他找鈔票的時候，要拿柜台搬出來。

乙　作孽！

甲　大門拆掉，借給擺水果攤的。自來水龍頭旁邊是老虎灶。

乙　要水倒便當的。

甲　隔弄裏就是炒麵攤。前客堂借給賣狗皮膏的東北人；前客堂背後借給賣梨膏糖的小熱昏；後客堂借給收紙錠灰的；後客堂背後借給修棕棚的；扶梯背後是小皮匠。

乙　啊！扶梯背後也有人要的？

甲　房子難借呀！橫竪小皮匠做起生活來，頭總是低下來的。

乙　那晚上怎麽睡覺？

甲　閉上眼睛打打瞌睡。扶梯上借給踏三輪車的小六子。

乙　啊！扶梯上怎麽能睡呢？要楞痛的呀！

甲　顧不得了，只能攤條蓆子戳戳。好倒好的，背心癢起來用不到搔的，只要揩揩好了。

乙　唉，眞苦！

甲　二房東把灶間墻壁拆掉，改裝門面，一半借給剃頭店；一半借給鹹魚行，這樣一來剃頭店沒有生意了。

乙　爲什麽？

甲　因爲客人聞着魚腥氣，吃不消。

乙　是呀，誰高興去剃頭呀！

甲　後來二房東就搭了一層假擱樓，叫剃頭店搬到擱樓上去。

乙　擱樓上怎麽能剃頭？

甲　二房東心生一計。

乙 什麽計策？

甲 立刻到二層樓亭子間去，向擺測字攤的老蘇州下命令。

乙 與測字先生有什麽關係？

甲 因爲測字先生一天亮就出去做生意了，二房東命令他不到晚上不許囘來。

乙 這是做什麽啊？

甲 在他身上動腦筋。二房東想剃頭總是在白天的，時間不衝突，就叫剃頭的搬到那裏去。

乙 眞不像話！

甲 這樣一算，單單一個底層就已經借了十六家了。

乙 二房東棺材裏伸手——死要銅錢。那這樣一來房間都小得像螺螄殼了，怎麽能住人？

甲 她管你！地方已經這樣小了，二房東還强凶霸道，一定要在天井裏放一只金睛魚缸，讓它晒太陽。這樣一來，房客們更加苦了，大家不好直走，只好側轉身體像大閘蟹一樣橫走了。

乙 唉！那末樓上又住了哪些人家呢？你揀要緊的說說吧。

甲 好。二層樓前樓住着一個專門賣血的蘇北人；後樓住擺舊貨攤的；亭子間裏是測字先生；擱樓上是花柳醫生。三層樓前樓住一個做集團結婚生意的廣東人；後樓英文補習學堂；亭子間住一個在馬路上講耶穌的；擱樓上住一個修無線電的，再加上一個外國吹打。這兩個人住在一起，常常吵得昏頭昏腦。

乙 什麽原因？

甲 大家都沒有生意，心境不好。有時修無線電的難得接着一個生意要修無線電了，碰着吹洋喇叭的吹起喇叭來了，兩種聲音混在一道，修無線電的聽不出無線電的聲音，于是兩個人吵起來了！剛剛要打的時候，講耶穌的剛好囘來，一把拖開，就同他們講耶穌，勸他們不要打架。

乙 倒滑稽的。

甲 四層樓前樓住一個窮音樂家；後樓開紙扎店；亭子間咖啡茶座；擱樓上「動物園」。

乙 喂，擱樓上還好開「動物園」？

甲 要吃飯沒有法子。

乙 老虎有嗎？

甲 沒有，只有一只假灶貓。

乙 狼有嗎？

甲 只有狗；還有一條蛇。

甲 五層樓前樓是兩個唱京戲的大花臉；後樓是職業介紹所，這位老兄自己有六年沒有職業了。

乙 那就替自己介紹介紹吧。

甲 亭子間裏住着兩個老頭子：一個是賣小黃魚的寧波人；一個是賣報紙的無錫人。擱樓上是跳舞學校，二房東兄弟是阿飛總司令，敎會跳舞的全是小阿飛；常常砰砰碰碰跳穿樓板。

乙 骨頭倒輕的。

甲 六層樓前樓道士堂；後樓錫箔莊；擱樓上住張木匠；亭子間住殯儀館老板。一死人就到前樓道士堂喊道士來「領路」，到後樓買錫箔，喊擱樓上張木匠來釘棺材板；托亭子間殯儀館老板打電話去準備收殮……

乙 倒是一應俱全。

甲 七層樓前樓花會筒；後樓賭台；亭子間當店；擱樓上混堂。這些都是二房東開的，害人家鈔票輸光，衣裳當光，只好孵混堂。

乙 殺人不見血。

甲 八層樓强盜窠。

乙 啊？二房東胆子這樣大，借給强盜窠？

甲 二房東男人在警察局做包打聽的，他獨怕沒有强盜。

乙 爲什麽？

甲 有了强盜他可以坐地分贓。

乙 眞是「捕快賊出身」。

甲 九層樓二房東自己住。她如果要與房客講話，像總司令一樣，只要把老虎窗一開，喊喊好了。（蘇州話）「喂，倍篤大家注意：從下格月起，房鈿勿收鈔票哉！一律以米價計算！」
「喂，炒麵攤老板，下碗湯麵來！」
「喂，六層樓借只鉛桶撥我。」
「喂，修無線電格老板，倷養仔一個小囡哉，加房鈿！」

乙 （紹興話）「儂勒亭念沙些？嘸有格種閑話格！」

甲 （蘇州話）「勿加也可以，格末倷搭我拿養出來格小囡重新養進去！」

乙 （紹興話）「啊？」

甲 （蘇州話）「有仔小囡幾化煩，一日哭到夜。倷假使勿養小囡，養格大人出來，格房鈿倒可以便宜點蓋。」

乙 （紹興話）「嘸有聽見過養大人格！」

甲 （蘇州話）「倷現在養一個小囡，還算便宜格來，養雙胞胎房鈿就要加倍！」

乙 （紹興話）「格末人家勿養格，儂倒貼伊兩斗米？」

甲 （蘇州話）「格當然……呸」！

乙 二房東在銅錢眼裏翻跟斗。

甲 她還要仗勢欺人。二房東在九層樓上喊得肚皮餓了，就下來跑到大餅攤上拿大餅吃，山東人因爲物價飛漲，所以不肯給她白吃了。二房東光火了。（蘇州話）「我大餅日日吃慣蓋，倷勿撥，搭我搬場！老實搭倷說，我是看倍篤苦惱，借撥倍篤房子格。倍篤要登末，登；勿登末，跑！現在日浪要房客眞是抓一把，揀脫點，剔脫點，吹脫點，仔細揀揀。」

乙 這算什麽話！

甲 山東人實在氣傷了，心裏想橫竪橫了。（山東話）「好！他奶奶，老子跟你拚了！你要吃大餅，我就請你吃大刀！」山東人拿起一把切麵刀殺過去，二房東一看苗頭不對，別轉身體就逃，一逃逃到扶梯旁邊，看見皮匠攤上有一把鋤頭，她拿起來對準山東人的頭上摜過去，只聽見「碰」的一聲响。

乙　啊呀，山東人的頭敲開了！

甲　不，一只金睛魚缸敲碎了，二房東的兩條金睛魚都游出來了！

乙　哈，自作自受。

甲　二房東心痛啊！急忙去捉兩條魚，捉來捉去捉不牢，結果捉到陰溝洞旁邊，總算捉牢，拿起來一看……

乙　一條金睛魚？

甲　一只油葫蘆。

乙　結果還是沒有捉牢。

甲　二房東要想叫山東人賠，又怕吃「大刀」，就一把拖牢裁縫攤老板。（抓住乙前胸）（蘇州話）「好，蠻好！倷陰損我！」

乙　（浦東話）「咦，迭格關我啥事體？」

甲　（蘇州話）「倷擺開金睛魚缸頂近，倷看見我鋤頭摜過來，爲啥勿拿金睛魚缸搭我搬搬開？」

乙　（浦東話）「儂格物事好隨便動格？」

甲　（蘇州話）「格末我鋤頭摜過來格辰光，倷爲啥勿接牢？」

乙　（浦東話）「我又勿是雜技團裏出來格。」

甲　（蘇州話）「我要倷賠。」

乙　（浦東話）「賠勿起。」

甲　（蘇州話）「搭我搬場！」

乙　（浦東話）「嘸沒地方搬。」

甲　（蘇州話，突然語氣婉轉起來，笑嘻嘻地）「格末看倷苦惱，金睛魚末勿要賠哉，倷以後吃魚格辰光，終歸讓我先吃。」

乙　（浦東話）「我伲窮人哪能吃得起魚？一年工夫難得吃點貓魚。」

甲　（蘇州話）「就是貓魚，讓我先嘗嘗味道也好。」

二房東男人在警察局做包打聽

乙　（浦東話）「格末假使吃河豚魚呢？」

甲　（蘇州話）「我也要吃……（臉色一板）呸？倷阿是要謀財害命？旁邊桌枱板浪格件旗袍啥人格？」

乙　（浦東話）「做好撥主客格。」

甲　（蘇州話。突然眼睛一翻）「鉀勒我此地，有仔銅鈿來贖！」二房東搶了就跑。

乙　橫行不法。

甲　她剛剛回到樓上，又有事情了。

乙　什麽事？

甲　一個包車夫崇明人在七層樓上打着花會，問二房東討鈔票，二房東非但不給他，還要罵山門。（蘇州話）「倷阿是來觸我霉頭？我光起火來撥倷吃兩只外國火腿！」閑話沒有講完，一脚就踢過去了。

乙　眞凶橫。

甲　崇明人急忙一讓，二房東一脚踢空，就一個跟斗跌下去，一直跌到二層樓。

乙　跌得好！

甲　二層樓上有一個靠賣血過日子的蘇北人，因爲賣掉了血，身體虛弱，沒辦法買了一只蹄膀想補補身體。蘇北人在門口的煤球爐上燒蹄膀，正好揭開砂鍋蓋頭在嘗鹹淡，二房東一只脚恰巧伸進砂鍋裏，燙得簌簌抖。

乙　巧的。

甲　蘇北人一看，就急了。（蘇北話）「啊？砂鍋也踢翻了！」

乙　唉！無名損失。

甲　就一把拖牢二房東要她賠。二房東眼睛一彈。（蘇州話）「好，蠻好！倷陰損我！擺一只砂鍋勒外頭讓我吃吃苦頭！我現在要倷賠我損失！蹄膀撥我吃，補補我格脚爪，（急忙糾正）哦，勿，補補我格脚！」

乙　眞不要臉。

甲　二房東搶了蹄膀要走，蘇北人上去奪，被二房東一推，拿煤球爐撞翻，一只燒紅的煤球就滾下去了。

乙　闖禍了。

甲　下面扶梯背後的小皮匠正巧低了頭在打掌子，一只燒紅的煤球滾下來，剛好落在小皮匠的頭頸裏。

乙　不得了！

甲　房客們一看出事情了，大家叫二房東下來，二房東死人不管，陰陽怪氣地講：（蘇州話）「殺千刀，阿是倍篤觸祭飽哉，一日到夜嘩啦嘩啦！」

乙　怎麽反而怪人家！

甲　（蘇州話）「老實搭倷說，我是看倍篤苦惱，借撥倍篤房子格。倍篤要登末，登；勿登末，跑！現在日浪要房客眞是抓一把，揀脫點，剔脫點，吹脫點，仔細揀揀！」

乙　怎麽又是這兩句？

甲　她是把這兩句話當山歌唱的。二房東話一說完，轉身就跑。

乙　眞不講理。

甲　結果房客們湊了些錢，先送小皮匠到醫院裏去了再說。

乙　還是窮人肯幫窮人。

甲　這樁事情剛剛結束，又出事情了。

乙　事情倒多的。

甲　住在五層樓上有兩個唱京戲的大花臉，從戲院裏散場回來後，一面吃鹹泡粥，一面在討論京戲。（北京話）「老王。」

乙（北京話）「老李。」

甲（北京話）「老板說咱倆嗓子不行。」

乙（北京話）「那咱倆得練練，不然他要停咱們的生意，可就糟啦！」

甲　兩個大花臉就吊起嗓子來了。

甲乙（同唱）「俺李逵作事太莽撞……」

甲　這樣一唱，二層樓新來一個常熟娘姨以爲叫倒垃圾的來了。東家已經睡了，她不敢問，就自己拿了一畚箕垃圾走下樓來。東家是相信菩薩的，所以畚箕裏有蠟燭頭、香灰，還有煤球灰。常熟娘姨一面走一面在咕：（常熟話）「俚仔斷命人家偶勿做哉！事體多來海海威，一日到夜嘸不空夠！偶剛剛困下去，倒垃圾又來哉！」

乙　攪得厲害的。

甲　不曉得誰吃了香蕉後把香蕉皮扔在扶梯上，常熟娘姨踏在香蕉皮上一滑，人和一畚箕的垃圾都下去了。

乙　啊呀！

甲　下面是炒麵攤。桌台上有四碗剛剛下好的湯麵，有一碗麵上就濺了一大堆。

乙　那這碗麵不能吃了。

甲　老板背對桌台沒有看見，一邊在炒麵，一邊對學生意說：（常州話）「小佬，四碗湯麵送到四層樓上撥客人吃。」學生意呵欠連天，看也不看，捧起四碗湯麵就跑。

乙　啊？不知誰要倒楣了！

甲　學生意剛剛上樓，在樓梯頭碰着二房東。二房東看見四碗麵熱氣騰騰，饞唾水馬上滴滴答答，從嘴巴邊一直滴到脚背上。

乙　這倒饞得厲害的！

甲　二房東就對學生意講：（蘇州話）「好，蠻好！俉篤炒麵攤做生意勿規矩，爲啥我從前喊格湯麵油水都嘸不蓋，今朝格湯麵格外好，湯麵裏還有福建肉鬆、咖喱粉，外加有一根大香腸！」

乙　要死！把蠟燭頭當香腸！

甲（蘇州話）「蓋碗麵油水頂足，來，先撥我吃！」學生意怕她不付錢，不肯，二房東冷笑一聲：「嘿嘿……！」

乙　笑得像馬叫。

甲（蘇州話）「勿撥我吃，告訴俉篤老板，搭我搬場！」

乙　什麼！這也要趕搬場？

甲（蘇州話）「倷格小鬼！識相點，吃碗麵有啥稀奇！作成俉篤生意都勿曉得！」學生意知道她老毛病又來了，就講：（上海話）「謝謝儂一家門，麵倒一直吃格，鈔票從來勿付格！」二房東聽了，面孔一板：「倷要勿識相，我就請倷吃『辣火醬』！老實搭倷說，我是看俉篤苦惱，借撥俉篤房子格。俉篤要登末，登；勿登末，跑！現在日浪要房客眞是抓一把，揀脫點，剔脫點……」

乙（急忙接下去）「吹脫點仔細揀揀。」

甲　你怎麼知道要這樣說的？

乙　老套頭嘛。

甲　學生意只好讓她端去吃。二房東端了碗麵囘去一吃末，（作嘔狀）「嘔！……」連隔夜飯都嘔出來了。

乙　好極了。

甲　二房東氣得跳起來，跑下來拿炒麵攤踢翻；還要那個打翻垃圾的常熟娘姨點大香大蠟燭，保三年太平，再要她請五桌酒水。

乙　唉！枯樹上還要剝皮。這樣一來，常熟娘姨起碼要做到九十六歲。

甲　這樁事情剛剛解決，二房東囘到樓上，凳子還沒有坐熱，又出事情了。

乙　事情實在多。

甲　有兩個濫水手，吃飽了老酒，衝進四層樓亭子間的咖啡茶座，看見一個舞女，馬上撲過去，舞女趕緊逃到自己的房中，把門一關，兩個濫水手敲破房門進去。勿二勿三洋涇浜濫講，「頂好！『矮愛』與你們中國人要好。『媽愛大林，矮愛勒附油』。」

乙（洋腔）「『媽愛甜啊』！『度油勒附米』？」

甲　兩個濫水手一人拖牢舞女的一只臂膀，嘴裏還要唱外國歌。

甲乙（洋腔）「媽媽……啊唷哇……呼啦！呼啦……！」

甲　斷命唱到後來聲音賽過像叫「火着」。

乙　像的。

甲　舞女嚇得大叫：「救命呀……」她拚命掙扎，拿地板上一鉛桶的水都踢翻了！水就從地板縫縫裏漏下去。

乙　樓下人家倒楣了。

甲　五層樓上住着兩個老頭子：一個是賣小黃魚的寧波人；一個是賣報紙的無錫人。

乙　都是做早晨生意的。

甲　正在睡得甜蜜的時候，被上頭的聲音吵醒了。（無錫話。睡眼矇矓地）「啥格聲音？啊？火着了！還有人叫救命！（急急地）老寧波，佢快點醒醒！」

乙（寧波話）「喔唷！阿爸老人呀！上頭水咋會像瀑布介漏落來？」

甲（無錫話）「佢啥還糊裏糊塗？火着了，有人叫救命！佢看救火會格水龍頭已經拿水冲落來了！」

乙（寧波話）「格阿拉快點救火！（喊）勿好來！火着來！救命！」

甲（無錫話）「佢里快點來救火！」

乙（寧波話）「救火！」

甲　這一叫就驚動了七十二家房客，大家慌慌張張，拿鉛桶的拿鉛桶，拿面盆的拿面盆，亂糟糟地都預備救火了。

乙　都沒有弄清楚是什麼事。

甲　兩個濫水手一聽火着了，心裏想逃命要緊，放掉了舞女，搶了手表、項鏈就逃。一路上趁火打刼，連人家陽傘都要搶。

乙　搶陽傘有什麼用處？

甲　萬一人擠逃不出來，拿陽傘撐開當降落傘。

甲　二房東剛才囘到自己房裏，聽見火着還了得，急忙拎了一只皮箱逃出來。

乙　也是只顧她自己的錢和命。

甲　她一跑跑到二層樓，看見扶梯上都給衆房客堵住了，她眼快手快，看見亭子間門口開着，就跑進去拿窗門打開，先拿一只皮箱摜下去，然後人正要想跳下去的時候，忽然有一股熱氣上來。

乙　哪裏來的一股熱氣？

甲　下面是餛飩攤，正在開鍋，所以熱氣朝上直冒。二房東平常相信菩薩的，把熱氣當作青烟，以爲神仙騰雲駕霧來救她了。（蘇州話）「觀音菩薩請倷等等我，徒弟馬上來哉！」她預備脚踏祥雲，駕霧升天了。

乙　賽過做夢。

甲　說時遲，那時快，二房東踏了一個空，人就跌下去了，拿下面餛飩攤打翻。自己跌得半死半活，坐在地上呆若木鷄。這時候兩個濫水手正好逃出來，一個濫水手頭上套着一只鋼精鍋子，身上披着水獺皮大衣，手臂彎裏拿件毛貨衣料。

乙　都是搶來的。

甲　一個濫水手手裏拿着一把陽傘，一條蛇。

乙　這像什麼樣子！

甲　二房東一看這副樣子，當四大金剛下凡了，連忙跪下來對濫水手磕頭。（蘇州話）「謝謝菩薩快點救火。」

乙　啊！

甲　一個濫水手順手牽羊地搶了二房東一只大皮箱就走。二房東定神一看，方才認清是外國濫水手，連忙追上去一把拖牢，向他討皮箱，二房東講英文了。（蘇州話、笑嘻嘻地）「蓋格『哈羅』，『矮愛』……，喏，『矮愛』就是我啦，我是蓋搭格『買死脫』——主人。『狄斯』皮箱是『矮愛』蓋，『潑里斯』『油』……，喏，『油』就是倷啦……要死，講得我吃力煞哉！（急）就是請倷還撥我皮箱，倷勿好『諾拖諾色利』蓋。」

乙　什麼叫「諾拖諾色利」？

甲　就是「不二不三」。

乙　生了耳朵從來沒有聽見過。

甲　兩個外國濫水手發野獸脾氣了。（洋腔）「戳脫鴨囘！」朝二房東兜胸一拳，搖着身體唱着外國歌「火着，火着」走了。

乙　還要唱「火着」。

甲　二房東被打在地上爬都爬不起，幸虧衆房客把她扶到九層樓上，傷膏藥貼掉三十六張。

乙　渾身都是膏葯了。

甲　這樁事情還未結束，又出大事情了。剛剛大家「叫救命」的聲音被隔壁一個熱心人聽見了，這位仁兄大人當做「强盜搶」，馬上打了一個電話給警察局。

乙　熱鬧了！

甲　警察局得着報告，出動了兩部「香港車」，八個外國巡捕，十二個包打聽，六十四個警察，拿七十二家人家包圍。不曉得八層樓上是强盜窠，以爲是捉他們的了，就「砰砰」兩槍先下手了；下面包打聽倒很客氣，嚇得連槍都沒有還。

乙　倒很有意思，這不是「官兵捉强盜」，變「强盜捉官兵」了！

甲　結果，强盜一個沒有捉住，七十二家房客倒沒有受傷，就是二房東嘴裏吃着一粒流彈，不上不下正好在喉嚨裏。

乙　倒尷尬的。

甲　馬上送進醫院。醫生動手術，奇怪，橫鉗豎鉗鉗不出。

乙　什麼原因？

甲　醫生是不懂了，就打電話到警察局去問了。（上海話）「喂，倗警察局是哦？」

乙　（上海話）「是格。」

甲　（上海話）「倗剛剛出來捉强盜，小鋼炮開過哦？」

乙　（上海話）「嘸沒。」

甲　（上海話）「格末大炮開過哦？」

乙　（上海話）「嘸沒，嘸沒！阿拉一槍都沒有開過。」

甲　（上海話）。作莫名其妙狀）「格倒奇怪勒，哪能會鉗來鉗去鉗勿出格。」許許多多醫生，一個也鉗不出，也不知是什麼東西。後來總算被一個醫生鉗出來了。

乙　是子彈？

甲　不，是一只七磅頭熱水瓶上的塞頭。

乙　塞頭……這怎麼會打進去的？

甲　强盜開了一槍，打在熱水瓶的塞頭上，剛巧彈到二房東的嘴裏。

乙　倒巧的！……去！沒有這樣巧的。（劇終）

警察管閒事，七十二家房客閒事難管

薛覺先與馬師曾

·呂大呂·

序言

談吾粵伶人，莫不推薛覺先與馬師曾。事實上他們是實至名歸，確值得對他們的推崇。他們對粵劇都有過改造，有過貢獻。粵劇全盛時代，就因爲有薛馬，是薛馬的盛年，才會有這樣的光輝燦爛。但是，現在的薛馬，都已經先後不在人間了。

今日的粵劇，在大陸已經隨京劇的變樣而變了樣；在香港，衰落過一個時期之後，現在正有點兒復蘇的景象。但誰能負起這復興的責任？環顧粵劇中人，似乎沒有這個力量，這就使人想起了薛馬的當時。要是在此時此地還有個薛馬，他們是有這個魄力，甚至是有辦法的。

薛覺先曾經說過：「今日的戲劇藝術，應該跟着時代同行並進，那才不至落伍而淪於泯滅。」馬師曾也曾說過：「我們的伶人，依然死守着什麼場口台步的成法，什麼把子演唱的老例，純粹用圖案做脊椎，決不能站起來自稱藝術。」就他們兩人所說過的話來看。說他們如果還健存，還在香港，趁着粵劇稍有復蘇的景象，他們不是很有復興粵劇的力量麼？

就爲了這個，不免想起了薛覺先和馬師曾來了。想起了他們的生平，他們經過如何的奮鬥才會掙得他們在粵劇梨園中的地位。想起了他們成名後，如何把粵劇改進，如何對粵劇作出了貢獻。把他們寫出來，讓大家知道他們的偉大，更讓今日在香港的現役戲人知道對他們的景仰，或者這會對粵劇的復興，不無少助。

先說薛覺先

薛覺先在粵劇梨園中是個「紮」得最快的人。戲班例，一個廁身梨園的人必先經過一段艱苦時期，先跟着師傅做「中軍」。這是斷役，追隨着師傅左右，服侍師傅。兩三年後，師傅才會替你接班，做個「手下」，幸運的是做上一年「手下」，便得爲「拉扯」。作爲一個「拉扯」才會有機會演出閒角，或則全晚有幾句「口白」，或則會有兩句滾花給你唱。經過幾年「拉扯」，這才「四幫」、「三幫」，假以時日，如果有眞的「武藝子」，這才會一路的擢升爲正印。其中經過，十年八年並不奇。

薛覺先就不然，他起初沒有經過做「中軍」，也沒有做「手下」，他一出便接「拉扯」。薛覺先的師傅是新少華，新少華當年在環球樂班當第二「小武」。他很喜歡薛覺先，因之便對班主何老四極力推薦，替他接了個「拉扯」來做。當時的環球樂是第一班，薛覺先一做了「拉扯」，即有機會顯露其才華，很快便「紮」起，扶搖直上了。

自左至右：薛覺先、紅線女、唐雪卿、馬師曾

薛覺先是順德龍江人，小名作梅，別號平海。在戲班「紮」起後，他和畫人鄧芬時有往來。鄧芬認爲他平海這個名，涵義剛强，不大適合藝人。薛覺先然後改平海爲平愷。但他一入戲行，他便改上了覺先這個名。有關薛覺先的歷史，存在人們的記憶中，存在戲行「老叔父」的腦海中就有兩個截然不同的說法。一個說法是把薛覺先說得書香世代的，一個說法是說出薛覺先的寒微出身的，兩者皆言之鑿鑿。前者知道的人多，說的人也多，後者知道的人絕少，說的人更絕少。筆者對此，認爲如果要說薛覺先，應該兩說並存。不必諱他的寒微而把他說到如何的光輝，也不必只說他的寒微，而不把人們傳頌的光輝不說。但他的出身寒微是從來說薛覺先的人所沒有說，可說是道人所未道。筆者認爲不能只隨流俗，爲他諱此一說，現在，筆者却要把一個薛覺先的出身，寫成兩個薛覺先出來，道人所道，也道人所未道。

現在先說一般人樂道的薛

覺先史：

薛覺先的父親，名恩普，是個秀才，曾爲幕客，隨官安徽，鼎革後，在香港居住，教私家館。很怪的是他的學生，不少是當時戲班中大名鼎鼎的人，像肖麗湘、新金玉、豆皮梅、蛇仔秋、蛇公禮等。薛覺先隨父讀書，也爲了這個，常常和他們研究粵劇的唱做，因而對戲劇畧窺堂奧。也因此而在他讀過一個時期中英文後，立志投身梨園，便以新少華爲師。

由於薛覺先是個書香世家，父親又有這許多老一輩的名伶從遊過他，因爲薛覺先跟隨新少華學藝，新少華可不把薛覺先作一般徒弟看待。那年把薛覺先帶到環球樂接班，既不要他做「中軍」，也不替他接「手下」，一接便接了個「拉扯」的職位。

當時的環球樂，小武是朱次伯，花旦是新丁香耀，小生是鄭錦濤，朱次伯是把粵劇由中州音的戲台官話改爲「廣爽」唱白的第一人。把生、末、淨、小武的各自不同聲，一律改爲「平喉」唱出，是正式用廣東話唱曲，用廣東話唸白和「平喉」的第一人。因而成爲戲行中最紅的角色。他的首本戲有「芙蓉恨」、「墜珠崖」、「寶玉哭靈」和「西施沼吳」等。薛覺先這個「拉扯」，在朱次伯演「寶玉哭靈」，他飾演書僮，在朱次伯演「西施沼吳」，他飾演西施之父。這兩個角色，本來是閒角，無足輕重，因而才會派「拉扯」去做。却是薛覺先在舉手投足間，竟然極能吸引觀衆，能分散觀衆對主角的注意，轉而注意他，也就因而連朱次伯也引起注意了。

四十多年前的戲班，大老倌演戲，常常先由別人瓜代出場，然後到了後來的重頭戲，大老倌才出。朱次伯既看起了薛覺先，便常常以薛覺先來瓜代他，不想就在此時，觀衆不少竟然喜歡看他，並不下於看朱次伯。

那年，薛覺先剛巧喪母，他的母親死後的幾天，朱次伯那晚演「寶玉哭靈」，先由薛覺先瓜代。却是到了「哭靈」這一場重頭戲，朱次伯還未上台。提場人只好叫薛覺先演下去，他唱到了那句「春蠶到死絲還有，臘燭成灰淚未乾」，他的心，想起了母親身亡，竟然淚下。台下看到他演戲演得這樣眞切，認爲他有內心表演，比起了朱次伯還要動人。大家看過後，都說這個「拉扯」太演得好了，此後便人人希望他再有一次代朱次伯演到尾，但却不容易再有這機會。

才不久，朱次伯在一天演完了戲，從戲院步行出長堤紅船的時候，給人在路上開槍暗殺死去。主角一死，使到環球樂無所措手了。却是正印花旦新丁香耀就主張以薛覺先代朱次伯，做過了這屆班才算。

由「拉扯」突然代了正印來担綱演出，這是史無前例的事情。難得正印花旦肯和他拍演，而且還極力推薦、主張。當時的新丁香耀，在環球樂很有權，爲的他是班主何老四的女婿。但當時的何老四可不大放心，他怕新丁香耀和一個「拉扯」做對手，可能會影響聲譽。由於新丁香耀一力認定薛覺先勝任愉快，便依了他的話。結果薛覺先便以「拉扯」而擢升正印，破了戲行的紀錄。同時他眞的勝任愉快，無論省港演出，都能「担位」，「地下」聲氣極好，使到戲行震驚。

在人壽年班

第二年新班組織，由於師傅新少華受人壽年班之聘，他便跟了新少華一同過人壽年接班。事實上人壽年的聘請新少華是爲了薛覺先，他的附帶條件是要新少華帶同薛覺先過來。當時人壽年的丑角是李少帆，人壽年給予薛覺先是第二丑角，爲李少帆之副。薛覺先在環球樂這半年期間，只是代朱次伯，並沒有什麽名義。這時候爲了新少華關係過人壽年，而且是個第二丑角，他也願意了。

人壽年的正印花旦千里駒，聲藝也居梨園的第一位。他曾經看過薛覺先代朱次伯演出，認爲這是個可造之才，將來會極其有前途。把新少華聘來，就附帶了這個條件，這是千里駒當時出的主意。

薛覺先在人壽年演出不久，給予千里駒的印象極佳。當時由編劇部編了一齣新戲名「一個女學生」的給薛覺先担綱演出。薛所飾角色是一名拆白黨，演來入木三分。千里駒便又示意編劇部再編一齣叫做「三伯爵」，讓薛覺先盡量發揮。薛覺先飾演劇中人「富有餘」，扮相詼諧，演唱皆妙，不僅蓋過了正印丑角李少帆，所有班中的角色，也給他搶盡鏡頭。此後凡開新戲，就由薛覺先担綱演出，而且在中途突然對他加了薪水。明年新班，薛覺先便在人壽年當正印，完全和千里駒這位花旦王演對手戲，奠定了基礎了。

這時候的薛覺先已經創出了他自成一家的新腔，但聲音還窄了一點，未能十分開朗。有人曾經問過千里駒，對薛覺先的聲腔怎樣看法？千里駒說出了九個字來，成爲當時薛覺先的定評。千里駒說的這九個字是「鬼咁唔好聲，鬼咁好聽」。千里駒在戲行稱「花旦王」，他一言九鼎，極有價值。這句話說過後，大家都覺得薛覺先的唱腔就眞的是「鬼咁好聽」了。但過了些時，薛覺先已經懂得運用他的聲，使一條聲潤了許多，爽朗了許多，千里駒再也不說他「鬼咁唔好聲」了。不過薛覺先還是以運腔跌宕勝，人人說起薛覺先的唱工，只有大讚他的腔口，還沒有人會讚薛覺先的「喉底」好。

轉過梨園樂

人壽年的正印小武是靚少華，他是個有點錢的人，也曾做過海軍艦長之職，只因他喜歡演戲才會投身梨園。他在人壽年，眼見着薛覺先「紮」得這樣快，擁有許多觀衆，人壽年的「担票」，薛覺先的力量，似乎還勝過千里駒。認爲如果抓緊了他，另起新班，這一定是一枝生力軍。剛好陳非儂由南洋回來，陳非儂在南洋可以夥拍靚元亨，當然有功夫。而且論年齡，比千里駒年青得多，也朝氣得多。因之人壽年一散了班，他便來抓緊了陳非儂，也定了薛覺先爲他的新班効力。就在新班開始時，他便組織了一個名「梨園樂」的班。以薛覺先爲小武，他自己却創了一個名銜，叫「文武生」。現在這「文武生」之名，便是靚少華所發明，最先用的。

梨園樂這一屆班，由於生旦也朝氣蓬勃，新戲也多，使到一向站在「第一班」的人壽年，大有抵擋不住之勢。幸而剛好馬師曾由南洋回來，人壽年乃中途加入一個馬師曾，不過馬師曾初回廣東，戲迷對他陌生，自然不是薛覺先的對手。

半年散班後，梨園樂再起，它搶了人壽年第一班的交椅了。這年的下半年，馬師曾才來發揮威力，然後人壽年才重振聲威，得和梨園樂分庭抗禮。因而這一年過後，到第二年，薛馬都在梨園大露光芒。

這裏且繼續說薛覺先，他和馬師曾分領着梨園樂和人壽年，彼此各有觀衆。却是經過幾屆班後，一個大班主劉蔭孫突然起了一個巨型班「大羅天」，他從梨園樂把陳非儂挖了過來，從人壽年把馬師曾也羅致在一起，聲勢喧赫。梨園樂沒有花旦用，靚少華沒有繼續下去，至此薛覺先乃夥拍謝醒儂，組織了一班新景象。

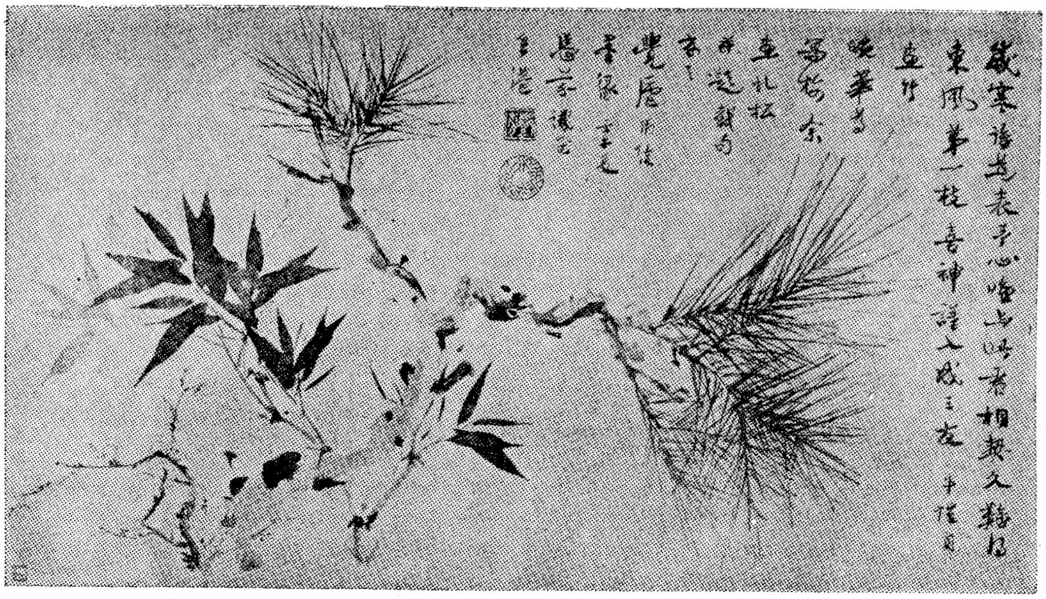

薛覺先畫竹梅蘭芳寫梅鄧芬畫松

自起新景象

這是薛覺先一個較爲艱苦的時期，爲的要自己起班，當然樣樣也較爲吃重，不過他的唱工演技已經登峯造極，依然有不少戲迷擁護他。但一開班，頭台在香港演出，便一台也演不完，要來散班。經過一個時期，才千辛萬苦重起。頭台還未演出，便要散班，這爲的是什麽原故？據說是爲了祭錯了白虎。

戲班頭台，例要「祭白虎」，在後台來舉行。不知怎樣，祭完白虎後開台。竟然在這一晚，全班這許多台柱都倒了嗓。戲人最忌「失聲」，但一條台柱失聲，還不要緊，全班台柱也「失聲」，這自然演不出。這一晚的戲，看到人大喝倒彩，勉强演完。第二天，台柱的「失聲」更甚。認爲一定是「祭白虎」出了亂子，當天即不敢沽票而停演。却是再過一天，全體老倌也「失聲」如故。至此這一台戲，不能不散，打算拉箱回廣州後，不再來香港演出了。

後來回到了廣州，經過了一波三折，終於再起班，再來小心翼翼的「祭白虎」，這才可以順利演出。新景象這班戲，做了兩屆，後來，薛覺先却離開了廣東到上海去居住了一個時期，以後的事，且押後一步才來說他。爲什麽要押後一步呢？這是薛覺先後期的事了，也就是他的藝術生命最光輝的一頁。這是衆所週知的事，無論他的出身怎樣，也和這些眞實的事沒關係，還是把這一筆拖住，說說有關薛覺先出身的另一個傳說。這一個傳說是說出了他出身的寒微之處的，也就是道人所未道的。

寒微出身史

自古英雄莫問出處。若問薛覺先的出處，爲了他是「粵劇祭酒」，是「萬能老倌」，大家說着他，都只有說他的「架勢史」。像上面所說，他是個書香之家，中文讀父書，有文學根底，英文是在聖保羅攻讀。像下面這一說，當時眞的是不會有人敢道出來。但筆者所得的資料，說者言之鑿鑿，而且歷舉出人名地名來，這樣的有所根據而說，筆者認爲有責任把這一說毫無保留的作出一篇薛覺先寒微出身史來。

說出這番有關薛覺先寒微出身事跡的人，他是一位行將七十的老伶工，收山已久，但還可以在八和會館有權發言的老伶工。他是五十年前名丑蛇仔利的徒弟，他不願透露他的姓名，筆者也就尊重他，不把他的姓名說出來。他有一番驚人之論，他說：好些人說起了薛覺先和馬師曾，都說他們是對粵劇大有改進大有貢獻的人，其實薛馬二人是粵劇的罪人。今日戲班弄到這般田地的，完全是由於薛馬而起。薛覺先首先用北派武師，使戲行的「五軍虎」就此喪失了地位，而至迫出了戲行。他首先用西樂拍和，使戲班的棚面有個時候不能在戲班立足。而馬師曾是首先提倡女花旦的，使男花旦給他一棍打死，從此粵班戲行便沒有男花旦。他又首先取消了淨、末的角式，戲班七十多成員，變成了二十多人便成一班，這教戲行如何不衰落？

像這樣的概夫言之，把薛馬列爲粵劇的罪人

，雖然似乎言之成理。但這是仁者見仁，智者見智。粵劇這樣子，是一大改進。這位老叔父站在戲行來說話，只是爲戲班從業員說話。凡是一個改革，自然少不免會有此現象，薛馬這樣來改革戲班，是對戲班的一個大革命，經過大革命，自然便會有人不滿了。筆者無意分這件事的是和非，爲了這位老叔父在人人也承認薛馬是粵劇大功臣中，他偏說薛馬是大罪人。語至驚人，因而帶上一筆，說他一說。

書歸正傳，且說薛覺先的父親是誰？這位叔父却說是無可考據，但他對薛覺先的母親很清楚的提供出來。以下便是他所說薛覺先的寒微出身史了。

在澳門的福隆新街，妓寨林立的地方，有一間寨，人人也叫它做「萬豐當」。爲什麼妓寨會改上這樣一個名？這是因爲這間妓寨是在福隆新街口，那裏有一間當押店，名「萬豐」。掛着一個大大「當」字的招牌，因而人人也叫它做「萬豐當」，也連帶這間妓寨也給人以「萬豐當」稱之而不名。「萬豐當」妓寨的鴇母名五姑，很肥，人稱肥婆五姑。她有幾個兒女，其中一個兒子便是薛覺先，而一個女兒，便是薛覺非。他們兩姊弟後來也演戲，而且都成爲戲班的有名人物。

薛覺先在十餘歲時，即離開了澳門，走到香港來找生活。出身是替一間藥油公司來賣藥油，是「開响檔」的，有時是在街上來「開响檔」，有時却在省港船上「開响檔」。

薛覺先這人很聰明，賣藥「開响檔」，全仗一番「開花」，薛覺先的「開花」，口舌便給，動作又夠詼諧，因而生意頗好。他開檔時有例穿上一件布長衫，收檔的時候，有例除下了這件長衫，拿來搭在手上，然後回到睡覺的地方。

他在香港，是在什麼地方來睡覺呢？這是一間理髮業的工會，名「煥然公社」，倒不知道他怎會和理髮公會打起交情來，永遠可以在那裏居住，但這賣藥生涯，不久便結束了。

由於薛覺先有鋪看戲癮，他最喜歡看的老倌是丑角陳醒漢。每逢陳醒漢在香港開演，他便去「打戲釘」來看。看得多，想起何不去做戲？便打了主意去投師，他知道，這是投身梨園的必然階段。

那天他回澳門，和母姊商量，母姊也贊成他。剛巧環球樂在澳門演出，他便前去後台，先找着小生鄭錦濤，求收他爲徒，鄭錦濤沒有答應，問二幫花旦小丁香，小丁香也不答應。幾個二三幫人物也問過了，還是沒有人肯，他只好失望的對他的姊姊薛覺非說出來。

這時候的薛覺非，並不是用這個名，這個名是後來她加入戲行改上的。當她知道薛覺先沒有人肯收他爲徒，便來和新少華說，新少華是在環球樂當二幫小武的，而薛覺非這時候是在福隆新街天一寨爲妓，和新少華有一段情。她和新少華說，新少華才知道那天來後台懇求人收他爲徒的人便是她的弟弟，便答應了把她的弟弟收爲徒弟。從此薛覺先便跟着新少華，在環球樂班中，拉箱到那裏，他便到那裏，爲的新少華住在紅船，他也就獲得住在紅船。

以後如何在環球樂當「拉扯」，如何幫朱次伯，如何過人壽年，如何就此「紮」起，如何爲了傷目而遠去上海，在上海如何識到了唐雪卿，和唐雪卿拍「浪蝶」這套影片而至結婚。回粵後又如何如何，這都是衆所週知，大家的說法也都一樣，爲的這是出身以後成名的事了，這些事可以一起的寫出來，而無需分兩個「史」了。

回頭接上文

且說薛覺先從廣州去上海，是爲了他在海珠戲院演完戲下台的時候，剛出院門，便給人用胡椒粉撒傷了他的一雙眼。這事爲了什麼原因，當然不是無緣無故的，這說來話長，不如不說。而薛覺先便馬上離開廣州到上海去，一般說他是去上海醫眼的。

在上海住上了一個時候，他涉獵京戲，很有心得。他結識了唐雪卿，用章非這個名，拍了一部電影。這部電影來到廣州放映，哄動了一時。大家沒有看過薛覺先的戲許久，估不到他不演舞台劇而演起電影來。就憑一部影片，竟然在放映期間，幾班的粵劇也受到影響。

薛覺先在上海得知此事，認爲如果回粵，他的舞台聲譽，一定會振作。他託了人去廣州把傷目這件事疏通妥當，就此在上海和唐雪卿一起回到廣州，就在廣州再拍千里駒，以後便一帆風順。他把他的京戲架子，京戲排場，京戲行頭，盡量使出來，然後又在離開了人壽年組班時，從上海請到了一班龍虎武師回來，大打北派。那種滿台翻觔斗，那種脫手北派，粵劇是沒有的，薛覺先有此表演，當然是一新耳目。若干年間，看戲的人口有道，道薛覺先，目有睹，也非看薛覺先不可了。

薛覺先到了這時候，他大施拳脚，班中設宣傳部，聘一位很有才幹的麥嘯霞爲宣傳主任，也由他編過幾套戲。又聘有梵鈴王之稱的尹自重組織一班西樂棚面，改粵劇高吭的樂器和鑼鼓，用西樂，用京鑼來演出，種種革新，粵劇風氣爲之一變。

這個時候，可說是薛覺先發揮藝術到了最高峯的時候，他扮相裝身，特別研究。聲線高，有尖鋒。演文靜戲沒有人對他作第二人想，尤其是演賈寶玉戲，戲行和戲迷都稱他爲「翻生賈寶玉」；而演武戲，必然是打北派。加上了他能夠反串，能演詼諧戲。一套「十三么多情偵探」，他扮這樣，扮那樣，在這戲中，可謂使出渾身解數，文武、反串、詼諧，兼生旦丑一齊演出，給人稱他爲「萬能老倌」，便是由這時起。

他在這時候的一舉手一投足也使戲行中起了作用，譬如，他那時一隻手指出來的時候是用一隻指，通行也就用一隻指。他改用兩隻手指指出來時，通行也兩隻手指。換句說，通行也都要學着他；還有一樣，他好像是天生他演戲，天生他坐上戲行的第一把交椅的。人們把他稱爲有「十靈命」。原來，薛覺先對每一齣戲的場口，都要特別度過，這稱爲「度戲」，有時他想度出這場戲要如何如何的演出才會「煞食」。但度來度去，排來排去也不滿意，也不成功，沒奈何只好在出場時隨便演出，慢慢才來打算。那裏曉得很奇怪，當他出場時，以爲隨便的演出，却是就在出場演出時，忽然豁然貫通，在內場裏排去排來也排不通的，這時在台上却通了，竟然照理想演出來。像這樣子，不特是任何大老倌不會有，便是薛覺先自己也莫名其妙，這只好認爲是他的「十靈命」是致，要不然便是有華光師傅輔助，使到他意外成功。

當薛覺先最紅的時候，他很好勝，無論什麽他也認爲必須懂得才可以。當他的覺先聲劇團大放光芒的時候，他什麽角色的戲也演過了，就沒有演過「踩蹻」的工夫。「踩蹻」便是紮脚反串，粵劇稱「踊橋」，他在上海時曾對這個有過小小研究。那年他一定要演這個「踩蹻」戲，便編了一蹻「十三妹大鬧能仁寺」，他紮脚反串十三妹。再編了一齣「劉金定斬四門」，他又反串劉金定，演來矯捷非常。他的「踩蹻」是「上海蹻」，一般來說，比「廣東蹻」容易些。因之薛覺先就在「踩蹻」時能演能唱，而且還能打北派。

有一次，有位老叔父和薛覺先開玩笑，說他的確是唱做念打，件件皆精，堪稱得上是「萬能老倌」，可惜他是不會打大番。薛覺先聽了，也引以爲憾。但這個「級番」工夫，可不是旦夕可以得來。剛巧有一齣戲的一場武戲，他所飾的角色要從高台上跳下來，他就想，他不能平地上大打「級番」，何不在高台上打「級番」下來。便每天都在後台來練，起初練習時是要扶着兩枝竹桿，練上幾次，不用了，那晚演這場戲，他在高台上，頭向下衝，雙脚向後一撐，借着力，翻了個觔斗才下到台上的地毡上，一時看得人無不喝彩。那個和他取笑的老叔父只有大大的稱讚他，說他眞的不愧是「萬能老倌」。

抗戰軍興，廣州淪陷，薛覺先的覺先聲一直在香港演出，爲時差不多兩年。在這一段日子中，薛覺先的舞台藝術堪稱是爐火純清，一齣「胡不歸」，成爲戲王戲寶了，另外還有「歸來燕」，四大美人的「楊貴妃」、「王昭君」、「貂蟬」和「西施」。在四大美人中，薛覺先也在兩場重頭戲中反串。當時香港就只有薛的覺先聲，和馬師曾的太平劇團分庭抗禮，其餘各班，顯見是低一皮。

戰後走樣了

香港淪陷，薛馬都離開了香港轉入抗戰區，當然是吃盡苦頭了。不知是不是爲了三年多的磨折，到光復後，薛覺先回來香港，却走了樣，他成個呆呆滯滯，像是個白痴一樣。傳說的原因就多得很，有人說是三年來的挫折所致，有人說是唐雪卿的關係。唐雪卿有「老虎乸」之稱，多年以來，不少事使薛覺先難堪；尤其是江小妹這件事，唐雪卿使出了「要仔不要乸」的手段來，使到薛覺先沒法子敢反對。一路的容忍，到這時便發作，成爲神經不正常。甚至有人說薛覺先少時的風流，這時候可變了「花柳入腦」，因而黐了線。傳說不一，莫衷一是。但靈活到給人稱他爲有「十靈命」的薛覺先，到了這時一變而爲呆滯，是清清楚楚的事實了。

在光復後的一段時期中，他雖然不斷的組班演出，但聲變了，腔也變了。試過一屆班，他演出他的戰前舊戲，已經演過不知多少次的「歸來燕」，竟然在一段「二簧」中記不得曲。薛覺先是以記曲，不加減原曲一字聞名的，這時對一支唱過不知幾百十遍，而且灌了片的曲，竟然也會忘記。而且，人家忘記了原曲，便會「爆肚」來頂順，他却不然，既不能把原曲唱出來，又沒法子「爆肚」，因而只好呆呆的站着。棚面的音樂，只好照曲譜來演奏。當時台下的人看見他這樣，只有同情、可憐，並沒有人喝倒彩，反而有人爲他淚下。

在這個時期，他也曾偕同唐雪卿、新馬師曾、呂玉郎等組班到上海去，在上海他還是這樣呆滯，並未登台，由新馬師曾担綱演出，鬧出了亂子回來。（見本刊二至七期新馬師曾撰「我的回憶」）在港幾次演出，什麽名旦，如芳艷芬、余麗珍、紅線女都拍過了。雖然有個時候似乎開朗點，但無論如何也比不上戰前，而馬師曾在這時候也大不如前。他們兩個一向是爭雄的，這時候却大聯合，但薛馬一同演出，還是沒法子回復當年的光榮！

返回大陸去

薛覺先是平時坐着第一把交椅的，他在戲行裏是第一，便是起居飮食的私生活也要第一。這時就一變而爲什麽也不第一，在演戲事業上不得志，入息少了，開支上不無拮据，好些地方要撙節。連住着的「覺廬」也要售了給人。這還不打緊，好些新紮師兄，還對他不尊重，平日對他仰承鼻息的，這時却不加敬禮，甚至冷嘲熱諷也常常聽到。一個「威盡」的人，在這時候，自然感到難過。這時候大陸正對戲人展開攻勢，羅致回國。薛覺先爲了在香港頭頭碰着黑，認眞不得志，便舉家回大陸了。

他一回到廣州，即受到熱烈的歡迎，他每個星期也有幾天戲演。當時廣州的戲班是這樣的，主演的人分晚担綱演出，有時是白駒榮，有時是薛覺先，在廣州，大概由於精神上沒有在香港時的痛苦，使到他爽朗許多了。

他在廣州有兩件大事，一件是他喪妻，唐雪卿死了。一件是他續絃，和張德頤結婚。張德頤自小是薛覺先的戲迷，當她還在學生時代，便常常帶了課本到戲院去。那場戲有薛覺先份，那場戲便聚精會神的看和聽，那場戲沒有薛覺先份的，她便做功課。這樣的戲迷，自然難得，終於經過了多少年，薛覺先回大陸後，使她有機會接近薛覺先。（上）

馬場三十年

老吉

上文講到二十年前本港馬場的四位少壯派小將最後一位洪燮康君，因爲他在七、八歲時，已在上海騎過中國小馬，雖然並不是上陣出賽，可是騎得多了便熟能生巧，所以他一到香港之後，在壽山村騎技學校祇練習了一個很短暫的時間，便向馬會申請投考見習騎師，經幾位考試官一考便批准，而且初次上陣見習騎師賽便跑第二，第二次再出便贏頭馬，而且成爲大熱門。其實就是因爲圈內人一早就知道他是老早會騎馬而不是在香港學出來的關係，騎得多與騎得熟當然有相當造詣，所以小洪畢業後很快便升爲黑牌大師傅，他的騎齡在四小將之中最長，一直到一九七一年，因爲本身籌備開股票公司，而且知道下一年度改爲職業騎師賽，便急流勇退，就此高懸馬靴，可是藕斷絲連，他至今仍管理了不少馬匹，所以每次賽馬，他依舊是座上客。

這一回，我要將繼「金谷鈴」之後，談談另一匹大出風頭的馬王「夜遊人」了。

這匹「夜遊人」凡是知道馬場一切而有二十年資格的馬迷，可說是「誰人不知那個不曉」的。

「夜遊人」是一九五五年新馬，棕色，來時已五歲足，尺寸並不高，因爲同年來的新馬，有高度至十五掌一的，可是「夜遊人」祇有十四掌三耳。所以在初來時，此馬並不見十分雄偉，尺寸短的關係，到過了一至兩年，馬匹完全成熟，便見氣宇不凡又高又大了。

此馬隸屬已退休的托麥考夫廐中，馬主是本港世家李國豪君，（按：老托養馬，另有一套手法，他在港卅多年中，養過兩匹特別標青的好馬，第一匹是「夜遊人」，第二匹便是「堅橋」了。他的手下，在現在担任練馬師的，一位是吳志霖君，還有一位便是區錦洪君），初來時，因尺寸不大而脾氣却大極，所以並不爲人所注意。牠第一次上陣是在一九五五年一月十五日週年大賽第一天的第三場新馬希望賽一哩的第一組，當時由郭子猷策騎，馬未成熟，當然無位。

這一場賽事，記得大熱門是現在用「福」字頭做馬名的吳松坤二哥與一位黃君合股的「福星」大熱門，由藺飛君執轡，（吳君現在仍豢有贏過一九六七年「打比」馬「福來」，不過，從六七年後，一連幾年却雖有申請而並未搖得，希望他下季可以再得一「福」，因爲吳君養馬，一直是福將也）。當時負票二萬三千七百多，一開閘「福星」便一騎絕塵，一哩路跑到上大石鼓，已贏了五六個馬位，大家以爲「福星」贏實，不料這位急性子藺飛，放馬放得太快，而且也太高興，下山時忘記收一收韁，於是乎「福星」在轉直路時，大避外欄，結果爲跟第二「大鷄」林國樑君所騎，已故梁植生君的「銀翼」由內欄殺進，「福星」這一大外避，至少損失了七、八個馬位，藺飛在直路力催，已是鞭長莫及，到終點敗於「銀翼」兩乘，祇跑了一個第二，這匹「福星」是季再出了三次，第二、三兩次仍是第一熱門却一樣直路外避，是季共出四次，頭兩次跑第二，後兩次却都是「梗頸」，也可謂異數了。

「夜遊人」在這一次陪了隊，隔了一個星期，也即是週年大賽的第三天，再出「黃泥涌」賽短途半哩一七〇碼，這一回居然變了第二大熱門，可是到底還未全熟；郭子猷拼命策騎，祇能得一個第二，敗於當時的紅騎師謝文玖君騎的「金枝」一乘，「金枝」的馬主是在本港印刷界馳名的關如彭君，他一直養馬，直到上季他的第九班馬「紅粉金剛」被淘汰後爲止，因爲今季他得不到新馬，所以祇能暫時不掛馬主牌，且看下季如何了。

過了一個多月，「夜遊人」再出新馬跑過第一、二、三馬者的一哩一七一碼讓磅賽，這一場賽事，當然論不到是熱門馬了，因爲，當年早熟而有過佳績及跑過新馬第一與第二的都在這裏上陣，像贏過牠的「銀翼」與後來由韋耀章君贏「打比」的「神行太保」皆在這裏出爭，所以，第一大熱門是改由莊洪康執轡的「銀翼」，第二大熱門便是「神行太保」，「夜遊人」負磅雖是一四〇，比「銀翼」的一五九磅與「神行太保」的一四六磅輕了不少，可是此時的牠，到底還沒有良好表演爲馬迷們看見過，因而祇有一千一百多獨票，可謂少之又少了。

這一場賽事的結果，兩大熱門馬，寸土必爭，鬥到終點，要煩勞電眼分高下，等照片印出，「神行太保」以短馬頭贏了「銀翼」，到底「銀翼」讓了十三磅給「神行太保」也。

可是賽後紅燈亮起，原來莊洪康控告韋耀章在末段鬥爭時，「神行太保」曾碰撞「銀翼」，令到賣中「神行太保」的馬迷們吃了一驚。

馬會董事開會研究，同時還請在公衆席與會員席之中的巡邏員發表意見，諮詢結果，宣佈控訴不成立，「神行太保」還是頭馬。

「神行太保」與「銀翼」得一、二名，第三「長勝將軍」（蘭飛）與第一、二馬幾乎輸了十幾個馬位，「夜遊人」是役又跑得「梗頸四」。

「夜遊人」第四次上陣是五五年三月廿六日，第九次賽馬的第四場，這一場賽事，路程是六化郎，新馬上陣資格是祇准跑過一次第二或一次第三的新馬參加（其實就是不准跑過頭馬和跑過兩次第二或第三的馬匹參加），這一次「夜遊人」變了第一大熱門了，負獨票竟有二萬一千六百多，比上一次的一千多，這一次多了二萬多，也即是十多萬元，於是可見，此馬的潛質，已爲一般馬迷們所知道了。

這一次郭子猷與「夜遊人」大出風頭了，竟然一起步就放在前面，直放到底，（負磅一五二）跑第二的是已故司馬克的「大霧山」，輸了五個馬位，第三是蔡克文的「喜力勤」，再輸半個馬位。

這是「夜遊人」這匹大名氣馬第一次贏得頭馬，獨彩祇派十元另六角，位置當然更少，祇得六元正。

隔了三個星期，再出新馬讓賽一哩，出賽馬匹的條件更麻煩，那是贏多過四千五百元或贏少過一千五百元的新馬不准參加，以一四〇磅作標準，得獎金從一千五百元至二千七百五十元者負一四五磅，超過二千七百五十元至三千元者負一四八磅，超過三千元至四千二百五十元者負一五三磅，超過四千二百五十元至四千五百元者負一五六磅，你話這種條件豈非麻煩，眞如王大娘的脚布，好彩現在不通用了。

這種賽事、新馬中之夠條件參加報名者爲十八匹，臨場上陣者則爲十一匹。

此中，負一五六最重磅兩匹，「夜遊人」是其中之一，還有一匹則是阿圖茂騎的「快航」，其餘的馬，負磅都在一五三至一四〇之間。

當然，第一大熱門又是郭子猷與「夜遊人」，負獨票一萬八千多，馬迷們認爲可以一鬥者，就是與牠同負一五六磅的「快航」。

比賽結果，「夜遊人」又以五乘之多，贏了「快航」，獨彩派了十三元半，位置七元九，比上一次賽多了一些。

「夜游人」慶功宴自右起李國豪郭子猷李福逑

是季最後一次「夜遊人」上陣，條件是一九五五年新馬出爭「聖佐治碟」，路程一哩，祇准跑過頭馬者參加，而且是讓磅賽。

報名馬有十五匹，奇怪的是再上兩個星期是新馬跑一哩半「打比」賽，托麥考夫這位練馬師認爲「夜遊人」以不出「打比」賽爲上策，路程太長，不要貪一時的榮譽，跑傷了這位好馬，老托在那時候是首席練馬師，他的說話，馬主與騎師無有不應允之理，因而這一場「打比」，贏得榮譽者是馮公夏君由韋耀章策騎的「神行太保」，跑第二的則是莊洪康與「銀翼」，第三是蔡克文與「喜力勤」，「夜遊人」並未上陣。

因爲跑「打比」後隔兩個星期便是爭「聖佐治碟」，「神行太保」與「銀翼」「喜力勤」等皆不報名，「夜遊人」雖負一五七最重磅，仍是第一大熱門，而梁植生君的「銀翼」雖不報名，却派他另一匹購入的新馬「龍駒」參加（當時的新馬不同現在，可以自由買賣，以前「金谷鈴」就是一例），「龍駒」由已故的布林利君執轡，負磅一四七，是第三熱門，負票八千多，第二熱門是莊洪康與「雲深鹿」（馬主霍子華君，現在仍有「雲中鹿」與「雲威鹿」，不過，論質素，不及「雲深鹿」了），負票一萬另，「夜遊人」則有二萬三千六百多，可見馬迷們對牠有信心。

這一場賽事，「夜遊人」不費吹灰之力，輕易地贏了「龍駒」五馬位，一分四十四秒四的時間，在當時已是第一、二班馬跑一哩的功夫了。

「夜遊人」逢熱必成大熱，因而這一次的獨彩，祇派了十元二角，比牠第一次贏馬的十元六角還少三角。

這一季「夜游人」共上陣了六次，前三次跑得一個第二，後三次連跑三個第一，這季已得了一萬一千元獎金，十八年前的幣值與今日一比較，現在大約可以當七、八萬元用途了。

「夜游人」最後一場跑第二的「龍駒」，講起來還有一段古。（三十二）

德國孖人餐具

大人公司有售

楊小樓空前絕後

·燕京散人·

楊小樓完全是仗着天賦好，能把武戲文唱，有些身段都是意到神知；而在他演來非常簡練漂亮，怎麼辦怎麼對，別人無法學，學來也一無是處，所以他的技藝只能欣賞而絕不能學。

——余叔岩：談楊小樓——

余叔岩是一代宗匠，自視甚高，輕易不讚許同行。他因和楊小樓同台很久，自然是觀察入微，一針見血的評讚。筆者對余氏的評讚，欽佩之餘，亦有同感。

一、台上藝術和台下做人

筆者是出生在天津的北平人，自幼嗜劇如命，最崇拜的就是楊小樓，從上小學到高中畢業這個階段住在天津，但逢暑假和寒假，必到北平住一個時期，就是爲聽戲，尤其年底一定聽完梨園公會窩頭會義務戲，才回天津過年。對楊小樓可以說從民國十一年就聽起，那時他四十五歲，還在中年。不過，他在北平演的時間長，天津偶爾演；而且小時候聽的戲，不太有深刻了解，記憶的也不太清楚，直到廿四年（一九三五年）起，筆者到北平讀大學，把家也搬了去，這才可以每期不漏，風雨無阻的追着聽楊小樓。那時他已經五十八歲了，進入晚境，而藝術更臻爐火純青。直到民國廿七年（一九三八年）春他逝世以前，這兩年半裏聽他的戲所得印象，就和余叔岩的觀感一樣，他眞是「神來之筆，學不來的。」

楊小樓自幼坐科「小榮椿」科班，武功根底得自楊隆壽（楊盛春的祖父）和姚增祿，又拜俞菊笙爲師，他的父親楊月樓是著名的文武老生，且有「楊猴子」的美譽，所以小樓年輕時候藝名「小楊猴兒」，當然盡得薪傳。他的義父譚鑫培更指點他武老生戲，（「戰宛城」，「鎮澶州」，「寧武關」等。）他還從前輩張淇林、牛松山、錢金福等請益。有這麼多而好的師承，再加上他自己的領悟性高，細心揣摩，所以在舞台上，武功是純熟簡練，乾淨漂亮，以簡馭繁，少許勝多。在人物造型的表現上，更是鞭辟入裏，刻劃入微，細膩傳神，妙造自然。在楊小樓以前，就連俞菊笙算上，都沒有他這麼平均發展集大成的表現。在他以後，不要說有人能和他並駕齊驅，就連學成他一半藝業的人都沒有，所以楊小樓在武生界，可以說是「空前絕後」。

過去名伶在廣告上，海報上。都要加幾個字的頭銜，最千篇一律的是坤伶們，都是「綺年玉貌，色藝雙絕」。筆者覺得只有兩位的頭銜加得恰當，一是馬連良的「獨樹一幟」，以別於譚余一派，一就是楊小樓的「國劇宗師」，內外行無不欽服，沒有話說。

本文對楊小樓藝術的評介，當以個人所見他的中年和晚年演出爲經，他早年表現的傳說爲緯。將他在各戲中的優點和特色，稍加分析描述，以就正於方家。

楊小樓對配角挑選甚精，要求很嚴，這也是對藝術負責的敬業精神。不過在晚年他對台上合作的同仁，態度也緩和多了。在台下，他却是一位恭而有禮的君子，極爲謙虛。筆者在燕京讀書時，郝壽臣的兒子郝德元，在輔仁讀書，常到燕京來玩，因而相熟。他知道我是楊迷，特在「吉祥」後台介紹相識。楊正在扮戲，馬上起立，「請您指教」的客氣半天，和他說話，他的回答總是「嗻，嗻。」也就是北平旗人對「是，是，」的一種客氣說法，他因爲曾入宮當差，所以染成習慣。筆者那時眞是惶恐異常，他是五十多歲的一代宗師，我不過是二十左右的戲迷罷了，「指教？」他指教我，恐怕我還不能十分領會呢！因此，後來也不好意思常到後台去打攪了。現在馬齒徒增，幾十年來聽戲的心得，到是可以給年輕朋友們貢獻點一知半解了，但現在的青年才俊們，却不像楊小樓那麼謙虛了，他還以爲他會的比你多呢！時代不同了。

自清末迄今，戲班都是以老生和旦角唱大軸，因爲生旦兩行的戲多，這是順理成章的趨勢，以武生挑班的，清末有俞菊笙，爲時並不太久。自民國以來，楊小樓就挑班以大軸出現了，除了在民國六年（一九一七年）以前，譚鑫培晚年出演，楊小樓位居二牌。和梅蘭芳、余叔岩合作時期，偶爾互掛頭牌以外，楊小樓從民元唱到民國廿六年（一九三七年），他一直都以武生挑班唱頭牌唱了二十六年，這在梨園史上，佔了特別的一頁。

從來成名大角，對配角班底精選甚嚴，譚鑫培、梅蘭芳、余叔岩、程硯秋、馬連良、麒麟童莫不皆然。楊小樓挑班二十六年，自不例外，搭他班的名角太多了，容後一一記述。

因爲武生挑班，武戲爲主，除了二路武生、武淨、武旦、武丑這些配角以外，楊小樓還養活好些傍角兒的基本武行，一共有十二位到十六位之多，有名的有侯海林、袁氏弟兄等。

從前戲班的編制，頭二牌是老生和旦角，三牌一定是武生，而武戲佔人很多，一般戲院老板們，都視供養武戲爲畏途，因爲人多而飯量也大，但武生出門，非帶幾個基本傍角的不可。在此以前，戲班都以武戲列大軸，科班戲亦然如此，後來將武戲唱在文戲之前，也是武戲在梨園史上的一種變遷。

楊小樓（左）少年時和余玉琴（右）合演「迷人館」

二、長靠和武老生戲

長板坡

這是楊小樓的代表作之一，早年中年，在營業戲裏演，晚年唯有在大義務戲裏才露，而在營業戲裏，有點賣老牌子，不用動這麽繁重的戲，就能叫座兒了。

楊小樓的趙雲，在頭一場夜宿荒郊，保衛家眷。對劉備的念白：「主公，且免愁腸，保重要緊。」除了嗓音嘹亮，面上還帶出憂國忠誠的表現。劉備在那裏嘆五更一段一段的唱，趙雲則時而閉目假寐，時而警覺巡視，小樓把胆大心細的保衛責任心，也表露無遺。在見糜夫人一場，非常精彩，時間緊急，對主母須勸她上馬，而不能逼迫。在催促中，要保留君臣之間的分寸。等到糜夫人以阿斗交付，剛要接過，一想不對，急忙擺手打躬，惶恐萬分。因爲趙雲此時已猜透，糜夫人心意，不肯上馬，打算一死以免累贅了。在理智上勢所必然；在感情上，他那能忍心致此呢！小樓面上的惶急痛楚表情，套一句電影術語，那眞是「內心表演」。等到糜夫人把阿斗放在地上，趙雲馬上蹉步過去，檢起喜神。那時糜夫人已經跳上井台，「起範兒」要跳了。馬上趕過去，這一手「抓帔」，轉身跪倒，乾淨俐落，必得滿堂彩。但是只武生有功力，糜夫人配合不好也不成。像陳德霖，梅蘭芳、尙小雲、魏蓮芳、芙蓉草幾位給小樓配演糜夫人，都合作得天衣無縫。這個訣竅是青衣在這一場上場以前，就要把帔從領子那裏就往後穿，也就是在裏面褶子上套得鬆一點。在與張部跑箭圓場完畢，受傷等趙雲上來相遇時，一直要保持鬆套着帔，而帔和裏面褶子的水袖也要套得有點距離，不能扯在一起。等到放下喜神，轉身向後，跳上井台時，很快的把帔解開，等趙雲手到背上時，一按，一捻，而旦角已經雙手往後平伸，一抓就下來了。說了這麽些字，其實，只是「說是遲，那時快」一兩秒鐘的事，「抓帔」就美滿完成了。沒有火候的旦角，沒有準備工作，往往武生抓上，而掙扎兩隻袖子半天，那就是「脫帔」了。再有沒經驗也不打算學好的旦角，爲圖省事，上場就把帔脫了，披在褶子上，那更荒唐了。好像糜夫人未卜先知，就知道必遇張郃，必受箭傷，必逢趙雲，必然有井可跳，以備他抓，這個旦角就不配演糜夫人了。

在得靑虹劍之前，小樓的與曹將交戰，表示出未用全力。因爲身上懷揣阿斗，未便以死相拚。得劍以後，决定遠者槍挑；近者劍斫。這才奮起神勇，大戰曹兵，顯示出大將軍的八面威風，也就是趙子龍誇耀一世的「在長坂坡前殺得曹兵七進七出」。這些地方，小樓都演得極有層次。

有時候在義務戲中帶「漢津口」；多半是王鳳卿的老爺，小樓的趙雲，除了多幾句搖板的唱以外，在說糜夫人落井經過，到「……方才公子在身邊啼哭，這般時候，不見動靜，大畧性命休矣。」此時面帶嚴肅狐疑。劉備念：「快快打開來看。」小樓念：「爲臣看來」，仍然面帶緊張。打開一看阿斗健在。接着：「咦！他倒睡着了。」此時臉上，由驚而喜，馬上滿臉欣慰之色，然後交與劉備，「主公請看」。在恭謹之中，稍露一點邀功的得意神情。就這一瞬間，把趙雲的心情變幻層次，表現得細膩萬分，稱之爲「活趙雲」，絕不過份。

戰宛城

這是一齣武生和老生兩門抱的戲，張繡這個角色，楊小樓與余叔岩稱爲一時瑜亮，各有千秋。一來二人都有其基本功力，二來兩人都得過老譚的指點。在楊余合作，和大義務戲裏，兩人還合作過這齣。楊小樓則飾典韋，這裏只談楊的張繡。

小樓這齣，在武打上沒有什麽特別出色，只是打城一場甩盔乾淨俐落。在文場子上却精彩百出。頭一場，悶簾一句「回操」，然後由梭刀、火牌、張雷二將「風入松」牌子引上。雖然與賈詡商量「破曹的高見」，却是志得意滿，自恃武力，不納賈詡的守而不攻之策，一意出城。戰敗以後，見賈詡面帶愧色，「悔不聽先生之言……」，因此，議論降戰，雖然張雷二將仍然主戰，張繡却納賈詡建議，投降曹操。此時對賈較爲重視，與開始的漠然態度不同了。小樓演得有分寸。曹操進城以後，校場觀操，典韋、許褚與校刀、火牌交戰。二人大勝，此時小樓的做戲機會來了。一方面羞愧難當，急把兵將們趕下去；一方面對典韋、許褚表示謙遜，心情凝重，誤撞二人，雖然連忙打躬謝罪，却仍保持主帥身份，不狼狽，不過火。到家院來報，「今有一夥兵丁，將太夫人搶了去了。」張繡一方面責老僕糊塗，再去打探；一方面自言自語，疑是曹營所爲。小樓此處「備馬伺候」叫起來，有四句西皮搖板。後起武生有的沒嗓，有的不會，大多馬去不唱了。原場見曹，更是精彩。先聽說「丞相尚未起床」，就開始面色轉變。見曹以後。「啊，丞相，這連日的勞倦，睡臥安否？」字斟句酌，探詢的心情，都在寬亮的念白中表達出來。等到春梅打茶來，見面一驚，春梅回頭就跑，張繡一望兩望，曹操中間遮攔，曹操必是侯、郝，春梅必是小桂花、趙綺霞，三個人身段地方好極，台下必是滿堂彩。此時小樓表情，已然知曉鄒氏被曹操搶來，由証實，而氣憤，而忍住。接着曹操進一步要和張繡以叔侄相稱，借此試探張繡。小樓把張繡那種一忍，再忍，不肯小不忍則亂大謀的心思，曲曲傳出，一絲不苟。最後刺嬸，則氣憤塡胸，把兵敗、被辱的一腔怒氣，都發洩到鄒氏身上。所以念白上雖然有點咬牙切齒，然而觀衆們不嫌其火，而更欣賞其表現得當。

這齣「戰宛城」也是楊小樓的招牌戲之一，在營業戲和義務戲裏，都經常演出。他逝世前最後一場戲，就是「戰宛城」，與郝壽臣，筱翠花合作。是義務戲。前場還有尙小雲、荀慧生「得意緣」等。地點在北京西長安街新新戲院，日期是民國廿六年（一九三七年）十月底，演完就因病休養，於翌年春不治而逝世了。

冀州城

這齣戲的馬超，楊小樓演來，抓緊「悲憤」兩個字。此劇劇幅雖然不大，可是唱和摔很緊湊，非有好功底不可。一般武生不怕摔，就怕唱，不用說沒嗓子，就是有嗓子，摔完了也不搭調了。但楊小樓這一齣的特點，就是兩者兼顧，而且唱出悲憤的氣氛來，他不但摔硬僵屍，遲月亭馬岱，也照摔搶背不誤。老伶工們的忠於藝術，令人欽敬。

挑華車

這是武生繁重之作，楊小樓盛年演此，筆者沒有趕上。民國廿五年（一九三六年）冬，我們一羣捧楊的集團，除了在「吉祥」訂有常座以外，有時還特煩唱幾齣戲，如果實現再包幾排座兒請客捧場。有的戲他答應了，對「挑滑車」他老不肯答應，怕累不了。那時筆者要去天津辦一點事，沒實現就躭誤一期不聽，先去天津吧！沒想到小樓又答應演出了，友人趕快打長途電話相告，於是筆者趕緊在演前趕回，聽完了，再繼續去天津辦事。

「挑華車」的高寵，有四場戲最重：「鬧帳」，「走邊」，「大戰」，「挑車」。楊小樓的高寵，在「鬧帳」一場最好，神情是有勇無謀的高王爺，表現是意氣用事的討將令。不但白口爽朗響亮，那一拉雲手，一轉身，小動作邊式美觀，令人鼓掌不絕。「走邊」也是手眼身法步，處處考究，不過稍爲簡化一點。「大戰」和「挑車」，因年歲氣力關係，（那年他五十九歲。）就有點力不從心，點到而已了。但與楊春龍演的黑風利打得很嚴。演完，我們捧楊團特別興奮，專誠到後台去道辛苦，而吉祥園也賣個滿堂。

麒麟閣

這是一齣崑曲戲，秦叔寶的故事，楊小樓投自張淇林。他飾主角秦瓊，掛黑三，紮紅靠，身份是落魄英雄。夜間張紫烟來訪，張紫烟例由趙芝湘扮演，因爲別人不會。楊林是由武淨飾，錢金福、寶森父子都來過。此戲又名「三擋」，就是秦瓊三擋老楊林。小樓這齣以曲牌唱得好，功架身段美觀取勝，不過，曲高和寡，賣個名貴，不常貼演。

寧武關

這又是一齣崑的，是「鐵冠圖」的一折，屬老生戲，這齣戲也是楊小樓、余叔岩各有千秋，也都得過譚鑫培的指點。小樓這齣也是黑三紮紅靠，但却把握住周遇吉儒將身份。第一場周母、周妻、周子先上唱「浪淘沙」，

楊小樓的師弟俞振庭（右）的「金錢豹」

表白已畢，小樓的周遇吉由隨兵（馬童）引上唱「杏花天」：「敗北非因畏敵狂，盧萱堂依門凝望。」因爲這是緊接「對刀步戰」，兵敗回來，一上塲就面色凝重，一副愁容。見母以後，却又展眉。等酒筵擺好，周遇吉說看酒以後，唱一大段「小桃紅」，頭一句是「擎杯含淚奉高堂」，小樓眞把那「含淚」兩個字的情緒唱出來，也表達出來。等到周母看出兒子心情，說破以後。周遇吉這才說出賊兵勢盛，寧武關旦夕必破，自己必然戰死沙塲，回來別母，因不能保護母親，寸心如割，一大段白口。小樓念得凄凉而悲壯，十分感人。周母然後也有一大段說白，闡明忠孝節義。最後以撞死相逼，才把周遇吉逼得上馬出戰。接着周妻自刎，周子觸階，周母命周僕放火，自己跳火，僕人也自刎而死。所以這齣戲又名「別母亂箭」或「一門忠烈」。下面周遇吉上，回望火光，唱一段「聾牌令」，連唱帶做，身段繁多，小樓把一個忠臣孝子的情操，充分發揮表現。截止這裏是「別母」，下面上左金王、射塲天，以及李自成、李過上來武打塲子，並不繁重，再一塲就是亂箭了，周遇吉身中箭傷，鞭打李過左臂以後，便拜謝聖恩，拔劍自刎了。

「寧武關」是一齣名貴的身份戲，從多少年前就很少見，因爲不但主角難求，就是配角都難找。筆者是在廿五年八月底在吉祥園看的，此戲只看過一次，也是我們所煩演。除了楊小樓的周遇吉，一台都是老角。周母這個老旦很繁重，連唱帶念帶做，非好角不成，班中老旦不會，由管事方寶全客串，他是唱老旦的，但已息影改業管事了，爲這齣戲，重登一次舞台。周公子是韓金福，周夫人是律佩芳（他靑衣小生都唱），老院子（周僕）是李春義，隨兵（馬夫）是王福山。郭春山飾土地，在周家一門火燒之後，有一塲上土地讚嘆，他戴着土地臉子，做身段，能表達出惋惜的表情來，台下掌聲如雷。最資淺的是劉硯亭，他飾李過，（即一隻虎，後來被費貞娥刺死的那一位。）

勝利唱片公司在北平歡宴名伶坐者自右至左：為劉硯芳程硯秋譚小培楊小樓梅蘭芳譚富英楊寶森

湘江會 這本是武旦的開塲戲，是演春秋時鍾無鹽和白起的故事。廿六年（一九三七年）初，楊小樓和尙小雲商量，打算排一排這齣，二人合作。尙小雲原學武生，藝名尙三錫，後來才改爲靑衣的，所以對演武戲有癮，欣然樂從。兩個人排好了，就在吉祥推出了，楊小樓的白起，紮白靠，尙小雲鍾無鹽，紮粉靠，兩個人打一套繡鸞刀對花槍，倒也功力悉敵。郭春山飾齊宣王。這齣戲沒什麼特色，就是把開塲戲變成大軸，由頭牌合作演出而已。賣個新鮮，就演了這麼一次。

白龍關 又名「下河東」，原本也是架子花臉的前塲。楊小樓喜歡這種老戲，他就和郝壽臣排了，還常唱。楊飾呼延壽廷，郝壽臣飾歐陽方，邱富棠、范富喜都來過呼延之妹。小樓在被歐陽方足踢時，還走個搶背。全劇並沒有多少事兒，演這一齣戲時，一定還「帶」一齣。（即演雙齣。）

靑石山 這是武戲裏的吉祥戲，楊小樓常在正月初一貼演。他飾關平，賣的是功架大方穩練，開打並不太多。最好看的一塲是與周倉兩個人走「四邊靜」，唸牌子「奉帝旨，下九霄……」要手眼身法步面面顧到，地方尤其要準，這就看火候了。配以錢氏父子的周倉，畫面美極。與余叔岩合作時期，叔岩來呂洞賓，碼列大軸，但前面楊，余要各帶一齣。

賈家樓 這也是楊小樓愛在正月初一貼演的戲，他飾唐璧，起打是一打一散，從上塲升帳到散戲，小樓在台上不過十五分鐘。但他必帶前面賈家樓結拜，郝壽臣飾程咬金。程咬金在別的戲裏都是小花臉扮，唯有在這齣戲的是變格，花臉扮，勾綠瓢子碎臉，戴紅扎。楊小樓在初一白天唱「賈家樓」，不爲別的原因，歇工戲而已。因爲在平常日子，這齣戲實在不夠大軸的份量。

三、短打戲

連環套

這是楊小樓的拿手好戲，而且是流傳甚廣、膾炙人口的一齣。因爲他灌的唱片以這齣爲最多，「高亭」、「長城」、「勝利」都有。但是戲迷們從唱片裏，只能領畧到他的唱、念、聲口；對台上的精彩表演，還是萬聞不如一見的。

楊小樓的黃天霸，先說扮相，在英俊裏透出精明仔細來。頭一場「五把椅」，上來念詩：「丹心滅寇掃殘奸」。「掃」字高挑，這一句就有好。五個人表白已畢，二堂傳點，大人升堂。聖旨下，讀旨時跪聽宣讀，他面向裏跪，背部向外。只見他頭部輕點、微搖，最後頭不動了，而盔頭上的絨球禿禿亂顫，把天霸聞旨的內心激動，有層次地一步一步表現出來，每次台下都是滿堂彩聲。然後改裝辭別施公。「謝過了大人恩海量，……」四句流水，高唱入雲，又是掌聲。下面搖板兩句，到最後「……再問安康。」拖個長腔，必然凉調，而必然得彩。別人凉調不得倒好，也不會落正好，而楊小樓却荒腔凉調得正彩，梨園史中也只是他一人，原因是觀衆覺得悅耳，就不顧凉調不凉調了。下面巴永泰過場，在十里長亭相會。小樓有一個身段，一條腿在台中央，持馬鞭抱拳四面轉，快極，好看之極。謁彭一場，因急欲一詢究竟，報門以前，忘了卸却佩劍。經朱光祖提醒，馬上恍然大悟，臉上露出一驚一愧，再含笑致謝。一瞬之間，把這幾層表情，都順序表示出來。報門時：「報！鎭守海下，虛職總兵，漕標副將，黃天霸（一頓），告進」，字字有勁，清楚入耳，又是彩聲。當彭朋責問他盜馬賊人一事，天霸回稟：「想當年先父在世……大人詳情」一段白口，激越快速，申明寃枉，雖然面朝裏跪着念，却仍使觀衆聽得清楚明白，這就是有中氣，有念白的基本功夫。否則你多麽用力氣念，觀衆也聽不清的，這就是火候。彭公接念：「梁千歲賞限一月……與你担待担待。」一段，天霸向彭朋謝恩，前趨請安三翻兒，彭朋也退讓謙謝三翻兒。楊小樓和標準彭朋鮑吉祥的雙身段，那份緊湊漂亮，到此必獲滿堂彩。下面回到館驛，對計全朱光祖等人告知原因，定計扮做鏢客，入山私訪，念對兒下，這算頭本。

楊小樓演「連環套」黃天霸

二本「連環套」從賀天龍四頭目上場起，聞嘍兵報信，下山擄搶。接着黃等一行，斜一字上，黃念「衆官兵，穿山越嶺而過。」原場遇賀天龍有場對刀，簡單明瞭。到賀天龍打敗，黃天霸問他爲首之人，報出竇爾墩以後，仍然作勢要殺賀。又經朱光祖提醒，此時小樓馬上恍然大悟，急改笑臉，手攙賀天龍：「兄台請起。」把黃天霸的反應迅速，刻劃得入木三分。下面拜山進寨，與竇爾墩的挽手而行，竇有點角力，天霸却微笑着，用力應付不露骨，不過火，小樓都表現得恰如其份。

拜山的唱和念，大家都聽過唱片，不必細表。見馬後的問竇爾墩：「此馬能行？」「快得緊，」邊念邊做，眼光四射，伺機搶走。等到「待某乘騎」時，急忙前奔作勢要上馬，小樓這個身段也非常美妙。豈不知竇爾墩也是處處提防，雖然好整以暇的答話，却早了一步，使大頭目把馬牽下去了。

「盜鈎」一折，當天霸發見腰牌、鋼刀不見，頓起疑心。朱光祖一進門，馬上抓住就問。甚至朱光祖拿出雙鈎，還冷靜地問計全，「當年李家店比武可是此物？」把黃天霸那種過份精明，易起疑心的個性，小樓也表現得使人一覽無遺。最後，經朱光祖說服竇爾墩，竇在獻出御馬，自請王法上綁，下場以後。天霸向朱光祖三次的趕上一步道謝，小樓這一場的演法，就比謁彭那一場的三謝稍有分別了，前者是恭謹而莊重，後者是平行而快速了。

總之，楊小樓把黃天霸這一個角色演活了，不但在「連環套」裏成功，在黃天霸別的戲裏，也莫不成功。（上）

歌壇十二金釵

（新冊·下）

陳蝶衣

李秀齡

七：李秀齡

李秀齡，是歌星中的妙人兒、開心菓。

歌迷們多數都知道：李秀齡是由於與「急智歌王」張帝拍檔，飾演「張帝尋阿珠」諧劇中的阿珠一角而成名。因此無形之中，「阿珠」也就成了她的綽號。

李秀齡第一次來香港，是「民間藝術團」的團員之一。當時團中的大牌歌星雖多，但並未掩沒李秀齡的鋒芒；此後來來去去好多次，香港始終是她「唱熟了」的一個據點。統計下來，近三年她在香港逗留的時間，比就在台灣的日子似乎還要多一點。

秀齡誕生於台灣之外圍島嶼馬祖，從台灣坐六小時的汽輪，或是一小時的飛機，就可以到達她的故鄉。

「十年以前，我還在縣立馬中讀書。」她談起了少女時代的學歷，接着便形容她的誕生之地，據她說：那個小島約有香港一半那麼大，但風景如畫，人情味非常濃郁。

有一幅「漁婦曉妝波作鏡」的形象，浮泛於我的幻想之中，我問她是否也有同樣的生活體驗，她笑着告訴我，她的家是在陸地上，並不在舟中。

「之後，我就離開了家鄉，到台灣去求學。」她繼續叙述畧歷，並透露了學歌的過程。

最初引起李秀齡興趣的是舞蹈，她一面求學，一面以餘暇研習芭蕾舞與民族舞，指導老師是蔡銳葉。學歌，則是再後來的事，老師是莊琦勝。踏上歌壇後，她又曾獲得男歌星林松義的協助，以及身兼「影壇諧星」與「歌壇笑匠」的蔣光超之指導。

一年以前，蔣光超曾應「東方歌藝團」之邀回到香港，與李秀齡拍檔，在「香港歌劇院」演出「鳳還巢」諧劇的「醜配」一折；由於觀衆喜歡李秀齡扮靚，不愛她扮醜，因此演唱了一個短期即宣告結束。

累積了飾演阿珠一角的經驗，使李秀齡也學會了「急智」，有一晚我和幾個朋友去往「夏瑤」夜總會聽歌，秀齡臨時「抓哏」，把我唱進了歌詞，顯示了她也具有張帝的那一份捷才。

無論是在歌廳，在夜總會，李秀齡每一登場，便能起「定場」的作用。出語風趣與動作詼諧二者，是她的特長；她在歌唱中間，往往輔以舞蹈的動作，使人可以窺知她過去研習舞蹈之確有心得。

這裏刊出她的一幀照片，就充分地顯示了這位歌壇妙人兒、開心菓的一種怪趣之形象。在香港，她是頗受羣衆歡迎的一位女歌手。

八：鍾玲玲

歌星游埠，常傳噩耗。不久以前，鍾玲玲亦曾因此而一度成為新聞人物。

報端刊出的一篇報導，是相當駭人聽聞的。報導指出：有一位擅唱歐西歌曲，以一首香烟廣告歌膾炙人口的女歌星，去了印尼之後久久不歸

鍾玲玲

，傳說她已然「暴斃」。

此一報導採取了「隱約其詞」的方式，並未揭露女歌星的眞姓名，但人們一望可知，必然指的是鍾玲玲。因爲，只有鍾玲玲所唱的一首香烟廣告歌，經常在螢光幕上播出，曾獲得輿論的一致讚美；並且，她確是以擅唱歐西歌見長，兼之當時她又不在香港，確是「踪跡杳然」已久。

其實，鍾玲玲去往印尼是很久以前的事。謠傳發生之時，她正在美國優游歲月，安然無恙。「暴斃」的謠傳，自然很快就由「家書」中傳抵了美國，玲玲即爲此而匆匆飛回，在機場招待記者，表示「本姑娘在此，並未暴斃。」於是一天雲霧，從此消散；無稽讕言，不攻自破。

當時，我曾寫了一首七言絕句，即是爲讒箭之射而作，詩曰：

蚌胎明月世多猜，謠諑蛾眉又一回；
絲裊歌聲原未輟，玉人不信不歸來。

鍾玲玲原名昭薇，曾肄業於聖保羅女校，一九六三年報名參加星系報業主辦的歌唱比賽，獲得英文歌曲組冠軍，此後就踏上了職業歌星的錦繡前程，成爲歌迷心目中的青春偶像。她有個姊姊也經常在螢光幕上出現，就是無線電視的「天氣小姐」鍾曉薇。

在香港歌壇上，玲玲是青春派女歌手的代表人物；她除了擅唱歐西歌曲之外也兼唱國語時代曲，歌聲柔如春水，別具一種風格。她不僅在香港享有盛譽，並且也是國際間的知名人物；一九七〇年十一月，她經由東京山葉音樂基金會香港區代表通利琴行的安排，曾飛往日本參加國際性的歌唱比賽，唱出No Other Love一曲。之後，又曾因參加來自西德的一個電視樂隊，在演奏會中担任獨唱而獲得西德電視台主持人的賞識，邀往彼邦客串獻歌，使她獲得了又一次免費遊埠及揚名國際的雙重機會。

另一值得紀念的事，是一九六九年九月二十日，她接受了一項新任務，開始走上無線電視台，繼詹小屛之後主持「星光晚會」的節目。這一個節目維持了一段相當長的時期，鍾玲玲充分發揮了她獨當一面的才智，也使她首次獲得了電視觀衆投票選舉的「最佳歌星」銀雞獎。

目下，「星光晚會」雖已終止。但玲玲仍不時在「歡樂今宵」節目中獻歌，與電視觀衆們頻頻相見。此外，她又是希爾頓酒店頂樓「鷹巢」的長駐歌星；她的高貴的氣質，轉腔運氣流暢自然的歌聲，極受國際人士的賞識。

最近，由於「鷹巢」進行裝修，曾使她獲得一週的假期，去往夏威夷逛了一次，歸來後對人暢談旅遊見聞，她說：「夏威夷，檀香山，火奴魯魯，像是三個地方，其實只是一個；就像我一樣，又叫鍾昭薇，又叫鍾玲玲，又叫BETTY鍾。」

九：邱莉

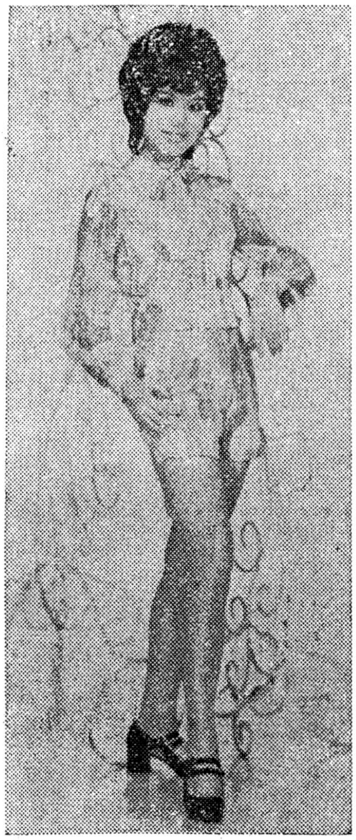

邱莉

聖誕節前，接得一封來自台北的航空信，藍色的鋼筆字寫得龍飛鳳舞，飄逸有致；信上說：

「陳伯伯：您好！前天我一時興奮，打了個長途電話到您府上，您不在家，就打到何叔叔那裏；我沒有何叔叔的地址，只好如此破費少少。我在中央飯店準備唱到月底就請假休息一陣子，然後到星加坡去踐海燕歌劇院之約，屆時在香港過境，下了飛機一定來探望陳伯伯。

最近天氣很冷，香港也是吧？多穿點衣服好些。另外就是麻煩陳伯伯，明年的月曆如有，請寄幾份給我，謝謝。

希望陳媽媽有空來台北玩。敬祝

聖誕快樂。

邱莉叩（十二月二十日）

代問候甄姐好。

我在台北與莊姐見過面了！廿五日要上她的特別節目，錄影又忙了我一天。」

邱莉，去年曾接受「東方歌藝團」的聘請來過香港，在「香港歌劇院」登場，這是她第一次出國，唱滿兩個月合約之後曾一續再續。原擬另應西貢雲景大酒店夜總會之邀，繼續作巡迴演唱，結果因爲聽說時局不靖，害怕流彈，終於飛回了台灣。

原籍山東濟南市而在台灣長大的邱莉，由於參加台北今日公司舉辦的第二屆全省歌唱比賽，在三千八百餘人的鬥唱之下奪得第四名，成爲「今日歌星」之一，從此脫穎而出，踏上歌壇，首先登場的地點就是台北「今日育樂中心」的孔雀廳，之後又唱過「記者之家」俱樂部及其它多間夜總會。積累了經驗來到香港，持有他義父周天籟的一封介紹信，因而使我也獲識了這位個性朗爽的北地胭脂。我又轉介紹幾位記者朋友訪問了她，爲她寫了訪問記，使她身在海外也能感受到一些人情的溫暖。

一位記者朋友在訪問她之後，曾作了如下的描繪：「邱莉給記者的印象是：她不僅具有北方姑娘的耿直、豪爽；也具有南方小姐的清麗、脫俗。至於歌唱，她的優點是純眞自然，宛轉動聽。台風呢？在穩健中洋溢着青春的熱情，活力！」

記者朋友想像力豐富，除了如上的描繪之外還透露：邱莉的媽媽已暗中拜託了陳伯伯，在香港給她的閨女找一個如意郎；其實純出臆造，並沒有這麽一囘事。

過了農曆年，邱莉該是二十二歲了吧？如果她直到現在還是小姑居處，那麽如意郎可能要到星加坡去物色了。

一〇：秀瓊

秀瓊是藝名，她的眞姓名是柯花子。

這位鐵嗓鋼喉的台灣女歌星，於一九六九年參加「寶島精華歌藝團」首次來港，當時除了獻歌之外還兼任司儀。關於她的一段從歌歷史，聽她娓娓道來，倒也有一些「與衆不同」。

秀瓊在踏上歌壇之前，有一項女孩子很少擅長的本領，乃是「打算盤」。

「從小，爸爸就說我像男孩子，因爲我在學校裏，最好的一科就是算術，並且特別喜歡珠算，常常和同班的男同學打算盤鬥快。現在想起來，還覺得很有趣，可以說那是我一生中最值得懷念的時光，無憂無慮，日子過得眞愉快。」

秀瓊

秀瓊囘味過去，說出了如上的經歷，接着她透露：「後來，我索性轉學，進入商職中學讀商科，直到畢業。我爸爸是經營糖果生意的，在讀商科的時期，我也時常幫着老人家，料理一些賬目。畢業以後，我又考進了公路局，正式担任會計工作。」

在公路局裏當會計小姐的柯花子，整天面對着的是公路車的時間、班次之秩序編排，以及無數重疊的簿冊；自早至晚，總是埋首於大堆大堆的數字之間，壓得透不過氣；於是，公餘之暇便參加一些業餘的歌唱活動，初意是藉此調劑身心，排遣煩悶，不想後來却爲她開闢了另一條生活之路。

有一次，台灣電視台舉行歌唱比賽，幾個舊同學相約，去報個名湊一下趣。出乎意外的是，她竟在比賽中獲得了最高分數的五個燈。

之後，就經由電視台的挽請，順理成章的簽訂了合約，從此放下了算盤與紙筆，踏上了電視台，拿起了「米高峯」，展開她的嘹亮歌喉，成了職業性的電視歌星。

再以後，就是正式下海，先後在泛亞飯店的「雲海夜總會」，新亞飯店的「太子廳」，以及「華國夜總會」等處駐唱。她對於時代曲，英文歌，台灣民謠，甚至日本歌，無所不能，而最擅長的則是一首「黃昏放牛」，牧歌的聲腔由她唱來，就像徜徉於大自然的天地間那樣，別具一種韻味。

秀瓊以善唱「黃昏放牛」著名，奇怪的是她從來不吃牛肉，問她「爲什麽？」她聲明此一禁忌與宗教信仰及愛唱牧歌全無關係，至於原因何在？她笑着說：「連我自己也不淸楚。」

高美華

談起「秀瓊」此一藝名，也是有些傳奇性的；星洲的潘秀瓊，在歌壇上成名較早，她的唱片，在台灣非常暢銷，秀瓊在參加業餘歌唱活動的時期，就愛聽潘秀瓊的唱片；她說：「潘秀瓊是我的空中教師，我把名字改爲秀瓊，就是爲了表達我對她的一點愛慕、敬仰之意。」

秀瓊不怎麽喜歡她自己的乳名，認爲東洋味太重，因此她諱莫如深，不願意讓人知道。我倒覺得「花子」二字很別致，實在比人有我有的「秀瓊」好得多。

一一：高美華

明齋主人讀「紅樓夢」，作總評，嘗慨乎言之曰：「余自歎年來死灰槁木，已超一切非非想；祗鏡奩間，尙恨恨不能去。適來無事，雨窗展此，唯恐擅失，竊謂當焚苦茗讀之，於好花前讀之，空山中讀之，淸風明月下讀之，繼南華離騷讀之，伴涅槃維摩讀之。天下不少慧眼人，其以予言爲然乎？否乎？」

現在，我要以高美華代替「紅樓夢」，改換以上總評中之「讀」爲「對」而移贈給她。

高美華體態風流而個性則溫潤如玉，讀花主人作賈探春贊，結語曰：「其光之吉歟？其氣之淑歟？吾愛之，旋復敬之，畏之，亦復親之。」

高美華也一樣宜於賁苦茗對之，於好花前對之，空山中對之，清風明月下對之，繼南華雜騷對之，伴涅槃維摩對之。——聽歌者不少慧眼人，不知亦以予言爲然乎？否乎？

一九六九年第一屆香港節，有一項錦上添花式的「香港節歌后」之選舉，高美華原是個白領階級的女孩子，因一時興起而報名參加，當時在鬥歌之外兼亦鬥靚，競選到最後，終因評分最多而奪得了后冕。香港節的歌后選舉只此一屆，其後並未舉行，高美華便成了獨一無二的「香港節歌后」。

后冕既得，白領旋即放棄，歌衫跟着披上；次年的春間，高美華接受了「龍馬夜總會」的聘約，正式以歌唱爲職業；之後據點屢徙，歌藝亦日益進步。年前，她曾出過門，去過一次印尼；目下則是「珠城夜總會」的基本歌星之一。

由於高美華也是百代唱片公司的旗下歌星，因此亦屢共杯茗，數聆謦欬。這位小姐嬰寧善笑，語帶膩聲，如果不是明齋主人的死灰槁木之身，面對着這一位秦淮佳麗要完全泯滅非非想，亦非易事也。

一二：曹開秀

放棄了「空中小姐」的頭銜，却改行當上了歌星，這就是曹開秀。

兩年以前，「拉丁屋」夜總會舉辦了一次時代曲歌唱比賽，曹開秀壓倒了所有的競選者而榮獲冠軍，由此便登上了「香港歌后」的寶座。

在此之前，曹開秀是遠東航空公司的「空中小姐」。許多少女，都嚮往「空中小姐」的生活，認爲她們在天空飛來飛去，經常可以免費遊埠，而且所得的薪酬也十分優厚，是一種「求之不得」的女子職業。

但，曹開秀太愛好歌唱了！許多少女涎羨的「空中小姐」，她薄之而不爲，却走上了「動唇有曲、發口成音」的獻歌之路。她活潑而美麗，英語流利自更不在話下，本身擁有成爲一個紅歌星的足夠條件，當然很容易「紮起」。

開始，她在九龍的鑽石戲院獻唱了一個時期，之後是轉往香港的「甘露夜總會」，接着出過一次門，去了星加坡，回港之後加盟「翠谷」，獻歌之外還兼任司儀。她來自台灣，家在台北，父母都在寶島居住，只有她遠離膝下，獨自在外面闖天下。由於天性穎慧，國語之外，粵語亦甚流利，對司儀的工作自然也是應付裕如，游刃有餘。

曹開秀

對於歌唱，曹開秀初期是無師自通，全憑自己用功研習。到了改行當上歌星之後，不經過專業訓練即不足應付，便銳意找尋名師，請求指點；首先是作曲家冼華，收錄了這個穎悟可人的女弟子；其後，她拜在秦燕及張伊雯的門下，吸收歌訣，探索樂理。所謂「轉益多師」，曹開秀是深諳其重要性的。由此也可以反證她的不敢自滿，以及具有渴求進步的願望。

這位小姐，對衣着十分講究。目下她除了獻歌之外，還是一位業餘的時裝模特兒；她的另一願望就是開設一間時裝店，專門出售女士們的新型服裝。

「衣被天下」與「亢音高歌」同時並進，固亦良好之旨趣也！但願她的黼黻計劃，能夠早獲成功。

——附錄：跋語

敦槃十二，與我無份。金釵十二，屢形篇章。正冊之後又寫新冊，只教粉跡脂痕，沾染我之筆墨；所謂十年讀書，十年養氣，不知成就何在？眞是言之有愧。所幸靈氣所鍾，端在女子；星娥月姊，各有其美慧娟好之一面；若使餘技可出，又何妨稍加點染，藉作「燕蘭小譜」及「金臺殘淚記」之續？

明末李介立所著「天香閣筆乘」，記述南明監國魯王，於流徙生活中亦不忘笙歌之愛好，常召集臣僚顧曲聽戲，每當「酒酣歌緊」之際，魯王便情不自禁的「鼓頤張唇，手箸擊座，與歌板相應。」然則去國之流人如下走者，爲了歌台上的「更唱迭奏」而出一回神，發一回獃，仿效一回痴人說夢，殆亦無傷於大雅乎？閒話表過，因再譜「滿江紅」一闋，以作吾文之殿；詞曰：

海角天涯，消間氣、端憑歌者。論藝事、各殊聲色，何分冠亞？每莅場時勞悵望，但經行處傳驚詫；聽口碑、爭道玉無瑕，金無價。

閒涕淚，時一灑。深情意，時一捨。笑爲拚沉醉，轉拋杯斝。刻畫數回人怨苦，吟歎幾度花開謝；覺宵來、恍有雨兼風，穿窗罅。

預告

下期繼續刊載：「歌壇十二小金釵」

亞米茄金表－永久的財寶

瑞士乃是世界製表業之王國，亞米茄表素負盛譽，亞米茄金表尤爲舉世人士所推崇。

亞米茄各欵金表不但具備精密準確的報時性能，並且欵式趨時，迎合潮流，有超薄型或配有特級之水晶玻璃。金鐲型表帶之設計更爲別緻，襯托出表壳的優美線條，佩戴亞米茄金表令你感到親切的滿足和自豪，餽贈亞米茄金表更能表達你的隆情厚意，永誌不忘。每一只亞米茄表都附有全球156個國家之服務保證書，請駕臨各亞米茄特約零售商參觀選購。

A.	BA 368..847	黃金欵式，	港幣$4,400.元
B.	BA 711.1688	黃金欵式，	港幣$4,500.元
C.	BA 711.1675	黃金欵式，	港幣$1,850.元
D.	BA 751.244	黃金欵式，	港幣$2,200.元
E.	BA 353.009	黃金欵式，	港幣$4,000.元

Ω OMEGA

銀色漫談

「宣統皇帝」即將登場

·馬行空·

近兩年中，李翰祥所拍出來的片子，在輿論說來，當然有讚也有彈。我們姑且不要去討論其中的得失問題，但不管捧塲也好，駡街也好，「李記」的這一個招牌，却始終是叫座的主要原因，說來理由簡單，祇因爲他肯動腦筋而已；話又說回來了；動腦筋的先決條件，也得有腦筋可動。

從「騙術奇談」開始，到最近的一部「風月奇譚」爲止，讓我們來從頭檢討一下，就可以發現：凡是李翰祥所拍的，一定是旁人所沒想到的，或者是想到了而不敢拍的！片子的好壞，撇開不談，單是這份「腦筋」，可也實在的不容易動得出來。

「風月奇譚」之後，有人以爲李翰祥的「八寶」已經出盡了，再往下，他還能動出什麽腦筋來呢？這個看法，大致上沒有錯，因爲嘻笑怒駡、肉感色情、冷嘲熱諷、插科打諢……差不多的都已經拍得差不多了，一個人的腦筋就算多好，也還有個「江郎才盡」的日子呢，你道是也不是？但「邵氏」終於發消息了：李翰祥的下一部戲，決定仍由「大軍閥」許冠文主演，片名叫做「宣統皇帝」！

不是誇張的話，看到這個消息之時，有許多行家亦爲之拍案而起：「對啊！咱們在過去怎麽沒想起這個題材來的呢？」這就應了一段西洋的歷史故事了：哥倫布在發現新大陸之後，回到國內，自然成爲英雄人物。某次，在盛大的歡迎宴會上，就聽見有那個專放馬後砲的人冷冷的說了一句：「有足夠噸位的大帆船，又有足夠人數的水手，飄洋過海，一直往西，逢上一塊陸地，也沒什麽出奇呀！」到那會兒，就看出人家大人物的涵養來了；哥倫布從餐桌上取過一枚鷄蛋，笑嘻嘻的問道：「請問各位，誰能把鷄蛋給豎立起來？」大家面面相覷，莫名其妙，不曉得爲什麽這位大英雄忽然發生了這個鷄蛋遊戲的興趣？但又不便掃他的興，所以祇好紛紛的玩起鷄蛋來。不料鷄蛋本是圓的，要它直立可是絕對不可能，大家試過半天，也就在一片嘻嘻哈哈聲中搖頭放棄了。那時的哥倫布，不慌也不忙，用一隻鷄蛋在桌面上輕敲一記，蛋殼上有了缺口，自然立得直了。衆人譁然，說道：「這樣的辦法，誰又不會呢？」哥倫布靜靜的答道：「是啊，發現新大陸也一樣，任何人都可以辦得到，祇不過我是第一名獲得成功者而已。」這話很有哲理，使聽到者莫不心悅誠服。

當然，李翰祥不是什麽歷史上的偉大人物；將來不曉得，至少目前還不是，以上所談的「哥倫布與鷄蛋」的故事，祇不過是一個譬喩而已。揭穿了說：「騙術奇談」並不出奇，「大軍閥」也稀鬆得很，「風月奇譚」更是七拼八湊，信手拈來，任何導演都應該可以拍得出來；成績另當別論，但千句併做一句，可還是那句話：看誰能先動得出「腦筋」，誰就是成功者！

在我國的近代史中，「宣統皇帝」溥儀算得是一位富有傳奇性與戲劇性的特殊人物，按說應該是一個可拍電影的好題材。但可惜的是：沒人試過，連想都沒人想過，而李翰祥就偏偏能比旁人搶先一步，他的異想天開，鑽頭覓縫的本領，確屬高人一等，直到他把「鷄蛋」給豎直起來了，我們方纔恍然大悟，這就不能不乖乖的寫下一個「服」字矣。

挨駡賺錢 事難兩全

「宣統皇帝」是跟着「風月奇譚」與「北地胭脂」之後而來的，所以我們就得「樹從根上起，水自源處流」，慢慢的先談起「風月奇譚」來，因爲這部影片的上映，在去年十一月份的香港電影圈裏，也算得上是大事一件也。

「風月奇談」裏裸露的鏡頭不少，黃色的笑料當然也很多，男性觀衆看罷了搖頭嘆息，女性觀衆看完了「衰」聲不絕，如此說來，彷彿是一部不受歡迎的影片似的。但結果適得其反；「風月奇譚」一路叫座，走勢不衰，映罷「埋單」，總收高達二百零二萬元！以一部沒有大卡司、大塲面、大佈景的普通喜劇來講，恐怕再也不可能突破這項紀錄了吧？「大軍閥」賣了三百多萬，但許冠文的能夠號召電視觀衆，其功不可沒，未可一筆抹煞的。

所以，這個問題就値得研究了：既然有人在看過之後表示反感，爲什麽又那麽許多人爭先恐後的搶着去買票呢？行家們作出的結論是：儘管「風月奇譚」煊染黃色，販賣色情，但又無可否認那是一部拍出風格來的「精品」，自然另有其値得欣賞的一面，此所以挨駡歸挨駡，叫座歸叫座，界限劃分得十分清楚，因之而這部備受攻擊的影片，同時也能夠廣受歡迎，其理即在此。此一批判，相當中肯，因爲李翰祥的一套，確是旁人所學不來的，要說他能夠「化腐朽爲神奇」，亦不算過份阿諛之詞。

關於「風月奇譚」在報章上所得到的評論，則似乎毀多於譽，亦是一個很反常的現象。普通一般的影評，差不多都是跟着票房紀錄跑的，賣座十分鼎盛的片子，在影評人的筆下，多少會得給點面子，但此次的「風月奇譚」，却一連串的遭遇了好幾篇無情的指摘，而且有的還措詞相當嚴厲，好像影評家們一下子都站到「反黃陣線」那一邊去了！有人懷疑此次的杯葛「風月奇譚」行動，是有幕後主持者的預謀與組織的，但這種說法的牽涉太廣，並且缺乏証據，在此還是免談的好。

李翰祥本人對於這些「反調」有什麽反應嗎？有的，但他祇簡單的說了一句：「讓我們還是以大多數的意見爲意見吧？」這一番話的含義就是：影評無非是幾個人的主見，但有如潮水一般的觀衆，則能証明了大多數人們的愛好。李翰祥講來平淡，但暗中也透露了一些自傲的心情，誰叫他眞能拉得進觀衆來呢？所以也祇好由得他去「牙擦」了。

話說「風月奇譚」已經映過了好多日子，連李翰祥緊接下來拍攝的一部「北地胭脂」都已經拍得差不多之時，某報上突然又出現一篇有關「風月奇譚」的文章，其中很替李翰祥講了一番好話，而且也替影片中的黃色部份加以多般解釋與辯証。最可奇的是：在這篇文章的結尾上，編者還來了一段附註，大意是：以前對於「風月奇譚」的批評，或有攻擊李翰祥個人之處，實屬發稿時之疏忽云云。表面是主持正義的藝術討論，實際上則等於是對於李翰祥的一篇「盡在不言中」的書面道歉。想此事已成過去，再也無人提起，怎麽該報又會得十分隆重的舊事重提起來了呢？

經過打聽之下，原來這裏頭還掀起過老大的一場風波，幾乎鬧到了法庭上去相見哩。結果，還是雙方的顧全大局，不爲已甚，所以由報社方面補刊一段文字，聊表歉意，李翰祥有了這一步「台階」，也就不了了之矣。

據傳：那裏頭的一篇影評專欄，的確寫得火氣太旺了一點，所以攻擊的目標，也超越了批評影片的範圍。李翰祥認爲那乃是對於他個人的人身攻擊，是可忍而孰不可忍？乃請教律師，發出公函，決定法律解決了。幸而該報與「邵氏」在過去一直交情不錯，所以挽請友好出面來疏通。「和談」下來的結果是：由李翰祥指定日期在報上見到致歉的文字，而一切律師樓的費用，則由報社方面負担之。現在，在風平浪靜之後，李翰祥倒頗有悔意了，說道：「眞是的，叫我見了××（社長）怎麽說呢？見了××（主編）又怎麽說呢？唉，算了……」本來嘛，都是很不錯的老朋友了，眞個打起官司來就沒有什麽好玩啦。

北地胭脂 順利完成

話雖如此，但李翰祥今後對於實弄色情的那一套，到底是不能不存有戒心了。繼「風月奇譚」之後，他緊跟着拍起一部「北地胭脂」來，其實那是他早已選定的一個題材，原名叫做「中國娼妓史」，後來因爲這個片名開門見山一點，而且也顯得過於廣泛，所以纔改名爲「北地胭脂」，其結構仍離不開我國古今的妓院，趣味性應該很高，但有人看到片名裏的「娼妓」二字之時，認爲李翰祥又要重施故技起來，不禁發生了杞憂：「難道挨駡尚未挨夠乎？」

據影棚中人談：「北地胭脂」祇不過是摘取從古到今的妓院裏的艷屑趣聞，再加以渲染誇張而已，純粹側重娛樂性，至於色情方面，則減至最低的程度。由此觀之：「北地胭脂」所走的路線，又與「大軍閥」與「風月奇談」大有不同，好在李翰祥肚子裏有的是「古靈精怪」，改變路線，掉頭轉灣，在他是毫無困難，此即所謂「條條大路通羅馬」也。

「北地胭脂」的進行非常順利，已於一個多星期前全部殺青，「大牌」如何莉莉，也得在百忙之中抽出功夫來參加，所以李翰祥在十分滿意的心情之下，曾經表示本片絕對可以勝過「風月奇譚」，至於到底成績如何？將來叫座與否？那就要到時方知了。

又因爲李導演此次的速戰速決，實在來得太快了，所以一般人都摸不清楚影片內容究竟是些什麽東西？前一陣子，聽得製片部裏在分派角色，有什麽馬鑑棠的貼身太監，汪禹（訓練班畢業生）的青年皇帝，歐陽莎菲的內廷嬷嬷等，使人們聯想到「同治逛窰子」的一段清宮秘史，李翰祥的選用題材，倒可以算得是挖空心思了。

宣統尚未登台，同治（坐者汪禹）先出行場

「北地胭脂」拍到尾聲之時，「宣統皇帝」的消息發表出來了。李翰祥是不是因爲拍同治而想起的宣統？「宣統皇帝」是不是從「北地胭脂」裏得到的靈感？據李翰祥說：絕對不是的。

原來李翰祥早就有把這名「末代皇帝」給搬上銀幕的動機，可惜眞正上起手來也有諸多困難：第一是適當的人選難求，第二是劇本難寫，第三是宮闈大佈景難搭，第四是他一部接一部的在開拍着新戲，難得有這個閒功夫也。正因爲有這麽許多的問題在內，李翰祥的計劃也就一直祇能在他的幻想中存在，而沒法開進影棚裏去實現了。

「電視大紅人」許冠文，拍過一部「大軍閥」之後，對於這種工作的興趣大爲提高。「邵氏」曾經與他談過再拍第二部的計劃，許冠文表示：拍電影絕對有興趣，與李翰祥合作得也十分愉快，但因爲「大軍閥」的賣座高達三百多萬，使「邵氏」賺得滿盤滿砵，所以他第二部的片酬，也希望能夠加以合理的調整。何謂「合理的調整」？據十分內幕的消息透露：許冠文曾經提出三十萬元的要求！因此嚇退了「邵氏」，把這件事情給擱淺了幾個月。

「大軍閥」總收三百四十六萬餘元，按說起來，許冠文要求的三十萬元片酬也不能算是太離譜。但「邵氏」的一貫作風，是不肯在所屬人員的待遇上，發生過於懸殊的現象的；最近盛傳的李小龍過「邵氏」屬於例外，至於其他角色，除了片酬之外，另加什麽花紅或獎勵之類的優待，倒還有得商量。某一位影城中人的看法是如此的：「我們的老板，絕不可能出到十萬至十五萬元的片酬，就不用提三十萬元了。」所以一般人都認爲此次許冠文的重入「邵氏」，還是以「變相式」計酬的成份居高，但所採取的到底是什麽方式？祇有天知地知，邵逸夫知，許冠文知，連李翰祥也被蒙在鼓裏，說不出一個所以然來。

不管怎麽說吧，反正「邵氏」斟妥了許冠文之後，這就該輪到李翰祥去動腦筋了。李翰祥與許冠文在「影城」裏談過好多次，始終未能談出什麽結果來，原因是李翰祥太忙，緊趕慢趕的趕着一部「北地胭脂」，一時間，心無二用，難以兼顧。許冠文雖然對於編劇亦頗有心得，例如電視中的「雙星報喜」裏的小趣味部份就編得很不錯，但面對李翰祥這麽一名「大師傅」，又彷彿有點心存顧忌似的，也不願意隨便出主意，這麽一來，倒把個新劇本給躭誤了一些時日，否則的話，消息還可以早發表約莫半個月的光景。

終於有那麽一天，在李翰祥的私人辦公室裏，許冠文吞吞吐吐的說道：「前幾天，我看過一本『我的前半生』，覺得那裏頭還有些材料可用，不知……不知……」那時間，李翰祥的兩道眉毛挑起來了，再也掩不住滿心喜悅的露出笑容，伸手攔阻了許冠文的話頭，高興的叫道：「對！對極了！不用再談下去了，咱們決定就拍宣統皇帝！」

末代皇帝登上銀幕

李翰祥與許冠文雖然不算什麽「英雄」，但他二人的「所見畧同」確也是一件非常湊巧而值得興奮的事情。李翰祥本來就想拍宣統，苦於沒有合適的機會，所以差一點就把這個計劃給置諸腦後。現在被許冠文一語道破，使他又驚又喜，暗道：「此時不拍，更待何時？」

以上不是提過了嗎？拍「宣統皇帝」有四大困難：一是人選，二是劇本，三是佈景，四是功夫。當許冠文面對李翰祥提出這個題材之時，李翰祥穩坐寫字枱後的紅木太師椅上，眼裏所看到的，腦子裏所想到的，就是這四點困難的逐漸變成泡沫，化爲無形，你說又怎麽能叫他不欣喜欲狂呢？

在目前的國語片圈子內，許冠文無疑是最適合於扮演宣統的一名小生。許冠文受過高等教育，所以很有那麽一點書卷氣，再加上他最擅長於模倣那種優柔寡斷、茫然無主的神氣，在「大軍閥」裏已經有過上佳的表現了，由他來演這名聽人擺佈、受人愚弄的遜清君王，實在可以說是天造地設，不作第二人想。換句話說，也就是把一名活生生的溥儀先生給送到李翰祥的面前，那就難怪李導演爲之雀躍三百了。

不錯，「宣統皇帝」的劇本，倒也不容易寫得好，「道行」稍差的編劇，眞有無從下手之感。但是，這種機會難得，李翰祥是絕不肯因爲小小的困難而罷手的，說不得祇可親自上陣，翻盡舊書，絞盡腦汁，爲了實現多年以來的願望，再辛苦些也顧不得那許多了。

佈景的問題，更是再就手也沒有的了。「邵氏」拍過這麽多年的古裝片，不知存下來有多少佈景板與門窗，取之不盡，用之不竭，哪怕按照原樣搭出整堂的太和殿來，也是易如反掌，不費吹灰之力的。換了一般的獨立製片公司，這筆帳就得好好的計算一下子了，再說一句不客氣的話：假如李翰祥沒有投入「邵氏」，而仍在主持他自己的「國聯」的話，想拍「宣統皇帝」，恐怕也得仔細的考慮考慮吧？

最湊巧的是：許冠文早不來晚不來，偏偏在「北地胭脂」拍到尾聲之時來到。在李翰祥說來，那正是他青黃不接，忙裏偷閒的時期，緊接着來了一個「宣統皇帝」的任務，連一天的功夫也沒有糟塌，眞好像冥冥中註定了要拍這部片子似的。所以李翰祥連考慮都不用考慮，沒等許冠文講完話就全盤決定了。

這麽一說，四大困難不是都迎刃而解了嗎？不過，李翰祥手中還有一部與程剛聯合導演的「愛」，剩下一個尾巴，遲遲未能結束，對於他也是一個精神上的負担。所以有人問起「宣統皇帝」的開鏡日期之時，李翰祥鎮定的答道：「早得很哩，過了春節再說吧。」

「宣統皇帝」的消息一經傳出，馬上就惹起外界的注意，李翰祥的這一開頭就開對了。現在更証明了該片同時也受到圈內人的重視，就是傳說「影城」以內的兩大「王牌」——何莉莉與李菁——已經爲了「宣統皇后」的這個角色，展開了暗地裏的爭奪戰，而且據說戰況十分激烈，弄得邵逸夫也沒有主張了。此一傳說，尚未得到証實，但「影城」內「吃戲醋」的情形時常會發生，所以就算確有此事，亦不足爲奇。又有人問起過李翰祥，他失笑的說道：「我不知道。不過，劇本還沒有出來，當然談不到分派角色，假如眞有此事，她們也未免太性急了吧？」

人們都記得卓別靈（此地人稱爲差利的）拍過一部「流亡皇帝」，而李翰祥現在又想拍「宣統皇帝」，是不是他暗含着要想直追「藝術大師」呢？李翰祥連說：「不敢，不敢！但是，我也記得那部片子，可能給過我一點啓示，但我絕對否認整個的靈感是從那裏頭得來的，因爲其中的人物，背景，環境，遭遇等等，都是完全不相同的，我就是想抄襲也無從抄起呀。」

那麼，談了半天，李翰祥計劃中的「宣統皇帝」究竟打算怎麼拍法呢？誰都不知道，連李翰祥自己也祇有了一個模糊的輪廓。原因嘛？還是那句話：劇本尙未正式動筆，一切還不能確定。

結構佈局煞費周章

但是，李翰祥早已作出決定，祇拍溥儀的上半生，由稚齡登基開始，直到抗戰勝利，僞滿洲國解體爲止。李翰祥說：「他的下半生，牽涉到政治關係，問題太多了，省點事，以不拍的爲妙。」這話很對；現在的年頭，多一事不如少一事，明哲保身，上策也。

李翰祥的爲人，有一種「一腦門子鑽進去」的蠻幹精神。「宣統皇帝」的劇本，的確難寫，因爲他向來是「關起大門做皇帝」的，與外界的接觸極少，所以故事性就顯得單薄了。再說：這一個人物的個性，也因爲環境特殊的關係，顯得與正常的普通人有着很大的差別，這又是難描難寫，難以捉摸的地方。可是，李翰祥這次眞的咬牙了，他要編出一套在平淡之中顯功夫的劇本，他要做到「能人之所不能」的地步！

最近幾天的李翰祥的日常生活裏，又多出一門「靜坐」的功夫。清晨起來，早餐過後，就要趕到清水灣去，一方面是爲「北地胭脂」做着善後的工作，另一方面則要進行「愛」的上鏡籌備，所以也相當忙碌。收工後，約六點鐘回到家中，冲涼換衣服，這就一個人靜靜的坐在長形餐桌的盡頭上，面對桌上的小半杯拔蘭地，開始「靜坐」起來。不明就裏的人們，看到他那個「穩坐釣魚台」的樣子，還以爲是老太爺嘆世界哩，不曉得他就靠着那晚飯以前的兩小時，腦子裏開動了馬達，一場場的精琢細雕起來。到目前爲止，李翰祥「面壁吐納，呼吸運氣」的打坐功夫，已經進行了兩三個禮拜，推測起來，距離胸有成竹的目標大概已經差不太遠了，所差的祇是沒有白紙黑字的寫出來而已。

跟李翰祥談「宣統皇帝」，就可以發覺他拍這部片的宗旨，還是以小趣味爲主的。他首先要拍一段人所盡知的宣統登基的傳聞：一名三歲大的孩子，在後宮裏穿戴整齊了，被抱上龍椅，受那個文武百官的朝賀。請想一名小毛頭幾曾見過這等陣仗？加以身上穿得累贅，屁股下頭坐得不舒服，結果咧開小嘴，猛然痛哭起來，怎麼哄騙也不肯停止，弄得金殿上情形十分之尷尬。那時間就清清楚楚的聽見站在龍椅旁邊的攝政王說道：「別哭了，快完啦，這就快完啦……」爬在地下磕頭的王公大臣們，聽到這種喪氣話，一個個都涼了半截，曉得「大清朝」的氣數也已經「快完啦」，這個朝賀天子的把戲還有什麼好玩的？此一經過，如果以電影手法來表現之，則可能是很生動有趣的。

還有，就是清宮以內首次裝置電話。那個時候，中華民國已經成立了，而宣統則還坐在他那個有名無實的龍廷之上。當他曉得民間已經有了那種隔着多少里地能夠談話的機器之後，大感新奇，於是「下詔」要裝電話，但是等到裝好之後，他又想不起這頭一個電話應該打給誰纔好了。據說：他是查過電話簿之後，打給一位有名的伶人的；據傳說就是楊小樓，電話接通，忽然心怯，沒敢說什麼又掛起話機來了，害得對方倒喂了個半天。

像這種瑣碎的趣事，倒也一時說它不完，例如宣統首次在御花園裏學習單車，摔得他差一點「眞龍出現」。張勳的辮子軍鬧出復辟一幕滑稽戲，使他白歡喜了一場。馮玉祥逼宮，害得他倉皇出走，御桌上還留下一盒剛開的餅乾，與咬過一口的蘋果。清宮失火，太監們偷盜寶物出宮等芝蔴綠豆的小情小節確實不少，但是問題來了：總不能東拉西扯，七零八碎的寫來吧，那還像一個什麼電影劇本呢？

這就全仗李翰祥的那枝生花妙筆了；要把許多小趣味給連串起來，我們祇有拭目以待了！

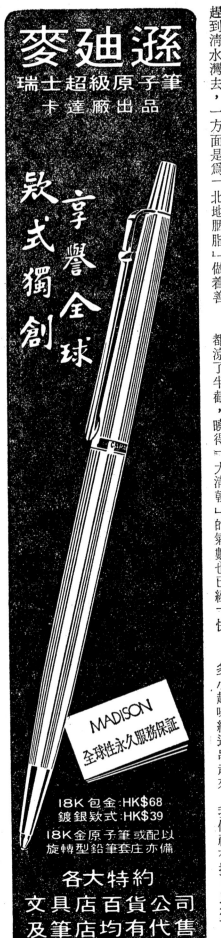

1969
THE QUEEN'S AWARD
TO INDUSTRY
英國 樂頓 男仕皮鞋
一九六九年特別奬
榮獲英女皇
款美價廉·舒適輕便
特別選用
法國野狼皮製造
NORTON
MADE IN ENGLAND
大人公司 有售

大人總目錄

第一期（一九七〇年五月十五日）：

第二期（一九七〇年六月十五日）：

第三期（一九七〇年七月十五日）：

第四期（一九七〇年八月十五日）：

第五期（一九七〇年九月十五日）：

第六期（一九七〇年十月十五日）：

第七期（一九七〇年十一月十五日）：

第八期（一九七〇年十二月十五日）：

第九期（一九七一年一月十五日）：

第十期（一九七一年二月十五日）：

第十一期（一九七一年三月十五日）：

第十二期（一九七一年四月十五日）：

第十三期（一九七一年五月十五日）：

第十四期（一九七一年六月十五日）：

第十五期（一九七一年七月十五日）：

第十六期（一九七一年八月十五日）：

第十七期（一九七一年九月十五日）：

第十八期（一九七一年十月十五日）：

第十九期（一九七一年十一月十五日）：

第二十期（一九七一年十二月十五日）：

第二十一期（一九七二年一月十五日）：

第二十二期（一九七二年二月十五日）：

第二十三期（一九七二年三月十五日）：

第二十四期（一九七二年四月十五日）：

第二十五期（一九七二年五月十五日）：

第二十六期（一九七二年六月十五日）：

第二十九期（一九七二年九月十五日）：

第三十期（一九七二年十月十五日）：

第三十一期（一九七二年十一月十五日）：

第三十二期（一九七二年十二月十五日）：

第三十三期（一九七三年一月十五日）：

第三十四期（一九七三年二月十五日）：

第三十五期（一九七三年三月十五日）：

第三十六期（一九七三年四月十五日）：

第三十七期（一九七三年五月十五日）：

第三十八期（一九七三年六月十五日）：

第三十九期（一九七三年七月十五日）：

第四十期（一九七三年八月十五日）：

第四十一期（一九七三年九月十五日）：

第四十二期（一九七三年十月十五日）：

大人（九）

數位重製・印刷　秀威資訊科技股份有限公司
http://www.showwe.com.tw
114 台北市內湖區瑞光路 76 巷 65 號 1 樓
電話：+886-2-2796-3638
傳真：+886-2-2796-1377
劃　撥　帳　號　19563868　戶名：秀威資訊科技股份有限公司
讀者服務信箱：service@showwe.com.tw
網　路　訂　購　秀威網路書店：https://store.showwe.tw
網路訂購：order@showwe.com.tw

2017 年
全套精裝印製工本費：新台幣 30,000 元（不分售）

Printed in Taiwan　ISBN: 978-986-326-369-2　CIP: 078

本期刊僅收精裝印製工本費，僅供學術研究參考使用

ISBN 978-986-326-369-2
9 789863 263692 30000

讀者回函卡

感謝您購買本書，為提升服務品質，請填妥以下資料，將讀者回函卡直接寄回或傳真本公司，收到您的寶貴意見後，我們會收藏記錄及檢討，謝謝！
如您需要了解本公司最新出版書目、購書優惠或企劃活動，歡迎您上網查詢或下載相關資料：http:// www.showwe.com.tw

您購買的書名：________________________________

出生日期：________年________月________日

學歷：□高中（含）以下　□大專　□研究所（含）以上

職業：□製造業　□金融業　□資訊業　□軍警　□傳播業　□自由業
□服務業　□公務員　□教職　□學生　□家管　□其它_____

購書地點：□網路書店　□實體書店　□書展　□郵購　□贈閱　□其他

您從何得知本書的消息？
□網路書店　□實體書店　□網路搜尋　□電子報　□書訊　□雜誌
□傳播媒體　□親友推薦　□網站推薦　□部落格　□其他__________

您對本書的評價：（請填代號　1.非常滿意　2.滿意　3.尚可　4.再改進）
封面設計____　版面編排____　內容____　文／譯筆____　價格____

讀完書後您覺得：
□很有收穫　□有收穫　□收穫不多　□沒收穫

對我們的建議：________________________________

____

____

____

請貼
郵票

11466
台北市內湖區瑞光路 76 巷 65 號 1 樓
秀威資訊科技股份有限公司 收
BOD 數位出版事業部

(請沿線對折寄回,謝謝!)

姓　名:____________ 年齡:________ 性別:□女 □男

郵遞區號:□□□□□

地　址:________________________

聯絡電話:(日)____________ (夜)____________

E-mail:________________________